苏 强 ■ 著

企业所得税

汇算清缴纳税申报表
填报实务与案例解析

新企业所得税申报表填报演示

会计核算与税务处理相互比较

填报实务与操作要点完美结合

税会差异与纳税调整系统分析

286个汇算清缴申报实务案例

何广涛 翟纯垲 徐战成 陈爱华 赵东方 秦文娇 **联袂推荐**

中国财经出版传媒集团

经济科学出版社
Economic Science Press

图书在版编目（CIP）数据

企业所得税汇算清缴纳税申报表填报实务与案例解析/
苏强著.—北京：经济科学出版社，2020.3
ISBN 978-7-5218-1343-2

Ⅰ.①企… Ⅱ.①苏… Ⅲ.①企业所得税-税收管理
-案例-中国 Ⅳ.①F812.424

中国版本图书馆 CIP 数据核字（2020）第 029176 号

责任编辑：杜　鹏　常家凤
责任校对：曹育伟
责任印制：邱　天

企业所得税汇算清缴纳税申报表填报实务与案例解析
苏　强　著
经济科学出版社出版、发行　新华书店经销
社址：北京市海淀区阜成路甲 28 号　邮编：100142
编辑部电话：010-88191441　发行部电话：010-88191522
网址：www.esp.com.cn
电子邮件：esp_bj@163.com
天猫网店：经济科学出版社旗舰店
网址：http://jjkxcbs.tmall.com
固安华明印业有限公司印装
787×1092　16 开　29.5 印张　620000 字
2020 年 3 月第 1 版　2020 年 3 月第 1 次印刷
ISBN 978-7-5218-1343-2　定价：88.00 元
（图书出现印装问题，本社负责调换。电话：010-88191510）
（版权所有　翻印必究　举报电话：010-88191586
电子邮箱：dbts@esp.com.cn）

前　言

为深入贯彻落实党中央、国务院关于优化营商环境和深入推进"放管服"改革的系列部署，进一步深化税务系统"放管服"改革，优化税收环境，激发市场主体创业创新活力，贯彻落实《中华人民共和国企业所得税法》及其有关税收政策，在"互联网＋税务"和"涉税信息大数据"管理新模式背景下，企业所得税纳税申报必须不断地适应我国税收征管新时代、新模式、新思路，基于"金税三期"工程的企业所得税年度纳税申报工作，必然要进行一系列重大改革。

2017年12月29日，国家税务总局发布《关于发布〈中华人民共和国企业所得税年度纳税申报表（A类，2017年版）〉的公告》（国家税务总局公告2017年第54号），对实施了3年的《中华人民共和国企业所得税年度纳税申报表（A类，2014年版）》进行了系统修订和完善，将申报表数量由原来的41张减少到了37张，即删除了4张申报表，同时，全面和重点修改了17张申报表，使得企业填报内容更加丰富合理、数据信息更为详细。

2018年以来，财税部门相继发布了促进实体经济发展、支持"大众创业、万众创新"等多个方面的企业所得税政策。为全面落实各项企业所得税政策，进一步减轻纳税人的办税负担，2018年12月17日，国家税务总局发布《关于修订〈中华人民共和国企业所得税年度纳税申报表（A类，2017年版）〉部分表单样式及填报说明的公告》（国家税务总局公告2018年第57号），公告对《中华人民共和国企业所得税年度纳税申报表（A类，2017年版）》部分表单和填报说明进行修订，适用于2018年度及以后年度企业所得税汇算清缴纳税申报。

2019年以来，为降低创业创新成本、增强小微企业发展动力、促进扩大就业，财税部门相继出台了"小型微利企业所得税优惠政策""企业扶贫捐赠所得税税前据实扣除""取得的社区家庭服务收入在计算应纳税所得额时减计收入"等一系列企业所得税优惠政策。2019年12月9日，国家税务总局发布《关于修订企业所得税年度纳税申报表有关问题的公告》（国家税务总局公告2019年第41号），对《中华人民共和国企业所得税年度纳税申报表（A类，2017年版）》部分表单和填报说明进行修订，适用于

2019 年度及以后年度企业所得税汇算清缴纳税申报。以前年度企业所得税纳税申报表相关规则与该《公告》不一致的，不追溯调整。纳税人调整以前年度涉税事项的，按照相应年度的企业所得税纳税申报表相关规则调整。

为了方便广大纳税人、税务中介和税务干部正确理解最新税收政策，掌握填报新版企业所得税年度纳税申报表的基本方法和要领，作者编写了《企业所得税汇算清缴纳税申报表填报实务与案例解析》，对 2019 年修订版纳税申报表的变化、填报操作实务和相关税收政策进行了全面、系统、详细的讲解，并用 286 个填报实务案例分析演示相关申报表项目填报过程。

本书依据最新企业所得税有关法律、法规、规范性文件等税收政策和新修订的《企业会计准则》（2019 年修订）、《一般企业财务报表格式》（2019 年版）以及《小企业会计准则》等国家统一的会计制度编写，共分八章内容，以填报企业所得税年度纳税申报表为主线，以一般企业为填报主体，对相关纳税申报表项目填报要点进行详细讲解，配以案例式填报操作说明。

本书特点是内容新颖、实用性强和方便填报操作。对于填报时依据的企业所得税政策以及相关会计准则和制度的关联与差异，在书中进行了比较分析和差异提示，重视分析税会处理差异及纳税调整，便于读者更好地理解企业所得税政策。本书中所收录会计和税收政策、法规截至 2020 年 2 月，若无特殊说明，均为有效法规。考虑到增值税税率在 2018 年和 2019 年进行过两次调整，本书案例分析中涉及具体年度一般会按照相应年度增值税纳税义务发生时间确定的适用税率（或征收率）并以此进行数据计算分析，如今后再遇到增值税税率（或征收率）调整，请读者自行按照适用的新税率计算处理。

本书由兰州财经大学苏强教授负责拟订大纲、撰写书稿和统稿。书中内容以作者向企事业单位提供企业所得税纳税申报表填报培训和从事纳税申报代理实务为基础，能够满足对企业所得税纳税申报表填报有实战业务的企业财税人员和税务工作者的现实需求。本书既可以作为学习和掌握我国现行企业所得税法规政策和相关会计准则的实用操作工具书，也可作为广大税务干部、企业财务人员和涉税中介人员开展企业所得税年度汇算清缴以及掌握会计与税法差异及纳税调整实务的有益参考资料。

本书在撰写过程中参阅了大量优秀的论著和相关文献资料。特别感谢马靖昊、何广涛、翟纯垲、徐战成、陈爱华、赵东方、刘玮、秦文娇、赵娜、刘雪芹、谢静、邵福顶、连焕锋、叶义宾、徐峥、杨春根、项益武、赵林、赵德新、严颖、陈晓黎、刘海湘、巴特、丁潇、张钦光、叶全华、赵嵩、赵海立、林顺荣、郭明磊、袁润民、胡绵鹏、谢华峰、王建军、姬金玲、杨泳、宋雪、罗秋生、彭怀文、齐洪涛、吴天如、刘剑、李晓红、汪满润、张殿红、李秀华、郭陇源、姜新录、杨乾、辛英群、朱志刚、郭鹏、张勇、蒋玉芳、朱伟强、杨志鸿、刘玲、张晓东、方斌国、柴成山、李智勇、陈怡杰、汪岁斌、李家乐等老师和朋友在本书写作过程中给予的各种形式的指导帮助及热情推荐，在与各位老师的探讨交流学习中，本人收获颇丰，在此对上述朋友们表示衷心的感谢。最应该感谢我的家人们长期以来在生活上、事业上和精神上给我的支持、关心和鼓励，特别是妻子李倩女士参与本书相关资料整理和校对工作。

鉴于企业所得税政策和企业会计准则的动态性，加之作者水平有限和编写时间仓促，书中仍难免存在疏漏和不妥，敬请广大读者批评指正，不吝赐教，以便日后继续补正修订。

苏　强

2020 年 2 月

目　录

Contents

《企业所得税年度纳税申报表（A类，2017年版）》基础信息表与主表填报实务与案例解析

第一节　企业所得税年度纳税申报表（A类，2017年版）相关公告及解读

一、2019年修订企业所得税年度纳税申报表（A类，2017年版）公告内容

2019年12月9日，为贯彻落实《中华人民共和国企业所得税法》及有关税收政策，国家税务总局对《中华人民共和国企业所得税年度纳税申报表（A类，2017年版）》部分表单和填报说明进行修订，发布了《关于修订企业所得税年度纳税申报表有关问题的公告》（国家税务总局公告2019年第41号）。其主要内容如下。

1. 对《中华人民共和国企业所得税年度纳税申报表（A类，2017年版）》部分表单和填报说明进行修订。

（1）对《企业所得税年度纳税申报表填报表单》、《企业所得税年度纳税申报基础信息表》（A000000）、《纳税调整项目明细表》（A105000）、《广告费和业务宣传费跨年度纳税调整明细表》（A105060）、《捐赠支出及纳税调整明细表》（A105070）、《免税、减计收入及加计扣除优惠明细表》（A107010）、《符合条件的居民企业之间的股息、红利等权益性投资收益优惠明细表》（A107011）、《减免所得税优惠明细表》（A107040）的表单样式及填报说明进行修订。

（2）对《中华人民共和国企业所得税年度纳税申报表（A 类）》（A100000）、《资产折旧、摊销及纳税调整明细表》（A105080）、《企业所得税弥补亏损明细表》（A106000）、《所得减免优惠明细表》（A107020）、《境外所得纳税调整后所得明细表》（A108010）的填报说明进行修订。

2. 企业申报享受研发费用加计扣除政策时，按照《国家税务总局关于发布修订后的〈企业所得税优惠政策事项办理办法〉的公告》（国家税务总局公告 2018 年第 23 号）的规定执行，不再填报《研发项目可加计扣除研究开发费用情况归集表》和报送《"研发支出"辅助账汇总表》。《"研发支出"辅助账汇总表》由企业留存备查。

3. 本公告适用于 2019 年度及以后年度企业所得税汇算清缴申报。《国家税务总局关于发布〈中华人民共和国企业所得税年度纳税申报表（A 类，2017 年版）〉的公告》（国家税务总局公告 2017 年第 54 号）、《国家税务总局关于修订〈中华人民共和国企业所得税年度纳税申报表（A 类，2017 年版）〉部分表单样式及填报说明的公告》（国家税务总局公告 2018 年第 57 号）、《国家税务总局关于修订〈中华人民共和国企业所得税月（季）度预缴纳税申报表（A 类，2018 年版）〉等部分表单样式及填报说明的公告》（国家税务总局公告 2019 年第 3 号）中的上述表单和填报说明同时废止。《国家税务总局关于企业研究开发费用税前加计扣除政策有关问题的公告》（国家税务总局公告 2015 年第 97 号）第五条中"并在报送《年度财务会计报告》的同时随附注一并报送主管税务机关"的规定和第六条第一项、附件 6《研发项目可加计扣除研究开发费用情况归集表》同时废止。

二、2019 年修订企业所得税年度纳税申报表（A 类，2017 年版）公告解读

（一）2019 年修订企业所得税年度纳税申报表的有关背景

2019 年以来，为降低创业创新成本、增强小微企业发展动力、促进扩大就业，财税部门相继出台了"小型微利企业所得税优惠政策""企业扶贫捐赠所得税税前据实扣除""取得的社区家庭服务收入在计算应纳税所得额时减计收入"等一系列企业所得税优惠政策。为全面落实各项政策，进一步减轻纳税人的办税负担，在征求各方意见的基础上，国家税务总局制发《关于修订企业所得税年度纳税申报表有关问题的公告》。

（二）2019 年修订企业所得税年度纳税申报表的主要内容

1. 修订《中华人民共和国企业所得税年度纳税申报表（A 类，2017 年版）》部分表单和填报说明

（1）为落实企业所得税相关政策，对《企业所得税年度纳税申报表填报表单》及

《企业所得税年度纳税申报基础信息表》（A000000）等7张表单样式和填报说明以及《中华人民共和国企业所得税年度纳税申报表（A类）》（A100000）等3张表单填报说明进行修订。

（2）为进一步优化填报口径，对《企业所得税弥补亏损明细表》（A106000）、《境外所得纳税调整后所得明细表》（A108010）中个别数据项的填报说明进行完善。

2. 取消《研发项目可加计扣除研究开发费用情况归集表》填报和《"研发支出"辅助账汇总表》报送要求。为减轻企业办税负担，企业申报享受研发费用加计扣除政策时，不再填报《研发项目可加计扣除研究开发费用情况归集表》和报送《"研发支出"辅助账汇总表》，《"研发支出"辅助账汇总表》由企业留存备查。

（三）2019年修订企业所得税年度纳税申报表的实施

2019年修订企业所得税年度纳税申报表适用于2019年度及以后年度企业所得税汇算清缴纳税申报。以前年度企业所得税纳税申报表相关规则与国家税务总局公告2019年第41号不一致的，不追溯调整。纳税人调整以前年度涉税事项的，按照相应年度的企业所得税纳税申报表相关规则调整。按照《国家税务总局关于印发〈企业所得税汇算清缴管理办法〉的通知》（国税发〔2009〕79号）有关规定，纳税人应当自纳税年度终了之日起5个月内，进行汇算清缴，结清应缴应退企业所得税税款。实行查账征收的纳税人，自2020年1月1日至2020年5月31日进行2019年度企业所得税纳税申报时，应适用《中华人民共和国企业所得税年度纳税申报表（A类，2017年版，2019年修订）》。

三、修订企业所得税年度纳税申报表对税企都重要

（一）申报表修订意在进一步优化和简化企业所得税纳税申报及管理

为全面落实企业所得税相关政策，进一步优化税收环境，减轻纳税人办税负担，遵循"精简表单、优化结构、方便填报"的原则，进一步优化纳税人填报体验，在填报难度上做"减法"，在填报质量上做"加法"，在填报服务上做"乘法"，必然要对企业所得税年度纳税申报表进行优化、简化。《国家税务总局关于税务行政审批制度改革若干问题的意见》（税总发〔2014〕107号）第四条优化申报管理中规定，各级税务机关应当调整、补充、细化、优化与取消和下放税务行政审批事项相关的纳税申报表及其他纳税申报资料，通过申报环节管控纳税人自主适用税法和税收政策的行为，同时通过申报环节获取纳税人的相关信息资料，为开展其他后续管理活动提供基础信息

和数据。此次企业所得税年度申报表修订的目的，就是要通过申报方式的优化促进纳税规范，同时搜集相关信息。

（二）税务机关通过申报表搜集涉税信息强化企业所得税风险管理

《国家税务总局关于税务行政审批制度改革若干问题的意见》（税总发〔2014〕107号）第四条加强风险管理中规定，各级税务机关应当根据纳税申报信息、第三方信息，运用风险评估模型分析判断取消和下放审批事项的风险等级，与其他相关税收管理工作相统筹，分别采取案头评估、日常检查、重点稽查等方式分类实施后续管理，提高后续管理的针对性和有效性，强化信用管理。风险管理是税务机关进行管理的一种资源分配方式，即通过主动地发现税收风险，有方向地确定管理对象，避免"撒网式"及"一人得病、众人吃药"的管理模式，更有效地利用征管资源对纳税人进行税务管理。风险管理要求税务机关更有效地使用征管信息包括纳税申报信息、第三方信息。要求纳税人在填写申报表时，高度重视申报信息的质量，同时需要关注申报信息与第三方信息的一致性，一旦信息异常，则有可能成为税务机关眼中的高风险户，进而进行后续管理。

各级税务机关将通过申报表信息强化企业所得税风险管理。根据《国家税务总局关于加强税收风险管理工作的意见》（税总发〔2014〕105号）、《国家税务总局关于加强企业所得税后续管理的指导意见》（税总发〔2013〕55号）和《国家税务总局关于全面开展企业所得税重点税源和高风险事项团队管理工作的通知》（税总函〔2016〕148号）规定，企业所得税风险管理团队要按照税收风险管理统一部署，发挥所得税专业优势，认真做好企业所得税风险管理工作。

（三）纳税人通过企业所得税纳税申报风险事项提示服务降低涉税风险

纳税人通过企业所得税涉税风险事项提示服务可以及时发现申报风险。《国家税务总局关于为纳税人提供企业所得税税收政策风险提示服务有关问题的公告》（国家税务总局公告2017年第10号）规定，为创新纳税服务方式，持续推进税务机关"放管服"改革，税务总局决定为纳税人提供企业所得税汇算清缴税收政策风险提示服务。税收政策风险提示服务是指纳税人进行企业所得税汇算清缴时，税务机关在纳税人正式申报纳税前，依据现行税收法律法规及相关管理规定，利用税务登记信息、纳税申报信息、财务会计信息、备案资料信息、第三方涉税信息等内在规律和联系，依托现代技术手段，就税款计算的逻辑性、申报数据的合理性、税收与财务指标的关联性等，提供风险提示服务。目的是帮助纳税人提高税收遵从度，减少纳税风险。税收政策风险提示服务对象为查账征收，且通过互联网进行纳税申报的居民企业纳税人。

（四）企业所得税纳税申报信息为纳税信用管理提供依据

从2014年10月1日起开始执行的《纳税信用管理办法（试行）》（国家税务总局公告2014年第40号），从纳税信用信息采集、纳税信用评价、纳税信用评价结果的确定和发布、纳税信用评价结果的应用等方面规范纳税信用管理，促进纳税人诚信自律，提高税法遵从度。目前，国家税务总局网站已经能够查询A类纳税人企业名单，D类纳税人及其直接责任人员名单的公开也就在不久的将来，未来的纳税信用会影响到企业及个人的经营、投融资、取得政府供应土地、进出口、出入境、注册新公司、工程招投标、政府采购、获得荣誉、安全许可、生产许可、从业任职资格、资质审核等方面。纳税人如果不如实填写纳税申报信息，就有可能对企业的纳税信用产生影响，进而影响其自身的整体社会信用评价。

（五）正确认识此次报表修订的意义

通过上面的分析可知，今后的税收征管主要是通过申报环节获取涉税信息，利用互联网和大数据分析，进行风险识别、评估和应对管控纳税人，提高纳税遵从度，自主适用税法和税收政策的行为，同时通过申报环节获取纳税人的相关信息资料，为开展其他后续企业所得税管理活动提供基础信息和数据。

四、企业所得税年度纳税申报表（A类，2017年版）填报表单及编号规则

（一）2017年版企业所得税年度纳税申报表（2019年修订）填报表单

具体格式如表1-1所示。

表1-1　　　　企业所得税年度纳税申报表填报表单（2019年修订）

表单编号	表单名称	是否填报
A000000	企业所得税年度纳税申报基础信息表	√
A100000	中华人民共和国企业所得税年度纳税申报表（A类）	√
A101010	一般企业收入明细表	□
A101020	金融企业收入明细表	□
A102010	一般企业成本支出明细表	□
A102020	金融企业支出明细表	□
A103000	事业单位、民间非营利组织收入、支出明细表	□
A104000	期间费用明细表	□
A105000	纳税调整项目明细表	□
A105010	视同销售和房地产开发企业特定业务纳税调整明细表	□
A105020	未按权责发生制确认收入纳税调整明细表	□

表单编号	表单名称	是否填报
A105030	投资收益纳税调整明细表	☐
A105040	专项用途财政性资金纳税调整明细表	☐
A105050	职工薪酬支出及纳税调整明细表	☐
A105060	广告费和业务宣传费等跨年度纳税调整明细表	☐
A105070	捐赠支出及纳税调整明细表	☐
A105080	资产折旧、摊销及纳税调整明细表	☐
A105090	资产损失税前扣除及纳税调整明细表	☐
A105100	企业重组及递延纳税事项纳税调整明细表	☐
A105110	政策性搬迁纳税调整明细表	☐
A105120	特殊行业准备金及纳税调整明细表	☐
A106000	企业所得税弥补亏损明细表	☐
A107010	免税、减计收入及加计扣除优惠明细表	☐
A107011	符合条件的居民企业之间的股息、红利等权益性投资收益优惠明细表	☐
A107012	研发费用加计扣除优惠明细表	☐
A107020	所得减免优惠明细表	☐
A107030	抵扣应纳税所得额明细表	☐
A107040	减免所得税优惠明细表	☐
A107041	高新技术企业优惠情况及明细表	☐
A107042	软件、集成电路企业优惠情况及明细表	☐
A107050	税额抵免优惠明细表	☐
A108000	境外所得税收抵免明细表	☐
A108010	境外所得纳税调整后所得明细表	☐
A108020	境外分支机构弥补亏损明细表	☐
A108030	跨年度结转抵免境外所得税明细表	☐
A109000	跨地区经营汇总纳税企业年度分摊企业所得税明细表	☐
A109010	企业所得税汇总纳税分支机构所得税分配表	☐
说明：企业应当根据实际情况选择需要填报的表单。		

（二）2017 年版企业所得税年度纳税申报表（2019 年修订）统一编号规则

为了规范各类企业所得税申报表表单设计，统一表单管理，在申报表设计中拟采用统一编号原则。2017 年版申报表仍然设置了四层架构体系：主表、一级附表、二级附表以及三级附表，其编号体现了申报表级次及其勾稽关系。

1. 编号规则。企业所得税纳税申报表表单编号由字母和数字共同组成，共 7 位。其中，首位为字母，后 6 位为数字。

2. 位数及特殊代码说明。（1）第 1 位为字母，表示申报表类型。其中，"A"代表查账征收方式，"B"代表核定征收方式。（2）第 2 位为数字，表示一级表。其中，"0"代表基础信息表，"1"代表年度纳税申报表，"2"代表季度纳税申报表。（3）第 3、4 位为数字，表示二级表。按照 01，02，03，…的顺序排列。（4）第 5、6、7 位为数字，表示三级表。按照 010，011，012，…的顺序排列。

五、企业所得税年度纳税申报表（A 类，2017 年版）2019 年修订后表单填报要点

具体填报要点：

1. 本表列示申报表全部表单名称及编号。纳税人在填报申报表之前，请仔细阅读这些表单，并根据企业的涉税业务，选择"是否填报"。选择"填报"的，需完成该表格相关内容的填报；选择"不填报"的，可以不填报该表格。对选择"不填报"的表格，可以不向税务机关报送。此表"是否填报"栏，如对某张表进行了错误勾选"填报"栏，实际无须填报且又没有填报该表单，将无法通过"金税三期"系统校验审核。

2. 实行查账征收的纳税人，年度企业所得税汇算清缴必须报送的申报表有两张：A000000《企业所得税年度纳税申报基础信息表》和 A100000《中华人民共和国企业所得税年度纳税申报表（A 类）》。但是，为全面搜集涉税信息，收集数据用于比对，有5 张纳税调整项目明细表，只要有相应发生额，就必须勾选报送的申报表（发生即填报），无论其是否存在纳税调整事项：A105050《职工薪酬支出及纳税调整明细表》、A105070《捐赠支出及纳税调整明细表》、A105080《资产折旧、摊销及纳税调整明细表》、A105090《资产损失税前扣除及纳税调整明细表》和 A105120《特殊行业准备金及纳税调整明细表》，相应地，按照表间勾稽关系 A105000《纳税调整项目明细表》也必须填报。另外，凡具有高新技术企业资格的纳税人，即使在亏损年度不享受税收优惠，也必须填报 A107041《高新技术企业优惠情况及明细表》。因此，考虑享受税收优惠，一般企业纳税人必填的申报表有 6～8 张。

3. 为切实减轻小型微利企业纳税申报负担，实行查账征收企业所得税的小型微利企业按照《国家税务总局关于简化小型微利企业所得税年度纳税申报有关措施的公告》（国家税务总局公告 2018 年第 58 号）相关规定填报。第一，《中华人民共和国企业所得税年度纳税申报表（A 类）》（A100000）为小型微利企业必填表单。第二，《企业所得税年度纳税申报基础信息表》（A000000）中的"基本经营情况"为小型微利企业必填项目；"有关涉税事项情况"为选填项目，存在或者发生相关事项时小型微利企业必须填报；"主要股东及分红情况"为小型微利企业免填项目。第三，小型微利企业免于填报《一般企业收入明细表》（A101010）、《金融企业收入明细表》（A101020）、《一般企业成本支出明细表》（A102010）、《金融企业支出明细表》（A102020）、《事业单位、民间非营利组织收入、支出明细表》（A103000）、《期间费用明细表》（A104000）。上述表单相关数据应当在《中华人民共和国企业所得税年度纳税申报表（A 类）》（A100000）中

直接填写。小型微利企业可结合自身经营情况，选择表单填报。未发生表单中规定的事项，无须填报。

第二节 《企业所得税年度纳税申报表（A类，2017年版）》封面及填报实务

一、企业所得税年度纳税申报表（A类，2017年版）封面格式

具体格式如表1-2所示。

表1-2 中华人民共和国企业所得税年度纳税申报表封面（A类，2017年版）

税款所属期间：　年　月　日至　年　月　日

纳税人识别号
（统一社会信用代码）：□□□□□□□□□□□□□□□□□□

纳税人名称：

金额单位：人民币元（列至角分）

谨声明：本纳税申报表是根据国家税收法律法规及相关规定填报的，是真实的、可靠的、完整的。

纳税人（签章）：

　年　月　日

经办人： 经办人身份证号： 代理机构签章：	受理人： 受理税务机关（章）： 受理日期：　年　月　日

国家税务总局监制

二、企业所得税年度纳税申报表（A 类，2017 年版）封面填报实务

（一）"税款所属期间"填报操作实务

封面上的"税款所属期间"，要根据纳税人的实际经营情况来填写。正常经营的纳税人，填报公历当年 1 月 1 日至 12 月 31 日；纳税人年度中间开业的，填报实际生产经营之日至当年 12 月 31 日；纳税人年度中间发生合并、分立、破产、停业等情况的，填报公历当年 1 月 1 日至实际停业或法院裁定并宣告破产之日；纳税人年度中间开业且年度中间又发生合并、分立、破产、停业等情况的，填报实际生产经营之日至实际停业或法院裁定并宣告破产之日。

【案例 1 - 1】A 公司注册成立时间为 2014 年 1 月 15 日，即在 2018 年底之前成立的，至 2019 年 12 月 31 日仍在持续经营。2019 年企业所得税汇算清缴期间，A 公司在填写《企业所得税年度纳税申报表（A 类，2017 年版）》封面中的"税款所属期间"项目时，应填写"2019 年 1 月 1 日至 2019 年 12 月 31 日"。

【案例 1 - 2】B 公司营业执照登记的注册成立时间为 2019 年 5 月 16 日，是在 2019 年的年度中间开业的，至 2019 年 12 月 31 日仍在持续经营。其填报实际生产经营之日至 2019 年 12 月 31 日，成立日期以营业执照上的成立日期为准，2019 年企业所得税汇算清缴期间，A 公司在填写《企业所得税年度纳税申报表（A 类，2017 年版）》封面中的"税款所属期间"项目时，应填写"2019 年 5 月 16 日至 2019 年 12 月 31 日"。

【案例 1 - 3】C 公司注册成立时间为 2015 年 9 月 16 日，2019 年 7 月 31 日为实际生产经营终止之日，2019 年 9 月 20 日为办理完毕清算事务之日，即注销清算结束已办理完成注销清算手续。

分析：首先，按照《企业所得税法》第五十五条的规定，企业在年度中间终止经营活动的，应当自实际经营终止之日起 60 日内，向税务机关办理当期企业所得税汇算清缴，结清应缴应退企业所得税款。《国家税务总局关于印发〈企业所得税汇算清缴管理办法〉的通知》（国税发〔2009〕79 号）第三条规定，凡在纳税年度内从事生产、经营（包括试生产、试经营），或在纳税年度中间终止经营活动的纳税人，无论是否在减税、免税期间，也无论盈利或亏损，均应按照企业所得税法及其实施条例和该办法的有关规定进行企业所得税汇算清缴。实行核定定额征收企业所得税的纳税人，不进行汇算清缴。

C 公司在税法规定的时间内，应先进行 2019 年度企业所得税汇算清缴并填报《企业所得税年度纳税申报表（A 类，2017 年版）》，从 2019 年 1 月 1 日到 7 月 31 日企业终止生产经营这段时间，是企业正常生产经营期，应把 2019 年 1 月 1 日至 7 月 31 日作

为一个独立的纳税年度，在实际经营终止之日起60日内，向税务机关办理当期企业所得税汇算清缴，其"税款所属期间"应填写为"2019年1月1日至2019年7月31日"。

其次，按照《财政部、国家税务总局关于企业清算业务企业所得税处理若干问题的通知》（财税〔2009〕60号）和《国家税务总局关于印发〈中华人民共和国企业清算所得税申报表〉的通知》（国税函〔2009〕388号）的相关规定，C公司需要把终止生产经营之日到企业注销税务登记之前，作为清算期。在2019年9月20日办理税务注销登记，即把2019年8月1日至9月20日也作为一个独立的纳税年度，进行清算业务企业所得税处理和纳税申报，并填写《中华人民共和国企业清算所得税申报表》及附表，其"清算期间"应填写为"2019年8月1日至2019年9月20日"。

【案例1-4】D公司注册成立时间为2019年1月16日，在2019年7月31日为实际生产经营终止之日，2019年10月20日为办理完毕清算事务之日，即注销清算结束已办理完成注销清算手续。

分析：首先，《企业所得税法》第五十五条规定："企业在年度中间终止经营活动的，应当自实际经营终止之日起六十日内，向税务机关办理当期企业所得税汇算清缴。"D公司应先进行企业所得税汇算清缴并填报《企业所得税年度纳税申报表（A类，2017年版）》，从2019年1月16日到7月31日企业终止生产经营这段时间，是企业正常生产经营期，把2019年1月16日至7月31日作为一个独立的纳税年度，在实际经营终止之日起60日内，向税务机关办理当期企业所得税汇算清缴，其"税款所属期间"填写"2019年1月16日至2019年7月31日"。

其次，按照《财政部、国家税务总局关于企业清算业务企业所得税处理若干问题的通知》（财税〔2009〕60号）和《国家税务总局关于印发〈中华人民共和国企业清算所得税申报表〉的通知》（国税函〔2009〕388号）的相关规定，D公司需要把终止生产经营之日到企业注销税务登记之前，作为清算期。企业的清算期也应作为一个独立的纳税年度。在2019年10月20日办理完毕清算事务，即把2019年8月1日至10月20日也作为一个独立的纳税年度，进行清算业务企业所得税处理和纳税申报，并填写《中华人民共和国企业清算所得税申报表》及附表，其《企业清算所得税申报表》的封面中"清算期间"项目应填写"2019年8月1日至2019年10月20日"。

（二）纳税人相关信息填报操作实务

1. "纳税人识别号（纳税人统一社会信用代码）"：填报工商等部门核发的统一社会信用代码。未取得统一社会信用代码的，填报税务机关核发的纳税人识别号。

具体填报要点，按照国家税务总局《关于推进工商营业执照、组织机构代码证和税务登记证"三证合一"改革的若干意见》（税总发〔2014〕152号）规定，税务部门将在2015年起逐步推进税务登记证和工商营业执照、组织机构代码证"三证合一"，推进"三证合一"改革的基本思路是大力推进"三证联办"、积极探索"一证三码"、最终实现"一证一码"。"三证合一"改革后，纳税人填写的纳税人识别号将与营业执照、组织机构代码证的号码相统一。按照《国务院办公厅关于加快推进"五证合一、一照一码"登记制度改革的通知》（国办发〔2016〕53号）的相关规定，2015年10月1日前成立的企业要在2017年底前换取加载18位统一社会信用代码的营业执照，并到税务机关维护统一社会信用代码，即将纳税人识别号由原15位税务登记号变更为18位统一社会信用代码。2018年1月1日起原税务登记证件不再有效，请纳税人在工商部门换发新营业执照后，务必于2017年12月29日前到税务机关维护统一社会信用代码和税控设备。"五证合一"纳税人办税指引具体如下：

税务机关在交换平台获取"五证合一"企业登记信息后，依据企业住所（以统一代码为标识）按户分配至县（区）税务机关；对于工商登记已采集信息，税务机关不再重复采集；其他必要涉税基础信息，可在企业办理有关涉税事宜时，及时采集，陆续补齐。

新设立企业、农民专业合作社（以下统称企业）领取由工商行政管理部门核发加载法人和其他组织统一社会信用代码（以下称统一代码）的营业执照后，无须再次进行税务登记，不再领取税务登记证。企业办理涉税事宜时，在完成补充信息采集后，凭加载统一代码的营业执照可代替税务登记证使用。

税务部门与民政部门之间能够建立省级统一的信用信息共享交换平台、政务信息平台、部门间的数据接口（统称为信息共享平台）并实现登记信息实时传递的，可以参照企业、农民专业合作社"五证合一、一照一码"的做法，对已取得统一社会信用代码的社会组织纳税人进行"五证合一"登记模式改革试点，由民政部门受理申请，只发放标注统一社会信用代码的社会组织（社会团体、基金会、民办非企业单位）法人登记证，赋予其税务登记证的全部功能，不再另行发放税务登记证件。

除以上情形外，其他税务登记按照原有法律制度执行。改革前核发的原税务登记证件在过渡期继续有效。

2. "纳税人名称"：填报营业执照、税务登记证等证件载明的纳税人名称。纳税人具体填报此项目时需要注意，它与营业执照、税务登记证的名称都是一致的，必须填报税务登记证所载纳税人的全称，不能用简称或缩写形式，这与纳税人填开发票抬头的规定一致。

《国家税务总局关于进一步加强普通发票管理工作的通知》（国税发〔2008〕80号）第八条第二款规定，在日常检查中发现纳税人使用不符合规定发票特别是没有填开付款方全称的发票，不得允许纳税人用于税前扣除、抵扣税款、出口退税和财务报销。《国家税务总局关于加强企业所得税管理的意见》（国税发〔2008〕88号）规定，加强发票核实工作，不符合规定的发票不得作为税前扣除凭据。《国家税务总局关于增值税发票开具有关问题的公告》（国家税务总局公告 2017 年第 16 号）第一条规定，自 2017 年 7 月 1 日起，购买方为企业的，索取增值税普通发票时，应向销售方提供纳税人识别号或统一社会信用代码；销售方为其开具增值税普通发票时，应在"购买方纳税人识别号"栏填写购买方的纳税人识别号或统一社会信用代码。不符合规定的发票，不得作为税收凭证。《国家税务总局关于发布〈企业所得税税前扣除凭证管理办法〉的公告》（国家税务总局公告 2018 年第 28 号）规定，企业发生支出，应取得税前扣除凭证，作为计算企业所得税应纳税所得额时扣除相关支出的依据。企业应在当年度企业所得税法规定的汇算清缴期结束前取得税前扣除凭证。企业取得私自印制、伪造、变造、作废、开票方非法取得、虚开、填写不规范等不符合规定的发票，以及取得不符合国家法律、法规等相关规定的其他外部凭证，不得作为税前扣除凭证。企业应当取得而未取得发票、其他外部凭证或者取得不合规发票、不合规其他外部凭证的，若支出真实且已实际发生，应当在当年度汇算清缴期结束前，要求对方补开、换开发票和其他外部凭证。补开、换开后的发票和其他外部凭证符合规定的，可以作为税前扣除凭证。例如，"纳税人名称"为"青岛瑞丰管理咨询有限公司"，不得填写为"青岛瑞丰管理咨询公司""青岛瑞丰咨询公司""青岛瑞丰"等简称或缩写名称。

3."填报日期"：填报纳税人申报当日日期。《国家税务总局关于为纳税人提供企业所得税税收政策风险提示服务有关问题的公告》（国家税务总局公告 2017 年第 10 号）和《国家税务总局关于提供企业所得税税收政策风险提示服务的通知》（税总函〔2017〕135 号）规定，为创新纳税服务方式，持续推进税务机关"放管服"改革，税务总局决定为纳税人提供企业所得税汇算清缴税收政策风险提示服务，税收政策风险提示服务是指纳税人进行企业所得税汇算清缴时，税务机关在纳税人正式申报纳税前，依据现行税收法律法规及相关管理规定，利用税务登记信息、纳税申报信息、财务会计信息、备案资料信息、第三方涉税信息等内在规律和联系，依托现代技术手段，就税款计算的逻辑性、申报数据的合理性、税收与财务指标关联性等，提供风险提示服务。目的是帮助纳税人提高税收遵从度，减少纳税风险。税收政策风险提示服务对象为查账征收，且通过互联网进行纳税申报的居民企业纳税人。税收政策风险提示服务是在纳税人正式申报纳税前进行的，需要纳税人提前一天将本企业的财务报表等信息，通过互联网报送至税务机关。纳税人之前已经完成以上信息报送的，无须重复报送。

纳税人在填报完成《企业所得税年度纳税申报表》后，正式向税务机关报送的企业所得税纳税申报表，需要在其封面主表和所有附表加盖"纳税人公章"，"纳税人公章"上的名称要与"营业执照"名称一致。例如，有些集团企业公章统一保管，在对申报表加盖公章时不注意，曾出现过张冠李戴的笑话，也有可能加盖了企业的"发票专用章"或"财务专用章"等不符合规定的印章。

【案例 1 – 5】E 纳税人是从 2020 年 3 月 25 日开始填写企业所得税纳税申报表，等到把整套申报表全部填写完毕是 2020 年 4 月 15 日，2020 年 4 月 19 日将本企业的财务报表、企业所得税优惠事项备案表等信息，通过互联网报送至税务机关并接受税务部门的企业所得税税收政策风险提示服务。实际向税务机关进行纳税申报的日期是 2020 年 4 月 20 日，则封面上的"填报日期"项目应填写为 2020 年 4 月 20 日。

4. 纳税人聘请代理机构代理申报的，加盖代理机构公章。

【案例 1 – 6】F 纳税人聘请甲税务师事务有限公司作为中介机构，代理申报 2019 年度企业所得税年度纳税申报表，则封面上应加盖代理申报中介机构甲税务师事务有限公司的公章，并填写经办人姓名和经办人身份证号码。

第三节　《企业所得税年度纳税申报基础信息表》填报实务与案例解析

一、《企业所得税年度纳税申报基础信息表》格式与填报要点

具体格式如表 1 – 3 所示。

表 1 – 3　　　　　　企业所得税年度纳税申报基础信息表　　　　　　A000000

基本经营情况（必填项目）			
101 纳税申报企业类型（填写代码）		102 分支机构就地纳税比例（%）	
103 资产总额（填写平均值，单位：万元）		104 从业人数（填写平均值，单位：人）	
105 所属国民经济行业（填写代码）		106 从事国家限制或禁止行业	□是 □否
107 适用会计准则或会计制度（填写代码）		108 采用一般企业财务报表格式（2019 年版）	□是 □否
109 小型微利企业	□是 □否	110 上市公司 是（□境内 □境外）□否	
有关涉税事项情况（存在或者发生下列事项时必填）			
201 从事股权投资业务	□是	202 存在境外关联交易	□是
203 选择采用的境外所得抵免方式	□分国（地区）不分项 □不分国（地区）不分项		
204 有限合伙制创业投资企业的法人合伙人	□是	205 创业投资企业	□是
206 技术先进型服务企业类型（填写代码）		207 非营利组织	□是
208 软件、集成电路企业类型（填写代码）		209 集成电路生产项目类型	□130 纳米 □65 纳米

续表

210 科技型 中小企业	210 - 1 ＿＿年（申报所属期年度）入库 编号 1		210 - 2 入库时间 1	
	210 - 3 ＿＿年（所属期下一年度）入库 编号 2		210 - 4 入库时间 2	
211 高新技术企业申报所属期年 度有效的高新技术企业证书	211 - 1 证书编号 1		211 - 2 发证时间 1	
	211 - 3 证书编号 2		211 - 4 发证时间 2	
212 重组事项税务处理方式	□一般性 □特殊性		213 重组交易类型（填写代码）	
214 重组当事方类型（填写代码）			215 政策性搬迁开始时间	＿年＿月
216 发生政策性搬迁且停止生产经营无所得 年度		□是	217 政策性搬迁损失分期扣除年度	□是
218 发生非货币性资产对外投资递延纳税 事项		□是	219 非货币性资产对外投资转让所得递 延纳税年度	□是
220 发生技术成果投资入股递延纳税事项		□是	221 技术成果投资入股递延纳税年度	□是
基本经营情况（必填项目）				
222 发生资产（股权）划转特殊性税务处理 事项		□是	223 债务重组所得递延纳税年度	□是
主要股东及分红情况（必填项目）				

股东名称	证件种类	证件号码	投资比例 （%）	当年（决议日）分配的 股息、红利等权益性 投资收益金额	国籍 （注册地址）
其余股东合计	—	—		—	

  纳税人在填报申报表前，先填报基础信息表，为后续申报提供指引。需要提醒纳税人，切勿忽视填报此表的重要性。纳税人在企业所得税年度纳税申报时应当向税务机关申报或者报告与确定应纳税额相关的信息。本表包括基本经营情况、有关涉税事项情况、主要股东及分红情况三部分内容。有关项目填报说明如下。

二、《企业所得税年度纳税申报基础信息表》具体填报实务与案例解析

（一）修订后《企业所得税年度纳税申报基础信息表》的主要变化

《企业所得税年度纳税申报基础信息表》是填报后续申报表的基础，2017 年版申

报表修订以简并优化设置为基本原则，删除了"注册资本（万元）"和"境外中资控股居民企业"栏次，修订和新增栏次重新与相关附表建立相互联系，重新划分基本信息表的汇总纳税企业类型，为满足非营利组织及企业重组、资产（股权）划转、非货币性投资、技术入股、从事股权投资业务等事项相关数据栏次的填报，在基本信息表中增加对应项目并建立系统对应关联关系，增强报表整体体系的逻辑性及关联性，强化了"汇总纳税企业"的信息披露。同时，删除了2014年版申报表中因采集信息后实用性不强的部分栏次，减轻纳税人填报工作量，例如删除了"会计档案的存放地""会计核算软件""记账本位币""会计政策和估计是否发生变化""固定资产折旧方法""存货成本计价方法""坏账损失核算方法""所得税计算方法"等填报内容。2019年修订年度纳税申报表时，按照《财政部关于修订印发2019年度一般企业财务报表格式的通知》（财会〔2019〕6号）和《财政部关于修订印发2018年度金融企业财务报表格式的通知》（财会〔2018〕36号）规定，修改了相应项目的填报说明。

（二）修订后《企业所得税年度纳税申报基础信息表》填报要点

有关项目填报实务与案例解析如下。

1. 基本经营情况。本部分所列项目为纳税人必填（必选）内容。

（1）"101 纳税申报企业类型"：纳税人根据申报所属期年度的企业经营方式情况，从《跨地区经营企业类型代码表》中选择相应的代码填入本项。具体格式如表1-4所示。

表1-4　　　　　　　　　　跨地区经营企业类型代码表

代码	类型		
	大类	中类	小类
100	非跨地区经营企业		
210	跨地区经营企业总机构	总机构（跨省）——适用《跨地区经营汇总纳税企业所得税征收管理办法》	
220		总机构（跨省）——不适用《跨地区经营汇总纳税企业所得税征收管理办法》	
230		总机构（省内）	
311	跨地区经营企业分支机构	需进行完整年度纳税申报	分支机构（须进行完整年度申报并按比例纳税）
312			分支机构（须进行完整年度申报但不就地缴纳）

代码说明：

"100 非跨地区经营企业"：纳税人未跨地区设立不具有法人资格分支机构的，为非跨地区经营企业。

"210 总机构（跨省）——适用《跨地区经营汇总纳税企业所得税征收管理办法》"：纳税人为《国家税务总局关于印发〈跨地区经营汇总纳税企业所得税征收管理

办法〉的公告》（国家税务总局公告 2012 年第 57 号发布、国家税务总局公告 2018 年第 31 号修改）规定的跨省、自治区、直辖市和计划单列市设立不具有法人资格分支机构的跨地区经营汇总纳税企业的总机构。

"220 总机构（跨省）——不适用《跨地区经营汇总纳税企业所得税征收管理办法》"：纳税人为《国家税务总局关于印发〈跨地区经营汇总纳税企业所得税征收管理办法〉的公告》（国家税务总局公告 2012 年第 57 号发布、国家税务总局公告 2018 年第 31 号修改）第二条规定的不适用该公告的跨地区经营汇总纳税企业的总机构。

具体单位如下：国有邮政企业（包括中国邮政集团公司及其控股公司和直属单位）、中国工商银行股份有限公司、中国农业银行股份有限公司、中国银行股份有限公司、国家开发银行股份有限公司、中国农业发展银行、中国进出口银行、中国投资有限责任公司、中国建设银行股份有限公司、中国建银投资有限责任公司、中国信达资产管理股份有限公司、中国石油天然气股份有限公司、中国石油化工股份有限公司、海洋石油天然气企业（包括中国海洋石油总公司、中海石油（中国）有限公司、中海油田服务股份有限公司、海洋石油工程股份有限公司）、中国长江电力股份有限公司等企业缴纳的企业所得税（包括滞纳金、罚款）为中央收入，全额上缴中央国库，其企业所得税征收管理不适用本办法。铁路运输企业所得税征收管理不适用本办法。

"230 总机构（省内）"：纳税人为仅在同一省、自治区、直辖市和计划单列市内设立不具有法人资格分支机构的跨地区经营汇总纳税企业的总机构。

"311 分支机构（须进行完整年度申报并按比例纳税）"：纳税人为根据相关政策规定须进行完整年度申报并按比例就地缴纳企业所得税的跨地区经营企业的分支机构。例如，从 2011 年 1 月 1 日起，中国石油天然气股份有限公司、中国石油化工股份有限公司下属不具有法人资格的二级分支机构，按照年度应纳所得税额 50% 的比例，就地预缴企业所得税。

"312 分支机构（须进行完整年度申报但不就地缴纳）"：纳税人为根据相关政策规定须进行完整年度申报但不就地缴纳所得税的跨地区经营企业的分支机构。例如，中国华融资产管理股份有限公司、中国东方资产管理公司应缴纳的企业所得税，由企业总机构统一汇总计算后，向总机构所在地主管税务机关申报预缴，年终进行汇算清缴。上述企业所属二级分支机构应按照企业所得税的有关规定，向其当地主管税务机关报送企业所得税预缴申报表和其他相关资料，各分支机构不就地预缴企业所得税。

（2）"102 分支机构就地纳税比例（%）"："101 纳税申报企业类型"为"分支机构（须进行完整年度申报并按比例纳税）"需要同时填报本项。分支机构填报年度纳税申报时应当就地缴纳企业所得税的比例。

（3）"103 资产总额（万元）"：填报纳税人全年资产总额季度平均数，单位为万元，保留小数点后两位。资产总额季度平均数，具体计算公式如下：

$$季度平均值 =（季初值 + 季末值）÷ 2$$
$$全年季度平均值 = 全年各季度平均值之和 ÷ 4$$

年度中间开业或者终止经营活动的，以其实际经营期作为一个纳税年度确定上述相关指标。

（4）"104 从业人数"：填报纳税人全年平均从业人数，从业人数是指与企业建立劳动关系的职工人数和企业接受的劳务派遣用工人数之和，依据和计算方法同"资产总额"口径。

填报要点如下：按照 2019 年 1 月 9 日国务院常务会议精神，国家将放宽小型微利企业标准并加大优惠力度，放宽小型微利企业标准就是放宽认定条件，放宽后的条件为：企业资产总额 5 000 万元以下、从业人数 300 人以下、应纳税所得额 300 万元以下。特别需要注意的是，此处"资产总额"的填报单位为"万元"，若误以"元"为单位填报，会导致企业的资产总额过大，使本该享受的税收优惠无法享受小型微利企业相关税收优惠政策。

"103 资产总额"和"104 从业人数"填报数据对于判断小型微利企业至关重要。按照《财政部、税务总局关于进一步扩大小型微利企业所得税优惠政策范围的通知》（财税〔2018〕77 号）和《国家税务总局关于贯彻落实进一步扩大小型微利企业所得税优惠政策范围有关征管问题的公告》（国家税务总局公告 2018 年第 40 号）的相关规定，自 2018 年 1 月 1 日至 2020 年 12 月 31 日，将小型微利企业的年应纳税所得额上限由 50 万元提高至 100 万元，对年应纳税所得额低于 100 万元（含 100 万元）的小型微利企业，其所得减按 50% 计入应纳税所得额，按 20% 的税率缴纳企业所得税。前述所称小型微利企业，是指从事国家非限制和禁止行业，并符合下列条件的企业：工业企业，年度应纳税所得额不超过 100 万元，从业人数不超过 100 人，资产总额不超过 3 000 万元；其他企业，年度应纳税所得额不超过 100 万元，从业人数不超过 80 人，资产总额不超过 1 000 万元。所以 2018 年度企业所得税汇算清缴纳税申报应按照上述标准判断是否符合小型微利企业标准。

按照《财政部、税务总局关于实施小微企业普惠性税收减免政策的通知》（财税〔2019〕13 号）和《国家税务总局关于实施小型微利企业普惠性所得税减免政策有关问题的公告》（国家税务总局公告 2019 年第 2 号）的相关规定，小型微利企业是指从事国家非限制和禁止行业，且同时符合年度应纳税所得额不超过 300 万元、从业人数不超过 300 人、资产总额不超过 5 000 万元等三个条件的企业。自 2019 年 1 月 1 日至 2021 年 12 月 31 日，对小型微利企业年应纳税所得额不超过 100 万元的部分，减按 25% 计入应纳税所得额，按 20% 的税率缴纳企业所得税；对年应纳税所得额超过 100

万元但不超过 300 万元的部分，减按 50% 计入应纳税所得额，按 20% 的税率缴纳企业所得税。从业人数，包括与企业建立劳动关系的职工人数和企业接受的劳务派遣用工人数。小型微利企业在预缴和汇算清缴企业所得税时，通过填写纳税申报表相关内容，即可享受小型微利企业所得税减免政策。

2019~2021 年度，在预缴企业所得税时，企业可直接按当年度截至本期末的资产总额、从业人数、应纳税所得额等情况判断是否为小型微利企业。资产总额、从业人数指标具体计算公式如下：季度平均值 =（季初值 + 季末值）÷2，全年季度平均值 = 全年各季度平均值之和 ÷4。计算截至本期末的季度平均值；年应纳税所得额指标按截至本期末不超过 300 万元的标准判断。

原不符合小型微利企业条件的企业，在年度中间预缴企业所得税时，按上述政策规定判断符合小型微利企业条件的，应按照截至本期申报所属期末累计情况计算享受小型微利企业所得税减免政策。当年度此前期间因不符合小型微利企业条件而多预缴的企业所得税税款，可在以后季度应预缴的企业所得税税款中抵减。按月度预缴企业所得税的企业，在当年度 4 月、7 月、10 月预缴申报时，如果按照国家税务总局公告 2019 年第 3 号第三条规定判断符合小型微利企业条件的，下一个预缴申报期起调整为按季度预缴申报，一经调整，当年度内不再变更。判断小型微利企业相关条件时需要注意：第一，按照相关政策规定，从业人数包括与企业建立劳动关系的职工人数和企业接受的劳务派遣用工人数，即劳务派遣用工人数计入了用人单位的从业人数。本着合理性原则，劳务派遣公司可不再将劳务派出人员重复计入本公司的从业人数。第二，现行企业所得税实行法人税制，企业应以法人为纳税主体，计算从业人数、资产总额等指标，即汇总纳税企业的从业人数、资产总额应包括分支机构的数据。第三，视同独立纳税人缴税的二级分支机构不具有法人资格，其经营情况应并入企业总机构，由企业总机构汇总计算应纳税款，并享受相关优惠政策。第四，国家限制和禁止行业可参照《产业结构调整指导目录（2011 年本）》（2013 年修订）规定的限制类和淘汰类和《外商投资产业指导目录（2017 年修订）》中规定的限制外商投资产业目录、禁止外商投资产业目录列举的产业加以判断。

【案例 1-7】甲公司 2020 年各季度资产负债表日的资产总额期末余额情况如表 1-5 所示。

表 1-5　　　　　　2020 年各季度资产负债表日的资产总额期末余额　　　　单位：万元

季度	季初值	季末值	季度平均值	截至本季度末的季度平均值
第 1 季度	4 854	5 216	5 035	5 035
第 2 季度	5 216	4 678	4 947	4 991
第 3 季度	4 678	4 882	4 780	4 920.67
第 4 季度	4 882	5 136	5 009	4 942.75

问：计算甲公司各季度和全年平均资产总额并判断是否符合2020年各季度预缴和汇算清缴时有关小型微利企业资产总额条件。

分析：各季度预缴申报时，第1季度资产总额不符合条件，第2、第3、第4季度资产总额符合条件；企业所得税汇算清缴时，全年季度平均值＝全年各季度平均值之和÷4＝（5 035＋4 947＋4 780＋5 009）÷4＝4 942.75（万元），甲公司全年资产总额季度平均数为4 942.75万元，符合小型微利企业中资产总额条件。

【案例1-8】乙公司2020年5月15日注册登记开始生产经营，当日实缴资本为3 000万元，资产负债表列示的初始资产总额为3 000万元，以后各季度资产负债表日的资产总额期末余额情况如表1-6所示。

表1-6　　　　　　　2020年各季度资产负债表日的资产总额期末余额　　　　　　单位：万元

季度	季初值	季末值	季度平均值	截至本季度末的季度平均值
第2季度	3 000	5 880	4 440	4 440
第3季度	5 580	5 120	5 350	4 895
第4季度	5 120	4 760	4 940	4 910

问：计算乙公司开业生产经营后各季度和全年平均资产总额并判断是否符合2020年各季度预缴和汇算清缴时有关小型微利企业资产总额条件。

分析：各季度预缴申报时，第2、第3、第4季度资产总额均符合条件；企业所得税汇算清缴时，全年季度平均值＝全年各季度平均值之和÷3＝（4 440＋5 350＋4 940）÷3＝4 910（万元），乙公司全年资产总额季度平均数为4 910万元，符合小型微利企业中资产总额的限制条件。

【案例1-9】A企业2017年成立，从事国家非限制和禁止行业，2019年各季度的资产总额、从业人数以及累计应纳税所得额情况如表1-7所示。

表1-7　　　　　　　　　　　A企业2019年各季度相关指标

季度	从业人数		资产总额（万元）		应纳税所得额（累计值，万元）
	期初	期末	期初	期末	
第1季度	120	400	2 000	4 000	150
第2季度	400	500	4 000	6 600	200
第3季度	500	200	6 600	7 000	280
第4季度	200	40	7 000	2 500	290

问：A企业在2019年度预缴企业所得税时，判断是否符合小型微利企业条件？2019年度企业所得税年度纳税申报时，判断是否符合小型微利企业条件？

①预缴2019年度企业所得税时，分析具体过程如表1-8所示。

表 1 - 8　　　　　　　　2019 年度预缴企业所得税小型微利企业判断表

	指标	第 1 季度	第 2 季度	第 3 季度	第 4 季度
从业人数（人）	季初	120	400	500	200
	季末	400	500	200	40
	季度平均值	$(120+400)\div$ $2=260$	$(400+500)\div$ $2=450$	$(500+200)\div$ $2=350$	$(200+40)\div$ $2=120$
	截至本期末季度平均值	260	$(260+450)\div$ $2=355$	$(260+450+350)\div$ $3=353$	$(260+450+350+$ $120)\div4=295$
资产总额（万元）	季初	2 000	4 000	6 600	7 000
	季末	4 000	6 600	7 000	2 500
	季度平均值	$(2\,000+4\,000)\div$ $2=3\,000$	$(4\,000+6\,600)\div$ $2=5\,300$	$(6\,600+7\,000)\div$ $2=6\,800$	$(7\,000+2\,500)\div$ $2=4\,750$
	截至本期末季度平均值	3 000	$(3\,000+5\,300)\div$ $2=4\,150$	$(3\,000+5\,300+$ $6\,800)\div3=5\,033.33$	$(3\,000+5\,300+6\,800$ $+4\,750)\div4=4\,962.5$
应纳税所得额（累计值，万元）		150	200	280	290
判断结果		符合	不符合（从业人数超标）	不符合（从业人数和资产总额均超标）	符合

②2019 年度企业所得税年度纳税申报时，小型微利企业标准分析具体过程如下：从业人数全年季度平均值 = 全年各季度平均值之和 ÷ 4 = （260 + 450 + 350 + 120）÷ 4 = 295（人）；资产总额全年季度平均值 = 全年各季度平均值之和 ÷ 4 = （3 000 + 5 300 + 6 800 + 4 750）÷ 4 = 4 962.5（万元）；年度应纳税所得额 = 290（万元）。上述指标均符合小型微利企业 2019 年相关政策规定，2019 年可以享受小型微利企业普惠性所得税减免政策，当年应纳税额 = 100 × 25% × 20% + （290 - 100）× 50% × 20% = 5 + 19 = 24（万元），相比一般企业而言，减免企业所得税 = 290 × 25% - 24 = 48.5（万元），填入《减免所得税优惠明细表》（A107040）第 1 行"一、符合条件的小型微利企业减免企业所得税"。

【案例 1 - 10】甲公司属于季节性用工波动较为明显的制造业企业，2019 年各季度从业人数（包括与企业建立劳动关系的职工人数和企业接受的劳务派遣用工人数）情况如表 1 - 9 所示。

表 1 - 9　　　　　　　　　　　　　　　　　　　　　　　　　　　　　　　　单位：人

季度	季初值	季末值	季度平均值
第 1 季度	267	368	317.5
第 2 季度	368	316	342
第 3 季度	316	248	282
第 4 季度	248	226	237

问：计算甲公司全年平均从业人数并判断是否符合小型微利企业人数条件。

全年季度平均值 = 全年各季度平均值之和 ÷ 4 = （317.5 + 342 + 282 + 237）÷ 4 = 295（人），按照《企业所得税法实施条例》的规定，小型微利企业，是指从事国家非限制和禁止行业，并符合下列条件的企业：（1）工业企业，则为年度应纳税所得额不超过30万元，从业人数不超过100人，资产总额不超过3 000万元；（2）其他企业，则为年度应纳税所得额不超过30万元，从业人数不超过80人，资产总额不超过1 000万元。

但是，按照2019年1月9日国务院常务会议的相关决定，国家将放宽小型微利企业标准并加大优惠力度，放宽后的标准和认定条件为：企业资产总额5 000万元以下、从业人数300人以下、应纳税所得额300万元以下。甲公司从业人数为295人不超过300人，符合小型微利企业人数条件。

（5）"106 从事国家限制或禁止行业"：纳税人从事行业为国家限制和禁止行业的，选择"是"；其他选择"否"。

具体填报实务要点：纳税人是否从事国家限制和禁止行业，具体可以参照《产业结构调整指导目录（2013年修正本）》，目录中对限制行业有详细规定。非属于上述目录外一般性企业选择"否"。需要注意的是，2019年10月30日，国家发展改革委发布了修正后的《产业结构调整指导目录（2019年本）》，自2020年1月1日起施行。《产业结构调整指导目录（2011年本）（修正）》同时废止。纳税人在2021年进行2020年度企业所得税汇算清缴时，需要按照新版目录确认是否从事国家限制和禁止行业。

（6）"105 所属国民经济行业"：按照《国民经济行业分类》标准，纳税人填报所属的国民经济行业明细代码。

（7）"107 适用会计准则或会计制度"：纳税人根据会计核算采用的会计准则或会计制度从《会计准则或会计制度类型代码表》中选择相应的代码填入本项。具体格式如表1-10所示。

表1-10　　　　　　　　　会计准则或会计制度类型代码表

代码	类型	
	大类	小类
110	企业会计准则	一般企业
120		银行
130		证券
140		保险
150		担保
200	小企业会计准则	
300	企业会计制度	
410	事业单位会计准则	事业单位会计制度
420		科学事业单位会计制度
430		医院会计制度
440		高等学校会计制度
450		中小学校会计制度
460		彩票机构会计制度

续表

代码	类型	
	大类	小类
500	民间非营利组织会计制度	
600	村集体经济组织会计制度	
700	农民专业合作社财务会计制度（试行）	
999	其他	

具体填报实务要点：纳税人适用的会计准则或会计制度属于单项选择，即纳税人应根据自身具体情况选择上述一种会计准则或制度。《财政部关于公布若干废止和失效的会计准则制度类规范性文件目录的通知》（财会〔2015〕3号）规定全文废止或失效了39项会计准则和制度，今后纳税人不得采用上述会计准则或制度进行会计核算和纳税申报。本项目的填报情况与收入、成本、费用明细表及视同销售明细表的相关栏目的填列存在对应关系。纳税人应该严格执行《财政部关于加强国家统一的会计制度贯彻实施工作的指导意见》（财会〔2019〕17号）。

（8）"108 采用一般企业财务报表格式（2019 年版）"：纳税人根据《财政部关于修订印发 2019 年度一般企业财务报表格式的通知》（财会〔2019〕6号）和《财政部关于修订印发 2018 年度金融企业财务报表格式的通知》（财会〔2018〕36号）规定的格式编制财务报表的，选择"是"，其他选择"否"。

（9）"109 小型微利企业"：纳税人符合小型微利企业普惠性所得税减免政策条件的，选择"是"，其他选择"否"。

需要注意的是，企业进行 2018 年度企业所得税年度纳税申报时，按照 2018 年修订版填报说明进行填报。2019 年及以后年度企业所得税年度纳税申报时，按照《国家税务总局〈关于修订中华人民共和国企业所得税月（季）度预缴纳税申报表（A 类 2018 年版）〉等部分表单样式及填报说明的公告》（国家税务总局公告 2019 年第 3 号）的规定，2019 年度及以后年度企业所得税预缴和汇算清缴纳税申报时，将《企业所得税年度纳税申报基础信息表》（A000000）"109 小型微利企业"的填报说明修改为"纳税人符合小型微利企业普惠性所得税减免政策的，选择'是'，其他选择'否'。"

（10）"110 上市公司"：纳税人在中国境内上市的选择"境内"；在中国境外上市的选择"境外"；在境内外同时上市的可同时选择；其他选择"否"。纳税人在中国香港上市的，参照境外上市相关规定选择。

具体填报实务要点：注意新三板挂牌公司，不属于证监会相关文件规范的境内上市公司。上市公司也可能存在在境内和境外均上市，例如，庄园乳业在境内上市的同时也在境外（香港特区）上市；华能国际同时在纽约证券交易所、香港交易所和上海证券交易所上市。

2. 有关涉税事项情况。本部分所列项目为条件必填（必选）内容，当纳税人存在或发生下列事项时，必须填报。纳税人未填报的，视同不存在或未发生下列事项。

（1）"201从事股权投资业务"：纳税人从事股权投资业务的（包括集团公司总部、创业投资企业等），选择"是"。

具体填报实务要点：从事股权投资业务的企业其业务招待费的扣除基数与一般企业不同。根据《国家税务总局关于贯彻落实企业所得税法若干税收问题的通知》（国税函〔2010〕79号）文件规定："对从事股权投资业务的企业（包括集团公司总部、创业投资企业等），其从被投资企业所分配的股息、红利以及股权转让收入，可以按规定的比例计算业务招待费扣除限额。"如果从事股权投资业务的企业错误填写，则会影响业务招待费计算的扣除基数。此处从事股权投资业务没有强调是专门从事股权投资业务的企业，即只要企业从事股权投资业务就可以选择"是"。另外，税务机关通过该项目填报信息，可以进一步了解纳税人是否存在关联交易提供线索。

（2）"202存在境外关联交易"：纳税人存在境外关联交易的，选择"是"。

（3）"203选择采用的境外所得抵免方式"：纳税人适用境外所得税收抵免政策，且根据《财政部 税务总局关于完善企业境外所得税收抵免政策问题的通知》（财税〔2017〕84号）文件规定选择按国（地区）别分别计算其来源于境外的应纳税所得额，即"分国（地区）不分项"的，选择"分国（地区）不分项"；纳税人适用境外所得税收抵免政策，且根据财税〔2017〕84号文件规定选择不按国（地区）别汇总计算其来源于境外的应纳税所得额，即"不分国（地区）不分项"的，选择"不分国（地区）不分项"。境外所得抵免方式一经选择，5年内不得变更。

（4）"204有限合伙制创业投资企业的法人合伙人"：纳税人投资于有限合伙制创业投资企业且为其法人合伙人的，选择"是"。本项目中的有限合伙制创业投资企业的法人合伙人是指符合《中华人民共和国合伙企业法》《创业投资企业管理暂行办法》（国家发展和改革委员会令第39号）、《外商投资创业投资企业管理规定》（外经贸部、科技部、工商总局、税务总局、外汇管理局令2003年第2号发布，商务部令2015年第2号修改）、《私募投资基金监督管理暂行办法》（证监会令第105号）关于创业投资基金的特别规定等规定的创业投资企业法人合伙人。有限合伙制创业投资企业的法人合伙人无论是否享受企业所得税优惠政策，均应填报本项。

（5）"205创业投资企业"：纳税人为创业投资企业的，选择"是"。本项目中的创业投资企业是指依照《创业投资企业管理暂行办法》（国家发展和改革委员会令第39号）和《外商投资创业投资企业管理规定》（外经贸部、科技部、工商总局、税务总局、外汇管理局令2003年第2号发布，商务部令2015年第2号修改）、《私募投资基金监督管理暂行办法》（证监会令第105号）关于创业投资基金的特别规定等规定，在中华人民共和国境内设立的专门从事创业投资活动的企业或其他经济组织。创业投资企业无论是否享受企业所得税优惠政策，均应填报本项。

（6）"206 技术先进型服务企业类型"：纳税人为经认定的技术先进型服务企业的，从《技术先进型服务企业类型代码表》（具体格式如表 1 – 11 所示）中选择相应的代码填报本项。本项目中的经认定的技术先进型服务企业是指符合《财政部 税务总局 商务部 科技部 国家发展改革委关于将技术先进型服务企业所得税政策推广至全国实施的通知》（财税〔2017〕79 号）、《财政部 税务总局 商务部 科技部 国家发展改革委关于将服务贸易创新发展试点地区技术先进型服务企业所得税政策推广至全国实施的通知》（财税〔2018〕44 号）等文件规定的企业。经认定的技术先进型服务企业无论是否享受企业所得税优惠政策，均应填报本项。

表 1 – 11　　　　　　　　　技术先进型服务企业类型代码表

代码	类型	
	大类	小类
110	服务外包类	信息技术外包服务（ITO）
120		技术性业务流程外包服务（BPO）
130		技术性知识流程外包服务（KPO）
210	服务贸易类	计算机和信息服务
220		研究开发和技术服务
230		文化技术服务
240		中医药医疗服务

（7）"207 非营利组织"：纳税人为非营利组织的，选择"是"。

（8）"208 软件、集成电路企业类型"：纳税人按照企业类型从《软件、集成电路企业类型代码表》（具体格式如表 1 – 12 所示）中选择相应的代码填入本项。软件、集成电路企业若符合相关企业所得税优惠政策条件的，无论是否享受企业所得税优惠，均应填报本项。

表 1 – 12　　　　　　　　　软件、集成电路企业类型代码表

代码	类型		
	大类	中类	小类
110	集成电路生产企业	线宽小于0.8微米（含）的企业	
120		线宽小于0.25微米的企业	
130		投资额超过80亿元的企业	
140		线宽小于130纳米的企业	
150		线宽小于65纳米或投资额超过150亿元的企业	

续表

代码	类型		
	大类	中类	小类
210	集成电路设计企业	新办符合条件企业	
220		符合规模条件的重点集成电路设计企业	
230		符合领域的重点集成电路设计企业	
311	软件企业	一般软件企业	新办符合条件企业
312			符合规模条件的重点软件企业
313			符合领域条件的重点软件企业
314			符合出口条件的重点软件企业
321		嵌入式或信息系统集成软件	新办符合条件企业
322			符合规模条件的重点软件企业
323			符合领域条件的重点软件企业
324			符合出口条件的重点软件企业
400	集成电路封装测试企业		
500	集成电路关键专用材料生产企业		
600	集成电路专用设备生产企业		

（9）"209集成电路生产项目类型"：纳税人投资集成电路线宽小于130纳米或集成电路线宽小于65纳米或投资额超过150亿元的集成电路生产项目，项目符合《财政部 税务总局 国家发展改革委 工业和信息化部关于集成电路生产企业有关企业所得税政策问题的通知》（财税〔2018〕27号）等文件规定的税收优惠政策条件，且按照项目享受企业所得税优惠政策的，应填报本项。纳税人投资线宽小于130纳米的集成电路生产项目的，选择"130纳米"，投资线宽小于65纳米或投资额超过150亿元的集成电路生产项目的，选择"65纳米"；同时投资上述两类项目的，可同时选择"130纳米"和"65纳米"。

纳税人既符合"208软件、集成电路企业类型"项目又符合"209集成电路生产项目类型"项目填报条件的，应当同时填报。

（10）"210科技型中小企业"：纳税人根据申报所属期年度和申报所属期下一年度取得的科技型中小企业入库登记编号情况，填报本项目下的"210－1""210－2""210－3""210－4"。如，纳税人在进行2018年度企业所得税汇算清缴纳税申报时，"210－1____（申报所属期年度）入库编号"首先应当填列"2018（申报所属期年度）入库编号"，"210－3____（所属期下一年度）入库编号"首先应当填列"2019（所属期下一年度）入库编号"。若纳税人在2018年1月1日至2018年12月31日之间取得科技型中小企业入库登记编号的，将相应的"编号"及"入库时间"分别填入"210－1"和"210－2"项目中；若纳税人在2019年1月1日至2018年度汇算清缴纳税申报日之间取得科技型中小企业入库登记编号的，将相应的"编号"及"入库时间"分别填入"210－3"和"210－4"项目中。纳税人符合上述填报要求的，无论是否享受企业所得税优惠政策，均应填报本项。

（11）"211 高新技术企业申报所属期年度有效的高新技术企业证书"：纳税人根据申报所属期年度拥有的有效期内的高新技术企业证书情况，填报本项目下的"211－1""211－2""211－3""211－4"。在申报所属期年度，如企业同时拥有两个高新技术企业证书，则两个证书情况均应填报。如：纳税人 2015 年 10 月取得高新技术企业证书，有效期 3 年，2018 年再次参加认定并于 2018 年 11 月取得新高新技术企业证书，纳税人在进行 2018 年度企业所得税汇算清缴纳税申报时，应将两个证书的"编号"及"发证时间"分别填入"211－1""211－2""211－3""211－4"项目中。纳税人符合上述填报要求的，无论是否享受企业所得税优惠政策，均应填报本项。

（12）"212 重组事项税务处理方式"：纳税人在申报所属期年度发生重组事项的，应填报本项。纳税人重组事项按一般性税务处理的，选择"一般性"；重组事项按特殊性税务处理的，选择"特殊性"。

（13）"213 重组交易类型"和"214 重组当事方类型"：填报"212 重组事项税务处理方式"的纳税人，应当同时填报"213 重组交易类型"和"214 重组当事方类型"。纳税人根据重组情况从《重组交易类型和当事方类型代码表》（具体格式如表 1－13 所示）中选择相应代码分别填入对应项目中。重组交易类型和当事方类型根据《财政部 国家税务总局关于企业重组业务企业所得税处理若干问题的通知》（财税〔2009〕59 号）、《国家税务总局关于企业重组业务企业所得税征收管理若干问题的公告》（国家税务总局公告 2015 年第 48 号发布、国家税务总局公告 2018 年第 31 号修改）等文件规定判断。

表 1－13　　　　　　　　　重组交易类型和当事方类型代码表

重组交易		重组当事方	
代码	类型	代码	类型
100	法律形式改变	—	—
200	债务重组	210	债务人
		220	债权人
300	股权收购	310	收购方
		320	转让方
		330	被收购企业
400	资产收购	410	收购方
		420	转让方

续表

重组交易		重组当事方	
代码	类型	代码	类型
500	合并	510	合并企业
		520	被合并企业
		530	被合并企业股东
600	分立	610	分立企业
		620	被分立企业
		630	被分立企业股东

（14）"215 政策性搬迁开始时间"：纳税人发生政策性搬迁事项且申报所属期年度处在搬迁期内的，填报政策性搬迁开始的时间。

（15）"216 发生政策性搬迁且停止生产经营无所得年度"：纳税人的申报所属期年度处于政策性搬迁期内，且停止生产经营无所得的，选择"是"。

（16）"217 政策性搬迁损失分期扣除年度"：纳税人发生政策性搬迁事项出现搬迁损失，按照《企业政策性搬迁所得税管理办法》（国家税务总局公告 2012 年第 40 号发布）等有关规定选择自搬迁完成年度起分 3 个年度均匀在税前扣除的，且申报所属期年度处在分期扣除期间的，选择"是"。

（17）"218 发生非货币性资产对外投资递延纳税事项"：纳税人在申报所属期年度发生非货币性资产对外投资递延纳税事项的，选择"是"。

（18）"219 非货币性资产对外投资转让所得递延纳税年度"：纳税人以非货币性资产对外投资确认的非货币性资产转让所得，按照《财政部 国家税务总局关于非货币性资产投资企业所得税政策问题的通知》（财税〔2014〕116 号）、《国家税务总局关于非货币性资产投资企业所得税有关征管问题的公告》（国家税务总局公告 2015 年第 33 号）等文件规定，在不超过 5 年期限内分期均匀计入相应年度的应纳税所得额的，且申报所属期年度处在递延纳税期间的，选择"是"。

（19）"220 发生技术成果投资入股递延纳税事项"：纳税人在申报所属期年度发生技术入股递延纳税事项的，选择"是"。

（20）"221 技术成果投资入股递延纳税年度"：纳税人发生技术入股事项，按照《财政部 国家税务总局关于完善股权激励和技术入股有关所得税政策的通知》（财税〔2016〕101 号）、《国家税务总局关于股权激励和技术入股所得税征管问题的公告》（国家税务总局公告 2016 年第 62 号）等文件规定选择适用递延纳税政策，即在投资入股当期暂不纳税，递延至转让股权时按股权转让收入减去技术成果原值和合理税费后的差额计算缴纳所得税的，且申报所属期年度为转让股权年度的，选择"是"。

（21）"222 发生资产（股权）划转特殊性税务处理事项"：纳税人在申报所属期年

度发生《财政部 国家税务总局关于促进企业重组有关企业所得税处理问题的通知》（财税〔2014〕109号）、《国家税务总局关于资产（股权）划转企业所得税征管问题的公告》（国家税务总局公告2015年第40号）等文件规定的资产（股权）划转特殊性税务处理事项的，选择"是"。

（22）"223债务重组所得递延纳税年度"：纳税人债务重组确认的应纳税所得额按照《财政部 国家税务总局关于企业重组业务企业所得税处理若干问题的通知》（财税〔2009〕59号）等文件规定，在5个纳税年度的期间内，均匀计入各年度的应纳税所得额的，且申报所属期年度处在递延纳税期间的，选择"是"。

3. 主要股东及分红情况。纳税人填报本企业投资比例位列前10位的股东情况。包括股东名称、证件种类（营业执照、税务登记证、组织机构代码证、身份证、护照等）、证件号码（统一社会信用代码、纳税人识别号、组织机构代码号、身份证号、护照号等）、投资比例，当年（决议日）分配的股息、红利等权益性投资收益金额，国籍（注册地址）。纳税人股东数量超过10位的，应将其余股东有关数据合计后填入"其余股东合计"行次。

纳税人股东为非居民企业的，证件种类和证件号码可不填报。

具体填报实务要点：该项目2017版与2014版申报表相比有变化，第一，删除了企业对外投资情况，对主要股东从前5位扩展为前10位；第二，将主要股东的"经济性质"（单位投资的，按其登记注册类型填报；个人投资的，填报自然人）替换为更加实用的"当年（决议日）分配的股息、红利等权益性投资收益金额"。

小型微利企业需要注意的是，按照《国家税务总局关于简化小型微利企业所得税年度纳税申报有关措施的公告》（国家税务总局公告2018年第58号）规定，《企业所得税年度纳税申报基础信息表》（A000000）中的"基本经营情况"为小型微利企业必填项目；"有关涉税事项情况"为选填项目，存在或者发生相关事项时小型微利企业必须填报；"主要股东及分红情况"为小型微利企业免填项目。

第四节 《企业所得税年度纳税申报表（A类，2017年版）》主表填报实务与案例解析

一、《企业所得税年度纳税申报表（A类，2017年版）》主表格式与填报要点

具体格式如表1-14所示。

表 1－14 　　　　　　中华人民共和国企业所得税年度纳税申报表（A 类）　　　　　A100000

行次	类别	项 目	金 额
1	利润总额计算	一、营业收入（填写 A101010＼101020＼103000）	
2		减：营业成本（填写 A102010＼102020＼103000）	
3		减：税金及附加	
4		减：销售费用（填写 A104000）	
5		减：管理费用（填写 A104000）	
6		减：财务费用（填写 A104000）	
7		减：资产减值损失	
8		加：公允价值变动收益	
9		加：投资收益	
10		二、营业利润	
11		加：营业外收入（填写 A101010＼101020＼103000）	
12		减：营业外支出（填写 A102010＼102020＼103000）	
13		三、利润总额（10＋11－12）	
14	应纳税所得额计算	减：境外所得（填写 A108010）	
15		加：纳税调整增加额（填写 A105000）	
16		减：纳税调整减少额（填写 A105000）	
17		减：免税、减计收入及加计扣除（填写 A107010）	
18		加：境外应税所得抵减境内亏损（填写 A108000）	
19		四、纳税调整后所得（13－14＋15－16－17＋18）	
20		减：所得减免（填写 A107020）	
21		减：弥补以前年度亏损（填写 A106000）	
22		减：抵扣应纳税所得额（填写 A107030）	
23		五、应纳税所得额（19－20－21－22）	
24	应纳税额计算	税率（25%）	
25		六、应纳所得税额（23×24）	
26		减：减免所得税额（填写 A107040）	
27		减：抵免所得税额（填写 A107050）	
28		七、应纳税额（25－26－27）	
29		加：境外所得应纳所得税额（填写 A108000）	
30		减：境外所得抵免所得税额（填写 A108000）	
31		八、实际应纳所得税额（28＋29－30）	
32		减：本年累计实际已缴纳的所得税	
33		九、本年应补（退）所得税额（31－32）	
34		其中：总机构分摊本年应补（退）所得税额（填写 A109000）	
35		财政集中分配本年应补（退）所得税额（填写 A109000）	
36		总机构主体生产经营部门分摊本年应补（退）所得税额（填写 A109000）	

　　本表为企业所得税年度纳税申报表主表，企业应该根据《中华人民共和国企业所得税法》及其实施条例（以下简称税法）、相关税收政策，以及国家统一会计制度（企业会计准则、小企业会计准则、企业会计制度、事业单位会计准则和民间非营利组织会计制度等）的规定，计算填报纳税人利润总额、应纳税所得额和应纳税额等有关项目。

　　企业在计算应纳税所得额及应纳所得税时，企业会计处理与税收规定不一致的，应当按照税收规定计算。税收规定不明确的，在没有明确规定之前，暂按国家统一会计制度计算。

填报实务要点如下，税收规定不明确的，在没有明确规定之前，暂按国家统一会计制度计算。这说明在没有明确税收规定的情况下，国家统一会计制度也是计算企业所得税的依据，纳税人违反国家统一会计制度的，应首先按照会计差错更正相关规定进行会计处理，再按照税收规定计算应纳税所得额和应纳税额。如果既没有税收规定，也没有国家统一会计制度规定，则依据其他法律、法规或规范性文件处理。

二、《企业所得税年度纳税申报表（A 类，2017 年版）》表体项目修改情况与填报要点

本表是在纳税人会计利润总额的基础上，加减纳税调整等金额后计算出"纳税调整后所得"。会计与税法的差异（包括收入类、扣除类、资产类等差异）通过《纳税调整项目明细表》（A105000）集中填报。

本表包括利润总额计算、应纳税所得额计算、应纳税额计算三个部分。

1. "利润总额计算"中的项目，按照国家统一会计制度规定计算填报。实行企业会计准则、小企业会计准则、企业会计制度、分行业会计制度的纳税人，其数据直接取自《利润表》（另有说明的除外）；实行事业单位会计准则的纳税人，其数据取自《收入支出表》；实行民间非营利组织会计制度的纳税人，其数据取自《业务活动表》；实行其他国家统一会计制度的纳税人，根据本表项目进行分析填报。

2. "应纳税所得额计算"和"应纳税额计算"中的项目，除根据主表逻辑关系计算以外，通过附表相应栏次填报。

2017 年版申报表的主表与 2014 年版相比有所修改，具体填报实务要点如下：

第一，修改应纳税所得额计算顺序。即将旧表中的第 23 行"应纳税所得额" ＝第 19 行"纳税调整后所得（13－14＋15－16－17＋18）"－第 20 行"所得减免（填写 A107020）"－第 21 行"抵扣应纳税所得额（填写 A107030）"－第 22 行"弥补以前年度亏损（填写 A106000）"，修改为：第 23 行"应纳税所得额" ＝第 19 行"纳税调整后所得（13－14＋15－16－17＋18）"－第 20 行"所得减免（填写 A107020）"－第 21 行"弥补以前年度亏损（填写 A106000）"－第 22 行"抵扣应纳税所得额（填写 A107030）"，此处修改还将影响 A106000《企业所得税弥补亏损明细表》中第 2 列"可弥补亏损所得"的计算结果。计算顺序调整后，如纳税人当期既有可抵扣的应纳税所得额，又有需要弥补的以前年度亏损额的，须先用纳税调整后所得弥补以前年度亏损，再用弥补亏损后的余额抵扣创业投资企业可抵扣的应纳税所得额。

【案例 1 – 11】某创业投资企业，2017 年度纳税调整后所得为 200 万元，有 2012 年尚未弥补的亏损 80 万元。2015 年投资于未上市的中小高新技术企业 200 万元，按照《企业所得税法》第 79 条的规定，可以按其投资额的 70% 在股权持有满两年的当年抵扣该创业投资企业的应纳税所得额，当年不足抵扣的可以在以后年度结转抵扣。若按 2014 版申报表的顺序计算：应纳税所得额 = 200 – 140 – 60 = 0，2012 年的亏损 80 万元，本年度只能弥补 60 万元，余下的 20 万元因为超过了 5 年的亏损弥补期而不能弥补。按 2017 版申报表的顺序计算：应纳税所得额 = 200 – 80 – 120 = 0，2012 年的亏损可以全部在本年度实现弥补，创业投资额 70% 部分虽然本年度只抵扣了 120 万元，但剩下的 20 万元以后年度仍可以结转抵扣。通过案例可以看到，让有期限的亏损先弥补，让无期限的抵扣后抵扣，这对企业更加有利。

第二，将旧表中的第 3 行"营业税金及附加"修改为"税金及附加"。

第三，将旧表中的附列资料中的第 39 行"以前年度多缴的所得税额在本年抵减额"和第 38 行"以前年度应缴未缴在本年入库所得税额"进行删除。

第四，利润总额相关计算项目添加了"加："："减："的标识。为避免产生理解歧义，增强计算过程的确定性，对原第 3 行"税金及附加"、原第 4 行"销售费用"、原第 5 行"管理费用"、原第 6 行"财务费用"、原第 7 行"资产减值损失"添加了"减："的标识，对原第 9 行"投资收益"添加了"加："的标识。

第五，更进一步明确了境外所得抵减（弥补）境内亏损的情形。为解决纳税人用境外所得抵减（弥补）境内亏损的计算问题，明确计算方法和填报口径。纳税人可以选择是否用境外所得抵减（弥补）境内亏损，当纳税人选择不用境外所得抵减境内亏损时，本表第 18 行"加：境外应税所得抵减境内亏损"和《境外所得税收抵免明细表》（A108000）第 6 列"抵减境内亏损"填报"0"。

当纳税人选择用境外所得抵减（弥补）境内亏损时，在《境外所得税收抵免明细表》（A108000）第 6 列"抵减境内亏损"填报境外所得弥补境内亏损的金额，并区别两种情况分别处理：一是用境外所得抵减当年度境内亏损的，抵减金额同时填入本表第 18 行"加：境外应税所得抵减境内亏损"；二是用境外所得弥补以前年度境内亏损的，弥补金额通过《企业所得税弥补亏损明细表》（A106000）进行计算，并将弥补以前年度境内亏损后的"可结转以后年度弥补的亏损额"填入《企业所得税弥补亏损明细表》（A106000）第 11 列。

从主表的结构看，境外所得的纳税调整，包括一减一加。减项为主表第 14 行"减：境外所得"，填报纳税人取得的境外所得且已计入利润总额的金额。加项为主表第 18 行"境外应税所得抵减境内亏损"。主表"利润总额"在"减：境外所得""加：纳税调整增加额""减：纳税调整减少额""减：免税、减计收入及加计扣除"后为负数的，可以把已从利润总额中减去的境外应税所得拉回来抵减该亏损，产生的纳税调整通过主表第 18 行填报。根据主表所述表间关系，第 18 行：（1）当 A100000 第 13 - 14 + 15 - 16 - 17 行≥0，第 18 行 = 0；（2）当 A100000 第 13 - 14 + 15 - 16 - 17 行 < 0 且表 A108000 第 5 列合计行≥0，表 A108000 第 6 列合计行 > 0 时，第 18 行 = 表 A108000 第 5 列合计行与表 A100000 第 13 - 14 + 15 - 16 - 17 行绝对值的孰小值；（3）当 A100000 第 13 - 14 + 15 - 16 - 17 行 < 0 且表 A108000 第 5 列合计行≥0，表 A108000 第 6 列合计行 = 0 时，第 18 行 = 0。境外应税所得抵减的是未考虑第 18 行时当年纳税调整后所得小于零的数额，不得抵减境内以前年度尚未弥补的亏损。

【案例 1 - 12】某公司在境外 A 国有一分支机构，2020 年境内营业机构和境外 A 国分支机构税前盈亏情况假设有以下五种情况（见表 1 - 15），且以前年度境内外营业机构均没有结转弥补的亏损，当公司选择用境外所得抵减当年度境内亏损的情况下，试分析其纳税调整后所得是多少？

表 1 - 15　　　　　　　　　　　　盈亏情况

情形	情形 1	情形 2	情形 3	情形 4	情形 5
境内营业机构	1 000	- 1 000	- 1 000	1 000	- 1 000
A 国分支机构	200	300	- 200	- 1 200	1 300
企业利润总额	1 200	- 700	- 1 200	- 200	300

分析过程和结果如表 1 - 16 所示。

表 1 - 16　　　　　　　　　　　　分析结果

情形	情形 1	情形 2	情形 3	情形 4	情形 5
境内营业机构	1 000	- 1 000	- 1 000	1 000	- 1 000
A 国分支机构	200	300	- 200	- 1 200	1 300
企业利润总额	1 200	- 700	- 1 200	- 200	300
减：境外所得	200	300	- 200	- 1 200	1 300
未考虑 18 行时纳税调整后所得	1 000	- 1 000	- 1 000	1 000	- 1 000
加：境外应税所得抵减境内亏损	0	300	0	0	1 000
纳税调整后所得	1 000	- 700	- 1 000	1 000	0

除通过主表反映的纳税人用境外所得抵减当年境内亏损外，纳税人可以选择用境外所得弥补以前年度境内亏损，弥补金额通过《企业所得税弥补亏损明细表》（A106000）进行计算。填报在 A106000《企业所得税弥补亏损明细表》第 10 列 "用本年度所得额弥补的以前年度亏损额 - 使用境外所得弥补"：第 1 ~ 10 行，当纳税人选择用境外所得弥补境内以前年度亏损的，填报各年度被本年度（申报所属期年度）境外所得依次弥补的亏损额。本列第 11 行，填报本列第 1 ~ 10 行的合计金额。

三、《企业所得税年度纳税申报表（A 类，2017 年版）》主表中利润总额项目与《利润表》差异调整填报实务

（一）主表"利润总额"项目填报要点

主表"利润总额计算"类别第 1～13 行参照国家统一会计制度规定填写。

本部分未设"研发费用""其他收益""资产处置收益"等项目，对于已执行《财政部关于修订印发 2019 年度一般企业财务报表格式的通知》（财会〔2019〕6 号）和《财政部关于修订印发 2018 年度金融企业财务报表格式的通知》（财会〔2018〕36 号）的纳税人，在《利润表》中归集的"研发费用"通过《期间费用明细表》（A104000）第 19 行"十九、研究费用"的管理费用相应列次填报；在《利润表》中归集的"其他收益""资产处置收益""信用减值损失""净敞口套期收益"项目则无须填报，同时第 10 行"二、营业利润"不执行"第 10 行 = 第 1－2－3－4－5－6－7＋8＋9 行"的表内关系，按照《利润表》"营业利润"项目直接填报。

1. 第 1 行"营业收入"：填报纳税人主要经营业务和其他经营业务取得的收入总额。本行根据"主营业务收入"和"其他业务收入"的数额填报。一般企业纳税人根据《一般企业收入明细表》（A101010）填报；金融企业纳税人根据《金融企业收入明细表》（A101020）填报；事业单位、社会团体、民办非企业单位、非营利组织等纳税人根据《事业单位、民间非营利组织收入、支出明细表》（A103000）填报。

2. 第 2 行"营业成本"项目：填报纳税人主要经营业务和其他经营业务发生的成本总额。本行根据"主营业务成本"和"其他业务成本"的数额填报。一般企业纳税人根据《一般企业成本支出明细表》（A102010）填报；金融企业纳税人根据《金融企业支出明细表》（A102020）填报；事业单位、社会团体、民办非企业单位、非营利组织等纳税人，根据《事业单位、民间非营利组织收入、支出明细表》（A103000）填报。

3. 第 3 行"税金及附加"：填报纳税人经营活动发生的消费税、城市维护建设税、资源税、土地增值税和教育费附加等相关税费。本行根据纳税人相关会计科目填报。纳税人在其他会计科目核算的本行不得重复填报。

具体填报实务要点：按照《财政部关于印发〈增值税会计处理规定〉的通知》（财会〔2016〕22 号，以下简称 22 号文）相关规定，全面试行营业税改征增值税后，"营业税金及附加"科目名称调整为"税金及附加"科目，该科目核算企业经营活动发生的消费税、城市维护建设税、资源税、教育费附加及房产税、土地使用税、车船税、印花税等相关税费；利润表中的"营业税金及附加"项目调整为"税金及附加"项

目。因此，纳税人应该按照上述文件将原来在"管理费用"科目核算的印花税、房产税、土地使用税、车船税、矿产资源补偿费等税费统一调整至"税金及附加"科目核算和列报，保证会计核算、财务报表、纳税申报表保持一致。

4. 第4行"销售费用"：填报纳税人在销售商品和材料、提供劳务的过程中发生的各种费用。本行根据《期间费用明细表》（A104000）中对应的"销售费用"填报。

5. 第5行"管理费用"：填报纳税人为组织和管理企业生产经营发生的管理费用。本行根据《期间费用明细表》（A104000）中对应的"管理费用"填报。

6. 第6行"财务费用"：填报纳税人为筹集生产经营所需资金等发生的筹资费用。本行根据《期间费用明细表》（A104000）中对应的"财务费用"填报。

7. 第7行"资产减值损失"：填报纳税人计提各项资产准备发生的减值损失。本行根据企业"资产减值损失"科目上的数额填报。实行其他会计制度的比照填报。

具体填报实务要点：

（1）执行《企业会计准则》的纳税人，直接按照《利润表》相关项目填报。

（2）执行《小企业会计准则》的纳税人，不设置"资产减值损失"科目。这与纳税人在《企业所得税年度纳税申报基础信息表》中"107 适用的会计准则或会计制度"项目选择的项目相互勾稽。

（3）执行《企业会计制度》和分行业会计制度的纳税人，需要将计入管理费用、营业外支出、投资收益中的各种资产减值损失剔除出来，调整到"资产减值损失"项目中。

8. 第8行"公允价值变动收益"：填报纳税人在初始确认时划分为以公允价值计量且其变动计入当期损益的金融资产或金融负债（包括交易性金融资产或负债，直接指定为以公允价值计量且其变动计入当期损益的金融资产或金融负债），以及采用公允价值模式计量的投资性房地产、衍生工具和套期业务中公允价值变动形成的应计入当期损益的利得或损失。本行根据企业"公允价值变动损益"科目的数额填报（损失以"－"号填列）。

具体填报实务要点：

（1）执行《企业会计准则》的纳税人，直接按照《利润表》相关项目填报。

（2）执行《小企业会计准则》和《企业会计制度》和分行业会计制度的纳税人，不设置"公允价值变动收益"科目，本行直接填报0。

9. 第9行"投资收益"：填报纳税人以各种方式对外投资确认所取得的收益或发生的损失。根据企业"投资收益"科目的数额计算填报；实行事业单位会计准则的纳税人根据"其他收入"科目中的投资收益金额分析填报（损失以"－"号填列）。实行其他会计制度的纳税人比照填报。

10. 第10行"营业利润"：填报纳税人当期的营业利润。根据上述项目计算填报。已执行《财政部关于修订印发 2019 年度一般企业财务报表格式的通知》（财会〔2019

6 号）和《财政部关于修订印发 2018 年度金融企业财务报表格式的通知》（财会〔2018〕36 号）的纳税人，根据《利润表》对应项目填列，不执行本行计算规则。

11. 第 11 行"营业外收入"：填报纳税人取得的与其经营活动无直接关系的各项收入的金额。一般企业纳税人根据《一般企业收入明细表》（A101010）填报；金融企业纳税人根据《金融企业收入明细表》（A101020）填报；实行事业单位会计准则或民间非营利组织会计制度的纳税人根据《事业单位、民间非营利组织收入、支出明细表》（A103000）填报。

12. 第 12 行"营业外支出"：填报纳税人发生的与其经营活动无直接关系的各项支出的金额。一般企业纳税人根据《一般企业成本支出明细表》（A102010）填报；金融企业纳税人根据《金融企业支出明细表》（A102020）填报；实行事业单位会计准则或民间非营利组织会计制度的纳税人根据《事业单位、民间非营利组织收入、支出明细表》（A103000）填报。

13. 第 13 行"利润总额"：填报纳税人当期的利润总额。根据上述项目计算填列。

（二）一般企业财务报表格式修订与主表"利润总额"项目填报实务

《财政部关于修订印发 2019 年度一般企业财务报表格式的通知》（财会〔2019〕6 号）和《财政部关于修订印发 2018 年度金融企业财务报表格式的通知》（财会〔2018〕36 号）规定，为解决执行企业会计准则的企业在财务报告编制中的实际问题，规范企业财务报表列报，提高会计信息质量，针对 2018 年施行的《企业会计准则第 42 号——持有待售的非流动资产、处置组和终止经营》（财会〔2017〕13 号）和《企业会计准则第 16 号——政府补助》（财会〔2017〕15 号）的相关规定，财政部对一般企业财务报表格式进行了修订。执行企业会计准则的非金融企业应当按照企业会计准则和本通知要求编制 2017 年度及以后期间的财务报表；金融企业应当根据金融企业经营活动的性质和要求，比照一般企业财务报表格式进行相应调整。其中《利润表》修订新增项目说明：

1. 新增"资产处置收益"行项目，反映企业出售划分为持有待售的非流动资产（金融工具、长期股权投资和投资性房地产除外）或处置组时确认的处置利得或损失，以及处置未划分为持有待售的固定资产、在建工程、生产性生物资产及无形资产而产生的处置利得或损失。债务重组中因处置非流动资产产生的利得或损失和非货币性资产交换产生的利得或损失也包括在本项目内。该项目应根据在损益类科目新设置的"资产处置损益"科目的发生额分析填列；如为处置损失，以"－"号填列。《财政部会计司关于一般企业财务报表格式有关问题的解读》第一条规定，对于利润表新增的"资产处置收益"行项目，企业应当按照《企业会计准则第 30 号——财务报表列报》等的相关规定，对可比期间的比较数据按照《通知》进行调整。

2. 新增"其他收益"行项目，反映计入其他收益的政府补助以及其他与日常活动相关且计入其他收益的项目。该项目应根据在损益类科目新设置的"其他收益"科目的发生额分析填列。财政部会计司发布的《关于〈关于深化增值税改革有关政策的公告〉适用〈增值税会计处理规定〉有关问题的解读》规定，生产、生活性服务业纳税人取得资产或接受劳务时，应当按照《增值税会计处理规定》的相关规定对增值税相关业务进行会计处理；实际缴纳增值税时，按应纳税额借记"应交税费——未交增值税"等科目，按实际纳税金额贷记"银行存款"科目，按加计抵减的金额贷记"其他收益"科目。企业作为个人所得税的扣缴义务人，根据《中华人民共和国个人所得税法》收到的扣缴税款手续费，应作为其他与日常活动相关的项目在利润表的"其他收益"项目中填列。企业财务报表的列报项目因此发生变更的，应当按照《企业会计准则第 30 号——财务报表列报》等的相关规定，对可比期间的比较数据进行调整。

3. "营业外收入"行项目，反映企业发生的营业利润以外的收益，主要包括与企业日常活动无关的政府补助、盘盈利得、捐赠利得等。该项目应根据"营业外收入"科目的发生额分析填列。

4. "营业外支出"行项目，反映企业发生的营业利润以外的支出，主要包括公益性捐赠支出、非常损失、盘亏损失、非流动资产毁损报废损失等。该项目应根据"营业外支出"科目的发生额分析填列。

5. 新增"（一）持续经营净利润"和"（二）终止经营净利润"行项目，分别反映净利润中与持续经营相关的净利润和与终止经营相关的净利润；如为净亏损，以"－"号填列。该两个项目应按照《企业会计准则第 42 号——持有待售的非流动资产、处置组和终止经营》的相关规定分别列报。

6. 《财政部会计司关于一般企业财务报表格式有关问题的解读》第二条规定，非流动资产毁损报废损失在"营业外支出"行项目反映。这里的"毁损报废损失"通常包括因自然灾害发生毁损、已丧失使用功能等原因而报废清理产生的损失。根据《企业会计准则第 30 号——财务报表列报》的相关规定，财务报表中直接计入当期利润的利得项目和损失项目的金额不得相互抵销。企业在不同交易中形成的非流动资产毁损报废利得和损失不得相互抵销，应分别在"营业外收入"行项目和"营业外支出"行项目进行列报。

7. 新增"研发费用"项目，从"管理费用"项目中分拆"研发费用"项目。

8. 新增"其中：利息费用"和"利息收入"项目，在"财务费用"项目下增加"利息费用"和"利息收入"明细项目。"利息费用"行项目，反映企业为筹集生产经营所需资金等而发生的应予费用化的利息支出；"利息收入"行项目，反映企业确认的利息收入。利息收入主要为银行存款产生的利息收入，以及根据《企业会计准则第 14 号——收入》的相关规定确认的利息收入。这两个行项目为"财务费用"行项目的其中项，均以正数填列。

由于修订后一般企业财务报表格式发生变化，而利润表与《企业所得税年度纳税申报表（A类，2017年版）》主表中"利润总额计算"相关项目有所不同，为保持两者相互勾稽一致，企业财务人员需要在编制完成财务报表后，分析填列主表中"利润总额计算"相关行次数据。

【案例1-13】甲公司计划出售一项固定资产——机器A，该固定资产于2017年6月30日符合条件被划分为持有待售固定资产，公允价值为320万元，预计处置费用为5万元，但其仍继续使用至实际出售时。该固定资产机器A购置于2010年12月16日，原值为1 000万元，预计净残值为零，预计使用年限10年，采用年限平均法计提折旧，取得时已达到预定可使用状态，按税法规定已抵扣进项税额（单位：万元）。

分析：2017年6月30日，甲公司该项固定资产的账面价值 = 1 000 - 1 000/10 × 6.5 = 350（万元），该项固定资产公允价值减去处置费用后的净额 = 320 - 5 = 315（万元），应对该项固定资产计提减值准备 = 350 - 315 = 35（万元），因此，该持有待售资产在资产负债表中列示金额为315万元。

①借：固定资产清理   350
  累计折旧   650
  贷：固定资产   1 000
②借：持有待售资产   350
  贷：固定资产清理   350

③持有待售的固定资产不计提折旧，按照账面价值与公允价值减去处置费用后的净额孰低进行计量。

借：资产减值损失   35
  贷：持有待售资产减值准备   35

④2018年6月10日，实际出售该持有待售的固定资产，取得不含税价款300万元，采用一般计税方法计算缴纳增值税。

借：银行存款   348
  持有待售资产减值准备   35
  资产处置损益——非流动资产处置损失 15
  贷：持有待售资产   350
    应交税费——应交增值税（销项税额） 48

⑤企业所得税处理：在未出售之前仍属于税法规定的固定资产。

A. 假设初始固定资产入账价值和计税基础、折旧方法和折旧年限会计和税法处理均一致。2017年税收计算的固定资产的折旧 = 1 000/10 × 1 = 100（万元），会计核算的折旧为 50 万元，2017 年 12 月 31 日，甲公司该项固定资产的计税基础 = 1 000 – 1 000/ 10 × 7 = 300（万元）；

2018 年税收计算的固定资产的折旧 = 1 000/10 × 0.5 = 50（万元），会计核算的折旧为 0，2018 年 6 月 10 日，税收计算的固定资产处置所得（损失）= 300 – （300 – 50）= 50（万元）。

B. 2017 年税会差异分析：会计核算的折旧金额为 50 万元，按照税收规定计算的税前扣除折旧为 100 万元，税会差异为 50 万元。会计核算的资产减值损失金额为 35 万元，按照税收规定计算的税前扣除资产减值准备金为 0，税会差异为 35 万元。

C. 2018 年税会差异分析：会计核算的资产处置损失为 15 万元，按照税收规定计算的税前扣除的资产损失为 0；资产损失税会计算差异为 15 万元。

D. 2017 年和 2018 年纳税申报表填报实务如表 1 – 17 至表 1 – 22 所示。

表 1 – 17　　　　　　　　　纳税调整项目明细表（2017 年）　　　　　　　　A105000

行次	项目	账载金额	税收金额	调增金额	调减金额
		1	2	3	4
32	（一）资产折旧、摊销（填写 A105080）	50	100		50
33	（二）资产减值准备金	35	*	35	
45	合计（1 + 12 + 31 + 36 + 43 + 44）	*	*	35	50

表 1 – 18　　　　　　　资产折旧、摊销及纳税调整明细表（2017 年）　　　　　　A105080

行次	项目	账载金额			税收金额					纳税调整金额
		资产原值	本年折旧、摊销额	累计折旧、摊销额	资产计税基础	税收折旧额	享受加速折旧政策的资产按税收一般规定计算的折旧、摊销额	加速折旧统计额	累计折旧、摊销额	纳税调整金额
		1	2	3	4	5	6	7（5 – 6）	8	9（2 – 5）
1	一、固定资产（2 + 3 + 4 + 5 + 6 + 7）						*	*		
2	所有固定资产（一）房屋、建筑物						*	*		
3	（二）飞机、火车、轮船、机器、机械和其他生产设备	1 000	50	650	1 000	100	*	*	700	– 50

表 1 – 19　　　　　　　　　纳税调整项目明细表（2018 年）　　　　　　　　A105000

行次	项目	账载金额	税收金额	调增金额	调减金额
		1	2	3	4
31	三、资产类调整项目（32 + 33 + 34 + 35）	*	*		

续表

行次	项目	账载金额	税收金额	调增金额	调减金额
		1	2	3	4
32	（一）资产折旧、摊销（填写A105080）	0	50		50
33	（二）资产减值准备金		*		
34	（三）资产损失（填写A105090）	15	-50	65	
35	（四）其他				
45	合计（1+12+31+36+43+44）	*	*	65	50

表1-20 资产折旧、摊销及纳税调整明细表（2018年） A105080

行次	项目	账载金额			税收金额					纳税调整金额
		资产原值	本年折旧、摊销额	累计折旧、摊销额	资产计税基础	税收折旧额	享受加速折旧政策的资产按税收一般规定计算的折旧、摊销额	加速折旧统计额	累计折旧、摊销额	
		1	2	3	4	5	6	7（5-6）	8	9（2-5）
1	一、固定资产（2+3+4+5+6+7）						*	*		
2	所有固定资产 （一）房屋、建筑物						*	*		
3		（二）飞机、火车、轮船、机器、机械和其他生产设备	1 000	0	650	1 000	50	*	*	750	-50

表1-21 资产损失税前扣除及纳税调整明细表（2018年） A105090

行次	项目	资产损失的账载金额	资产处置收入	赔偿收入	资产计税基础	资产损失的税收金额	纳税调整金额
		1	2	3	4	5（4-2-3）	6（1-5）
7	四、固定资产损失	15	300	0	250	-50	65

表1-22 一般企业成本支出明细表（2018年） A102010

行次	项目	金额
16	二、营业外支出（17+18+19+20+21+22+23+24+25+26）	
17	（一）非流动资产处置损失	15

E. 2017年和2018年纳税调整：2017年纳税调增35万元，纳税调减50万元；2018年纳税调增65万元，纳税调减50万元，总的纳税调增金额与纳税调减金额相等。

【案例1-14】甲公司应收乙公司500万元销货款，因乙公司发生财务困难到期无法偿还款项，经协商甲乙双方达成债务重组协议，乙方以20万元银行存款和一项无形资产（专利权）抵偿所欠甲公司全部债务，专利权的账面价值200万元（原值300万元，累计摊销100万元），经过评估后的公允价值为450万元，该项应收账款前期已计提坏账准备 10 万元。

①甲公司会计和税务处理如下（单位：万元，下同）。

借：银行存款	20	
无形资产	450	
坏账准备	10	
营业外支出——债务重组损失	20	
贷：应收账款——乙公司		500

甲公司形成债务重组损失 30 万元（500 - 20 - 450），即应收账款无法收回形成的坏账损失，应填报表 A105090 和表 A105100 进行资产损失申报。

②乙公司会计和税务处理如下。

借：应付账款	500	
累计摊销	100	
贷：银行存款		20
无形资产		300
资产处置损益——非流动资产处置利得		250
营业外收入——债务重组利得		30

乙公司形成的资产处置收益 250 万元，对于已执行《财政部关于修订印发 2019 年度一般企业财务报表格式的通知》（财会〔2019〕6 号）的纳税人，在《利润表》中归集的"资产处置收益"项目则无须填报 A101010 营业外收入——非流动资产处置利得，按照《利润表》"营业利润"项目直接填报 A100000 第 10 行"二、营业利润"。对于未执行财会〔2019〕6 号的纳税人，填入 A101010 营业外收入——非流动资产处置利得。债务重组利得 30 万元填入 A101010 营业外收入——债务重组利得。

【案例 1 - 15】假定丙、丁两公司（均为增值税一般纳税人）进行一项具有商业实质的非货币性资产交换。丙公司以账面价值 200 万元、公允价值 250 万元（不含税价）的库存商品与丁公司的账面价值和计税基础为 270 万元（资产原值和计税基础为 300 万元，会计和税收累计折旧为 30 万元）、公允价值 240 万元（不含税价）的设备一台进行交换（适用一般计税方法计税），丁方以银行存款再向丙方支付 5 万元的补价，增值税税率 13%。

分析：按照非货币性资产之间的公允价值差额，丁公司应补 11.3 万元（250 + 32.5 - 240 - 31.2），现丁公司只支付 5 万元的补价，丙公司应确认非货币性资产交换损失 6.3 万元（11.3 - 5）。

①丙公司会计和税务处理如下（单位：万元）。

借：固定资产	240

```
应交税费——应交增值税（进项税额）                        31.2
银行存款                                                    5
资产处置损益——非货币性资产交换损失（11.3-5）            6.3
    贷：主营业务收入                                      250
        应交税费——应交增值税（销项税额）              32.5
借：主营业务成本                                        200
    贷：库存商品                                        200
```

丙公司库存商品的非货币性交换处置损失 6.3 万元，对于已执行《财政部关于修订印发 2019 年度一般企业财务报表格式的通知》（财会〔2019〕6 号）的纳税人，在《利润表》中归集的"资产处置收益"项目则无须填报 A101010 营业外收入——非流动资产处置利得，按照《利润表》"营业利润"项目直接填报 A100000 第 10 行"二、营业利润"。对于未执行财会〔2019〕6 号的纳税人，填入 A101010 营业外收入——非流动资产处置利得。具体如表 1-23 和表 1-24 所示。

表 1-23　　　　　　　一般企业收入明细表（丙公司）　　　　　　A101010

行次	项目	金额
1	一、营业收入（2+9）	
2	（一）主营业务收入（3+5+6+7+8）	
3	1. 销售商品收入	250
4	其中：非货币性资产交换收入	250

表 1-24　　　　　　　一般企业成本支出明细表（丙公司）　　　　　A102010

行次	项目	金额
1	一、营业成本（2+9）	
2	（一）主营业务成本（3+5+6+7+8）	
3	1. 销售商品成本	200
4	其中：非货币性资产交换成本	200
16	二、营业外支出（17+18+19+20+21+22+23+24+25+26）	
18	（二）非货币性资产交换损失	6.3

②丁公司会计和税务处理如下（单位：万元）。

```
借：固定资产清理                                        270
    累计折旧                                            30
    贷：固定资产                                        300
借：原材料                                              250
    应交税费——应交增值税（进项税额）                  32.5
    资产处置损益——处置非流动资产损失（270-240）        30
    贷：固定资产清理                                    270
        应交税费——应交增值税（销项税额）              31.2
```

银行存款　　　　　　　　　　　　　　　　　　　　5

资产处置损益——非货币性资产交换利得　　　　　6.3

丁公司本例中形成两个资产处置损益：处置固定资产形成的资产处置损失30万元；非货币性资产交换形成的资产处置利得6.3万元。对于已执行《财政部关于修订印发2019年度一般企业财务报表格式的通知》（财会〔2019〕6号）的纳税人，在《利润表》中归集的"资产处置收益"项目则无须填报A101010营业外收入——非流动资产处置利得，按照《利润表》中"营业利润"项目直接填报A100000第10行"二、营业利润"。对于未执行财会〔2019〕6号的纳税人，填入A101010营业外收入——非流动资产处置利得。具体如表1-25所示。

表1-25　　　　　　　资产损失税前扣除及纳税调整明细表（丁公司）　　　　　A105090

行次	项目	资产损失的账载金额	资产处置收入	赔偿收入	资产计税基础	资产损失的税收金额	纳税调整金额
		1	2	3	4	5（4-2-3）	6（1-5）
7	四、固定资产损失	30	240		270	30	

【案例1-16】甲公司2019年度有关损益类科目和"其他综合收益"明细科目的本年累计发生净额分别如表1-26和表1-27所示。

表1-26　　　　　　　甲公司损益类科目2019年度累计发生净额　　　　　　单位：元

账户名称	本月借方发生额	本月贷方发生额
主营业务收入		1 250 000
主营业务成本	750 000	
税金及附加	2 000	
销售费用	20 000	
管理费用	157 100	
财务费用	41 500	
资产减值损失	30 900	
投资收益		227 500
营业外收入		24 000
资产处置损益		20 000
其他收益		6 000
营业外支出	19 700	
所得税费用	136 700	

表1-27　　　　甲公司"其他综合收益"明细科目2019年度累计发生净额　　　　单位：元

明细科目名称	借方发生额	贷方发生额
权益法下在被投资单位以后将重分类进损益的其他综合收益中享有的份额		36 000
可供出售金融资产公允价值变动		3 750
持有至到期投资重分类为可供出售金融资产	6 750	
合计	6 750	39 750

根据上述资料，编制甲公司2019年度《利润表》，如表1-28所示。

表 1 – 28　　　　　　　　　　　　　　利润表

会企 02 表
单位：元

编制单位：甲公司　　　　　　　　　2019 年

项　目	本期金额	上期金额
一、营业收入	1 250 000	
减：营业成本	750 000	
税金及附加	2 000	
销售费用	20 000	
管理费用	157 100	
财务费用	41 500	
其中：利息费用	51 500	
利息收入	10 000	
加：其他收益	6 000	
投资收益（损失以"－"号填列）	227 500	
其中：对联营企业和合营企业的投资收益		
公允价值变动收益（损失以"－"号填列）		
资产减值损失	30 900	
资产处置收益（损失以"－"号填列）	20 000	
二、营业利润（亏损以"－"号填列）	502 000	
加：营业外收入	24 000	
减：营业外支出	19 700	
三、利润总额（亏损总额以"－"号填列）	506 300	
减：所得税费用	136 700	
四、净利润（净亏损以"－"号填列）	369 600	
（一）持续经营净利润（净亏损以"－"号填列）	369 600	
（二）终止经营净利润（净亏损以"－"号填列）		
五、其他综合收益的税后净额	33 000	
（一）以后不能重分类进损益的其他综合收益		
1. 重新计量设定受益计划净负债或净资产的变动		
2. 权益法下在被投资单位不能重分类进损益的其他综合收益中享有的份额		
（二）以后将重分类进损益的其他综合收益	33 000	
1. 权益法下在被投资单位以后将重分类进损益的其他综合收益中享有的份额	36 000	
2. 可供出售金融资产公允价值变动损益	3 750	
3. 持有至到期投资重分类为可供出售金融资产损益	－ 6 750	
4. 现金流经套期损益的有效部分		
5. 外币财务报表折算差额		
六、综合收益总额	402 600	
七、每股收益：		
（一）基本每股收益		
（二）稀释每股收益		

由于《企业所得税年度纳税申报表（A类，2017 年版）》主表中"利润总额计算"相关项目中没有"资产处置收益"和"其他收益"，《国家税务总局关于修订企业所得税年度纳税申报表有关问题的公告》（国家税务总局公告 2019 年第 41 号）规定，在

《利润表》中归集的"其他收益""资产处置收益""信用减值损失""净敞口套期收益"项目则无须填报，同时第 10 行"二、营业利润"不执行"第 10 行 = 第 1 - 2 - 3 - 4 - 5 - 6 - 7 + 8 + 9 行"的表内关系，按照《利润表》"营业利润"项目直接填报 502 000 元。甲公司 2019 年度主表利润总额计算，如表 1 - 29 所示。

表 1 - 29　　　　　中华人民共和国企业所得税年度纳税申报表（A 类）　　　　A100000

行次	类别	项　　目	金　　额
1		一、营业收入（填写 A101010＼101020＼103000）	1 250 000
2		减：营业成本（填写 A102010＼102020＼103000）	750 000
3		减：税金及附加	2 000
4		减：销售费用（填写 A104000）	20 000
5	利润总额计算	减：管理费用（填写 A104000）	157 100
6		减：财务费用（填写 A104000）	41 500
7		减：资产减值损失	30 900
8		加：公允价值变动收益	
9		加：投资收益	227 500
10		二、营业利润	502 000
11		加：营业外收入（填写 A101010＼101020＼103000）	24 000
12		减：营业外支出（填写 A102010＼102020＼103000）	19 700
13		三、利润总额（10 + 11 - 12）	506 300

【案例 1 - 17】A 公司（小规模纳税人）2017 年 10 月 10 日注册成立，2019 年第一季度销售产品共取得销售收入 25 万元（不含税），其中：1 月 12 万元，2 月 3 万元，3 月 10 万元。

分析：自 2019 年 1 月 1 日起，按照《财政部 税务总局关于实施小微企业普惠性税收减免政策的通知》（财税〔2019〕13 号）和《国家税务总局关于小规模纳税人免征增值税政策有关征管问题的公告》（国家税务总局公告 2019 年第 4 号）规定，对月销售额 10 万元（以一个季度为纳税期的，季度销售额未超过 30 万元的）以下（含本数）的增值税小规模纳税人，免征增值税。

从实务操作的角度看，小规模纳税人申报缴纳增值税是按季度进行的，而会计核算要遵循及时性会计信息质量要求，日常经营活动中发生交易或事项应及时进行账务处理。这就出现了一个时间上的差异，即，取得销售收入时，无法判断本季度销售额是否符合免税的标准，只有等到季度纳税申报期时才知道。

《财政部关于印发〈增值税会计处理规定〉的通知》（财会〔2016〕22 号）规定，小微企业在取得销售收入时，应当按照税法的规定计算应交增值税，并确认为应交税费，在达到增值税制度规定的免征增值税条件时，将有关应交增值税转入当期损益。

即小微企业在日常活动中取得收入且发生增值税纳税义务时，应先按照征收率对含税收入进行价税分离，借记"银行存款"等科目，贷记"主营业务收入"或"其他业务收入"科目，"应交税费——应交增值税"科目，季度终了，纳税申报时，如果本季度销售额符合小微企业免征增值税条件，再将已经计提的，"应交税费——应交增值税"转入当期损益。但计入当期损益应当计入哪一个会计科目，目前22号文并没有明确。目前实践中，有以下三种会计处理方法：第一，将免征增值税部分从"应交税费——应交增值税"科目转入"主营业务收入"科目；第二，将免征增值税部分从"应交税费——应交增值税"科目转入"营业外收入"科目；第三，将免征增值税部分从"应交税费——应交增值税"科目转入"其他收益"科目。

笔者认为，"主营业务收入""营业外收入"或者"其他收益"科目，都不违反22号文计入当期损益的规定。方法一认为，小微企业免征增值税属于日常活动中取得的经济利益总流入，符合《小企业会计准则》中有关"收入"的定义，将有关应交增值税转入"主营业务收入"科目，即还原为含税收入，因为免征的增值税之前也是从主营业务收入中价税出来的，现在符合规定免征了，就再还原回到主营业务收入，这样进行会计处理还有利于增加企业所得税中业务招待费、广告和业务宣传费的扣除基数，有利于小微企业纳税人进行企业所得税汇算清缴。笔者建议按照该方法进行会计处理。

方法二认为，记入"营业外收入"科目，符合《财政部关于小微企业免征增值税和营业税的会计处理规定》（财会〔2013〕24号）有关增值税会计处理的规定，但是22号文规定，本规定自发布之日起施行，国家统一的会计制度中相关规定与本规定不一致的，应按本规定执行，财会〔2013〕24号文同时废止。所以，目前再按照财会〔2013〕24号文记入"营业外收入"科目已经失去了合法性依据。笔者不建议按照该方法进行会计处理。

方法三认为，如果纳税人执行《企业会计准则》，按照2017年5月新修订的《企业会计准则第16号——政府补助》（财会〔2017〕15号）相关规定，同时，参考《2017年注册会计师全国统一考试辅导教材——会计》政府补助有关内容，即直接免征、增加计税抵扣额、抵免部分税额等不涉及资产直接转移的资源，不适用政府补助准则。但是，部分减免税款需要按照政府补助准则进行会计处理。例如，小微企业在取得销售收入时，应当按照税法的规定计算应交增值税，如其销售额满足税法规定的免征增值税条件时，应当将免征的税额转入当期损益（其他收益），借记"应交税费——应交增值税"科目，贷记"其他收益"科目。

《财政部 税务总局 退役军人部关于进一步扶持自主就业退役士兵创业就业有关税收政策的通知》（财税〔2019〕21号）规定，对商贸企业、服务型企业、劳动就业服务企业中的加工型企业和街道社区具有加工性质的小型企业实体，在新增加的岗位中，当年新招用自主就业退役士兵，与其签订 1 年以上期限劳动合同并依法缴纳社会保险费的，在 3 年内按实际招用人数予以定额扣减增值税的，会计处理应当将减征的税额计入当期损益（其他收益）。即借记"应交税费——应交增值税（减免税额）"科目，贷记"其他收益"科目。

A 公司会计处理如下（单位：万元）：

①小规模纳税人平时核算产品销售收入并计提相应增值税。

借：银行存款   25.75
　　贷：主营业务收入   25
　　　　应交税费——应交增值税   0.75

②符合达到增值税制度规定的免征增值税条件。

借：应交税费——应交增值税   0.75
　　贷：主营业务收入   0.75

如果企业是增值税一般纳税人，在日常活动中销售属于税法规定直接免征增值税的货物、劳务或服务等免税项目，其直接减免的增值税并不符合政府补助的定义，不属于政府补助核算范畴。直接减免的增值税也无须再通过"应交税费——应交增值税（减免税款）"科目核算，销售方直接将收取的全部对价计入交易价格，并确认为主营业务收入或其他业务收入，保持企业所得税收入与会计核算收入一致。

四、《企业所得税年度纳税申报表（A 类，2017 年版）》主表中应纳税所得额项目填报实务与案例解析

1. 第 14 行"境外所得"：填报已计入利润总额以及按照税法相关规定已在《纳税调整项目明细表》（A105000）进行纳税调整的境外所得金额。本行根据《境外所得纳税调整后所得明细表》（A108010）填报。

2. 第 15 行"纳税调整增加额"：填报纳税人会计处理与税收规定不一致，进行纳税调整增加的金额。本行根据《纳税调整项目明细表》（A105000）"调增金额"列填报。

3. 第 16 行"纳税调整减少额"：填报纳税人会计处理与税收规定不一致，进行纳税调整减少的金额。本行根据《纳税调整项目明细表》（A105000）"调减金额"列填报。

4. 第 17 行"免税、减计收入及加计扣除"：填报属于税法规定免税收入、减计收入、加计扣除金额。本行根据《免税、减计收入及加计扣除优惠明细表》（A107010）填报。

5. 第 18 行"境外应税所得抵减境内亏损"：填报纳税人根据税法规定，选择用境

外所得抵减境内亏损的数额。本行根据《境外所得税收抵免明细表》（A108000）填报。

6. 第19行"纳税调整后所得"：填报纳税人经过纳税调整、税收优惠、境外所得计算后的所得额。

7. 第20行"所得减免"：填报属于税法规定所得减免金额。本行根据《所得减免优惠明细表》（A107020）填报。

具体填报实务要点：第20行"所得减免"需要分析计算填列：

当第19行≤0时，本行填报0；

当第19行>0时，（1）A107020表合计行第11列≤表A100000第19行，本行＝A107020表合计行第11列；（2）A107020表合计行第11列>表A100000第19行，本行＝表A100000第19行。

2017年版申报表第20行"所得减免"填报说明与2014年版填报说明相比，删除原填报说明中"本行<0时，填写负数"的规定，新版A107020表的填写说明和勾稽关系，保证了主表第20行"所得减免"不会出现小于0的数据。A107020表填报说明变化，避免了纳税人优惠项目之间的盈亏互抵，扩大了优惠政策落实力度，对纳税人是利好。

当主表第19行<0，则第20行＝0，说明所得减免不能扩大可弥补亏损所得额。当主表第19行>0，第20行填写A107020合计行11列与主表第19行二者的孰小值，实际上给减免设置了上限。

【案例1-18】A公司2019年度会计利润总额为500万元，其中：应税项目所得1 000万元，免税项目所得亏损500万元，假设无其他纳税调整项目，2019年度应纳税所得税额是多少？

分析：主表A100000第19行"纳税调整后所得"为500万元，按照填报说明，当表A100000第19行>0时，A107020表合计行第11列≤表A100000第19行，表A100000第20行＝A107020表合计行第11列。本例中，即第19行为500万元，A107020表合计行第11列＝当（第9列＋第10列×50%）<0时（-500万元），A107020表合计行第11列＝0，A107020表合计行第11列（0）≤表A100000第19行（500万元），第20行"所得减免"＝A107020表合计行第11列＝0。因此，表A100000第19行（500万元）-表A100000第20行（0）＝500（万元），2019年度应纳税所得额为500万元，应纳所得税额为125万元。

特别纳税人需要注意的是，《国家税务总局关于做好2009年度企业所得税汇算清缴工作的通知》（国税函〔2010〕148号）第三条第六项税收优惠填报口径规定的"对企业取得的免税收入、减计收入以及减征、免征所得额项目，不得弥补当期及以前年度应税项目亏损；当期形成亏损的减征、免征所得额项目，也不得用当期和以后纳税年度应税项目所得抵补"已经在2015年1月1日被全文废止，即当纳税人纳税年度内既有应税所得，又有免税所得时，现行的税收政策口径是"允许应税项目与免税项目的所得与亏损相互弥补"，再计算应纳税所得税额和应纳税额。

【**案例1-19**】B公司2019年度会计利润总额为500万元，其中：应税项目所得亏损1 000万元，免税项目所得1 500万元。假设没有其他纳税调整项目，2019年度应纳税所得税额是多少？

分析：主表A100000第19行"纳税调整后所得"为500万元，按照填报说明：A107020表合计行第11列＞表A100000第19行，表A100000第20行＝表A100000第19行。本例中，表A100000第19行"纳税调整后所得"为500万元，当A107020表合计行第11列≥0，即A107020表合计行第11列＝第9列＋第10列×50%＝1 500万元，A107020表合计行第11列（1500万元）＞表A100000第19行（500万元），表A100000第20行"所得减免"＝表A100000第19行＝500（万元）。因此，表A100000第19行（500万元）－表A100000第20行（500万元）＝0，2019年度应纳税所得税额为0，应纳所得税额为0，也实现了应税项目与免税项目的所得与亏损相互弥补。免税项目所得弥补应税项目亏损后，剩余500万元享受免税税收优惠。

8. 第21行"弥补以前年度亏损"：填报纳税人按照税法规定可在税前弥补的以前年度亏损数额，本行根据《企业所得税弥补亏损明细表》（A106000）填报。

【**案例1-20**】承〖案例1-18〗《企业所得税弥补亏损明细表》（A106000）中第11行第2列"当年境内所得额"填报金额为多少？

分析：按照表A106000《企业所得税弥补亏损明细表》填报说明：第2列"当年境内所得额"，第11行填报表A100000第19行"纳税调整后所得"减去第20行"所得减免"后的值。第1行至第10行填报以前年度主表第23行（2013纳税年度前）或以前年度表A106000第2列第6行的金额（2014～2017纳税年度）、以前年度表A106000第11行第2列的金额（亏损额以"－"号表示）。本例中，表A100000第19行"纳税调整后所得"为500万元，第20行"所得减免"＝A107020表合计行第11列＝0，表A106000中第11行第2列"当年境内所得额"＝500－0＝500（万元）。

【**案例1-21**】承〖案例1-19〗《企业所得税弥补亏损明细表》（A106000）中第11行第2列"当年境内所得额"填报金额为多少？

分析：按照表A106000《企业所得税弥补亏损明细表》填报说明：第2列"当年境内所得额"，第11行填报表A100000第19行"纳税调整后所得"减去第20行"所得减免"后的值。第1行至第10行填报以前年度主表第23行（2013纳税年度前）或以前年度表 A106000 第 2 列第 6 行的金额（亏损额以 "－" 号表示）。本例中，表 A100000 第 19 行"纳税调整后所得"为 500 万元，第 20 行"所得减免" ＝ A107020 表合计行第 11 列 ＝ 500，表 A106000 中第 11 行第 2 列"当年境内所得额" ＝ 500 － 500 ＝ 0。

9. 第 22 行"抵扣应纳税所得额"：填报根据税法规定应抵扣的应纳税所得额。本行根据《抵扣应纳税所得额明细表》（A107030）填报。

具体填报要点：2017 年版主表将 2014 年版主表 21 行"抵扣应纳税所得额"和 22 行"弥补以前年度亏损"的行次进行了对调，说明创投企业抵扣应纳税所得额优惠政策中，所指的所得额是指先弥补亏损后的所得额，这对企业更加有利，因为弥补亏损受 5 年限制，而抵扣所得额无限期结转。

10. 第 23 行"应纳税所得额"：金额等于本表第 19 － 20 － 21 － 22 行计算结果。本行不得为负数。按照上述行次顺序计算结果本行为负数，本行金额填 0。

五、《企业所得税年度纳税申报表（A 类，2017 年版）》主表中应纳税额项目填报实务与案例解析

1. 第 24 行"税率"：填报税法规定的税率 25%。

需要注意的是，不论企业是否享受低税率（15% 或 20%）的企业所得税税收优惠政策，第 24 行"税率"应填报税法规定的税率 25%。

2. 第 25 行"应纳所得税额"：金额等于本表第 23 × 24 行。

3. 第 26 行"减免所得税额"：填报纳税人按税法规定实际减免的企业所得税额。本行根据《减免所得税优惠明细表》（A107040）填报。

4. 第 27 行"抵免所得税额"：填报企业当年的应纳所得税额中抵免的金额。本行根据《税额抵免优惠明细表》（A107050）填报。

5. 第 28 行"应纳税额"：金额等于本表第 25 － 26 － 27 行。

6. 第 29 行"境外所得应纳所得税额"：填报纳税人来源于中国境外的所得，按照我国税法规定计算的应纳所得税额。本行根据《境外所得税收抵免明细表》（A108000）填报。

7. 第 30 行"境外所得抵免所得税额"：填报纳税人来源于中国境外所得依照中国境外税收法律以及相关规定应缴纳并实际缴纳（包括视同已实际缴纳）的企业所得税性质的税款（准予抵免税款）。本行根据《境外所得税收抵免明细表》（A108000）填报。

8. 第 31 行"实际应纳所得税额"：填报第 28 ＋ 29 － 30 行金额。其中，跨地区经营

企业类型为"分支机构（须进行完整年度申报并按比例纳税）"的纳税人，填报（第28＋29－30行）×"分支机构就地纳税比例"金额。

9. 第32行"本年累计实际已预缴的所得税额"：填报纳税人按照税法规定本纳税年度已在月（季）度累计预缴的所得税额，包括按照税法规定的特定业务已预缴（征）的所得税额，建筑企业总机构直接管理的跨地区设立的项目部按规定向项目所在地主管税务机关预缴的所得税额。

10. 第33行"本年应补（退）的所得税额"：填报纳税人当期应补（退）的所得税额。金额等于本表第31－32行。

11. 第34行"总机构分摊本年应补（退）所得税额"：填报汇总纳税的总机构按照税法规定在总机构所在地分摊本年应补（退）所得税款。本行根据《跨地区经营汇总纳税企业年度分摊企业所得税明细表》（A109000）填报。

12. 第35行"财政集中分配本年应补（退）所得税额"：填报汇总纳税的总机构按照税法规定财政集中分配本年应补（退）所得税款。本行根据《跨地区经营汇总纳税企业年度分摊企业所得税明细表》（A109000）填报。

13. 第36行"总机构主体生产经营部门分摊本年应补（退）所得税额"：填报汇总纳税的总机构所属的具有主体生产经营职能的部门按照税收规定应分摊的本年应补（退）所得税额。本行根据《跨地区经营汇总纳税企业年度分摊企业所得税明细表》（A109000）填报。

第二章

一般企业收入、成本支出和期间费用纳税申报表填报实务与案例解析

第一节 《一般企业收入明细表》填报实务与案例解析

一、《一般企业收入明细表》格式与填报要点

（一）《一般企业收入明细表》格式

具体格式如表 2 - 1 所示。

表 2 - 1   一般企业收入明细表   A101010

行次	项目	金额
1	一、营业收入（2＋9）	
2	（一）主营业务收入（3＋5＋6＋7＋8）	
3	1. 销售商品收入	
4	其中：非货币性资产交换收入	
5	2. 提供劳务收入	
6	3. 建造合同收入	
7	4. 让渡资产使用权收入	
8	5. 其他	
9	（二）其他业务收入（10＋12＋13＋14＋15）	
10	1. 销售材料收入	
11	其中：非货币性资产交换收入	

行次	项目	金额
12	2. 出租固定资产收入	
13	3. 出租无形资产收入	
14	4. 出租包装物和商品收入	
15	5. 其他	
16	二、营业外收入（17 + 18 + 19 + 20 + 21 + 22 + 23 + 24 + 25 + 26）	
17	（一）非流动资产处置利得	
18	（二）非货币性资产交换利得	
19	（三）债务重组利得	
20	（四）政府补助利得	
21	（五）盘盈利得	
22	（六）捐赠利得	
23	（七）罚没利得	
24	（八）确实无法偿付的应付款项	
25	（九）汇兑收益	
26	（十）其他	

本表适用于除金融企业、事业单位和民间非营利组织外的企业填报。纳税人应根据国家统一会计制度的规定，填报"主营业务收入""其他业务收入""营业外收入"。小型微利企业免于填报《一般企业收入明细表》（A101010）。

（二）《一般企业收入明细表》填报要点

具体填报要点如下：

1. 填报依据为纳税人在 A000000《企业所得税年度纳税申报基础信息表》中选择本企业执行的国家统一会计制度。不同纳税人由于执行的会计准则或会计制度不同则填报内容有所差异，以下填列主要以执行《企业会计准则》的企业为例。执行《小企业会计准则》和《企业会计制度》的企业将进行特别说明。

2. 该表完全按照国家统一的会计制度规定的会计核算内容进行填报，如果企业违反国家统一的会计制度规定进行会计核算的企业，应先进行会计差错更正后，再按照正确的会计核算结果，登记总账和明细账，编制财务报表，最后填报纳税申报表。

3. 填报本表时不考虑各收入类项目的会计和税法处理差异。税会差异相关纳税调整在 A105000《纳税调整项目明细表》及其附表进行纳税调整。

4. 填报本表时不考虑纳税人享受各项税收优惠对收入类项目的影响。税收优惠相关纳税调整在 A107010《免税、减计收入及加计扣除优惠明细表》及其附表进行纳税调整。

二、《一般企业收入明细表》有关项目填报实务与案例解析

1. 第 1 行"营业收入"：根据主营业务收入、其他业务收入的数额计算填报。

具体填报实务要点：

（1）执行《企业会计准则》的纳税人，应根据《企业会计准则——应用指南》附录中有关 6001 主营业务收入科目和 6051 其他业务收入科目发生额填列。其中：6001 主营业务收入科目，核算企业确认的销售商品、提供劳务等主营业务的收入。6051 其他业务收入科目，核算企业确认的除主营业务活动以外的其他经营活动实现的收入，包括出租固定资产、出租无形资产、出租包装物和商品、销售材料、用材料进行非货币性交换（非货币性资产交换具有商业实质且公允价值能够可靠计量）或债务重组等实现的收入。

（2）执行《小企业会计准则》的纳税人，应根据《小企业会计准则》附录《会计科目、主要账务处理和财务报表》中有关 5001 主营业务收入科目和 5051 其他业务收入发生额填列。其中：主营业务收入科目核算小企业确认的销售商品或提供劳务等主营业务的收入。其他业务收入科目核算小企业确认的除主营业务活动以外的其他日常生产经营活动实现的收入。包括：出租固定资产、出租无形资产、销售材料等实现的收入。

2. 第 2 行"主营业务收入"：根据不同行业的业务性质分别填报纳税人核算的主营业务收入。

【案例 2 – 1】甲公司是生产新能源 A 汽车的企业，A 汽车在市场上单位售价为 22.6 万元/辆（含税价），增值税税率为 13%，实际成本为 16 万元/辆，甲公司实际销售给购买方收取价款和增值税为 20.34 万元/辆（含税价）。另外，因该汽车符合国家新能源产业价格补贴政策，中央财政按照甲公司实际销售数量给予 2.26 万元/辆的补贴。2019 年甲公司共销售国家政策范围内 A 汽车 1 000 辆。甲公司 2019 年 10 月实际收到中央财政部门拨付的执行国家新能源产业政策价格补贴 2 260 万元。

分析：本例中，甲公司虽然取得财政部门的 2 260 万元补贴款，但最终受益人是从甲公司购买新能源汽车的终端客户，相当于政府先以 22.6 万元/辆的价格从甲公司购入新能源汽车，再以上述价格扣除财政补贴资金 2.26 万元/辆的价格 20.34 万元/辆将产品销售给终端消费者。甲企业销售新能源汽车是其从事的日常经营活动，其不含税销售收入包括两部分：终端客户支付的购买价款 18 万元/辆和国家财政给予 2.26 万元/辆的价格补贴。按照上述分析，该补贴款项与企业销售商品或提供服务等活动密切相关，与具有明确商业实质的交易相关，且是企业商品对价的组成部分，不是从国家无偿取得的经济资源，不属于《企业会计准则第 16 号——政府补助》（2017 年修订）规范的政府补助，企业应将中央财政补贴作为销售收入按照《企业会计准则第 14 号——

收入》（2017 年修订）的规定进行会计处理。

《国家税务总局关于中央财政补贴增值税有关问题的公告》（国家税务总局公告 2013 年第 3 号）规定，按照现行增值税政策，纳税人取得的中央财政补贴，不属于增值税应税收入，不征收增值税。国家税务总局办公厅《关于〈中央财政补贴增值税有关问题的公告〉的解读》第二条规定，据了解，为便于补贴发放部门实际操作，中央财政补贴有的直接支付给予销售方，有的先补给购买方，再由购买方转付给销售方。我们认为，无论采取何种方式，购买者实际支付的购买价格，均为原价格扣减中央财政补贴后的金额。根据现行增值税暂行条例的规定，销售额为纳税人销售货物或者应税劳务向购买方收取的全部价款和价外费用。纳税人取得的中央财政补贴，其取得渠道是中央财政，因此，不属于增值税应税收入，不征收增值税。会计和税务处理如下（单位：万元）。

①收到终端客户支付的销售收入和增值税款。

借：银行存款	20 340
贷：主营业务收入	18 000
应交税费——应交增值税（销项税额）	2 340

②结转商品的销售成本。

借：主营业务成本	16 000
贷：库存商品	16 000

③实际收到政府补贴资金。

借：银行存款	2 260
贷：主营业务收入	2 260

④2019 年企业所得税纳税申报表填报实务如表 2 - 2 和表 2 - 3 所示。

表 2 - 2 　　　　　　　　　一般企业收入明细表　　　　　　　　　A101010

行次	项目	金额
1	一、营业收入（2 + 9）	20 260
2	（一）主营业务收入（3 + 5 + 6 + 7 + 8）	20 260
3	1. 销售商品收入	20 260

表 2 - 3 　　　　　　　　　一般企业成本支出明细表　　　　　　　　A102010

行次	项目	金额
1	一、营业成本（2 + 9）	16 000
2	（一）主营业务成本（3 + 5 + 6 + 7 + 8）	16 000
3	1. 销售商品成本	16 000

需要注意的是，按照《国家税务总局关于取消增值税扣税凭证认证确认期限等增值税征管问题的公告》（国家税务总局公告 2019 年第 45 号）第七条的规定，自 2020 年 1 月 1 日起，纳税人取得的财政补贴收入，与其销售货物、劳务、服务、无形资产、

不动产的收入或者数量直接挂钩的，应按规定计算缴纳增值税。纳税人取得的其他情形的财政补贴收入，不属于增值税应税收入，不征收增值税。该公告实施前，纳税人取得的中央财政补贴继续按照《国家税务总局关于中央财政补贴增值税有关问题的公告》（国家税务总局公告 2013 年第 3 号）执行；已经申报缴纳增值税的，可以按现行红字发票管理规定，开具红字增值税发票将取得的中央财政补贴从销售额中扣减。

假设【案例 2 – 1】中，新能源 A 汽车销售业务发生在 2020 年 1 月 1 日以后，甲公司实际收到中央财政补贴收入是与其销售货物的收入或者数量直接挂钩的，应按上述规定计算缴纳增值税。如果甲公司 2020 年 3 月 15 日取得与销售新能源设备相关的财政补贴收入（含税价）2 260 万元，增值税税率为 13%，会计核算应按照不含税价确认主营业务收入 2 000 万元计算应交增值税（销项税额）260 万元。

【案例 2 – 2】某房地产公司 2018 年度开发 A 项目（坐落在省会城市），实际收到预售商品房款 7 800 万元（不含税），当年开发产品尚未完工。当年按照预售收入缴纳土地增值税及附加 432.9 万元，并记入"应交税费"科目借方，待完工后转入"税金及附加"，2018 年度实际发生期间费用 650 万元。2019 年度 A 项目全部完工，实现销售商品收入 12 000 万元，结转开发成本 6 000 万元，该项目 2019 年度缴纳土地增值税及附加 233.1 万元。2019 年度又开发了 B 项目，截至年底 B 项目也已完工，实现销售商品收入 4 500 万元（不含税），结转开发成本 2 700 万元，缴纳土地增值税及附加 249.75 万元。该企业 2019 年度期间费用共发生 890 万元，预计计税毛利率 15%。计算该企业 2018 年和 2019 年应缴纳企业所得税并填报申报表（单位：万元）。

分析：①2018 年。企业会计利润总额 = 0 – 650 = – 650（万元）。该开发项目未完工，会计核算将预收房款 7 800 万元记入"预收账款"科目，不确认销售商品收入。同时，根据国税发〔2009〕31 号文件第六条、第七条、第八条、第九条规定计算缴纳企业所得税。2018 年企业所得税汇算清缴，A101010《一般企业收入明细表》第 3 行"销售商品收入"填报 0。应纳税所得额 = 7 800 × 15% – 432.9 – 650 = 87.1（万元），应纳税额 = 87.1 × 25% = 21.775（万元）。具体申报表填报实务如表 2 – 4 至表 2 – 7 所示。

表 2 – 4　　　　　　　　　　　一般企业收入明细表　　　　　　　　　　　A101010

行次	项目	金额
1	一、营业收入（2 + 9）	0
2	（一）主营业务收入（3 + 5 + 6 + 7 + 8）	0
3	1. 销售商品收入	0

表 2 – 5　　　　　　　　　　　一般企业成本支出明细表　　　　　　　　　　　A102010

行次	项目	金额
1	一、营业成本（2 + 9）	0
2	（一）主营业务成本（3 + 5 + 6 + 7 + 8）	0
3	1. 销售商品成本	0

表 2 – 6 视同销售和房地产开发企业特定业务纳税调整明细表 A105010

行次	项目	税收金额	纳税调整金额
		1	2
21	三、房地产开发企业特定业务计算的纳税调整额（22 – 26）		
22	（一）房地产企业销售未完工开发产品特定业务计算的纳税调整额（24 – 25）	737.1	737.1
23	1. 销售未完工产品的收入	7 800	*
24	2. 销售未完工产品预计毛利额	1 170	1 170
25	3. 实际发生的税金及附加、土地增值税	432.9	432.9

表 2 – 7 纳税调整项目明细表 A105000

行次	项目	账载金额	税收金额	调增金额	调减金额
		1	2	3	4
36	四、特殊事项调整项目（37 + 38 + … + 42）	*	*	737.1	
40	（四）房地产开发企业特定业务计算的纳税调整额（填写 A105010）	*	737.1	737.1	

②2019 年。企业会计利润总额 =（12 000 + 4 500）–（6 000 + 2 700）–（432.9 + 233.1 + 249.75）– 890 = 5 994.25（万元）。2019 年企业所得税汇算清缴，A101010《一般企业收入明细表》第 3 行"销售商品收入"填报（12 000 + 4 500）= 16 500（万元）。本期扣除的前期土地增值税及附加 432.9 万元应作纳税调增（调整税金及附加填入年度纳税申报表 A105010"视同销售和房地产开发企业特定业务纳税调整明细表"第 29 行"转回实际发生的税金及附加、土地增值税"）；上期按预计毛利率计算的预计毛利 1 170 万元，应予以调减（调整的"预计毛利额"填在 A105010《视同销售和房地产开发企业特定业务纳税调整明细表》第 28 行"转回的销售未完工产品预计毛利额"栏内）。应纳税所得额 = 5 994.25 + 432.9 – 1 170 = 5 257.15（万元），应纳税额 = 5 257.15 × 25% = 1 314.287 5（万元）。具体申报表填报实务如表 2 – 8 至表 2 – 11 所示。

表 2 – 8 一般企业收入明细表 A101010

行次	项目	金额
1	一、营业收入（2 + 9）	16 500
2	（一）主营业务收入（3 + 5 + 6 + 7 + 8）	16 500
3	1. 销售商品收入	16 500

表 2 – 9 一般企业成本支出明细表 A102010

行次	项目	金额
1	一、营业成本（2 + 9）	8 700
2	（一）主营业务成本（3 + 5 + 6 + 7 + 8）	8 700
3	1. 销售商品成本	8 700

表 2－10　　　　　视同销售和房地产开发企业特定业务纳税调整明细表　　　　　A105010

行次	项目	税收金额	纳税调整金额
		1	2
21	三、房地产开发企业特定业务计算的纳税调整额（22－26）	－737.1	－737.1
26	（二）房地产企业销售的未完工产品转完工产品特定业务计算的纳税调整额（28－29）	737.1	737.1
27	1. 销售未完工产品转完工产品确认的销售收入	7 800	*
28	2. 转回的销售未完工产品预计毛利额	1 170	1 170
29	3. 转回实际发生的税金及附加、土地增值税	432.9	432.9

表 2－11　　　　　　　　　　　纳税调整项目明细表　　　　　　　　　　　A105000

行次	项目	账载金额	税收金额	调增金额	调减金额
		1	2	3	4
36	四、特殊事项调整项目（37＋38＋…＋42）	*	*		
37	（一）企业重组（填写 A105100）				
38	（二）政策性搬迁（填写 A105110）	*	*		
39	（三）特殊行业准备金（填写 A105120）				
40	（四）房地产开发企业特定业务计算的纳税调整额（填写 A105010）	*	－737.1		737.1
41	（五）有限合伙企业法人合伙方应分得的应纳税所得额				
42	（六）其他	*	*		
43	五、特别纳税调整应税所得	*	*		
44	六、其他	*	*		
45	合计（1＋12＋31＋36＋43＋44）	*	*		737.1

3. 第 4 行"其中：非货币性资产交换收入"：填报纳税人发生的非货币性资产交换按照国家统一会计制度应确认的主营业务收入。

具体填报实务要点：此处只填列当非货币性资产交换采用公允价值计量模式且换出为存货时，会计核算上确认的主营业务收入。按照《企业会计准则第 7 号——非货币性资产交换》规定，当非货币性资产交换同时满足交换具有商业实质和换入资产或换出资产的公允价值能够可靠计量这两项确认条件的，应以换出资产的公允价值和应支付的相关税费作为换入资产成本，公允价值与换出资产账面价值的差额计入当期损益。涉及补价时，企业在按公允价值和应支付的相关税费作为换入资产成本的情况下，若支付补价，将换入资产成本与换出资产账面价值加上支付的补价、应支付的相关税费之和的差额，计入当期损益；若收到补价，将换入资产成本加收到的补价之和与换出资产账面价值加应支付的相关税费之和的差额，计入当期损益。

【案例 2－3】2020 年 2 月 1 日，甲公司以 2009 年 1 月购入的生产经营用 A 设备交换乙公司生产的一批钢材，甲公司换入的钢材作为原材料用于生产，乙公司换入的设备继续用于生产钢材。甲公司设备的账面原价为 1 500 000 元，在交换日的累计折旧为 525 000 元，公允价值为 1 404 000 元，甲公司此前没有为该设备计提资产减值准备。

此外，甲公司以银行存款支付清理费 1 500 元。乙公司钢材的账面价值为 1 200 000 元，在交换日的市场价格为 1 404 000 元，计税价格等于市场价格，乙公司此前也没有为该批钢材计提存货跌价准备。

甲公司、乙公司均为增值税一般纳税人，适用的增值税税率为 13%。假设甲公司和乙公司在整个交易过程中没有发生除增值税以外的其他税费，甲公司和乙公司均开具了增值税专用发票。

分析：本例中，整个资产交换过程没有涉及收付货币性资产，因此，该项交换属于非货币性资产交换。甲公司以固定资产换入存货，换入的钢材是生产过程中的原材料，乙公司换入的设备是生产用设备，两项资产交换后对换入企业的特定价值显著不同，两项资产的交换具有商业实质；同时，两项资产的公允价值都能够可靠地计量，符合公允价值计量的两个条件。因此，甲公司和乙公司均应当以换出资产的公允价值为基础确定换入资产的成本，并确认产生的相关损益。

乙公司会计和税务处理如下：

①企业以库存商品换入其他资产，应计算增值税销项税额，缴纳增值税。换出钢材的增值税销项税额 = 1 404 000 × 13% = 182 520（元）

②换入设备的增值税进项税额 = 1 404 000 × 13% = 182 520（元）

借：固定资产——A 设备 1 404 000

应交税费——应交增值税（进项税额） 182 520

贷：主营业务收入——非货币性资产交换收入 1 404 000

应交税费——应交增值税（销项税额） 182 520

借：主营业务成本——非货币性资产交换成本 1 200 000

贷：库存商品——钢材 1 200 000

2020 年企业所得税汇算清缴，A101010《一般企业收入明细表》第 3 行"销售商品收入"填报 1 404 000 元，第 4 行"其中：非货币性资产交换收入"填报 1 404 000 元。A102010《一般企业成本支出明细表》第 3 行"销售商品成本"填报 1 200 000 元，第 4 行"其中：非货币性资产交换成本"填报 1 200 000 元。具体申报表填报实务如表 2 - 12、表 2 - 13 所示。

表 2 - 12　　　　　　　　　　　　一般企业收入明细表　　　　　　　　　　　　A101010

行次	项目	金额
1	一、营业收入（2 + 9）	1 404 000
2	（一）主营业务收入（3 + 5 + 6 + 7 + 8）	1 404 000
3	1. 销售商品收入	1 404 000
4	其中：非货币性资产交换收入	1 404 000

表 2 – 13　　　　　　　　　　一般企业成本支出明细表　　　　　　　　A102010

行次	项目	金额
1	一、营业成本（2＋9）	1 200 000
2	（一）主营业务成本（3＋5＋6＋7＋8）	1 200 000
3	1. 销售商品成本	1 200 000
4	其中：非货币性资产交换成本	1 200 000

【案例 2 – 4】　承〖案例 2 – 3〗，假定甲公司换出设备的公允价值为 120 万元，换入钢材的公允价值为 100 万元，由此乙公司另支付给甲公司 20 万元补价和增值税进销项税额与进项税额的差额 2.6 万元。

分析：本例中，该项交换交易涉及补价，且补价所占比例分别如下：甲公司：收到的补价 20 万元 ÷ 换出资产公允价值 120 万元 ＝ 16.67% ＜ 25%；乙公司：支付的补价 20 万元 ÷ 换入资产公允价值 120 万元 ＝ 16.67% ＜ 25%；由于该项交易所涉及的补价占交换的资产价值的比例低于 25%，且根据〖案例 2 – 3〗中的其他分析，可以认定该项交易属于按照公允价值模式计量且涉及补价的非货币性资产交换。乙公司税会处理如下：

借：固定资产　　　　　　　　　　　　　　　　　　　1 200 000

　　应交税费——应交增值税（进项税额）　　　　　　 156 000

　　贷：主营业务收入——非货币性资产交换收入　　　　　 1 000 000

　　　　应交税费——应交增值税（销项税额）　　　　　　 130 000

　　　　银行存款　　　　　　　　　　　　　　　　　　 226 000

借：主营业务成本　　　　　　　　　　　　　　　　　 800 000

　　贷：库存商品　　　　　　　　　　　　　　　　　　 800 000

2020 年企业所得税汇算清缴，A101010《一般企业收入明细表》第 3 行"销售商品收入"填报 1 000 000 元，第 4 行"其中：非货币性资产交换收入"填报 1 000 000 元。A102010《一般企业成本支出明细表》第 3 行"销售商品成本"填报 800 000 元，第 4 行"其中：非货币性资产交换成本"填报 800 000 元。具体申报表填报实务如表 2 – 14、表 2 – 15 所示。

表 2 – 14　　　　　　　　　　一般企业收入明细表　　　　　　　　　A101010

行次	项目	金额
1	一、营业收入（2＋9）	1 000 000
2	（一）主营业务收入（3＋5＋6＋7＋8）	1 000 000
3	1. 销售商品收入	1 000 000
4	其中：非货币性资产交换收入	1 000 000

表 2 – 15　　　　　　　　　　一般企业成本支出明细表　　　　　　　　A102010

行次	项目	金额
1	一、营业成本（2＋9）	800 000
2	（一）主营业务成本（3＋5＋6＋7＋8）	800 000

行次	项目	金额
3	1. 销售商品成本	800 000
4	其中：非货币性资产交换成本	800 000

未同时满足上述两项条件的非货币性资产交换，则以换出资产的账面价值和应支付的相关税费作为换入资产成本，不确认损益。未同时满足上述两项条件的非货币性资产交换，填入 A105000《纳税调整项目明细表》第 1 行"一、收入类调整项目中"和第 2 行"（一）视同销售收入（填写 A105010）"和 A105010《视同销售和房地产开发企业特定业务纳税调整明细表》相关项目。

4. 第 5 行"提供劳务收入"：填报纳税人从事建筑安装、修理修配、交通运输、仓储租赁、邮电通信、咨询经纪、文化体育、科学研究、技术服务、教育培训、餐饮住宿、中介代理、卫生保健、社区服务、旅游、娱乐、加工以及其他劳务活动取得的主营业务收入。

【案例 2－5】金桥旅游公司为增值税一般纳税人，选择差额计税方法。2018 年 8 月，组织三个旅游团队旅游，取得旅游价税合计总销售额 106 万元，其中两个团队由本公司全程组织旅游，收取旅游费包括住宿费、餐饮费、交通费、门票费，统一向宾馆、餐饮点、外单位旅游包车、景点门票共支付费用价税合计 53 万元；另一个团队与旅游地旅游公司合作接团，支付接团旅游费用 15.9 万元。上述成本费用均已经取得增值税普通发票。另外，当月支付电费 1.38 万元取得增值税专用发票，注明价款 1.18 万元，进项税额 0.2 万元。

分析：《财政部、国家税务总局关于全面推开营业税改征增值税试点的通知》（财税〔2016〕36 号）附件二《营业税改征增值税试点有关事项的规定》规定，试点纳税人提供旅游服务，可以选择以取得的全部价款和价外费用，扣除向旅游服务购买方收取并支付给其他单位或者个人的住宿费、餐饮费、交通费、签证费、门票费和支付给其他接团旅游企业的旅游费用后的余额为销售额。选择上述办法计算销售额的试点纳税人，向旅游服务购买方收取并支付的上述费用，不得开具增值税专用发票，可以开具普通发票。

因此，旅游服务公司增值税一般纳税人可以选择差额计税方法缴纳增值税。选择差额计税方法的增值税计算：应纳增值税 ＝（旅游服务价税合计数 － 可以差额部分的扣除费用）÷（1＋6%）×6% － 其他依法取得的符合规定的进项税额 ＝ 旅游服务价税合计数 ÷（1＋6%）×6% － 可以差额部分的扣除费用 ÷（1＋6%）×6% － 其他依法取得的符合规定的进项税额。

本例中，该公司当月应交增值税计算如下：差额计算销项税额可以扣除的费用 ＝

$53 + 15.9 = 68.9$（万元），应纳增值税 $= （106 - 68.9）\div（1 + 6\%）\times 6\% - 0.2 = 1.9$（万元）。会计和税务处理如下：

①取得旅游服务收入。

借：银行存款　　　　　　　　　　　　　　　　　　　　1 060 000
　　贷：主营业务收入　　　　　　　　　　　　　　　　　　1 000 000
　　　　应交税费——应交增值税（销项税额）　　　　　　　　60 000

②实际发生成本费用时，按应付或实际支付的金额计入相关成本费用。

借：主营业务成本　　　　　　　　　　　　　　　　　　　689 000
　　贷：银行存款　　　　　　　　　　　　　　　　　　　　689 000

③按现行增值税制度规定，企业发生相关成本费用允许扣减销售额的，待取得符合规定的增值税扣税凭证且纳税义务发生时，按照允许抵扣的税额作为销项税额抵减。

借：应交税费——应交增值税（销项税额抵减）　　　　　　　39 000
　　贷：主营业务成本　　　　　　　　　　　　　　　　　　　39 000

2018 年企业所得税汇算清缴，A101010《一般企业收入明细表》第 5 行"提供劳务收入"填报 1 000 000 元。A102010《一般企业成本支出明细表》第 5 行"提供劳务成本"填报 650 000 元。具体申报表填报实务如表 2 - 16、表 2 - 17 所示。

表 2 - 16　　　　　　　　　　　　一般企业收入明细表　　　　　　　　　　A101010

行次	项目	金额
1	一、营业收入（2 + 9）	1 000 000
2	（一）主营业务收入（3 + 5 + 6 + 7 + 8）	1 000 000
5	2. 提供劳务收入	1 000 000

表 2 - 17　　　　　　　　　　　　一般企业成本支出明细表　　　　　　　　A102010

行次	项目	金额
1	一、营业成本（2 + 9）	650 000
2	（一）主营业务成本（3 + 5 + 6 + 7 + 8）	650 000
5	2. 提供劳务成本	650 000

5. 第 6 行"建造合同收入"：填报纳税人建造房屋、道路、桥梁、水坝等建筑物，以及生产船舶、飞机、大型机械设备等取得的主营业务收入。

具体填报实务要点：应按照《企业会计准则第 15 号——建造合同》相关规定核算和填报建造合同收入。2018 年 1 月 1 日后，执行《企业会计准则第 14 号——收入》的纳税人，按照相关规定核算和填报建造合同收入。

【案例 2 - 6】B 建筑公司为增值税一般纳税人，2020 年向 A 公司（增值税一般纳税人）提供一项清包工建筑服务（开工和完工在同一会计年度），选择采用简易计税方式。工程完工后办理结算并收取业主全部工程款 1 000 000 元，自建部分成本为 160 000

元（假设全部为人工成本），支付 C 公司分包款 8 000 00 元。B 建筑公司向发包方 A 公司开具了增值税专用发票。

①B 公司简易计税方式税务处理。B 公司按差额计税方式计算申报税额：（1 000 000 − 800 000）÷（1 + 3%）× 3% = 5 825.24（元）。B 公司按全额向业主开具建筑服务增值税专用发票，发票不含税金额 = 1 000 000 − 29 126.21 = 970 873.79（元），增值税税额 = 1 000 000 ÷（1 + 3%）× 3% = 29 126.21（元）；建筑服务差额纳税属于可以全额开具增值税专用发票的情况，且不通过新系统差额纳税功能开具。发包方 A 公司取得增值税专用发票经过认证后，可以申报抵扣进项税额为 29 126.21 元，承包方 B 公司通过填写《增值税纳税申报表》相关附表，按差额计税方式计算申报缴纳的税额为 5 825.24 元。

②B 公司简易计税方法下差额征税会计处理如下。

A. 建筑工程发生成本费用。

借：工程施工——合同成本　　　　　　　　　　　　　160 000

　　贷：应付职工薪酬　　　　　　　　　　　　　　　　160 000

B. 支付 C 公司分包款。

借：工程施工——合同成本　　　　　　　　　　　　　800 000

　　贷：银行存款　　　　　　　　　　　　　　　　　　800 000

C. 取得分包发票且增值税发生纳税义务时，取得合法有效凭证，抵减税额 = 800 000 ÷（1 + 3%）× 3% = 23 300.97（元）。

借：应交税费——简易计税（扣减）　　　　　　　　　23 300.97

　　贷：工程施工——合同成本　　　　　　　　　　　　23 300.97

D. 确认合同收入和费用。合同总收入 = 1 000 000 ÷（1 + 3%）= 970 873.79（元）；合同总成本 = 160 000 +（800 000 − 23 300.97）= 936 699.03（元）。

借：主营业务成本　　　　　　　　　　　　　　　　　936 699.03

　　工程施工——合同毛利　　　　　　　　　　　　　34 174.76

　　贷：主营业务收入　　　　　　　　　　　　　　　　970 873.79

E. 实际收取业主工程款。

借：银行存款　　　　　　　　　　　　　　　　　　1 000 000

　　贷：工程结算　　　　　　　　　　　　　　　　　970 873.79

　　　　应交税费——简易计税（计提）　　　　　　　　29 126.21

F. 工程项目结束，工程施工与结算对冲。

借：工程结算　　　　　　　　　　　　　　　　　　970 873.79

　　贷：工程施工——合同成本　　　　　　　　　　　936 699.03

     ——合同毛利   34 174.76

  G. 缴纳剩余增值税 = 29 126.21 - 23 300.97 = 5 825.24（元）。

  借：应交税费——简易计税（缴纳）   5 825.24

    贷：银行存款   5 825.24

  H. 将"应交税费——简易计税"各明细专栏对冲。

  借：应交税费——简易计税（计提）   29 126.21

    贷：应交税费——简易计税（缴纳）   5 825.24

        ——简易计税（扣减）   23 300.97

  2020 年企业所得税纳税申报表填报实务如表 2 - 18、表 2 - 19 所示。

表 2 - 18　　　　　　　　　　　　一般企业收入明细表　　　　　　　　　　A101010

行次	项目	金额
1	一、营业收入（2 + 9）	970 873.79
2	（一）主营业务收入（3 + 5 + 6 + 7 + 8）	970 873.79
6	3. 建造合同收入	970 873.79

表 2 - 19　　　　　　　　　　　　一般企业成本支出明细表　　　　　　　　　A102010

行次	项目	金额
1	一、营业成本（2 + 9）	936 699.03
2	（一）主营业务成本（3 + 5 + 6 + 7 + 8）	936 699.03
6	3. 建造合同成本	936 699.03

  【案例 2 - 7】承〖案例 2 - 6〗，假设该公司执行 2017 年新修订的《企业会计准则第 14 号——收入》。B 公司简易计税方法下差额征税会计处理如下。

  ①建筑工程发生成本费用。

  借：合同履约成本——工程施工——合同成本   160 000

    贷：应付职工薪酬、原材料等   160 000

  ②支付 C 公司分包款。

  借：合同履约成本——工程施工——合同成本   800 000

    贷：银行存款   800 000

  ③取得分包发票且增值税发生纳税义务时，取得合法有效凭证，抵减税额 = 800 000 ÷（1 + 3%）× 3% = 23 300.97（元）。

  借：应交税费——简易计税（扣减）   23 300.97

    贷：合同履约成本——工程施工——合同成本 23 300.97

  ④确认合同收入和费用。合同总收入 = 1 000 000 ÷（1 + 3%）= 970 873.79（元）；合同总成本 = 160 000 +（800 000 - 23 300.97）= 936 699.03（元）。

  借：合同履约成本——工程施工——合同收入   970 873.79

  贷：主营业务收入   970 873.79

借：主营业务成本   936 699.03

  贷：合同履约成本——工程施工——合同成本   936 699.03

⑤实际收取业主工程款。

借：银行存款   1 000 000

  贷：合同结算——工程结算   970 873.79

    应交税费——简易计税（计提）   29 126.21

⑥工程项目结束，工程施工与结算对冲。

借：合同结算——工程结算   970 873.79

  贷：合同履约成本——工程施工——合同成本   970 873.79

⑦缴纳剩余增值税 = 29 126.21 – 23 300.97 = 5 825.24（元）。

借：应交税费——简易计税（缴纳）   5 825.24

  贷：银行存款   5 825.24

⑧将"应交税费——简易计税"各明细专栏对冲。

借：应交税费——简易计税（计提）   29 126.21

  贷：应交税费——简易计税（缴纳）   5 825.24

    ——简易计税（扣减）   23 300.97

  6. 第7行"让渡资产使用权收入"：填报纳税人在主营业务收入核算的，让渡无形资产使用权而取得的使用费收入以及出租固定资产、无形资产、投资性房地产取得的租金收入。

  具体填报实务要点：纳税人在主营业务收入不仅核算让渡无形资产使用权而取得的使用费收入，而且核算出租固定资产、无形资产、投资性房地产取得的租金收入。但按照《企业所得税法实施条例》第十九条的规定，《企业所得税法》第六条第（六）项所称租金收入是指企业提供固定资产、包装物或者其他有形资产的使用权取得的收入。第二十条规定，《企业所得税法》第六条第（七）项所称特许权使用费收入是指企业提供专利权、非专利技术、商标权、著作权以及其他特许权的使用权取得的收入。

  7. 第8行"其他"：填报纳税人按照国家统一会计制度核算、上述未列举的其他主营业务收入。

  8. 第9行："其他业务收入"：填报根据不同行业的业务性质分别填报纳税人核算的其他业务收入。

  9. 第10行"销售材料收入"：填报纳税人销售材料、下脚料、废料、废旧物资等取得的收入。

  10. 第11行"其中：非货币性资产交换收入"：填报纳税人发生的非货币性资产交

换按照国家统一会计制度应确认的其他业务收入。

11. 第 12 行"出租固定资产收入"：填报纳税人将固定资产使用权让与承租人获取的其他业务收入。

【案例 2-8】乙公司是一般纳税人，2020 年 12 月 1 日出租异地办公楼，会计核算作为投资性房地产，该办公楼是"营改增"之前取得的。合同约定每月收取租金 6.3 万元（含税），该项目采用简易计税方法计算增值税，该办公楼月折旧额为 2.5 万元。2020 年会计和税务处理如下：

分析：《国家税务总局关于发布〈纳税人提供不动产经营租赁服务增值税征收管理暂行办法〉的公告》（国家税务总局公告 2016 年第 16 号公告）第三条第一款规定，一般纳税人出租其 2016 年 4 月 30 日前取得的不动产，可以选择适用简易计税方法，按照 5% 的征收率计算应纳税额。不动产所在地与机构所在地不在同一县（市、区）的，纳税人应按照上述计税方法向不动产所在地主管国税机关预缴税款，向机构所在地主管国税机关申报纳税。

①每月收取租金时。

借：银行存款　　　　　　　　　　　　　　　　　　　63 000

　　贷：预收账款　　　　　　　　　　　　　　　　　　63 000

②在不动产所在地预缴增值税 = 63 000 ÷（1 + 5%）× 5% = 3 000（元）。

借：应交税费——简易计税　　　　　　　　　　　　　3 000

　　贷：银行存款　　　　　　　　　　　　　　　　　　3 000

③在机构所在地申报，租赁简易计税项目预缴增值税与应纳税额相同。

借：预收账款　　　　　　　　　　　　　　　　　　　63 000

　　贷：其他业务收入　　　　　　　　　　　　　　　　60 000

　　　　应交税费——简易计税　　　　　　　　　　　　3 000

借：其他业务成本　　　　　　　　　　　　　　　　　25 000

　　贷：投资性房地产累计折旧　　　　　　　　　　　　25 000

④2020 年企业所得税汇算清缴，A101010《一般企业收入明细表》第 12 行"出租固定资产收入"填报 60 000 元，A101010《一般企业成本支出明细表》第 12 行"出租固定资产成本"填报 25 000 元。申报表填报实务如表 2-20、表 2-21 所示。

表 2-20　　　　　　　　　　　一般企业收入明细表　　　　　　　　　　A101010

行次	项目	金额
1	一、营业收入（2 + 9）	60 000
9	（二）其他业务收入（10 + 12 + 13 + 14 + 15）	60 000
12	2. 出租固定资产收入	60 000

表 2 – 21 　　　　　　　　　　　一般企业成本支出明细表　　　　　　　　　　　A102010

行次	项目	金额
1	一、营业成本（2＋9）	25 000
9	（二）其他业务成本（10＋12＋13＋14＋15）	25 000
12	2. 出租固定资产成本	25 000

12. 第 13 行"出租无形资产收入"：填报纳税人让渡无形资产使用权取得的其他业务收入。

【案例 2 – 9】2020 年甲公司将一项专利技术出租给另外一个企业使用，该专利技术账面余额为 5000 000 元，采用直线法摊销，预计摊销期限为 10 年，出租合同规定，每销售一件用该专利生产的产品，承租方必须付给出租方 10 元（不含税）专利技术使用费。假定承租方 2020 年销售该产品 10 万件。出租方的会计和处理如下：

①收取出租专利技术使用费。

借：银行存款　　　　　　　　　　　　　　　　　　　　　　　1 060 000

　　贷：其他业务收入　　　　　　　　　　　　　　　　　　　1 000 000

　　　　应交税费——应交增值税（销项税额）　　　　　　　　　60 000

②摊销出租专利技术的账面价值。

借：其他业务成本　　　　　　　　　　　　　　　　　　　　　500 000

　　贷：累计摊销　　　　　　　　　　　　　　　　　　　　　500 000

③2020 年企业所得税汇算清缴，A101010《一般企业收入明细表》第 13 行"出租无形资产收入"填报 1 000 000 元。A102010《一般企业成本支出明细表》第 13 行"出租无形资产成本"填报 500 000 元。申报表填报实务如表 2 – 22、表 2 – 23 所示。

表 2 – 22 　　　　　　　　　　　一般企业收入明细表　　　　　　　　　　　A101010

行次	项目	金额
1	一、营业收入（2＋9）	1 000 000
9	（二）其他业务收入（10＋12＋13＋14＋15）	1 000 000
13	3. 出租无形资产收入	1 000 000

表 2 – 23 　　　　　　　　　　　一般企业成本支出明细表　　　　　　　　　　　A102010

行次	项目	金额
1	一、营业成本（2＋9）	500 000
9	（二）其他业务成本（10＋12＋13＋14＋15）	500 000
13	3. 出租无形资产成本	500 000

13. 第 14 行"出租包装物和商品收入"：填报纳税人出租、出借包装物和商品取得的其他业务收入。

具体填报实务要点：执行《企业会计准则》和《企业会计制度》的纳税人，出租、出借包装物和商品取得的其他业务收入填入第 14 行"出租包装物和商品收入"，但执行《小企业会计准则》的纳税人取得的出租包装物和商品的租金收入、逾期未退包装物押金收益等，应在"营业外收入"科目核算，填入"营业外收入"项目第26行"其他"。

【案例2–10】甲公司2020年对外出租一批包装物，取得不含税租金收入20 000元，增值税税率为13%，该批包装物的实际成本为15 000元，出租领用时采用一次摊销法对包装物进行摊销，执行《企业会计准则》。税会处理如下：

①收取出租包装物租金。

借：银行存款　　　　　　　　　　　　　　　　　　　　22 600

　　贷：其他业务收入——出租包装物租金　　　　　　　　20 000

　　　　应交税费——应交增值税（销项税额）　　　　　　2 600

②摊销出租包装物成本。

借：其他业务成本　　　　　　　　　　　　　　　　　　15 000

　　贷：周转材料——包装物　　　　　　　　　　　　　　15 000

③2020年企业所得税汇算清缴，A101010《一般企业收入明细表》第14行"出租包装物和商品收入"填报20 000元。A102010《一般企业成本支出明细表》第14行"出租包装物和商品成本"填报15 000元。申报表填报实务如表2–24、表2–25所示。

表2–24　　　　　　　　　　　　一般企业收入明细表　　　　　　　　　　　A101010

行次	项目	金额
1	一、营业收入（2＋9）	20 000
9	（二）其他业务收入（10＋12＋13＋14＋15）	20 000
14	4. 出租包装物和商品收入	20 000

表2–25　　　　　　　　　　　　一般企业成本支出明细表　　　　　　　　　A102010

行次	项目	金额
1	一、营业成本（2＋9）	15 000
9	（二）其他业务成本（10＋12＋13＋14＋15）	15 000
14	4. 出租包装物和商品成本	15 000

14. 第15行"其他"：填报纳税人按照国家统一会计制度核算、上述未列举的其他业务收入。

15. 第16行"营业外收入"：填报纳税人记入本科目核算的与生产经营无直接关系的各项收入。

具体填报实务要点：

（1）执行《企业会计准则》的企业，按照《财政部关于修订印发2019年度一般企业财务报表格式的通知》（财会〔2019〕6号）规定填报。利润表中的"营业外收入"项目，反映企业发生的营业利润以外的收益，主要包括与企业日常活动无关的政府补助、盘盈利得、捐赠利得等。该项目应根据"营业外收入"科目的发生额分析填列。利润表中新增"资产处置收益"行项目，反映企业出售划分为持有待售的非流动资产（金融工具、长期股权投资和投资性房地产除外）或处置组时确认的处置利得或损失，以及处置未划分为持有待售的固定资产、在建工程、生产性生物资产及无形资产而产生的处置利得或损失。债务重组中因处置非流动资产产生的利得或损失和非货币性资产交换产生的利得或损失也包括在本项目内。该项目应根据在损益类科目新设置的"资产处置损益"科目的发生额分析填列；如为处置损失，以"－"号填列。利润表中新增"其他收益"项目，反映计入其他收益的政府补助等。

（2）执行《小企业会计准则》企业，按照《小企业会计准则》第六十八条规定填报。营业外收入，是指小企业非日常生产经营活动形成的、应当计入当期损益、会导致所有者权益增加、与所有者投入资本无关的经济利益的净流入。小企业的营业外收入包括：非流动资产处置净收益、政府补助、捐赠收益、盘盈收益、汇兑收益、出租包装物和商品的租金收入、逾期未退包装物押金收益、确实无法偿付的应付款项、已作坏账损失处理后又收回的应收款项、违约金收益等。通常，小企业的营业外收入应当在实现时按照其实现金额计入当期损益。

16. 第17行"非流动资产处置利得"：填报纳税人处置固定资产、无形资产等取得的净收益。

具体填报实务要点：如果纳税人执行《财政部关于修订印发2019年度一般企业财务报表格式的通知》（财会〔2019〕6号），在损益类科目新设置的"资产处置损益"科目的发生额中反映企业出售划分为持有待售的非流动资产（金融工具、长期股权投资和投资性房地产除外）或处置组时确认的处置利得，以及处置未划分为持有待售的固定资产、在建工程、生产性生物资产及无形资产而产生的处置利得。由于主表A100000第10行"二、营业利润"不执行"第10行＝第1－2－3－4－5－6－7＋8＋9行"的表内关系，按照《利润表》中"营业利润"项目直接填报，因此，此处不填写"非流动资产处置利得"项目金额。如果纳税人执行《企业会计制度》或《小企业会计准则》，将处置固定资产、无形资产等取得的净收益核算记入"营业外收入"科目，则应将其分析填入第17行"非流动资产处置利得"。

【案例2－11】丙建筑公司为"营改增"一般纳税人，2018年12月处置一台"营改增"之前购入的机器设备，该固定资产原值为30 000元，已经计提折旧14 000元，未计提减值准备，取得变卖收入20 600元（含税价），以银行存款支付清理费用500元。假设该企业执行《小企业会计准则》。

分析：按照财税〔2016〕36号文件的规定，一般纳税人销售自己使用过的、纳入"营改增"试点之日前取得的固定资产，按照现行旧货相关增值税政策执行。即按照简易办法依照 3% 征收率，减按 2% 征收增值税。会计和税务处理如下。

①将固定资产转入清理。

借：固定资产清理   16 000

  累计折旧   14 000

   贷：固定资产   30 000

②支付清理费用 500 元。

借：固定资产清理   500

   贷：银行存款   500

③取得固定资产变价收入，按简易办法依照 3% 征收率，计算应纳增值税。

借：银行存款   20 600

   贷：固定资产清理 $[20\,600 \div (1 + 3\%)]$ 20 000

     应交税费——简易计税 $[20\,600 \div (1 + 3\%) \times 3\%]$ 600

④按简易办法依照 3% 征收率，计算减征 1% 的增值税。

借：应交税费——简易计税 $[20\,600 \div (1 + 3\%) \times 1\%]$ 200

   贷：固定资产清理   200

⑤按简易办法依照 3% 征收率，减按 2% 计算缴纳增值税。

借：应交税费——简易计税 $[20\,600 \div (1 + 3\%) \times 2\%]$ 400

   贷：银行存款   400

⑥将"固定资产清理"科目余额转入当期营业外收入。

借：固定资产清理   3 700

   贷：营业外收入——非流动资产处置利得   3 700

⑦2018 年企业所得税汇算清缴，A101010《一般企业收入明细表》第 17 行"（一）非流动资产处置利得"填报 3 700 元。申报表填报实务如表 2-26 所示。

表 2-26   一般企业收入明细表   A101010

行次	项目	金额
16	二、营业外收入（17+18+19+20+21+22+23+24+25+26）	3 700
17	（一）非流动资产处置利得	3 700

17. 第 18 行"非货币性资产交换利得"：填报纳税人发生非货币性资产交换应确认的净收益。

具体填报实务要点：

（1）执行《企业会计准则》的纳税人，在公允价值计量模式下，不论是否涉及补价，只要换出资产的公允价值与其账面价值不相同，就一定会涉及损益的确认，因为非货币性资产交换损益通常是换出资产公允价值与换出资产账面价值的差额，通过非货币性资产交换予以实现。如果纳税人执行《财政部关于修订印发 2019 年度一般企业财务报表格式的通知》（财会〔2019〕6 号），按照《利润表》"营业利润"项目直接填报，因此，此处不填写"非货币性资产交换利得"项目金额。如果纳税人执行《企业会计制度》或《小企业会计准则》，将债务重组取得的净收益核算记入"营业外收入"科目，则应将其分析填入第 18 行"非货币性资产交换利得"。

（2）执行《企业会计制度》的纳税人，发生非货币性资产交换且换出资产为固定资产、无形资产的，"营业外收入"科目只记载实现的与收到补价相对应的收益额，并非全部净收益。纳税人应将该部分收益金额直接填列至本行。

【案例 2 – 12】 承〖案例 2 – 3〗，假设增值税税率为 13%，甲公司税会处理如下：

换出设备的增值税销项税额 = 1 404 000 × 13% = 182 520（元）

借：固定资产清理	975 000	
累计折旧	525 000	
贷：固定资产——A 设备		1 500 000
借：固定资产清理	1 500	
贷：银行存款		1 500
借：原材料——钢材	1 404 000	
应交税费——应交增值税（进项税额）	182 520	
贷：固定资产清理		976 500
营业外收入——非货币性资产交换利得		427 500
应交税费——应交增值税（销项税额）		182 520

其中，"营业外收入——非货币性资产交换利得"科目的金额 427 500 元为换出设备的公允价值 1 404 000 元与其账面价值 975 000 元（1 500 000 – 525 000）并扣除清理费用 1 500 元后的余额。2018 年企业所得税汇算清缴，A101010《一般企业收入明细表》第 18 行"（二）非货币性资产交换利得"填报 427 500 元。申报表填报实务如表 2 – 27 所示。

| 表 2 – 27 | 一般企业收入明细表 | A101010 |

行次	项目	金额
16	二、营业外收入（17 + 18 + 19 + 20 + 21 + 22 + 23 + 24 + 25 + 26）	427 500
18	（二）非货币性资产交换利得	427 500

18. 第 19 行"债务重组利得"：填报纳税人发生的债务重组业务确认的净收益。

具体填报实务要点：如果纳税人执行《财政部关于修订印发 2019 年度一般企业财务报表格式的通知》（财会〔2019〕6 号），在损益类科目新设置的"资产处置损益"科目的发生额中反映企业债务重组中因处置非流动资产产生的利得或损失。由于主表

A100000 第 10 行"二、营业利润"不执行"第 10 行 = 第 1 - 2 - 3 - 4 - 5 - 6 - 7 + 8 + 9 行"的表内关系，按照《利润表》"营业利润"项目直接填报，因此，此处不填写"债务重组利得"项目金额。如果纳税人执行《企业会计制度》或《小企业会计准则》，将债务重组取得的净收益核算记入"营业外收入"科目，则应将其分析填入第 19 行"债务重组利得"。

【案例 2 - 13】甲企业于 2020 年 1 月 20 日销售一批材料给乙企业，不含税价格为 200 000 元，增值税税率为 13%，按合同规定，乙企业应于 2020 年 4 月 1 日前偿付货款。由于乙企业发生财务困难，无法按合同规定的期限偿还债务，经双方协议于 9 月 1 日进行债务重组。债务重组协议规定，甲企业同意减免乙企业 30 000 元债务，余额用现金立即偿清。乙企业于当日通过银行转账支付了该笔剩余款项，甲企业随即收到了通过银行转账偿还的款项。乙企业的税会处理如下：

借：应付账款　　　　　　　　　　　　　　　　　　　　　 226 000

　　贷：银行存款　　　　　　　　　　　　　　　　　　　　 196 000

　　　　营业外收入——债务重组利得　　　　　　　　　　　　 30 000

2018 年企业所得税汇算清缴，A101010《一般企业收入明细表》第 19 行"（三）债务重组利得"填报 30 000 元。申报表填报实务如表 2 - 28 所示。

表 2 - 28　　　　　　　　　　　　　一般企业收入明细表　　　　　　　　　　　　 A101010

行次	项目	金额
16	二、营业外收入（17 + 18 + 19 + 20 + 21 + 22 + 23 + 24 + 25 + 26）	30 000
19	（三）债务重组利得	30 000

19. 第 20 行"政府补助利得"：填报纳税人从政府无偿取得货币性资产或非货币性资产应确认的净收益。

具体填报实务要点：如果纳税人执行《财政部关于修订印发 2019 年度一般企业财务报表格式的通知》（财会〔2019〕6 号），在损益类科目新设置的"其他收益"科目的发生额中反映计入其他收益的政府补助等。由于主表 A100000 第 10 行"二、营业利润"不执行"第 10 行 = 第 1 - 2 - 3 - 4 - 5 - 6 - 7 + 8 + 9 行"的表内关系，按照《利润表》"营业利润"项目直接填报，因此，此处不填写"政府补助利得"项目金额。如果纳税人执行《企业会计制度》或《小企业会计准则》，将取得政府补助的净收益核算记入"营业外收入"科目，则应将其分析填入第 20 行"政府补助利得"。

【案例 2 - 14】2018 年丙公司因遭受台风灾害发生严重经济损失，实际收到政府支付的补助资金 20 万元。

分析：甲企业当期实际收到台风自然灾害补助资金 20 万元，属于与企业日常活动无关的，与收益相关的政府补助，应当计入营业外收入。会计和税务处理如下：

借：银行存款 200 000

　　贷：营业外收入——政府补助利得 200 000

2018 年企业所得税汇算清缴，A101010《一般企业收入明细表》第 20 行"（四）政府补助利得"填报 200 000 元。申报表填报实务如表 2 - 29 所示。

表 2 - 29　　　　　　　　　　　一般企业收入明细表　　　　　　　　　　　A101010

行次	项目	金额
16	二、营业外收入（17 + 18 + 19 + 20 + 21 + 22 + 23 + 24 + 25 + 26）	200 000
20	（四）政府补助利得	200 000

20. 第 21 行"盘盈利得"：填报纳税人在清查财产过程中查明的各种财产盘盈应确认的净收益。

具体填报实务要点：执行《企业会计准则》的纳税人，盘盈固定资产不一定计入营业外收入，可能通过"以前年度损益调整"科目核算。盘盈的存货应按其重置成本作为入账价值，并通过"待处理财产损溢"账户进行会计处理，按管理权限报经批准后冲减当期管理费用。执行《小企业会计准则》的纳税人按其规定，盘盈存货实现的收益应当计入营业外收入。

【案例 2 - 15】2018 年 12 月 20 日，甲公司在财产清查中盘盈材料 1 000 千克，按同类材料市场价格计算确定的价值为 60 000 元。甲公司执行《小企业会计准则》，会计和税务处理如下。

①批准处理前：

借：原材料 60 000

　　贷：待处理财产损溢——待处理流动资产损溢 60 000

②批准处理后：

借：待处理财产损溢——待处理流动资产损溢 60 000

　　贷：营业外收入——盘盈利得 60 000

2018 年企业所得税汇算清缴，A101010《一般企业收入明细表》第 21 行"盘盈利得"填报 60 000 元。申报表填报实务如表 2 - 30 所示。

表 2 - 30　　　　　　　　　　　一般企业收入明细表　　　　　　　　　　　A101010

行次	项目	金额
16	二、营业外收入（17 + 18 + 19 + 20 + 21 + 22 + 23 + 24 + 25 + 26）	60 000
21	（五）盘盈利得	60 000

21. 第 22 行"捐赠利得"：填报纳税人接受的来自企业、组织或个人无偿给予的货币性资产、非货币性资产捐赠应确认的净收益。

【案例 2 – 16】甲公司 2018 年接受其他企业一笔无偿现金捐赠 4 000 元，已计入营业外收入，会计和税务处理如下：

借：库存现金　　　　　　　　　　　　　　　　　　　　　4 000

　　贷：营业外收入——捐赠利得　　　　　　　　　　　　　4 000

2018 年企业所得税汇算清缴，A101010《一般企业收入明细表》第 22 行"捐赠利得"填报 4 000 元。申报表填报实务如表 2 – 31 所示。

表 2 – 31　　　　　　　　　　　一般企业收入明细表　　　　　　　　　　A101010

行次	项目	金额
16	二、营业外收入（17 + 18 + 19 + 20 + 21 + 22 + 23 + 24 + 25 + 26）	4 000
22	（六）捐赠利得	4 000

22. 第 23 行"罚没利得"：填报纳税人在日常经营管理活动中取得的罚款、没收收入应确认的净收益。

【案例 2 – 17】甲公司 2018 年因其他企业违约，导致合同未履行，没收对方的一笔违约金 10 000 元，已计入营业外收入，会计和税务处理如下：

借：库存现金　　　　　　　　　　　　　　　　　　　　　10 000

　　贷：营业外收入——罚没利得　　　　　　　　　　　　　10 000

2018 年企业所得税汇算清缴，A101010《一般企业收入明细表》第 23 行"罚没利得"填报 10 000 元。申报表填报实务如表 2 – 32 所示。

表 2 – 32　　　　　　　　　　　一般企业收入明细表　　　　　　　　　　A101010

行次	项目	金额
16	二、营业外收入（17 + 18 + 19 + 20 + 21 + 22 + 23 + 24 + 25 + 26）	10 000
23	（七）罚没利得	10 000

23. 第 24 行"确实无法偿付的应付款项"：填报纳税人因确实无法偿付的应付款项而确认的收入。

【案例 2 – 18】甲公司 2018 年清理债权债务时，确定一笔应付账款 15 000 元为无法支付的款项，即属于收受了另一方的定金，但是由于对方违约，则在这种情况下，根据《中华人民共和国担保法》第八十九条的规定，对方已经丧失了对该定金的所有权，则甲企业无须返还该定金。会计和税务处理如下：

借：应付账款　　　　　　　　　　　　　　　　　　　　　15 000

　　贷：营业外收入——确实无法偿付的应付款项　　　　　　15 000

2018 年企业所得税汇算清缴，A101010《一般企业收入明细表》第 24 行"确实无法偿付的应付款项"填报 15 000 元。申报表填报实务如表 2 – 33 所示。

表 2 - 33 一般企业收入明细表 A101010

行次	项目	金额
16	二、营业外收入（17 + 18 + 19 + 20 + 21 + 22 + 23 + 24 + 25 + 26）	15 000
24	（八）确实无法偿付的应付款项	15 000

24. 第 25 行"汇兑收益"：填报纳税人取得企业外币货币性项目因汇率变动形成的收益应确认的收入。

具体填报实务要点：该项目为执行《小企业会计准则》的企业填报。

【案例 2 - 19】甲公司 2018 年 12 月 31 日"应收账款——美元户"余额为 10 000 美元，其对应的"应收账款——人民币户"12 月 1 日的余额为 65 500 元，12 月 31 日的即期汇率为 1 : 6.65，甲公司执行《小企业会计准则》，会计和税务处理如下。

分析：该项目形成因汇率变动形成的收益 = 10 000 × 6.65 - 65 500 = 1 000（元）。会计和税务处理如下：

借：应收账款——美元户 1 000

　　贷：营业外收入——汇兑收益 1 000

2018 年企业所得税汇算清缴，A101010《一般企业收入明细表》第 25 行"汇兑收益"填报 1 000 元。申报表填报实务如表 2 - 34 所示。

表 2 - 34 一般企业收入明细表 A101010

行次	项目	金额
16	二、营业外收入（17 + 18 + 19 + 20 + 21 + 22 + 23 + 24 + 25 + 26）	1 000
25	（九）汇兑收益	1 000

25. 第 26 行"其他"：填报纳税人取得的上述项目未列举的其他营业外收入，包括执行《企业会计准则》的纳税人按权益法核算长期股权投资对初始投资成本调整确认的收益；执行《小企业会计准则》的纳税人取得的出租包装物和商品的租金收入、逾期未退包装物押金收益等。

具体填报实务要点：《小企业会计准则》确认的已作坏账损失处理后又收回的应收款项，借记"银行存款"等科目，贷记"营业外收入"科目。小企业按照规定实行企业所得税、增值税（不含出口退税）、消费税等先征后返的，应当在实际收到返还的企业所得税、增值税、消费税等时，借记"银行存款"科目，贷记"营业外收入"科目。应当在实际收到违约金收益，借记"银行存款"科目，贷记"营业外收入"科目。

【案例 2 - 20】甲公司 2020 年对外出租一批包装物，取得不含税租金收入 10 000 元，增值税税率为 13%，该批包装物的实际成本为 15 000 元，出租领用时采用一次摊销法对包装物进行摊销，执行《小企业会计准则》。会计和税务处理如下：

①收取出租包装物租金。

借：银行存款　　　　　　　　　　　　　　　　　　　　　　　11 300

　　贷：营业外收入——出租包装物租金　　　　　　　　　　　10 000

　　　　应交税费——应交增值税（销项税额）　　　　　　　　1 300

②摊销出租包装物成本。

借：营业外支出　　　　　　　　　　　　　　　　　　　　　　15 000

　　贷：周转材料——包装物　　　　　　　　　　　　　　　　15 000

③2020 年企业所得税汇算清缴，A101010《一般企业收入明细表》第 26 行"其他"填报 10 000 元。A102010《一般企业成本支出明细表》第 26 行"其他"填报 15 000元。申报表填报实务如表 2－35、表 2－36 所示。

表 2－35　　　　　　　　　　　　一般企业收入明细表　　　　　　　　　　　　A101010

行次	项目	金额
16	二、营业外收入（17＋18＋19＋20＋21＋22＋23＋24＋25＋26）	10 000
26	（十）其他	10 000

表 2－36　　　　　　　　　　　　一般企业成本支出明细表　　　　　　　　　　A102010

行次	项目	金额
16	二、营业外支出（17＋18＋19＋20＋21＋22＋23＋24＋25＋26）	15 000
26	（十）其他	15 000

【案例 2－21】A 企业于 2018 年 1 月取得 B 公司 30% 的股权，支付价款 9 000 万元，取得投资时被投资单位净资产公允价值为 36 000 万元。在 B 公司的生产经营决策过程中，所有股东均按持股比例行使表决权。A 企业在取得 B 公司的股权后，能够对 B 公司施加重大影响，A 企业对该投资应当采用权益法核算。A 企业按持股比例 30% 计算确定应享有 10 800 万元，则初始投资成本与应享有被投资单位可辨认净资产公允价值份额之间的差额 1 800 万元应计入营业外收入，会计和税务处理如下：

借：长期股权投资——B 公司（投资成本）　　　　　　　　　108 000 000

　　贷：银行存款　　　　　　　　　　　　　　　　　　　　90 000 000

　　　　营业外收入——其他　　　　　　　　　　　　　　　18 000 000

申报表填报实务如表 2－37 所示。

表 2－37　　　　　　　　　　　　一般企业收入明细表　　　　　　　　　　　　A101010

行次	项目	金额
16	二、营业外收入（17＋18＋19＋20＋21＋22＋23＋24＋25＋26）	18 000 000
26	（十）其他	18 000 000

第二节 《一般企业成本支出明细表》
填报实务与案例解析

一、《一般企业成本支出明细表》格式与填报要点

（一）《一般企业成本支出明细表》格式

具体格式如表 2 - 38 所示。

表 2 - 38　　　　　　　　　一般企业成本支出明细表　　　　　　　　A102010

行次	项目	金额
1	一、营业成本（2 + 9）	
2	（一）主营业务成本（3 + 5 + 6 + 7 + 8）	
3	1. 销售商品成本	
4	其中：非货币性资产交换成本	
5	2. 提供劳务成本	
6	3. 建造合同成本	
7	4. 让渡资产使用权成本	
8	5. 其他	
9	（二）其他业务成本（10 + 12 + 13 + 14 + 15）	
10	1. 销售材料成本	
11	其中：非货币性资产交换成本	
12	2. 出租固定资产成本	
13	3. 出租无形资产成本	
14	4. 包装物出租成本	
15	5. 其他	
16	二、营业外支出（17 + 18 + 19 + 20 + 21 + 22 + 23 + 24 + 25 + 26）	
17	（一）非流动资产处置损失	
18	（二）非货币性资产交换损失	
19	（三）债务重组损失	
20	（四）非常损失	
21	（五）捐赠支出	
22	（六）赞助支出	
23	（七）罚没支出	
24	（八）坏账损失	
25	（九）无法收回的债券股权投资损失	
26	（十）其他	

本表适用于除金融企业、事业单位和民间非营利组织外的企业填报。纳税人应根据国家统一会计制度的规定，填报"主营业务成本""其他业务成本""营业外支出"。

小型微利企业免于填报《一般企业成本支出明细表》（A102010）。

（二）《一般企业成本支出明细表》填报要点

具体填报实务要点：

1. 填报依据为纳税人在 A000000《企业所得税纳税申报基础信息表》中选择本企业执行的国家统一会计制度。不同纳税人由于执行的会计准则或会计制度不同则填报内容有所差异，以下填列主要以执行《企业会计准则》的企业为例。执行《小企业会计准则》和《企业会计制度》的企业将进行特别说明。

2. 该表完全按照国家统一的会计制度规定的会计核算内容进行填报，如果企业违反国家统一的会计制度规定进行会计核算的企业，应先进行会计差错更正后，再按照正确的会计核算结果，登记总账和明细账，编制财务报表，最后填报纳税申报表。

3. 填报本表时不考虑各成本支出类项目的会计和税法处理差异。税会差异相关纳税调整在 A105000《纳税调整项目明细表》及其附表进行纳税调整。

4. 填报本表时不考虑纳税人享受各项税收优惠对成本支出类项目的影响。税收优惠相关纳税调整在 A107010《免税、减计收入及加计扣除优惠明细表》及其附表进行纳税调整。

二、《一般企业成本支出明细表》有关项目填报实务与案例解析

具体填报实务要点：

1. 执行《企业会计准则》的纳税人，该申报表第 1～8 行应按照《企业会计准则——应用指南》中 6401 主营业务成本核算并分析填报。本科目核算企业确认销售商品、提供劳务等主营业务收入时应结转的成本。

申报表第 9～15 行应按照《企业会计准则——应用指南》中 6402 其他业务成本核算并分析填报。本科目核算企业确认的除主营业务活动以外的其他经营活动所发生的支出，包括销售材料的成本、出租固定资产的折旧额、出租无形资产的摊销额、出租包装物的成本或摊销额等。除主营业务活动以外的其他经营活动发生的相关税费，在"税金及附加"科目核算。采用成本模式计量投资性房地产的，其投资性房地产计提的折旧额或摊销额，也通过本科目核算。

第 16～26 行按照《财政部关于修订印发 2019 年度一般企业财务报表格式的通知》（财会〔2019〕6 号）规定核算并分析填报。利润表中"营业外支出"项目，反映企业发生的营业利润以外的支出，主要包括公益性捐赠支出、非常损失、盘亏

损失、非流动资产毁损报废损失等。该项目应根据"营业外支出"科目的发生额分析填列。

利润表中新增"资产处置收益"行项目，反映企业出售划分为持有待售的非流动资产（金融工具、长期股权投资和投资性房地产除外）或处置组时确认的处置利得或损失，以及处置未划分为持有待售的固定资产、在建工程、生产性生物资产及无形资产而产生的处置利得或损失。债务重组中因处置非流动资产产生的利得或损失和非货币性资产交换产生的利得或损失也包括在本项目内。该项目应根据在损益类科目新设置的"资产处置损益"科目发生额分析填列；如为处置损失，以"－"号填列。

2. 执行《小企业会计准则》的纳税人，第 1～15 行按照《小企业会计准则》第七十条的规定填报。营业成本，是指小企业所销售商品的成本和所提供劳务的成本。第 16～26 行按照《小企业会计准则》第七十条的规定填报。营业外支出，是指小企业非日常生产经营活动发生的、应当计入当期损益、会导致所有者权益减少、与向所有者分配利润无关的经济利益的净流出。小企业的营业外支出包括：存货的盘亏、毁损、报废损失，非流动资产处置净损失，坏账损失，无法收回的长期债券投资损失，无法收回的长期股权投资损失，自然灾害等不可抗力因素造成的损失，税收滞纳金，罚金，罚款，被没收财物的损失，捐赠支出，赞助支出等。通常，小企业的营业外支出应当在发生时按照其发生额计入当期损益。

【案例 2－22】2020 年 8 月 2 日，因债务人破产，甲公司将一笔 20 000 元的应收账款全额确认为坏账损失。甲公司执行《小企业会计准则》，会计和税务处理如下：

借：营业外支出——坏账损失　　　　　　　　　　　　　　20 000

　　贷：应收账款　　　　　　　　　　　　　　　　　　　　　　20 000

2020 年企业所得税汇算清缴，纳税申报表填报实务如表 2－39 所示。

表 2－39　　　　　　　　　　一般企业成本支出明细表　　　　　　　　A102010

行次	项目	金额
16	二、营业外支出（17＋18＋19＋20＋21＋22＋23＋24＋25＋26）	20 000
24	（八）坏账损失	20 000

【案例 2－23】2020 年 5 月 8 日甲公司用银行存款支付税收滞纳金 500 元。甲公司执行《小企业会计准则》，会计和税务处理如下：

借：营业外支出——税收滞纳金　　　　　　　　　　　　　　500

　　贷：银行存款　　　　　　　　　　　　　　　　　　　　　　500

2020 年企业所得税汇算清缴，纳税申报表填报实务如表 2－40 所示。

表 2 - 40　　　　　　　　　　　一般企业成本支出明细表　　　　　　　　　　　A102010

行次	项目	金额
16	二、营业外支出（17 + 18 + 19 + 20 + 21 + 22 + 23 + 24 + 25 + 26）	500
23	（七）罚没支出	500

【案例 2 - 24】2019 年 9 月 30 日，甲公司现有 1 台设备由于性能等原因决定报废，原价 500 000 元，已计提折旧 450 000 元。报废时的残值变价收入为 20 000 元（不含税），报废清理过程中发生清理费用 3 500 元，增值税税率为 13%。有关收入、支出均通过银行办理结算。甲公司执行《企业会计准则》，会计和税务处理如下：

①将报废固定资产转入清理：

借：固定资产清理　　　　　　　　　　　　　　　　　50 000

累计折旧　　　　　　　　　　　　　　　　　　450 000

贷：固定资产　　　　　　　　　　　　　　　　500 000

②收回残料变价收入。

借：银行存款　　　　　　　　　　　　　　　　　　20 000

贷：固定资产清理　　　　　　　　　　　　　　20 000

③支付清理费用。

借：固定资产清理　　　　　　　　　　　　　　　　　3 500

贷：银行存款　　　　　　　　　　　　　　　　　3 500

④计算残料变价收入增值税。

借：固定资产清理　　　　　　　　　　　　　　　　　2 600

贷：应交税费——应交增值税（销项税额）　　　2 600

⑤结转报废固定资产发生的净损失。

借：营业外支出——非流动资产处置损失　　　　　　36 100

贷：固定资产清理　　　　　　　　　　　　　　36 100

2019 年企业所得税汇算清缴，纳税申报表填报实务如表 2 - 41 所示。

表 2 - 41　　　　　　　　　　　一般企业成本支出明细表　　　　　　　　　　　A102010

行次	项目	金额
16	二、营业外支出（17 + 18 + 19 + 20 + 21 + 22 + 23 + 24 + 25 + 26）	36 100
17	（一）非流动资产处置损失	36 100

【案例 2 - 25】2018 年 10 月，为了提高产品质量，甲电视机公司以其持有的对乙公司的长期股权投资交换丙电视机公司拥有的一项液晶电视屏专利技术。在交换日，甲公司持有的长期股权投资账面余额为 800 万元，已计提长期股权投资减值准备余额

为 60 万元，在交换日的公允价值为 600 万元；丙公司专利技术的账面原价为 800 万元，累计已摊销金额为 160 万元，已计提减值准备为 30 万元，在交换日的公允价值为 600 万元。丙公司执行《企业会计准则》，会计和税务处理如下：

借：长期股权投资   6 000 000

  累计摊销   1 600 000

  无形资产减值准备   300 000

  营业外支出——非货币性资产交换损失 460 000

  贷：无形资产——专利权   8 000 000

    应交税费——应交增值税（销项税额） 360 000

2018 年企业所得税汇算清缴，纳税申报表填报实务如表 2 - 42 所示。

表 2 - 42 　　　　　　　　　　一般企业成本支出明细表　　　　　　　　　　A102010

行次	项目	金额
16	二、营业外支出（17 + 18 + 19 + 20 + 21 + 22 + 23 + 24 + 25 + 26）	460 000
18	（二）非货币性资产交换损失	460 000

【案例 2 - 26】甲企业于 2020 年 1 月 20 日销售一批材料给乙企业，不含税价格为 200 000 元，增值税税率为 13%，按合同规定，乙企业应于 2020 年 4 月 1 日前偿付货款。由于乙企业发生财务困难，无法按合同规定的期限偿还债务，经双方协议于 9 月 1 日进行债务重组。债务重组协议规定，甲企业同意减免乙企业 30 000 元债务，余额用现金立即偿清。乙企业于当日通过银行转账支付了该笔剩余款项，甲企业随即收到了通过银行转账偿还的款项。甲企业已为该项应收债权计提了 20 000 元的坏账准备。

①甲企业的会计处理如下：

借：银行存款   196 000

  营业外支出——债务重组损失   10 000

  坏账准备   20 000

  贷：应收账款   226 000

②2020 年企业所得税汇算清缴，应在 A102010《一般企业成本支出明细表》第 19 行"（三）债务重组损失"填报 10 000 元。由于资产损失存在税会差异，还应在 A105090《资产损失税前扣除及纳税调整明细表》中进行纳税调整。纳税申报表填报实务如表 2 - 43 和表 2 - 44 所示。

表 2 - 43 　　　　　　　　　　一般企业成本支出明细表　　　　　　　　　　A102010

行次	项目	金额
16	二、营业外支出（17 + 18 + 19 + 20 + 21 + 22 + 23 + 24 + 25 + 26）	10 000
19	（三）债务重组损失	10 000

表 2 – 44　　　　　　　　　资产损失税前扣除及纳税调整明细表　　　　　　　　A105090

行次	项目	资产损失的账载金额	资产处置收入	赔偿收入	资产计税基础	资产损失的税收金额	纳税调整金额
		1	2	3	4	5 (4 – 2 – 3)	6 (1 – 5)
2	二、应收及预付款项坏账损失	10 000	204 000	0	234 000	30 000	– 20 000

【案例 2 – 27】2020 年 4 月 2 日，甲公司因自然灾害造成一批库存材料毁损，实际成本 30 000 元，计税基础 20 000 元。甲公司执行《企业会计准则》，会计和税务处理如下。

①由于是自然灾害造成损失不需要进项税额转出，批准处理前：

借：待处理财产损溢——待处理流动资产损溢　　　　　　　　30 000

　　贷：原材料　　　　　　　　　　　　　　　　　　　　　　　　30 000

②批准处理后：

借：营业外支出——非常损失　　　　　　　　　　　　　　　　30 000

　　贷：待处理财产损溢——待处理流动资产损溢　　　　　　　　　30 000

2020 年企业所得税汇算清缴，纳税申报表填报实务如表 2 – 45、表 2 – 46 所示。

表 2 – 45　　　　　　　　　　　一般企业成本支出明细表　　　　　　　　　　　A102010

行次	项目	金额
16	二、营业外支出（17 + 18 + 19 + 20 + 21 + 22 + 23 + 24 + 25 + 26）	30 000
20	（四）非常损失	30 000

表 2 – 46　　　　　　　　　资产损失税前扣除及纳税调整明细表　　　　　　　　A105090

行次	项目	资产损失的账载金额	资产处置收入	赔偿收入	资产计税基础	资产损失的税收金额	纳税调整金额
		1	2	3	4	5 (4 – 2 – 3)	6 (1 – 5)
5	三、存货损失						
6	其中：存货盘亏、报废、损毁、变质或被盗损失	30 000	0	0	20 000	20 000	10 000

【案例 2 – 28】2020 年 8 月 12 日，甲公司向国家扶贫基金会捐赠现金 10 000 元。甲公司执行《企业会计准则》，会计和税务处理如下：

借：营业外支出——捐赠支出　　　　　　　　　　　　　　　　10 000

　　贷：库存现金　　　　　　　　　　　　　　　　　　　　　　　10 000

2020 年企业所得税汇算清缴，纳税申报表填报实务如表 2 – 47 所示。

表 2 – 47　　　　　　　　　　　一般企业成本支出明细表　　　　　　　　　　　A102010

行次	项目	金额
16	二、营业外支出（17 + 18 + 19 + 20 + 21 + 22 + 23 + 24 + 25 + 26）	10 000
21	（五）捐赠支出	10 000

【案例2-29】 2020年7月12日，甲公司向某高校学生会新生文艺会演赞助现金2 000元。甲公司执行《企业会计准则》，会计和税务处理如下：

借：营业外支出——赞助支出　　　　　　　　　　　　　　2 000
　　贷：库存现金　　　　　　　　　　　　　　　　　　　　　2 000

2020年企业所得税汇算清缴，纳税申报表填报实务如表2-48所示。

表2-48　　　　　　　　　　　一般企业成本支出明细表　　　　　　　　　　A102010

行次	项目	金额
16	二、营业外支出（17+18+19+20+21+22+23+24+25+26）	2 000
22	（六）赞助支出	2 000

【案例2-30】 2020年12月2日，甲公司因违约解除合同，原来向对方支付的定金5 000元被没收不予返还。甲公司执行《企业会计准则》，会计和税务处理如下：

借：营业外支出——罚没支出　　　　　　　　　　　　　　5 000
　　贷：其他应收款　　　　　　　　　　　　　　　　　　　　5 000

2020年企业所得税汇算清缴，纳税申报表填报实务如表2-49所示。

表2-49　　　　　　　　　　　一般企业成本支出明细表　　　　　　　　　　A102010

行次	项目	金额
16	二、营业外支出（17+18+19+20+21+22+23+24+25+26）	5 000
23	（七）罚没支出	5 000

第三节　《期间费用明细表》填报实务与案例解析

一、《期间费用明细表》格式与填报要点

（一）《期间费用明细表》格式

具体格式如表2-50所示。

表2-50　　　　　　　　　　　期间费用明细表　　　　　　　　　　A104000

行次	项目	销售费用	其中：境外支付	管理费用	其中：境外支付	财务费用	其中：境外支付
		1	2	3	4	5	6
1	一、职工薪酬		*		*	*	*
2	二、劳务费					*	*

续表

行次	项目	销售费用	其中：境外支付	管理费用	其中：境外支付	财务费用	其中：境外支付
		1	2	3	4	5	6
3	三、咨询顾问费					*	*
4	四、业务招待费		*		*	*	*
5	五、广告费和业务宣传费		*			*	*
6	六、佣金和手续费						
7	七、资产折旧摊销费		*		*	*	*
8	八、财产损耗、盘亏及毁损损失		*		*	*	*
9	九、办公费		*		*	*	*
10	十、董事会费		*		*	*	*
11	十一、租赁费					*	*
12	十二、诉讼费		*		*	*	*
13	十三、差旅费		*		*	*	*
14	十四、保险费		*		*	*	*
15	十五、运输、仓储费					*	*
16	十六、修理费					*	*
17	十七、包装费		*		*	*	*
18	十八、技术转让费					*	*
19	十九、研究费用					*	*
20	二十、各项税费		*		*	*	*
21	二十一、利息收支	*	*	*	*		
22	二十二、汇兑差额	*	*	*	*		
23	二十三、现金折扣	*	*	*	*		*
24	二十四、党组织工作经费	*	*		*	*	*
25	二十五、其他						
26	合计（1+2+3+…+25）						

本表适用于执行企业会计准则、小企业会计准则、企业会计制度、分行业会计制度的查账征收居民纳税人填报。纳税人应根据企业会计准则、小企业会计准则、企业会计制度、分行业会计制度规定，填报"销售费用""管理费用""财务费用"等项目。小型微利企业免于填报《期间费用明细表》（A104000）。

2017年版与2014年版相比本表中新增了"二十四、党组织工作经费"项目一栏。

（二）《期间费用明细表》设计思路和填报要点

设计本表的目的，主要基于三个方面的考虑：一是便于基层税务机关掌握纳税人期间费用各项目的构成状况；二是便于基层税务机关对企业所得税纳税申报表进行逻辑分析和税收风险管控；三是加强对境外支付费用项目的税收监控。因此，企业在填报此表时必须引起足够的重视。本表设计思路为：

第1~3行：反映纳税人申报期内发生的计入期间费用的人工成本，申报表设计时考虑到人工成本包括的内容较多，不再对职工薪酬进行细分，而是将相关明细项目归入 A105050《职工薪酬支出及纳税调整明细表》进行明细申报和纳税调整；第 4～6 行：反映纳税人申报期内发生的计入期间费用的、有扣除限额的项目；第 7 行："资产折旧、摊销费"，包括固定资产、无形资产、长期待摊费用各种折旧和摊销金额；第 9～21 行：根据期间费用的用途进行划分，根据大多数企业经常发生的项目进行列式；第 21～23 行：主要是财务费用项目。第 24 行"党组织工作经费"为 2017 年版申报表新增的项目。第 25 行"其他"是除上述项目以外的期间费用项目。

纳税人需要根据会计核算口径填报，本表不考虑会计与税法处理差异，即纳税人按照国家统一会计制度核算的有关"销售费用""管理费用""财务费用"及其明细科目的发生额进行分析填报，由于会计科目与纳税申报表具体项目设置不一致，可能无法与会计科目一一对应。但最终本表"销售费用""管理费用""财务费用"项目合计数应该与利润表相关项目一致，与 A100000《中华人民共和国企业所得税年度纳税申报表（A 类，2017 年版）》中第 4 行销售费用（填写 A104000）、第 5 行管理费用（填写 A104000）和第 6 行财务费用（填写 A104000）相互勾稽。

二、《期间费用明细表》有关项目填报实务与案例解析

（一）"销售费用"项目填报实务与案例解析

1. 第 1 列"销售费用"：填报在销售费用科目进行核算的相关明细项目的金额，其中金融企业填报在"业务及管理费"科目进行核算的相关明细项目的金额。

2. 第 2 列"其中：境外支付"：填报在销售费用科目进行核算的向境外支付的相关明细项目的金额，其中金融企业填报在"业务及管理费"科目进行核算的相关明细项目的金额。

3. 具体填报实务要点：

（1）执行《企业会计准则》的纳税人，按照《企业会计准则——应用指南》中"6601 销售费用"科目规定填列，该项目核算企业销售商品和材料、提供劳务的过程中发生的各种费用，包括保险费、包装费、展览费和广告费、商品维修费、预计产品质量保证损失、运输费、装卸费等以及为销售本企业商品而专设的销售机构（含销售网点、售后服务网点等）的职工薪酬、业务费、折旧费等经营费用。企业发生的与专设销售机构相关的固定资产修理费用等后续支出，也在本科目核算。

金融企业纳税人应将销售费用科目改为"6601 业务及管理费"科目，核算企业（金融）在业务经营和管理过程中所发生的各项费用，包括折旧费、业务宣传费、业务

招待费、电子设备运转费、钞币运送费、安全防范费、邮电费、劳动保护费、外事费、印刷费、低值易耗品摊销、职工工资及福利费、差旅费、水电费、职工教育经费、工会经费、会议费、诉讼费、公证费、咨询费、无形资产摊销、长期待摊费用摊销、取暖降温费、聘请中介机构费、技术转让费、绿化费、董事会费、财产保险费、劳动保险费、待业保险费、住房公积金、物业管理费、研究费用、提取保险保障基金等。金融企业纳税人不应设置"管理费用"科目。

（2）执行《小企业会计准则》的纳税人，按照该准则第六十五条的规定填列，销售费用，是指小企业在销售商品或提供劳务过程中发生的各种费用。包括：销售人员的职工薪酬、商品维修费、运输费、装卸费、包装费、保险费、广告费、业务宣传费、展览费等费用。小企业（批发业、零售业）在购买商品过程中发生的费用（包括：运输费、装卸费、包装费、保险费、运输途中的合理损耗和入库前的挑选整理费等）也构成销售费用。

（二）"管理费用"项目填报实务与案例解析

1. 第 3 列"管理费用"：填报在管理费用科目进行核算的相关明细项目的金额。

2. 具体填报实务要点。

（1）执行《企业会计准则》的企业按照《企业会计准则——应用指南》中有关"6602 管理费用"科目规定填报。该科目核算企业为组织和管理企业生产经营所发生的管理费用，包括企业在筹建期间内发生的开办费、董事会和行政管理部门在企业的经营管理中发生的或者应由企业统一负担的公司经费（包括行政管理部门职工工资及福利费、物料消耗、低值易耗品摊销、办公费和差旅费等）、工会经费、董事会费（包括董事会成员津贴、会议费和差旅费等）、聘请中介机构费、咨询费（含顾问费）、诉讼费、业务招待费、技术转让费、研究费用、党组织工作经费等。

企业（商品流通）管理费用不多的，可不设置本科目，本科目的核算内容可并入"销售费用"科目核算。企业生产车间（部门）和行政管理部门等发生的固定资产修理费用等后续支出，也在本科目核算。

（2）执行《小企业会计准则》的纳税人，按照该准则第六十五条的规定填列，管理费用，是指小企业为组织和管理生产经营发生的其他费用。包括：小企业在筹建期间内发生的开办费、行政管理部门发生的费用（包括：固定资产折旧费、修理费、办公费、水电费、差旅费、管理人员的职工薪酬等）、业务招待费、研究费用、技术转让费、相关长期待摊费用摊销、财产保险费、聘请中介机构费、咨询费（含顾问费）、诉讼费等费用。

3. 第 4 列"其中：境外支付"：填报在管理费用科目进行核算的向境外支付的相关

明细项目的金额。

（三）"财务费用"项目填报实务与案例解析

1. 第 5 列"财务费用"：填报在财务费用科目进行核算的有关明细项目的金额。

2. 第 6 列"其中：境外支付"：填报在财务费用科目进行核算的向境外支付的有关明细项目的金额。

3. 具体填报实务要点如下：

（1）执行《企业会计准则》的纳税人，按照《企业会计准则——应用指南》中有关"6603 财务费用"的规定填列，该科目核算企业为筹集生产经营所需资金等而发生的筹资费用，包括利息支出（减利息收入）、汇兑损益以及相关的手续费、企业发生的现金折扣或收到的现金折扣等。为购建或生产满足资本化条件的资产发生的应予资本化的借款费用，在"在建工程""制造费用"等科目核算。

（2）执行《小企业会计准则》的纳税人，按照《小企业会计准则》第六十五条的规定核算并填报。财务费用，是指小企业为筹集生产经营所需资金发生的筹资费用。包括：利息费用（减利息收入）、汇兑损失、银行相关手续费、小企业给予的现金折扣（减享受的现金折扣）等费用。

（四）主表与《利润表》相关栏目的比较分析

执行《企业会计准则》的纳税人，主表 A100000 的第 1 行至第 13 行具体项目与《一般企业财务报表格式》（2019 年修订）中一般企业利润表格式设计不完全相同，但纳税人填报本表中"销售费用""管理费用""研发费用""财务费用"项目合计数应与《利润表》中"销售费用""管理费用""财务费用"项目的金额相一致。《国家税务总局关于修订企业所得税年度纳税申报表有关问题的公告》（国家税务总局公告 2019 年第 41 号）规定，对于已执行《财政部关于修订印发 2019 年度一般企业财务报表格式的通知》（财会〔2019〕6 号）的纳税人，在《利润表》中归集的"研发费用"通过《期间费用明细表》（A104000）第 19 行"十九、研究费用"的管理费用相应列次填报；在《利润表》中归集的"其他收益""资产处置收益""信用减值损失""净敞口套期收益"项目则无须填报，同时第 10 行"二、营业利润"不执行"第 10 行 = 第 1 - 2 - 3 - 4 - 5 - 6 - 7 + 8 + 9 行"的表内关系，按照《利润表》"营业利润"项目直接填报。

执行《小企业会计准则》的纳税人，主表 A100000 的第 1 行至第 13 行与《小企业会计准则》中利润表格式相比仅多"公允价值变动收益""资产减值损失"两个栏目，而小企业不核算"公允价值变动收益"，坏账损失按照直接转销法核算，在资产实际发生损失时，在"营业外支出"科目中核算，并在 A102010《一般企业成本支出明细表》第 24 行"（八）坏账损失"中填列，此类企业填报本表中"销售费用""管理费用""财务费用"项目合计数也应与《利润表》相关栏目的累计数一致。

主表 A100000 的第 1 行至第 13 行与《企业会计制度》中利润表格式相比多了"公允价值变动收益""资产减值损失"两个栏目，少了"其他业务利润""补贴收入"两个栏目。"其他业务利润""补贴收入"项目按照填报要求应在 A101010《一般企业收入明细表》、A102010《一般企业成本支出明细表》分别填列。执行《企业会计制度》的企业不核算"公允价值变动收益"，此栏目填 0；"资产减值损失"虽未在《利润表》中单独反映，但其已经分别在"管理费用""投资收益""营业外支出"科目中核算，填报在《利润表》"管理费用""投资收益""营业外支出"栏目中，从整个报表的逻辑性和整体性考虑，不需要进行调整填列。

【案例 2-31】2020 年 1 月 10 日，甲公司按照相关规定向本单位拨付党组织工作经费 15 000 元。甲公司执行《企业会计准则》，会计和税务处理如下：

借：管理费用——党组织工作经费 　　　　　　　　　　　　　15 000

　　贷：银行存款 　　　　　　　　　　　　　　　　　　　　　　　15 000

2020 年企业所得税汇算清缴，纳税申报表填报实务如表 2-51 所示。

表 2-51　　　　　　　　　　　期间费用明细表　　　　　　　　　　　A104000

行次	项目	销售费用	其中：境外支付	管理费用	其中：境外支付	财务费用	其中：境外支付
		1	2	3	4	5	6
24	二十四、党组织工作经费	*	*	15 000	*	*	*

【案例 2-32】甲公司于 2020 年 3 月 1 日销售商品 100 00 件，每件商品的标价为 20 元（不含增值税），每件商品的实际成本为 12 元，适用的增值税税率为 17%；由于是成批销售，甲公司给予购货方 10% 的商业折扣，并在销售合同中规定现金折扣条件为"2/10，1/20，N/30"；商品于 3 月 1 日发出，购货方于 3 月 9 日付款。假定计算现金折扣时考虑增值税。

分析：本例涉及现金折扣和商业折扣问题，首先需要计算确定销售商品收入的金额。根据销售商品收入金额确定的有关规定，销售商品收入的金额应是未扣除现金折扣但扣除商业折扣后的金额，现金折扣应在实际发生时计入当期财务费用。因此，甲公司应确认的销售商品收入金额为 180 000 元（20×10 000－20×10 000×10%），增值税销项税额为 30 600 元（180 000×17%）。购货方于销售实现后的 10 日内付款，享有的现金折扣为 4 212 元[（180 000＋30 600）×2%]。甲公司应编制如下会计分录：

①3 月 1 日销售实现时：

借：应收账款 　　　　　　　　　　　　　　　　　　　　　　　210 600

贷：主营业务收入   180 000

      应交税费——应交增值税（销项税额）   30 600

借：主营业务成本   120 000

      贷：库存商品   120 000

②3 月 9 日收到货款时：

借：银行存款   206 388

    财务费用——现金折扣   4 212

      贷：应收账款   210 600

③2020 年企业所得税汇算清缴，纳税申报表填报实务如表 2 – 52 所示。

表 2 – 52   **期间费用明细表**   A104000

行次	项目	销售费用	其中：境外支付	管理费用	其中：境外支付	财务费用	其中：境外支付
		1	2	3	4	5	6
23	二十三、现金折扣	*	*	*	*	4 212	*

【案例 2 – 33】甲公司 2020 年"财务费用"明细科目中"财务费用——利息收入"为 25 000 元，"财务费用——利息支出"为 23 000 元，利息收支净额为 – 2 000 元。2020 年企业所得税汇算清缴，纳税申报表填报实务如表 2 – 53 所示。

表 2 – 53   **期间费用明细表**   A104000

行次	项目	销售费用	其中：境外支付	管理费用	其中：境外支付	财务费用	其中：境外支付
		1	2	3	4	5	6
21	二十一、利息收支	*	*	*	*	– 2 000	

第三章

《纳税调整项目明细表》收入类项目
填报实务与案例解析

第一节 《纳税调整项目明细表》主表项目
填报实务与案例解析

一、《纳税调整项目明细表》格式与填报要点

（一）《纳税调整项目明细表》格式

具体格式如表 3 - 1 所示。

表 3 - 1　　　　　　　　　　　纳税调整项目明细表　　　　　　　　　　A105000

行次	项目	账载金额	税收金额	调增金额	调减金额
		1	2	3	4
1	一、收入类调整项目（2 + 3 + …8 + 10 + 11）	*	*		
2	（一）视同销售收入（填写 A105010）	*			*
3	（二）未按权责发生制原则确认的收入（填写 A105020）				
4	（三）投资收益（填写 A105030）				
5	（四）按权益法核算长期股权投资对初始投资成本调整确认收益	*	*	*	
6	（五）交易性金融资产初始投资调整	*	*		*
7	（六）公允价值变动净损益		*		
8	（七）不征税收入	*	*		

续表

行次	项目	账载金额	税收金额	调增金额	调减金额
		1	2	3	4
9	其中：专项用途财政性资金（填写A105040）	*	*		
10	（八）销售折扣、折让和退回				
11	（九）其他				
12	二、扣除类调整项目（13+14+…24+26+27+28+29+30）	*	*		
13	（一）视同销售成本（填写A105010）	*		*	
14	（二）职工薪酬（填写A105050）				
15	（三）业务招待费支出				*
16	（四）广告费和业务宣传费支出（填写A105060）	*	*		
17	（五）捐赠支出（填写A105070）				
18	（六）利息支出				
19	（七）罚金、罚款和被没收财物的损失		*		*
20	（八）税收滞纳金、加收利息		*		*
21	（九）赞助支出		*		*
22	（十）与未实现融资收益相关在当期确认的财务费用				
23	（十一）佣金和手续费支出（保险企业填写A105060）				
24	（十二）不征税收入用于支出所形成的费用	*	*		*
25	其中：专项用途财政性资金用于支出所形成的费用（填写A105040）	*	*		*
26	（十三）跨期扣除项目				
27	（十四）与取得收入无关的支出		*		*
28	（十五）境外所得分摊的共同支出	*	*		*
29	（十六）党组织工作经费				
30	（十七）其他				
31	三、资产类调整项目（32+33+34+35）	*	*		
32	（一）资产折旧、摊销（填写A105080）				
33	（二）资产减值准备金		*		
34	（三）资产损失（填写A105090）				
35	（四）其他				
36	四、特殊事项调整项目（37+38+…+43）	*	*		
37	（一）企业重组及递延纳税事项（填写A105100）				
38	（二）政策性搬迁（填写A105110）	*	*		
39	（三）特殊行业准备金（填写A105120）				
40	（四）房地产开发企业特定业务计算的纳税调整额（填写A105010）	*			
41	（五）合伙企业法人合伙人应分得的应纳税所得额				
42	（六）发行永续债利息支出				
43	（七）其他	*	*		
44	五、特别纳税调整应税所得	*	*		
45	六、其他	*	*		
46	合计（1+12+31+36+44+45）	*	*		

本表由纳税人根据税法、相关税收规定以及国家统一会计制度的规定，填报企业所得税涉税事项的会计处理、税务处理以及纳税调整情况。

本表纳税调整项目按照"收入类调整项目""扣除类调整项目""资产类调整项

目""特殊事项调整项目""特别纳税调整应税所得""其他"六大项分类填报汇总，并计算出纳税"调增金额"和"调减金额"的合计数。

数据栏分别设置"账载金额""税收金额""调增金额""调减金额"四个栏次。"账载金额"是指纳税人按照国家统一会计制度规定核算的项目金额。"税收金额"是指纳税人按照税法规定计算的项目金额。

对需填报下级明细表的纳税调整项目，其"账载金额""税收金额""调增金额""调减金额"根据相应附表进行计算填报。

具体填报实务要点：2017年版与2014年版相比本表中新增了"二十四、党组织工作经费"项目一栏。A105050《职工薪酬支出及纳税调整明细表》、A105070《捐赠支出及纳税调整明细表》、A105080《资产折旧、摊销及纳税调整明细表》、A105090《资产损失税前扣除及纳税调整明细表》和A105120《特殊行业准备金及纳税调整明细表》4张表，表名中加上"及"字，如A105070表名改为"捐赠支出及纳税调整明细表"，说明这些表格设置不仅仅为了调整税会差异，还兼具资料报送、收集数据用于比对等功能，因此只要发生这些表格中的相关事项，哪怕没有税会差异，纳税人也必须填报。

（二）2014年版与2017年版《纳税调整项目明细表》设计内容比较

A105000《纳税调整项目明细表》（2017年版）设计的会计和税法差异调整项目包括：收入类、扣除类、资产类、特殊事项、特别纳税调整和其他共六大类38小类。纳税人依法享受税收优惠形成的税会差异在税收优惠明细表及相关附表填报，但例外的是，加速折旧在纳税调整明细表中进行填报。同时，与A105000《纳税调整项目明细表》（2014年版）相比新增加两个纳税调整项目，即党组织工作经费和合伙企业法人合伙方应分得的应纳税所得额。2018年修订申报表时，增加第44行"六、其他"项目，填报其他会计处理与税收规定存在差异需纳税调整的项目金额，包括企业执行《企业会计准则第14号——收入》（财会〔2017〕22号）产生的税会差异纳税调整金额。2019年修订企业所得税年度纳税申报表时，有以下变化。

第一，修改了第23行"（十一）佣金和手续费支出"的填报说明：除保险企业之外的其他企业直接填报本行，第1列"账载金额"填报纳税人会计核算计入当期损益的佣金和手续费金额，第2列"税收金额"填报按照税收规定允许税前扣除的佣金和手续费支出金额，第3列"调增金额"填报第1－2列金额，第4列"调减金额"不可填报。保险企业根据《广告费和业务宣传费等跨年度纳税调整明细表》（A105060）填报，第1列"账载金额"填报表A105060第1行第2列。若表A105060第3行第2列≥第6行第2列，第2列"税收金额"填报A105060第6行第2列的金额；若表

A105060 第 3 行第 2 列 < 第 6 行第 2 列，第 2 列 "税收金额" 填报 A105060 第 3 行第 2 列 + 第 9 行第 2 列的金额。若表 A105060 第 12 行第 2 列 ≥0，第 3 列 "调增金额" 填报表 A105060 第 12 行第 2 列金额。若表 A105060 第 12 行第 2 列 <0，第 4 列 "调减金额" 填报表 A105060 第 12 行第 2 列金额的绝对值。

第二，修改了第 30 行 "（十七）其他" 的填报说明：填报其他因会计处理与税收规定有差异需纳税调整的扣除类项目金额，企业将货物、资产、劳务用于捐赠、广告等用途时，进行视同销售纳税调整后，对应支出的会计处理与税收规定有差异需纳税调整的金额填在本行。若第 1 列 ≥第 2 列，第 3 列 "调增金额" 填报第 1 - 2 列金额。若第 1 列 <第 2 列，第 4 列 "调减金额" 填报第 1 - 2 列金额的绝对值。

第三，增加了第 42 行 "（六）发行永续债利息支出"：本行填报企业发行永续债采取的税收处理办法与会计核算方式不一致时的纳税调整情况。当永续债发行方会计上按照债务核算，税收上适用股息、红利企业所得税政策时，第 1 列 "账载金额" 填报支付的永续债利息支出计入当期损益的金额；第 2 列 "税收金额" 填报 0。永续债发行方会计上按照权益核算，税收上按照债券利息适用企业所得税政策时，第 1 列 "账载金额" 填报 0；第 2 列 "税收金额" 填报永续债发行方支付的永续债利息支出准予在企业所得税税前扣除的金额。若第 2 列 ≤第 1 列，第 3 列 "调增金额" 填报第 1 - 2 列金额。若第 2 列 >第 1 列，第 4 列 "调减金额" 填报第 1 - 2 列金额的绝对值。

【案例 3 - 1】甲建筑公司与其客户签订一项总金额为 580 万元的固定造价合同，该合同不可撤销。甲公司负责工程的施工及全面管理，客户按照第三方工程监理公司确认的工程完工量，每年与甲公司结算一次；该工程已于 2×18 年 2 月开工，预计 2×21 年 6 月完工；预计可能发生的工程总成本为 550 万元。到 2×19 年底，由于材料价格上涨等因素，甲公司将预计工程总成本调整为 600 万元。2×20 年末根据工程最新情况将预计工程总成本调整为 610 万元。该公司已经执行《财政部关于修订印发〈企业会计准则第 14 号——收入〉的通知》（财会〔2017〕22 号），假定该建造工程整体构成单项履约义务，并属于在某一时段内履行的履约义务，该公司采用成本法确定履约进度，不考虑其他相关因素。该合同的其他有关资料如表 3 - 2 所示。

表 3 - 2 　　　　　　　　　　　合同收入和成本情况表　　　　　　　　　　单位：万元

项目	2×18 年	2×19 年	2×20 年	2×21 年	2×22 年
年末累计实际发生成本	154	300	488	610	—
年末预计完成合同尚需发生的费用	396	300	122	—	—
本期结算合同价款	174	196	180	30	—
本期实际收到价款	170	190	190	—	30

按照合同约定，工程质保金 30 万元需等到客户于 2×22 年底保证期结束且未发生重大质量问题方能收款。上述价款均为不含税价款，不考虑相关增值税等税费的影响。

会计和税务处理如下。

（1）2×18年会计处理如下。

①实际发生合同成本。

借：合同履约成本　　　　　　　　　　　　　　　　　　　　　　　1 540 000

　　贷：原材料、应付职工薪酬等　　　　　　　　　　　　　　　　　　1 540 000

②确认计量当年的收入并结转成本。履约进度 = 1 540 000 ÷（1 540 000 + 3 960 000）= 28%，合同收入 = 5 800 000 × 28% = 1 624 000（元）。

借：合同结算——收入结转　　　　　　　　　　　　　　　　　　　1 624 000

　　贷：主营业务收入　　　　　　　　　　　　　　　　　　　　　　　1 624 000

借：主营业务成本　　　　　　　　　　　　　　　　　　　　　　　1 540 000

　　贷：合同履约成本　　　　　　　　　　　　　　　　　　　　　　　1 540 000

③结算合同价款。

借：应收账款　　　　　　　　　　　　　　　　　　　　　　　　　1 740 000

　　贷：合同结算——价款结算　　　　　　　　　　　　　　　　　　　1 740 000

④实际收到合同价款。

借：银行存款　　　　　　　　　　　　　　　　　　　　　　　　　1 700 000

　　贷：应收账款　　　　　　　　　　　　　　　　　　　　　　　　　1 700 000

2×18年12月31日，"合同结算"科目的余额为贷方11.6万元（174 - 162.4），表明甲公司已经与客户结算但尚未履行履约义务的金额为11.6万元，由于甲公司预计该部分履约义务将在2×19年内完成，因此，应在资产负债表中作为合同负债列示。

⑤2×18年企业所得税处理：《国家税务总局关于确认企业所得税收入若干问题的通知》（国税函〔2008〕875号）规定，企业在各个纳税期末提供劳务交易的结果能够可靠估计的，应采用完工进度（完工百分比）法确认提供劳务收入。2×18年确认提供劳务收入 = 5 800 000 × 28% = 1 624 000（元），提供劳务成本 = 5 500 000 × 28% = 1 540 000（元），不存在税会处理差异，不需要纳税调整。

（2）2×19年的账务处理如下：

①实际发生合同成本。

借：合同履约成本　　　　　　　　　　　　　　　　　　　　　　　1 460 000

　　贷：原材料、应付职工薪酬等　　　　　　　　　　　　　　　　　　1 460 000

②确认计量当年的收入并结转成本，同时，确认合同预计损失。履约进度 = 3 000 000 ÷（3 000 000 + 3 000 000）= 50%，合同收入 = 5 800 000 × 50% - 1 624 000 = 1 276 000（元）。

借：合同结算——收入结转　　　　　　　　　　　　　　　　　　　1 276 000

贷：主营业务收入	1 276 000
借：主营业务成本	1 460 000
贷：合同履约成本	1 460 000
借：主营业务成本	100 000
贷：预计负债	100 000

合同预计损失 =（3 000 000 + 3 000 000 – 5 800 000）×（1 – 50%）= 100 000（元）

在 2×19 年底，由于该合同预计总成本（600 万元）大于合同总收入（580 万元），预计发生损失总额为 20 万元，由于其中 20 万元×50% = 10 万元已经反映在损益中，因此应将剩余的、为完成工程将发生的预计损失 10 万元确认为当期损失。根据《企业会计准则第 13 号——或有事项》的相关规定，待执行合同变成亏损合同的，该亏损合同产生的义务满足相关条件的，则应当对亏损合同确认预计负债。因此，为完成工程将发生的预计损失 10 万元应当确认为预计负债。

③结算合同价款。

借：应收账款	1 960 000
贷：合同结算——价款结算	1 960 000

④实际收到合同价款。

借：银行存款	1 900 000
贷：应收账款	1 900 000

2×19 年 12 月 31 日，"合同结算"科目的余额为贷方 80 万元（11.6 + 196 – 127.6），表明甲公司已经与客户结算但尚未履行履约义务的金额为 80 万元，由于甲公司预计该部分履约义务将在 2×20 年内完成，因此，应在资产负债表中作为合同负债列示。

⑤2×19 年企业所得税处理：2×19 年确认提供劳务收入 = 5 800 000×50% – 1 624 000 = 1 276 000（元），提供劳务成本 = 6 000 000×50% – 1 540 000 = 1 460 000（元），与会计核算确认的提供劳务成本 1 560 000 元存在会计和税务处理差异 100 000 元，需要纳税调增 100 000 元。企业所得税年度纳税申报表填报实务如表 3 – 3 所示。

表 3 – 3 　　　　　　　　　　　　纳税调整项目明细表　　　　　　　　　　　　A105000

行次	项目	账载金额	税收金额	调增金额	调减金额
		1	2	3	4
45	六、其他	*	*	100 000	

（3）2×20 年的账务处理如下。

①实际发生的合同成本。

借：合同履约成本	1 880 000
贷：原材料、应付职工薪酬等	1 880 000

②确认计量当年的合同收入并结转成本，同时调整合同预计损失。

履约进度 = 4 880 000 ÷ (4 880 000 + 1 220 000) = 80%

合同收入 = 5 800 000 × 80% − 1 624 000 − 1 276 000 = 1 740 000（元）

合同预计损失 = (4 880 000 + 1 220 000 − 5 800 000) × (1 − 80%)

− 100 000 = − 40 000（元）

借：合同结算——收入结转　　　　　　　　　　　1 740 000

　　贷：主营业务收入　　　　　　　　　　　　　　　1 740 000

借：主营业务成本　　　　　　　　　　　　　　1 880 000

　　贷：合同履约成本　　　　　　　　　　　　　　　1 880 000

借：预计负债　　　　　　　　　　　　　　　　　40 000

　　贷：主营业务成本　　　　　　　　　　　　　　　　40 000

在 2×20 年底，由于该合同预计总成本（610 万元）大于合同总收入（580 万元），预计发生损失总额为 30 万元，由于其中 24 万元（30 × 80%）已经反映在损益中，因此预计负债的余额 = 30 − 24 = 6（万元），反映剩余的、为完成工程将发生的预计损失，因此，本期应转回合同预计损失 4 万元。

③结算合同价款。

借：应收账款　　　　　　　　　　　　　　　1 800 000

　　贷：合同结算——价款结算　　　　　　　　　　　1 800 000

④实际收到合同价款。

借：银行存款　　　　　　　　　　　　　　　1 900 000

　　贷：应收账款　　　　　　　　　　　　　　　　1 900 000

2×20 年 12 月 31 日，"合同结算"科目的余额为贷方 86 万元（80 + 180 − 174），表明甲公司已经与客户结算但尚未履行履约义务的金额为 86 万元，由于该部分履约义务将在 2×21 年 6 月底前完成，因此，应在资产负债表中作为合同负债列示。

⑤2×20 年企业所得税处理：2×20 年确认提供劳务收入 = 5 800 000 × 80% − 1 624 000 − 1 276 000 = 1 740 000（元），提供劳务成本 = 6 100 000 × 80% − 1 540 000 − 1 460 000 = 1 880 000（元），与会计核算确认的提供劳务成本 1 840 000 元存在会计和税务处理差异 40 000 元，需要纳税调减 40 000 元。企业所得税年度纳税申报表填报实务如表 3−4 所示。

表 3−4　　　　　　　　　　纳税调整项目明细表　　　　　　　　　A105000

行次	项目	账载金额	税收金额	调增金额	调减金额
		1	2	3	4
45	六、其他	*	*		40 000

（4）2×21 年 1~6 月的账务处理如下。

①实际发生合同成本。

借：合同履约成本   1 220 000

  贷：原材料、应付职工薪酬等   1 220 000

②确认计量当期的合同收入并结转成本及已计提的合同损失。

2×21 年 1~6 月确认的合同收入＝合同总金额－截至目前累计已确认的收入＝5 800 000－1 624 000－1 276 000－1 740 000＝1 160 000（元）

借：合同结算——收入结转   1 160 000

  贷：主营业务收入   1 160 000

借：主营业务成本   1 220 000

  贷：合同履约成本   1 220 000

借：预计负债   60 000

  贷：主营业务成本   60 000

2×21 年 6 月 30 日，"合同结算"科目的余额为借方 30 万元（86－116），是工程质保金，需等到客户于 2×22 年底保质期结束且未发生重大质量问题后方能收款，应当在资产负债表中作为合同资产列示。

③2×21 年企业所得税处理：2×20 年确认提供劳务收入＝5 800 000×100%－1 624 000－1 276 000－1 740 000＝1 160 000（元），提供劳务成本＝6 100 000×100%－1 540 000－1 460 000－1 880 000＝1 220 000（元），与会计核算确认的提供劳务成本 1 160 000 元存在会计和税务处理差异 60 000 元，需要纳税调减 60 000 元。企业所得税年度纳税申报表填报实务如表 3－5 所示。

表 3－5   纳税调整项目明细表   A105000

行次	项目	账载金额	税收金额	调增金额	调减金额
		1	2	3	4
45	六、其他	*	*		60 000

（5）2×22 年的账务处理如下。

①保质期结束且未发生重大质量问题。

借：应收账款   300 000

  贷：合同结算   300 000

②实际收到合同价款。

借：银行存款   300 000

  贷：应收账款   300 000

【案例 3－2】2019 年 12 月 10 日，甲公司与其客户乙公司签订合同，向乙公司销售 1 000 件产品，每件产品的合同约定售价为 100 元（不含税），增值税税率为 13%，合同含税总价为 11.3 万元，乙公司当日收货并取得这些产品的控制权。乙公司通常在取得产品后的一定时期内（3 个月）将其对外售出，且合同约定乙公司在这些产品售出后才向甲公司支付货款。该合同中虽然约定了销售价格，但是基于甲公司过往的实务经验，为了维护与乙公司的客户关系，甲公司预计会向乙公司提供价格折扣，以便于乙公司能够以更加优惠的价格向最终客户销售这些产品，从而促进该产品的整体销量。因此，甲公司认为该合同的对价是可变的。

甲公司已销售该产品及类似产品多年，积累了丰富的经验，可观察的历史数据表明，甲公司以往销售此类产品时会给予客户大约 20% 的折扣。同时，根据当前市场信息分析，20% 的降价幅度足以促进该产品的销量，从而提高其周转率。甲公司多年来向客户提供的折扣从未超过 20%。该企业执行《企业会计准则第 14 号——收入》（2017 年修订）。

分析：本例中，甲公司按照期望值估计可变对价的金额，因为该方法能够更好地预测其有权获得的对价金额。甲公司估计的交易价格为 80 000 元〔100 ×（1－20%）× 1 000〕。因此，甲公司认为，在不确定性消除（即折扣的总金额最终确定）时，已确认的累计收入金额 80 000 元极可能不会发生重大转回。因此，甲公司应当于 2019 年 12 月 10 日将产品控制权转移给乙公司时，确认收入 80 000 元。

会计核算如下：

①甲企业向乙公司销售货物控制权转移时确认收入，按照合同约定的销售金额 10 万元开具增值税专用发票。

借：应收账款——乙公司　　　　　　　　　　　　　　　　113 000
　　贷：主营业务收入　　　　　　　　　　　　　　　　　　80 000
　　　　预计负债——预计销售折扣　　　　　　　　　　　　20 000
　　　　应交税费——应交增值税（销项税额）　　　　　　　13 000

②2019 年企业所得税处理。国家税务总局《关于确认企业所得税收入若干问题的通知》（国税函〔2008〕875 号）规定，企业因售出商品质量、品种不符合要求等原因而发生的退货属于销售退回；企业因售出商品的质量不合格等原因而在售价上给的减除属于销售折让。企业已经确认销售收入的售出商品发生销售折让和销售退回，应当在发生当期冲减当期销售商品收入。本例中，2019 年应确认销售商品收入 100 000 元，与会计核算的主营业务收入 80 000 元存在会计和税务处理差异 20 000 元，汇算清缴时应纳税调增 20 000 元。企业所得税年度纳税申报表填报实务如表 3－6 所示。

表3-6　　　　　　　　　　　纳税调整项目明细表（2019年）　　　　　　　　　　　A105000

行次	项目	账载金额	税收金额	调增金额	调减金额
		1	2	3	4
45	六、其他	*	*	20 000	

③2020年3月甲公司与乙公司结算时，按照市场销售情况实际发生价格折扣10 000元（100×10%×1 000），并按照相关规定开具红字专用发票。

借：预计负债——销售折扣　　　　　　　　　　　　　　　　　10 000

　　应交税费——应交增值税（销项税额）　　　　　　　　　　1 300

　　贷：应收账款——乙公司　　　　　　　　　　　　　　　　　11 300

借：预计负债——销售折扣　　　　　　　　　　　　　　　　　10 000

　　贷：主营业务收入　　　　　　　　　　　　　　　　　　　10 000

④2020年企业所得税处理。本例中，企业已经确认销售收入的售出商品发生销售折让和销售退回，应当在折扣发生当期冲减当期销售商品收入。2020年在发生折扣当期应冲减当期销售收入10 000元，与会计核算当期确认主营业务收入10 000元存在会计和税务处理差异20 000元，汇算清缴时应纳税调减。企业所得税年度纳税申报表填报实务如表3-7所示。

表3-7　　　　　　　　　　　纳税调整项目明细表（2020年）　　　　　　　　　　　A105000

行次	项目	账载金额	税收金额	调增金额	调减金额
		1	2	3	4
45	六、其他	*	*		20 000

【案例3-3】甲公司主要从事手机生产和销售。2019年11月11日，甲公司向零售商乙公司采用直接收款方式销售1 000台手机，每台价格为3 000元（不含税），合同价款合计300万元，增值税税率为13%，款项已经收到存入银行。甲公司向乙公司提供价格保护，承诺在未来6个月内，如果同款手机售价下降，则按照合同价格与最低售价之间的差额向乙公司支付差价。该企业执行《企业会计准则第14号——收入》（2017年修订）。甲公司根据以往类似合同的经验，预计各种结果发生的概率如表3-8所示。

表3-8　　　　　　　　　　　　　　　　预计概率

未来6个月内的降价金额（元/台）	概率（%）
0	40
200	30
500	20
1 000	10

分析：本例中，甲公司认为交易价格期望值能够更好地预测其有权获取的对价金额。假定不考虑有关将可变对价计入交易价格的其他限制性要求，在该预期概率方法下，估计交易价格 = [（3 000×40%）+（2 800×30%）+（2 500×20%）+（2 000×

10% ）〕=2 740（元/台）。

①增值税处理。增值税销售额为合同约定的金额每台 3 000 元（不含税），合同不含税总价款合计 300 万元，增值税税率为 13%，增值税销项税额=$300 \times 13\%$=39（万元）。会计处理如下：

借：银行存款　　　　　　　　　　　　　　　　　　　　　　3 390 000

　　贷：主营业务收入　　　　　　　　　　　　　　　　　　2 740 000

　　　　应交税费——应交增值税（销项税额）　　　　　　　390 000

　　　　预计负债——预计销售折让　　　　　　　　　　　　260 000

②假设该款手机成本为每台 2 000 元，结转成本=$2\,000 \times 1\,000$=200 000（元）。

借：主营业务成本　　　　　　　　　　　　　　　　　　　　2 000 000

　　贷：库存商品　　　　　　　　　　　　　　　　　　　　2 000 000

③2019 年企业所得税处理。企业所得税确认收入 300 万元扣除销售成本 200 万元，所得额=100（万元）；会计核算营业收入 274 万元结转营业成本 200 万元，营业利润=274－200=74（万元），税会差异=100－74=26（万元）。

④2020 年 2 月，假设考虑未来 6 个月内由于 5G 手机的推出及开展春节促销活动，该款手机单价下降了 500 元（不含税），按照事先约定需要按照合同价格与最低售价之间的差额向乙公司支付差价 50 万元。《国家税务总局关于纳税人折扣折让行为开具红字增值税专用发票问题的通知》（国税函〔2006〕1279 号）规定，纳税人销售货物并向购买方开具增值税专用发票后，由于购货方在一定时期内累计购买货物达到一定数量，或者由于市场价格下降等原因，销货方给予购货方相应的价格优惠或补偿等折扣、折让行为，销货方可按现行《增值税专用发票使用规定》的有关规定开具红字增值税专用发票。本例中，发生销售折让 500 000 元，增值税销项税额为－65 000 元，开具红字增值税专用发票。

借：预计负债——预计销售折让　　　　　　　　　　　　　　260 000

　　主营业务收入　　　　　　　　　　　　　　　　　　　　240 000

　　应交税费——应交增值税（销项税额）　　　　　　　　　65 000

　　　　贷：银行存款　　　　　　　　　　　　　　　　　　565 000

⑤企业所得税处理。《国家税务总局关于确认企业所得税收入若干问题的通知》（国税函〔2008〕875 号）规定，企业已经确认销售收入的售出商品发生销售折让和销售退回，应当在发生当期冲减当期销售商品收入。2019 年企业所得税汇算清缴时，企业所得税收入 300 万元，成本 200 万元，会计核算的主营业务收入 274 万元，主营业务成本 200 万元，税会差异为 26 万元需要进行纳税调增。2020 年企业所得税汇算清缴时，企业所得税处理确认冲减当期收入 50 万元，会计核算冲减主营业务收入 24 万元，

税会差异为 -26 万元，需要进行纳税调减。企业所得税年度纳税申报表填报实务如表 3 -9和表 3 -10 所示。

表 3 -9　　纳税调整项目明细表（2019 年）　　A105000

行次	项目	账载金额	税收金额	调增金额	调减金额
		1	2	3	4
45	六、其他	*	*	260 000	

表 3 -10　　纳税调整项目明细表（2020 年）　　A105000

行次	项目	账载金额	税收金额	调增金额	调减金额
		1	2	3	4
45	六、其他	*	*		260 000

【案例 3 -4】2019 年 9 月 20 日，A 电子产品生产公司向 B 公司销售一批手机，签订销售合同约定售价合计为 105 万元（不含税），包括交付指定品牌的手机一批，A 公司承诺售出后 1 年内为法定免费保修期，并承诺延长三年质量保证服务。目前 A 在市场上单独销售该批手机的价格为 100 万元，单独购买三年延期质保服务价格为 10 万元。A 公司估计在法定免费保修期内将发生的保修费用为 2 万元。该批手机的成本为 80 万元。合同签订当日，A 公司将该批手机交付给 B 公司，并开具增值税专用发票，增值税税率为 13%，105 万元价款和相应的增值税款已收到存入银行。该企业执行《企业会计准则第 14 号——收入》(2017 年修订)。A 公司的会计和税务处理如下。

分析：第一步，识别与客户订立的合同。本例中，属于 A 公司与 B 公司订立的手机销售和维保服务合同。

第二步，识别合同中的单项履约义务。本例中，合同中首先包括销售手机的履约义务。客户有权在法定质量保证期限之外，单独提出质量保证要求，企业必然要针对此项特殊化的质量保证诉求另外收取对价，并将该对价计入该项交易的交易价格之中。由于客户选择购买的质量保证的受益对象清晰可辨，实务中企业是否依照客户所选择的质量保证条款履行了相应履约义务也易于判定，客户可选择单独购买的质量保证就构成了企业的另一项单项履约义务。而 A 公司承诺售出后 1 年内为法定免费保修期，属于保证类质量保证，不能作为单项履约义务，企业应当按照《企业会计准则第 13 号——或有事项》的规定进行会计处理。

第三步，确定交易价格。本例中，交易价格为 105 万元（不含税）。

第四步，将交易价格分摊至各单项履约义务。合同中包含两项或多项履约义务的，企业应当在合同开始日，按照各单项履约义务所承诺商品的单独售价的相对比例，将交易价格分摊至各单项履约义务。本例中，销售货物市场单独售价为 100 万元，销售三年延保服务的市场单独售价为 10 万元，因此，销售商品应分摊收入 = 105 × 100/（100 + 10） = 95.45（万元）。销售三年延保服务 = 105 × 10/（100 + 10） = 9.55（万元）。

第五步，履行各单项履约义务时确认收入。销售手机属于控制权在时点交付时转移，应当期确认主营业务收入，对于三年延保服务的价款属于客户已经支付了合同对价，但企业尚未履行履约义务（时期履约义务），应记入"合同负债"科目（后期再根据提供延保服务的进度确认收入）。

①A公司销售货物同时提供服务属于混合销售业务，增值税销项税额＝105×13%＝13.65（万元）。税会差异：增值税销售收入为105万元，开具增值税发票金额105万元，会计核算收入95.45万元；季度预缴企业所得税时，暂按照会计核算收入计算应纳税所得额。

借：银行存款　　　　　　　　　　　　　　　　　　　　1 186 500
　　贷：主营业务收入　　　　　　　　　　　　　　　　954 500
　　　　合同负债　　　　　　　　　　　　　　　　　　95 500
　　　　应交税费——应交增值税（销项税额）　　　　136 500

②结转相应的销售成本。

借：主营业务成本　　　　　　　　　　　　　　　　　　800 000
　　贷：库存商品　　　　　　　　　　　　　　　　　　800 000

③预计免费法定保修修期发生的保修费。

借：销售费用——产品质量保证　　　　　　　　　　　　20 000
　　贷：预计负债　　　　　　　　　　　　　　　　　　20 000

④2019年企业所得税汇算清缴。《国家税务总局关于确认企业所得税收入若干问题的通知》（国税函〔2008〕875号）第二条（四）规定，"4.服务费。包含在商品售价内可区分的服务费，在提供服务的期间分期确认收入。"企业所得税收入与会计核算收入一致为95.45万元，与增值税销售收入105万元存在税税差异，"金三系统"纳税风险评估可能会出现提示"增值税收入与企业所得税收入不一致"，需要说明原因。预计负债确认的"销售费用——产品质量保证"2万元属于没有实际发生的支出，不能在2019年汇算清缴税前扣除，存在税会差异，应进行纳税调增。企业所得税年度纳税申报表填报实务如表3-11所示。

表3-11　　　　　　　　纳税调整项目明细表（2019年）　　　　　　　　A105000

行次	项目	账载金额	税收金额	调增金额	调减金额
		1	2	3	4
26	（十三）跨期扣除项目	20 000	0	20 000	

【案例3-5】甲公司是家具销售公司，2019年10月15日，甲公司向乙公司销售5 000件家具，单位销售价格为500元（不含税），单位成本为400元，开出的增值专用发票上注明的销售价格为250万元，增值税税率为13%。家具已经发出，但款项尚未

101

收到。根据协议约定，乙公司应于 2019 年 12 月 31 日之前支付货款。双方在合同中约定了退货条款，乙公司在 2020 年 3 月 31 日之前有权退还家具。甲公司根据过去的经验，估计该批家具的退货率约为 20%。2019 年 12 月 31 日，甲公司对退货率进行了重新评估，认为只有 10% 的家具会被退回。甲公司为增值税一般纳税人，家具发出时以开具增值税专用发票纳税义务已经发生，实际发生退回时开具的红字增值税专用发票。假定办公家具发出时控制权转移给乙公司。该企业执行《企业会计准则第 14 号——收入》（2017 年修订）。

甲公司的账务处理如下：

①2019 年 10 月 15 日发出家具时，预计应付退货款 = 5 000 × 500 × 20% = 50（万元），不能确认会计收入，预计应收退货成本 = 5 000 × 400 × 20% = 40（万元）。

借：应收账款	2 825 000
贷：主营业务收入	2 000 000
预计负债——应付退货款	500 000
应交税费——应交增值税（销项税额）	325 000
借：主营业务成本	1 600 000
应收退货成本	400 000
贷：库存商品	2 000 000

②2019 年 12 月 31 日前收到货款时：

借：银行存款	2 825 000
贷：应收账款	2 825 000

③2019 年 12 月 31 日，甲公司对退货率进行重新评估：

借：预计负债——应付退货款（5 000 × 500 × 10%）	250 000
贷：主营业务收入	250 000
借：主营业务成本（5 000 × 400 × 10%）	200 000
贷：应收退货成本	200 000

④2019 年企业所得税确认收入 250 万元，销售成本 200 万元，应纳税所得额为 50 万元，会计核算收入为 225 万元，成本为 180 万元，会计利润为 45 万元，税会差异为 5 万元，应进行纳税调增 5 万元。

⑤资产负债表日确认相关递延所得税资产和负债。应收退货成本账面价值为 20 万元，计税基础 0 元，应纳税暂时性差异为 20 万元，确认递延所得税负债 5 万元。预计负债账面价值为 25 万元，计税基础 0 元，可抵扣暂时性差异为 25 万元，确认递延所得税资产 6.25 万元。

借：所得税费用	50 000

贷：递延所得税负债			50 000
借：递延所得税资产		62 500	
贷：所得税费用			62 500

⑥2020 年 3 月 31 日发生销售退回，实际退货量为 400 件，比原预计退货 500 件少退了 100 件，退货款项已经支付。开具红字增值税专用发票冲减销项税额 = 400 × 500 × 13% = 26 000（元），冲减增值税销售额 20 万元。

借：预计负债——应付退货款		250 000
应交税费——应交增值税（销项税额）		26 000
贷：主营业务收入		50 000
银行存款（400 件 × 500 × 1.13）		226 000
借：主营业务成本（100 件 × 400）		40 000
贷：应收退货成本		40 000
借：库存商品（400 件 × 400）		160 000
贷：应收退货成本		160 000

⑦冲回确认的递延所得税资产和递延所得税负债。

借：递延所得税负债		50 000
贷：所得税费用		50 000
借：所得税费用		62 500
贷：递延所得税资产		62 500

⑧2020 年会计核算收入 5 万元，结转销售成本 4 万元，增加会计利润 1 万元。企业所得税：《国家税务总局关于确认企业所得税收入若干问题的通知》（国税函〔2008〕875 号）规定，企业已经确认销售收入的售出商品发生销售折让和销售退回，应当在发生当期冲减当期销售商品收入。冲减当期销售退回收入 = 400 × 500 = 200 000（元），冲减当期销售退回成本 = 400 × 400 = 160 000（元），减少应纳税所得额 4 万元。税会差异 5 万元，应纳税调减 5 万元。企业所得税年度纳税申报表填报实务如表 3 – 12 和表 3 – 13 所示。

表 3 – 12　　　　　　　　　　纳税调整项目明细表（2019 年）　　　　　　　　　　A105000

行次	项目	账载金额	税收金额	调增金额	调减金额
		1	2	3	4
45	六、其他	*	*	50 000	

表 3 – 13　　　　　　　　　　纳税调整项目明细表（2020 年）　　　　　　　　　　A105000

行次	项目	账载金额	税收金额	调增金额	调减金额
		1	2	3	4
45	六、其他	*	*		50 000

【案例 3 – 6】2019 年 12 月 5 日，甲公司向家具店销售 10 张餐桌，每张餐桌的价格

为 1 000 元，成本为 750 元。根据合同约定，家具店有权在收到餐桌的 30 天内退货，但是需要向甲公司支付 10% 的退货费（即每张餐桌的退货费为 100 元）。根据历史经验，甲公司预计的退货率为 10%，且退货过程中，甲公司预计为每张退货的餐桌发生的成本为 50 元。上述价格均不包含增值税，甲公司在将餐桌的控制权转移给家具店时确认收入，执行《企业会计准则第 14 号——收入》（2017 年修订）。

分析：①甲公司向家具店销售 10 张餐桌时，商品控制权转移，应该在履约义务时点确认相应地收入，但是需要考虑可变对价影响因素（预计退货和收取退货费），预计的退货率为 10%，合同交易价格 = 10 × 1 000 × （1 - 10%） + 10 × 10% × 100 = 10 000 × 90% + 100 = 9 100（元）。增值税处理：按照销售额 10 000 元计算销项税额，开具增值税专用发票，价款 10 000 元，销项税额 1 300 元。应收退货成本 = 10 × 750 × 10% - 10 × 10% × 50 = 700（元）。会计和税务处理如下：

借：银行存款	11 300
贷：主营业务收入	9 100
预计负债——应付退货款	900
应交税费——应交增值税（销项税额）	1 300
借：主营业务成本	6 800
应收退货成本	700
贷：库存商品	7 500

②12 月 31 日，预计的退货率为 20%，作为会计估计处理。重新估计交易价格 = 10 × 1 000 × （1 - 20%） + 10 × 20% × 100 = 10 000 × 80% + 200 = 8 200（元），需要按照重新估计调整可变对价 = 9 100 - 8 200 = 900（元），新应收退货成本 = 10 × 750 × 20% - 10 × 20% × 50 = 1 400（元）。

借：主营业务收入	900
贷：预计负债——应付退货款	900
借：应收退货成本	700
贷：主营业务成本	700

③企业所得税处理。2019 年第四季度企业所得税申报时，按照会计核算的利润总额为基础计算应纳税所得额。年度汇算清缴时，企业所得税销售收入为 10 000 元，销售成本为 7 500 元，所得额 = 10 000 - 7 500 = 2 500（元）。会计核算销售收入 = 9 100 - 900 = 8 200（元），会计核算销售成本 = 6 800 - 700 = 6 100（元），会计利润 = 8 200 - 6 100 = 2 100（元），差异 = 2 500 - 2 100 = 400（元），即收入纳税调增 1 800 元（10 000 - 8 200），成本纳税调增 1 400 元（7 500 - 6 100）。企业所得税年度纳税申报表填报实务如表 3 - 14 所示。

表 3－14 　　　　　　　　　　纳税调整项目明细表（2019 年）　　　　　　　　　A105000

行次	项目	账载金额	税收金额	调增金额	调减金额
		1	2	3	4
45	六、其他	*	*	1 800	1 400

④2020 年 1 月 15 日，退货期满时实际退回 30%，实际确认收入 = 10 000 ×（1 －
30%）＋10 × 30% × 100 = 7 300（元），实际销售成本 = 7 500 ×（1 － 30%）= 5 250
（元）。会计核算作为会计估计变更进行会计处理，采用未来适用法。会计核算冲减当期
销售商品收入 900 元（8 200 － 7 300），冲减当期销售商品成本 850 元（6 100 － 5 250）。
《国家税务总局关于确认企业所得税收入若干问题的通知》（国税函〔2008〕875 号）
规定，企业已经确认销售收入的售出商品发生销售折让和销售退回，应当在发生当期
冲减当期销售商品收入。企业所得税处理冲减当期销售商品收入 = 10 000 × 30% － 10 ×
30% × 100 = 2 700（元），冲减当期销售商品成本 = 7 500 × 30% = 2 250（元）；收入差
异 = 2 700 － 900 = 1 800（元），进行纳税调减；成本差异 = 2 250 － 850 = 1 400（元），
进行纳税调增。

借：库存商品　　　　　　　　　　　　　　　　　　　　　　　　　2 250
　　贷：应收退货成本　　　　　　　　　　　　　　　　　　　　　　1 400
　　　　主营业务成本　　　　　　　　　　　　　　　　　　　　　　　850
借：销售费用——退货费用　　　　　　　　　　　　　　　　　　　　150
　　贷：银行存款　　　　　　　　　　　　　　　　　　　　　　　　　150
借：主营业务收入　　　　　　　　　　　　　　　　　　　　　　　　900
　　预计负债　　　　　　　　　　　　　　　　　　　　　　　　　1 800
　　应交税费——应交增值税（销项税额）　　　　　　　　　　　　　390
　　贷：银行存款　　　　　　　　　　　　　　　　　　　　　　　3 090

企业所得税年度纳税申报表填报实务如表 3 － 15 所示。

表 3－15 　　　　　　　　　　纳税调整项目明细表（2020 年）　　　　　　　　　A105000

行次	项目	账载金额	税收金额	调增金额	调减金额
		1	2	3	4
45	六、其他	*	*	1 400	1 800

二、按权益法核算长期股权投资对初始投资成本调整确认收益纳税调整填报实务与案例解析

A105000《纳税调整项目明细表》第 5 行"（四）按权益法核算长期股权投资对初
始投资成本调整确认收益"：第 4 列"调减金额"填报纳税人采取权益法核算，初始投

资成本小于取得投资时应享有被投资单位可辨认净资产公允价值份额的差额计入取得投资当期的营业外收入的金额。

具体填报实务要点：

执行《企业会计准则》的纳税人按照《企业会计准则第 2 号——长期股权投资》（2014 年修订）应用指南规定：采用权益法核算的长期股权投资的处理，因初始投资成本小于投资时应享有被投资单位可辨认净资产公允价值份额不同，可能存在纳税调整事项。企业的长期股权投资采用权益法核算的，应当分别下列情况进行处理：

（1）长期股权投资的初始投资成本小于投资时应享有被投资单位可辨认净资产公允价值份额的，其差额应当计入当期损益，同时调整长期股权投资的成本。上述会计核算计入营业外收入的金额应进行纳税调减，填入第 5 行"（四）按权益法核算长期股权投资对初始投资成本调整确认收益"：第 4 列"调减金额"。

（2）初始投资成本大于投资时应享有被投资单位可辨认净资产公允价值份额的，不调整已确认的初始投资成本。取得时所支付价款中包含的已宣告未发放的现金股利或债券利息，应作为应收款项。上述会计核算不存在纳税调整事项。

《企业所得税法实施条例》规定，企业的各项资产，包括固定资产、生物资产、无形资产、长期待摊费用、投资资产、存货等，以历史成本为计税基础。前款所称历史成本，是指企业取得该项资产时实际发生的支出。投资资产应按照以下方法确定成本：（1）通过支付现金方式取得的投资资产，以购买价款为成本；（2）通过支付现金以外的方式取得的投资资产，以该资产的公允价值和支付的相关税费为成本。所以，长期股权投资的初始计税基础无论大于还是小于投资时应享有被投资单位可辨认净资产公允价值份额的，都不调整长期股权投资的计税基础。

【案例 3－7】A 企业于 2020 年 1 月取得 B 公司 30% 的股权，支付价款 9 000 万元，取得投资时被投资单位净资产公允价值为 36 000 万元。在 B 公司的生产经营决策过程中，所有股东均按持股比例行使表决权。A 企业在取得 B 公司的股权后，派人参与了 B 公司的生产经营决策，因能够对 B 公司施加重大影响，A 企业对该投资应当采用权益法核算。

分析：本例中取得投资时被投资单位可辨认净资产的公允价值为 36 000 万元，A 企业按持股比例 30% 计算确定应享有 10 800 万元，则初始投资成本与应享有被投资单位可辨认净资产公允价值份额之间的差额 1 800 万元应计入取得投资当期的营业外收入，会计处理如下（单位：万元）：

借：长期股权投资——B 公司（投资成本）   10 800

    贷：银行存款   9 000

        营业外收入——其他   1 800

税务处理：当期计入营业外收入 1 800 万元纳税调减。"长期股权投资——B 公司"

的账面价值为 10 800 万元，长期股权投资的计税基础为 9 000 万元。

企业所得税年度纳税申报填报实务如表 3 - 16 所示。

表 3 - 16　　　　　　　　　　　　纳税调整项目明细表　　　　　　　　　　　　A105000

行次	项目	账载金额	税收金额	调增金额	调减金额
		1	2	3	4
1	一、收入类调整项目（2＋3＋4＋5＋6＋7＋8＋10＋11）	＊	＊		1 800
5	（四）按权益法核算长期股权投资对初始投资成本调整确认收益	＊	＊	＊	1 800

三、交易性金融资产初始投资调整填报实务与案例解析

A105000《纳税调整项目明细表》第 6 行"（五）交易性金融资产初始投资调整"：第 3 列"调增金额"填报纳税人根据税法规定确认交易性金融资产初始投资金额与会计核算的交易性金融资产初始投资账面价值的差额。

具体填报实务要点：《企业会计准则第 22 号——金融工具确认和计量》（2017 年修订）规定，企业应当根据其管理金融资产的业务模式和金融资产的合同现金流量特征，将金融资产划分为以下三类：（1）以摊余成本计量的金融资产。（2）以公允价值计量且其变动计入其他综合收益的金融资产。（3）以公允价值计量且其变动计入当期损益的金融资产。企业初始确认金融资产或金融负债，应当按照公允价值计量。对于以公允价值计量且其变动计入当期损益的金融资产和金融负债，相关交易费用应当直接计入当期损益。

【案例 3 - 8】某居民企业 A 公司，2020 年 3 月 28 日购入居民企业 H 公司股票 8 万股，作为交易性金融资产投资，每股成交价格 18.25 元，其中包括已宣告但尚未分派的现金股利 10 万元。同时，支付相关税费等交易性费用 8 万元。所有款项以银行存款支付。4 月 8 日收到 H 公司发放的现金股利。

A 公司会计处理如下（单位：万元）。

①购入股票时：

借：交易性金融资产——成本　　　　　　　　　　　　　　136

　　应收股利　　　　　　　　　　　　　　　　　　　　　10

　　投资收益　　　　　　　　　　　　　　　　　　　　　8

　　　贷：银行存款　　　　　　　　　　　　　　　　　　　　154

②收到现金股利时：

借：银行存款　　　　　　　　　　　　　　　　　　　　　10

　　　贷：应收股利　　　　　　　　　　　　　　　　　　　　　10

对于交易性金融资产初始计量的税务处理，《企业所得税法实施条例》规定，企业的各项资产包括投资资产等，以历史成本为计税基础。历史成本是指企业取得该项资产时实际发生的支出。企业持有各项资产期间资产增值或者减值，除国务院财政、税务主管部门规定可以确认损益外，不得调整该资产的计税基础。投资资产应按照以下方法确定成本：一是通过支付现金方式取得的投资资产，以购买价款为成本；二是通过支付现金以外的方式取得的投资资产，以该资产的公允价值和支付的相关税费为成本。

可见，交易性金融资产初始计量的财税处理差异主要表现为，取得交易性金融资产时所支付价款中包含的交易费用的财税处理不同，即税法不承认会计上确认将支付的相关税费等交易费用计入当期损益的做法，而是将支付的价款作为资产计税基础。因此，依上例 A 公司在购买交易性金融资产时，购买的全部价款中包含的 8 万元交易费用应计入计税基础，支付的相关税费等交易费用不得计入当期损益。

【案例 3 - 9】假设 2020 年企业利润总额为 1 000 万元，除交易性金融资产需要作纳税调整以外，无其他纳税调整项目，A 公司应作如下税务处理：交易性金融资产的账面价值 = 136（万元）；交易性金融资产的计税基础 =（136 + 8）= 144（万元），交易性金融资产的计税基础 > 账面价值，形成暂时性差异 8 万元。所以，本期应确认递延所得税资产 = 8 × 25% = 2（万元）。

企业所得税年度纳税申报填报实务如表 3 - 17 所示（单位：万元）。

表 3 - 17	纳税调整项目明细表				A105000
行次	项目	账载金额	税收金额	调增金额	调减金额
		1	2	3	4
1	一、收入类调整项目（2 + 3 + 4 + 5 + 6 + 7 + 8 + 10 + 11）	*	*	8	
6	（五）交易性金融资产初始投资调整	*	*	8	*

四、公允价值变动净损益纳税调整填报实务与案例解析

A105000《纳税调整项目明细表》第 7 行"（六）公允价值变动净损益"：第 1 列"账载金额"填报纳税人会计核算的以公允价值计量的金融资产、金融负债以及投资性房地产类项目，计入当期损益的公允价值变动金额；第 1 列 < 0，将绝对值填入第 3 列"调增金额"；若第 1 列 ≥ 0，填入第 4 列"调减金额"。

【案例 3 - 10】承【案例 3 - 8】，假设 2020 年 12 月 31 日，该企业从 H 公司购入的 8 万股股票，账面价值为 136 万元，公允价值为 100 万元。当年利润总额为 1 000 万元，除交易性金融资产公允价值变动以外，无其他纳税调整项目。

①A 公司 2020 年 12 月 31 日，会计处理如下（单位：万元）：

借：公允价值变动损益   36

　　　　贷：交易性金融资产——公允价值变动　　　　　　　　　36

　　②交易性金融资产持有期间公允价值变动的税务处理及纳税调整。《企业所得税法实施条例》第五十六条规定，企业持有各项资产期间资产增值或者减值，除国务院财政、税务主管部门规定可以确认损益外，不得调整该资产的计税基础。因此，依前例，2020 年 A 公司实际应交所得税 = (1 000 + 8 + 36) × 25% = 261 (万元)。交易性金融资产的账面价值 = 100 (万元)，计税基础 = 144 (万元)；交易性金融资产账面价值 < 计税基础，形成递延所得税资产 = (144 − 100) × 25% = 11 (万元)，A 公司年末税务处理如下 (单位：万元)：

　　　　借：所得税费用——当期所得税　　　　　　　　　　　261

　　　　　　贷：应交税费——应交所得税　　　　　　　　　　261

　　　　借：递延所得税资产　　　　　　　　　　　　　　　　11

　　　　　　贷：所得税费用——递延所得税　　　　　　　　　11

　　③企业所得税年度纳税申报填报实务如表 3 − 18 所示。

表 3 − 18　　　　　　　　　　　纳税调整项目明细表　　　　　　　　　　　A105000

行次	项目	账载金额	税收金额	调增金额	调减金额
		1	2	3	4
1	一、收入类调整项目 (2 + 3 + 4 + 5 + 6 + 7 + 8 + 10 + 11)	*	*	36	
7	(六) 公允价值变动净损益	− 36	*	36	

　　【案例 3 − 11】甲企业为从事房地产经营开发的企业。2020 年 8 月，甲公司与乙公司签订租赁协议，约定将甲公司开发的一栋精装修的写字楼于开发完成的同时开始租赁给乙公司使用，租赁期为 10 年。当年 10 月 1 日，该写字楼开发完成并开始起租，写字楼的造价为 9 000 万元。由于该项写字楼地处商业繁华区，所在城区有活跃的房地产交易市场，而且能够从房地产交易市场上取得同类房地产的市场报价，甲公司决定采用公允价值模式对该项出租的房地产进行后续计量。2020 年 12 月 31 日，该写字楼的公允价值为 9 200 万元。甲企业的会计和税务处理如下 (单位：万元)。

　　①2020 年 10 月 1 日，甲公司开发完成写字楼并出租：

　　　　借：投资性房地产——成本　　　　　　　　　　　　　9 000

　　　　　　贷：开发产品　　　　　　　　　　　　　　　　　9 000

　　②2020 年 12 月 31 日，以公允价值为基础调整其账面价值，公允价值与原账面价值之间的差额计入当期损益：

　　　　借：投资性房地产——公允价值变动　　　　　　　　　200

　　　　　　贷：公允价值变动损益　　　　　　　　　　　　　200

　　③2020 年 12 月 31 日，投资性房地产的账面价值为 9 200 万元，计税基础为 9 000 万元，投资性房地产的账面价值 > 计税基础，形成递延所得税负债 = (9 200 − 9 000) ×

25% = 50（万元）。

借：所得税费用——递延所得税　　　　　　　　　　　　　　　　　　　50

　　贷：递延所得税负债　　　　　　　　　　　　　　　　　　　　　　　50

企业所得税年度纳税申报填报实务如表 3 – 19 所示。

表 3 – 19　　　　　　　　　　　　纳税调整项目明细表　　　　　　　　　　　　A105000

行次	项目	账载金额	税收金额	调增金额	调减金额
		1	2	3	4
1	一、收入类调整项目（2 + 3 + 4 + 5 + 6 + 7 + 8 + 10 + 11）	*	*		200
7	（六）公允价值变动净损益	200	*		200

五、销售折扣、折让和退回纳税调整填报实务与案例解析

A105000《纳税调整项目明细表》第 10 行"（八）销售折扣、折让和退回"：填报不符合税法规定的销售折扣和折让应进行纳税调整的金额，和发生的销售退回因会计处理与税法规定有差异需纳税调整的金额。第 1 列"账载金额"填报纳税人会计核算的销售折扣和折让金额及销货退回的追溯处理的净调整额。第 2 列"税收金额"填报根据税法规定可以税前扣除的折扣和折让的金额及销货退回业务影响当期损益的金额。第 1 列减第 2 列，若余额 ≥0，填入第 3 列"调增金额"；若余额 <0，将绝对值填入第 4 列"调减金额"，第 4 列仅为销货退回影响损益的跨期时间性差异。具体填报实务要点如下：

（一）执行《企业会计准则》的纳税人

会计准则规定，销售折让是指企业因售出商品的质量不合格等原因而在售价上给予的减让。销售退回是指企业售出的商品由于质量、品种不符合要求等原因而发生的退货。企业已经确认销售商品收入的售出商品发生销售折让或销售退回的，应当在发生时冲减当期销售商品收入。销售折让或销售退回属于资产负债表日后事项的，适用《企业会计准则第 29 号——资产负债表日后事项》。

国家税务总局《关于确认企业所得税收入若干问题的通知》（国税函〔2008〕875号）规定，企业因售出商品质量、品种不符合要求等原因而发生的退货属于销售退回；企业因售出商品的质量不合格等原因而在售价上给的减除属于销售折让。企业已经确认销售收入的售出商品发生销售折让和销售退回，应当在发生当期冲减当期销售商品收入。

从上述规定可知，对于企业日常发生的销售退回，会计和税务处理一致，不存在纳税调整。但是，对属于资产负债表日后事项的销售退回，会计与税法的处理不

同。税法不考虑资产负债表日后事项，企业已经确认销售收入的售出商品发生销售折让和销售退回，应当在发生当期冲减当期销售商品收入和增值税销项税额。无论报告年度企业所得税汇算清缴前后发生的属于资产负债表日后事项的销售退回，都调整退回或折让年度的应纳税所得额，不调整报告年度应纳税所得额和应纳税额，从而使得该销售退回的会计处理同税务处理存在暂时性差异，需要进行纳税调整。

【案例 3 - 12】甲公司是一家汽车制造企业，属于增值税一般纳税人，2019 年 12 月销售一批汽车给乙公司（经销商），销售价格为 100 万元（不含税），已开具增值税专用发票，实际成本为 80 万元。乙公司在实际销售中发现该批汽车存在质量问题，于 2020 年 3 月 15 日全部退回，假定乙公司已将该增值税专用发票认证且申报抵扣进项税额，并发起红字增值税专用发票开具流程，甲公司凭校验通过的《信息表》开具红字增值税专用发票。该型号汽车适用消费税率为 3%，增值税额率为 13%。已知甲公司 2019 年度财务报告于 2020 年 4 月 10 日经董事会批准对外报出，2019 年度企业所得税汇算清缴于 2020 年 4 月 20 日完成。假设甲公司按照 10% 计提法定盈余公积，企业所得税税率为 25%，不考虑其他税费和调整事项。

分析：甲公司 2020 年 3 月 15 日退回的商品是 2019 年 12 月完成销售的，退回时 2019 年度财务报告尚未批准报出，所以该销售退回属于资产负债表日后调整事项，属于 2019 年度所得税汇算清缴完成之前的调整事项。因此，2020 年 3 月 15 日，甲公司销售退回的会计和税务处理如下（单位：万元）。

①冲减 2019 年度销售商品收入和增值税销项税额：

借：以前年度损益调整   100

    应交税费——应交增值税（销项税额）   13

    贷：应收账款——乙公司   113

②冲减 2019 年度销售商品成本：

借：库存商品   80

    贷：以前年度损益调整   80

③冲减 2019 年度消费税：

借：应交税费——应交消费税   3

    贷：以前年度损益调整   3

税务处理：甲公司按照《国家税务总局关于确认企业所得税收入若干问题的通知》（国税函〔2008〕875 号）的规定，应将上述销货退回的追溯处理的净调整额 = 100 - 80 - 3 = 17（万元），进行纳税调增。2019 年度纳税申报时，不确认资产负债表日后销售退回事项对当期应纳税所得税额和应纳税额的影响。2019 年企业所得税年度纳税申报填写实务如表 3-20 所示。

表 3-20　　　　　　　　　纳税调整项目明细表（2019 年）　　　　　　　　A105000

行次	项目	账载金额	税收金额	调增金额	调减金额
		1	2	3	4
1	一、收入类调整项目（2+3+4+5+6+7+8+10+11）	*	*	17	0
10	（八）销售折扣、折让和退回	17	0	17	0

【案例 3-13】 承〖案例 3-12〗，假设甲公司 2019 年度该销售退回调整前应纳税所得额为 1 000 万元，2020 年度利润总额为 1 217 万元。甲公司适用所得税税率为 25%。

分析：由于该销售退回属于发生在报告年度所得税汇算清缴之前的资产负债表日后调整事项，但是，按照《国家税务总局关于确认企业所得税收入若干问题的通知》（国税函〔2008〕875 号）的规定，企业已经确认销售收入的售出商品发生销售折让和销售退回，应当在发生当期冲减当期销售商品收入。因此，不能调整 2019 年度的应交所得税，而应该作为 2020 年的纳税调整事项。根据〖案例 3-12〗中的税务处理，该项销售退回调整退回年度的应纳税所得额，而不影响报告年度的应纳税所得额。所以，企业报告年度所得税汇算清缴后发生的属于资产负债表日后事项的销售退回会产生纳税的暂时性差异。对于该暂时性差异，应当采用资产负债表债务法进行会计核算。

甲股份有限公司在报告年度和销售退回年度的会计和税务处理如下（单位：万元）。

①2019 年度（报告年度）计算缴纳企业所得税时：

2019 年度应纳所得税额 = 1 017×25% = 254.25（万元）

借：所得税费用　　　　　　　　　　　　　　　　　　254.25

　　贷：应交税费——应交所得税　　　　　　　　　　　　254.25

②2020 年 3 月 15 日销售退回时，对 2019 年度递延所得税进行纳税调整：

递延所得税资产 = (100 - 80 - 3)×25% = 4.25（万元）

借：递延所得税资产　　　　　　　　　　　　　　　　4.25

　　贷：以前年度损益调整　　　　　　　　　　　　　　　4.25

③将"以前年度损益调整"科目余额转入未分配利润：

借：利润分配——未分配利润　　　　　　　　　　　　12.75

　　贷：以前年度损益调整　　　　　　　　　　　　　　　12.75

④因净利润变动，调整盈余公积：

借：盈余公积　　　　　　　　　　　　　　　　　　　1.275

　　贷：利润分配——未分配利润　　　　　　　　　　　　1.275

⑤2020 年度计算缴纳企业所得税时：

应纳税所得额 = 1 217 - (100 - 80 - 3) = 1 200（万元）

应纳所得税额 = 1 200 × 25% = 300（万元）。

借：所得税费用——当期所得税费用   300

  贷：应交税费——应交所得税   300

借：所得税费用——递延所得税费用   4.25

  贷：递延所得税资产   4.25

⑥2020 年企业所得税年度纳税申报填写实务如表 3 - 21 所示。

表 3 - 21   纳税调整项目明细表（2020 年）   A105000

行次	项目	账载金额	税收金额	调增金额	调减金额
		1	2	3	4
1	一、收入类调整项目（2 + 3 + 4 + 5 + 6 + 7 + 8 + 10 + 11）	*	*	0	17
10	（八）销售折扣、折让和退回	0	17	0	17

资产负债表日后事项销售折让或退回的具体纳税调整需要具体区分以下三种情况。

第一种情况，销售折让或退回的时间在企业所得税汇算清缴完成前和财务报表批准报出前，这时会计核算通过"以前年度损益调整"科目进行会计处理，调整了报告年度收入、成本、税金和利润，并按照经过审计的财务报表进行所得税纳税申报，这时 2019 年度企业所得税汇算清缴时，按照国税函〔2008〕875 号文件的规定，应该在 2019 年版企业所得税申报表的 A105000 表第 10 行"销售折扣、折让和退回"进行调整。

第二种情况，销售折让或退回的时间在企业所得税汇算清缴完成之后，财务报表批准报出前，这时会计核算通过"以前年度损益调整"科目进行会计处理，调整了报告年度收入、成本、税金和利润。但是，企业所得税年度纳税申报是按照调整前的财务报表进行所得税纳税申报的，这种处理完全符合国税函〔2008〕875 号文件的规定，税会处理一致，不进行纳税调整，也不填写表 A105000 第 10 行"销售折扣、折让和退回"相关项目。但是，这样处理，第一，在财务报表批准前如果进行企业所得税年度纳税申报，向税务机关报送未经企业董事会等权力机关批准报出的财务报表，有很大风险。第二，报告年度的财务报表数据与会计核算调整后的财务报表数据不一致，在追溯调整之后，一定要将调整后的报表重新报送，否则可能有比对不过的风险。因此，建议在会计核算追溯调整之后，按照调整后的财务报表进行更正申报，将调整后的报表重新报送，否则可能存在报告年度与退回年度比较财务报表系统比对差异风险。

第三种情况，销售折让退回的时间在企业所得税汇算清缴后，财务报表批准报出后，这时销售折让或退回已经不属于资产负债表日后事项准则规定的调整事项，会计核算不通过以前年度损益调整处理，不调整报告年度收入、成本和利润，而应该根据收入准则的规定，企业已经确认销售商品收入的售出商品发生销售退回的，应当在发生时冲减当期销售商品收入。

但企业所得税年度纳税申报是按照销售折让或退回调整前的财务报表进行所得税纳税申报的,即企业所得税年度纳税申报时,按照发生销售退回或折让发生前的收入、成本和利润计算应纳税所得额的,这种处理完全符合《国家税务总局关于确认企业所得税收入若干问题的通知》(国税函〔2008〕875 号)的规定,企业已经确认销售收入的售出商品发生销售折让和销售退回,应当在发生当期冲减当期销售商品收入。在纳税申报时,税会处理一致,不进行纳税调整,也不填写 2019 年版企业所得税申报表的表 A105000 第 10 行"销售折扣、折让和退回"相关项目。而应当作为 2020 年当年发生的正常销售折让、退回进行会计和税务处理,不需要追溯调整财务报表和纳税申报表,这时税会处理一致无差异。

涉税风险提示:按照《会计法》《公司法》《证券法》等对年度财务报告披露的时间规定,报告年度的财务报告披露日期应在次年 4 月 30 日之前,那么财务报表批准报出日应该在次年 4 月 30 日之前批准报出,企业所得税汇算清缴时间截至次年 5 月 31 日之前。

从防范涉税风险和规范会计核算的角度,企业所得税汇算清缴应该在财务报表批准报出日之后至截至次年 5 月 31 日之前进行,如果销售折让或退回发生在财务报表批准报出日之前,按照《企业会计准则第 29 号——资产负债表日后事项》的规定,这时会计核算通过"以前年度损益调整"科目进行会计处理,调整了报告年度的收入、成本、税金和利润,并按照经过审计和企业董事会等权力机关批准对外报出的财务报表进行企业所得税年度纳税申报,这时按照国税函〔2008〕875 号文件的规定,应该在表 A105000 第 10 行"销售折扣、折让和退回"进行调整。

如果销售折让或退回发生在财务报表批准报出日之后,退回年度年 5 月 31 日之前,不属于《企业会计准则第 29 号——资产负债表日后事项》规定的事项,按照上述第三种情况进行处理,即应当作为 2020 年度发生的正常销售折让、退回进行会计和税务处理,不需要追溯调整财务报表和纳税申报表,这时税会处理一致无差异,不填写纳税调整明细表。

【案例 3-14】某公司为一般纳税人,与客户 A 签订 2020 年度销售合同,约定若年度销售额达到 1 000 万元以上,给予其 100 万元折扣。截至 2020 年 11 月末,该客户当年度累计销售额已达 1 200 万元。因此,该公司于 2020 年 12 月按照当月销售额 250 万元以及年度折扣额 100 万元,开具了增值税专用发票(销售额和折扣额在同一张发票"金额"栏分别注明)。2020 年 12 月销售净为 150 万元(250-100),销项税额为 25.5 万元。

但是,2021 年 1 月主管国税局稽核认为,该公司的行为违反了国税函〔2006〕

1279 号、国税发〔2006〕156 号第十四条至第十九条以及国税发〔2007〕18 号第一条第五款等三项规定，要求该公司补缴折扣额的增值税 17 万元，并按照折扣金额调增 2020 年度应纳税所得额 100 万元。该公司认为，折扣销售是真实的，虽然未按照相关税法规定开具红字发票，但是并未造成少缴增值税的后果，主观上无逃漏税行为，不应当补缴增值税款，更不应当纳税调增 2020 年度应纳税所得额。请分析税务机关对该公司的税务处理是否合法？

分析：①增值税处理。按照上述增值税相关规定，结合问题所述销售过程，判断企业按照 12 月当月销售额 250 万元及年度折扣额 100 万元，开具了增值税专用发票（销售额和折扣额在同一张发票"金额"栏分别注明）不符合税法规定。按照国税发〔1993〕154 号第二条第（二）项规定，强调的是在销售货物的同时已经确定了折扣额，此项折扣额要对应相应的货物，而企业是在全年销售货物结束后在一张发票上统一体现折扣额，因此折扣额明显偏高，也超出了年初与客户签订的销售合同约定的折扣率。对此，税务机关依据国税函〔2006〕1279 号、国税发〔2006〕156 号第十四条至第十九条、国税发〔2007〕18 号第一条第五款等三项文件规定予以处理是合法的。

②企业所得税处理。税务机关依据上述相关文件对企业 12 月开出的这张销售额 250 万元、折扣额 100 万元的增值税专用发票不予认可，100 万元折扣额不能从当期销售额中冲减，因此，计算补缴增值税为 17 万元；在调增了 100 万元销售额的同时，应纳税所得额也就增加了 100 万元。2020 年企业所得税年度纳税申报填报实务如表3 – 22 所示。

表 3 – 22　　　　　　　　　　　　纳税调整项目明细表　　　　　　　　　　　　A105000

行次	项目	账载金额	税收金额	调增金额	调减金额
		1	2	3	4
1	一、收入类调整项目（2＋3＋4＋5＋6＋7＋8＋10＋11）	*	*		
10	（八）销售折扣、折让和退回	100	0	100	

（二）执行《小企业会计准则》的纳税人

《小企业会计准则》第六十一条规定，小企业已经确认销售商品收入的售出商品发生的销售退回（不论属于本年度还是属于以前年度的销售），应当在发生时冲减当期销售商品收入。小企业已经确认销售商品收入的售出商品发生的销售折让，应当在发生时冲减当期销售商品收入。前款所称销售退回，是指小企业售出的商品由于质量、品种不符合要求等原因发生的退货。销售折让，是指小企业因售出商品的质量不合格等原因而在售价上给予的减让。上述会计准则规定与国税函〔2008〕875 号一致，不需要进行纳税调整。

六、其他收入类项目纳税调整填报实务与案例解析

A105000《纳税调整项目明细表》第 11 行"（九）其他"：填报其他因会计处理与税法规定有差异需纳税调整的收入类项目金额。若第 2 列≥第 1 列，将第 2 - 1 列的余额填入第 3 列"调增金额"，若第 2 列 < 第 1 列，将第 2 - 1 列余额的绝对值填入第 4 列"调减金额"。

【案例 3 - 15】 A 公司是增值税一般纳税人，2020 年某在建工程试运行期间共生产出产品 2 000 件，总成本为 20 万元，销售该批产品后取得款项 28.25 万元（含增值税）。A 公司当年利润总额为 100 万元。请问如何进行会计和税务处理？

分析：①会计处理。A 公司试运行阶段取得销售收入 28.25 万元，其中不含增值税的价格 = 28.25÷（1 + 13%）= 25（万元）。根据会计准则的规定，这 25 万元应冲减在建工程成本，并且生产这批产品发生的总成本 20 万元应计入在建工程成本。

②税务处理。A 公司在建工程的试运行收入不能直接冲减在建工程成本，应调增的应纳税所得额 = 25 - 20 = 5（万元），应纳税所得额 = 100 + 5 = 105（万元），应交所得税 = 105×25% = 26.25（万元）。增值税方面，根据《国家税务总局关于全面推开营业税改征增值税试点后增值税纳税申报有关事项的公告》（国家税务总局公告 2016 年第 13 号）和《国家税务总局关于调整增值税纳税申报有关事项的公告》（国家税务总局公告 2017 年第 19 号）规定，该公司应该把试运行生产销售商品的收入，在《增值税纳税申报表》"一般项目"下，本期第 2 行"应税货物销售额"内填报 25 万元。由于在建工程以后转入固定资产时，其账面价值比计税基础少 5 万元，产生可抵扣暂时性差异，未来期间很可能取得用来抵扣该差异的应纳税所得额，则应确认递延所得税资产 1.25 万元。在建工程转为固定资产后计提折旧时，则相应调减应税所得额，同时转回以前期间确认的递延所得税资产。A 公司相关会计和税务处理如下（单位：万元）：

借：在建工程——待摊支出   20

    贷：银行存款   20

借：银行存款   28.25

    贷：在建工程——待摊支出   25

        应交税费——应交增值税（销项税额）   3.25

借：所得税费用——当期所得税费用   26.25

    贷：应交税费——应交所得税   26.25

借：递延所得税资产   1.25

    贷：所得税费用——递延所得税费用   1.25

2020 年企业所得税年度纳税申报填报实务如表 3 - 23 所示。

表 3 - 23　　　　　　　　　　纳税调整项目明细表　　　　　　　　　　A105000

行次	项目	账载金额	税收金额	调增金额	调减金额
		1	2	3	4
1	一、收入类调整项目（2 + 3 + 4 + 5 + 6 + 7 + 8 + 10 + 11）	*	*	25	
11	（九）其他	0	25	25	
12	二、扣除类调整项目（13 + 14 + 15 + 16 + 17 + 18 + 19 + 20 + 21 + 22 + 23 + 24 + 26 + 27 + 28 + 29 + 30）	*	*		20
30	（十六）其他	0	20		20
46	合计（1 + 12 + 31 + 36 + 43 + 44）	*	*	25	20

【案例 3 - 16】2020 年 3 月，甲企业接受其他企业捐赠原材料一批，对方开具了增值税专用发票，价款金额 100 万元，税额 13 万元，价税合计 113 万元。假设该企业执行《企业会计制度》，将接受捐赠直接计入资本公积，但税法明确了接受捐赠收入属于收入总额，应一次性确认收入计算缴纳企业所得税，需要进行纳税调增。会计和税务处理如下（单位：万元）：

借：原材料　　　　　　　　　　　　　　　　　　　　　　　　　100

　　应交税费——应交增值税（进项税额）　　　　　　　　　　　　13

　　贷：资本公积　　　　　　　　　　　　　　　　　　　　　　　　113

2020 年将会计核算计入资本公积的 113 万元填入《企业所得税年度纳税申报表》附表 A105000《纳税调整项目明细表》第 11 行"（九）其他"项目"税收金额"和"调增金额"。

2020 年企业所得税年度纳税申报填报实务如表 3 - 24 所示。

表 3 - 24　　　　　　　　　　纳税调整项目明细表　　　　　　　　　　A105000

行次	项目	账载金额	税收金额	调增金额	调减金额
		1	2	3	4
1	一、收入类调整项目（2 + 3 + 4 + 5 + 6 + 7 + 8 + 10 + 11）	*	*	113	
11	（九）其他	0	113	113	

第二节　视同销售业务纳税申报表填报实务与案例解析

一、视同销售业务企业年度所得税纳税申报表格式与填报要点

（一）视同销售业务企业年度所得税纳税申报表格式

具体格式如表 3 - 25 所示。

表 3 – 25　　　　　　　视同销售和房地产开发企业特定业务纳税调整明细表　　　　A105010

行次	项目	税收金额	纳税调整金额
		1	2
1	一、视同销售（营业）收入（2+3+4+5+6+7+8+9+10）		
2	（一）非货币性资产交换视同销售收入		
3	（二）用于市场推广或销售视同销售收入		
4	（三）用于交际应酬视同销售收入		
5	（四）用于职工奖励或福利视同销售收入		
6	（五）用于股息分配视同销售收入		
7	（六）用于对外捐赠视同销售收入		
8	（七）用于对外投资项目视同销售收入		
9	（八）提供劳务视同销售收入		
10	（九）其他		
11	二、视同销售（营业）成本（12+13+14+15+16+17+18+19+20）		
12	（一）非货币性资产交换视同销售成本		
13	（二）用于市场推广或销售视同销售成本		
14	（三）用于交际应酬视同销售成本		
15	（四）用于职工奖励或福利视同销售成本		
16	（五）用于股息分配视同销售成本		
17	（六）用于对外捐赠视同销售成本		
18	（七）用于对外投资项目视同销售成本		
19	（八）提供劳务视同销售成本		
20	（九）其他		
21	三、房地产开发企业特定业务计算的纳税调整额（22-26）		
22	（一）房地产企业销售未完工开发产品特定业务计算的纳税调整额（24-25）		
23	1. 销售未完工产品的收入		*
24	2. 销售未完工产品预计毛利额		
25	3. 实际发生的税金及附加、土地增值税		
26	（二）房地产企业销售的未完工产品转完工产品特定业务计算的纳税调整额（28-29）		
27	1. 销售未完工产品转完工产品确认的销售收入		*
28	2. 转回的销售未完工产品预计毛利额		
29	3. 转回实际发生的税金及附加、土地增值税		

（二）视同销售业务企业年度所得税纳税申报表填报要点

本表适用于发生视同销售、房地产企业特定业务纳税调整项目的纳税人填报。纳税人根据税法、《国家税务总局关于企业处置资产所得税处理问题的通知》（国税函〔2008〕828号）、《国家税务总局关于印发〈房地产开发经营业务企业所得税处理办法〉的通知》（国税发〔2009〕31号）、《国家税务总局关于企业所得税有关问题的公告》（国家税务总局公告2016年第80号）等相关规定，以及国家统一企业会计制度，填报视同销售行为、房地产企业销售未完工产品、未完工产品转完工产品特定业务的税法规定及纳税调整情况。申报表填报要点如下：

1. 适用符合企业所得税视同销售条件，会计未核算确认收入、成本，或会计核算确认金额与税收规定不一致的进行填报调整，若会计已进行处理，且与税收确认金额一致，不存在财税处理差异。

2. 视同销售收入作为业务招待费、广告费和业务宣传费的扣除基数。

3. 视同销售成本的调整，税收金额的负数填报在纳税调整金额。（设置考虑：反映视同销售收入和视同销售成本调整方向相反）

4. 企业所得税视同销售≠增值税视同销售。

二、非货币性资产交换视同销售项目填报实务与案例解析

按照《国家税务总局关于修订企业所得税年度纳税申报表有关问题的公告》（国家税务总局公告2019年第41号）附件《中华人民共和国企业所得税年度纳税申报表（A类,2017年版）》部分表单及填报说明（2019年修订）规定，企业将货物、资产、劳务用于捐赠、广告等用途时，进行视同销售纳税调整后，对应支出的会计处理与税收规定有差异需纳税调整的金额填报在A105000《纳税调整项目明细表》第30行"（十七）其他"。若第1列≥第2列，第3列"调增金额"填报第1－2列金额。若第1列＜第2列，第4列"调减金额"填报第1－2列金额的绝对值。

需要说明的是，《国家税务总局关于企业所得税有关问题的公告》（国家税务总局公告2016年第80号）第二条规定，企业发生《国家税务总局关于企业处置资产所得税处理问题的通知》（国税函〔2008〕828号）第二条规定情形的，除另有规定外，应按照被移送资产的公允价值确定销售收入。那么，企业所得税视同销售收入和视同销售成本是按照含增值税还是不含增值税填报？

一般情况下，如果该业务属于增值税免税情形，企业所得税视同销售收入和成本都应是含税价，由于增值税免税，参照《财政部 国家税务总局关于营改增后契税 房产税 土地增值税 个人所得税计税依据问题的通知》（财税〔2016〕43号）第五条的规定，免征增值税的，确定计税依据时，成交价格、租金收入、转让房地产取得的收入不扣减增值税税额。企业所得税视同销售收入（含税价）不需要进行价税分离，视同销售成本中包含因免征增值税而不得抵扣的进项税额。如果该业务属于增值税征税情形（包括增值税视同销售），企业所得税视同销售收入和成本都应是不含税价，公允价值如果是含税价需要进行价税分离，视同销售成本也为不含税价，增值税进项税额可以抵扣不计入视同销售成本。

特殊情况下，如果该业务属于增值税免税情形且进项税额可以抵扣，则企业所得

税视同销售收入和成本都应是不含税价。例如，《财政部 税务总局 海关总署关于北京2022年冬奥会和冬残奥会税收优惠政策的公告》（财政部 税务总局 海关总署公告2019年第92号）规定，国际奥委会及其相关实体的境内机构因赞助、捐赠北京冬奥会以及根据协议出售的货物或服务免征增值税的，对应的进项税额可用于抵扣本企业其他应税项目所对应的销项税额。

（一）执行《企业会计准则》的纳税人填报实务

按照《企业会计准则第7号——非货币性资产交换》规定，非货币性资产交换可分为具有商业实质和不具有商业实质两类，分别进行会计处理和税务处理及填制纳税申报表。

1. 具有商业实质的非货币性资产交换填报实务。

【案例3－17】2019年12月，A公司以生产经营中使用的2014年外购的甲设备交换B公司2016年外购的生产经营中使用的乙设备。甲设备账面原值为200 000元，在交换日累计折旧为140 000元，公允价值为65 000元；乙设备账面原值为120 000元，在交换日累计折旧为50 000元，公允价值为65 000元。该交换具有商业实质。A公司执行《企业会计准则》，增值税税率为13%。

①会计处理。

借：固定资产清理——甲设备 60 000

累计折旧 140 000

贷：固定资产——甲设备 200 000

借：固定资产清理——甲设备 8 450

贷：应交税费——应交增值税（销项税额） 8 450

借：固定资产——乙设备 65 000

应交税费——应交增值税（进项税额） 8 450

贷：固定资产清理——甲设备 68 450

资产处置损益——非货币性资产交换利得 5 000

②税务处理。甲设备在不涉及原值、资产减值、折旧等差异的前提下，会计处理确认了"资产处置损益——非货币性资产交换利得"5 000元，但按照税法应确认视同销售收入＝65 000－5000＝60 000（元），按照甲设备交换日的计税基础确认视同销售成本60 000元，同时需要填写A105000和A105010。

如果纳税人执行《财政部关于修订印发2019年度一般企业财务报表格式的通知》（财会〔2019〕6号），"资产处置损益"科目的发生额按照《利润表》"营业利润"项目直接填报，因此，此处不填写"非货币性资产交换利得"项目金额。如果纳税人执行《企业会计制度》或《小企业会计准则》，将处置固定资产、无形资产等取得的净收益核算记入"营业外收入"科目，则应将其分析填入 A101010《一般企业收入明细表》第 18 行。

③2019 年企业所得税年度纳税申报填报实务如表 3 - 26 至表 3 - 28 所示。

表 3 - 26　　　　　　　　　　　　一般企业收入明细表　　　　　　　　　　　　A101010

行次	项目	金额
16	二、营业外收入（17 + 18 + 19 + 20 + 21 + 22 + 23 + 24 + 25 + 26）	5 000
18	（二）非货币性资产交换利得	5 000

表 3 - 27　　　　　　视同销售和房地产开发企业特定业务纳税调整明细表　　　　　　A105010

行次	项目	税收金额	纳税调整金额
		1	2
1	一、视同销售（营业）收入（2 + 3 + 4 + 5 + 6 + 7 + 8 + 9 + 10）	60 000	60 000
2	（一）非货币性资产交换视同销售收入	60 000	60 000
11	二、视同销售（营业）成本（12 + 13 + 14 + 15 + 16 + 17 + 18 + 19 + 20）	60 000	− 60 000
12	（一）非货币性资产交换视同销售成本	60 000	− 60 000

表 3 - 28　　　　　　　　　　　　纳税调整项目明细表　　　　　　　　　　　　A105000

行次	项目	账载金额	税收金额	调增金额	调减金额
		1	2	3	4
1	一、收入类调整项目（2 + 3 + 4 + 5 + 6 + 7 + 8 + 10 + 11）	*	*	60 000	
2	（一）视同销售收入（填写 A105010）	*	60 000	60 000	*
12	二、扣除类调整项目（13 + 14 + 15 + 16 + 17 + 18 + 19 + 20 + 21 + 22 + 23 + 24 + 26 + 27 + 28 + 29）	*	*		60 000
13	（一）视同销售成本（填写 A105010）	*	60 000	*	60 000

2. 不具有商业实质的非货币性资产交换填报实务。

【案例 3 - 18】承〖案例 3 - 17〗，假设该交换不具有商业实质。A 公司处理如下：

①会计处理。

借：固定资产清理——甲设备　　　　　　　　　　　　　60 000

　　累计折旧　　　　　　　　　　　　　　　　　　　140 000

　　　贷：固定资产——甲设备　　　　　　　　　　　　　　　200 000

借：固定资产清理——甲设备　　　　　　　　　　　　　8 450

　　贷：应交税费——应交增值税（销项税额）　　　　　　　　8 450

借：固定资产——乙设备　　　　　　　　　　　　　　　60 000

　　应交税费——应交增值税（进项税额）　　　　　　　　8 450

　　　贷：固定资产清理——甲设备　　　　　　　　　　　　　68 450

②税务处理。换出甲设备的计税基础 = 200 000 − 140 000 = 60 000（元），换出甲设备的公允价值 = 65 000（元），转让财产所得 = 换出甲设备的公允价值 − 换出甲设备的

计税基础 = 65 000 – 60 000 = 5 000（元），A 公司应调增应纳税所得额 5 000 元。《企业所得税法实施条例》第五十八条规定，固定资产按照以下方法确定计税基础：通过捐赠、投资、非货币性资产交换、债务重组等方式取得的固定资产，以该资产的公允价值和支付的相关税费为计税基础。换入乙设备的计税基础 = 65 000（元），应调增"固定资产——乙设备"的初始计税基础 5 000 元。

③2019 年企业所得税年度纳税申报填报实务如表 3 – 29、表 3 – 30 所示。

表 3 – 29　　　　　视同销售和房地产开发企业特定业务纳税调整明细表　　　　A105010

行次	项目	税收金额	纳税调整金额
		1	2
1	一、视同销售（营业）收入（2 + 3 + 4 + 5 + 6 + 7 + 8 + 9 + 10）		
2	（一）非货币性资产交换视同销售收入	65 000	65 000
11	二、视同销售（营业）成本（12 + 13 + 14 + 15 + 16 + 17 + 18 + 19 + 20）		
12	（一）非货币性资产交换视同销售成本	60 000	– 60 000

表 3 – 30　　　　　　　　　　纳税调整项目明细表　　　　　　　　　　A105000

行次	项目	账载金额	税收金额	调增金额	调减金额
		1	2	3	4
1	一、收入类调整项目（2 + 3 + 4 + 5 + 6 + 7 + 8 + 10 + 11）	*	*	65 000	
2	（一）视同销售收入（填写 A105010）	*	65 000	65 000	*
12	二、扣除类调整项目（13 + 14 + 15 + 16 + 17 + 18 + 19 + 20 + 21 + 22 + 23 + 24 + 26 + 27 + 28 + 29 + 30）	*	*		60 000
13	（一）视同销售成本（填写 A105010）	*	60 000	*	60 000

（二）执行《小企业会计准则》的纳税人填报实务

按照《小企业会计准则》第五十九条的规定，小企业发生非货币性资产交换、偿债，以及将货物用于捐赠、赞助、集资、广告、样品、职工福利和利润分配，应当作为小企业与外部发生的交易，属于收入实现的过程，视同销售商品，按上述规定确认收入。《企业所得税法实施条例》采用与此相类似的规定。所以，会计处理上已经确认收入，不属于视同销售，不需要进行纳税调整。

（三）执行《企业会计制度》的纳税人填报实务

《企业会计制度》第一百一十四条规定，在进行非货币性交易的核算时，无论是一项资产换入一项资产，或者一项资产同时换入多项资产，或者同时以多项资产换入一项资产，或者以多项资产换入多项资产，均按换出资产的账面价值加上应支付的相关税费，作为换入资产入账价值。

如果涉及补价，支付补价的企业，应当以换出资产账面价值加上补价和应支付的相关税费，作为换入资产入账价值；收到补价的企业，应当以换出资产账面价值减去补价，加上应确认的收益和应支付的相关税费，作为换入资产入账价值。换出资产应确认的收益按下列公式计算确定：

$$应确认的收益 = (1 - 换出资产账面价值/换出资产公允价值) × 补价$$

这里所称的公允价值，是指在公平交易中，熟悉情况的交易双方，自愿进行资产交换或债务清偿的金额。上述换入的资产如为存货的，按上述规定确定的入账价值，还应减去可抵扣的增值税进项税额。

【案例3－19】2019年7月，A企业以其库存商品设备换入汽车一辆。库存商品账面价值12万元，公允价值15万元。换入汽车的公允价值为13万元，该企业取得2万元的补价收入。增值税税率为13%。A企业执行《企业会计制度》（单位：万元）。

①会计处理：补价占换出资产公允价值的比率 = 2/15 = 13%（小于25%，为非货币性交易），公允价值与换出资产账面价值的差额计入当期损益 = 2 － [（12/15）×2] = 0.4（万元）。

借：固定资产　　　　　　　　　　　　　　　　　　12.35

　　　银行存款　　　　　　　　　　　　　　　　　　2

　　贷：库存商品　　　　　　　　　　　　　　　　　12

　　　　应交税费——应交增值税（销项税额）　　　1.95

　　　　营业外收入——非货币性资产交换收益　　　0.4

②税务处理：属于固定资产交换按照国家统一会计制度未全部确认收入，应确认视同销售收入 = 150 000 － 4 000 = 146 000（元），视同销售成本120 000元；同时按照《企业所得税法实施条例》第五十八条规定，换入汽车按照其公允价值13万元作为初始计税基础。

③2019年企业所得税年度纳税申报填报实务如表3－31至表3－33所示。

表3－31　　　　　　　　　　　　一般企业收入明细表　　　　　　　　　　　　A101010

行次	项目	金额
16	二、营业外收入（17＋18＋19＋20＋21＋22＋23＋24＋25＋26）	4 000
18	（二）非货币性资产交换利得	4 000

表3－32　　　　　　视同销售和房地产开发企业特定业务纳税调整明细表　　　　　　A105010

行次	项目	税收金额	纳税调整金额
		1	2
1	一、视同销售（营业）收入（2＋3＋4＋5＋6＋7＋8＋9＋10）	146 000	146 000
2	（一）非货币性资产交换视同销售收入	146 000	146 000
11	二、视同销售（营业）成本（12＋13＋14＋15＋16＋17＋18＋19＋20）	120 000	－120 000
12	（一）非货币性资产交换视同销售成本	120 000	－120 000

表 3 - 33　　　　　　　　　　　　纳税调整项目明细表　　　　　　　　　A105000

行次	项目	账载金额	税收金额	调增金额	调减金额
		1	2	3	4
1	一、收入类调整项目（2 + 3 + 4 + 5 + 6 + 7 + 8 + 10 + 11）	*	*	146 000	
2	（一）视同销售收入（填写 A105010）	*	146 000	146 000	*
12	二、扣除类调整项目（13 + 14 + 15 + 16 + 17 + 18 + 19 + 20 + 21 + 22 + 23 + 24 + 26 + 27 + 28 + 29）	*	*		120 000
13	（一）视同销售成本（填写 A105010）	*	120 000	*	120 000

【案例 3 - 20】2020 年 11 月甲公司以 2012 年外购的福特轿车与乙公司 2010 年外购的通用轿车进行交换，甲公司的福特轿车原值 150 000 元，累计折旧 15 000 元，公允价值 160 000 元，支付福特轿车运杂费 2 100 元；乙公司的通用轿车原值 200 000 元，累计折旧 64 000 元，公允价值 170 000 元，支付通用轿车运杂费 3 200 元，甲向乙支付补价 10 000 元。甲公司执行《企业会计制度》。假设甲、乙公司当时购入汽车时，"营改增"试点政策尚未允许购进汽车抵扣进项税额。甲公司会计和税务处理如下：

①交易判断：10 000 ÷（10 000 + 160 000）= 5.88% < 25%，属于非货币性交易。

②按照《国家税务总局关于简并增值税征收率有关问题的公告》（国家税务总局公告 2014 年第 36 号）的规定，应交增值税 = 160 000 ÷（1 + 3%）× 2% = 3 106.8（元）

③换入资产入账价值 = 换出资产账面价值 + 补价 + 应支付的相关税费（ - 可抵扣的进项税额）= 135 000 + 10 000 + 3 106.8 + 2 100 = 150 206.8（元）

④会计处理。

借：固定资产清理　　　　　　　　　　　　　　　　　　135 000
　　累计折旧　　　　　　　　　　　　　　　　　　　　 15 000
　　　贷：固定资产——福特汽车　　　　　　　　　　　　　　　150 000
借：固定资产清理　　　　　　　　　　　　　　　　　　5 206.8
　　　贷：银行存款　　　　　　　　　　　　　　　　　　　　　　2 100
　　　　　应交税费——简易计税　　　　　　　　　　　　　　　3 106.8
借：固定资产——通用汽车　　　　　　　　　　　　　　150 206.8
　　　贷：固定资产清理　　　　　　　　　　　　　　　　　　　140 206.8
　　　　　银行存款　　　　　　　　　　　　　　　　　　　　　　10 000

⑤税务处理：由于该交换按照国家统一会计制度未确认收入，应按照税法确认视同销售收入 160 000 元，视同销售成本 140 206.8 元，视同销售所得 19 793.2 元；同时按照《企业所得税法实施条例》第五十八条的规定，确认换入汽车按照其公允价值 170 000 元作为初始计税基础。

⑥2020 年企业所得税年度纳税申报填报实务如表 3 – 34、表 3 – 35 所示。

表 3 – 34　　　　　　视同销售和房地产开发企业特定业务纳税调整明细表　　　　　　A105010

行次	项目	税收金额	纳税调整金额
		1	2
1	一、视同销售（营业）收入（2 + 3 + 4 + 5 + 6 + 7 + 8 + 9 + 10）	160 000	160 000
2	（一）非货币性资产交换视同销售收入	160 000	160 000
11	二、视同销售（营业）成本（12 + 13 + 14 + 15 + 16 + 17 + 18 + 19 + 20）	140 206.8	– 140 206.8
12	（一）非货币性资产交换视同销售成本	140 206.8	– 140 206.8

表 3 – 35　　　　　　　　　　　　　　纳税调整项目明细表　　　　　　　　　　　　　A105000

行次	项目	账载金额	税收金额	调增金额	调减金额
		1	2	3	4
1	一、收入类调整项目（2 + 3 + 4 + 5 + 6 + 7 + 8 + 10 + 11）	*	*	160 000	
2	（一）视同销售收入（填写 A105010）	*	160 000	160 000	*
12	二、扣除类调整项目（13 + 14 + 15 + 16 + 17 + 18 + 19 + 20 + 21 + 22 + 23 + 24 + 26 + 27 + 28 + 29）	*	*		140 206.8
13	（一）视同销售成本（填写 A105010）	*	140 206.8	*	140 206.8

乙公司会计和税务处理如下：

①非货币性交易判断：10 000 ÷ 170 000 = 5.88% < 25%，属于非货币性交易。

②按照《国家税务总局关于简并增值税征收率有关问题的公告》（国家税务总局公告 2014 年第 36 号）的规定，应交增值税 = 170 000 ÷ (1 + 3%) × 2% = 3 300（元）。

③确认收益 = 补价 × [换出资产公允价值 – 换出资产账面价值 – 应交税费] ÷ 换出资产公允价值 = 10 000 × (170 000 – 136 000 – 3 300) ÷ 170 000 = 1 806（元）。

④换入资产账面价值 = 换出资产账面价值 + 确认的损益 + 支付相关税费 – 补价 – 可抵扣进项税额 = 136 000 + 1 806 + 3 300 + 3 200 – 10 000 = 134 400（元）。

借：固定资产清理　　　　　　　　　　　　　　　　　　136 000

　　累计折旧　　　　　　　　　　　　　　　　　　　　64 000

　　贷：固定资产——通用汽车　　　　　　　　　　　　　　　200 000

借：固定资产清理　　　　　　　　　　　　　　　　　　6 500

　　贷：银行存款　　　　　　　　　　　　　　　　　　　　　3 200

　　　　应交税费——简易计税　　　　　　　　　　　　　　　3 300

借：固定资产——福特汽车　　　　　　　　　　　　　　134 306

　　银行存款　　　　　　　　　　　　　　　　　　　　10 000

　　贷：固定资产清理　　　　　　　　　　　　　　　　　　142 500

　　　　营业外收入——非货币性资产交换利得　　　　　　　　1 806

⑤税务处理：属于固定资产交换按照国家统一会计制度未确认收入，应确认视同销售收入 = 170 000 – 1 806 = 168 194（元），视同销售成本 142 500 元，视同销售所得

25 694 元；同时按照《企业所得税法实施条例》第五十八条的规定，确认换入汽车按照其公允价值 160 000 元（170 000 - 10 000）作为初始计税基础。

⑥2020 年企业所得税年度纳税申报填报实务如表 3 - 36 至表 3 - 38 所示。

表 3 - 36 　　　　　　　　一般企业收入明细表　　　　　　　　　A101010

行次	项目	金额
16	二、营业外收入（17 + 18 + 19 + 20 + 21 + 22 + 23 + 24 + 25 + 26）	1 806
18	（二）非货币性资产交换利得	1 806

表 3 - 37 　　　　　视同销售和房地产开发企业特定业务纳税调整明细表　　　　　A105010

行次	项目	税收金额 1	纳税调整金额 2
1	一、视同销售（营业）收入（2 + 3 + 4 + 5 + 6 + 7 + 8 + 9 + 10）	168 194	168 194
2	（一）非货币性资产交换视同销售收入	168 194	168 194
11	二、视同销售（营业）成本（12 + 13 + 14 + 15 + 16 + 17 + 18 + 19 + 20）	142 500	- 142 500
12	（一）非货币性资产交换视同销售成本	142 500	- 142 500

表 3 - 38 　　　　　　　　纳税调整项目明细表　　　　　　　　　A105000

行次	项目	账载金额 1	税收金额 2	调增金额 3	调减金额 4
1	一、收入类调整项目（2 + 3 + 4 + 5 + 6 + 7 + 8 + 10 + 11）	*	*	168 194	
2	（一）视同销售收入（填写 A105010）	*	168 194	168 194	*
12	二、扣除类调整项目（13 + 14 + 15 + 16 + 17 + 18 + 19 + 20 + 21 + 22 + 23 + 24 + 26 + 27 + 28 + 29）	*	*		142 500
13	（一）视同销售成本（填写 A105010）	*	142 500	*	142 500

三、用于市场推广或销售视同销售项目填报实务与案例解析

【案例 3 - 21】某企业将自产产品用于市场推广及业务宣传。产品成本 80 万元，公允价值 100 万元（不含税），增值税税率为 13%。该企业执行《企业会计准则》。会计和税务处理如下（单位：万元）：

①会计处理。

借：销售费用——广告和业务宣传费　　　　　　　　　　　　　　　93

　　贷：库存商品　　　　　　　　　　　　　　　　　　　　　　　80

　　　　应交税费——应交增值税（销项税额）　　　　　　　　　　13

②税务处理。确认视同销售收入 100 万元，视同销售成本 80 万元。如果纳税人执行《小企业会计准则》直接用于销售会计确认收入和结转销售成本，则不在此处进行纳税调整。另外，需要注意的是，按照《国家税务总局关于修订企业所得税年度纳税申报表有关问题的公告》（国家税务总局公告 2019 年第 41 号）附件《中华人民共和国企业所得税年度纳税申报表（A 类，2017 年版）》部分表单及填报说明（2019 年修订）

的规定，企业将货物、资产、劳务用于捐赠、广告等用途时，进行视同销售纳税调整后，对应支出的会计处理与税收规定有差异需纳税调整的金额填报在 A105000《纳税调整项目明细表》第 30 行"（十七）其他"。若第 1 列≥第 2 列，第 3 列"调增金额"填报第 1－2 列金额。若第 1 列＜第 2 列，第 4 列"调减金额"填报第 1－2 列金额的绝对值。本例中，进行视同销售纳税调整后，对应支出的会计处理与税收规定有差异需纳税调整的金额为 20 万元。

③企业所得税年度纳税申报填写实务如表 3－39、表 3－40 所示。

表 3－39　　　　　视同销售和房地产开发企业特定业务纳税调整明细表　　　　　A105010

行次	项目	税收金额	纳税调整金额
		1	2
1	一、视同销售（营业）收入（2＋3＋4＋5＋6＋7＋8＋9＋10）		
3	（二）用于市场推广或销售视同销售收入	100	100
11	二、视同销售（营业）成本（12＋13＋14＋15＋16＋17＋18＋19＋20）		
13	（二）用于市场推广或销售视同销售成本	80	－80

表 3－40　　　　　　　　　　　纳税调整项目明细表　　　　　　　　　　　A105000

行次	项目	账载金额	税收金额	调增金额	调减金额
		1	2	3	4
1	一、收入类调整项目（2＋3＋4＋5＋6＋7＋8＋10＋11）	*	*	100	
2	（一）视同销售收入（填写 A105010）	*	100	100	*
12	二、扣除类调整项目（13＋14＋15＋16＋17＋18＋19＋20＋21＋22＋23＋24＋26＋27＋28＋29）	*	*		80
13	（一）视同销售成本（填写 A105010）	*	80	*	80
30	（十七）其他	93	113		20

四、用于交际应酬视同销售项目填报实务与案例解析

【案例 3－22】A 企业将自产产品用于交际应酬。产品成本 80 万元，公允价值 100 万元（不含税），增值税税率为 13%。A 企业执行《企业会计准则》。会计处理和税务处理如下（单位：万元）：

借：管理费用——业务招待费　　　　　　　　　　　　　　　　93
　　贷：库存商品　　　　　　　　　　　　　　　　　　　　　80
　　　　应交税费——应交增值税（销项税额）　　　　　　　　13

税务处理：确认视同销售收入 100 万元，视同销售成本 80 万元。如果纳税人执行《小企业会计准则》直接用于销售会计确认收入和结转销售成本，则不在此处进行纳税调整。企业所得税年度纳税申报填写实务如表 3－41、表 3－42 所示。

表3-41　　　　　　视同销售和房地产开发企业特定业务纳税调整明细表　　　　A105010

行次	项目	税收金额	纳税调整金额
		1	2
1	一、视同销售（营业）收入（2+3+4+5+6+7+8+9+10）	100	100
3	（六）用于交际应酬视同销售收入	100	100
11	二、视同销售（营业）成本（12+13+14+15+16+17+18+19+20）	80	-80
13	（六）用于交际应酬视同销售成本	80	-80

表3-42　　　　　　　　　　　纳税调整项目明细表　　　　　　　　　　A105000

行次	项目	账载金额	税收金额	调增金额	调减金额
		1	2	3	4
1	一、收入类调整项目（2+3+4+5+6+7+8+10+11）	*	*	100	
2	（一）视同销售收入（填写A105010）	*	100	100	*
12	二、扣除类调整项目（13+14+15+16+17+18+19+20+21+22+23+24+26+27+28+29）	*	*		80
13	（一）视同销售成本（填写A105010）	*	80	*	80
30	（十七）其他	93	113		20

五、用于职工奖励或福利视同销售项目填报实务与案例解析

申报表填报要点：发生将货物、财产用于职工奖励或福利，会计处理不确认销售收入，而税法规定确认为应税收入的金额。企业外购资产或服务不以销售为目的，用于替代职工福利费用支出，且购置后在一个纳税年度内处置的，以公允价值确定视同销售收入。按照《国家税务总局关于修订企业所得税年度纳税申报表有关问题的公告》（国家税务总局公告2019年第41号）附件《中华人民共和国企业所得税年度纳税申报表（A类，2017年版）》部分表单及填报说明（2019年修订）的规定，企业将货物、资产、劳务用于捐赠、广告等用途时，进行视同销售纳税调整后，对应支出的会计处理与税收规定有差异需纳税调整的金额填报在A105000《纳税调整项目明细表》第30行"（十七）其他"。若第1列≥第2列，第3列"调增金额"填报第1-2列金额。若第1列＜第2列，第4列"调减金额"填报第1-2列金额的绝对值。

【案例3-23】某企业将自产产品用于发放职工福利（行政管理人员）。产品实际成本80万元，公允价值100万元（不含税），增值税税率为13%。上述业务的会计和税务处理如下（单位：万元）。

①假设纳税人执行《企业会计准则》和《小企业会计准则》。

《企业会计准则第9号——应付职工薪酬》（2014年修订）应用指南规定，企业以自产产品发放给职工的，应当根据受益对象，按照该产品的公允价值，计入相关资产的成本或当期损益，同时确认应付职工薪酬。

借：应付职工薪酬　　　　　　　　　　　　　　　　　　　113

贷：主营业务收入 　　　　　　　　　　　　　　　　　　　　　　100

　　　　应交税费——应交增值税（销项税额） 　　　　　　　　　　13

借：管理费用 　　　　　　　　　　　　　　　　　　　　　　　　113

　　　贷：应付职工薪酬——非货币性福利 　　　　　　　　　　　　113

同时，结转产品实际成本：

借：主营业务成本 　　　　　　　　　　　　　　　　　　　　　　80

　　　贷：库存商品 　　　　　　　　　　　　　　　　　　　　　　80

税务处理：会计处理已经确认收入，税务处理不做视同销售。

②假设纳税人执行《企业会计制度》。

借：管理费用 　　　　　　　　　　　　　　　　　　　　　　　　93

　　　贷：库存商品 　　　　　　　　　　　　　　　　　　　　　　80

　　　　应交税费——应交增值税（销项税额） 　　　　　　　　　　13

税务处理：会计核算不确认收入，但税法视同销售进行纳税调整。确认视同销售收入 100 万元，视同销售成本 80 万元。企业将货物、资产、劳务用于捐赠、广告等用途时，进行视同销售纳税调整后，对应支出的会计处理与税收规定有差异需纳税调整的金额填报在 A105000《纳税调整项目明细表》第 30 行 "（十七）其他"。企业所得税年度纳税申报填写实务如表 3 - 43、表 3 - 44 所示。

表 3 - 43　　　　视同销售和房地产开发企业特定业务纳税调整明细表　　　A105010

行次	项目	税收金额	纳税调整金额
		1	2
1	一、视同销售（营业）收入（2 + 3 + 4 + 5 + 6 + 7 + 8 + 9 + 10）	100	100
3	（四）用于职工奖励或福利视同销售收入	100	100
11	二、视同销售（营业）成本（12 + 13 + 14 + 15 + 16 + 17 + 18 + 19 + 20）	80	- 80
13	（四）用于职工奖励或福利视同销售收入	80	- 80

表 3 - 44　　　　　　　　　　　纳税调整项目明细表　　　　　　　　　　A105000

行次	项目	账载金额	税收金额	调增金额	调减金额
		1	2	3	4
1	一、收入类调整项目（2 + 3 + 4 + 5 + 6 + 7 + 8 + 10 + 11）	*	*	100	
2	（一）视同销售收入（填写 A105010）	*	100	100	*
12	二、扣除类调整项目（13 + 14 + 15 + 16 + 17 + 18 + 19 + 20 + 21 + 22 + 23 + 24 + 26 + 27 + 28 + 29）	*	*		80
13	（一）视同销售成本（填写 A105010）	*	80	*	80
30	（十七）其他	93	113		20

【案例 3 - 24】何博酒业商贸公司 2019 年 12 月外购高档白酒 1 000 箱，单价（不含税）5 000 元/箱，用于对外销售 900 箱，对外销售价格为 6 000 元/箱（不含税），增值税税率为 13%，含税价为 6 780 元/箱。该公司当月对外销售白酒 900 箱，另外将

100 箱白酒发放给本企业行政管理人员作为新年福利。

分析：按照《国家税务总局关于企业处置资产所得税处理问题的通知》（国税函〔2008〕828 号）和《国家税务总局关于企业所得税有关问题的公告》（国家税务总局公告 2016 年第 80 号）等相关规定，按照公允价值价格确定销售收入，按照购入时的价格确定销售成本。本例中，当月给员工发放新年福利 100 箱白酒，属于企业所得税视同销售业务，用于集体福利相应的增值税进项税额不得抵扣，会计和税务处理如下：

借：库存商品　　　　　　　　　　　　　　　　　　　　　　　5 000 000

　　应交税费——应交增值税（进项税额）　　　　　　　　　　650 000

　　贷：银行存款　　　　　　　　　　　　　　　　　　　　　5 650 000

借：应付职工薪酬　　　　　　　　　　　　　　　　　　　　　565 000

　　贷：库存商品　　　　　　　　　　　　　　　　　　　　　500 000

　　　　应交税费——应交增值税（进项税额转出）　　　　　　65 000

借：管理费用——短期薪酬（非货币性福利）　　　　　　　　　565 000

　　贷：应付职工薪酬　　　　　　　　　　　　　　　　　　　565 000

企业所得税视同销售收入按照含税金额 678 000 元计算，视同销售成本按照含进项税额转出金额 565 000 元计算。企业将白酒用于职工福利时，进行视同销售纳税调整后，对应支出的会计处理与税收规定有差异需纳税调整的金额填报在 A105000《纳税调整项目明细表》第 30 行"（十七）其他"，"账载金额"填报含税金额 565 000 元，"税收金额"填报含税金额 678 000 元，"调减金额"填报 113 000 元。企业所得税年度纳税申报填写实务如表 3－45、表 3－46 所示。

表 3－45　　　　　视同销售和房地产开发企业特定业务纳税调整明细表　　　　　A105010

行次	项目	税收金额	纳税调整金额
		1	2
1	一、视同销售（营业）收入（2＋3＋4＋5＋6＋7＋8＋9＋10）	678 000	678 000
5	（四）用于职工奖励或福利视同销售收入	678 000	678 000
11	二、视同销售（营业）成本（12＋13＋14＋15＋16＋17＋18＋19＋20）	565 000	－565 000
15	（四）用于职工奖励或福利视同销售成本	565 000	－565 000

表 3－46　　　　　　　　　　　　纳税调整项目明细表　　　　　　　　　　　　A105000

行次	项目	账载金额	税收金额	调增金额	调减金额
		1	2	3	4
1	一、收入类调整项目（2＋3＋4＋5＋6＋7＋8＋10＋11）	＊	＊	678 000	
2	（一）视同销售收入（填写 A105010）	＊	678 000	678 000	＊
12	二、扣除类调整项目（13＋14＋15＋16＋17＋18＋19＋20＋21＋22＋23＋24＋26＋27＋28＋29）	＊	＊		678 000
13	（一）视同销售成本（填写 A105010）	＊	565 000	＊	565 000
30	（十七）其他	565 000	678 000		113 000

六、用于股息分配视同销售项目填报实务与案例解析

申报表填报要点：此项目纳税人不论执行何种会计准则或制度，会计核算都需要确认收入，不进行视同销售纳税调整。

【案例 3-25】A 企业将自产的一批产品作为股息分配给其股东 B 企业，该批产品不含税售价 200 000 元，增值税税率为 13%，成本 150 000 元。则 A 公司应作如下会计处理：

借：应付股利——B 企业　　　　　　　　　　　　　　226 000
　　贷：主营业务收入　　　　　　　　　　　　　　　　　200 000
　　　　应交税费——应交增值税（销项税额）　　　　　　26 000
借：主营业务成本　　　　　　　　　　　　　　　　　150 000
　　贷：库存商品　　　　　　　　　　　　　　　　　　150 000

税务处理：会计上已经确认收入，不进行视同销售纳税调整。

七、用于对外捐赠视同销售项目填报实务与案例解析

【案例 3-26】A 公司通过市教育局向当地希望小学捐赠电脑 100 台，已取得公益性捐赠票据。电脑实际成本 80 万元，公允价值 100 万元（不含税），增值税税率为 13%。A 企业执行《企业会计准则》。会计处理和税务处理如下（单位：万元）：

借：营业外支出——公益性捐赠支出　　　　　　　　　　93
　　贷：库存商品　　　　　　　　　　　　　　　　　　80
　　　　应交税费——应交增值税（销项税额）　　　　　13

税务处理：确认视同销售收入 100 万元，视同销售成本 80 万元。企业将货物、资产、劳务用于捐赠、广告等用途时，进行视同销售纳税调整后，对应支出的会计处理与税收规定有差异需纳税调整的金额填报在 A105000《纳税调整项目明细表》第 30 行"（十七）其他"。其中，第 1 列"账载金额"按照视同销售对应支出的会计处理金额填报 93 万元，第 2 列"税收金额"按照视同销售对应支出的税收规定金额（含税公允价值）填报 113 万元，第 4 列"调减金额"20 万元。如果纳税人执行《小企业会计准则》，会计核算确认收入和结转销售成本，与税务处理一致，则不在此处进行纳税调整。企业所得税年度纳税申报填写实务如表 3-47、表 3-48 所示。

表 3 – 47 　　　　　视同销售和房地产开发企业特定业务纳税调整明细表 　　　A105010

行次	项目	税收金额	纳税调整金额
		1	2
1	一、视同销售（营业）收入（2＋3＋4＋5＋6＋7＋8＋9＋10）	100	100
3	（六）用于对外捐赠视同销售收入	100	100
11	二、视同销售（营业）成本（12＋13＋14＋15＋16＋17＋18＋19＋20）	80	－80
13	（六）用于对外捐赠视同销售成本	80	－80

表 3 – 48 　　　　　　　　　　纳税调整项目明细表 　　　　　　　　　　　A105000

行次	项目	账载金额	税收金额	调增金额	调减金额
		1	2	3	4
1	一、收入类调整项目（2＋3＋4＋5＋6＋7＋8＋10＋11）	＊	＊	100	
2	（一）视同销售收入（填写 A105010）	＊	100	100	＊
12	二、扣除类调整项目（13＋14＋15＋16＋17＋18＋19＋20＋21＋22＋23＋24＋26＋27＋28＋29）	＊	＊		80
13	（一）视同销售成本（填写 A105010）	＊	80	＊	80
30	（十七）其他	93	113		20

八、用于对外投资视同销售项目填报实务与案例解析

【案例 3 – 27】A 公司以自有无形资产（专利权）交换 B 公司持有的长期股权投资。无形资产账面原值为 2 000 万元，在交换日累计摊销为 500 万元，公允价值为 2 500 万元，增值税税率为 6%；长期股权投资账面原值为 1 500 万元，公允价值为 2 500 万元。该交换不具有商业实质。A 公司执行《企业会计准则》，会计和税务处理及申报表填报实务如下：

①会计处理。

借：长期股权投资 　　　　　　　　　　　　　　　16 500 000

　　累计摊销 　　　　　　　　　　　　　　　　　 5 000 000

　　贷：无形资产 　　　　　　　　　　　　　　　　　 20 000 000

　　　　应交税费——应交增值税（销项税额） 　　　　 1 500 000

②税务处理。换出无形资产的计税基础＝2 000 － 500 ＝1 500（万元），换出无形资产的公允价值＝2 500（万元），转让财产所得＝换出无形资产的公允价值 － 换出无形资产的计税基础＝2 500 －1 500 ＝1 000（万元），调增 A 公司应纳税所得额 1 000 万元。《企业所得税法实施条例》第七十一条规定，投资资产按照以下方法确定成本：通过支付现金以外的方式取得的投资资产，以该资产的公允价值和支付的相关税费为成本。换入长期股权投资的计税基础＝2 500 ＋150 ＝2 650（万元）。

③企业所得税年度纳税申报填报实务如表 3 – 49、表 3 – 50 所示（单位：万元）。

表 3 – 49　　　　　　　　视同销售和房地产开发企业特定业务纳税调整明细表　　　　　　A105010

行次	项目	税收金额	纳税调整金额
		1	2
1	一、视同销售（营业）收入（2＋3＋4＋5＋6＋7＋8＋9＋10）	2 500	2 500
3	（七）用于对外投资项目视同销售收入	2 500	2 500
11	二、视同销售（营业）成本（12＋13＋14＋15＋16＋17＋18＋19＋20）	1 500	−1 500
13	（七）用于对外投资项目视同销售成本	1 500	−1 500

表 3 – 50　　　　　　　　　　　　　纳税调整项目明细表　　　　　　　　　　　　A105000

行次	项目	账载金额	税收金额	调增金额	调减金额
		1	2	3	4
1	一、收入类调整项目（2＋3＋4＋5＋6＋7＋8＋10＋11）	*	*	2 500	
2	（一）视同销售收入（填写A105010）	*		2 500	*
12	二、扣除类调整项目（13＋14＋15＋16＋17＋18＋19＋20＋21＋22＋23＋24＋26＋27＋28＋29）	*	*		1 500
13	（一）视同销售成本（填写A105010）	*		*	1 500

【案例 3 – 28】丙公司拥有一台专有设备，该设备账面原价 450 万元，已计提折旧 330 万元，换取丁公司拥有一项长期股权投资，账面价值 90 万元，两项资产均未计提减值准备。丙公司决定以其专有设备交换丁公司的长期股权投资，该专有设备是生产某种产品必需的设备。由于专有设备系当时专门制造、性质特殊，其公允价值不能可靠计量；丁公司拥有的长期股权投资在活跃市场中没有报价，其公允价值也不能可靠计量。经双方商定，丁公司支付了 20 万元补价。假定交易中不考虑相关税费。

分析：①非货币性交易判断。该项非货币性资产交换涉及收付货币性资产，即补价 20 万元。对丙公司而言，收到的补价 20 万元÷换出资产账面价值 120 万元＝16.7％＜25％，因此，该项交换属于非货币性资产交换。

②计量模式的判断。由于两项资产的公允价值不能可靠计量，因此，对于该项资产交换，换入资产的成本应当按照换出资产的账面价值确定。

③初始投资成本确认。长期股权投资的初始成本 100 万元＝换出资产账面价值 120 万元－收到的补价 20 万元；换出资产的账面价值 120 万元＝换出资产账面原价 450 万元－已计提折旧 330 万元。

④投资方丙公司的账务处理。根据会计准则规定，尽管丁公司支付了 20 万元补价，但由于整个非货币性资产交换是以账面价值为基础计量的，支付补价方和收到补价方均不确认损益。对丙公司而言，换入资产是长期股权投资和银行存款 20 万元，换出资产是专有设备的账面价值减去货币性补价的差额，即 100 万元（120－20）；对丁公司而言，换出资产是长期股权投资和银行存款 20 万元，换入资产专有设备的成本等

于换出资产的账面价值，即 110 万元（90 + 20）。由此可见，在以账面价值计量的情况下，发生的补价是用来调整换入资产的成本，不涉及确认损益问题。

借：固定资产清理   1 200 000

    累计折旧   3 300 000

    贷：固定资产——专有设备   4 500 000

借：长期股权投资   1 000 000

    银行存款   200 000

    贷：固定资产清理   1 200 000

⑤税务处理。根据国税函〔2008〕828 号文件的规定，本案例中的非货币资产交换，因资产所有权属已发生改变而不属于内部处置资产，应按规定视同销售确定收入。按换出资产账面价值 120 万元和收到补价 20 万元的合计 140 万元，确认视同销售收入；按换出资产的账面价值 120 万元，确认视同销售成本。

⑥企业所得税年度纳税申报填报实务如表 3 – 51 所示。

表 3 – 51   纳税调整项目明细表   A105000

行次	项目	账载金额	税收金额	调增金额	调减金额
		1	2	3	4
1	一、收入类调整项目（2 + 3 + 4 + 5 + 6 + 7 + 8 + 10 + 11）	*	*	140 000	
2	（一）视同销售收入（填写 A105010）	*	140 000	140 000	*
12	二、扣除类调整项目（13 + 14 + 15 + 16 + 17 + 18 + 19 + 20 + 21 + 22 + 23 + 24 + 26 + 27 + 28 + 29）	*	*		120 000
13	（一）视同销售成本（填写 A105010）	*	120 000	*	120 000

九、提供劳务视同销售项目填报实务与案例解析

【案例 3 – 29】A 企业派技术人员到汽车维修中心为其他企业无偿提供汽车维修，发生成本 10 000 元，最近时期同类修理收费 20 000 元。则会计处理如下：

借：劳务成本   10 000

    贷：原材料   10 000

借：销售费用   10 000

    贷：劳务成本   10 000

税务处理：《企业所得税法》规定视同销售，视同销售所得 10 000 元，应调增应纳税所得额 10 000 元。企业所得税年度纳税申报填报实务如表 3 – 52、表 3 – 53 所示。

表 3 - 52　　　　　　视同销售和房地产开发企业特定业务纳税调整明细表　　　　　A105010

行次	项目	税收金额	纳税调整金额
		1	2
1	一、视同销售（营业）收入（2 + 3 + 4 + 5 + 6 + 7 + 8 + 9 + 10）	20 000	20 000
3	（八）提供劳务视同销售收入	20 000	20 000
11	二、视同销售（营业）成本（12 + 13 + 14 + 15 + 16 + 17 + 18 + 19 + 20）	10 000	- 10 000
13	（八）提供劳务视同销售成本	10 000	- 10 000

表 3 - 53　　　　　　　　　　　　纳税调整项目明细表　　　　　　　　　　　A105000

行次	项目	账载金额	税收金额	调增金额	调减金额
		1	2	3	4
1	一、收入类调整项目（2 + 3 + 4 + 5 + 6 + 7 + 8 + 10 + 11）	*	*	20 000	
2	（一）视同销售收入（填写 A105010）	*	20 000	20 000	*
12	二、扣除类调整项目（13 + 14 + 15 + 16 + 17 + 18 + 19 + 20 + 21 + 22 + 23 + 24 + 26 + 27 + 28 + 29）	*	*		10 000
13	（一）视同销售成本（填写 A105010）	*	10 000	*	10 000
30	（十七）其他	10 000	20 000		10 000

十、其他视同销售项目填报实务与案例解析

【案例 3 - 30】某企业将自产产品移至国外展览用于市场推广。产品成本 80 万元，公允价值 100 万元。该企业执行《企业会计准则》，会计处理如下（单位：万元）。

借：发出商品　　　　　　　　　　　　　　　　　　　　　　　80

　　贷：库存商品　　　　　　　　　　　　　　　　　　　　　　　80

税务处理：《国家税务总局关于企业处置资产所得税处理问题的通知》（国税函〔2008〕828 号）规定，企业发生将资产转移至境外，应按规定视同销售确定收入。企业所得税年度纳税申报填报实务如表 3 - 54、表 3 - 55 所示。

表 3 - 54　　　　　　视同销售和房地产开发企业特定业务纳税调整明细表　　　　　A105010

行次	项目	税收金额	纳税调整金额
		1	2
1	一、视同销售（营业）收入（2 + 3 + 4 + 5 + 6 + 7 + 8 + 9 + 10）		
10	（九）其他	100	100
11	二、视同销售（营业）成本（12 + 13 + 14 + 15 + 16 + 17 + 18 + 19 + 20）		
20	（九）其他	80	- 80

表 3 – 55　　　　　　　　　　纳税调整项目明细表　　　　　　　　　　A105000

行次	项目	账载金额	税收金额	调增金额	调减金额
		1	2	3	4
1	一、收入类调整项目（2 + 3 + 4 + 5 + 6 + 7 + 8 + 10 + 11）	*	*	100	
2	（一）视同销售收入（填写 A105010）	*	100	100	*
12	二、扣除类调整项目（13 + 14 + 15 + 16 + 17 + 18 + 19 + 20 + 21 + 22 + 23 + 24 + 26 + 27 + 28 + 29）	*	*		80
13	（一）视同销售成本（填写 A105010）	*	80	*	80

第三节　房地产开发企业特定业务纳税申报表
填报实务与案例解析

一、房地产开发企业特定业务纳税调整明细表格式

具体格式如表 3 – 56 所示。

表 3 – 56　　　视同销售和房地产开发企业特定业务纳税调整明细表（部分）　　　A105010

行次	项目	税收金额	纳税调整金额
		1	2
21	三、房地产开发企业特定业务计算的纳税调整额（22 – 26）		
22	（一）房地产企业销售未完工开发产品特定业务计算的纳税调整额（24 – 25）		
23	1. 销售未完工产品的收入		*
24	2. 销售未完工产品预计毛利额		
25	3. 实际发生的税金及附加、土地增值税		
26	（二）房地产企业销售的未完工产品转完工产品特定业务计算的纳税调整额（28 – 29）		
27	1. 销售未完工产品转完工产品确认的销售收入		*
28	2. 转回的销售未完工产品预计毛利额		
29	3. 转回实际发生的税金及附加、土地增值税		

具体填报说明如下：

第 21 行"三、房地产开发企业特定业务计算的纳税调整额"：填报房地产企业发生销售未完工产品、未完工产品结转完工产品业务，按照税收规定计算的特定业务的纳税调整额。第 1 列"税收金额"填报第 22 行第 1 列减去第 26 行第 1 列的余额；第 2 列"纳税调整金额"等于第 1 列"税收金额"。

第 22 行"（一）房地产企业销售未完工开发产品特定业务计算的纳税调整额"：填报房地产企业销售未完工开发产品取得销售收入，按税收规定计算的纳税调整额。

第 1 列"税收金额"填报第 24 行第 1 列减去第 25 行第 1 列的余额；第 2 列"纳税调整金额"等于第 1 列"税收金额"。

第 23 行"1. 销售未完工产品的收入"：第 1 列"税收金额"填报房地产企业销售未完工开发产品，会计核算未进行收入确认的销售收入金额。

第 24 行"2. 销售未完工产品预计毛利额"：第 1 列"税收金额"填报房地产企业销售未完工产品取得的销售收入按税收规定预计计税毛利率计算的金额；第 2 列"纳税调整金额"等于第 1 列"税收金额"。

第 25 行"3. 实际发生的税金及附加、土地增值税"：第 1 列"税收金额"填报房地产企业销售未完工产品实际发生的税金及附加、土地增值税，且在会计核算中未计入当期损益的金额；第 2 列"纳税调整金额"等于第 1 列"税收金额"。

第 26 行"（二）房地产企业销售的未完工产品转完工产品特定业务计算的纳税调整额"：填报房地产企业销售的未完工产品转完工产品，按税收规定计算的纳税调整额。第 1 列"税收金额"填报第 28 行第 1 列减去第 29 行第 1 列的余额；第 2 列"纳税调整金额"等于第 1 列"税收金额"。

第 27 行"1. 销售未完工产品转完工产品确认的销售收入"：第 1 列"税收金额"填报房地产企业销售的未完工产品，此前年度已按预计毛利额征收所得税，本年度结转为完工产品，会计上符合收入确认条件，当年会计核算确认的销售收入金额。

第 28 行"2. 转回的销售未完工产品预计毛利额"：第 1 列"税收金额"填报房地产企业销售的未完工产品，此前年度已按预计毛利额征收所得税，本年结转完工产品，会计核算确认为销售收入，转回原按税收规定预计计税毛利率计算的金额；第 2 列"纳税调整金额"等于第 1 列"税收金额"。

第 29 行"3. 转回实际发生的税金及附加、土地增值税"：填报房地产企业销售的未完工产品结转完工产品后，会计核算确认为销售收入，同时将对应实际发生的税金及附加、土地增值税转入当期损益的金额；第 2 列"纳税调整金额"等于第 1 列"税收金额"。

二、房地产开发企业特定业务纳税调整明细表填报依据与要点

（一）房地产开发企业特定业务纳税调整明细表填报依据

《房地产开发经营业务企业所得税处理办法》（国税发〔2009〕31 号）第六条规定，企业通过正式签订《房地产销售合同》或《房地产预售合同》所取得的收入，应确认为销售收入的实现。

第八条规定，企业销售未完工开发产品的计税毛利率由各省、自治区、直辖市国家税务局、地方税务局按下列规定进行确定：（1）开发项目位于省、自治区、直辖市和计划单列市人民政府所在地城市城区和郊区的，不得低于15%。（2）开发项目位于地及地级市城区及郊区的，不得低于10%。（3）开发项目位于其他地区的，不得低于5%。（4）属于经济适用房、限价房和危改房的，不得低于3%。

第九条规定，企业销售未完工开发产品取得的收入，应先按预计计税毛利率分季（或月）计算出预计毛利额，计入当期应纳税所得额。开发产品完工后，企业应及时结算其计税成本并计算此前销售收入的实际毛利额，同时将其实际毛利额与其对应的预计毛利额之间的差额，计入当年度企业本项目与其他项目合并计算的应纳税所得额。在年度纳税申报时，企业须出具对该项开发产品实际毛利额与预计毛利额之间差异调整情况的报告以及税务机关需要的其他相关资料。

预计毛利额 = 销售未完工产品的收入 × 当地税务机关规定的计税毛利率

第十二条规定，企业发生的期间费用、已销开发产品计税成本、营业税金及附加、土地增值税准予当期按规定扣除。

（二）房地产开发企业特定业务纳税调整明细表填报要点

1. 关于 A105010 表中税金扣除问题。在会计核算中未计入当期损益的金额才填报。（由于会计核算时当年预售收入不符合收入确认条件，按照预售收入计算的税金及附加、土地增值税，也不得确认当年的税金及附加，只能暂时保留在应交税费科目）。若会计核算已计入当期损益，则本行不填报，否则会造成税金的重复扣除。

具体操作实务：按照销售未完工产品进行反向填报，消除重复计算问题。符合税收结转条件，会计未结转的，应予以调整，待会计确认收入后，再予以反向调整，需要分析填报。计算逻辑为：第22行（销售未完工产品纳税调整额）– 第26行（结转完工产品纳税调整额），会计处理上需结转确认收入，才可以进行纳税调减的填报。

2. 按照国税发〔2009〕31号第七条规定，企业将开发产品用于捐赠、赞助、职工福利、奖励、对外投资、分配给股东或投资人、抵偿债务、换取其他企事业单位和个人的非货币性资产等行为，应视同销售，于开发产品所有权或使用权转移，或于实际取得利益权利时确认收入（或利润）的实现。此处按照视同销售业务进行纳税调整。

3. 符合税法开发产品完工条件应结转营业收入和成本，但纳税人会计处理未结转的，应在税法确认实际毛利额时进行纳税调整，待会计核算确认收入和结转成本后，再予以反向纳税调整，分析填报纳税申报表。

三、房地产开发企业特定业务纳税调整明细表填报实务与案例解析

【案例 3 - 31】甲房地产开发公司销售自行开发的商品房项目，适用的企业所得税计税毛利率为 15%，2017～2020 年度滚动房地产开发项目一和项目二，各年会计销售收入及成本如表 3 - 57 所示（单位：万元）。

表 3 - 57

年度	预售收入	会计开发产品收入	会计开发产品成本
2017（开发项目一）	8 000	0	0
2018（项目一完工，开发项目二）	10 000	4 000（2017 年预售收入 4 000）	3 200（项目一成本 3 200）
2019（项目一交付）（项目二完工）	0	10 000（2017 年预售收入 4 000，2018 年预售收入 6 000）	8 480（项目一成本 3 200，项目二成本 5 280）
2020（项目二交付）	0	4 000（2018 年预售收入 4 000）	项目二成本 3 520
项目一：实际销售收入 8 000（不含税），销售成本 6 400，实际毛利 1 600（20%） 项目二：实际销售收入 10 000（不含税），销售成本 8 800，实际毛利 1 200（12%）			

假设："营改增"后本例中只考虑销售未完工开发产品预交的土地增值税，预征率 2%。假设上述收入和成本均为不含税。该公司执行《企业会计准则》（单位：万元）。

①2017 年会计核算：按照《企业会计准则第 14 号——收入》的规定，房地产企业预售业务的会计处理为：当企业收到预售款项时，由于不符合收入的确认原则，所以不确认收入，而是作为负债计入预收账款①，待房屋交付给购买方时，符合收入确认条件，再确认销售收入。即：收到预售款项时，借记"银行存款"科目，贷记"预收账款"科目；房屋交付给购买方时，借记"预收账款"科目，贷记"主营业务收入"科目，同时结转成本，借记"主营业务成本"科目，贷记"开发产品"科目。

会计核算预售收入，由于不符合收入确认条件，不确认会计收入。

借：银行存款　　　　　　　　　　　　　　　　　　　　8 000

　　贷：预收账款　　　　　　　　　　　　　　　　　　　　　8 000

②税务处理。第一，土地增值税处理。按照《土地增值税暂行条例》规定，纳税人在项目全部竣工结算前转让房地产取得的收入，由于涉及成本确定或其他原因，而无法据以计算土地增值税的，可以预征土地增值税，待该项目全部竣工、办理结算后再进行清算，多退少补。具体办法由各省、自治区、直辖市地方税务局根据当地情况制定。

第二，会计核算。财政部《关于印发企业交纳土地增值税会计处理规定的通知》（财会字〔1995〕第 015 号）第四条规定，企业在项目全部竣工结算前转让房地产取得

---

① 执行《企业会计准则第 14 号——收入》（2017 年修订）的企业，记入"合同负债"科目。

的收入，按税法规定预交的土地增值税，借记"应交税金——应交土地增值税"科目，贷记"银行存款"等科目。待该房地产营业收入实现时，再按规定转入"营业税金及附加"科目（注：财会〔2016〕22号已改为"税金及附加"科目）进行会计处理；该项目全部竣工、办理结算后进行清算，收到退回多交的土地增值税，借记"银行存款"等科目，贷记"应交税金——应交土地增值税"科目，补交的土地增值税作相反会计分录。2017年应缴纳土地增值税 = 8 000 × 2% = 160（万元）。

借：应交税费——应交土地增值税　　　　　　　　　　　　　　160

　　贷：银行存款　　　　　　　　　　　　　　　　　　　　　　160

第三，企业所得税处理。按照国家税务总局《关于印发〈房地产开发经营业务企业所得税处理办法〉的通知》（国税发〔2009〕31号）相关规定，确认销售未完工产品的收入和计算预计毛利额，并填报纳税申报表。2017年企业所得税年度纳税申报填报实务如表3-58、表3-59所示。

表3-58　　　　视同销售和房地产开发企业特定业务纳税调整明细表（2017年度）　　A105010

行次	项目	税收金额	纳税调整金额
		1	2
21	三、房地产开发企业特定业务计算的纳税调整额（22-26）	1040	1040
22	（一）房地产企业销售未完工开发产品特定业务计算的纳税调整额（24-25）	1 040	1 040
23	1. 销售未完工产品的收入	8 000	*
24	2. 销售未完工产品预计毛利额	1 200	1 200
25	3. 实际发生的税金及附加、土地增值税	160	160
26	（二）房地产企业销售的未完工产品转完工产品特定业务计算的纳税调整额（28-29）	0	0
27	1. 销售未完工产品转完工产品确认的销售收入	0	*
28	2. 转回的销售未完工产品预计毛利额	0	0
29	3. 转回实际发生的税金及附加、土地增值税	0	0

表3-59　　　　　　　　　　　纳税调整项目明细表（2017年度）　　　　　　　　A105000

行次	项目	账载金额	税收金额	调增金额	调减金额
		1	2	3	4
40	（四）房地产开发企业特定业务计算的纳税调整额（填写A105010）	*	1 040	1 040	

①2018年会计核算：

A. 会计核算预售收入，由于不符合收入确认条件不确认收入。

借：银行存款　　　　　　　　　　　　　　　　　　　　　　10 000

　　贷：预收账款　　　　　　　　　　　　　　　　　　　　10 000

B. 项目一完工，会计核算结转部分2017年预售收入4 000万元到2018年主营业务收入。

借：预收账款   4 000

    贷：主营业务收入   4 000

C. 项目一完工，会计核算结转部分项目一主营业务成本 3 200 万元。

借：主营业务成本   3200

    贷：库存商品（开发产品）   3200

D. 按照会计确认收入转回土地增值税转入当期损益。

借：税金及附加——土地增值税   80

    贷：应交税费——应交土地增值税   80

②税务处理。2018 年应预交土地增值税 = 10 000 × 2% = 200（万元）。

借：应交税费——应交土地增值税   200

    贷：银行存款   200

③按照国家税务总局《关于印发〈房地产开发经营业务企业所得税处理办法〉的通知》（国税发〔2009〕31 号）和国家税务总局《关于房地产开发企业开发产品完工条件确认问题的通知》（国税函〔2010〕201 号）的相关规定，税法规定的项目完工条件和确认时间与会计核算预收账款结转到主营业务收入的时间存在差异时，通常是会计核算将预收账款结转到主营业务收入的金额小于税法规定的金额或时间滞后于税法规定的完工确认时间，则还需要将该差异在项目完工年度，通过 A105000《纳税调整项目明细表》进行纳税调整，以防止部分纳税人利用会计核算人为操作确认项目销售收入的时间和金额。

2018 年项目一已经完工（符合税法完工条件），会计核算结转收入 4 000 万元，成本 3 200 万元，会计账面毛利 800 万元；税法应确认实际收入 8 000 万元，成本 6 400 万元，实际毛利 1 600 万元。在 2018 年度纳税申报时，会计账面毛利额与实际毛利额之间差异为 1 600 - 800 = 800（万元），填入 A105000《纳税调整项目明细表》第 42 行"其他"第 3 列"调增金额"800 万元。此项暂时性差异待纳税人在以后纳税申报年度进行会计核算时，将项目一剩余收入结转到主营业务收入，剩余成本结转到主营业务成本时，转回作纳税调减。2018 年企业所得税年度纳税申报填报实务如表 3 - 60、表 3 - 61 所示。

表 3 - 60　　　视同销售和房地产开发企业特定业务纳税调整明细表（2018 年度）　　　A105010

行次	项目	税收金额	纳税调整金额
		1	2
21	三、房地产开发企业特定业务计算的纳税调整额（22 - 26）	780	780
22	（一）房地产企业销售未完工开发产品特定业务计算的纳税调整额（24 - 25）	1 300	1 300
23	1. 销售未完工产品的收入	10 000	*
24	2. 销售未完工产品预计毛利额	1 500	1 500
25	3. 实际发生的税金及附加、土地增值税	200	200

续表

行次	项目	税收金额	纳税调整金额
		1	2
26	（二）房地产企业销售的未完工产品转完工产品特定业务计算的纳税调整额（28－29）	520	520
27	1. 销售未完工产品转完工产品确认的销售收入	4 000	*
28	2. 转回的销售未完工产品预计毛利额	600	600
29	3. 转回实际发生的税金及附加、土地增值税	80	80

表 3－61　　　　　　　　纳税调整项目明细表（2018 年度）　　　　　　　　A105000

行次	项目	账载金额	税收金额	调增金额	调减金额
		1	2	3	4
40	（四）房地产开发企业特定业务计算的纳税调整额（填写A105010）	*	780	780	
42	（五）其他	*	*	800	

①2019 年会计核算。

A. 会计核算结转预收收入到主营业务收入。

借：预收账款　　　　　　　　　　　　　　　　　　　10 000

　　贷：主营业务收入　　　　　　　　　　　　　　　　　　10 000

B. 会计核算结转主营业务成本。

借：主营业务成本　　　　　　　　　　　　　　　　　　8 480

　　贷：库存商品（开发产品）　　　　　　　　　　　　　　8 480

C. 按照会计确认收入转回 2017 年和 2018 年土地增值税转入当期损益。

借：税金及附加——土地增值税　　　　　　　　　　　　200

　　贷：应交税费——应交土地增值税　　　　　　　　　　　200

②应特别需要注意的是：项目一会计账面毛利额与实际毛利额之间差异为 800 万元，在纳税人在 2019 年纳税申报年度会计核算时，将项目一剩余收入结转到主营业务收入，剩余成本结转到主营业务成本时，转回作纳税调减，填入 A105000《纳税调整项目明细表》第 42 行"其他"第 4 列"调减金额"800 万元。

2019 年项目二已经完工（符合税法完工条件），会计核算结转收入 6 000 万元，成本 5 280 万元，会计账面毛利 720 万元；税法应确认实际收入 10 000 万元，成本 8 800 万元，实际毛利 1 200 万元。在 2019 年度纳税申报时，实际毛利额与会计账面毛利额之间差异＝1 200－720＝480（万元），填入 A105000《纳税调整项目明细表》第 42 行"其他"第 3 列"调增金额"480 万元。此项暂时性差异待纳税人在以后纳税申报年度进行会计核算时，将项目二剩余收入结转到主营业务收入，剩余成本结转到主营业务成本时，转回作纳税调减。2019 年企业所得税年度纳税申报填报实务如表 3－62、

表 3 - 63 所示。

表 3 - 62　　　视同销售和房地产开发企业特定业务纳税调整明细表（2019 年度）　　　A105010

行次	项目	税收金额	纳税调整金额
		1	2
21	三、房地产开发企业特定业务计算的纳税调整额（22 - 26）	- 1 300	- 1 300
22	（一）房地产企业销售未完工开发产品特定业务计算的纳税调整额（24 - 25）	0	0
23	1. 销售未完工产品的收入	0	*
24	2. 销售未完工产品预计毛利额		
25	3. 实际发生的税金及附加、土地增值税	0	0
26	（二）房地产企业销售的未完工产品转完工产品特定业务计算的纳税调整额（28 - 29）	1 300	1 300
27	1. 销售未完工产品转完工产品确认的销售收入	10 000	*
28	2. 转回的销售未完工产品预计毛利额	1 500	1 500
29	3. 转回实际发生的税金及附加、土地增值税	200	200

表 3 - 63　　　　　　　　　纳税调整项目明细表（2019 年度）　　　　　　　　　A105000

行次	项目	账载金额	税收金额	调增金额	调减金额
		1	2	3	4
40	（四）房地产开发企业特定业务计算的纳税调整额（填写 A105010）	*	- 1 300		1 300
42	（五）其他	*	*	480	800

①2020 年会计核算：

A. 会计核算结转预收收入到主营业务收入。

借：预收账款　　　　　　　　　　　　　　　　　　　　　4 000

　　贷：主营业务收入　　　　　　　　　　　　　　　　　　4 000

B. 会计核算结转主营业务成本。

借：主营业务成本　　　　　　　　　　　　　　　　　　　3 520

　　贷：开发产品　　　　　　　　　　　　　　　　　　　　3 520

C. 按照会计确认收入转回 2017 年和 2018 年土地增值税转入当期损益。

借：税金及附加——土地增值税　　　　　　　　　　　　　80

　　贷：应交税费——应交土地增值税　　　　　　　　　　　80

②应特别需要注意的是：上述项目二实际毛利额与会计账面毛利额之间差异为 480 万元，纳税人在 2020 年纳税申报年度会计核算时，将项目二剩余收入结转到主营业务收入，剩余成本结转到主营业务成本时，转回作纳税调减，填入 A105000《纳税调整项目明细表》第 42 行"其他"第 4 列"调减金额"480 万元。2020 年企业所得税年度纳税申报填报实务如表 3 - 64、表 3 - 65 所示。

表 3 - 64　　　视同销售和房地产开发企业特定业务纳税调整明细表（2020 年度）　A105010

行次	项目	税收金额	纳税调整金额
		1	2
21	三、房地产开发企业特定业务计算的纳税调整额（22 - 26）	- 520	- 520
22	（一）房地产企业销售未完工开发产品特定业务计算的纳税调整额（24 - 25）	0	0
23	1. 销售未完工产品的收入	0	*
24	2. 销售未完工产品预计毛利额	0	0
25	3. 实际发生的税金及附加、土地增值税	0	0
26	（二）房地产企业销售的未完工产品转完工产品特定业务计算的纳税调整额（28 - 29）	520	520
27	1. 销售未完工产品转完工产品确认的销售收入	4 000	*
28	2. 转回的销售未完工产品预计毛利额	600	600
29	3. 转回实际发生的税金及附加、土地增值税	80	80

表 3 - 65　　　　　　　纳税调整项目明细表（2020 年度）　　　　　　　A105000

行次	项目	账载金额	税收金额	调增金额	调减金额
		1	2	3	4
39	（四）房地产开发企业特定业务计算的纳税调整额（填写 A105010）	*	- 520		520
42	（五）其他	*	*		480

第四节　《未按权责发生制确认收入纳税调整明细表》填报实务与案例解析

一、《未按权责发生制确认收入纳税调整明细表》格式与填报要点

（一）《未按权责发生制确认收入纳税调整明细表》格式

具体格式如表 3 - 66 所示。

表 3 - 66　　　　　　未按权责发生制确认收入纳税调整明细表　　　　　　A105020

行次	项目	合同金额（交易金额）	账载金额		税收金额		纳税调整金额
			本年	累计	本年	累计	
		1	2	3	4	5	6 (4 - 2)
1	一、跨期收取的租金、利息、特许权使用费收入（2 + 3 + 4）						
2	（一）租金						
3	（二）利息						
4	（三）特许权使用费						

续表

行次	项目	合同金额（交易金额）	账载金额		税收金额		纳税调整金额
		1	本年	累计	本年	累计	6（4-2）
		1	2	3	4	5	6（4-2）
5	二、分期确认收入（6+7+8）						
6	（一）分期收款方式销售货物收入						
7	（二）持续时间超过12个月的建造合同收入						
8	（三）其他分期确认收入						
9	三、政府补助递延收入（10+11+12）						
10	（一）与收益相关的政府补助						
11	（二）与资产相关的政府补助						
12	（三）其他						
13	四、其他未按权责发生制确认收入						
14	合计（1+5+9+13）						

本表适用于会计处理按权责发生制确认收入、税法规定未按权责发生制确认收入需纳税调整项目的纳税人填报。纳税人根据税法、《国家税务总局关于贯彻落实企业所得税法若干税收问题的通知》（国税函〔2010〕79号）、《国家税务总局关于确认企业所得税收入若干问题的通知》（国税函〔2008〕875号）等相关规定，以及国家统一企业会计制度，填报会计处理按照权责发生制确认收入、税法规定未按权责发生制确认收入的会计处理、税法规定，以及纳税调整情况。符合税法规定不征税收入条件的政府补助收入，本表不作调整，在《专项用途财政性资金纳税调整明细表》（A105040）中纳税调整。

（二）《未按权责发生制确认收入纳税调整明细表》填报要点

1. 第1列"合同金额或交易金额"：填报会计处理按照权责发生制确认收入、税法规定未按权责发生制确认收入的项目的合同总额或交易总额。

2. 第2列"账载金额-本年"：填报纳税人会计处理按权责发生制在本期确认金额。

3. 第3列"账载金额-累计"：填报纳税人会计处理按权责发生制历年累计确认金额。

4. 第4列"税收金额-本年"：填报纳税人按税法规定未按权责发生制本期确认金额。

5. 第5列"税收金额-累计"：填报纳税人按税法规定未按权责发生制历年累计确认金额。

6. 第6列"纳税调整金额"：填报纳税人会计处理按权责发生制确认收入、税法规定未按权责发生制确认收入的差异需纳税调整金额，为第4-2列的余额。

二、跨期收取的租金、利息、特许权使用费收入项目填报实务与案例解析

（一）跨期收取的租金收入项目填报实务与案例解析

【案例3-32】甲公司于2017年7月将新建的生产线整体出租给另一家公司用于生产经营。双方签订租赁合同明确，租期5年，即从2017年7月1日至2022年6月30日，每年租金80万元（不含税），5年租金共计400万元（不含税），于2017年7月20日前一次性收取。该如何计算2017～2022年企业所得税？

分析：《企业所得税法实施条例》第九条规定，企业应纳税所得额的计算，以权责发生制为原则，属于当期的收入和费用，不论款项是否收付，均作为当期的收入和费用；不属于当期的收入和费用，即使款项已经在当期收付，均不作为当期的收入和费用。该条例和国务院财政、税务主管部门另有规定的除外。

《企业所得税法实施条例》第十九条规定，租金收入，按照合同约定的承租人应付租金的日期确认收入的实现。根据第十九条的规定，企业预收的租金收入，要按照收付实现制的原则确认收入。

针对上述问题，《国家税务总局关于贯彻落实企业所得税法若干税收问题的通知》（国税函〔2010〕79号）第一条对租金收入的确认作了更加明确的规定，即根据实施条例第十九条规定，企业提供固定资产、包装物或者其他有形资产的使用权取得的租金收入，应按交易合同或协议规定的承租人应付租金的日期确认收入的实现。其中，如果交易合同或协议中规定租赁期限跨年度且租金提前一次性支付的，根据实施条例第九条规定的收入与费用配比原则，出租人可对上述已确认的收入，在租赁期内分期均匀计入相关年度收入。出租方如果为在我国境内设有机构场所且采取据实申报缴纳企业所得税的非居民企业，也按本条规定执行。

对纳税人取得的租金收入，根据《国家税务总局关于贯彻落实企业所得税法若干税收问题的通知》（国税函〔2010〕79号）的解释，在计入应纳税所得额的时间确认上有两种处理方法。

方法一是按照收付实现制原则确认收入。即出租方按照交易合同或者协议规定的承租人应付租金的日期确认收入。此项规定适用于出租方与承租方虽然签订了跨年度租赁合同，但是合同约定租金不是提前一次性支付的，而是分期支付或在租赁期满后一次性支付租金的情形。

方法二是按照权责发生制原则确认收入。即出租方对提前一次性收取的租金，可以在合同规定的租赁期内，按照收入与费用配比的原则，分期均匀计入相关年度。这

项规定适用于出租方与承租方既签订了跨年度的租赁合同，同时又明确了租金必须是提前一次性支付的情形。

综上所述，纳税人取得的预收租金收入，在计入企业所得税应税收入的时间上，应区别不同的情况，进行不同的税务处理，而不是由纳税人自由选择。

因此，在上例中，出租方应计入应纳税所得额的租金收入，可以选择在合同规定的租赁期内，按照收入与费用配比的原则，分期均匀计入相关年度，即 2017 年确认租金收入为 40 万元，2018~2021 年每年确认租金收入 80 万元，2022 年确认租金收入为 40 万元。此时会计和税收都遵循权责发生制，不存在财税处理差异，不纳税调整。

但如果企业选择按照收付实现制确认收入。即出租方按照交易合同或者协议规定的承租人应付租金的日期确认收入，需要纳税调整。2017 年企业所得税年度纳税申报填报实务如表 3-67 至表 3-70 所示。

表 3-67　　　　　未按权责发生制确认收入纳税调整明细表（2017 年）　　　　A105020

行次	项目	合同金额（交易金额）	账载金额		税收金额		纳税调整金额
			本年	累计	本年	累计	
		1	2	3	4	5	6（4-2）
1	一、跨期收取的租金、利息、特许权使用费收入（2+3+4）	400	40	40	400	400	360
2	（二）租金	400	40	40	400	400	360

表 3-68　　　　　　　纳税调整项目明细表（2017 年）　　　　　　A105000

行次	项目	账载金额	税收金额	调增金额	调减金额
		1	2	3	4
1	一、收入类调整项目（2+3+4+5+6+7+8+10+11）	*	*	360	
3	（二）未按权责发生制原则确认的收入（填写A105020）	40	400	360	

表 3-69　　　　　未按权责发生制确认收入纳税调整明细表（2018 年）　　　　A105020

行次	项目	合同金额（交易金额）	账载金额		税收金额		纳税调整金额
			本年	累计	本年	累计	
		1	2	3	4	5	6（4-2）
1	一、跨期收取的租金、利息、特许权使用费收入（2+3+4）						
2	（二）租金	400	80	120	0	400	-80

表 3-70　　　　　　　纳税调整项目明细表（2018 年）　　　　　　A105000

行次	项目	账载金额	税收金额	调增金额	调减金额
		1	2	3	4
1	一、收入类调整项目（2+3+4+5+6+7+8+10+11）	*	*		
3	（二）未按权责发生制原则确认的收入（填写A105020）	80	0		80

【案例 3 - 33】A 公司于 2016 年 6 月将省外异地某县城的国有土地上的一幢标准厂房（占地面积为 10 000 平方米）整体出租给 C 公司用于生产经营。双方签订租赁合同明确，租赁期 5 年，即 2016 年 7 月 1 日 ~ 2021 年 6 月 30 日，每年租金 120 万元（不含增值税），5 年租金共计 600 万元（不含增值税），于 2016 年 6 月 25 日一次性收取全部租金和增值税。该厂房作为投资性房地产核算。问：该企业如何计算企业所得税和进行年度纳税申报及纳税调整？

分析：按照《国家税务总局关于贯彻落实企业所得税法若干税收问题的通知》（国税函〔2010〕79 号）的规定，A 企业可以选择在租赁期内分期均匀计入相关年度收入，2016 年确认 7 ~ 12 月租金收入为 60 万元，2017 ~ 2020 年每年 120 万元，2021 年确认 60 万元，这与会计处理确认收入一致，不存在税会差异，不进行纳税调整。

A 企业也可以选择按照合同约定支付租金的时间一次性确认租金收入，2016 年确认租金收入为 600 万元，2017 ~ 2021 年不确认租金收入；按照《企业会计准则第 21 号——租赁》的规定，出租人会计处理应当在租赁期内各个期间按照直线法确认收入，2016 年确认 7 ~ 12 月租金收入为 60 万元，2017 ~ 2020 年每年 120 万元，2021 年确认 60 万元，存在税会差异，需要进行纳税调整。

2016 年汇算清缴时，纳税调增 540 万元（600 - 60），2017 ~ 2020 年汇算清缴时纳税调减 120 万元，2021 年汇算清缴时纳税调减 60 万元。具体调整在 A105020《未按权责发生制确认收入纳税调整明细表》第 2 行"一、跨期收取的租金、利息、特许权使用费收入""（一）租金"项目和 A105000《纳税项目调整明细表》第 3 行"（二）未按权责发生制原则确认的收入"相关项目中进行调整。

【案例 3 - 34】承〖案例 3 - 33〗，问：该企业如何计算和申报增值税？

纳税人在 2016 年 6 月 25 日，按照财税〔2016〕36 号文规定，提供租赁服务采取预收款方式的，其纳税义务发生时间为收到预收款的当天。由于该企业出租其 2016 年 4 月 30 日前取得的不动产，可选择适用简易计税方法，按照 5% 的征收率计算应纳税额，2016 年 6 月 25 日，增值税应纳税款 = 600 × 5% = 30（万元）。

按照《国家税务总局关于发布〈纳税人提供不动产经营租赁服务增值税征收管理〉的公告》（国家税务总局公告 2016 年第 16 号公告）规定，一般纳税人出租其 2016 年 4 月 30 日前取得的不动产，可以选择适用简易计税方法，按照 5% 的征收率计算应纳税额。不动产所在地与机构所在地不在同一县（市、区）的，纳税人应按照上述计税方法向不动产所在地主管国税机关预缴税款，向机构所在地主管国税机关申报纳税。纳税人出租不动产适用简易计税方法计税的，按照公式计算应预缴税款：应预缴税款 = 含税销售额 ÷（1 + 5%）× 5% = 600 × 5% = 30（万元），并需要按租赁项目填写《增值税预缴申报表》。由于选择简易计税方法，预缴税款等于应纳税款，一般不需要回机构所在地补缴税款，只需要填写相关《增值税纳税申报表》。

《国家税务总局关于全面推开营业税改征增值税试点有关税收征收管理事项的公告》（国家税务总局公告2016年第23号）规定，出租不动产，纳税人自行开具或者税务机关代开增值税发票时，应在备注栏注明不动产的详细地址。未在"备注栏注明不动产的详细地址"的发票，都属于不符合规定的发票。

《国家税务总局关于土地价款扣除时间等增值税征管问题的公告》（国家税务总局公告2016年第86号）第七条规定，纳税人出租不动产，租赁合同中约定免租期的，不属于《营业税改征增值税试点实施办法》第十四条规定的视同销售服务。也就是说，即使本例中约定租赁免租期，也不视同销售服务缴纳增值税。

【案例3－35】 承〖案例3－34〗，该企业如何进行增值税会计处理？

①2016年6月一次性收取了全部租金和增值税并开具增值税发票（单位：万元，下同）。

借：银行存款　　　　　　　　　　　　　　　　　　　　　　630

　　贷：预收账款——C公司　　　　　　　　　　　　　　　600

　　　　应交税费——简易计税（计提）　　　　　　　　　　30

按照财会〔2016〕22号文规定："应交税费——简易计税"明细科目，核算一般纳税人采用简易计税方法发生的增值税计提、扣减、预缴、缴纳等业务。

②按照《企业会计准则第21号——租赁》第二十六条规定："对于经营租赁的租金，出租人应当在租赁期内各个期间按照直线法确认为当期损益；其他方法更为系统合理的，也可以采用其他方法。"本例属于经营租赁。因此，每月确认经营租赁的租金收入=600/60=10（万元）。

借：预收账款——C公司　　　　　　　　　　　　　　　　10

　　贷：其他业务收入　　　　　　　　　　　　　　　　　　10

③填写租赁项目《增值税预缴税款表》，并向不动产所在地预缴税款后取得完税凭证。

借：应交税费——简易计税（预缴）　　　　　　　　　　　30

　　贷：银行存款　　　　　　　　　　　　　　　　　　　　30

A公司按2016年7月向机构所在地国税局申报，由于不动产租赁简易计税方式的征收率和预缴率5%相同不需要补交增值税，凭《增值税预缴税款表》和完税凭证，进行正常纳税申报即可。

④2016年12月将预缴增值税转入缴纳。

借：应交税费——简易计税（计提）　　　　　　　　　　　30

    贷：应交税费——简易计税（预缴）   30

⑤2017～2020年和2021年1～6月，每月分期确认租金收入的会计处理同②。

借：预收账款——C公司   10

    贷：其他业务收入   10

（二）跨期收取的利息收入项目填报实务与案例解析

《企业所得税法实施条例》第十八条规定，《企业所得税法》第六条第（五）项所称利息收入，是指企业将资金提供他人使用但不构成权益性投资，或者因他人占用本企业资金取得的收入，包括存款利息、贷款利息、债券利息、欠款利息等收入。利息收入，按照合同约定的债务人应付利息的日期确认收入的实现。

【案例3－36】 2015年1月1日，甲公司支付价款1 000元（含交易费用）从活跃市场上购入某公司5年期债券，面值1 250元，票面利率4.72%，实际利率为10%，按年计算利息（即每年59元），但利息和本金最后一次支付。合同约定，该债券的发行方在遇到特定情况时可以将债券赎回，且不需要为提前赎回支付额外款项。甲公司在购买该债券时，预计发行方不会提前赎回。不考虑减值损失等因素。假定甲公司购买的债券不是分次付息，而是到期一次还本付息，且利息不是以复利计算。此时，甲公司所购买债券的实际利率为9.05%。据此，持有至到期投资摊销情况如表3－71所示。

表3－71   **持有至到期投资摊销表**   金额单位：元

年份	期初摊余成本（a）	实际利息（b）（按9.05%计算）	现金流入（c）	期末摊余成本（d＝a＋b－c）
2015	1 000	90.5	0	1 090.5
2016	1 090.5	98.69	0	1 189.19
2017	1 189.19	107.62	0	1 296.81
2018	1 296.81	117.36	0	1 414.17
2019	1 414.17	130.83 *	1 250＋295	0

注：标 * 数字考虑了计算过程中出现的尾差2.85元。

根据上述数据，甲公司的有关账务处理如下。

①2015年1月1日，购入债券：

借：持有至到期投资——成本   1 250

    贷：银行存款   1 000

        持有至到期投资——利息调整   250

②2015年12月31日，确认实际利息收入：

借：持有至到期投资——应计利息   59

             ——利息调整   31.5

贷：投资收益　　　　　　　　　　　　　　　　　　　　　　　90.5

　　税务处理：利息收入，按照合同约定的债务人应付利息的日期确认收入的实现。企业所得税年度纳税申报填报实务如表3－72、表3－73所示。

表3－72　　　　　　未按权责发生制确认收入纳税调整明细表（2015年）　　　A105020

行次	项目	合同金额（交易金额）	账载金额		税收金额		纳税调整金额
			本年	累计	本年	累计	
		1	2	3	4	5	6（4－2）
1	一、跨期收取的租金、利息、特许权使用费收入（2＋3＋4）						
2	（二）利息	295	90.5	90.5	0	0	－90.5

表3－73　　　　　　　纳税调整项目明细表（2015年）　　　　　　　A105000

行次	项目	账载金额	税收金额	调增金额	调减金额
		1	2	3	4
1	一、收入类调整项目（2＋3＋4＋5＋6＋7＋8＋10＋11）	＊	＊		
2	（一）视同销售收入（填写A105010）	＊			＊
3	（二）未按权责发生制原则确认的收入（填写A105020）	90.5	0		90.5

　　③2016年12月31日，确认实际利息收入：

　　　借：持有至到期投资——应计利息　　　　　　　　　　　59

　　　　　　　　　　　——利息调整　　　　　　　　　　　39.69

　　　　贷：投资收益　　　　　　　　　　　　　　　　　　98.69

　　④2017年12月31日，确认实际利息收入：

　　　借：持有至到期投资——应计利息　　　　　　　　　　　59

　　　　　　　　　　　——利息调整　　　　　　　　　　　48.62

　　　　贷：投资收益　　　　　　　　　　　　　　　　　　107.62

　　⑤2018年12月31日，确认实际利息收入：

　　　借：持有至到期投资——应计利息　　　　　　　　　　　59

　　　　　　　　　　　——利息调整　　　　　　　　　　　58.36

　　　　贷：投资收益　　　　　　　　　　　　　　　　　　117.36

　　⑥2019年12月31日，确认实际利息收入、收到本金和名义利息等：

　　　借：持有至到期投资——应计利息　　　　　　　　　　　59

　　　　　　　　　　　——利息调整　　　　　　　　　　　71.83

　　　　贷：投资收益　　　　　　　　　　　　　　　　　　130.83

　　　借：银行存款　　　　　　　　　　　　　　　　　　1 545

　　　　贷：持有至到期投资——成本　　　　　　　　　　1 250

　　　　　　　　　　　——应计利息　　　　　　　　　　295

2016～2018 年填报方法同 2015 年，2019 年底按照合同约定的债务人应付利息的日期确认收入的实现。企业所得税年度纳税申报填报实务如表 3-74、表 3-75 所示。

表 3-74　未按权责发生制确认收入纳税调整明细表（2019 年）　A105020

行次	项目	合同金额（交易金额）	账载金额		税收金额		纳税调整金额
			本年	累计	本年	累计	
		1	2	3	4	5	6（4-2）
1	一、跨期收取的租金、利息、特许权使用费收入（2+3+4）						
2	（二）利息	295	130.83	545	295	295	164.17

表 3-75　纳税调整项目明细表（2019 年）　A105000

行次	项目	账载金额	税收金额	调增金额	调减金额
		1	2	3	4
1	一、收入类调整项目（2+3+4+5+6+7+8+10+11）	*	*		
2	（一）视同销售收入（填写 A105010）	*			*
3	（二）未按权责发生制原则确认的收入（填写 A105020）	130.83	295	164.17	
4	（三）投资收益（填写 A105030）	0	250	250	

同时需要注意的是，持有至到期投资的初始计税基础为 1 000 元，到期收回持有至到期投资的面值为 1 250 元，计税收入为 1 250 元，计税收入与计税基础之间的差额应确认所得 250 元，应纳税调增 250 元，需要填报 A105030《投资收益纳税调整明细表》相关项目，企业所得税年度纳税申报填报实务如表 3-76 所示。

表 3-76　投资收益纳税调整明细表（2019 年）　A105030

行次	项目	持有收益			处置收益							纳税调整金额
		账载金额	税收金额	纳税调整金额	会计确认的处置收入	税收计算的处置收入	处置投资的账面价值	处置投资的计税基础	会计确认的处置所得或损失	税收计算的处置所得	纳税调整金额	
		1	2	3（2-1）	4	5	6	7	8（4-6）	9（5-7）	10（9-8）	11（3+10）
3	三、持有至到期投资				1 250	1 250	1 250	1 000	0	250	250	250

综上所述，2015～2019 年度该项持有至到期投资持有期间来看，会计核算上确认投资收益 5 年共计 545 元，税务处理上先将会计核算的投资收益共计 545 元纳税调减，最后在持有到期日纳税调增利息 295 元和处置投资所得 250 元，共纳税调增 545 元，整个纳税期间会计和税收确认收益完全相等。需要注意的是，如果企业执行《企业会计准则第 22 号——金融工具确认和计量》（2017 年修订），则上述会计核算中使用"债

权投资"科目，2019年债权投资到期时，将税会差异填入 A105030《投资收益纳税调整明细表》第9行"九、其他"相关项目中。

假设〖案例3-36〗中，甲公司购入的是国债，其他资料不变，则按照《国家税务总局关于企业国债投资业务企业所得税处理问题的公告》（国家税务总局公告 2011年第36号）规定，企业投资国债从国务院财政部门（简称发行者）取得的国债利息收入，应以国债发行时约定应付利息的日期，确认利息收入的实现。企业转让国债，应在国债转让收入确认时确认利息收入的实现。企业从发行者直接投资购买的国债持有至到期，其从发行者取得的国债利息收入，全额免征企业所得税。本例中，甲公司购买的国债持有期间的会计和税务处理同上，持有至到期时取得的国债利息295元，全额免征企业所得税。2019年需要填报 A107010《免税、减计收入及加计扣除优惠明细表》第2行"（一）国债利息收入免征企业所得税"项目295元。

（三）跨期收取的特许权使用费项目收入项目填报操作实务

《企业所得税法实施条例》第二十条规定，《企业所得税法》第六条第（七）项所称特许权使用费收入，是指企业提供专利权、非专利技术、商标权、著作权以及其他特许权的使用权取得的收入。特许权使用费收入，按照合同约定的特许权使用人应付特许权使用费的日期确认收入的实现。

【案例3-37】2020年1月，A居民企业转让一项全球独占许可使用权，合同使用期限10年，价款100万元（不含税价），合同或协议规定的承租人应付特许权使用费的日期为，签订合同时先支付55%使用费，以后确认每年末支付5%使用费，企业按期收到使用费并存入银行。

会计处理：2020年1月，确认预收账款55万元，按权责发生制以后每年确认特许权使用费收入10万元。

税务处理：2020年按照合同规定的承租人应付特许权使用费的日期确认收入55万元，以后每年确认特许权使用费收入5万元。纳税调整时，2020年纳税调增45万元，以后每年纳税调减5万元。企业所得税年度纳税申报填报实务如表3-77、表3-78所示（单位：万元）。

表3-77　　　未按权责发生制确认收入纳税调整明细表（2020年）　　　A105020

行次	项目	合同金额（交易金额）	账载金额		税收金额		纳税调整金额
			本年	累计	本年	累计	
		1	2	3	4	5	6（4-2）
1	一、跨期收取的租金、利息、特许权使用费收入（2+3+4）						
2	（三）特许权使用费	100	10	10	55	55	45

表 3 – 78 　　　　　　　　纳税调整项目明细表（2020 年）　　　　　　　A105000

行次	项目	账载金额	税收金额	调增金额	调减金额
		1	2	3	4
1	一、收入类调整项目（2＋3＋4＋5＋6＋7＋8＋10＋11）	*	*		
2	（一）视同销售收入（填写 A105010）	*			*
3	（二）未按权责发生制原则确认的收入（填写 A105020）	10	55	45	

三、分期确认收入项目填报实务与案例解析

（一）分期收款方式销售货物收入项目填报实务与案例解析

1. 具有融资性质的分期收款方式销售货物收入。《企业所得税法实施条例》第二十三条规定，企业的下列生产经营业务可以分期确认收入的实现：以分期收款方式销售货物的，按照合同约定的收款日期确认收入的实现；企业受托加工制造大型机械设备、船舶、飞机，以及从事建筑、安装、装配工程业务或者提供其他劳务等，持续时间超过 12 个月的，按照纳税年度内完工进度或者完成的工作量确认收入的实现。第二十四条规定，采取产品分成方式取得收入的，按照企业分得产品的日期确认收入的实现，其收入额按照产品的公允价值确定。

【案例 3 – 38】2018 年 1 月 5 日，A 公司采用分期收款方式向 B 公司销售一批商品，双方签订分期收款销售合同，合同约定价格 90 万元（不含税），分三次于每年 12 月 31 日等额收取，商品成本 80 万元，在现销方式下，该商品售价 81.70 万元。由于现价 81.70 万元（不含税），年金 30 万元（不含税），3 期折现率为 5%。假设 2018 年 5 月 1 日前增值税税率为 17%，2019 年 4 月 1 日前增值税税率为 16%，2019 年 4 月 1 日后增值税税率调整为 13%，税率发生变动后双方约定按照增值税纳税义务发生时间适用新税率并同时调整合同不含税金额及税金。A 公司执行《企业会计准则》。

①2018 年 1 月 5 日，按照《企业会计准则》应确认收入并结转销售成本，会计处理如下（单位：万元，下同）：

借：长期应收款　　　　　　　　　　　　　　　　　　　　105.3

　　贷：主营业务收入　　　　　　　　　　　　　　　　　　81.7

　　　　未实现融资收益　　　　　　　　　　　　　　　　　8.3

　　　　应交税费——待转销项税额（90 × 17%）　　　　　15.3

借：主营业务成本　　　　　　　　　　　　　　　　　　　60

　　贷：库存商品　　　　　　　　　　　　　　　　　　　　60

②2018 年 12 月 31 日,《增值税暂行条例实施细则》第 38 条第 3 款规定,以赊销或分期收款方式销售货物为书面合同约定的收款日期的当天,无书面合同的,为货物发出的当天。本例中,应于书面合同约定的收款日期 2018 年 12 月 31 日确认纳税义务发生时间,按照调整后的增值税税率 16% 计算应交增值税(销项税额),会计处理如下:

借:银行存款   34.8

 贷:长期应收款   34.8

借:应交税费——待转销项税额(30×16%) 4.8

 贷:应交税费——应交增值税(销项税额) 4.8

按实际利率法摊销未实现融资收益 =(90 - 8.30)×5% = 4.08(万元)

借:未实现融资收益   4.08

 贷:财务费用   4.08

③调整税率发生变动后按照 16% 税率计算的"应交税费——应交增值税(销项税额)"科目余额与按照旧税率估计的"应交税费——待转销项税额"科目余额的差额 = 5.1 - 4.8 = 0.3(万元),并相应地冲减"长期应收款"科目余额。

借:应交税费——待转销项税额   0.3

 贷:长期应收款   0.3

④2018 年此笔业务会计利润 = 81.70 - 60 + 4.08 = 25.78(万元),而按照企业所得税法计算应确认应纳税所得额 = 30 - 60÷3 = 10(万元),因此,2018 年此笔业务调减应纳税所得额 = 25.78 - 10 = 15.78(万元),并确认递延所得税负债。

借:所得税费用(15.78×25%)   3.945

 贷:递延所得税负债   3.945

企业所得税年度纳税申报填写实务如表 3 - 79、表 3 - 80 所示。

表 3 - 79   **未按权责发生制确认收入纳税调整明细表(2018 年)**   A105020

行次	项目	合同金额（交易金额）	账载金额		税收金额		纳税调整金额
			本年	累计	本年	累计	
		1	2	3	4	5	6（4 - 2）
5	二、分期确认收入（6 + 7 + 8）	90	81.7	81.7	30	30	- 51.7
6	（一）分期收款方式销售货物收入	90	81.7	81.7	30	30	- 51.7

表 3 - 80   **纳税调整项目明细表(2018 年)**   A105000

行次	项目	账载金额	税收金额	调增金额	调减金额
		1	2	3	4
1	一、收入类调整项目（2 + 3 + 4 + 5 + 6 + 7 + 8 + 10 + 11）	*	*		
3	（二）未按权责发生制原则确认的收入（填写 A105020）	81.7	30		51.7

续表

行次	项目	账载金额	税收金额	调增金额	调减金额
		1	2	3	4
12	二、扣除类调整项目（13＋14＋15＋16＋17＋18＋19＋20＋21＋22＋23＋24＋26＋27＋28＋29）	＊	＊		
22	（十）与未实现融资收益相关在当期确认的财务费用	－4.08	0		4.08
26	（十六）其他	60	20	40	
43	合计（1＋12＋30＋35＋41＋42）	＊	＊	40	55.78

⑤2019 年 12 月 31 日，应于书面合同约定的收款日期 2019 年 12 月 31 日确认纳税义务发生时间，按照调整后的增值税税率 13％ 计算应交增值税（销项税额）。按照实际利率法摊销未实现融资收益 ＝［（90－30）－（8.30－4.08）］×5％＝2.79（万元）。会计处理如下：

    借：银行存款　　　　　　　　　　　　　　　　　　　33.9
      贷：长期应收款　　　　　　　　　　　　　　　　　33.9
    借：应交税费——待转销项税额（30×13％）　　　　　3.9
      贷：应交税费——应交增值税（销项税额）（30×13％）　3.9
    借：未实现融资收益　　　　　　　　　　　　　　　　2.79
      贷：财务费用　　　　　　　　　　　　　　　　　　2.79

⑥调整税率发生变动后按照 13％ 税率计算的"应交税费——应交增值税（销项税额）"科目余额与按照旧税率估计的"应交税费——待转销项税额"科目余额的差额 ＝5.1－3.9＝1.2（万元），并相应地冲减"长期应收款"科目余额。

    借：应交税费——待转销项税额　　　　　　　　　　　1.2
      贷：长期应收款　　　　　　　　　　　　　　　　　1.2

⑦2019 年此笔业务会计利润为 2.79 万元，而按照企业所得税法应确认应纳税所得额 ＝30－60÷3＝10（万元）；因此，2019 年此笔业务调增应纳税所得额 ＝10－2.79＝7.21（万元），并转回相应地递延所得税负债。

    借：递延所得税负债（7.21×25％）　　　　　　　　　1.8025
      贷：所得税费用　　　　　　　　　　　　　　　　　1.8025

企业所得税年度纳税申报填写实务如表 3－81、表 3－82 所示。

表 3－81　　　　未按权责发生制确认收入纳税调整明细表（2019 年）　　　　A105020

行次	项目	合同金额（交易金额）	账载金额		税收金额		纳税调整金额
			本年	累计	本年	累计	
		1	2	3	4	5	6（4－2）
5	二、分期确认收入（6＋7＋8）	90	0	81.7	30	60	30
6	（一）分期收款方式销售货物收入	90	0	81.7	30	60	30

表 3-82　　　　　　　　　　　　纳税调整项目明细表（2019 年）　　　　　　　　　　　A105000

行次	项目	账载金额	税收金额	调增金额	调减金额
		1	2	3	4
1	一、收入类调整项目（2＋3＋4＋5＋6＋7＋8＋10＋11）	＊	＊		
3	（二）未按权责发生制原则确认的收入（填写 A105020）	0	30	30	
12	二、扣除类调整项目（13＋14＋15＋16＋17＋18＋19＋20＋21＋22＋23＋24＋26＋27＋28＋29）	＊	＊		
22	（十）与未实现融资收益相关在当期确认的财务费用	－2.79	0		2.79
26	（十六）其他	0	20		20
43	合计（1＋12＋30＋35＋41＋42）	＊	＊	30	22.79

⑧2020 年 12 月 31 日，应于书面合同约定的收款日期 2020 年 12 月 31 日确认纳税义务发生时间，按照调整后的增值税税率 13% 计算应交增值税（销项税额）。按照实际利率法摊销未实现融资收益 $=[(90-30)-(8.30-4.08)]\times5\%=2.79$（万元）。按照实际利率法摊销未实现融资收益 $=8.30-4.08-2.79=1.43$（万元）。会计处理如下：

　　　借：银行存款　　　　　　　　　　　　　　　　　　　33.9

　　　　　贷：长期应收款　　　　　　　　　　　　　　　　　　33.9

　　　借：应交税费——待转销项税额（30×13%）　　　　　　3.9

　　　　　贷：应交税费——应交增值税（销项税额）（30×13%）　　3.9

　　　借：未实现融资收益　　　　　　　　　　　　　　　　1.43

　　　　　贷：财务费用　　　　　　　　　　　　　　　　　　　1.43

⑨调整税率发生变动后，按照 13% 税率计算的"应交税费——应交增值税（销项税额）"科目余额与按照旧税率估计的"应交税费——待转销项税额"科目余额的差额 $=5.1-3.9=1.2$（万元），并相应地冲减"长期应收款"科目余额。

　　　借：应交税费——待转销项税额　　　　　　　　　　　1.2

　　　　　贷：长期应收款　　　　　　　　　　　　　　　　　　1.2

⑩2020 年此笔业务会计利润为 1.43 万元，而按照企业所得税法应确认应纳税所得额 $=30-60\div3=10$（万元），因此，2020 年此笔业务调增应纳税所得额 $=10-1.43=8.57$（万元），并转回相应地递延所得税负债。

　　　借：递延所得税负债（8.57×25%）　　　　　　　　　　2.1425

　　　　　贷：所得税费用　　　　　　　　　　　　　　　　　　2.1425

企业所得税年度纳税申报填写实务如表 3-83、表 3-84 所示。

表 3-83　　　　　　未按权责发生制确认收入纳税调整明细表（2020 年）　　　　　　A105020

行次	项目	合同金额（交易金额）	账载金额		税收金额		纳税调整金额
			本年	累计	本年	累计	
		1	2	3	4	5	6（4－2）
5	二、分期确认收入（6＋7＋8）	90	0	81.7	30	90	30
6	（一）分期收款方式销售货物收入	90	0	81.7	30	90	30

表 3 - 84　　　　　　　　　　纳税调整项目明细表 (2020 年)　　　　　　　A105000

行次	项目	账载金额	税收金额	调增金额	调减金额
		1	2	3	4
1	一、收入类调整项目 (2 + 3 + 4 + 5 + 6 + 7 + 8 + 10 + 11)	*	*	30	
3	（二）未按权责发生制原则确认的收入（填写 A105020)	0	30	30	
12	二、扣除类调整项目 (13 + 14 + 15 + 16 + 17 + 18 + 19 + 20 + 21 + 22 + 23 + 24 + 26 + 27 + 28 + 29)	*	*		21.43
22	（十）与未实现融资收益相关在当期确认的财务费用	-1.43	0		1.43
26	（十六）其他	0	20		20
43	合计 (1 + 12 + 30 + 35 + 41 + 42)	*	*	30	21.43

结论：具有融资性分期收款方式销售，从分期收款合同约定的 2018～2020 年三年期间来看，此笔业务累计实现会计利润 = 25.78 + 2.79 + 1.43 = 30 （万元)，而三年期间的应纳税所得额 = 10 + 10 + 10 = 30 （万元)，应纳税暂时性差异产生的递延所得税负债全部转回金额 = 3.945 - 1.8025 - 2.1425 = 0，"长期应收款"科目和"应交税费——待转销项税额"科目余额均为 0。

【案例 3 - 39】2017 年 9 月 20 日，A 公司向 B 企业销售材料 10 万吨，每吨含税价为 500 元，实际成本价为 300 元。合同约定分三期付款，B 公司收到材料后 1 个月即 2017 年 10 月 20 日付款 50%（即 2 500 万元)，2018 年 9 月 30 日付款 30%，2019 年 9 月 30 日付款 20%。A 公司收到第一期货款后，货物所有权归属于 B 公司。2017 年 10 月 15 日，A 公司收到首笔价款。A 公司企业所得税税率为 25%，各年度均盈利。假设 2018 年 5 月 1 日前增值税税率为 17%，2019 年 4 月 1 日前增值税税率调整为 16%，2019 年 4 月 1 日后增值税税率调整为 13%，税率发生变动后双方约定按照增值税纳税义务发生时间适用新税率，但是不调整合同不含税金额及税金。A 公司执行《企业会计准则》。

分析：由于本例中分期收款销售商品的收款时间未超过 3 年，实质上不具有融资性质，各年度相关会计和税务处理如下（单位：万元)。

①2017 年 9 月发出货物，不符合会计收入确认条件。

借：合同资产　　　　　　　　　　　　　　　　　　　　3 000

　　贷：库存商品　　　　　　　　　　　　　　　　　　　3 000

②A 公司 2017 年 10 月收到第一笔货款并确认收入，向 B 公司开具 2 500 万元的增值税发票，税率为 17%。

借：银行存款　　　　　　　　　　　　　　　　　　　　2 500

　　长期应收款——B 公司　　　　　　　　　　　　　　2 500

　　贷：主营业务收入　　　　　　　　　　　　　　　　4 273.50

　　　　应交税费——应交增值税（销项税额)　　　　　　363.25

————待转销项税额　　　　　　　　　　　　　　　363.25

同时，结转销售商品的成本：

借：主营业务成本　　　　　　　　　　　　　　　3 000

贷：合同资产　　　　　　　　　　　　　　　　　　3 000

③2017 年 12 月 31 日，长期应收款（货款）的账面价值为 2 136.75 万元，计税基础为 0，确认与长期应收款有关的递延所得税负债 534.1875 万元（2 136.75×25%）：

借：所得税费用　　　　　　　　　　　　　　　534.1875

贷：递延所得税负债　　　　　　　　　　　　　　534.1875

④2017 年 12 月 31 日，存货的账面价值为 0 元，计税基础为 1 500 万元，确认与存货有关的递延所得税资产 375 万元（1 500×25%）：

借：递延所得税资产　　　　　　　　　　　　　375

贷：所得税费用　　　　　　　　　　　　　　　　375

⑤A 公司进行 2017 年度企业所得税申报时，企业所得税按照合同约定时间及金额确认收入 = 2 500÷1.17 = 2 136.75（万元），扣除销售成本 = 3 000×50% = 1 500（万元），会计处理上确认收入 4 273.50 万元，结转销售成本 3 000 万元，应作收入纳税调减 2 136.75 万元（4 273.50 - 2 136.75），按照配比原则应作成本纳税调增 1 500 万元（3 000 - 1 500）。企业所得税年度纳税申报填写实务如表 3 - 85、表 3 - 86 所示。

表 3 - 85　　　　未按权责发生制确认收入纳税调整明细表（2017 年）　　　A105020

行次	项目	合同金额（交易金额）	账载金额		税收金额		纳税调整金额
		1	本年 2	累计 3	本年 4	累计 5	6（4-2）
5	二、分期确认收入（6+7+8）	4 273.5	4 273.5	4 273.5	2136.75	2 136.75	-2 136.75
6	（一）分期收款方式销售货物收入	4 273.5	4 273.5	4 273.5	2 136.75	2 136.75	-2 136.75
14	合计（1+5+9+13）	4 273.5	4 273.5	4 273.5	2 136.75	2 136.75	-2 136.75

表 3 - 86　　　　　　　纳税调整项目明细表（2017 年）　　　　　　A105000

行次	项目	账载金额	税收金额	调增金额	调减金额
		1	2	3	4
1	一、收入类调整项目（2+3+4+5+6+7+8+10+11）	*	*		2 136.75
3	（二）未按权责发生制原则确认的收入（填写A105020）	4 273.5	2 136.75		2 136.75
12	二、扣除类调整项目（13+14+15+16+17+18+19+20+21+22+23+24+26+27+28+29）	*	*	1 500	
26	（十三）跨期扣除项目	3 000	1 500	1 500	
46	合计（1+12+30+35+41+42）	*	*	1 500	2 136.75

⑥A 公司 2018 年 9 月收到第二笔货款并向 B 公司开具 1 500 万元的增值税发票，税率为 16%。

借：银行存款　　　　　　　　　　　　　　　1 500

贷：长期应收款   1 500

借：应交税费——待转销项税额（16%×1 500÷1.16）   206.9

贷：应交税费——应交增值税（销项税额）   206.9

调整税率发生变动后按照 16% 税率计算的"应交税费——应交增值税（销项税额）"科目余额与按照旧税率估计的"应交税费——待转销项税额"科目余额的差额 = 217.95 - 206.9 = 11.05（万元），并相应地确认当期主营业务收入。

借：应交税费——待转销项税额   11.05

贷：主营业务收入   11.05

⑦2018 年 12 月 31 日递延所得税负债余额为 215.5172 万元（1 000÷1.16×25%），需转回递延所得税负债 318.6703 万元（534.1875 - 215.5172）。

借：递延所得税负债   318.6703

贷：所得税费用   318.6703

⑧2018 年 12 月 31 日递延所得税资产余额为 150 万元（600×25%），需转回递延所得税资产 225 万元（375 - 150）。

借：所得税费用   225

贷：递延所得税资产   225

⑨A 公司进行 2018 年度企业所得税纳税申报时，企业所得税按照合同约定时间及金额确认销售收入 = 1 500÷1.16 = 1 293.1（万元），扣除销售成本 = 3 000×30% = 900（万元），会计处理上，确认收入 11.05 万元。企业所得税年度纳税申报填写实务如表 3 - 87、表 3 - 88 所示。

表 3 - 87   未按权责发生制确认收入纳税调整明细表（2018 年）   A105020

行次	项目	合同金额（交易金额）	账载金额		税收金额		纳税调整金额
			本年	累计	本年	累计	
		1	2	3	4	5	6（4 - 2）
5	二、分期确认收入（6 + 7 + 8）	4 284.55	11.05	4 284.55	1 293.1	3 429.85	1 282.05
6	（一）分期收款方式销售货物收入	4 284.55	11.05	4 284.55	1 293.1	3 429.85	1 282.05

表 3 - 88   纳税调整项目明细表（2018 年）   A105000

行次	项目	账载金额	税收金额	调增金额	调减金额
		1	2	3	4
1	一、收入类调整项目（2 + 3 + 4 + 5 + 6 + 7 + 8 + 10 + 11）	*	*	1 282.05	
3	（二）未按权责发生制原则确认的收入（填写 A105020）	11.05	1 293.1	1 282.05	
12	二、扣除类调整项目 13 + 14 + 15 + 16 + 17 + 18 + 19 + 20 + 21 + 22 + 23 + 24 + 26 + 27 + 28 + 29）	*	*		900
26	（十三）跨期扣除项目	0	900		900
46	合计（1 + 12 + 30 + 35 + 41 + 42）	*	*	1 282.05	900

⑩A 公司 2019 年 9 月收到第三笔货款并向 B 公司开具 1 000 万元的增值税发票，

增值税税率为13%。

借：银行存款 1 000

  贷：长期应收款 1 000

借：应交税费——待转销项税额（13% × 1 000 ÷ 1.13） 115.04

  贷：应交税费——应交增值税（销项税额） 115.04

调整税率发生变动后按照13%税率计算的"应交税费——应交增值税（销项税额）"科目余额与按照旧税率估计的"应交税费——待转销项税额"科目余额的差额 = 137.93 – 115.04 = 30.26（万元），并相应地确认当期主营业务收入。此时，增值税纳税义务已经全部发生，"应交税费——待转销项税额"科目余额为0。

借：应交税费——待转销项税额 30.26

  贷：主营业务收入 30.26

⑪2019年12月31日递延所得税负债余额为零，转回"递延所得税负债"科目余额：

借：递延所得税负债 215.5172

  贷：所得税费用 215.5172

⑫2019年12月31日递延所得税资产余额为零，转回"递延所得税资产"科目余额：

借：所得税费用 150

  贷：递延所得税资产 150

⑬2019年度A公司年度企业所得税纳税申报时，企业所得税按照合同约定时间及金额确认销售收入 = 1 000 ÷ 1.13 = 884.96（万元），扣除销售成本 = 3 000 × 20% = 600（万元），会计处理上确认收入30.26万元。企业所得税年度纳税申报填写实务如表3-89、表3-90所示。

表3-89　　　　　　未按权责发生制确认收入纳税调整明细表（2019年）　　　　A105020

行次	项目	合同金额（交易金额）	账载金额		税收金额		纳税调整金额
			本年	累计	本年	累计	
		1	2	3	4	5	6 (4-2)
5	二、分期确认收入（6+7+8）	4 314.81	30.26	4 314.81	884.96	4 314.81	854.86
6	（一）分期收款方式销售货物收入	4 314.81	30.26	4 314.81	884.96	4 314.81	854.86

表3-90　　　　　　　　　　纳税调整项目明细表（2019年）　　　　　　　　A105000

行次	项目	账载金额	税收金额	调增金额	调减金额
		1	2	3	4
1	一、收入类调整项目（2+3+4+5+6+7+8+10+11）	*	*	854.86	
3	（二）未按权责发生制原则确认的收入（填写A105020）	30.26	884.96	854.86	
12	二、扣除类调整项目（13+14+15+16+17+18+19+20+21+22+23+24+26+27+28+29）	*	*		600
26	（十三）跨期扣除项目	0	600		600
46	合计（1+12+30+35+41+42）	*	*	854.86	600

结论：2017～2019 年，该业务会计核算收入 = 4 273.5 + 11.05 + 30.26 = 4 314.81（万元），销售成本为 3 000 万元，税务处理确认收入 = 2 136.75 + 1 293.1 + 884.96 = 4 314.81（万元），税前扣除销售成本 = 1 500 + 900 + 600 = 3 000（万元），税会处理一致。

（二）持续时间超过 12 个月的建造合同收入项目填报操作实务

【案例 3 - 40】某建筑有限公司签订一项总金额为 2 000 万元（不含税）的公路修建固定造价合同，于 2018 年 8 月 1 日开工，在 2019 年 9 月 1 日完工。修建的公路长度为 10 公里。预计工程总成本为 1 700 万元。2018 年该项工程发生成本为 600 万元，11 月 20 日已向客户开出工程价款结算账单办理结算价款 700 万元，实际收到合同价款 650 万元。2018 年末修建完工的公路长度为 3.5 公里。2018 年末，但由于客户出现严重财务困难，预计与合同相关的今后经济利益不是很可能流入企业。2019 年该项工程发生成本为 1 050 万元，已向客户开出工程价款结算账单办理结算价款 1 300 万元，实际收到合同价款 1 350 万元。

（1）2018 年会计处理如下（单位：万元，下同）。

①登记实际发生的合同成本：

借：工程施工——合同成本　　　　　　　　　　　　　　　600

　　贷：原材料、应付职工薪酬、机械作业等　　　　　　　　　　600

②登记已结算的合同价款：

借：应收账款　　　　　　　　　　　　　　　　　　　　700

　　贷：工程结算　　　　　　　　　　　　　　　　　　　　700

③登记实际收到的合同价款：

借：银行存款　　　　　　　　　　　　　　　　　　　　650

　　贷：应收账款　　　　　　　　　　　　　　　　　　　　650

④登记当年的收入和费用：

借：主营业务成本　　　　　　　　　　　　　　　　　　600

　　工程施工——合同毛利　　　　　　　　　　　　　　　50

　　贷：主营业务收入　　　　　　　　　　　　　　　　　　650

⑤分析 2018 年企业所得税收入。《国家税务总局关于确认企业所得税收入若干问题的通知》（国税函〔2008〕875 号）第二条规定，企业在各个纳税期末，提供劳务交易的结果能够可靠估计的，应采用完工进度（完工百分比）法确认提供劳务收入。该公司 2018 年应按已完成的合同工作量占合同总工作量的比例确定合同完工进度。合同完工进度 = 3.5 ÷ 10 × 100% = 35%，企业所得税上应确认的收入 = 2 000 × 35% = 700（万元）。企业所得税年度纳税申报填报实务如表 3 - 91、表 3 - 92 所示。

表 3－91　　　　　　　　未按权责发生制确认收入纳税调整明细表（2018 年）　　　　　　　A105020

行次	项目	合同金额（交易金额）	账载金额		税收金额		纳税调整金额
			本年	累计	本年	累计	
		1	2	3	4	5	6（4－2）
5	二、分期确认收入（6＋7＋8）	2 000	650	650	700	700	50
7	（二）持续时间超过 12 个月的建造合同收入	2 000	650	650	700	700	50
14	合计（1＋5＋9＋13）	2 000	650	650	700	700	50

表 3－92　　　　　　　　　　　　纳税调整项目明细表（2018 年）　　　　　　　　　　　　A105000

行次	项目	账载金额	税收金额	调增金额	调减金额
		1	2	3	4
1	一、收入类调整项目（2＋3＋4＋5＋6＋7＋8＋10＋11）	＊	＊		
3	（二）未按权责发生制原则确认的收入（填写 A105020）	650	700	50	
43	合计（1＋12＋30＋35＋41＋42）	＊	＊	50	

（2）2019 年会计处理如下。

①登记实际发生的合同成本：

借：工程施工——合同成本　　　　　　　　　　　　　　　　　　　1 050

　　贷：原材料、应付职工薪酬、机械作业等　　　　　　　　　　　1 050

②登记已结算的合同价款：

借：应收账款　　　　　　　　　　　　　　　　　　　　　　　　　1 300

　　贷：工程结算　　　　　　　　　　　　　　　　　　　　　　　1 300

③登记实际收到的合同价款：

借：银行存款　　　　　　　　　　　　　　　　　　　　　　　　　1 350

　　贷：应收账款　　　　　　　　　　　　　　　　　　　　　　　1 350

④登记当年的收入和费用：

借：主营业务成本　　　　　　　　　　　　　　　　　　　　　　　1 050

　　工程施工——合同毛利　　　　　　　　　　　　　　　　　　　 300

　　贷：主营业务收入　　　　　　　　　　　　　　　　　　　　　1 350

⑤2019 年企业所得税收入 ＝2 000－700＝1 300（万元），企业所得税年度纳税申报填报实务如表 3－93、表 3－94 所示。

表 3－93　　　　　　　　未按权责发生制确认收入纳税调整明细表（2019 年）　　　　　　　A105020

行次	项目	合同金额（交易金额）	账载金额		税收金额		纳税调整金额
			本年	累计	本年	累计	
		1	2	3	4	5	6（4－2）
5	二、分期确认收入（6＋7＋8）	2 000	1 350	2 000	1 300	2 000	－50
6	（一）分期收款方式销售货物收入						
7	（二）持续时间超过 12 个月的建造合同收入	2 000	1 350	2 000	1 300	2 000	－50
8	（三）其他分期确认收入						
14	合计（1＋5＋9＋13）	2 000	1 350	2 000	1 300	2 000	－50

表 3 - 94　　　　　　　　　纳税调整项目明细表（2019 年）　　　　　　　　A105000

行次	项目	账载金额	税收金额	调增金额	调减金额
		1	2	3	4
1	一、收入类调整项目（2＋3＋4＋5＋6＋7＋8＋10＋11）	*	*		50
3	（二）未按权责发生制原则确认的收入（填写 A105020）	1 350	1 300		50
43	合计（1＋12＋30＋35＋41＋42）	*	*		50

【案例 3 - 41】2019 年 4 月 10 日，甲建筑公司与乙房地产开发公司签署了总金额为 1 090 万元（含税）厂房建造合同。工程于 2019 年 4 月 20 日开工，计划到 2020 年 11 月 30 日前完工，预计工程总成本 800 万元（不含税）。截至 2019 年 12 月 31 日，该项目已经发生成本 400 万元（不含税），预计完成合同还将发生 400 万元（不含税），已结算工程价款 654 万元（含税）并开具了 9% 的增值税专用发票。2019 年 12 月 31 日，甲公司得知乙公司 2019 年度生产经营发生严重困难，已结算工程价款很可能无法收回。该项目采用增值税一般计税方式，税率 9%，会计和税务处理如下（单位：万元）。

分析：根据《企业会计准则第 14 号——收入》（2017 年修订）的规定，由于乙公司生产经营发生严重困难，剩余工程款很可能无法收回，经济利益不是很可能流入企业，不符合收入确认条件，因此，不能按照履约进度确认建筑服务收入。但甲公司已经将发生的合同成本 400 万元确认为当期损益。

①实际发生建造合同成本。

借：合同履约成本——工程施工成本　　　　　　　　　　　　400

　　贷：原材料、应付职工薪酬等　　　　　　　　　　　　　　　400

②办理结算工程款，并开具增值税专用发票。

借：应收账款　　　　　　　　　　　　　　　　　　　　　654

　　贷：合同结算　　　　　　　　　　　　　　　　　　　　　600

　　　　应交税费——应交增值税（销项税额）　　　　　　　　54

③因经济利益很可能无法实现，会计核算不确认合同收入，但该企业结转了实际发生的合同成本 400 万元。

借：主营业务成本　　　　　　　　　　　　　　　　　　　400

　　贷：合同履约成本——工程施工成本　　　　　　　　　　　400

④按照《国家税务总局关于确认企业所得税收入若干问题的通知》（国税函〔2008〕875 号）的规定，2019 年末应按照完工百分比法，以完工进度确认企业所得税收入。完工进度 ＝400÷800×100% ＝50%，确认缴纳企业所得税收入 ＝（1 090÷1.09）×50% ＝500（万元），税前扣除实际发生成本 400 万元，应纳税所得额 ＝500－400＝100

（万元），会计利润总额 = 0 - 400 = - 400（万元），应纳税调增 = 100 - （- 400）= 500（万元）。企业所得税年度纳税申报表填报实务如表 3 - 95 所示。

表 3 - 95　　　　　　未按权责发生制确认收入纳税调整明细表　　　　　A105020

行次	项目	合同金额（交易金额）	账载金额		税收金额		纳税调整金额
			本年	累计	本年	累计	
		1	2	3	4	5	6 (4 - 2)
5	二、分期确认收入（6 + 7 + 8）						
6	（一）分期收款方式销售货物收入						
7	（二）持续时间超过 12 个月的建造合同收入	1 000	0	0	500	500	500
8	（三）其他分期确认收入						

（三）其他分期确认收入项目填报操作实务

【案例 3 - 42】甲企业接受乙企业一项产品的安装任务，工期自 2019 年 11 月 1 日~2020 年 1 月 31 日，合同总金额为 50 万元。根据合同规定的工程进度，第一年完成总工程的 60%，第二年完成剩余的 40%。合同约定乙企业 2019 年 11 月 1 日付款 30 万元，余款 20 万元待工程结束后付清。第一年末，甲企业按规定的工程进度顺利完成了工程任务，实际发生成本 24 万元（以后还会发生多少成本无法估计）。但得知乙企业由于经营管理不善，可能无力支付应付的 30 万元工程款时，甲企业经过多方努力，在第一年底收回工程款 20 万元。

①会计处理。由于甲企业在资产负债表日，劳务交易的结果不能够可靠地估计，不能采用完工百分比法确认收入，只能按实际得到补偿的劳务成本 20 万元确认收入，按实际发生的成本结转（单位：万元，下同）。

借：预收账款　　　　　　　　　　　　　　　　　　　20
　　贷：主营业务收入　　　　　　　　　　　　　　　　　　20
借：主营业务成本　　　　　　　　　　　　　　　　　　24
　　贷：劳务成本　　　　　　　　　　　　　　　　　　　24

②税务处理。由于该工程持续时间超过 12 个月，按税法规定采用完工百分比法确认收入，在确认 2019 年的收入时，按规定的工程进度的 60% 确认收入，劳务收入为 30 万元（50×60%）。由此可见，企业会计准则和《企业所得税法》对跨年度劳务收入的确认在会计与税务的处理上是有差异的。企业会计准则对跨年度劳务收入确认的规定遵循了谨慎性原则，但税法不承认谨慎性原则，因为企业所存在的经营风险与国家无关，国家不可能替企业承担这种经营风险，只要企业提供的劳务持续时间超过 12 个月，则不论提供劳务交易的结果是否能够可靠估计，应按照纳税年度内完工进度或者完成的工作量确认收入的实现。企业提供劳务交易结果不能可靠估计

的业务，当劳务成本预计不能补偿时，不得税前扣除预计损失，实际发生损失时企业须经主管税务机关申报损失方可扣除。企业所得税年度纳税申报填报实务如表3-96至表3-99所示。

表3-96　　　　　未按权责发生制确认收入纳税调整明细表（2019年）　　　　A105020

行次	项目	合同金额（交易金额）	账载金额		税收金额		纳税调整金额
			本年	累计	本年	累计	
		1	2	3	4	5	6（4-2）
5	二、分期确认收入（6+7+8）	50	20	20	30	30	10
8	（三）其他分期确认收入	50	20	20	30	30	10
14	合计（1+5+9+13）	50	20	20	30	30	10

表3-97　　　　　　　　纳税调整项目明细表（2019年）　　　　　　　　A105000

行次	项目	账载金额	税收金额	调增金额	调减金额
		1	2	3	4
1	一、收入类调整项目（2+3+4+5+6+7+8+10+11）	*	*	10	
3	（二）未按权责发生制原则确认的收入（填写A105020）	20	30	10	
43	合计（1+12+30+35+41+42）	*	*	10	

表3-98　　　　　未按权责发生制确认收入纳税调整明细表（2020年）　　　　A105020

行次	项目	合同金额（交易金额）	账载金额		税收金额		纳税调整金额
			本年	累计	本年	累计	
		1	2	3	4	5	6（4-2）
5	二、分期确认收入（6+7+8）	50	30	50	20	50	-10
6	（一）分期收款方式销售货物收入						
7	（二）持续时间超过12个月的建造合同收入						
8	（三）其他分期确认收入	50	30	50	20	50	-10
14	合计（1+5+9+13）	50	30	50	20	50	-10

表3-99　　　　　　　　纳税调整项目明细表（2020年）　　　　　　　　A105000

行次	项目	账载金额	税收金额	调增金额	调减金额
		1	2	3	4
1	一、收入类调整项目（2+3+4+5+6+7+8+10+11）	*	*		10
3	（二）未按权责发生制原则确认的收入（填写A105020）	30	20		10
43	合计（1+12+30+35+41+42）	*	*		10

四、政府补助递延收入项目填报实务与案例解析

具体申报要点：符合税法规定不征税收入条件的政府补助收入，本表不作调整，在《专项用途财政性资金纳税调整明细表》（A105040）中纳税调整。

【案例 3-43】按照国家有关政策，企业购置环保设备可以申请财政补贴。A 企业于 2018 年 1 月向政府有关部门提交了 420 万元的补助申请，作为对其购置环保设备的补贴。2018 年 3 月 15 日，A 企业实际收到政府补助 420 万元。2018 年 4 月 20 日 A 企业购入不需要安装的环保设备，取得增值税专用发票注明的价款为 960 万元，进项税额为 163.2 万元，预计使用年限 10 年，采用直线法计提折旧，预计净残值为零。2026 年 4 月 A 企业出售了该设备，取得处置价款 240 万元（不含税），增值税销项税额 40.8 万元，开具增值税专用发票。

方法一，A 企业采用总额法会计处理如下：

①2018 年 3 月 15 日，实际收到财政拨款属于与资产相关的政府补助，计入确认为递延收益。

借：银行存款　　　　　　　　　　　　　　　　　　　4 200 000
　　贷：递延收益　　　　　　　　　　　　　　　　　　　　4 200 000

②2018 年 4 月 20 日，购入环保设备并取得增值税专用发票且已认证申报抵扣。

借：固定资产　　　　　　　　　　　　　　　　　　　9 600 000
　　应交税费——应交增值税（进项税额）　　　　　　　1 632 000
　　贷：银行存款　　　　　　　　　　　　　　　　　　　11 232 000

③自 2018 年 5 月起，每月末直线法计提折旧，同时分摊递延收益。

A. 假设该环保设备用于减少产品污染物排放，其折旧费用记入"制造费用"科目。

借：制造费用　　　　　　　　　　　　　　　　　　　80 000
　　贷：累计折旧（9 600 000 ÷ 10 ÷ 12）　　　　　　　　　80 000

B. 月末在相关资产使用寿命内按照合理、系统的方法分摊递延收益计入损益，由于购置该环保设备取得政府补助属于与企业日常活动有关的政府补助，企业应记入"其他收益"科目。

借：递延收益（4 200 000 ÷ 10 ÷ 12）　　　　　　　　　35 000
　　贷：其他收益　　　　　　　　　　　　　　　　　　　35 000

④2026 年 4 月出售设备同时一次性转销"递延收益"科目余额。

A. 出售设备：

借：固定资产清理　　　　　　　　　　　　　　　　　1 920 000
　　累计折旧［(8 + 7 × 12 + 4) × 9 600 000 ÷ 10 ÷ 12］　7 680 000
　　贷：固定资产　　　　　　　　　　　　　　　　　　　9 600 000

借：银行存款　　　　　　　　　　　　　　　　　　　2 808 000
　　贷：固定资产清理　　　　　　　　　　　　　　　　　2 808 000

借：固定资产清理 408 000

　　贷：应交税费——应交增值税（销项税额） 408 000

借：固定资产清理 480 000

　　贷：资产处置损益——处置非流动资产利得 480 000

B. 应将剩余的递延收益全部转入资产处置当期损益，即一次性转销"递延收益"科目余额 = 420 - 420 ÷ 10 × (8 + 7 × 12 + 4) ÷ 12 = 84（万元）。

借：递延收益 840 000

　　贷：营业外收入——政府补助利得 840 000

⑤作为征税收入的政府补助相关税务处理。2018 年 3 月 15 日，实际收到财政拨款属于企业所得税法规定的收入总额中的其他收入，如果不符合企业所得税法规定的不征税收入条件，应一次性计入实际取得当年的应纳税所得额。

2018 年，按照会计准则处理计入其他收益为 280 000 元（35 000 × 8），按照税法规定计入当年应纳税所得额为 4 200 000 元，税会差异为 3 920 000 元，当年企业所得税汇算清缴时应纳税调增 3 920 000 元。

2019 年 1 月至 2025 年，按照会计准则处理计入其他收益 420 000 元，按照税法规定企业在实际收到财政拨款年度（2018 年）已经缴纳企业所得税，计入应纳税所得额为 0，税会差异为 420 000 元，每年企业所得税汇算清缴时应纳税调减 420 000 元。

2026 年，按照会计准则处理政府补助计入其他收益为 140 000 元（35 000 × 4），计入营业外收入为 840 000 元，按照税法规定政府补助计入应纳税所得额为 0 元，税会差异为 980 000 元，当年企业所得税汇算清缴时应纳税调减 980 000 元。企业所得税年度纳税申报填报实务如表 3 - 100 至表 3 - 105 所示（单位：万元）。

表 3 - 100　　　　　未按权责发生制确认收入纳税调整明细表（2018 年）　　　　　A105020

行次	项目	合同金额（交易金额）	账载金额		税收金额		纳税调整金额
			本年	累计	本年	累计	
		1	2	3	4	5	6 (4 - 2)
9	三、政府补助递延收入（10 + 11 + 12）						
10	（一）与收益相关的政府补助						
11	（二）与资产相关的政府补助	420	28	28	420	420	392
14	合计（1 + 5 + 9 + 13）	420	28	28	420	420	392

表 3 - 101　　　　　　　　　纳税调整项目明细表（2018 年）　　　　　　　　　A105000

行次	项目	账载金额	税收金额	调增金额	调减金额
		1	2	3	4
1	一、收入类调整项目（2 + 3 + 4 + 5 + 6 + 7 + 8 + 10 + 11）	*	*	392	
3	（二）未按权责发生制原则确认的收入（填写 A105020）	28	420	392	

表 3 - 102　　　　　未按权责发生制确认收入纳税调整明细表（2019 年）　　　A105020

行次	项目	合同金额（交易金额）	账载金额		税收金额		纳税调整金额
			本年	累计	本年	累计	
		1	2	3	4	5	6（4 - 2）
9	三、政府补助递延收入（10 + 11 + 12）	420	42	70	0	420	- 42
10	（一）与收益相关的政府补助						
11	（二）与资产相关的政府补助	420	42	70	0	420	- 42
14	合计（1 + 5 + 9 + 13）	420	42	70	0	420	- 42

表 3 - 103　　　　　　　　纳税调整项目明细表（2019 年）　　　　　　A105000

行次	项目	账载金额	税收金额	调增金额	调减金额
		1	2	3	4
1	一、收入类调整项目（2 + 3 + 4 + 5 + 6 + 7 + 8 + 10 + 11）	*	*		42
3	（二）未按权责发生制原则确认的收入（填写 A105020）	42	0		42

表 3 - 104　　　　　未按权责发生制确认收入纳税调整明细表（2026 年）　　　A105020

行次	项目	合同金额（交易金额）	账载金额		税收金额		纳税调整金额
			本年	累计	本年	累计	
		1	2	3	4	5	6（4 - 2）
9	三、政府补助递延收入（10 + 11 + 12）	420	98	420	0	420	- 98
10	（一）与收益相关的政府补助						
11	（二）与资产相关的政府补助	420	98	420	0	420	- 98
14	合计（1 + 5 + 9 + 13）	420	98	420	0	420	- 98

表 3 - 105　　　　　　　　纳税调整项目明细表（2026 年）　　　　　　A105000

行次	项目	账载金额	税收金额	调增金额	调减金额
		1	2	3	4
1	一、收入类调整项目（2 + 3 + 4 + 5 + 6 + 7 + 8 + 10 + 11）	*	*		98
3	（二）未按权责发生制原则确认的收入（填写 A105020）	98	0		98

⑥作为不征税收入的政府补助相关税务处理。《财政部、国家税务总局关于专项用途财政性资金企业所得税处理问题的通知》（财税〔2011〕70 号）第一条规定，企业从县级以上各级人民政府财政部门及其他部门取得的应计入收入总额的财政性资金，凡同时符合以下条件的，可以作为不征税收入，在计算应纳税所得额时从收入总额中减除。第一，企业能够提供规定资金专项用途的资金拨付文件；第二，财政部门或其他拨付资金的政府部门对该资金有专门的资金管理办法或具体管理要求；第三，企业对该资金以及以该资金发生的支出单独进行核算。上述不征税收入用于支出所形成的费用，不得在计算应纳税所得额时扣除；用于支出所形成的资产，其计算的折旧、摊销不得在计算应纳税所得额时扣除。

2018 年 3 月 15 日，实际收到财政拨款如果符合企业所得税法规定的不征税收入条件，不计入实际取得当年的应纳税所得额，但是，政府补助形成固定资产的计税基础为 540 万元，即 420 万元政府补助部分不得计算相应的资产折旧在税前扣除。

2018 年，按照会计准则处理计入其他收益为 280 000 元（35 000×8），按照税法规定不征税收入计入当年应纳税所得额为 0 元，税会差异为 280 000 元，当年企业所得税汇算清缴时应纳税调减 280 000 元；相应地，不征税收入形成的资产折旧 280 000 元也不得在税前扣除，当年企业所得税汇算清缴时应纳税调增 280 000 元。企业所得税年度纳税申报填报实务如表 3-106、表 3-107 所示（单位：万元）。

表 3-106　　　　　　专项用途财政性资金纳税调整明细表（2018 年）　　　　　　A105040

行次	项目	取得年度	财政性资金	其中：符合不征税收入条件的财政性资金		以前年度支出情况					本年支出情况		本年结余情况		
				金额	其中：计入本年损益的金额	前五年度	前四年度	前三年度	前二年度	前一年度	支出金额	其中：费用化支出金额	结余金额	其中：上缴财政金额	应计入本年应税收入金额
		1	2	3	4	5	6	7	8	9	10	11	12	13	14
1	前五年度														
2	前四年度					*									
3	前三年度					*	*								
4	前二年度					*	*	*							
5	前一年度					*	*	*	*						
6	本年	2018	420	420	28	*	*	*	*	*	420	0	0	0	0
7	合计（1+2+3+4+5+6）	*	420	420	28	*	*	*	*	*	420	0	0	0	0

表 3-107　　　　　　　　　　纳税调整项目明细表（2018 年）　　　　　　　　　　A105000

行次	项目	账载金额	税收金额	调增金额	调减金额
		1	2	3	4
1	一、收入类调整项目（2+3+4+5+6+7+8+10+11）	*	*		28
8	（七）不征税收入	*	*		
9	其中：专项用途财政性资金（填写 A105040）	*	*		28
12	二、扣除类调整项目（13+14+15+16+17+18+19+20+21+22+23+24+26+27+28+29）	*	*		
24	（十二）不征税收入用于支出所形成的费用	*	*		*
25	其中：专项用途财政性资金用于支出所形成的费用（填写 A105040）	*	*		*
30	三、资产类调整项目（31+32+33+34）	*	*		
32	（一）资产折旧、摊销（填写 A105080）	64	36	28	
43	合计（1+12+30+35+41+42）	*	*	28	28

2019 年 1 月至 2025 年，按照会计准则处理计入其他收益 420 000 元，按照税法规定不征税收入计入当年应纳税所得额为 0 元，税会差异为 420 000 元，每年企业所得税汇算清缴时应纳税调减 420 000 元；相应地，不征税收入形成资产折旧 420 000 元也不得在税前扣除，当年企业所得税汇算清缴时应纳税调增 420 000 元。企业所得税年度纳税申报填报实务如表 3 - 108、表 3 - 109 所示（单位：万元）。

表 3 - 108 专项用途财政性资金纳税调整明细表（2019 年） A105040

行次	项目	取得年度	财政性资金	其中：符合不征税收入条件的财政性资金		以前年度支出情况					本年支出情况		本年结余情况		
				金额	其中：计入本年损益的金额	前五年度	前四年度	前三年度	前二年度	前一年度	支出金额	其中：费用化支出金额	结余金额	其中：上缴财政金额	应计入本年应税收入金额
		1	2	3	4	5	6	7	8	9	10	11	12	13	14
1	前五年度														
2	前四年度					*									
3	前三年度					*	*								
4	前二年度					*	*	*							
5	前一年度	2018	420	420	42	*	*	*	*	420	0	0	0	0	0
6	本年	2019				*	*	*	*	*					
7	合计（1 + 2 + 3 + 4 + 5 + 6）	*	420	420	42	*	*	*	*	*	0	0	0	0	0

表 3 - 109 纳税调整项目明细表（2019 年） A105000

行次	项目	账载金额	税收金额	调增金额	调减金额
		1	2	3	4
1	一、收入类调整项目（2 + 3 + 4 + 5 + 6 + 7 + 8 + 10 + 11）	*	*		42
8	（七）不征税收入	*	*		42
9	其中：专项用途财政性资金（填写 A105040）	*	*		42
12	二、扣除类调整项目（13 + 14 + 15 + 16 + 17 + 18 + 19 + 20 + 21 + 22 + 23 + 24 + 26 + 27 + 28 + 29）	*	*		
24	（十二）不征税收入用于支出所形成的费用	*	*		*
25	其中：专项用途财政性资金用于支出所形成的费用（填写 A105040）	*	*		*
30	三、资产类调整项目（31 + 32 + 33 + 34）	*	*	42	
32	（一）资产折旧、摊销（填写 A105080）	96	54	42	
45	合计（1 + 12 + 30 + 35 + 41 + 42）	*	*	42	42

2026 年，按照会计准则处理计入其他收益为 140 000 元，计入营业外收入为

840 000元，按照税法规定不征税收入计入当年应纳税所得额为 0 元，税会差异为 980 000元，当年企业所得税汇算清缴时应纳税调减 980 000 元；相应地，不征税收入形成资产折旧 140 000 元也不得在税前扣除，当年企业所得税汇算清缴时应纳税调增 140 000 元。出售固定资产会计核算的资产处置损益——处置非流动资产利得 480 000 元，税法计算的财产转让所得 = 2 808 000 - 408 000 - 1 080 000 = 1 320 000（元），税会差异为 840 000 元（1 320 000 - 480 000），当年企业所得税汇算清缴时应纳税调增 840 000 元。企业所得税年度纳税申报填报实务如表 3 - 110 所示（单位：万元）。

表 3 - 110 　　　　　　　　　纳税调整项目明细表（2026 年）　　　　　　　　A105000

行次	项目	账载金额	税收金额	调增金额	调减金额
		1	2	3	4
1	一、收入类调整项目（2 + 3 + 4 + 5 + 6 + 7 + 8 + 10 + 11）	*	*	84	98
8	（七）不征税收入	98	0		98
11	（九）其他	48	132	84	
31	三、资产类调整项目（32 + 33 + 34 + 35）	*	*	14	
32	（一）资产折旧、摊销（填写 A105080）	32	18	14	
45	合计（1 + 12 + 31 + 36 + 43 + 44）	*	*	98	98

方法二，A 企业采用净额法会计处理如下：

①2018 年 3 月 15 日，实际收到财政拨款确认递延收益

借：银行存款 　　　　　　　　　　　　　　　　　　　　　4 200 000

　　贷：递延收益 　　　　　　　　　　　　　　　　　　　　4 200 000

②2018 年 4 月 20 日购入设备。

借：固定资产 　　　　　　　　　　　　　　　　　　　　　9 600 000

　　应交税费——应交增值税（进项税额） 　　　　　　　　1 632 000

　　贷：银行存款 　　　　　　　　　　　　　　　　　　　11 232 000

同时，确认属于与资产相关的政府补助，应当冲减固定资产的账面价值。

借：递延收益 　　　　　　　　　　　　　　　　　　　　　4 200 000

　　贷：固定资产 　　　　　　　　　　　　　　　　　　　　4 200 000

③自 2018 年 5 月起，每月末按照直线法计提折旧，假设该环保设备用于减少产品污染物排放，折旧费用记入"制造费用"科目。

借：制造费用 　　　　　　　　　　　　　　　　　　　　　　45 000

　　贷：累计折旧［（9 600 000 - 4 200 000）÷ 10 ÷ 12］ 　　45 000

④2026 年 4 月出售该环保设备。

借：固定资产清理 　　　　　　　　　　　　　　　　　　　1 080 000

　　累计折旧［（8 + 7 × 12 + 4）× 5 400 000 ÷ 10 ÷ 12］ 　　4 320 000

　　贷：固定资产（9 600 000 - 4 200 000） 　　　　　　　　5 400 000

借：银行存款　　　　　　　　　　　　　　　　　　　　　2 808 000

　　贷：固定资产清理　　　　　　　　　　　　　　　　　　　2 808 000

借：固定资产清理　　　　　　　　　　　　　　　　　　　　408 000

　　贷：应交税费——应交增值税（销项税额）　　　　　　　　408 000

借：固定资产清理　　　　　　　　　　　　　　　　　　　1 320 000

　　贷：资产处置损益——处置非流动资产利得　　　　　　　1 320 000

⑤作为征税收入的政府补助相关税务处理。2018年3月15日，实际收到财政拨款属于企业所得税法规定的收入总额中的其他收入，如果不符合企业所得税法规定的不征税收入条件，应一次性计入实际取得当年的应纳税所得额。

2018年，按照会计准则处理冲减固定资产账面价值4 200 000元，计入当期损益0元，按照税法规定计入当年应纳税所得额为4 200 000元，税会差异为4 200 000元，当年企业所得税汇算清缴时应纳税调增4 200 000元。固定资产的初始计税基础为9 600 000元，账面价值为5 400 000元，会计核算折旧为360 000元（45 000×8），税法计算税前扣除折旧为640 000元（80 000×8），税会差异为280 000元，当年企业所得税汇算清缴时应纳税调减280 000元。根据《企业会计准则第18号——所得税》规定，同时具有下列特征的交易中因资产或负债的初始确认所产生的递延所得税资产或负债不予确认：该项交易不是企业合并；交易发生时既不影响会计利润也不影响应纳税所得额。本例中该购置固定资产交易并非企业合并，同时，该交易发生时会计上只影响相关资产科目，对会计利润并无影响；税法上固定资产只有在以后计提折旧时才能在税前扣除，交易发生时并不影响企业应纳税所得额。因此，这里产生的可抵扣暂时性差异不确认递延所得税资产。

2019年1月至2025年，会计核算折旧为540 000元（45 000×12），税法计算税前扣除折旧为960 000元（80 000×12），税会差异为420 000元，当年企业所得税汇算清缴时应纳税调减420 000元。

2026年，会计核算折旧为180 000元（45 000×4），税法计算税前扣除折旧为320 000元（80 000×4），税会差异为140 000元，当年企业所得税汇算清缴时应纳税调减140 000元。按照会计准则处理出售固定资产计入营业外收入为1 320 000元，按照税法规定计算的转让固定资产所得＝2 808 000－408 000－1 920 000＝480 000（元），税会差异为840 000元，当年企业所得税汇算清缴时应纳税调减840 000元（1 320 000－480 000）。

【案例3-44】甲公司2018年12月从政府获得政府补助1 000万元，专项用于补助2019年企业日常活动所发生的费用支出，该项补助不符合不征税收入条件（单位：万元）。

借：银行存款　　　　　　　　　　　　　　　　　　　　　1 000

　　贷：递延收益　　　　　　　　　　　　　　　　　　　　1 000

企业所得税年度纳税申报填报实务如表3-111、表3-112所示。

表 3 - 111　　　　未按权责发生制确认收入纳税调整明细表（2018 年）　　　　A105020

行次	项目	合同金额（交易金额）	账载金额		税收金额		纳税调整金额
		1	本年 2	累计 3	本年 4	累计 5	6（4 - 2）
9	三、政府补助递延收入（10 + 11 + 12）	1 000	0	0	1 000	1 000	1 000
10	（一）与收益相关的政府补助	1 000	0	0	1 000	1 000	1 000
14	合计（1 + 5 + 9 + 13）	1 000	0	0	1 000	1 000	1 000

表 3 - 112　　　　纳税调整项目明细表（2018 年）　　　　A105000

行次	项目	账载金额 1	税收金额 2	调增金额 3	调减金额 4
1	一、收入类调整项目（2 + 3 + 4 + 5 + 6 + 7 + 8 + 10 + 11）	*	*	1 000	
3	（二）未按权责发生制原则确认的收入（填写 A105020）	0	1 000	1 000	

2019 年度实际发生费用：

借：管理费用等 　　　　　　　　　　　　　　　　　　　　1 000

　　贷：银行存款 　　　　　　　　　　　　　　　　　　　　1 000

借：递延收益 　　　　　　　　　　　　　　　　　　　　　1 000

　　贷：其他收益 　　　　　　　　　　　　　　　　　　　　1 000

企业所得税年度纳税申报填报实务如表 3 - 113、表 3 - 114 所示。

表 3 - 113　　　　未按权责发生制确认收入纳税调整明细表（2019 年）　　　　A105020

行次	项目	合同金额（交易金额）	账载金额		税收金额		纳税调整金额
		1	本年 2	累计 3	本年 4	累计 5	6（4 - 2）
9	三、政府补助递延收入（10 + 11 + 12）	1 000	1 000	1 000	0	1 000	- 1 000
10	（一）与收益相关的政府补助	1 000	1 000	1 000	0	1 000	- 1 000
14	合计（1 + 5 + 9 + 13）	1 000	1 000	1 000	0	1 000	- 1 000

表 3 - 114　　　　纳税调整项目明细表（2019 年）　　　　A105000

行次	项目	账载金额 1	税收金额 2	调增金额 3	调减金额 4
1	一、收入类调整项目（2 + 3 + 4 + 5 + 6 + 7 + 8 + 10 + 11）	*	*		1 000
3	（二）未按权责发生制原则确认收入（填写 A105020）	1 000	0		1 000

结论：凡是会计上作为递延收益，而又不符合不征税收入条件的均在 A105020《未按权责发生制原则确认收入纳税调整表》填报。

【案例 3 - 45】M 公司 2019 年 10 月从政府获得 1 000 万元政府补助，专项用于补助未来企业所发生的与非日常活动相关费用支出，该项补助符合不征税收入条件。假设 2019 年该企业花费 400 万元用于政府指定用途，会计和税务处理如下（单位：万元）。

①收到政府补助时：

借：银行存款 　　　　　　　　　　　　　　　　　　　　1 000

　　贷：递延收益 　　　　　　　　　　　　　　　　　　　　1 000

②实际发生支出时：

借：管理费用 400

　　　贷：银行存款 400

借：递延收益 400

　　　贷：营业外收入——政府补助利得 400

由于企业符合不征税收入条件，因此，需要在 A105040《专项用途财政性资金纳税调整表》填报。在该表格的第 6 行第 4 列（其中，计入本年损益的金额）填报 400 万元，同时作纳税调减处理；在第 6 行第 11 列（费用化支出金额）填报 400 万元，同时作纳税调增处理。企业所得税年度纳税申报填报实务如表 3－115、表 3－116 所示（单位：万元）。

表 3－115　　　　　　　　　　专项用途财政性资金纳税调整明细表　　　　　　　　　　A105040

行次	项目	取得年度	财政性资金	其中：符合不征税收入条件的财政性资金		以前年度支出情况					本年支出情况		本年结余情况		
				金额	其中：计入本年损益的金额	前五年度	前四年度	前三年度	前二年度	前一年度	支出金额	其中：费用化支出金额	结余金额	其中：上缴财政金额	应计入本年应税收入金额
		1	2	3	4	5	6	7	8	9	10	11	12	13	14
1	前五年度														
2	前四年度					*									
3	前三年度					*	*								
4	前二年度					*	*	*							
5	前一年度					*	*	*	*						
6	本年	2018 年	1 000	1 000	400	*	*	*	*	*	400	400	600		
7	合计(1+2+3+4+5+6)	*	1 000	1 000	400	*	*	*	*	*	400	400	600		

表 3－116　　　　　　　　　　纳税调整项目明细表　　　　　　　　　　A105000

行次	项目	账载金额	税收金额	调增金额	调减金额
		1	2	3	4
1	一、收入类调整项目（2＋3＋4＋5＋6＋7＋8＋10＋11）	*	*		400
8	（七）不征税收入	*	*		400
9	其中：专项用途财政性资金（填写 A105040）	*	*		400
24	（十二）不征税收入用于支出所形成的费用	*	*	400	*
25	其中：专项用途财政性资金用于支出所形成的费用（填写 A105040）	*	*	400	*
43	合计（1＋12＋30＋35＋41＋42）	*	*	400	400

结论：凡是符合不征税收入条件的政府补助，一律在 A105040《专项用途财政性资金纳税调整表》填报，在第 4 列调减，在第 11 列调增，如果不涉及 60 个月内未全部用于指定用途且未上缴财政的情形，最后结果不会有差异，但是申报表仍然采取了严谨的勾稽关系和调整方式。

第五节　《投资收益纳税调整明细表》填报实务与案例解析

一、《投资收益纳税调整明细表》格式与填报要点

（一）《投资收益纳税调整明细表》格式

具体格式如表 3 – 117 所示。

表 3 – 117　　　　　　　　　投资收益纳税调整明细表　　　　　　　　A105030

行次	项目	持有收益			处置收益							纳税调整金额
		账载金额	税收金额	纳税调整金额	会计确认的处置收入	税收计算的处置收入	处置投资的账面价值	处置投资的计税基础	会计确认的处置所得或损失	税收计算的处置所得	纳税调整金额	
		1	2	3 (2 – 1)	4	5	6	7	8 (4 – 6)	9 (5 – 7)	10 (9 – 8)	11 (3 + 10)
1	一、交易性金融资产											
2	二、可供出售金融资产											
3	三、持有至到期投资											
4	四、衍生工具											
5	五、交易性金融负债											
6	六、长期股权投资											
7	七、短期投资											
8	八、长期债券投资											
9	九、其他											
10	合计（1 + 2 + 3 + 4 + 5 + 6 + 7 + 8 + 9）											

（二）《投资收益纳税调整明细表》填报要点

本表适用于发生投资收益纳税调整项目的纳税人及专门从事股权投资业务的纳税人填报。纳税人根据税法、《国家税务总局关于贯彻落实企业所得税法若干税收问题的通知》（国税函〔2010〕79 号）等相关规定，以及国家统一企业会计制度，填报投资收益的会计处理、税法规定，以及纳税调整情况。发生持有期间投资收益，并按税法规定为减免税收入的（如国债利息收入等），本表不作调整。处置投资项目按税法规定确认为损失的，本表不作调整，在《资产损失税前扣除及纳税调整明细表》（A105090）进行纳税调整。处置投资项目符合企业重组且适用特殊性税务处理规定的，本表不作调整，在《企业重组情况及纳税调整明细表》（A105100）进行纳税调整。

按照国家税务总局《关于修订〈中华人民共和国企业所得税年度纳税申报表（A 类，2017 年版）〉部分表单样式及填报说明的公告》（国家税务总局公告 2018 年第 57 号）的规定，已执行《企业会计准则第 22 号——金融工具确认和计量》（财会〔2017〕7 号发布）、《企业会计准则第 23 号——金融资产转移》（财会〔2017〕8 号发布）、《企业会计准则第 24 号——套期会计》（财会〔2017〕9 号发布）、《企业会计准则第 37 号——金融工具列报》（财会〔2017〕14 号发布）（以上四项简称新金融准则）的纳税人，若投资收益的项目类别不为本表第 1 行至第 8 行的，则在第 9 行"九、其他"中填报相关会计处理、税收规定，以及纳税调整情况。

二、交易性金融资产项目填报实务与案例解析

【案例 3-46】2018 年 1 月，A 公司从 H 公司购入的 8 万股股票，A 公司按照上述会计准则要求以其持有金融资产的"业务模式"和"金融资产合同现金流量特征"作为金融资产分类的判断依据，表明企业持有该金融资产的目的是交易性的（主要是为了近期出售），因此，将此股票划分为以公允价值计量且其变动计入当期损益的金融资产。2018 年 5 月 16 日，被投资单位宣告发放现金股利 20 万元，2018 年 5 月 18 日收到现金股利。2018 年利润总额为 100 万元，除现金股利以外无其他纳税调整项目。A 公司应进行如下会计处理（单位：万元）：

借：应收股利　　　　　　　　　　　　　　　　　　　20
　　贷：投资收益　　　　　　　　　　　　　　　　　　　　　20
借：银行存款　　　　　　　　　　　　　　　　　　　20
　　贷：应收股利　　　　　　　　　　　　　　　　　　　　　20

税法规定，企业取得的符合条件的居民企业之间的股息、红利等权益性投资收益（不包括连续持有居民企业公开发行并上市流通的股票不足 12 个月取得的投资收益）以及在中国境内设立机构、场所的非居民企业从居民企业取得与该机构、场所有实际联系的股息、红利等权益性投资收益属于免税收入。企业持有交易性金融资产期间取得的股息、红利等权益性投资收益，除国务院财政、税务主管部门另有规定外，按照被投资方作出利润分配决定的日期确认收入的实现。国家税务总局《关于贯彻落实企业所得税法若干税收问题的通知》（国税函〔2010〕79 号）规定，企业权益性投资取得股息、红利等收入，应以被投资企业股东会或股东大会作出利润分配或转股决定的日期，确定收入的实现。所以企业当期取得的免税投资收益属于永久性差异，不确认递延所得税，应作纳税调减。企业所得税年度纳税申报填报实务如表 3 - 118 至表 3 - 121 所示（单位：万元）。

表 3 - 118 投资收益纳税调整明细表 A105030

行次	项目	持有收益			处置收益							纳税调整金额
		账载金额	税收金额	纳税调整金额	会计确认的处置收入	税收计算的处置收入	处置投资的账面价值	处置投资的计税基础	会计确认的处置所得或损失	税收计算的处置所得	纳税调整金额	
		1	2	3（2 - 1）	4	5	6	7	8（4 - 6）	9（5 - 7）	10（9 - 8）	11（3 + 10）
2	一、交易性金融资产	20	20	0								
10	合计（1 + 2 + 3 + 4 + 5 + 6 + 7 + 8 + 9）	20	20	0								

表 3 - 119 纳税调整项目明细表 A105000

行次	项目	账载金额	税收金额	调增金额	调减金额
		1	2	3	4
1	一、收入类调整项目（2 + 3 + 4 + 5 + 6 + 7 + 8 + 10 + 11）	*	*		
4	（三）投资收益（填写 A105030）	20	20		

表 3 - 120 免税、减计收入及加计扣除优惠明细表 A107010

行次	项目	金额
1	一、免税收入（2 + 3 + 4 + 5）	
3	（二）符合条件的居民企业之间的股息、红利等权益性投资收益（填写 A107011）	20

表3-121 符合条件的居民企业之间的股息、红利等权益性投资收益优惠明细表　　　　A107011

行次	被投资企业	被投资企业统一社会信用代码（纳税人识别号）	投资性质	投资成本	投资比例	被投资企业利润分配确认金额		被投资企业清算确认金额		撤回或减少投资确认金额						合计
						被投资企业做出利润分配或转股决定时间	依决定归属于本公司的股息、红利等权益性投资收益金额	分得的被投资企业清算剩余资产	被清算企业累计未分配利润和累计盈余公积应享有部分	应确认的股息所得	从被投资企业撤回或减少投资取得的资产	减少投资比例	收回初始投资成本	取得资产中超过收回初始投资成本部分	撤回或减少投资应享有被投资企业累计未分配利润和累计盈余公积	应确认的股息所得	
	1	2	3	4	5	6	7	8	9	10（8与9孰小）	11	12	13（4×12）	14（11-13）	15	16（14与15孰小）	17（7+10+16）
1	H公司	略	股票投资	144		5月16日	20										20

【案例3-47】承〖案例3-46〗，若2018年12月31日A公司从H公司购入的8万股股票，账面价值为136万元，公允价值为128万元。当年利润总额为100万元，除交易性金融资产公允价值变动以外，无其他纳税调整项目，A公司年末会计处理如下（单位：万元）：

借：公允价值变动损益　　　　　　　　　　　　　　　　　　　　　　　　　8

　　贷：交易性金融资产——公允价值变动　　　　　　　　　　　　　　　　　　8

交易性金融资产持有期间公允价值变动的税务处理及纳税调整：《企业所得税法实施条例》第五十六条规定，企业持有各项资产期间的资产增值或者减值，除国务院财政、税务主管部门规定可以确认损益外，不得调整该资产的计税基础。因此，依前例，2018年A公司实际应交所得税=（100+8）×25%=27（万元）。交易性金融资产的账面价值=128（万元），计税基础=144（万元）；交易性金融资产账面价值<计税基础，形成递延所得税资产=（144-128）×25%=4（万元），期初形成的递延所得税资产余额为2万元，本期应确认递延所得税资产=4-2=2（万元）。A公司年末税务处理如下：

借：所得税费用——当期所得税　　　　　　　　　　　　　　　　　　　　27

　　贷：应交税费——应交所得税　　　　　　　　　　　　　　　　　　　　　27

借：递延所得税资产　　　　　　　　　　　　　　　　　　　　　　　　　2

　　贷：所得税费用——递延所得税　　　　　　　　　　　　　　　　　　　　2

【案例3-48】承〖案例3-46〗，假设截至2019年2月28日该项交易性金融资产的账面价值为128万元。3月1日，A公司将从H公司购入的8万股股票以184万元的价格出售，通过银行存款收讫，当年实现利润总额为100万元，除交易性金融资产出售以外，无其他纳税调整项目，在不考虑其他税费的情况下，A公司会计处理如下（单位：万元）：

借：银行存款   184

  交易性金融资产——公允价值变动   8

  贷：交易性金融资产——成本   136

    投资收益   56

按照《企业会计准则第22号——金融工具确认和计量》应用指南（2018年）的规定，处置交易性金融资产时，不再将持有期间记入"公允价值变动损益"科目的累计公允价值变动金额结转到当期投资收益，这样进行会计处理可以使得"公允价值变动损益"科目的发生额只反映持有期间以公允价值计量的交易性金融资产或负债、以公允价值计量的投资性房地产的公允价值变动情况。

交易性金融资产处置的税务处理及纳税调整：企业所得税法及其实施条例规定，企业在转让或者处置投资资产时，投资资产的成本，准予扣除。依前例，A公司出售交易性金融资产可扣除的计税成本应为购入时支付的全部价款即144万元，取得投资收益 = 184 - 144 = 40（万元），但企业计入当期利润的总收益为56万元，计算当期应交所得税时，应调减当期所得额 = 56 - 40 = 16（万元）。因此，A公司2019年实际应交所得税 =（100 - 16）× 25% = 21（万元）。在交易性金融资产出售时，将原来形成的递延所得税资产4万元予以转销。A公司税务处理如下：

借：所得税费用——当期所得税   21

  贷：应交税费——应交所得税   21

借：所得税费用——递延所得税   4

  贷：递延所得税资产   4

企业所得税年度纳税申报填报实务如表3-122、表3-123所示（单位：万元）。

表3-122   投资收益纳税调整明细表   A105030

行次	项目	持有收益			处置收益							纳税调整金额
		账载金额	税收金额	纳税调整金额	会计确认的处置收入	税收计算的处置收入	处置投资的账面价值	处置投资的计税基础	会计确认的处置所得或损失	税收计算的处置所得	纳税调整金额	
		1	2	3 (2-1)	4	5	6	7	8 (4-6)	9 (5-7)	10 (9-8)	11 (3+10)
2	一、交易性金融资产				184	184	128	144	56	40	-16	-16
10	合计（1+2+3+4+5+6+7+8+9）				184	184	128	144	56	40	-16	-16

表 3 - 123　　　　　　　　　　　纳税调整项目明细表　　　　　　　　　　　　A105000

行次	项目	账载金额	税收金额	调增金额	调减金额
		1	2	3	4
1	一、收入类调整项目（2+3+4+5+6+7+8+10+11）	*	*		
4	（三）投资收益（填写 A105030）	56	40		16

三、可供出售金融资产项目填报实务与案例解析

【案例 3 - 49】 A 公司于 2014 年 5 月 10 日，购入 B 公司发行的股票 300 万股，成交价为每股 15 元，其中 1 元属于已宣告但尚未分派的现金股利，另付交易费用 90 万元。占 B 公司表决权 5%，作为以公允价值计量且其变动计入其他综合收益的金融资产核算。A、B 公司均属于居民企业，所有款项以银行存款支付。5 月 18 日收到 B 公司发放的现金股利，A 公司应进行会计处理如下（单位：万元）。

借：可供出售金融资产——成本　　　　　　　　　　　　　　　　4 290

　　应收股利　　　　　　　　　　　　　　　　　　　　　　　　300

　　贷：银行存款　　　　　　　　　　　　　　　　　　　　　　4 590

借：银行存款　　　　　　　　　　　　　　　　　　　　　　　　300

　　贷：应收股利　　　　　　　　　　　　　　　　　　　　　　300

【案例 3 - 50】 承【案例 3 - 49】，A 公司从 B 公司购入的 300 万股股票，2015 年 6 月，被投资单位宣告发放现金股利 60 万元，2015 年 6 月 8 日收到现金股利。A 公司 2015 年利润总额为 1 000 万元，除现金股利以外无其他纳税调整项目。A 公司应进行会计处理如下（单位：万元）。

借：应收股利　　　　　　　　　　　　　　　　　　　　　　　　60

　　贷：投资收益　　　　　　　　　　　　　　　　　　　　　　60

借：银行存款　　　　　　　　　　　　　　　　　　　　　　　　60

　　贷：应收股利　　　　　　　　　　　　　　　　　　　　　　60

税务处理：企业持有可供出售金融资产期间取得的股息、红利等权益性投资收益，除国务院财政、税务主管部门另有规定外，按照被投资方作出利润分配决定的日期确认收入的实现。但企业取得的国债利息收入和符合条件的居民企业之间的股息、红利等权益性投资收益（不包括连续持有居民企业公开发行并上市流通的股票不足 12 个月取得的投资收益）以及在中国境内设立机构、场所的非居民企业从居民企业取得与该机构、场所有实际联系的股息、红利等权益性投资收益属于免税收入。应填写 A107011《符合条件的居民企业之间的股息、红利等权益性投资收益优惠明细表》和 A107010《免税、减计收入及加计扣除优惠明细表》。

【**案例 3 - 51**】承〖案例 3 - 50〗，若 2015 年 12 月 31 日，A 公司从 B 公司购入的 300 万股股票，账面价值为 4 290 万元，公允价值为 4 000 万元。当年 A 公司利润总额 为 1 000 万元，除可供出售金融资产公允价值变动以外，无其他纳税调整项目，A 公司 年末应作如下账务处理（单位：万元）：

借：其他综合收益——可供出售金融资产公允价值变动　　　　　　　290

贷：可供出售金融资产——公允价值变动　　　　　　　　　　290

税务处理：企业持有各项资产期间发生的资产增值或者减值，除国务院财政、税 务主管部门规定可以确认损益外，不得调整该资产的计税基础。可供出售金融资产持 有期间公允价值变动的税会处理差异主要是，税法上不确认可供出售金融资产公允价 值变动产生的其他综合收益，原可供出售金融资产的计税基础 4 290 万元保持不变，但 可供出售金融资产的账面价值为 4 000 万元，可供出售金融资产计税基础 > 账面价值， 形成可抵扣的暂时性差异 = 4 290 - 4 000 = 290（万元）。

借：递延所得税资产　　　　　　　　　　　　　　　　　　　　72.5

贷：其他综合收益　　　　　　　　　　　　　　　　　　　72.5

【**案例 3 - 52**】承〖案例 3 - 51〗，2016 年 12 月 31 日，B 公司因违反相关证券法 规，受到证券监管部门查处，受此影响，其股票的价格发生严重下跌，每股收盘市价 为 5 元。当年 A 公司利润总额为 1 000 万元，除可供出售金融资产减值以外，无其他纳 税调整项目。

A 公司应确认该可供出售金融资产减值，将原直接计入所有者权益的因公允价值 下降形成的累计损失应予以转出，计入当期损益。确认可供出售金融资产减值损失 = 4 290 - 300 × 5 = 2 790（万元）。

借：资产减值损失　　　　　　　　　　　　　　　　　　　　2 790

贷：其他综合收益——可供出售金融资产公允价值变动　　　　　290

可供出售金融资产——公允价值变动　　　　　　　　2 500

税务处理：未经核准的、没有实际发生的准备金不得税前扣除 2 790 万元。企业所 得税年度纳税申报填报实务如表 3 - 124 所示。

表 3 - 124　　　　　　　　　　纳税调整项目明细表　　　　　　　　　　A105000

行次	项目	账载金额	税收金额	调增金额	调减金额
		1	2	3	4
30	三、资产类调整项目（31 + 32 + 33 + 34）	*	*	2 790	
32	（二）资产减值准备金	2 790	*	2 790	
43	合计（1 + 12 + 30 + 35 + 41 + 42）	*	*	2 790	

【**案例 3 - 53**】承〖案例 3 - 52〗，税法上不确认任何形式的资产减值，可供出售金 融资产的计税基础不变，仍为 4 290 万元，会计上确认减值损失 2 790 万元，汇算清缴

应进行纳税调整，调增应税所得额 2 790 万元，2016 年 A 公司实际应交所得税 ＝（1 000 ＋ 2 790）× 25% ＝ 947.5（万元）。期末可供出售金融资产账面价值为 1 500 万元，计税基础大于账面价值，形成可抵扣的暂时性差异 2 790 万元，期末递延所得税资产余额 ＝ 2 790 × 25% ＝ 697.5（万元），本期应确认金额 ＝ 697.5 － 72.5 ＝ 625（万元），确认递延所得税资产时，应将原计提的其他综合收益转回，税务处理如下：

借：所得税费用　　　　　　　　　　　　　　　　　　　　　947.5

　　贷：应交税费——应交所得税　　　　　　　　　　　　　947.5

借：递延所得税资产　　　　　　　　　　　　　　　　　　　625

　　贷：其他综合收益——可供出售金融资产公允价值变动　　625

【案例 3 - 54】　承〖案例 3 - 53〗，若 2017 年 12 月 31 日，B 公司整改完成，加之市场基本面好转，2017 年 12 月 31 日收盘价格为每股市价 10 元；当年 A 公司利润总额为 1 000 万元，除可供出售金融资产减值以外，无其他纳税调整项目。可供出售权益工具投资发生的减值损失，由于以后期间价值回升时不得通过损益转回，确认转回可供出售金融资产减值损失 ＝ 300 ×（10 － 5）＝ 1 500（万元）。

借：可供出售金融资产——公允价值变动　　　　　　　　　1 500

　　贷：其他综合收益——可供出售金融资产公允价值变动　1 500

可供出售金融资产持有期间公允价值变动的税会处理差异主要是：税法上不确认可供出售金融资产公允价值变动产生的其他综合收益，原可供出售金融资产的计税基础 4 290 万元保持不变，但可供出售金融资产的账面价值为 3 000 万元，可供出售金融资产计税基础 ＞ 账面价值，形成可抵扣的暂时性差异 ＝ 4 290 － 3 000 ＝ 1 290（万元），期末递延所得税资产余额 ＝ 1 290 × 25% ＝ 322.5（万元），本期应确认金额 ＝ 322.5 － 697.5 ＝ － 375（万元），确认转回递延所得税资产时，应将原计提的资本公积转回。

借：其他综合收益——可供出售金融资产公允价值变动　　　375

　　贷：递延所得税资产　　　　　　　　　　　　　　　　375

【案例 3 - 55】　承〖案例 3 - 54〗，2018 年 12 月 10 日，A 公司以 5 000 万元卖掉全部 B 公司股票，款项已存入银行。当年 A 公司利润总额为 5 000 万元，除可供出售金融资产处置以外，无其他纳税调整项目。

借：银行存款　　　　　　　　　　　　　　　　　　　　　5 000

　　可供出售金融资产——公允价值变动　　　　　　　　　1 290

　　其他综合收益——可供出售金融资产公允价值变动　　　1 500

　　贷：可供出售金融资产——成本　　　　　　　　　　　4 290

　　　　投资收益　　　　　　　　　　　　　　　　　　　2 000

　　　　利润分配——未分配利润　　　　　　　　　　　　1 500

承上例，A公司出售可供出售金融资产扣除的计税成本应为购入时支付的全部价款即4 290万元，依据税法计算转让投资资产取得投资收益＝5 000－4 290＝710（万元），但企业计入当期利润的投资收益为2 000万元。《企业会计准则第22号——金融工具确认和计量》（2017年修订）第六十九条规定，企业将非交易性权益工具投资指定为以公允价值计量且其变动计入其他综合收益的金融资产的，当该金融资产终止确认时，之前计入其他综合收益的累计利得或损失应当从其他综合收益中转出，计入留存收益。本例中"其他综合收益——可供出售金融资产公允价值变动"1 500万元，应记入"利润分配——未分配利润"科目。计算当期应交所得税时，应调减当期所得额1 290万元。因此，A公司2018年实际应交所得税＝（5 000－1 290）×25%＝927.5（万元）。在可供出售金融资产出售时，将原来形成的递延所得税资产和相应的其他综合收益予以转销。A公司进行会计处理如下（单位：万元）：

借：所得税费用　　　　　　　　　　　　　　　　　　　927.5

　　贷：应交税费——应交所得税　　　　　　　　　　　927.5

借：其他综合收益——可供出售金融资产公允价值变动　　322.5

　　贷：递延所得税资产　　　　　　　　　　　　　　　322.5

企业所得税年度纳税申报填报实务如表3－125、表3－126所示（单位：万元）。

表3－125　　　　　　　　　　投资收益纳税调整明细表　　　　　　　　　　A105030

行次	项目	持有收益			处置收益							纳税调整金额
		账载金额	税收金额	纳税调整金额	会计确认的处置收入	税收计算的处置收入	处置投资的账面价值	处置投资的计税基础	会计确认的处置所得或损失	税收计算的处置所得	纳税调整金额	
		1	2	3 (2－1)	4	5	6	7	8 (4－6)	9 (5－7)	10 (9－8)	11 (3＋10)
2	二、可供出售金融资产				5 000	5 000	3 000	4 290	2 000	710	－1 290	－1 290
10	合计（1＋2＋3＋4＋5＋6＋7＋8＋9）				5 000	5 000	3 000	4 290	2 000	710	－1 290	－1 290

表3－126　　　　　　　　　　纳税调整项目明细表　　　　　　　　　　A105000

行次	项目	账载金额	税收金额	调增金额	调减金额
		1	2	3	4
1	一、收入类调整项目（2＋3＋4＋5＋6＋7＋8＋10＋11）	*	*		
4	（三）投资收益（填写A105030）	2 000	710		1 290

如果纳税人执行《企业会计准则第22号——金融工具确认和计量》（2017年修订）及其应用指南（2018年），会计处理时将上述案例中的"可供出售金融资产"科

目修改为"其他权益工具投资"科目，由于其"投资收益"项目产生的税会差异纳税调整项目类别不为本表第 1 行至第 8 行，则应在表 A105030 第 9 行"九、其他"中填报相关会计处理、税收规定以及纳税调整情况。

四、持有至到期投资项目填报实务与案例解析

【案例 3-56】2015 年 1 月 1 日，甲公司支付价款 1 000 元（含交易费用）从活跃市场上购入某公司 5 年期债券，面值 1 250 元，票面利率 4.72%，实际利率为 10%，按年支付利息（即每年 59 元），本金最后一次支付。合同约定，该债券的发行方在遇到特定情况时可以将债券赎回，且不需要为提前赎回支付额外款项。甲公司在购买该债券时，预计发行方不会提前赎回，不考虑减值损失等因素。持有至到期投资摊销如表 3-127 所示。

表 3-127　　　　　　　　　　　持有至到期投资摊销表　　　　　　　　　金额单位：元

年份	期初摊余成本（a）	实际利息（b）（按 10% 计算）	现金流入（c）	期末摊余成本（d=a+b-c）
2015	1 000	100	59	1 041
2016	1 041	104	59	1 086
2017	1 086	109	59	1 136
2018	1 136	113 *	59	1 190
2019	1 190	119	1 250 + 59	0

注：标 * 数字考虑了计算过程中出现的尾差。

根据上述数据，甲公司的有关会计和税务处理如下：

①2015 年 1 月 1 日，购入债券。

借：持有至到期投资——成本　　　　　　　　　　　　　　　　　　　　1 250

　　贷：银行存款　　　　　　　　　　　　　　　　　　　　　　　　　1 000

　　　　持有至到期投资——利息调整　　　　　　　　　　　　　　　　　250

②2015 年 12 月 31 日，确认实际利息收入、收到票面利息等。

借：应收利息　　　　　　　　　　　　　　　　　　　　　　　　　　　59

　　持有至到期投资——利息调整　　　　　　　　　　　　　　　　　　　41

　　贷：投资收益　　　　　　　　　　　　　　　　　　　　　　　　　100

借：银行存款　　　　　　　　　　　　　　　　　　　　　　　　　　　59

　　贷：应收利息　　　　　　　　　　　　　　　　　　　　　　　　　　59

税务处理：《企业所得税法实施条例》第七十一条规定，《企业所得税法》第十四条所称投资资产，是指企业对外进行权益性投资和债权性投资形成的资产。企业在转

让或者处置投资资产时，投资资产的成本，准予扣除。投资资产按照以下方法确定成本：（1）通过支付现金方式取得的投资资产，以购买价款为成本；（2）通过支付现金以外的方式取得的投资资产，以该资产的公允价值和支付的相关税费为成本。所以，持有至到期投资的计税基础为 1 000 元（含交易费用）。

《企业所得税法实施条例》第十八条规定，《企业所得税法》第六条第（五）项所称利息收入，是指企业将资金提供他人使用但不构成权益性投资，或者因他人占用本企业资金取得的收入，包括存款利息、贷款利息、债券利息、欠款利息等收入。利息收入，按照合同约定的债务人应付利息的日期确认收入的实现。

2015 年度企业所得税年度纳税申报填报实务如表 3 - 128、表 3 - 129 所示（单位：元）。

表 3 - 128　　　　　　投资收益纳税调整明细表（2015 年）　　　　　　A105030

行次	项目	持有收益			处置收益							纳税调整金额
		账载金额	税收金额	纳税调整金额	会计确认的处置收入	税收计算的处置收入	处置投资的账面价值	处置投资的计税基础	会计确认的处置所得或损失	税收计算的处置所得	纳税调整金额	
		1	2	3 (2 - 1)	4	5	6	7	8 (4 - 6)	9 (5 - 7)	10 (9 - 8)	11 (3 + 10)
3	三、持有至到期投资	100	59	- 41								

表 3 - 129　　　　　　纳税调整项目明细表（2015 年）　　　　　　A105000

行次	项目	账载金额	税收金额	调增金额	调减金额
		1	2	3	4
1	一、收入类调整项目（2 + 3 + 4 + 5 + 6 + 7 + 8 + 10 + 11）	*	*		
4	（三）投资收益（填写 A105030）	100	59		41

③2016 年 12 月 31 日，确认实际利息收入、收到票面利息等。

借：应收利息　　　　　　　　　　　　　　　　　　59
　　持有至到期投资——利息调整　　　　　　　　　45
　　　　贷：投资收益　　　　　　　　　　　　　　　　　104
借：银行存款　　　　　　　　　　　　　　　　　　59
　　　　贷：应收利息　　　　　　　　　　　　　　　　　　59

④2017 年 12 月 31 日，确认实际利息收入、收到票面利息等。

借：应收利息　　　　　　　　　　　　　　　　　　59
　　持有至到期投资——利息调整　　　　　　　　　50
　　　　贷：投资收益　　　　　　　　　　　　　　　　　109

借：银行存款   59

    贷：应收利息   59

⑤2018 年 12 月 31 日，确认实际利息收入、收到票面利息等。

借：应收利息   59

    持有至到期投资——利息调整   54

    贷：投资收益   113

借：银行存款   59

    贷：应收利息   59

⑥2019 年 12 月 31 日，确认实际利息收入、收到票面利息和本金。

借：应收利息   59

    持有至到期投资——利息调整   60

    贷：投资收益   119

借：银行存款   59

    贷：应收利息   59

借：银行存款   1 250

    贷：持有至到期投资——成本   1 250

2019 年度企业所得税年度纳税申报填报实务如表 3－130、表 3－131 所示（单位：元）。

表 3－130 投资收益纳税调整明细表（2019 年）   A105030

行次	项目	持有收益			处置收益							纳税调整金额
		账载金额	税收金额	纳税调整金额	会计确认的处置收入	税收计算的处置收入	处置投资的账面价值	处置投资的计税基础	会计确认的处置所得或损失	税收计算的处置所得	纳税调整金额	
		1	2	3 (2－1)	4	5	6	7	8 (4－6)	9 (5－7)	10 (9－8)	11 (3＋10)
3	三、持有至到期投资	119	59	－60	1 250	1 250	1 250	1 000	0	250	250	190
10	合计（1＋2＋3＋4＋5＋6＋7＋8＋9）	119	59	－60	1 250	1 250	1 250	1 000	0	250	250	190

表 3－131 纳税调整项目明细表（2019 年）   A105000

行次	项目	账载金额	税收金额	调增金额	调减金额
		1	2	3	4
1	一、收入类调整项目（2＋3＋4＋5＋6＋7＋8＋10＋11）	*	*	190	
4	（三）投资收益（填写 A105030）	119	309	190	

如果纳税人执行《企业会计准则第 22 号——金融工具确认和计量》（2017 年修订）及其应用指南（2018 年），会计处理时将上述案例中的"持有至到期投资"科目修改为"债权投资"科目，由于其"投资收益"项目产生的税会差异纳税调整项目类别不为本表第 1 行至第 8 行，则应在表 A105030 第 9 行"九、其他"中填报相关会计处理、税收规定以及纳税调整情况。

五、长期股权投资项目填报实务与案例解析

长期股权投资采用权益法核算纳税调整填报要点如下。

1. 取得长期股权投资时：

（1）初始投资成本＞享有被投资单位可辨认净资产公允价值份额。

借：长期股权投资——成本

　　贷：银行存款等

会计和税务处理无差异，不进行纳税调整。

（2）初始投资成本＜享有被投资单位可辨认净资产公允价值份额。

借：长期股权投资——成本

　　贷：营业外收入

会计和税务处理有差异，上述营业外收入在表 A105000 第 5 行纳税调减。

2. 被投资单位净损益发生变化时：

借：长期股权投资——损益调整

　　贷：投资收益

会计和税务处理有差异，税收尚未确认收入，在表 A105030 中纳税调减。

若亏损，减记长期股权投资账面价值，反向调整。

3. 决定分配时：

借：应收股利

　　贷：长期股权投资——损益调整

会计和税务处理有差异，税收上确认收入，在表 A105030 中纳税调增。

4. 处置收益（税收确认为损失的，本表不调整）。《企业所得税法实施条例》规定，企业在转让或者处置投资资产时，投资资产的成本，准予扣除。《国家税务总局关于贯彻落实企业所得税法若干税收问题的通知》（国税函〔2010〕79 号）规定，企业转让股权收入，应于转让协议生效且完成股权变更手续时，确认收入的实现。转让股权收入扣除为取得该股权所发生的成本后，为股权转让所得。企业在计算股权转让所得时，不得扣除被投资企业未分配利润等股东留存收益中按该项股权所可能分配的金

额。国家税务总局 2011 年第 34 号公告规定，投资企业从被投资企业撤回或减少投资，其取得的资产中，相当于初始出资的部分，应确认为投资收回；相当于被投资企业累计未分配利润和累计盈余公积按减少实收资本比例计算的部分，应确认为股息所得；其余部分确认为投资资产转让所得。

【案例 3 - 57】A 公司持有 M 公司 40% 股份，作为长期股权投资并采取权益法进行后续计量，2017 年，M 公司实现会计利润 1 000 万元，A 公司账务处理如下（单位：万元）：

借：长期股权投资——损益调整   400

贷：投资收益   400

2018 年，M 公司宣告分红 800 万元，其中 A 公司按照持股比例分得 320 万元股息红利，该股息红利符合免税收入条件。A 公司做账：

借：应收股利   320

贷：长期股权投资——损益调整   320

企业所得税年度纳税申报填报实务如表 3 - 132 至表 3 - 134 所示（单位：万元）。

表 3 - 132   投资收益纳税调整明细表（2017 年）   A105030

行次	项目	持有收益			处置收益							纳税调整金额
		账载金额	税收金额	纳税调整金额	会计确认的处置收入	税收计算的处置收入	处置投资的账面价值	处置投资的计税基础	会计确认的处置所得或损失	税收计算的处置所得	纳税调整金额	
		1	2	3 (2-1)	4	5	6	7	8 (4-6)	9 (5-7)	10 (9-8)	11 (3+10)
6	六、长期股权投资	400	0	-400								-400
10	合计（1+2+3+4+5+6+7+8+9）	400	0	-400								-400

表 3 - 133   投资收益纳税调整明细表（2018 年）   A105030

行次	项目	持有收益			处置收益							纳税调整金额
		账载金额	税收金额	纳税调整金额	会计确认的处置收入	税收计算的处置收入	处置投资的账面价值	处置投资的计税基础	会计确认的处置所得或损失	税收计算的处置所得	纳税调整金额	
		1	2	3 (2-1)	4	5	6	7	8 (4-6)	9 (5-7)	10 (9-8)	11 (3+10)
6	六、长期股权投资	0	320	320								320
10	合计（1+2+3+4+5+6+7+8+9）	0	320	320								320

表3-134　　　　免税、减计收入及加计扣除优惠明细表（2018年）　　　A107010

行次	项目	金额
1	一、免税收入（2+3+6+7+…+16）	
2	（一）国债利息收入	
3	（二）符合条件的居民企业之间的股息、红利等权益性投资收益（填写A107011）	320

【案例3-58】A企业以10 000万元取得长期股权投资，持股比例为30%，2018年度被投资单位实现账面净利润1 000万元。2019年6月5日，被投资单位宣告分配现金股利500万元，2019年6月10日，向股东支付上述现金股利。投资企业与被投资单位均以公历年度作为会计年度，两者之间采用的会计政策不存在差别，投资时被投资单位可辨认资产的公允价值与其账面价值相等。

①2019年确认被投资单位2018年度实现净利润1 000万元时：

借：长期股权投资——B公司（损益调整）　　　　　　　　3 000 000

　　贷：投资收益　　　　　　　　　　　　　　　　　　　　　3 000 000

②2019年6月5日，被投资单位宣告分配现金股利500万元时：

借：应收股利——B公司　　　　　　　　　　　　　　　　1 500 000

　　贷：长期股权投资——B公司（损益调整）　　　　　　　1 500 000

③2019年6月10日，被投资单位向股东支付上述现金股利时：

借：银行存款　　　　　　　　　　　　　　　　　　　　　1 500 000

　　贷：应收股利——B公司　　　　　　　　　　　　　　　1 500 000

税务处理：国家税务总局关于贯彻落实企业所得税法若干税收问题的通知（国税函〔2010〕79号），企业权益性投资取得股息、红利等收入，应以被投资企业股东会或股东大会作出利润分配或转股决定的日期，确定收入的实现。2018年不确认投资收益，纳税调减300万元，2019年6月5日，被投资单位宣告分配现金股利500万元时，确认投资收益150万元。

企业所得税年度纳税申报表填报实务如表3-135和表3-136所示（单位：万元）。

表3-135　　　　投资收益纳税调整明细表（2018年）　　　A105030

行次	项目	账载金额	税收金额	纳税调整金额	会计确认的处置收入	税收计算的处置收入	处置投资的账面价值	处置投资的计税基础	会计确认的处置所得或损失	税收计算的处置所得	纳税调整金额	纳税调整金额
		1	2	3（2-1）	4	5	6	7	8（4-6）	9（5-7）	10（9-8）	11（3+10）
6	六、长期股权投资	300	0	-300								-300
10	合计（1+2+3+4+5+6+7+8+9）	300	0	-300								-300

表 3 – 136　　　　　　　　　　　　纳税调整项目明细表（2018 年）　　　　　　　　　　　A105000

行次	项目	账载金额	税收金额	调增金额	调减金额
		1	2	3	4
1	一、收入类调整项目（2 + 3 + 4 + 5 + 6 + 7 + 8 + 10 + 11）	*	*		
4	（三）投资收益（填写 A105030）	300	0		300

【案例 3 – 59】承〚案例 3 – 58〛，2019 年 10 月 10 日，将上述长期股权投资转让，价款 15 000 万元。

借：银行存款　　　　　　　　　　　　　　　　　　　　　　　15 000

　　贷：长期股权投资——B 公司（损益调整）　　　　　　　　　　150

　　　　　　　　　　——B 公司（投资成本）　　　　　　　　10 000

　　　　投资收益　　　　　　　　　　　　　　　　　　　　　4 850

税务处理：税收计算的处置所得 = 15 000 – 10 000 = 5 000（万元）。

企业所得税年度纳税申报表填报实务如表 3 – 137 和表 3 – 138 所示（单位：万元）。

表 3 – 137　　　　　　　　　　　投资收益纳税调整明细表（2019 年）　　　　　　　　　　A105030

行次	项目	持有收益			处置收益							纳税调整金额
		账载金额	税收金额	纳税调整金额	会计确认的处置收入	税收计算的处置收入	处置投资的账面价值	处置投资的计税基础	会计确认的处置所得或损失	税收计算的处置所得	纳税调整金额	
		1	2	3 (2 – 1)	4	5	6	7	8 (4 – 6)	9 (5 – 7)	10 (9 – 8)	11 (3 + 10)
6	六、长期股权投资	0	150	150	15 000	15 000	10 150	10 000	4 850	5 000	150	300
10	合计（1 + 2 + 3 + 4 + 5 + 6 + 7 + 8 + 9）	0	150	150	15 000	15 000	10 150	10 000	4 850	5 000	150	300

表 3 – 138　　　　　　　　　　　纳税调整项目明细表（2019 年）　　　　　　　　　　　A105000

行次	项目	账载金额	税收金额	调增金额	调减金额
		1	2	3	4
1	一、收入类调整项目（2 + 3 + 4 + 5 + 6 + 7 + 8 + 10 + 11）	*	*		
4	（三）投资收益（填写 A105030）	4 850	5 150	300	

第六节 《专项用途财政性资金纳税调整明细表》填报实务与案例解析

一、《专项用途财政性资金纳税调整明细表》格式与填报要点

（一）《专项用途财政性资金纳税调整明细表》格式

具体格式如表 3 - 139 所示。

表 3 - 139　　　　专项用途财政性资金纳税调整明细表　　　　A105040

行次	项目	取得年度	财政性资金	其中：符合不征税收入条件的财政性资金		以前年度支出情况					本年支出情况		本年结余情况		
				金额	其中：计入本年损益的金额	前五年度	前四年度	前三年度	前二年度	前一年度	支出金额	其中：费用化支出金额	结余金额	其中：上缴财政金额	应计入本年应税收入金额
		1	2	3	4	5	6	7	8	9	10	11	12	13	14
1	前五年度														
2	前四年度					*									
3	前三年度					*	*								
4	前二年度					*	*	*							
5	前一年度					*	*	*	*						
6	本年					*	*	*	*	*					
7	合计(1+2+3+4+5+6)	*				*	*	*	*	*					

本表适用于发生符合不征税收入条件的专项用途财政性资金纳税调整项目的纳税人填报。纳税人根据税法、《财政部 国家税务总局关于专项用途财政性资金企业所得税处理问题的通知》（财税〔2011〕70号）等相关规定，以及国家统一企业会计制度，填报纳税人专项用途财政性资金会计处理、税法规定，以及纳税调整情况。本表对不

征税收入用于支出形成的费用进行调整，资本化支出通过《资产折旧、摊销及纳税调整明细表》（A105080）进行纳税调整。

（二）《专项用途财政性资金纳税调整明细表》填报要点

不征税收入纳税调整的其中一项，为了反映企业专项用途财政性资金的收、支及结余情况，设计采用台账式申报表。申报表由税务机关后续管理时使用的财政资金台账完善而成，将填列的时间跨度扩大到5个年度，与财税〔2011〕70号文件中的5年相对应，更加全面地反映了企业财政资金的使用情况，便于税务机关的管理，也便利于企业进行申报。在填报时，不分具体项目，按取得不征税收入和发生支出时间分年度进行汇总填报。

财政性资金，是指企业取得的来源于政府及其有关部门的财政补助、补贴、贷款贴息，以及其他各类财政专项资金，包括直接减免的增值税和即征即退、先征后退、先征后返的各种税收，但不包括企业按规定取得的出口退税款。

根据财税〔2008〕151号文件的规定，企业取得的各类财政性资金，除属于国家投资和资金使用后要求归还本金的以外，均应计入企业当年收入总额。但对企业取得的由国务院财政、税务主管部门规定专项用途并经国务院批准的财政性资金，准予作为不征税收入，在计算应纳税所得额时从收入总额中减除。

《财政部 国家税务总局关于专项用途财政性资金企业所得税处理问题的通知》（财税〔2011〕70号）进一步明确规定企业从县级以上各级人民政府财政部门及其他部门取得的应计入收入总额的财政性资金，凡同时符合以下条件的，可以作为不征税收入，在计算应纳税所得额时从收入总额中减除：

（1）企业从县级以上各级人民政府财政部门及其他部门取得的应计入收入总额的财政性资金，凡同时符合以下条件的，可以作为不征税收入，在计算应纳税所得额时从收入总额中减除：第一，企业能够提供规定资金专项用途的资金拨付文件；第二，财政部门或其他拨付资金的政府部门对该资金有专门的资金管理办法或具体管理要求；第三，企业对该资金以及以该资金发生的支出单独进行核算。

（2）根据实施条例第二十八条的规定，上述不征税收入用于支出所形成的费用，不得在计算应纳税所得额时扣除；用于支出所形成的资产，其计算的折旧、摊销不得在计算应纳税所得额时扣除。

（3）企业将符合该通知第一条规定条件的财政性资金作不征税收入处理后，在5年（60个月）内未发生支出且未缴回财政部门或其他拨付资金的政府部门的部分，应计入取得该资金第6年的应税收入总额；计入应税收入总额的财政性资金发生的支出，允许在计算应纳税所得额时扣除。

具体填报需要进行3个纳税调整列次：第4列"计入本年损益的金额"：填报第3

列"其中：符合不征税收入条件的财政性资金"中，会计处理时计入本年（申报年度）损益的金额，进行纳税调减。第11列"费用化支出金额"：填报纳税人历年作为不征税收入处理的符合条件的财政性资金，在本年（申报年度）用于支出计入本年损益的费用金额，进行纳税调增。用支出金额和费用化支出金额两列进行展现，支出金额（含资本化支出）用于计算资金的结余情况，费用化支出金额用于纳税调整。第14列"应计入本年应税收入金额"：填报企业以前年度取得财政性资金且已作为不征税收入处理后，在5年（60个月）内未发生支出且未缴回财政部门或其他拨付资金的政府部门，应计入本年应税收入的金额，进行纳税调增。

具体填报时需要注意：税收政策规定5年（60个月）内未使用也没退回，所以在表格设计时均放开予以填列。但第1行第14列，若结余金额——上缴财政金额应调整处理，例如，申报年度为2020年度，则第1行前五年度（2015年），按最迟取得时间2015年12月31日算，已满5年（60个月）。

二、《专项用途财政性资金纳税调整明细表》具体填报实务与案例解析

【案例3-60】按照国家有关政策，企业购置环保设备可以申请财政补贴。A企业于2018年1月向政府有关部门提交了420万元的补助申请，作为对其购置环保设备的补贴。2018年3月15日，A企业实际收到政府补助420万元。2018年4月20日A企业购入不需要安装环保设备，取得增值税专用发票注明的价款为960万元，进项税额为163.2万元，预计使用年限10年，采用直线法计提折旧，预计净残值为0。2026年4月A企业出售了该设备，取得处置价款240万元（不含税），增值税销项税额40.8万元，开具增值税专用发票。

方法一，A企业采用总额法会计处理如下：

①2018年3月15日，实际收到财政拨款属于与资产相关的政府补助，计入确认为递延收益。

借：银行存款　　　　　　　　　　　　　　　　　　4 200 000

　　贷：递延收益　　　　　　　　　　　　　　　　4 200 000

②2018年4月20日，购入环保设备并取得增值税专用发票且已认证申报抵扣。

借：固定资产　　　　　　　　　　　　　　　　　　9 600 000

　　应交税费——应交增值税（进项税额）　　　　　1 632 000

　　贷：银行存款　　　　　　　　　　　　　　　　11 232 000

③自2018年5月起，每月末直线法计提折旧，同时分摊递延收益。

A. 假设该环保设备用于减少产品污染物排放，其折旧费用记入"制造费用"科目。

　　借：制造费用　　　　　　　　　　　　　　　　　　　　　　　　80 000

　　　　贷：累计折旧（9 600 000 ÷ 10 ÷ 12）　　　　　　　　　　　80 000

　　B. 月末在相关资产使用寿命内按照合理、系统的方法分摊递延收益计入损益，由于购置该环保设备取得政府补助属于与企业日常活动有关的政府补助，企业应记入"其他收益"科目。

　　借：递延收益（4 200 000 ÷ 10 ÷ 12）　　　　　　　　　　　　35 000

　　　　贷：其他收益　　　　　　　　　　　　　　　　　　　　　　35 000

　　④2026 年 4 月出售设备同时一次性转销"递延收益"科目余额。

　　A. 出售设备：

　　借：固定资产清理　　　　　　　　　　　　　　　　　　　　1 920 000

　　　　累计折旧［（8 + 7 × 12 + 4）× 9 600 000 ÷ 10 ÷ 12］　　7 680 000

　　　　贷：固定资产　　　　　　　　　　　　　　　　　　　　9 600 000

　　借：银行存款　　　　　　　　　　　　　　　　　　　　　　2 808 000

　　　　贷：固定资产清理　　　　　　　　　　　　　　　　　　2 808 000

　　借：固定资产清理　　　　　　　　　　　　　　　　　　　　　408 000

　　　　贷：应交税费——应交增值税（销项税额）　　　　　　　　408 000

　　借：固定资产清理　　　　　　　　　　　　　　　　　　　　　480 000

　　　　贷：资产处置损益——处置非流动资产利得　　　　　　　　480 000

　　B. 应将剩余的递延收益全部转入资产处置当期损益，即一次性转销"递延收益"科目余额 = 420 − 420 ÷ 10 ×（8 + 7 × 12 + 4）÷ 12 = 84（万元）。

　　借：递延收益　　　　　　　　　　　　　　　　　　　　　　　840 000

　　　　贷：营业外收入——政府补助利得　　　　　　　　　　　　840 000

　　⑤作为不征税收入的政府补助相关税务处理。《财政部、国家税务总局关于专项用途财政性资金企业所得税处理问题的通知》（财税〔2011〕70 号）第一条规定，企业从县级以上各级人民政府财政部门及其他部门取得的应计入收入总额的财政性资金，凡同时符合以下条件的，可以作为不征税收入，在计算应纳税所得额时从收入总额中减除。第一，企业能够提供规定资金专项用途的资金拨付文件；第二，财政部门或其他拨付资金的政府部门对该资金有专门的资金管理办法或具体管理要求；第三，企业对该资金以及以该资金发生的支出单独进行核算。上述不征税收入用于支出所形成的费用，不得在计算应纳税所得额时扣除；用于支出所形成的资产，其计算的折旧、摊销不得在计算应纳税所得额时扣除。

　　2018 年 3 月 15 日，实际收到财政拨款如果符合企业所得税法规定的不征税收入条件，不计入实际取得当年的应纳税所得额，但是，政府补助形成固定资产的计税基础为 540 万元，即 420 万元政府补助部分不得计算相应的资产折旧在税前扣除。

2018 年，按照会计准则处理计入其他收益为 280 000 元（35 000×8），按照税法规定不征税收入计入当年应纳税所得额为 0 元，税会差异为 280 000 元，当年企业所得税汇算清缴时应纳税调减 280 000 元；相应地，不征税收入形成资产折旧 280 000 元也不得在税前扣除，当年企业所得税汇算清缴时应纳税调增 280 000 元。企业所得税年度纳税申报填报实务如表 3-140、表 3-141 所示（单位：万元）。

表 3-140　　　　专项用途财政性资金纳税调整明细表（2018 年）　　　A105040

行次	项目	取得年度	财政性资金	其中：符合不征税收入条件的财政性资金		以前年度支出情况					本年支出情况		本年结余情况		
				金额	其中：计入本年损益的金额	前五年度	前四年度	前三年度	前二年度	前一年度	支出金额	其中：费用化支出金额	结余金额	其中：上缴财政金额	应计入本年应税收入金额
		1	2	3	4	5	6	7	8	9	10	11	12	13	14
1	前五年度														
2	前四年度					*									
3	前三年度					*	*								
4	前二年度					*	*	*							
5	前一年度					*	*	*	*						
6	本年	2018 年	420	420	28	*	*	*	*	*	420	0	0	0	0
7	合计（1+2+3+4+5+6）	*	420	420	28	*	*	*	*	*	420	0	0	0	0

表 3-141　　　　　　　　纳税调整项目明细表（2018 年）　　　　　　A105000

行次	项目	账载金额	税收金额	调增金额	调减金额
		1	2	3	4
1	一、收入类调整项目（2+3+4+5+6+7+8+10+11）	*	*		28
8	（七）不征税收入	*	*		
9	其中：专项用途财政性资金（填写 A105040）	*	*		28
12	二、扣除类调整项目（13+14+15+16+17+18+19+20+21+22+23+24+26+27+28+29）	*	*		
24	（十二）不征税收入用于支出所形成的费用	*	*		*
25	其中：专项用途财政性资金用于支出所形成的费用（填写 A105040）	*	*		*
30	三、资产类调整项目（31+32+33+34）	*	*		
32	（一）资产折旧、摊销（填写 A105080）	64	36	28	
43	合计（1+12+30+35+41+42）	*	*	28	28

2019 年 1 月至 2025 年，按照会计准则处理计入其他收益 420 000 元，按照税法规定不征税收入计入当年应纳税所得额为 0 元，税会差异为 420 000 元，每年企业所得税汇算清缴时应纳税调减 420 000 元；相应地，不征税收入形成资产折旧 420 000 元也不得在税前扣除，当年企业所得税汇算清缴时应纳税调增 420 000 元。企业所得税年度纳税申报填报实务如表 3 - 142、表 3 - 143 所示（单位：万元）。

表 3 - 142　　　　专项用途财政性资金纳税调整明细表 （2019 年）　　　　A105040

行次	项目	取得年度	财政性资金	其中：符合不征税收入条件的财政性资金		以前年度支出情况					本年支出情况		本年结余情况		
				金额	其中：计入本年损益的金额	前五年度	前四年度	前三年度	前二年度	前一年度	支出金额	其中：费用化支出金额	结余金额	其中：上缴财政金额	应计入本年应税收入金额
			1	2	3	4	5	6	7	8	9	10	11	12	13	14
1	前五年度														
2	前四年度					*									
3	前三年度					*	*								
4	前二年度					*	*	*							
5	前一年度	2018 年	420	420	42	*	*	*	*	420	0	0	0	0	0
6	本年	2019 年				*	*	*	*	*					
7	合计 (1 + 2 + 3 + 4 + 5 + 6)	*	420	420	42	*	*	*	*	*	0	0	0	0	0

表 3 - 143　　　　　　　纳税调整项目明细表 （2019 年）　　　　　　A105000

行次	项目	账载金额	税收金额	调增金额	调减金额
		1	2	3	4
1	一、收入类调整项目 （2 + 3 + 4 + 5 + 6 + 7 + 8 + 10 + 11）	*	*		42
8	（七）不征税收入	*	*		42
9	其中：专项用途财政性资金 （填写 A105040）	*	*		42
12	二、扣除类调整项目 （13 + 14 + 15 + 16 + 17 + 18 + 19 + 20 + 21 + 22 + 23 + 24 + 26 + 27 + 28 + 29）	*	*		
24	（十二）不征税收入用于支出所形成的费用	*	*		*
25	其中：专项用途财政性资金用于支出所形成的费用 （填写 A105040）	*	*		*
30	三、资产类调整项目 （31 + 32 + 33 + 34）	*	*	42	
32	（一）资产折旧、摊销 （填写 A105080）	96	54	42	
45	合计 （1 + 12 + 30 + 35 + 41 + 42）	*	*	42	42

2026 年，按照会计准则处理计入其他收益为 140 000 元，计入营业外收入为 840 000元，按照税法规定不征税收入计入当年应纳税所得额为 0 元，税会差异为 980 000元，当年企业所得税汇算清缴时应纳税调减 980 000 元；相应地，不征税收入形成资产折旧 140 000 元也不得在税前扣除，当年企业所得税汇算清缴时应纳税调增 140 000 元。出售固定资产会计核算的资产处置损益——处置非流动资产利得 480 000 元，税法计算的财产转让所得 = 2 808 000 - 408 000 - 1 080 000 = 1 320 000（元），税会差异为 840 000 元（1 320 000 - 480 000），当年企业所得税汇算清缴时应纳税调增 840 000 元。企业所得税年度纳税申报填报实务如表 3 - 144 所示（单位：万元）。

表 3 - 144　　　　　　　　　　纳税调整项目明细表（2026 年）　　　　　　　　A105000

行次	项目	账载金额	税收金额	调增金额	调减金额
		1	2	3	4
1	一、收入类调整项目（2 + 3 + 4 + 5 + 6 + 7 + 8 + 10 + 11）	*	*	84	98
8	（七）不征税收入	98	0		98
11	（九）其他	48	132	84	
31	三、资产类调整项目（32 + 33 + 34 + 35）	*	*	14	
32	（一）资产折旧、摊销（填写 A105080）	32	18	14	
45	合计（1 + 12 + 31 + 36 + 43 + 44）	*	*	98	98

方法二，A 企业采用净额法会计处理如下：

①2018 年 3 月 15 日，实际收到财政拨款确认递延收益。

借：银行存款　　　　　　　　　　　　　　　　　　　　　4 200 000

　　贷：递延收益　　　　　　　　　　　　　　　　　　　　　　4 200 000

②2018 年 4 月 20 日购入设备。

借：固定资产　　　　　　　　　　　　　　　　　　　　　9 600 000

　　应交税费——应交增值税（进项税额）　　　　　　　　1 632 000

　　贷：银行存款　　　　　　　　　　　　　　　　　　　　　11 232 000

同时，确认属于与资产相关的政府补助，应当冲减固定资产的账面价值。

借：递延收益　　　　　　　　　　　　　　　　　　　　　4 200 000

　　贷：固定资产　　　　　　　　　　　　　　　　　　　　　4 200 000

③自 2018 年 5 月起，每月末按照直线法计提折旧，假设该环保设备用于减少产品污染物排放，折旧费用记入"制造费用"科目。

借：制造费用　　　　　　　　　　　　　　　　　　　　　45 000

　　贷：累计折旧［（9 600 000 - 4 200 000）÷ 10 ÷ 12］　　　45 000

④2026 年 4 月出售该环保设备。

借：固定资产清理　　　　　　　　　　　　　　　　　　　1 080 000

累计折旧 $[（8+7×12+4）×5\ 400\ 000÷10÷12]$ 　　　　4 320 000

　　贷：固定资产（9 600 000 – 4 200 000）　　　　　　　　　5 400 000

借：银行存款　　　　　　　　　　　　　　　　　　　　2 808 000

　　贷：固定资产清理　　　　　　　　　　　　　　　　　　　2 808 000

借：固定资产清理　　　　　　　　　　　　　　　　　　　408 000

　　贷：应交税费——应交增值税（销项税额）　　　　　　　　408 000

借：固定资产清理　　　　　　　　　　　　　　　　　　1 320 000

　　贷：资产处置损益——处置非流动资产利得　　　　　　　　1 320 000

⑤作为不征税收入的政府补助相关税务处理。2018 年 3 月 15 日，实际收到财政拨款如果符合企业所得税法规定的不征税收入条件，不计入实际取得当年的应纳税所得额，但是，政府补助形成固定资产的计税基础为 540 万元，即 420 万元政府补助部分不得计算相应的资产折旧在税前扣除。

2018 年，按照会计准则处理冲减固定资产账面价值 4 200 000 元，计入当期损益 0 元，按照税法不征税收入规定计入当年应纳税所得额为 0 元，无税会差异。固定资产的初始计税基础为 5 400 000 元，账面价值为 5 400 000 元，会计核算折旧为 360 000 元（45 000 × 8），税法计算税前扣除折旧为 360 000 元（45 000 × 8），无税会差异。

2019 年 1 月至 2025 年，会计核算折旧为 540 000 元（45 000 × 12），税法计算税前扣除折旧为 540 000 元（45 000 × 12），无税会差异。

2026 年，按照会计准则的规定出售固定资产计入资产处置损益为 1 320 000 元，按照税法规定计算的转让固定资产所得 = 2 808 000 – 408 000 – 1 080 000 = 1 320 000（元），无税会差异。

【案例 3 – 61】甲公司为一家粮食储备企业，执行《企业会计准则》，2017 年实际粮食储备量 1.5 亿斤，根据国家有关规定，财政部门按照企业当年的实际储备量给予每斤 0.04 元的粮食保管费补贴，款项于次年 2 月支付。2018 年 2 月 10 日，甲公司收到财政拨付的补贴款，甲公司作为不征税收入处理，2018 年实际支出粮食保管费 580 万元（单位：万元）。

分析：①2017 年的会计和税务处理。2017 年 12 月 31 日，确认应收的粮食保管费补贴款 = 15 000 × 0.04 = 600（万元）。

借：其他应收款　　　　　　　　　　　　　　　　　　　600

　　贷：其他收益　　　　　　　　　　　　　　　　　　　　　600

税务处理：2017 年，对于应收的粮食保管费补贴，由于并未实际收到，不确认为当年的收入，因此，甲公司在 2017 年度企业所得税汇算清缴时，应调减应纳税所得额

600 万元。企业所得税年度纳税申报填报实务如表 3 - 145、表 3 - 146 所示。

表 3 - 145　　　　　　　纳税调整项目明细表（2017 年）　　　　　　A105000

行次	项目	账载金额	税收金额	调增金额	调减金额
		1	2	3	4
1	一、收入类调整项目（2 + 3 + 4 + 5 + 6 + 7 + 8 + 10 + 11）	*	*		600
11	（九）其他	600	0		600

表 3 - 146　　　　　　　一般企业收入明细表（2017 年）

行次	项目	金额
16	二、营业外收入（17 + 18 + 19 + 20 + 21 + 22 + 23 + 24 + 25 + 26）	600
20	（四）政府补助利得	600

②2018 年的会计和税务处理如下。

A. 2018 年 2 月 10 日，实际收到粮食保管费补贴款 600 万元。

借：银行存款　　　　　　　　　　　　　　　　　　　　　　　600

　　贷：其他应收款　　　　　　　　　　　　　　　　　　　　　　　600

B. 2018 年，实际支出粮食保管费 580 万元。

借：管理费用　　　　　　　　　　　　　　　　　　　　　　　580

　　贷：银行存款　　　　　　　　　　　　　　　　　　　　　　　580

税务处理：对于实际收到的粮食保管费补贴 600 万元，符合不征税收入条件作为不征税收入处理，但不征税收入用于实际支出粮食保管费 580 万元也不得税前扣除。因此，甲公司 2018 年度企业所得税汇算清缴时，应调增应纳税所得额 580 万元。企业所得税年度纳税申报填报实务如表 3 - 147、表 3 - 148 所示。

表 3 - 147　　　　　专项用途财政性资金纳税调整明细表（2018 年）　　　　A105040

行次	项目	取得年度	财政性资金	其中：符合不征税收入条件的财政性资金		以前年度支出情况					本年支出情况		本年结余情况		
				金额	其中：计入本年损益的金额	前五年度	前四年度	前三年度	前二年度	前一年度	支出金额	其中：费用化支出金额	结余金额	其中：上缴财政金额	应计入本年应税收入金额
				1	2	3	4	5	6	7	8	9	10	11	12	13	14
1	前五年度														
2	前四年度					*									
3	前三年度					*	*								
4	前二年度					*	*	*							

续表

行次	项目	取得年度	财政性资金	其中：符合不征税收入条件的财政性资金 金额	其中：计入本年损益的金额	以前年度支出情况 前五年度	前四年度	前三年度	前二年度	前一年度	本年支出情况 支出金额	其中：费用化支出金额	本年结余情况 结余金额	其中：上缴财政金额	应计入本年应税收入金额
		1	2	3	4	5	6	7	8	9	10	11	12	13	14
5	前一年度					*	*	*	*						
6	本年	2018年	600	600	0	*	*	*		*	580	580	20		
7	合计(1+2+3+4+5+6)	*	600	600	0	*	*	*		*	580	580	20		

表3-148　　　　　　　　　　纳税调整项目明细表（2018年）　　　　　　　　　　A105000

行次	项目	账载金额 1	税收金额 2	调增金额 3	调减金额 4
1	一、收入类调整项目（2+3+4+5+6+7+8+10+11）	*	*		
8	（七）不征税收入	*	*		0
9	其中：专项用途财政性资金（填写A105040）	*	*		0
12	二、扣除类调整项目（13+14+15+16+17+18+19+20+21+22+23+24+26+27+28+29）	*	*		
24	（十二）不征税收入用于支出所形成的费用	*	*	580	*
25	其中：专项用途财政性资金用于支出所形成的费用（填写A105040）	*	*	580	*

【案例3-62】某软件公司（一般纳税人）销售其自行开发生产的软件产品，增值税税率为13%。假如该企业当月销售软件系统500万元（含税价），当月可抵扣进项税额20万元。请计算应退税额和进行会计和税务处理。

①增值税处理。按照《财政部、国家税务总局关于软件产品增值税政策的通知》（财税〔2011〕100号）规定，增值税一般纳税人销售其自行开发生产的软件产品，按13%税率征收增值税后，对其增值税实际税负超过3%的部分实行即征即退政策。享受退税的软件销售，软件需到税务局备案，备案所需材料如下：《软件著作权证书》或《软件产品证书》；软件测试报告等材料。

软件产品增值税即征即退税额的计算：即征即退税额＝当期软件产品增值税应纳税额－当期软件产品销售额×3%＝[500÷(1+13%)×13%－20]－500÷(1+13%)×3%＝24.25（万元）。

②企业所得税处理。取得的即征即退增值税款24.25万元，因为企业专项用于软

件产品研发和扩大再生产并单独进行核算，可以作为不征税收入，在计算应纳税所得额时从收入总额中减除。也可以按照《国家税务总局关于企业所得税应纳税所得额若干税务处理问题的公告》（国家税务总局 2012 年第 15 号公告）第七条的规定，企业取得的不征税收入，应按照《财政部、国家税务总局关于专项用途财政性资金企业所得税处理问题的通知》（财税〔2011〕70 号）的规定进行处理。凡未按照《通知》规定进行管理的，应作为企业应税收入计入应纳税所得额，依法缴纳企业所得税。

③会计准则规定，税收返还是政府按照国家有关规定采取先征后返（退）、即征即退等办法向企业返还的税款，属于以税收优惠形式给予的一种政府补助。会计和税务处理如下（单位：万元）：

借：银行存款等   500

    贷：主营业务收入   442.48

        应交税费——应交增值税（销项税额）   57.52

借：其他应收款——增值税退税   24.25

    贷：其他收益   24.25

借：银行存款   24.25

    贷：其他应收款——增值税退税   24.25

第四章

《纳税调整项目明细表》扣除类项目
填报实务与案例解析

第一节　《纳税调整项目明细表》主表扣除类项目
填报实务与案例解析

一、《纳税调整项目明细表》主表扣除类项目格式

具体格式如表 4 – 1 所示。

表 4 – 1　　　　　　　纳税调整项目明细表（扣除类调整项目）　　　　　　A105000

行次	项目	账载金额	税收金额	调增金额	调减金额
		1	2	3	4
12	二、扣除类调整项目（13 + 14 + …24 + 26 + 27 + 28 + 29 + 30）	*	*		
13	（一）视同销售成本（填写 A105010）	*		*	
14	（二）职工薪酬（填写 A105050）				
15	（三）业务招待费支出				*
16	（四）广告费和业务宣传费支出（填写 A105060）	*	*		
17	（五）捐赠支出（填写 A105070）				
18	（六）利息支出				
19	（七）罚金、罚款和被没收财物的损失		*		*
20	（八）税收滞纳金、加收利息		*		*
21	（九）赞助支出		*		*
22	（十）与未实现融资收益相关在当期确认的财务费用				
23	（十一）佣金和手续费支出（保险企业填写 A105060）				
24	（十二）不征税收入用于支出所形成的费用	*	*		*

行次	项目	账载金额	税收金额	调增金额	调减金额
		1	2	3	4
25	其中：专项用途财政性资金用于支出所形成的费用（填写 A105040）	*	*		*
26	（十三）跨期扣除项目				
27	（十四）与取得收入无关的支出		*		*
28	（十五）境外所得分摊的共同支出	*	*		*
29	（十六）党组织工作经费				
30	（十七）其他				

二、业务招待费支出调整项目填报实务与案例解析

业务招待费，是指企业在经营管理等活动中用于招待应酬而支付的各种费用，主要包括对外公关交往、接待客户、业务洽谈等所发生的费用。在实务中，业务招待费主要包括但不限于：（1）因企业生产经营需要对外宴请用餐和住宿的费用。（2）因企业生产经营需要赠送特产的费用。（3）因企业生产经营需要而发生的旅游景点参观费和交通费及其他费用的开支。（4）因企业生产经营需要而发生的业务关系人员的差旅费开支。A105000《纳税调整项目明细表》第15行"（三）业务招待费支出"：第1列"账载金额"填报纳税人会计核算计入当期损益的业务招待费金额。第2列"税收金额"填报按照税法规定允许税前扣除的业务招待费支出的金额。第3列"调增金额"为第1－第2列金额。本行2017年版与2014年版申报表填报说明相比，删除2014年版中"即：'本行第1列×60%'与当年销售（营业收入）×5‰的孰小值"的表述，纳税人需要分析计算填列。具体纳税申报要点如下：

1. 业务招待费支出扣除基数。按照税法规定，企业正常生产经营期间发生的当期业务招待费支出税前扣除基数＝销售（营业）收入＋视同销售（营业）收入＋（房地产开发企业销售未完工产品的收入－销售未完工产品转完工产品确认的销售收入）＋从事股权投资业务的企业（包括集团公司总部、创业投资企业等）从被投资企业所分配的股息、红利以及股权转让收入。

企业在筹建期间发生的当期业务招待费支出，应按照《国家税务总局关于企业所得税应纳税所得额若干税务处理问题的公告》（国家税务总局2012年第15号公告）的规定，企业在筹建期间，发生的与筹办活动有关的业务招待费支出，可按实际发生额的60%计入企业筹办费，并按有关规定在税前扣除；发生的广告费和业务宣传费，可按实际发生额计入企业筹办费，并按有关税法规定在税前扣除，不在此项目进行纳税调整，而在A105080《资产折旧、摊销情况及纳税调整明细表》"开办费"项目进行填报及纳税调整。

2. 纳税人会计核算违反国家统一会计制度将当期业务招待费计入相关资产成本或

其他项目的，首先，要调整纳税人会计核算计入当期损益的业务招待费金额；其次，与税收准予扣除金额比较，进行纳税调整。按照会计准则和税法规定，业务招待费不得计入相关资产成本，通过折旧、摊销或者结转销售成本方式在税前扣除。《国家税务总局关于做好中国石油化工集团公司税收风险管理后续工作的通知》（税总发〔2013〕100号）规定，业务招待费用支出超过税法规定扣除标准，未作纳税调整。例如，部分企业技术开发、消防警卫、外宾接待、在建工程、特批费和奥运会专项经费中发生的业务招待费，未并入业务招待费总额计算纳税调整。

3. 未取得合法、有效凭证的税前扣除问题。由于我国税前扣除普遍实施"以票控税"，合法性一般以合法有效凭证为依据，按照《发票管理办法》及其实施细则、《国家税务总局关于开展打击制售假发票和非法代开发票专项整治行动有关问题的通知》（国税发〔2008〕40号）、《国家税务总局关于加强企业所得税管理的意见》（国税发〔2008〕88号）、《国家税务总局关于进一步加强普通发票管理工作的通知》（国税发〔2008〕80号）、《国家税务总局关于发布〈企业所得税税前扣除凭证管理办法〉的公告》（国家税务总局公告2018年第28号）和《国家税务总局关于认真做好2011年打击发票违法犯罪活动工作的通知》（国税发〔2011〕25号）等文件的规定，未按规定取得的合法有效凭据不得在税前扣除。例如无税务监制章发票、未填写购买方的纳税人识别号或统一社会信用代码、未加盖发票专用章发票、购买方单位名称不符、不是全称或无单位名称发票、以其他单据或白条替代发票等，不得在税前扣除。

【案例4-1】某企业2020年销售收入5亿元，发生的与生产、经营有关的业务招待费支出300万元，则该企业2020年业务招待费扣除限额为250万元（50 000万元×5‰），业务招待费发生额60%的部分是180万元（300×60%），由于250万元>180万元，所以该企业业务招待费应调增应纳税所得额120万元（业务招待费发生额300×40%）。2020年企业所得税年度纳税申报填报实务如表4-2所示（单位：万元）。

表4-2　　　　　　　　纳税调整项目明细表（2020年）　　　　　　　　A105000

行次	项目	账载金额	税收金额	调增金额	调减金额
		1	2	3	4
12	二、扣除类调整项目（13+14+…+30）	*	*	120	0
15	（三）业务招待费支出	300	180	120	*

【案例4-2】某企业2020年销售收入3亿元，发生的与生产经营有关的业务招待费支出300万元，则该企业2020年业务招待费扣除限额150万元（30 000万元×5‰），业务招待费发生额60%的部分是180万元（300×60%），由于150万元<180万元，所以该企业业务招待费应调增应纳税所得额150万元（180-150+300×40%）。2020年企业所得税年度纳税申报填报实务如表4-3所示。

表 4 - 3 　　　　　　　　　　　纳税调整项目明细表（2020 年）　　　　　　　　A105000

行次	项目	账载金额	税收金额	调增金额	调减金额
		1	2	3	4
12	二、扣除类调整项目（13＋14＋…＋30）	*	*	150	0
15	（三）业务招待费支出	300	150	150	*

【案例 4 - 3】某企业 2020 年发生与生产经营有关的业务招待费 9 万元，会计核算已全部记入"管理费用"科目，其中 2 万元业务招待费未按规定取得税前扣除凭证，假设当年业务招待费支出税前扣除依据的营业收入基数为 5 000 万元。

分析：按照国家税务总局《关于发布〈企业所得税税前扣除凭证管理办法〉的公告》（国家税务总局公告 2018 年第 28 号）相关规定，汇算清缴结束前未按规定取得合法有效税前凭证的，其相应支出不得在发生年度税前扣除。本例中，业务招待费中不符合税法规定的税前扣除凭证入账金额为 2 万元，应纳税调增 2 万元。剩余取得税前扣除凭证的业务招待费 7 万元，按照 25 万元（5 000×0.5%）与 4.2 万元（7×60%）两者中的孰低者 4.2 万元作为税前扣除限额，业务招待费纳税调增金额＝7－4.2＝2.8（万元），该业务合计纳税调增 4.8 万元（2.8＋2）。同时，在表 A104000《期间费用明细表》第 4 行"四、业务招待费"第 3 列"管理费用"项目中填报 7 万元，第 25 行"二十五、其他"第 3 列"管理费用"项目中填报 2 万元。

2020 年企业所得税年度纳税申报填写实务如表 4 - 4 所示（单位：万元）。

表 4 - 4 　　　　　　　　　　　纳税调整项目明细表（2020 年）　　　　　　　　A105000

行次	项目	账载金额	税收金额	调增金额	调减金额
		1	2	3	4
12	二、扣除类调整项目（13＋14＋…＋30）	*	*	4.8	
15	（三）业务招待费支出	7	4.2	2.8	*
30	（十七）其他	2	0	2	

另一种填报思路是，首先，计算出该笔业务可以税前扣除的业务招待费金额 4.2 万元；其次，在表 A105000 第 15 行"（三）业务招待费"第 1 列"账载金额"填报 9 万元，第 2 列"税收金额"填报 5.4 万元（9×60% 与 5 000×0.5% 孰小值），第 3 列"调增金额"填报 3.6 万元；最后，在表 A105000 第 30 行"（十七）其他"第 1 列"账载金额"填报 1.2 万元（4.8－3.6），第 2 列"税收金额"填报 0，第 3 列"调增金额"填报 1.2 万元。同时，在表 A104000《期间费用明细表》第 4 行"四、业务招待费"第 3 列"管理费用"项目中填报 9 万元。

【案例 4 - 4】某企业 2020 年发生与生产经营有关的业务招待费 10 万元，会计核算已全部记入"管理费用"科目，其中 3 万元业务招待费未按规定取得税前扣除凭证，假设当年业务招待费支出税前扣除依据的营业收入基数为 800 万元。

分析：按照国家税务总局《关于发布〈企业所得税税前扣除凭证管理办法〉的公

告》（国家税务总局公告 2018 年第 28 号）相关规定，汇算清缴结束前未按规定取得合法有效税前凭证的，其相应支出不得在发生年度税前扣除。本例中，业务招待费中不符合税法规定的税前扣除凭证入账金额为 3 万元，应纳税调增 3 万元。剩余取得税前扣除凭证的业务招待费 7 万元，按照 4 万元（800×0.5%）与 4.2 万元（7×60%）两者中的孰低者 4 万元作为税前扣除限额，业务招待费纳税调增金额 = 7 - 4 = 3（万元），该业务合计纳税调增 6 万元（3 + 3）。同时，在表 A104000《期间费用明细表》第 4 行"四、业务招待费"第 3 列"管理费用"项目中填报 7 万元，第 25 行"二十五、其他"第 3 列"管理费用"项目中填报 3 万元。

2020 年企业所得税年度纳税申报填写实务如表 4 - 5 所示（单位：万元）。

表 4 - 5　　　　　　　　纳税调整项目明细表（2020 年）　　　　　　　　A105000

行次	项目	账载金额	税收金额	调增金额	调减金额
		1	2	3	4
12	二、扣除类调整项（13 + 14 + … + 30）	*	*	6	
15	（三）业务招待费支出	7	4	3	*
30	（十七）其他	3	0	3	

另一种填报思路是，首先，计算出该笔业务可以税前扣除的业务招待费金额 4 万元，不得税前扣除 6 万元；其次，在表 A105000 第 15 行"（三）业务招待费"第 1 列账载金额填报 10 万元，第 2 列税收金额填报 4 万元（10×60% 与 800×0.5% 孰小值），第 3 列调增金额填报 6 万元，由于调增金额已经调整充分，不需要再通过表 A105000 第 30 行"（十七）其他"中进行纳税调整。同时，在表 A104000《期间费用明细表》第 4 行"四、业务招待费"第 3 列"管理费用"项目中填报 10 万元。

三、利息支出调整项目填报实务与案例解析

A105000《纳税调整项目明细表》第 18 行"（六）利息支出"：第 1 列"账载金额"填报纳税人向非金融企业借款，会计核算计入当期损益的利息支出的金额；第 2 列"税收金额"填报按照税法规定允许税前扣除的利息支出的金额；若第 1 列 ≥ 第 2 列，将第 1 列减第 2 列余额填入第 3 列"调增金额"，若第 1 列 < 第 2 列，将第 1 列减第 2 列余额的绝对值填入第 4 列"调减金额"。具体纳税申报要点如下：

1. 借款利息支出扣除标准。《企业所得税法实施条例》第三十八条规定，企业在生产经营活动中发生的下列利息支出，准予扣除：非金融企业向金融企业借款的利息支出、金融企业的各项存款利息支出和同业拆借利息支出、企业经批准发行债券的利息支出；非金融企业向非金融企业借款的利息支出，不超过按照金融企业同期同类贷款利率计算的数额的部分。问：企业因资金原因计提未实际支付的借款利息，是否可

以税前扣除？2010年6月21日，国家税务总局纳税服务司解答：《企业所得税法》及《企业所得税法实施条例》规定发生的借款利息准予扣除，这里的利息支出要求实际发生，也即实际支付。即会计上只计提没有实际支付的利息，应进行纳税调增，实际支付时再进行纳税调减。企业在计算当期可以扣除的借款利息时，对于非金融企业向非金融企业借款的利息支出，必须凭增值税发票，按照税法的有关规定和标准在税前扣除。

【案例4-5】2017年7月1日，甲公司从乙公司借入一笔短期借款用于补充流动资金不足，借款本金为120万元，期限为1年，年利率为6%，合同约定2018年7月1日到期时一次还本付息，假设合同利率与市场利率相等，甲公司会计和税务处理如下（单位：万元）。

①2017年7月1日，借入短期借款时：

借：银行存款　　　　　　　　　　　　　　　　　　　　　　120

　　贷：短期借款——本金　　　　　　　　　　　　　　　　　　120

②2017年12月31日，计提借款利息：

120×6/12×6% = 3.6（万元）

借：财务费用　　　　　　　　　　　　　　　　　　　　　　3.6

　　贷：短期借款——利息　　　　　　　　　　　　　　　　　　3.6

③税务处理：2017年企业所得税年度纳税申报填报实务如表4-6所示。

表4-6　　　　　　　　　　　　纳税调整项目明细表（2017年）　　　　　　　　　　A105000

行次	项目	账载金额	税收金额	调增金额	调减金额
		1	2	3	4
12	二、扣除类调整项目（13+14+…+30）	*	*	3.6	
18	（六）利息支出	3.6	0	3.6	

④2018年7月1日，还本付息借款利息：

120×（1+6%）= 127.2（万元）

借：短期借款——本金　　　　　　　　　　　　　　　　　　120

　　　　　　——利息　　　　　　　　　　　　　　　　　　　3.6

　　财务费用　　　　　　　　　　　　　　　　　　　　　　3.6

　　贷：银行存款　　　　　　　　　　　　　　　　　　　　127.2

⑤税务处理：2018年企业所得税年度纳税申报填报实务如表4-7所示。

表4-7　　　　　　　　　　　　纳税调整项目明细表（2018年）　　　　　　　　　　A105000

行次	项目	账载金额	税收金额	调增金额	调减金额
		1	2	3	4
12	二、扣除类调整项目（13+14+…+30）	*	*		3.6
18	（六）利息支出	3.6	7.2		3.6

2. 区分资本性借款利息支出与收益性借款利息支出。根据《企业所得税法实施条例》第三十七条的相关规定，资本性借款利息支出应当分期扣除或者计入有关资产成本按照规定扣除；收益性借款利息支出可在发生当期扣除。《国家税务总局关于企业所得税应纳税所得额若干税务处理问题的公告》（国家税务总局 2012 年第 15 号公告）关于企业融资费用支出税前扣除问题明确规定，企业通过发行债券、取得贷款、吸收保户储金等方式融资而发生的合理的费用支出，符合资本化条件的，应计入相关资产成本；不符合资本化条件的，应作为财务费用（包括手续费及佣金支出），准予在企业所得税前据实扣除。

3. 企业由于投资者投资未到位而发生的利息支出扣除。按照《国家税务总局关于企业投资者投资未到位而发生的利息支出企业所得税前扣除问题的通知》（国税函〔2009〕312 号）的规定进行处理。

4. 企业向自然人借款的利息支出税前扣除。按照《国家税务总局关于企业向自然人借款的利息支出企业所得税税前扣除问题的通知》（国税函〔2009〕777 号）的规定进行处理。

5. 金融企业同期同类贷款利率确定。按照《国家税务总局关于企业所得税若干问题的公告》（国家税务总局公告 2011 年第 34 号）的规定进行处理。

6. 利息支出税前扣除的合法凭证问题。按照《国家税务总局关于印发〈进一步加强税收征管若干具体措施〉的通知》（国税发〔2009〕114 号）第六条规定，未按规定取得的合法有效凭据不得在税前扣除。企业向自然人借款支出应真实、合法、有效，借出方个人应按规定缴纳相关税费，并开具相应的发票，支出利息方应取得该发票后才可以在税前扣除。

7. 关联方借款税前扣除。按照《企业所得税法》第四十六条、《企业所得税法实施条例》第一百一十九条和《财政部、国家税务总局关于企业关联方利息支出税前扣除标准有关税收政策问题的通知》（财税〔2008〕121 号）等的规定进行处理。

【案例 4 - 6】甲企业注册资金 1 000 万元，其中有关联企业 C 公司的权益性投资 800 万元，占 80% 的股份。2018 年期初甲企业所有者权益为：实收资本 1 000 万元，未分配利润 200 万元、盈余公积 40 万元、资本公积 10 万元，合计 1 250 万元，甲企业在 2018 年度向 C 公司借款（取得债权性投资）3 000 万元，按不超过本省金融企业同期同类贷款利率支付利息，且无应资本化的情形。甲企业 2018 年每月新增未分配利润和月平均权益投资计算结果如表 4 - 8 所示。

表 4 - 8　　　　　　　　　月平均权益性投资计算表　　　　　　　　　单位：万元

项目\月份	实收资本		资本公积		盈余公积		未分配利润		权益性投资期末金额	月平均权益性投资	C 公司享有 80% 份额
	期初	期末	期初	期末	期初	期末	期初	期末			
1	1 000	1 000	10	10	40	40	200	220	1 270	1 260	1 008
2	1 000	1 000	10	10	40	40	220	240	1 290	1 280	1 024

项目 月份	实收资本		资本公积		盈余公积		未分配利润		权益性投资期末金额	月平均权益性投资	C公司享有80%份额
	期初	期末	期初	期末	期初	期末	期初	期末			
3	1 000	1 000	10	10	40	40	240	260	1 310	1 300	1 040
4	1 000	1 000	10	10	40	40	260	270	1 320	1 315	1 052
5	1 000	1 000	10	10	40	40	270	280	1 330	1 325	1 060
6	1 000	1 000	10	10	40	40	280	290	1 340	1 335	1 068
7	1 000	1 000	10	10	40	40	290	320	1 370	1 355	1 084
8	1 000	1 000	10	10	40	40	320	350	1 400	1 385	1 108
9	1 000	1 000	10	10	40	40	350	380	1 430	1 415	1 132
10	1 000	1 000	10	10	40	40	380	400	1 450	1 440	1 152
11	1 000	1 000	10	10	40	40	400	420	1 470	1 460	1 168
12	1 000	1 000	10	10	40	40	420	440	1 490	1 480	1 184
2018年1~12月接受的权益性投资合计									16 350		13 080

甲企业接受的C公司各月平均权益投资计算过程如下：

1月平均权益投资 = (1 250 + 1 270)/2 × 80% = 1 008（万元）

2月平均权益投资 = (1 270 + 1 290)/2 × 80% = 1 024（万元）

依此类推，甲企业接受的全年各月平均权益投资之和为16 350万元，其中属于C公司的为13 080万元。

假定甲企业借款发生在3月30日，至12月底尚未归还，已支付利息130万元。利息扣除情况计算如下。

①接受C公司平均关联债权投资计算如下：1~2月平均关联债权投资均为0元；3月平均关联债权投资 = (0 + 3 000)/2 = 1 500（万元）；4月平均关联债权投资 = (3 000 + 3 000)/2 = 3 000（万元）；5~12月每月均如此计算。

②全年各月平均关联债权投资之和 = 1 500 + 3 000 × 9 = 28 500（万元）。

③关联债资比例 = 28 500/13 080 = 2.18，比例 > 2:1。

④不得扣除的利息支出 = 130 × (1 − 2/2.18) = 10.73（万元）。

⑤税务处理：2018年企业所得税年度纳税申报填报实务如表4-9所示（单位：万元）。

表4-9　　　　　　　　　　纳税调整项目明细表（2018年）　　　　　　　　　A105000

行次	项目	账载金额	税收金额	调增金额	调减金额
		1	2	3	4
12	二、扣除类调整项目（13 + 14 + … + 30）	*	*		
18	（六）利息支出	130	119.27	10.73	

【案例4-7】承【案例4-6】，假定甲企业借款发生在4月1日，至12月底尚未归还，已支付利息130万元。扣除利息情况计算如下。

①接受C公司平均关联债权投资计算如下：1~3月平均关联债权投资均为0元；4

月平均关联债权投资 = (0 + 3 000)/2 = 1 500（万元）；5 月平均关联债权投资 = (3 000 + 3 000)/2 = 3 000（万元）；6 ~ 12 月每月均如此计算。

全年各月平均关联债权投资之和 = 1 500 + 3 000 × 8 = 25 500（万元）。

②关联债资比例 = 25 500 ÷ 13 080 = 1.95，比例 < 2∶1。

③甲企业向 C 公司借款，关联债资比例没有超过规定的标准比例，实际支付给 C 公司的利息支出全部准予扣除。

【案例 4 - 8】金域医学：未实际支付境外美元借款利息支出被调整纳税并补缴滞纳金。金域医学（603882.SH）于 2017 年 8 月 21 日发布招股意向书及附录，披露了往期未实际支付利息支出被调整纳税并缴纳滞纳金事宜。具体事项为：2014 年 6 月 5 日，广州市国税局北区稽查局因金埭利未在企业所得税纳税申报中作关于未实际支付境外美元借款利息支出的纳税调整而造成少缴纳企业所得税 94 287.75 元对其出具了《税务处理决定书》，责令其补缴企业所得税 94 287.75 元并缴纳滞纳金 33 181.04 元。对于上述事项，公司在收到上述税务处理决定书之后已经及时缴纳罚款或补缴税款。

四、罚金、罚款和被没收财物的损失调整项目填报实务与案例解析

A105000《纳税调整项目明细表》第 19 行"（七）罚金、罚款和被没收财物的损失"：第 1 列"账载金额"填报纳税人会计核算计入当期损益的罚金、罚款和被罚没财物的损失，不包括纳税人按照经济合同规定支付的违约金（包括银行罚息）、罚款和诉讼费；第 3 列"调增金额"等于第 1 列金额。

【案例 4 - 9】2020 年甲公司因违反环境保护法被环保局处以行政罚款 2 万元，部分库存商品因质量问题被工商部门罚没，实际成本 10 万元，转出增值税进项税额 0.85 万元。甲公司会计和税务处理如下（单位：万元）：

借：营业外支出——罚没支出　　　　　　　　　　　　　　　　　12.85
　　贷：银行存款　　　　　　　　　　　　　　　　　　　　　　　　2
　　　　库存商品　　　　　　　　　　　　　　　　　　　　　　　10
　　　　应交税费——应交增值税（进项税额转出）　　　　　　　0.85

税务处理：2020 年企业所得税年度纳税申报填报实务如表 4 - 10、表 4 - 11 所示。

表 4 - 10　　　　　　　　纳税调整项目明细表（2020 年）　　　　　　　　A105000

行次	项目	账载金额	税收金额	调增金额	调减金额
		1	2	3	4
12	二、扣除类调整项目（13 + 14 + … + 30）	*	*	12.85	
19	（七）罚金、罚款和被没收财物的损失	12.85	*	12.85	*

表 4 - 11　　　　　　　　　一般企业成本支出明细表（2020 年）　　　　　　　A102010

行次	项目	金额
16	二、营业外支出（17＋18＋19＋20＋21＋22＋23＋24＋25＋26）	12.85
23	（七）罚没支出	12.85

五、税收滞纳金、加收利息和赞助支出调整项目填报实务与案例解析

A105000《纳税调整项目明细表》第 20 行"（八）税收滞纳金、加收利息"：第 1 列"账载金额"填报纳税人会计核算计入当期损益的税收滞纳金、加收利息。第 3 列"调增金额"等于第 1 列金额。

具体纳税申报要点。《企业所得税法》第十条规定，计算应纳税所得额时，下列支出不得扣除：（1）向投资者支付的利息、红利等权益性投资收益款项；（2）企业所得税税款；（3）税收滞纳金；（4）罚金、罚款和被没收财物的损失；（5）第九条规定以外的捐赠支出；（6）赞助支出；（7）未经核定的准备金支出；（8）与取得收入无关的其他支出。《企业所得税法实施条例》第 121 条规定，税务机关根据税收法律、行政法规的规定，对企业作出特别纳税调整的，应当对补征的税款，自税款所属纳税年度的次年 6 月 1 日起至补缴税款之日止的期间，按日加收利息。不得在计算应纳税所得额时扣除。

A105000《纳税调整项目明细表》第 21 行"（九）赞助支出"：第 1 列"账载金额"填报纳税人会计核算计入当期损益的不符合税法规定的公益性捐赠的赞助支出的金额，包括直接向受赠人的捐赠、赞助支出等（不含广告性的赞助支出，广告性的赞助支出在表 A105060 中调整）；第 3 列"调增金额"等于第 1 列金额。

六、与未实现融资收益相关在当期确认的财务费用调整项目填报实务与案例解析

A105000《纳税调整项目明细表》第 22 行"（十）与未实现融资收益相关在当期确认的财务费用"：第 1 列"账载金额"填报纳税人会计核算的与未实现融资收益相关并在当期确认的财务费用的金额；第 2 列"税收金额"填报按照税法规定允许税前扣除的金额；若第 1 列≥第 2 列，将第 1－2 列余额填入第 3 列，"调增金额"；若第 1 列＜第 2 列，将第 1－2 列余额的绝对值填入第 4 列"调减金额"。具体纳税申报案例解析见本书《未按权责发生制确认收入纳税调整明细表》（A105020）。

七、佣金和手续费支出调整项目填报实务与案例解析

A105000《纳税调整项目明细表》第 23 行"（十一）佣金和手续费支出（保险企

业填写 A105060)"：除保险企业之外的其他企业直接填报本行，第 1 列"账载金额"填报纳税人会计核算计入当期损益的佣金和手续费金额，第 2 列"税收金额"填报按照税收规定允许税前扣除的佣金和手续费支出金额，第 3 列"调增金额"填报第 1 − 2 列金额，第 4 列"调减金额"不可填报。

需要注意的是，按照《国家税务总局关于修订企业所得税年度纳税申报表有关问题的公告》(国家税务总局公告 2019 年第 41 号)的相关规定，本行不填报保险企业的佣金和手续费支出。保险企业的佣金和手续费支出按照《财政部 税务总局关于保险企业手续费及佣金支出税前扣除政策的公告》(财政部 税务总局公告 2019 年第 72 号)有关规定计算税前扣除限额并根据《广告费和业务宣传费等跨年度纳税调整明细表》(A105060)填报，第 1 列"账载金额"填报表 A105060 第 1 行第 2 列。若表 A105060 第 3 行第 2 列 ≥ 第 6 行第 2 列，第 2 列"税收金额"填报表 A105060 第 6 行第 2 列的金额；若表 A105060 第 3 行第 2 列 < 第 6 行第 2 列，第 2 列"税收金额"填报表 A105060 第 3 行第 2 列 + 第 9 行第 2 列的金额。若表 A105060 第 12 行第 2 列 ≥ 0，第 3 列"调增金额"填报表 A105060 第 12 行第 2 列金额。若表 A105060 第 12 行第 2 列 < 0，第 4 列"调减金额"填报表 A105060 第 12 行第 2 列金额的绝对值。

具体纳税申报填报依据：该项目按照《财政部、国家税务总局关于企业手续费及佣金支出税前扣除政策的通知》(财税〔2009〕29 号)和《国家税务总局关于企业所得税应纳税所得额若干税务处理问题的公告》(国家税务总局公告 2012 年第 15 号公告)等文件的规定处理。

具体纳税申报填报要点：

第一，企业必须分清手续费及佣金与销售回扣的界限。佣金是指经营者在市场交易中给予为其提供服务的具有合法经营者资格的中间人的劳务报酬，可以一方支付，也可以是双方支付，接受佣金的只能是中间人，而不是交易双方，也不是交易双方的代理人、经办人。销售回扣是指企业销售商品或提供劳务时以现金、实物或者其他方式退给对方单位或者个人的一定比例的价款，其属于与经营活动无关的支出，不得在税前扣除，这是佣金和回扣的重要区别。

第二，企业必须分清资本性支出与收益性支出的界限，企业因购置固定资产、无形资产等发生的手续费及佣金支出，不得计入当期损益直接在税前扣除，应该计入固定资产、无形资产计税基础中，按照税法规定分期计算折旧或者摊销。

第三，企业必须如实核算收入与手续费及佣金支出，不得将应该支付的手续费及佣金直接冲减服务协议或合同金额。企业不得将手续费及佣金支出计入回扣、业务提成、返利、进场费等费用。

第四，注意区分不同企业手续费及佣金支出税前扣除标准（计算基数），即保险企业以当年全部保费收入扣除退保金等后余额计算，而除保险企业以外的其他企业，按与具有合法经营资格中介服务机构或个人（不含交易双方及其雇员、代理人和代表人等）所签订服务协议或合同确认的收入金额的5%计算限额。需要注意的是，除税法另有规定外，应该以企业签订的每一份服务协议或者合同金额为基础按照每项协议或者合同金额分别计算，不能以企业当年税法收入总额或会计核算的营业收入为基础计算，每项不超过合同金额的5%以内允许扣除，超过部分不允许税前扣除，进行纳税调增。

第五，除委托个人代理外，企业以现金等非转账方式支付的手续费及佣金不得在税前扣除。企业为发行权益性证券支付给有关证券承销机构的手续费及佣金不得在税前扣除。按照企业会计准则的规定，为发行权益性证券支付给有关证券承销机构等的手续费、佣金等与权益性证券发行直接相关的费用，不构成取得长期股权投资的成本。该部分费用应自权益性证券的溢价发行收入（资本公积——股本溢价）中扣除，权益性证券的溢价收入不足冲减的，应冲减盈余公积和未分配利润。

第六，企业应当如实向当地主管税务机关提供当年手续费及佣金计算分配表和其他相关资料，并依法取得合法真实凭证。

【案例4-10】2020年A公司与B营销代理公司签订了《房屋委托代理销售合同》，合同中约定销售总金额为500万元，A公司支付销售佣金30万元（不含税），增值税税率为6%，取得增值税专用发票。A公司会计和税务处理如下（单位：万元）：

借：销售费用——手续费及佣金——B公司　　　　　　　　30

应交税费——应交增值税（进项税额）　　　　　　　1.8

贷：银行存款　　　　　　　　　　　　　　　　　　　31.8

税务处理：税前扣除限额=500×5%=25（万元），实际支付金额为30万元，纳税调增5万元。2020年企业所得税年度纳税申报填写实务如表4-12所示。

表4-12　　　　　　　　　　　纳税调整项目明细表（2020年）　　　　　　　　　　A105000

行次	项目	账载金额	税收金额	调增金额	调减金额
		1	2	3	4
12	二、扣除类调整项目（13+14+15+16+17+18+19+20+21+22+23+24+26+27+28+29）	*	*	5	
23	（十一）佣金和手续费支出（保险企业填写A105060）	30	25	5	*

【案例4-11】2020年A公司与B营销代理公司签订了《委托代理销售合同》，合同中约定销售总金额为10 000万元，A公司支付其销售佣金600万元（不含税），增值税税率为6%，取得增值税专用发票；A公司与C营销代理公司签订了《委托代理销售合同》，合同中约定销售总金额为2 000万元，A公司支付其销售佣金80万元（不含税），增值税税率为6%，取得增值税专用发票。A公司会计和税务处理如下（单位：万元）：

借：销售费用——手续费及佣金——B 公司　　　　　　600

　　　应交税费——应交增值税（进项税额）　　　　　36

　　　　贷：银行存款　　　　　　　　　　　　　　　　　　636

借：销售费用——手续费及佣金——C 公司　　　　　　80

　　　应交税费——应交增值税（进项税额）　　　　　4.8

　　　　贷：银行存款　　　　　　　　　　　　　　　　　　84.8

税务处理：A 公司与 B 营销代理公司合同税前扣除限额 = 10 000 × 5% = 500（万元），A 公司实际支付其销售佣金 600 万元，纳税调增 100 万元。A 公司与 C 营销代理公司合同税前扣除限额 = 2 000 × 5% = 100（万元），A 公司实际支付其销售佣金 80 万元低于税前扣除限额，按照实际支付额扣除，不进行纳税调整。2020 年企业所得税年度纳税申报填写实务如表 4 - 13 所示。

表 4 - 13　　　　　　　　　纳税调整项目明细表（2020 年）　　　　　　　　　A105000

行次	项目	账载金额	税收金额	调增金额	调减金额
		1	2	3	4
12	二、扣除类调整项目（13 + 14 + 15 + 16 + 17 + 18 + 19 + 20 + 21 + 22 + 23 + 24 + 26 + 27 + 28 + 29）	*	*	100	
23	（十一）佣金和手续费支出（保险企业填写 A105060）	680	580	100	*

【案例 4 - 12】2020 年 A 房地产开发公司与境外 W 营销代理公司签订了《房屋委托代理销售合同》，合同中约定销售总金额为 80 000 万元，A 公司支付其销售佣金 9 600 万元（不含税），增值税税率为 6%，取得增值税代扣代缴完税凭证及相关资料。

分析：《国家税务总局关于印发〈房地产开发经营业务企业所得税处理办法〉的通知》（国税发〔2009〕31 号）第二十条规定，企业委托境外机构销售开发产品的，其支付境外机构的销售费用（含佣金或手续费）不超过委托销售收入 10% 的部分，准予据实扣除。按照现行增值税制度规定，境外单位或个人在境内发生应税行为，在境内未设有经营机构的，以购买方为增值税扣缴义务人。实际缴纳代扣代缴增值税时，按代扣代缴的增值税额，借记"应交税费——代扣代交增值税"科目，贷记"银行存款"科目。A 公司会计和税务处理如下（单位：万元）：

借：销售费用——手续费及佣金——W 公司　　　　　　9 600

　　　应交税费——应交增值税（进项税额）　　　　　576

　　　　贷：银行存款　　　　　　　　　　　　　　　　　　9 600

　　　　　　应交税费——代扣代缴增值税　　　　　　　576

借：应交税费——代扣代缴增值税　　　　　　　　　576

　　　　贷：银行存款　　　　　　　　　　　　　　　　　　576

A 公司与 W 营销代理公司合同税前扣除限额 = 80 000 × 10% = 8 000（万元），A 公司实际支付其销售佣金 9 600 万元，纳税调增 1 600 万元。

2020 年企业所得税年度纳税申报填写实务如表 4-14 所示。

表 4-14　　　　　　　　纳税调整项目明细表（2020 年）　　　　　　　A105000

行次	项目	账载金额	税收金额	调增金额	调减金额
		1	2	3	4
12	二、扣除类调整项目（13＋14＋15＋16＋17＋18＋19＋20＋21＋22＋23＋24＋26＋27＋28＋29）	＊	＊	1 600	
23	（十一）佣金和手续费支出（保险企业填写 A105060）	9 600	8 000	1 600	＊

八、不征税收入用于支出所形成的费用调整项目填报实务与案例解析

A105000《纳税调整项目明细表》第 24 行"（十二）不征税收入用于支出所形成的费用"：第 3 列"调增金额"填报符合条件的不征税收入用于支出所形成的计入当期损益的费用化支出金额。第 25 行"其中：专项用途财政性资金用于支出所形成的费用"：根据《专项用途财政性资金纳税调整明细表》（A105040）填报。第 3 列"调增金额"为《专项用途财政性资金纳税调整明细表》（A105040）第 7 行第 11 列金额。具体纳税申报见本书《专项用途财政性资金纳税调整明细表》（A105040）案例解析。

九、跨期扣除调整项目填报实务与案例解析

A105000《纳税调整项目明细表》第 26 行"（十三）跨期扣除项目"：填报维简费、安全生产费用、预提费用、预计负债等跨期扣除项目调整情况。第 1 列"账载金额"填报纳税人会计核算计入当期损益的跨期扣除项目金额；第 2 列"税收金额"填报按照税法规定允许税前扣除的金额；若第 1 列≥第 2 列，将第 1-2 列余额填入第 3 列"调增金额"；若第 1 列＜第 2 列，将第 1-2 列余额的绝对值填入第 4 列"调减金额"。

1. 预计负债跨期扣除项目填报操作实务。

【案例 4-13】2017 年 10 月 15 日，甲公司因与乙公司签订了互相担保协议（与取得收入有关），而成为一起诉讼的第二被告。截至 2017 年 12 月 31 日，诉讼尚未判决。但是，由于乙公司经营困难，甲公司很可能需要承担还款连带责任。根据公司法律顾问的职业判断，甲公司很可能需要承担 100 000 元的还款连带责任。2018 年，乙公司经营情况好转，在年底还清了全部欠款。假定甲公司每年实现的利润均为 1 000 000 元，无其他纳税调整项目，所得税税率为 25%。预计未来有足够的应纳税所得额予以抵扣相关的可抵扣暂时性差异。根据企业会计准则的规定，2017 年 12 月 31 日，甲公

司应确认一项金额为 100 000 元的预计负债。

借：营业外支出　　　　　　　　　　　　　　　　　　　　100 000

　　贷：预计负债——未决诉讼　　　　　　　　　　　　　　　　100 000

税法规定与预计负债相关的或有支出不得在税前扣除，因此，甲公司在申报 2017 年所得税时，应调增应纳税所得额 100 000 元。

2017 年 12 月 31 日，预计负债的账面价值为 100 000 元，计税基础为 0 元，根据《企业会计准则第 18 号——所得税》的规定，两者之间的差额 100 000 元属于可抵扣暂时性差异，应当确认递延所得税资产 25 000 元（100 000 × 25%）：

借：所得税费用　　　　　　　　　　　　　　　　　　　　250 000

　　递延所得税资产　　　　　　　　　　　　　　　　　　　25 000

　　贷：应交税费——应交所得税　　　　　　　　　　　　　　275 000

企业所得税年度纳税申报填报实务如表 4 - 15 所示。

表 4 - 15　　　　　　　　　纳税调整项目明细表（2018 年）　　　　　　　　　A105000

行次	项目	账载金额	税收金额	调增金额	调减金额
		1	2	3	4
26	（十三）跨期扣除项目	100 000	0	100 000	

2018 年 12 月 31 日，乙公司还清了欠款，甲公司应将往年确认的预计负债冲回。

借：预计负债——未决诉讼　　　　　　　　　　　　　　　100 000

　　贷：营业外支出　　　　　　　　　　　　　　　　　　　　100 000

根据税法规定，企业因计提预计负债而计入损益的损失金额，如果在前期纳税申报时已调增应纳税所得额，在转回原计提的损失时允许企业在转回当期进行纳税调整，即转回原计提的预计负债而增加当期利润总额的金额，不计入转回当期的应纳税所得额。因此，甲公司在申报 2018 年所得税时，应调减应纳税所得额 100 000 元，应缴纳企业所得税 225 000 元〔（1 000 000 - 100 000）× 25%〕，同时，将递延所得税资产全部转回。

借：所得税费用　　　　　　　　　　　　　　　　　　　　250 000

　　贷：应交税费——应交所得税　　　　　　　　　　　　　　225 000

　　　　递延所得税资产　　　　　　　　　　　　　　　　　　25 000

企业所得税年度纳税申报填报实务如表 4 - 16 所示。

表 4 - 16　　　　　　　　　纳税调整项目明细表（2019 年）　　　　　　　　　A105000

行次	项目	账载金额	税收金额	调增金额	调减金额
		1	2	3	4
26	（十三）跨期扣除项目	- 100 000	0		100 000

2. 维简费和安全生产费用扣除项目填报操作实务。

《国家税务总局关于煤矿企业维简费和高危行业企业安全生产费用企业所得税税前扣除问题的公告》（国家税务总局公告 2011 年第 26 号）规定，煤矿企业实际发生的维简费支出和高危行业企业实际发生的安全生产费用支出，属于收益性支出的，可直接作为当期费用在税前扣除；属于资本性支出的，应计入有关资产成本，并按企业所得税法的规定计提折旧或摊销费用在税前扣除。企业按照有关规定预提的维简费和安全生产费用，不得在税前扣除。该公告实施前提取尚未使用的维简费和高危行业企业安全生产费用，应用于抵扣本公告实施后的当年度实际发生的维简费和安全生产费用。

《国家税务总局关于企业维简费支出企业所得税税前扣除问题的公告》（国家税务总局公告 2013 年第 67 号）规定，企业实际发生的维简费支出，属于收益性支出的，可作为当期费用税前扣除；属于资本性支出的，应计入有关资产成本，并按《企业所得税法》的规定计提折旧或摊销费用在税前扣除。企业按照有关规定预提的维简费，不得在当期税前扣除。

《企业会计准则解释第 3 号》规定，高危行业企业按照国家规定提取的安全生产费，应当计入相关产品的成本或当期损益，同时记入"4301 专项储备"科目。企业使用提取的安全生产费时，属于费用性支出的，直接冲减专项储备。企业使用提取的安全生产费形成固定资产的，应当通过"在建工程"科目归集所发生的支出，待安全项目完工达到预定可使用状态时确认为固定资产；同时，按照形成固定资产的成本冲减专项储备，并确认相同金额的累计折旧。该固定资产在以后期间不再计提折旧。

【案例 4 - 14】某矿山企业 2018 年开始依据开采的原矿产量计提安全生产费，计提标准为每吨矿石 10 元，该原矿年产销量 100 000 吨。2018 年 6 月 10 日，该企业购入一批需要安装用于完善和改造矿井作业的安全防护设备，价款为 400 000 元，增值税进项税额为 68 000 元，安装过程中支付安装费 50 000 元，6 月 20 日安装完成。该设备采用年限平均法计提折旧，预计使用年限为 10 年，预计净残值率为 5%。2018 年 10 月 10 日，该企业实际支付安检费用 20 000 元，安全技能培训及进行应急救援支出 30 000 元。2019 年，发生安检及安全技能培训费用 40 000 元，假设该企业每年利润总额为 20 000 000 元，制造费用均已结转至销售成本，不考虑其他纳税调整事项。该矿山企业会计和税务处理如下：

①2018 年，企业应提取安全生产费 = 100 000 × 10 = 1 000 000（元）。

借：制造费用   1 000 000

  贷：专项储备   1 000 000

②2018 年 6 月 10 日，动用专项储备购置安全防护设备等固定资产。

借：在建工程   400 000

应交税费——应交增值税（进项税额）　　　　　　　68 000

　　贷：银行存款　　　　　　　　　　　　　　　　468 000

③支付安全防护设备安装费。

借：在建工程　　　　　　　　　　　　　　　　　50 000

　　贷：银行存款　　　　　　　　　　　　　　　　50 000

④2018 年 6 月 20 日，达到预定可使用状态。

借：固定资产　　　　　　　　　　　　　　　　450 000

　　贷：在建工程　　　　　　　　　　　　　　　450 000

⑤2018 年 6 月 20 日，按照固定资产的成本冲减专项储备，并确认相同金额的累计折旧。

借：专项储备　　　　　　　　　　　　　　　　450 000

　　贷：累计折旧　　　　　　　　　　　　　　　450 000

⑥2018 年支付安检费用、技能培训、应急救援等费用性支出 = 20 000 + 30 000 = 50 000（元）。

借：专项储备　　　　　　　　　　　　　　　　50 000

　　贷：银行存款　　　　　　　　　　　　　　　50 000

⑦2018 年 12 月 31 日，企业所得税年度纳税申报计算应纳税所得额时，计提但未实际支出的安全生产费 = 1 000 000 - 450 000 - 50 000 = 500 000（元），不能在税前扣除，其中 450 000 元形成固定资产的支出属于资本化支出，不得在发生当期直接扣除，应当分期扣除。按照税法规定，2018 年安全防护设备应计算可以税前扣除的折旧 = [450 000（1 - 5%）÷ 120] × 6 = 21 375（元），准予税前扣除。2018 年支付安检费用、技能培训、应急救援等费用性支出 = 20 000 + 30 000 = 50 000（元），准予税前扣除。应纳税调增 = 500 000 +（450 000 - 21 375）= 928 625（元）。因此，2018 年应交所得税 = （20 000 000 + 928 625）× 25% = 5 232 156.25（元）。

借：所得税费用——当期所得税费用　　　　　5 232 156.25

　　贷：应交税费——应交所得税　　　　　　　5 232 156.25

企业所得税年度纳税申报填报实务如表 4 - 17 所示。

表 4 - 17　　　　　　　　　　纳税调整项目明细表（2018 年）　　　　　　　　　　A105000

行次	项目	账载金额	税收金额	调增金额	调减金额
		1	2	3	4
26	（十三）跨期扣除项目	1 000 000	71 375	928 625	

⑧2019 年发生支付安检及安全技能培训费用时：

借：专项储备　　　　　　　　　　　　　　　　40 000

　　贷：银行存款　　　　　　　　　　　　　　　40 000

⑨2019 年按税法规定安全防护设备应计算可以税前扣除的折旧：

$[450\ 000\ (1-5\%)\div120]\times12=42\ 750（元）$

⑩2019 年，企业提取安全生产费：

$100\ 000\times10=1\ 000\ 000（元）$

借：制造费用　　　　　　　　　　　　　　　　　　　　1 000 000

　　贷：专项储备　　　　　　　　　　　　　　　　　　　　1 000 000

由于 2019 年使用的安全生产费属于 2018 年度专项储备的余额，故当年计提但未实际发生的安全生产费，不能在税前扣除，在以后实际发生时准予扣除。

⑪2019 年 12 月计算应纳税所得额时，当年计提但未实际支出的安全生产费 1 000 000 元，不能税前扣除。按税法规定安全防护设备应计算折旧和实际发生安检及安全技能培训费用可以税前扣除：$[450\ 000\times(1-5\%)\div120]\times12+40\ 000=82\ 750$（元），因此，2019 年应交所得税 $=(20\ 000\ 000+1\ 000\ 000-40\ 000-42\ 750)\times25\%=5\ 229\ 312.5$（元）。

借：所得税费用——当期所得税费用　　　　　　　　　　5 229 312.5

　　贷：应交税费——应交所得税　　　　　　　　　　　　　5 229 312.5

企业所得税年度纳税申报填报实务如表 4 - 18 所示。

表 4 - 18　　　　　　　　　纳税调整项目明细表（2019 年）　　　　　　　　A105000

行次	项目	账载金额 1	税收金额 2	调增金额 3	调减金额 4
26	（十三）跨期扣除项目	1 000 000	82 750	917 250	

十、党组织工作经费调整项目填报实务与案例解析

A105000《纳税调整项目明细表》第 29 行"（十六）党组织工作经费"：填报纳税人根据有关文件规定，为创新基层党建工作、建立稳定的经费保障制度发生的党组织工作经费及纳税调整情况。该项纳税调整项目属于 2017 年版申报表新增加的调整项目，具体填报要点如下。

1. 党组织工作经费税前扣除填报依据。

（1）对于建立非公有制企业党组织的企业发生的工作经费，按照《中共中央组织部、财政部、国家税务总局关于非公有制企业党组织工作经费问题的通知》（组通字〔2014〕42 号）的规定，主要通过纳入管理费用、党费拨返、财政支持等渠道予以解决。根据《中华人民共和国公司法》"公司应当为党组织的活动提供必要条件"的规定和中办发〔2012〕11 号文件"建立并落实税前列支制度"等的要求，非公有制企业党组织工作经费纳入企业管理费列支，不超过职工年度工资薪金总额 1% 的部分，可以

据实在企业所得税前扣除。

（2）对于建立国有企业党组织的企业发生的工作经费，按照《中共中央组织部、财政部、国务院国资委党委、国家税务总局关于国有企业党组织工作经费问题的通知》（组通字〔2017〕38号）的规定，国有企业（包括国有独资、全资和国有资本绝对控股、相对控股企业）党组织工作经费主要通过纳入管理费用、党费留存等渠道予以解决。纳入管理费用的部分，一般按照企业上年度职工工资总额1%的比例安排，每年年初由企业党组织本着节约的原则编制经费使用计划，由企业纳入年度预算。集体所有制企业参照上述规定执行。纳入管理费用的党组织工作经费，实际支出不超过职工年度工资薪金总额1%的部分，可以据实在企业所得税前扣除。年末如有结余，结转下一年度使用。累计结转超过上一年度职工工资总额2%的，当年不再从管理费用中安排。

2. 党组织工作经费列支范围。非公有制企业按照组通字〔2014〕42号第五条的规定，党组织工作经费必须用于党的活动，使用范围包括：召开党内会议，开展党内宣传教育活动和组织活动；组织党员和入党积极分子教育培训；表彰先进基层党组织、优秀共产党员和优秀党务工作者；走访、慰问和补助生活困难党员；订阅或购买用于开展党员教育的报刊、资料和设备；维护党组织活动场所及设施等。国有企业党组织按照《中共中央组织部、财政部、国务院国资委党委、国家税务总局关于国有企业党组织工作经费问题的通知》（组通字〔2017〕38号）的规定，国有企业纳入管理费用的党组织工作经费，实际支出不超过职工年度工作薪金总额1%的部分，可以据实在企业所得税前扣除。年末如有结余，结转下一年度使用。累计结转超过上一年度职工工资总额2%的，当年不再从管理费用中安排。纳入管理费用的党组织工作经费必须用于企业党的建设，使用范围主要包括：（1）开展党内学习教育，召开党内会议，开展"两学一做"学习教育、"三会一课"、主题党日，培训党员、入党积极分子和党务工作者，订阅或购买用于开展党员教育的报刊、资料、音像制品和设备，进行党内宣传，摄制党员电教片；（2）组织开展创先争优和党员先锋岗、党员责任区、党员突击队、党员志愿服务等主题实践活动；（3）表彰奖励先进基层党组织、优秀共产党员和优秀党务工作者；（4）党组织换届、流动党员管理、组织关系接转、党旗党徽配备、党建工作调查研究；（5）走访、慰问、补助生活困难党员和老党员；（6）租赁和修缮、维护党组织活动场所，新建、购买活动设施，研发和维护党建工作信息化平台；（7）其他与党的建设直接相关的工作。凡属党费使用范围的，先从留存党费中开支，不足部分从纳入管理费用列支的党组织工作经费中支出。集体所有制企业参照上述规定执行。

3. 纳税人准予税前扣除的党组织工作经费必须是企业已经实际发生的部分，对于会计账面已经计提但未实际发生的党组织工作经费不得在计提的纳税年度内税前扣除。纳税人使用党组织工作经费支付或承担的进项税额，不属于不得抵扣的范围，可以按增值税税收规定抵扣进项税额。

【案例 4 - 15】甲公司（非公有制企业）2018 年向公司党支部支付党组织工作经费 4 万元，存入党组织专用银行存款基本账户。该企业按照上年度职工工资总额 1% 计提党组织工作经费 5 万元，取得《党组织工作经费专用收据》，会计和税务处理如下（单位：万元）：

①计提党组织工作经费。

借：管理费用——党组织工作经费   5

    贷：其他应付款——党组织工作经费   5

②实际支付党组织工作经费。

借：其他应付款——党组织工作经费   4

    贷：银行存款   4

企业所得税年度纳税申报填报实务如表 4 - 19 所示。

表 4 - 19   纳税调整项目明细表   A105000

行次	项目	账载金额 1	税收金额 2	调增金额 3	调减金额 4
29	（十六）党组织工作经费	5	4	1	

【案例 4 - 16】某国有企业 2018 ~ 2022 年有关党组织工作经费情况如表 4 - 20 所示。

表 4 - 20   党组织工作经费情况表

年度	当年工资总额	上年度结余的党组织工作经费	年度纳入管理费用计划的党组织工作经费	当年实际发生的管理费用中党组织工作经费	当年税前扣除限额	当年汇算清缴纳税调整	当年结余的党组织工作经费
	1	2 = 上年第 5 列	3 = 上年第 1 列 ×1%	4	5 = 本年第 1 列 ×1%	6	7 = 2 + 3 - 4
2017	1 000						
2018	1 200	0	10	5	12	5	5
2019	1 400	5	12	6	14	6	11
2020	900	11	14	3	9	11	22
2021	700	22	0	4	7	- 4	18
2022	800	18	0	10	8	- 8	8

2018 ~ 2022 年党组织工作经费年度纳税申报表填报如表 4 - 21 ~ 表 4 - 25 所示：

①2018 年度：会计核算按照上年度职工工资总额 1% 的比例计入当年管理费用——党组织工作经费 10 万元（1 000 ×1%），当年实际发生的管理费用——党组织工作经费为 5 万元，税前扣除限额为 12 万元（1 200 ×1%），可以税前扣除的金额为 5 万元，当年汇算清缴纳税调整金额为 5 万元（10 - 5），当年党组织工作经费的结余金额为 5 万元（10 - 5）。

表 4 - 21	纳税调整项目明细表（2018 年）				A105000
行次	项目	账载金额	税收金额	调增金额	调减金额
		1	2	3	4
29	（十六）党组织工作经费	10	5	5	

②2019 年度：会计核算按照上年度职工工资总额 1% 的比例计入当年管理费用——党组织工作经费 12 万元（1 200 × 1%），当年实际发生的管理费用——党组织工作经费为 6 万元，税前扣除限额为 14 万元（1 400 × 1%），可以税前扣除的金额为 6 万元，当年汇算清缴纳税调整金额为 6 万元（12 - 6），当年党组织工作经费的结余金额为 11 万元（5 + 12 - 6）。

表 4 - 22	纳税调整项目明细表（2019 年）				A105000
行次	项目	账载金额	税收金额	调增金额	调减金额
		1	2	3	4
29	（十六）党组织工作经费	12	6	6	

③2020 年度：会计核算按照上年度职工工资总额 1% 的比例计入当年管理费用——党组织工作经费 14 万元（1 400 × 1%），当年实际发生的管理费用——党组织工作经费为 3 万元，税前扣除限额为 9 万元（900 × 1%），可以税前扣除的金额为 3 万元，当年汇算清缴纳税调整金额为 11 万元（14 - 3），当年党组织工作经费的结余金额为 22 万元（11 + 14 - 3）。

表 4 - 23	纳税调整项目明细表（2020 年）				A105000
行次	项目	账载金额	税收金额	调增金额	调减金额
		1	2	3	4
29	（十六）党组织工作经费	14	3	11	

④2021 年度：由于党组织工作经费累计结转超过上一年度职工工资总额 2% 的，当年不再从管理费用中安排。会计核算当年管理费用 0 元，当年实际发生的党组织工作经费为 4 万元，税前扣除限额为 7 万元（700 × 1%），可以税前扣除的金额为 4 万元，当年汇算清缴纳税调整金额为 -4 万元（0 - 4），当年党组织工作经费的结余金额为 18 万元（22 + 0 - 4）。

表 4 - 24	纳税调整项目明细表（2021 年）				A105000
行次	项目	账载金额	税收金额	调增金额	调减金额
		1	2	3	4
29	（十六）党组织工作经费	0	4		4

⑤2022 年度：由于党组织工作经费累计结转超过上一年度职工工资总额 2% 的，当年不再从管理费用中安排。会计核算当年管理费用为 0 元，当年实际发生的党组织工作经费为 10 万元，税前扣除限额为 8 万元（800 × 1%），可以税前扣除的金额为 8

万元，当年汇算清缴纳税调整金额为-8万元（0-8），当年党组织工作经费的结余金额为8万元（18+0-10）。

表4-25　　　　　　　　　　　纳税调整项目明细表（2022年）　　　　　　　　　A105000

行次	项目	账载金额	税收金额	调增金额	调减金额
		1	2	3	4
29	（十六）党组织工作经费	0	8		8

十一、与取得收入无关的支出和其他调整项目填报实务与案例解析

A105000《纳税调整项目明细表》第27行"（十四）与取得收入无关的支出"：第1列"账载金额"填报纳税人会计核算计入当期损益的与取得收入无关的支出的金额。第3列"调增金额"等于第1列金额。

具体纳税申报要点：国家税务总局《关于印发〈新企业所得税法精神宣传提纲〉的通知》第十二条规定的税前扣除的相关性和合理性原则，相关性和合理性是企业所得税税前扣除的基本要求和重要条件。《企业所得税法实施条例》规定，支出税前扣除的相关性是指与取得收入直接相关的支出。对相关性的具体判断一般是从支出发生的根源和性质方面进行分析，而不是看费用支出的结果。同时，相关性要求为限制取得的不征税收入所形成的支出不得扣除提供了依据。《企业所得税法实施条例》规定，企业的不征税收入用于支出所形成的费用或财产，不得扣除或计算对应的折旧、摊销扣除。由于不征税收入是企业非营利性活动取得的收入，不属于企业所得税的应税收入，与企业的应税收入没有关联，因此，对取得的不征税收入所形成的支出，不符合相关性原则，不得在税前扣除。

A105000《纳税调整项目明细表》第28行"（十五）境外所得分摊的共同支出"：第3列"调增金额"，为《境外所得纳税调整后所得明细表》（A108010）第10行第16+17列的金额。

A105000《纳税调整项目明细表》第30行"（十七）其他"：填报其他因会计处理与税法规定有差异需纳税调整的扣除类项目金额。若第1列≥第2列，将第1-2列余额填入第3列"调增金额"；若第1列<第2列，将第1-2列余额的绝对值填入第4列"调减金额"。

【案例4-17】广东安居宝数码科技股份有限公司关于收到广州市国家税务局东区稽查局《税务处理决定书》的公告（证券代码：300155。证券简称：安居宝。公告编号：2014-032）称，该公司于2009~2012年在"管理费用——福利费"科目列支员工旅游费用合计845 092.49元，并于当年计算应纳税所得额时扣除，造成少计当年应

纳税所得额,应相应调增 2009～2012 年应纳税所得额合计 845 092.49 元。公司于 2011 年在营业外支出科目列支与生产经营活动无关的非广告性质赞助费 100 000 元,在当年计算应纳税所得额时扣除,造成少计 2011 年应纳税所得额,应相应调增 2011 年应纳税所得额 100 000 元。

【案例 4 – 18】 广物木材（872488）因税前列支"与取得收入无关支出"及未申报营业外收入等事项被纳税调增、补缴税款及滞纳金。税务部门作出该通知事项的事实和具体原因为:2016 年 5 月 6 日,税务机关在对广物木材 2014 年 1 月 1 日～2015 年 12 月 31 日的纳税申报情况进行纳税评估后,发现公司在 2014 年度未申报营业外收入 10 000 000元,税前多列支费用 3 238 348.07 元以及 2015 年度税前多列支费用 5 218 085.71元。根据《税收征收管理法》《企业所得税法》第六条第九款"企业以货币形式和非货币形式从各种来源取得的收入,为收入总额。包括:（九）其他收入"、第十条第八款"在计算应纳税所得额时,下列支出不得扣除:（八）与取得收入无关的其他支出"之规定,对广物木材作出如下决定:（1）对未按照规定期限缴纳的税款从滞纳之日起,按日加收滞纳税款万分之五的滞纳金;（2）调增营业外收入及剔除税前多列支费用。2016 年 5 月 17 日,广物木材及时补缴了上述营业外收入税款,并及时缴纳了滞纳金。

【案例 4 – 19】 广正股份（871841）于 2017 年 8 月 31 日发布公告称,公司因 2014 年列支与取得收入无关的支出被稽查补缴企业所得税 8.9 万元,并按日加收滞纳税款万分之五的滞纳金。2017 年 8 月 29 日收到天津市和平国家税务局稽查局出具的《税务处理决定书》（津和国税稽处〔2017〕47 号）,现将有关情况公告如下:"一、被处理事项。天津市和平区国家税务局稽查局于 2017 年 6 月 21 日至 2017 年 8 月 29 日对公司 2014 年 1 月 1 日至 2016 年 12 月 31 日情况进行检查,公司 2014 年存在列支与取得收入无关的支出问题。二、处理决定。依据《中华人民共和国企业所得税法》第十条第（八）项的规定,应调增 2014 年度应纳税所得额 356 349.80 元,应补缴企业所得税 89 087.45 元。"

【案例 4 – 20】 冬虫夏草（831898）税前列支藏獒支出纳税调整并加收滞纳金。2017 年 6 月 14 日玉树藏族自治州三江源冬虫夏草科技股份有限公司董事会（证券代码:831898。证券简称:冬虫夏草）发布《关于子公司青海三江源药业有限公司收到青海省国家税务局稽查局税务处理决定书的公告》（2017 – 007）:收到不符合不征税收入条件的企业技术创新等资金未计收入,应调增应纳税所得额 119 000 元,应补缴企业所得税 251 000 元。列支与生产经营无关支出（企业账务未记载购入藏獒,税前列支藏獒支出）,应调增应纳税所得额 45 200 元,补缴企业所得税 7 980 元。

第二节 《职工薪酬支出及纳税调整明细表》 填报实务与案例解析

一、《职工薪酬支出及纳税调整明细表》 格式与填报要点

具体格式如表4-26所示。

表4-26   职工薪酬支出及纳税调整明细表   A105050

行次	项目	账载金额	实际发生额	税收规定扣除率	以前年度累计结转扣除额	税收金额	纳税调整金额	累计结转以后年度扣除额
		1	2	3	4	5	6 (1-5)	7 (2+4-5)
1	一、工资薪金支出			*	*			*
2	其中：股权激励			*	*			*
3	二、职工福利费支出				*			*
4	三、职工教育经费支出			*				
5	其中：1. 按税收规定比例扣除的职工教育经费			*				
6	2. 按税收规定全额扣除的职工培训费用				*			*
7	四、工会经费支出				*			*
8	五、各类基本社会保障性缴款			*	*			*
9	六、住房公积金			*	*			*
10	七、补充养老保险				*			*
11	八、补充医疗保险				*			*
12	九、其他			*	*			*
13	合计（1+3+4+7+8+9+10+11+12）			*				

纳税人根据税法、《国家税务总局关于企业工资薪金及职工福利费扣除问题的通知》（国税函〔2009〕3号）、《财政部、国家税务总局关于扶持动漫产业发展有关税收政策问题的通知》（财税〔2009〕65号）、《财政部、国家税务总局关于进一步鼓励软件产业和集成电路产业发展企业所得税政策的通知》（财税〔2012〕27号）、《国家税务总局关于我国居民企业实行股权激励计划有关企业所得税处理问题的公告》（国家税务总局公告2012年第18号）、《财政部、国家税务总局、商务部、科技部国家发展改革委关于完善技术先进型服务企业有关企业所得税政策问题的通知》（财税〔2014〕59号）、《国家税务总局关于企业工资薪金和职工福利费等支出税前扣除问题的公告》

（国家税务总局公告 2015 年第 34 号）、《财政部、国家税务总局关于高新技术企业职工教育经费税前扣除政策的通知》（财税〔2015〕63 号）等相关规定，以及国家统一企业会计制度，填报纳税人职工薪酬会计处理、税法规定，以及纳税调整情况。只要会计上发生相关支出，不论是否纳税调整，均需填报。

二、工资薪金支出纳税调整项目填报实务与案例解析

A105050《职工薪酬支出及纳税调整明细表》第 1 行"一、工资薪金支出"：填报纳税人本年度支付给在本企业任职或者受雇的员工的所有现金形式或非现金形式的劳动报酬及其会计核算、纳税调整等金额。具体填报要点如下：（1）第 1 列"账载金额"：填报纳税人会计核算计入成本费用的职工工资、奖金、津贴和补贴金额。（2）第 2 列"实际发生额"：分析填报纳税人"应付职工薪酬"会计科目借方发生额（实际发放的工资薪金）。（3）第 5 列"税收金额"：填报纳税人按照税法规定允许税前扣除的金额，按照第 1 列和第 2 列分析填报。（4）第 6 列"纳税调整金额"：填报第 1 – 5 列的余额。

【案例 4 – 21】税务机关在对一家工业企业进行纳税检查时，发现该企业在 2017 年度终了时将"应付职工薪酬"余额 50 万元（当年计提 550 万元，实际发放 500 万元）结转到"其他应付款"科目，并于 2018 年 1 月发放 10 万元，4 月初企业在 2017 年度企业所得税汇算清缴时未作任何纳税调整。2018 年 5 月发放 20 万元，6 月发放 20 万元，企业财务人员认为《企业所得税法》规定工资薪金支出可以"据实扣除"，将"应付职工薪酬"科目余额结转到"其他应付款"科目视为实际发放，可以在当年度内全额扣除。会计和税务处理如下（单位：万元）：

①2017 年计提应付职工薪酬 550 万元。

借：管理费用等　　　　　　　　　　　　　　　　　　　550

　　贷：应付职工薪酬　　　　　　　　　　　　　　　　　　　550

②2017 年发放职工薪酬 500 万元。

借：应付职工薪酬　　　　　　　　　　　　　　　　　　　550

　　贷：银行存款等　　　　　　　　　　　　　　　　　　　500

　　　　其他应付款——职工工资　　　　　　　　　　　　　50

③2018 年 1 月（汇算清缴结束前）发放 2017 年职工薪酬 10 万元。

借：其他应付款——职工工资　　　　　　　　　　　　　10

　　贷：银行存款等　　　　　　　　　　　　　　　　　　　10

④2018 年 5 月（汇算清缴结束后）发放 2017 年职工薪酬 20 万元。

　　借：其他应付款——职工工资　　　　　　　　　　　　　　20

　　　　贷：银行存款等　　　　　　　　　　　　　　　　　　　　　20

⑤2018 年 6 月（汇算清缴结束后）发放 2017 年职工薪酬 20 万元。

　　借：其他应付款——职工工资　　　　　　　　　　　　　　20

　　　　贷：银行存款等　　　　　　　　　　　　　　　　　　　　　20

2018 年 4 月初企业在 2017 年度企业所得税汇算清缴时未作任何纳税调整。

税务处理：2018 年 4 月初企业在 2017 年度企业所得税汇算清缴时，应将尚未实际发放的工资薪金 40 万元进行纳税调增。2018 年 5 月实际发放 20 万元，除非在汇算清缴截止前（2018 年 5 月 31 日前）重新办理更正申报 2017 年企业所得税年度纳税申报表信息，否则不能作为 2017 年度的工资薪金支出在税前扣除。2018 年 6 月实际发放 20 万元，在 2017 年度汇算清缴截止后（2018 年 5 月 31 日），不能在 2017 年税前扣除，根据国税函〔2009〕3 号的规定，可以在 2018 年度所得税汇算清缴时，税前扣除，并进行纳税调减。

企业所得税年度纳税申报填报实务如表 4 – 27、表 4 – 28 所示。

表 4 – 27　　　　　　　职工薪酬支出及纳税调整明细表（2017 年）　　　　　A105050

行次	项目	账载金额	实际发生额	税收规定扣除率	以前年度累计结转扣除额	税收金额	纳税调整金额	累计结转以后年度扣除额
		1	2	3	4	5	6 (1−5)	7 (1+4−5)
1	一、工资薪金支出	550	510	*	*	510	40	*

表 4 – 28　　　　　　　职工薪酬支出及纳税调整明细表（2018 年）　　　　　A105050

行次	项目	账载金额	实际发生额	税收规定扣除率	以前年度累计结转扣除额	税收金额	纳税调整金额	累计结转以后年度扣除额
		1	2	3	4	5	6 (1−5)	7 (1+4−5)
1	一、工资薪金支出	0	40	*	*	40	−40	*

三、股权激励支出纳税调整项目填报实务与案例解析

A105050《职工薪酬支出及纳税调整明细表》第 2 行"其中：股权激励"：本行由执行《上市公司股权激励管理办法》（中国证券监督管理委员会令第 126 号）的纳税人填报。具体填报要点如下：（1）第 1 列"账载金额"：填报纳税人按照国家有关规定建立职工股权激励计划，会计核算计入成本费用的金额。（2）第 2 列"实际发生额"：

填报纳税人根据本年实际行权时股权的公允价格与激励对象实际行权支付价格的差额和数量计算确定的金额。（3）第5列"税收金额"：填报行权时按照税收规定允许税前扣除的金额，按第2列金额填报。（4）第6列"纳税调整金额"：填报第1-5列的余额。

【案例4-22】2018年1月1日，A上市公司向其200名管理人员每人授予100股股票期权，这些职员从2018年1月1日起在该公司连续服务三年，即可以4元每股的价格购买100股A公司股票。公司估计该期权在授予日的公允价格为15元。从授予日起的三年时间内，共有45名职员离开A公司。假设全部155名职员都在2021年12月31日行权，A公司股份面值为1元，行权日的公允价值为10元。按照《企业会计准则第11号——股份支付》的相关规定，会计处理如下：

①A公司在三年间共确认管理费用232 500元（155×15×100），在授予日，不作账务处理。

②在等待期三年内，每年A公司的账务处理如下：

借：管理费用　　　　　　　　　　　　　　　　　　　　77 500

　　贷：资本公积——其他资本公积　　　　　　　　　　　77 500

③2021年职工行权时，A公司的账务处理如下：

借：银行存款　　　　　　　　　　　　　　　　　　　　62 000

　　资本公积——其他资本公积　　　　　　　　　　　　232 500

　　贷：股本　　　　　　　　　　　　　　　　　　　　15 500

　　　　资本公积——股本溢价　　　　　　　　　　　　279 000

企业所得税处理：A公司在2018~2020年的等待期三年内确认的管理费用232 500元，税法不允许当期扣除，每年应纳税调增77 500元。

企业所得税年度纳税申报填报实务如表4-29所示。

表4-29　　　　　　职工薪酬支出及纳税调整明细表（2018~2020年）　　　　A105050

行次	项目	账载金额	实际发生额	税收规定扣除率	以前年度累计结转扣除额	税收金额	纳税调整金额	累计结转以后年度扣除额
		1	2	3	4	5	6 (1-5)	7 (1+4-5)
1	一、工资薪金支出	77 500	0	*	*	0	77 500	*
2	其中：股权激励	77 500	0	*	*	0	77 500	*

A公司在2021年职工实际行权时，企业所得税税前扣除金额=（职工实际行权时该股票的公允价格-职工实际支付价格）×行权数量=（10-4）×155×100=93 000（元），即可以在税前扣除93 000元，即当年纳税调减93 000元。

企业所得税年度纳税申报填报实务如表4-30所示。

表4-30　　　　　　　　职工薪酬支出及纳税调整明细表（2021年）　　　　A105050

行次	项目	账载金额	实际发生额	税收规定扣除率	以前年度累计结转扣除额	税收金额	纳税调整金额	累计结转以后年度扣除额
		1	2	3	4	5	6 (1-5)	7 (1+4-5)
1	一、工资薪金支出	0	93 000	*	*	93 000	-93 000	*
2	其中：股权激励	0	93 000	*	*	93 000	-93 000	*

四、职工福利费支出纳税调整项目填报实务与案例解析

A105050《职工薪酬支出及纳税调整明细表》第3行"二、职工福利费支出"：填报纳税人本年度发生的职工福利费及其会计核算、纳税调整等金额。具体填报要点如下：（1）第1列"账载金额"：填报纳税人会计核算计入成本费用的职工福利费的金额。（2）第2列"实际发生额"：分析填报纳税人"应付职工薪酬"会计科目下的职工福利费用实际发生额。（3）第3列"税收规定扣除率"：填报税法规定的扣除比例（14%）。（4）第5列"税收金额"：填报按照税法规定允许税前扣除的金额，按第1行第5列"工资薪金支出/税收金额"×14%、本表第3行第1列、本表第3行第2列三者孰小值填报。（5）第6列"纳税调整金额"：填报第1-5列的余额。纳税人具体填报时需要注意《企业会计准则第9号——职工薪酬》（2014修订版）与税法及国税函〔2009〕3号文件中职工福利费支出的财税处理差异。

【案例4-23】甲公司2018年会计核算计入成本费用的职工福利费的金额56 000元，会计核算"应付职工薪酬"科目中职工福利费用实际发生额85 000元，"工资薪金支出"的税收金额为300 000元。

分析：按照税法规定允许税前扣除的金额为42 000元（300 000×14%），实际发生的职工福利费金额85 000元，允许税前扣除的职工福利费的金额为42 000元，纳税调整金额=56 000-42 000=14 000（元）。

企业所得税年度纳税申报填报实务如表4-31所示。

表4-31　　　　　　　　职工薪酬支出及纳税调整明细表（2018年）　　　　A105050

行次	项目	账载金额	实际发生额	税收规定扣除率	以前年度累计结转扣除额	税收金额	纳税调整金额	累计结转以后年度扣除额
		1	2	3	4	5	6 (1-5)	7 (1+4-5)
1	一、工资薪金支出			*	*	300 000		*
2	其中：股权激励			*	*			*
3	二、职工福利费支出	56 000	85 000	14%	*	42 000	14 000	*

五、职工教育经费支出纳税调整项目填报实务与案例解析

A105050《职工薪酬支出及纳税调整明细表》第 4 行"三、职工教育经费支出"：填报第 5 行或者第 5 + 6 行金额。

申报表填报要点如下：

1. 纳税人应严格在职工教育经费的开支范围内列支。财政部、国家税务总局等部委联合下发的《关于印发〈关于企业职工教育经费提取与使用管理的意见〉的通知》（财建〔2006〕317 号）明确了职工教育经费的范围，包括：（1）上岗和转岗培训；（2）各类岗位适应性培训；（3）岗位培训、职业技术等级培训、高技能人才培训；（4）专业技术人员继续教育；（5）特种作业人员培训；（6）企业组织的职工外送培训的经费支出；（7）职工参加的职业技能鉴定、职业资格认证等经费支出；（8）购置教学设备与设施；（9）职工岗位自学成才奖励费用；（10）职工教育培训管理费用；（11）有关职工教育的其他开支。但是，下列支出不能挤占职工教育培训经费：（1）职工参加社会上的学历教育，以及个人为取得学位而参加的在职教育，所需费用应由个人承担；（2）高层管理人员到境外培训和考察，一次性单项支出较高的，其费用从其他管理费用中开支。

2. 按照《财政部、税务总局关于企业职工教育经费税前扣除政策的通知》（财税〔2018〕51 号）规定，为鼓励企业加大职工教育投入，自 2018 年 1 月 1 日起，企业发生的职工教育经费支出，不超过工资薪金总额 8% 的部分，准予在计算企业所得税应纳税所得额时扣除；超过部分，准予在以后纳税年度结转扣除。

3. 单独核算并据实扣除。（1）软件和集成电路企业，《财政部、国家税务总局关于进一步鼓励软件产业和集成电路产业发展企业所得税政策的通知》（财税〔2012〕27 号）第六条规定："集成电路设计企业和符合条件软件企业的职工培训费用，应单独进行核算并按实际发生额在计算应纳税所得额时扣除。"（2）航空企业，《国家税务总局关于企业所得税若干问题的公告》（国家税务总局公告 2011 年第 34 号）第三条规定："航空企业实际发生的飞行员养成费、飞行训练费、乘务训练费、空中保卫员训练费等空勤训练费用，根据《实施条例》第二十七条的规定，可以作为航空企业运输成本在税前扣除。"（3）核电企业，《国家税务总局关于企业所得税应纳税所得额若干问题的公告》（国家税务总局公告 2014 年第 29 号）第四条的规定："核力发电企业为培养核电厂操纵员发生的培养费用，可作为企业的发电成本在税前扣除。企业应将核电厂操纵员培养费与员工的职工教育经费严格区分，单独核算，员工实际发生的职工教育经费支出不得计入核电厂操纵员培养费直接扣除。"这里所指的职工培训费用必须单独核

算，与职工教育经费严格区分，据实税前扣除。

4. 第5行"其中：按税收规定比例扣除的职工教育经费"：适用于按照税收规定职工教育经费按比例税前扣除的纳税人填报。具体如下：

（1）第1列"账载金额"填报纳税人会计核算计入成本费用的金额，不包括第6行可全额扣除的职工培训费用金额。

（2）第2列"实际发生额"：分析填报纳税人"应付职工薪酬"会计科目下的职工教育经费实际发生额，不包括第6行可全额扣除的职工培训费用金额。

（3）第3列"税收规定扣除率"：填报税收规定的扣除比例。

（4）第4列"以前年度累计结转扣除额"：填报纳税人以前年度累计结转准予扣除的职工教育经费支出余额。

（5）第5列"税收金额"：填报纳税人按照税收规定允许税前扣除的金额（不包括第6行可全额扣除的职工培训费用金额），按第1行第5列"工资薪金支出——税收金额"×扣除比例与本行第1+4列之和的孰小值填报。此处2017年版填报说明有误，考虑到会计核算计提但没有实际发生的职工教育经费不能扣除和结转，因而建议纳税人按照第5列"税收金额"：填报纳税人按照税收规定允许税前扣除的金额（不包括第6行可全额扣除的职工培训费用金额），按第1行第5列"工资薪金支出 – 税收金额"×扣除比例与本行第2+4列之和的孰小值填报。

《国家税务总局关于修订〈中华人民共和国企业所得税年度纳税申报表（A类，2017年版)〉部分表单样式及填报说明的公告》（国家税务总局公告2018年第57号）填报说明已经修改为：第5列"税收金额"，填报纳税人按照税收规定允许税前扣除的金额（不包括第6行"按税收规定全额扣除的职工培训费用"金额），按第1行第5列"工资薪金支出\税收金额"×税收规定扣除率与第2+4列的孰小值填报。

（6）第6列"纳税调整金额"：填报第1－5列的余额。

（7）第7列"累计结转以后年度扣除额"：填报第1+4－5列的金额。

此处2017年版填报说明有误，考虑到会计核算计提但没有实际发生的职工教育经费不能往后结转，因此，建议纳税人按照第7列"累计结转以后年度扣除额"：填报第2+4－5列的金额。

《国家税务总局关于〈修订中华人民共和国企业所得税年度纳税申报表（A类，2017年版)〉部分表单样式及填报说明的公告》（国家税务总局公告2018年第57号）填报说明已经修改为：第7列"累计结转以后年度扣除额"，填报第2+4－5列金额。

【案例4－24】甲公司（一般制造业企业）2019年会计核算计入成本费用的职工教育经费金额45.5万元，实际发生的职工教育经费金额32.5万元，其中报销经理攻读MBA学费2.5万元。工资薪金支出的税收金额为400万元。以前年度累计结转扣除职工教育经费金额5万元，税收规定扣除率为8%。

分析：一般企业职工教育经费的税前扣除限额 = "工资薪金支出——税收金额" × 扣除比例 = 400 × 8% = 32（万元），当年实际发生的符合职工教育经费列支范围的金额 = 32.5 - 2.5 = 30（万元），当年允许扣除的税收金额 = 30 + 2 = 32（万元），即当年实际发生额 30 万元和以前年度累计结转扣除职工教育经费金额 2 万元，2019 年纳税调整金额 =（45.5 - 2.5）- 32 = 11（万元），累计结转以后年度扣除额 = 5 - 2 = 3（万元），同时，将当年扣除的以前年度累计结转扣除额 2 万元相应地递延所得税资产转回 0.5 万元（2 × 25%）。不符合职工教育经费列支范围的报销经理攻读 MBA 学费 2.5 万元，属于与生产经营无关的支出，应全额在 A105000 中第 27 行"（十四）与取得收入无关的支出"进行纳税调增，建议年末会计核算时，将其重分类调整计入"营业外支出"科目，方便企业所得税汇算清缴纳税调整。会计和税务处理如下（单位：万元）：

借：管理费用——职工教育经费　　　　　　　　　　　　　　45.5
　　贷：应付职工薪酬——短期薪酬（职工教育经费）　　　　45.5
借：应付职工薪酬——短期薪酬（职工教育经费）　　　　　　32.5
　　贷：银行存款　　　　　　　　　　　　　　　　　　　　32.5
借：营业外支出——个人 MBA 学费　　　　　　　　　　　　2.5
　　贷：管理费用——职工教育经费　　　　　　　　　　　　2.5
借：所得税费用　　　　　　　　　　　　　　　　　　　　　0.5
　　贷：递延所得税资产　　　　　　　　　　　　　　　　　0.5

企业所得税年度纳税申报填写实务如表 4 - 32 和表 4 - 33 所示。

表 4 - 32　　　　　　　职工薪酬支出及纳税调整明细表（2019 年）　　　　　　A105050

行次	项目	账载金额	实际发生额	税收规定扣除率	以前年度累计结转扣除额	税收金额	纳税调整金额	累计结转以后年度扣除额
		1	2	3	4	5	6 (1 - 5)	7 (2 + 4 - 5)
1	一、工资薪金支出			*	*	400		*
4	三、职工教育经费支出			*				
5	其中：1. 按税收规定比例扣除的职工教育经费	43	30	8%	5	32	11	3
6	2. 按税收规定全额扣除的职工培训费用				*			

表 4 - 33　　　　　　　　纳税调整项目明细表（2019 年）　　　　　　　　A105000

行次	项目	账载金额	税收金额	调增金额	调减金额
		1	2	3	4
27	（十四）与取得收入无关的支出	2.5	*	2.5	*

【案例 4 - 25】甲公司（软件企业）2019 年会计核算计入成本费用的职工教育经费金额 90 万元，实际发生金额 55 万元，其中，报销经理攻读 MBA 学费 10 万元，符合税

法规定单独核算的职工培训费用12万元。工资薪金支出的税收金额为600万元。以前年度累计结转扣除职工教育经费金额18万元。

分析：企业职工教育经费的税收规定扣除率为8%，职工教育经费的税前扣除限额＝"工资薪金支出——税收金额"×扣除比例＝600×8%＝48（万元），符合条件的软件企业职工培训费用，应单独进行核算并按实际发生额在计算应纳税所得额时扣除，甲公司单独核算的职工培训费用12万元全额在税前扣除，当年允许扣除的职工教育经费税收金额＝48＋12＝60（万元），纳税调整金额＝80－60＝20（万元），累计结转以后年度扣除额＝33＋18－48＝3（万元）。不符合职工教育经费列支范围的报销经理攻读MBA学费10万元，属于与生产经营无关的支出，应在A105000中第27行"（十四）与取得收入无关的支出"全额进行纳税调增。企业所得税年度纳税申报填写实务如表4－34、表4－35所示。

表4－34　　　　　　　　　　职工薪酬支出及纳税调整明细表（2019年）　　　　　　　　　　A105050

行次	项目	账载金额	实际发生额	税收规定扣除率	以前年度累计结转扣除额	税收金额	纳税调整金额	累计结转以后年度扣除额
		1	2	3	4	5	6（1－5）	7（2＋4－5）
1	一、工资薪金支出			*	*	600		*
2	其中：股权激励			*	*			*
4	三、职工教育经费支出	80	45	*		60	20	3
5	其中：1. 按税收规定比例扣除的职工教育经费	68	33	8%	18	48	20	3
6	2. 按税收规定全额扣除的职工培训费用	12	12	100%	*	12	0	*

表4－35　　　　　　　　　　纳税调整项目明细表（2019年）　　　　　　　　　　A105000

行次	项目	账载金额	税收金额	调增金额	调减金额
		1	2	3	4
27	（十四）与取得收入无关的支出	10	*	10	*

还需要特别注意的是，由于一般企业纳税人进行会计核算时，将职工教育经费先按会计核算的工资薪金的一定比例计提计入成本费用，但税法上规定是实际发生的、在税法规定比例内且符合职工教育经费列支范围的支出才允许税前扣除。例如，如果企业会计核算计提了100万元职工教育经费，但实际发生了20万元，假设计提的100万元都在当年度工资薪金扣除额的8%以内，但实际上按照税法规定仍需要按照实际支付发生的20万元进行税前扣除，没有实际支付发生的80万元应作纳税调增，也不应该作为结转以后年度扣除额。

因此，表A105050《职工薪酬支出及纳税调整明细表》中只要是有会计核算计提的事项，但按税法规定实际发生扣除的，且与工资薪金支出有比例限制的，都必须要关注该问题。职工福利费、工会经费、基本社会保险、补充医疗保险与补充养老保险等也需要进行类似处理。例如，某企业 2018 年度会计核算计提 100 万元职工教育经费，实际发生额 70 万元，当年按照税法规定计算的扣除限额是 60 万元，则当年度纳税调增额＝100－60＝40（万元），但是允许其中实际发生但未税前扣除的金额＝70－60＝10（万元），结转到以后年度扣除。假设 2019 年度会计核算未计提职工教育经费，但是实际支出了 15 万元，以前年度未扣除的余额 10 万元，2019 年度扣除限额是 40 万元，当年应纳税调减金额＝15＋10＝25（万元）。

【案例 4－26】甲公司 2018 年成立，其 2018～2020 年各年实际支付的工资薪金支出分别为 1 000 万元、1 200 万元和 1 400 万元。该公司职工教育经费适用按计税工资总额 8% 限额扣除的政策。各年度职工教育经费会计计提、实际发生、税前扣除等情况如表 4－36 所示（单位：万元）。

表 4－36　　　　　　　　　　职工教育经费情况表（2018～2020 年）

年度	会计核算计提数	实际发生数	会计核算科目余额	工资薪金支出税收金额	税法规定扣除限额	实际税前扣除额	纳税调整金额	税法规定结转以后年度扣除金额
2018	25	20	5（贷）	1 000	80	20	5	0
2019	80	120	35（借）	1 200	96	96	－16	24（120－96）
2020	100	60	5（贷）	1 400	112	84	16	0

甲公司 2018～2020 年职工教育经费支出企业所得税年度纳税申报填报实务如表 4－37 至表 4－39 所示。

表 4－37　　　　　　　　职工薪酬支出及纳税调整明细表（2018 年）　　　　　　　A105050

行次	项目	账载金额	实际发生额	税收规定扣除率	以前年度累计结转扣除额	税收金额	纳税调整金额	累计结转以后年度扣除额
		1	2	3	4	5	6（1-5）	7（2+4-5）
1	一、工资薪金支出	1 000	1 000	*	*	1 000		*
4	三、职工教育经费支出			*	*			*
5	其中：1. 按税收规定比例扣除的职工教育经费	25	20	8%	0	20	5	0

表 4－38　　　　　　　　职工薪酬支出及纳税调整明细表（2019 年）　　　　　　　A105050

行次	项目	账载金额	实际发生额	税收规定扣除率	以前年度累计结转扣除额	税收金额	纳税调整金额	累计结转以后年度扣除额
		1	2	3	4	5	6（1-5）	7（2+4-5）
1	一、工资薪金支出	1 200	1 200	*	*	1 200		*
4	三、职工教育经费支出			*	*			*
5	其中：1. 按税收规定比例扣除的职工教育经费	80	120	8%	0	96	－16	24

表 4 – 39 职工薪酬支出及纳税调整明细表（2020 年） A105050

行次	项目	账载金额	实际发生额	税收规定扣除率	以前年度累计结转扣除额	税收金额	纳税调整金额	累计结转以后年度扣除额
		1	2	3	4	5	6 (1 - 5)	7 (2 + 4 - 5)
1	一、工资薪金支出	1400	1400	*	*	1400		*
4	三、职工教育经费支出			*	*			*
5	其中：1. 按税收规定比例扣除的职工教育经费	100	60	8%	24	84	16	0

【案例 4 – 27】 江苏省常州市溧阳地税局稽查局对 H 股份公司实施税收检查，查实该企业存在违规超额扣除职工教育经费税前列支少缴企业所得税等问题。检查人员进入企业后，依法用软件提取了企业电子账套数据。利用查账软件强大的分析、查询功能，检查人员进一步确认定了检查年度该企业存在的涉税疑点：2014 年 5 月该企业在"管理费用"科目中列支了山东大学上海某远程教育学院咨询费 130.4 万多元。企业为何与远程教育学院发生大额咨询费，该咨询费是否真实？是否存在变更发票内容的情况？企业财务人员称，H 公司支付给上海某远程教育学院的费用，是企业业务咨询费，有正式发票，可以全额在税前扣除。检查人员要求企业提供合同及咨询内容等资料时，财务人员称因经办该事项的人员离职，已无法提供详细资料。

检查人员决定通过外围调查了解该项业务的具体情况。分别向山东、上海等地税务机关发出协查函，请当地税务人员协查 H 公司该项业务。协查反馈信息显示，H 公司人员所称咨询业务并不属实。该公司为了提高员工技能，与山东某大学上海某远程教育学院签订了员工培训协议，约定由该学院对公司部分员工进行技能培训。协查提供的证据显示，企业支出的 130.4 万多元咨询费实为员工培训费，按规定应在职工教育经费中支出，但由于该企业当年职工教育经费已超出税前扣除限额，因此，企业将培训费以咨询费的名目在税前进行了扣除，并且未进行企业所得税纳税调整。面对检查人员提供的证据，H 公司承认在账目处理上存在问题。常州市溧阳地税局稽查局依法补征了税款，并对企业进行了处罚。该局依法对企业作出补缴税款、加收滞纳金和罚款的处理决定。

六、工会经费支出纳税调整项目填报实务与案例解析

A105050《职工薪酬支出及纳税调整明细表》第 7 行"四、工会经费支出"：填报纳税人本年度拨缴工会经费及其会计核算、纳税调整等金额。具体填报要点如下：

（1）第1列"账载金额"：填报纳税人会计核算计入成本费用的工会经费支出金额。

（2）第2列"实际发生额"：分析填报纳税人"应付职工薪酬"会计科目下的工会经费本年实际发生额。（3）第3列"税收规定扣除率"：填报税法规定的扣除比例（2%）。（4）第5列"税收金额"：填报按照税法规定允许税前扣除的金额，按第1行第5列"工资薪金支出/税收金额"×2%与本行第1列、本行第2列三者的孰小值填报。（5）第6列"纳税调整金额"：填报第1-5列的余额。

【案例4-28】甲公司2020年，会计核算计提工会经费4万元，实际向上级工会拨缴工会经费3万元，取得《工会经费收入专用收据》，上级工会返还给本企业基层工会60%的工会经费，存入工会银行存款基本账户。假设该企业允许税前扣除的工资薪金支出为100万元。会计和税务处理如下（单位：万元）。

①计提工会经费。

借：管理费用——工会经费　　　　　　　　　　　　　　　4

　　贷：应付职工薪酬——短期薪酬（工会经费）　　　　　　　4

②实际拨缴工会经费。

借：应付职工薪酬——短期薪酬（工会经费）　　　　　　　3

　　贷：银行存款　　　　　　　　　　　　　　　　　　　　3

③上级工会返还给本企业基层工会60%的工会经费，存入工会银行存款基本账户。不属于企业会计核算范围，由工会进行核算，也不需要缴纳企业所得税。

④税务处理：甲公司2020年企业所得税税前扣除的工会经费限额=100×2%=2（万元），实际拨缴工会经费支出=3（万元），超支工会经费支出=4-2=2（万元）。2020年企业所得税汇算清缴时，纳税调增2万元，以后年度也不得税前扣除。

企业所得税年度纳税申报填报实务如表4-40所示。

表4-40　　　　　　　　　职工薪酬支出及纳税调整明细表（2020年）　　　　　　　A105050

行次	项目	账载金额	实际发生额	税收规定扣除率	以前年度累计结转扣除额	税收金额	纳税调整金额	累计结转以后年度扣除额
		1	2	3	4	5	6 (1-5)	7 (2+4-5)
1	一、工资薪金支出			*	*	100		*
2	其中：股权激励			*	*			*
7	四、工会经费支出	4	3	2%	*	2	2	*

七、各类基本社会保障性缴款纳税调整项目填报实务与案例解析

A105050《职工薪酬支出及纳税调整明细表》第8行"五、各类基本社会保障性缴款"：填报纳税人依照国务院有关主管部门或者省级人民政府规定的范围和标准为职工

缴纳的基本社会保险费及其会计核算、纳税调整金额。具体填报要点如下：（1）第1列"账载金额"：填报纳税人会计核算的各类基本社会保障性缴款的金额。（2）第2列"实际发生额"：分析填报纳税人"应付职工薪酬"会计科目下的各类基本社会保障性缴款本年实际发生额。（3）第5列"税收金额"：填报按照税法规定允许税前扣除的各类基本社会保障性缴款的金额，按本行第1列、第2列以及税法规定允许税前扣除的各类基本社会保障性缴款的金额孰小值填报。（4）第6列"纳税调整金额"：填报第1～第5列的余额。该项目填报要点是依法实际支付的各类基本社会保障性缴款，取得合法有效凭证的，才能税前扣除。

【案例4-29】 甲公司2020年，会计核算计提基本社会保险费40万元，实际向社保机构缴纳36万元，取得《基本社会保险费专用缴款书》，因特殊原因尚未缴纳部分4万元。会计和税务处理如下（单位：万元）。

①计提基本社会保险费时：

借：管理费用等   40

    贷：应付职工薪酬——离职后福利（基本社会保险费）   40

②实际拨缴基本社会保险费时：

借：应付职工薪酬——离职后福利（基本社会保险费）   36

    贷：银行存款   36

③税务处理：《企业所得税法实施条例》第三十五条规定，企业依照国务院有关主管部门或者省级人民政府规定的范围和标准为职工缴纳的基本养老保险费、基本医疗保险费、失业保险费、工伤保险费、生育保险费等基本社会保险费和住房公积金，准予扣除。甲公司2020年企业所得税税前扣除的为职工缴纳的基本社会保险费36万元，尚未支付的基本社会保险费4万元不能在当期税前扣除。

企业所得税年度纳税申报填报实务如表4-41所示。

表4-41　　　　　　　　职工薪酬支出及纳税调整明细表（2020年）　　　　　　　　A105050

行次	项目	账载金额	实际发生额	税收规定扣除率	以前年度累计结转扣除额	税收金额	纳税调整金额	累计结转以后年度扣除额
		1	2	3	4	5	6 (1-5)	7 (2+4-5)
8	五、各类基本社会保障性缴款	40	36	*	*	36	4	*

八、住房公积金纳税调整项目填报实务与案例解析

A105050《职工薪酬支出及纳税调整明细表》第9行"六、住房公积金"：填报纳

税人依照国务院有关主管部门或者省级人民政府规定的范围和标准为职工缴纳的住房公积金及其会计核算、纳税调整金额。具体如下：（1）第1列"账载金额"：填报纳税人会计核算的住房公积金金额。（2）第2列"实际发生额"：分析填报纳税人"应付职工薪酬"会计科目下的住房公积金本年实际发生额。（3）第5列"税收金额"：填报按照税法规定允许税前扣除的住房公积金金额，按本行第1列、第2列以及税法规定允许税前扣除的住房公积金的金额孰小值填报。（4）第6列"纳税调整金额"：填报第1－5列的余额。

申报表填报要点：（1）住房公积金税前扣除存在双重计算标准。第一重标准：单位和职工缴存比例不应低于5%，不得高于12%；企业所得税税前扣除的最高缴存比例可以按省级人民政府规定的范围和标准执行，有可能部分地区规定高于12%的比例。第二重标准：缴存住房公积金的月工资基数，原则上不应超过职工工作地所在设区的市级统计部门公布的上一年度职工月平均工资的2倍或3倍。但是上一年度职工月平均工资是个动态数字，年年都在变，各地住房公积金管理中心每年初都会根据当地统计局公布的本地区上一年度职工月平均工资公布本年缴存住房公积金基数上限，调整全年执行。（2）根据以上中央及地方住房公积金法规规定，纳税人主要存在三种超标情形。缴存比例超标、缴存工资超标或缴存比例和工资均超标。企业为职工个人缴纳的住房公积金超标将不得在税前扣除。如果企业没有按税法规定作纳税调增处理，将存在少缴纳企业所得税的风险。

【案例4－30】 东方税语公司2018年工资薪金支出账载金额和税收金额均为87 966 705.11元，无纳税调整事项。职工人数800人，住房公积金计提并实际缴纳10 556 004.61元。该市每月住房公积金最高缴存工资基数为7 900元。按照最高缴存比例单位和职工各不超过12%的规定，假设该年度单位和职工最高月缴存额为1 896元（其中：单位948元，个人948元）。企业所得税税前扣除限额计算（假设按照职工人数总体计算）：87 966 705.11×12%＝10 556 004.61（元）；7 900×12%×12×800＝9 100 800（元）；税前扣除限额为9 100 800元，应纳税所得额调增金额＝10 556 004.61－9 100 800＝1 455 204.61（元）。

企业所得税年度纳税申报填报实务如表4－42所示。

表4－42　　　　　　　　职工薪酬支出及纳税调整明细表（2018年）　　　　　　　　A105050

行次	项目	账载金额	实际发生额	税收规定扣除率	以前年度累计结转扣除额	税收金额	纳税调整金额	累计结转以后年度扣除额
		1	2	3	4	5	6（1－5）	7（2+4－5）
9	六、住房公积金	10 556 004.61	10 556 004.61	*	*	9 100 800	1 455 204.61	*

九、补充养老保险、补充医疗保险纳税调整项目填报实务与案例解析

A105050《职工薪酬支出及纳税调整明细表》第 10 行"七、补充养老保险":填报纳税人为投资者或者职工支付的补充养老保险费的会计核算、纳税调整金额。具体如下:(1)第 1 列"账载金额":填报纳税人会计核算的补充养老保险金额。(2)第 2 列"实际发生额":分析填报纳税人"应付职工薪酬"会计科目下的补充养老保险本年实际发生额。(3)第 3 列"税收规定扣除率":填报税法规定的扣除比例(5%)。(4)第 5 列"税收金额":填报按照税法规定允许税前扣除的补充养老保险的金额,按第 1 行第 5 列"工资薪金支出/税收金额"×5%、本行第 1 列、本行第 2 列的孰小值填报。(5)第 6 列"纳税调整金额":填报第 1-5 列的余额。第 11 行"八、补充医疗保险":填报纳税人为投资者或者职工支付的补充医疗保险费的会计核算、纳税调整金额,具体填报规定同上。

【案例 4-31】甲公司 2018 年为职工实际支付的工资薪金总额为 1 800 万元,均系合理的工资薪金。该企业 2018 年均按工资薪金支出总额的 6% 为全部职工支付补充养老保险费、补充医疗保险费,即实际支付补充养老保险费 108 万元,支付补充医疗保险费 108 万元,并取得合法有效凭证。

分析:《财政部、国家税务总局关于补充养老保险费、补充医疗保险费有关企业所得税政策问题的通知》(财税〔2009〕27 号)规定,自 2008 年 1 月 1 日起,企业根据国家有关政策规定,为在本企业任职或者受雇的全体员工支付的补充养老保险费、补充医疗保险费,分别在不超过职工工资总额 5% 标准内的部分,在计算应纳税所得额时准予扣除;超过的部分,不予扣除。该公司在计算应纳税所得额时允许税前扣除的补充养老保险费和补充医疗保险费限额 =1 800×5% =90(万元)。因此,该公司 2018 年应调增应纳税所得额 =(108-90)+(108-90)=36(万元)。

上述税会处理差异为,税法要求补充养老保险、补充医疗保险可以在税前扣除的前提是必须已经实际缴纳。需注意,如果只为部分职工支付补充养老保险费、补充医疗保险费则全部不允许税前扣除。而在会计上,根据权责发生制原则,两险应在员工提供服务期间内先予计提(工资总额 4% 以内),同时确认为应付职工薪酬,在实际缴纳时并不确认为成本费用,而是冲减已确认的负债。由于会计与税法在确认成本费用和扣除项目上时间要求不同,因而在企业所得税汇算清缴时应注意作相应的纳税调整,即在提取数、实际缴纳数和允许税前扣除限额之间相比较后,再作纳税调整。

企业所得税年度纳税申报填报实务如表 4-43 所示。

表 4 - 43　　　　　　　　职工薪酬支出及纳税调整明细表（2018 年）　　　　　　A105050

行次	项目	账载金额	实际发生额	税收规定扣除率	以前年度累计结转扣除额	税收金额	纳税调整金额	累计结转以后年度扣除额
		1	2	3	4	5	6 (1 - 5)	7 (2 + 4 - 5)
10	七、补充养老保险	108	108	5%	*	90	18	*
11	八、补充医疗保险	108	108	5%	*	90	18	*

十、其他（辞退福利等）纳税调整项目填报实务与案例解析

A105050《职工薪酬支出及纳税调整明细表》第 12 行"九、其他"：填报其他职工薪酬支出会计处理、税法规定情况及纳税调整金额。

1. 辞退福利的会计处理。辞退福利，是指企业在职工劳动合同到期之前解除与职工的劳动关系，或者为鼓励职工自愿接受裁减而给予职工的补偿。企业向职工提供辞退福利的，应当在下列两者孰早日确认辞退福利产生的职工薪酬负债，并计入当期损益：（1）企业不能单方面撤回因解除劳动关系计划或裁减建议所提供的辞退福利时；（2）企业确认与涉及支付辞退福利的重组相关的成本或费用时。企业应当按照辞退计划条款的规定，合理预计并确认辞退福利产生的应付职工薪酬。辞退福利预期在其确认的年度报告期结束后 12 个月内完全支付的，应当适用短期薪酬的相关规定；辞退福利预期在年度报告期结束后 12 个月内不能完全支付的，应当适用职工薪酬准则关于其他长期职工福利的有关规定。

2. 辞退福利的企业所得税处理。对费用的税前扣除，原则上应为据实扣除，因此，对企业确认的预计负债而计入费用的金额不允许税前扣除。职工辞退福利既不属于工资薪金支出也不属于职工福利费，应属于企业在生产经营活动中发生的与生产经营活动有关的、合理的、必要和正常的支出。例如，企业已经制定正式的解除劳动关系计划或提出自愿裁减建议并即将实施，其确认的因解除与职工的劳动关系给予补偿所产生职工薪酬计入管理费用，由于尚未实际支付，当期不允许在税前扣除。等待企业在实际发生时（支付辞退福利时）才允许在税前扣除。若职工有选择继续在职的权利，属于或有事项，通过预计职工薪酬计入管理费用，也不允许在税前扣除。另外，企业解除职工劳动合同时，支付的经济补偿金不属于税收上的工资薪金支出，不得作为计算职工福利费等三项经费税前扣除限额的基数。

《国家税务总局关于华为集团内部人员调动离职补偿税前扣除问题的批复》（税总函〔2015〕299 号）规定，根据《企业所得税法》及其实施条例和《国家税务总局关于企业工资薪金及职工福利费扣除问题的通知》（国税函〔2009〕3 号）的规定，华为公司对离职补偿事项的税务处理不符合企业所得税据实扣除原则，应该进行纳税调整。企业根据公司财务制度为职工提取离职补偿费，在进行年度企业所得税汇算清缴时，

对当年度"预提费用"科目发生额进行纳税调整,待职工从企业离职并实际领取离职补偿费后,企业可按规定进行税前扣除。

3. 税会差异。对于在职职工提供服务的会计期末以后 12 个月内不能完全支付的辞退福利,会计上规定,企业应当选择恰当的折现率,以折现后的金额计量应计入当期损益;税法上则要求,只有企业实际发生的与取得收入有关的、合理的费用才可以在税前扣除,不考虑折现问题。根据税法据实扣除原则,由企业预计负债而计入费用的金额不允许在税前扣除。

【案例 4-32】中联重科 2016 年年度报告披露支付离职补偿(辞退福利)1.53 亿元。《中联重科:2016 年年度报告》在"应付职工薪酬"中列示辞退福利信息披露如表 4-44 所示。

表 4-44　　　　　　　　　　　　　　　　　　　　　　　　　　　　　　　单位:元

项目	期初余额	本期增加	本期减少	期末余额
一、短期薪酬	190 011 069.65	2 153 969 197.79	2 108 302 502.36	235 677 765.08
二、离职后福利——设定提存计划	3 065 563.48	161 087 886.79	162 430 728.27	1 722 722.00
三、辞退福利	4 885 523.95	153 780 754.39	153 814 656.65	4 851 621.69
合计	197 962 157.08	2 468 837 838.97	2 424 547 887.28	242 252 108.77

中联重科辞退福利的会计处理方法:"本公司在职工劳动合同到期之前解除与职工的劳动关系或者为鼓励职工自愿接受裁减而提出给予补偿,在本公司不能单方面撤回解除劳动关系计划或裁减建议时和确认与涉及支付辞退福利的重组相关的成本费用时两者孰早日,确认因解除与职工的劳动关系给予补偿而产生的负债,同时计入当期损益。但辞退福利预期在年度报告期结束后 12 个月不能完全支付的,按照其他长期职工薪酬处理。"2016 年度会计和税务处理如下:

借:管理费用——辞退福利　　　　　　　　　153 780 754.39
　　贷:应付职工薪酬——辞退福利　　　　　　　　　153 780 754.39
借:应付职工薪酬——辞退福利　　　　　　　153 814 656.65
　　贷:银行存款　　　　　　　　　　　　　　　　　153 814 656.65

企业所得税年度纳税申报填报实务如表 4-45 所示。

表 4-45　　　　　　　　　　　　职工薪酬支出及纳税调整明细表　　　　　　　　　　A105050

行次	项目	账载金额	实际发生额	税收规定扣除率	以前年度累计结转扣除额	税收金额	纳税调整金额	累计结转以后年度扣除额
		1	2	3	4	5	6 (1-5)	7 (2+4-5)
12	九、其他	153 780 754.39	153 814 656.65	*	*	153 814 656.65	33 902.26	*

还需要注意离职补偿金的个人所得税问题。《财政部、国家税务总局关于个人与用人单位解除劳动关系取得的一次性补偿收入征免个人所得税问题的通知》（财税〔2001〕157号）规定，个人因与用人单位解除劳动关系而取得的一次性补偿收入（包括用人单位发放的经济补偿金、生活补助费和其他补助费用），其收入在当地上年职工平均工资3倍数额以内的部分，免征个人所得税。2019年1月1日起，按照《财政部税务总局关于个人所得税法修改后有关优惠政策衔接问题的通知》（财税〔2018〕164号）第五条关于解除劳动关系、提前退休、内部退养的一次性补偿收入的政策规定，个人与用人单位解除劳动关系取得一次性补偿收入（包括用人单位发放的经济补偿金、生活补助费和其他补助费），在当地上年职工平均工资3倍数额以内的部分，免征个人所得税；超过3倍数额的部分，不并入当年综合所得，单独适用综合所得税率表，计算纳税。

第三节　《广告费和业务宣传费等跨年度纳税调整明细表》填报实务与案例解析

一、《广告费和业务宣传费等跨年度纳税调整明细表》格式

具体格式如表4－46所示。

表4－46　　　　　广告费和业务宣传费等跨年度纳税调整明细表　　　　　A105060

行次	项目	广告费和业务宣传费	保险企业手续费及佣金支出
		1	2
1	一、本年支出		
2	减：不允许扣除的支出		
3	二、本年符合条件的支出（1－2）		
4	三、本年计算扣除限额的基数		
5	乘：税收规定扣除率		
6	四、本企业计算的扣除限额（4×5）		
7	五、本年结转以后年度扣除额（3＞6，本行＝3－6；3≤6，本行＝0）		
8	加：以前年度累计结转扣除额		
9	减：本年扣除的以前年度结转额［3＞6，本行＝0；3≤6，本行＝8与（6－3）孰小值］		
10	六、按照分摊协议归集至其他关联方的金额（10≤3与6孰小值）		*
11	按照分摊协议从其他关联方归集至本企业的金额		*
12	七、本年支出纳税调整金额（3＞6，本行＝2＋3－6＋10－11；3≤6，本行＝2＋10－11－9）		
13	八、累计结转以后年度扣除额（7＋8－9）		

243

本表适用于发生广告费和业务宣传费纳税调整项目的纳税人填报。纳税人根据税法、《财政部、国家税务总局关于广告费和业务宣传费支出税前扣除政策的通知》（财税〔2017〕41号）、《财政部 税务总局关于保险企业手续费及佣金支出税前扣除政策的公告》（财政部 税务总局公告2019年第72号）等相关规定，以及国家统一的会计制度，填报广告费和业务宣传费、保险企业手续费及佣金支出以及跨年度纳税调整情况。

《财政部、税务总局关于保险企业手续费及佣金支出税前扣除政策的公告》（财政部 税务总局公告2019年第72号）规定，第一，保险企业发生与其经营活动有关的手续费及佣金支出，不超过当年全部保费收入扣除退保金等后余额的18%（含本数）的部分，在计算应纳税所得额时准予扣除；超过部分，允许结转以后年度扣除。第二，保险企业发生的手续费及佣金支出税前扣除的其他事项继续按照《财政部、国家税务总局关于企业手续费及佣金支出税前扣除政策的通知》（财税〔2009〕29号）中第二条至第五条相关规定处理。保险企业应建立健全手续费及佣金的相关管理制度，并加强手续费及佣金结转扣除的台账管理。第三，该公告自2019年1月1日起执行。《财政部、国家税务总局关于企业手续费及佣金支出税前扣除政策的通知》（财税〔2009〕29号）第一条中关于保险企业手续费及佣金税前扣除的政策和第六条同时废止。保险企业自2018年度汇算清缴起按照上述公告规定执行。

二、《广告费和业务宣传费等跨年度纳税调整明细表》具体填报实务与案例解析

【案例4-33】某医药制造集团公司2020年"主营业务收入"科目贷方发生额为2 000万元，其中，销售货物收入1 500万元，提供劳务收入180万元，让渡资产使用权收入120万元，建造合同收入200万元；"其他业务收入"科目贷方发生额为700万元，其中，材料销售收入350万元，代购代销手续费220万元，包装物出租收入130万元；原材料非货币性资产交换视同销售收入为300万元；"营业外收入"中非货币性资产交易收益100万元、债务重组收益50万元。广告及业务宣传费支出940万元，非广告性赞助支出60万元，会计利润总额100万元，企业所得税税率25%（假设无其他纳税调整事项）。

分析：①2020年广告宣传费计算基数。2 000 + 700 + 300 = 3 000（万元）。"营业外收入"中的非货币性资产交易收益100万元和债务重组收益50万元不属于销售（营业）收入额，因此，不计入基数。

②广告宣传费税前允许列支数。根据财税〔2017〕41号文件的规定，医药制造企业广告费扣除为收入的30%，扣除限额 = 3 000 × 30% = 900（万元），实际发生940万元，形成40万元可抵扣暂时性差异，登入备查账簿中；而非广告性赞助支出60万元不

得扣除。

③递延所得税资产发生额。该广告宣传费支出因按照会计准则规定在发生时已计入当期损益，不体现为期末资产负债表中的资产即其账面价值为0。因按照税法规定，该类支出税前列支有一定的标准限制，当期可予税前扣除900万元，当期未予税前扣除的40万元可以向以后年度结转，其计税基础为40万元。该项资产的账面价值0元与其计税基础40万元之间产生了40万元的可抵扣暂时性差异，符合确认条件时，应确认相关的递延所得税资产 $= 40 \times 25\% = 10$（万元）。

④企业所得税计算。非广告性赞助费支出60万元应该调整应纳税所得额，即应纳税所得额 $= 100 + 60 + 40 = 200$（万元），应纳税额 $= 200 \times 25\% = 50$（万元）。企业所得税年度纳税申报填写实务如表4-47、表4-48所示（单位：万元）。

表4-47　　　　广告费和业务宣传费等跨年度纳税调整明细表（2020年）　　　A105060

行次	项目	广告费和业务宣传费	保险企业手续费及佣金支出
		1	2
1	一、本年支出	940	
2	减：不允许扣除的支出	0	
3	二、本年符合条件的支出（1-2）	940	
4	三、本年计算扣除限额的基数	3 000	
5	乘：税收规定扣除率	30%	
6	四、本企业计算的扣除限额（4×5）	900	
7	五、本年结转以后年度扣除额 （3＞6，本年＝3-6；3≤6，本行＝0）	40	
8	加：以前年度累计结转扣除额	0	
9	减：本年扣除的以前年度结转额 ［3＞6，本行＝0；3≤6，本行＝8与（6-3）孰小值］	0	
10	六、按照分摊协议归集至其他关联方的金额（10≤3与6孰小值）		*
11	按照分摊协议从其他关联方归集至本企业的金额	0	*
12	七、本年支出纳税调整金额 （3＞6，本行＝2+3-6+10-11；3≤6，本行＝2+10-11-9）	0	
13	八、累计结转以后年度扣除额（7+8-9）	40	

表4-48　　　　　　　　　　　纳税调整项目明细表　　　　　　　　　　　A105000

行次	项目	账载金额	税收金额	调增金额	调减金额
		1	2	3	4
12	二、扣除类调整项目 （13+14+15+16+17+18+19+20+21+22+23+24+26+27+28+29+30）	*	*	100	
16	（四）广告费和业务宣传费支出（填写A105060）	*	*	40	
21	（九）赞助支出	60	*	60	*

【案例4-34】A企业和B企业是关联企业，根据分摊协议，B企业在2020年发生的广告费和业务宣传费的40%，归集至A企业扣除。假设2020年B企业销售收入为

3 000 万元，当年实际发生广告费和业务宣传费为 600 万元，其广告费和业务宣传费的扣除比例为销售收入的 15%，广告费和业务宣传费的税前扣除限额 = 3 000 × 15% = 450（万元），则 B 企业转移到 A 企业扣除的广告费和业务宣传费 = 450 × 40% = 180（万元），而非 600 × 40% = 240（万元）；在本企业扣除的广告费和业务宣传费 = 450 - 180 = 270（万元），结转以后年度扣除的广告费和业务宣传费 = 600 - 450 = 150（万元），而非 600 - 270 = 330（万元）。接受归集扣除广告费和业务宣传费的关联企业，其接受扣除的费用不占用本企业的扣除限额，本企业可扣除的广告费和业务宣传费，除按规定比例计算的限额外，还可以将关联企业未扣除而归集来的广告费和业务宣传费在本企业扣除。

企业所得税年度纳税申报填写实务如表 4 - 49、表 4 - 50 所示（单位：万元）。

表 4 - 49　　　　广告费和业务宣传费等跨年度纳税调整明细表（B 企业）　　　A105060

行次	项目	广告费和业务宣传费	保险企业手续费及佣金支出
		1	2
1	一、本年支出	600	
2	减：不允许扣除的支出	0	
3	二、本年符合条件的支出（1 - 2）	600	
4	三、本年计算扣除限额的基数	3 000	
5	乘：税收规定扣除率	15%	
6	四、本企业计算的扣除限额（4 × 5）	450	
7	五、本年结转以后年度扣除额（3 > 6，本行 = 3 - 6；3 ≤ 6，本行 = 0）	150	
8	加：以前年度累计结转扣除额	0	
9	减：本年扣除的以前年度结转额［3 > 6，本行 = 0；3 ≤ 6，本行 = 8 与（6 - 3）孰小值］	0	
10	六、按照分摊协议归集至其他关联方的金额（10 ≤ 3 与 6 孰小值）	180	*
11	按照分摊协议从其他关联方归集至本企业的金额	0	*
12	七、本年支出纳税调整金额（3 > 6，本行 = 2 + 3 - 6 + 10 - 11；3 ≤ 6，本行 = 2 + 10 - 11 - 9）	330	
13	八、累计结转以后年度扣除额（7 + 8 - 9）	150	

表 4 - 50　　　　　　　　纳税调整项目明细表（B 企业）　　　　　　　　A105000

行次	项目	账载金额	税收金额	调增金额	调减金额
		1	2	3	4
12	二、扣除类调整项目（13 + 14 + 15 + 16 + 17 + 18 + 19 + 20 + 21 + 22 + 23 + 24 + 26 + 27 + 28 + 29 + 30）	*	*	330	
16	（四）广告费和业务宣传费支出（填写 A105060）	*	*	330	

【案例 4 - 35】承〖案例 4 - 33〗假设 2020 年 A 企业销售收入为 6 000 万元，当年实际发生广告费和业务宣传费为 1 200 万元，其广告费和业务宣传费的扣除比例为销售收入的 15%，2020 年广告费和业务宣传费的税前扣除限额 = 6 000 × 15% = 900（万元），B 企业当年转移来的广告费和业务宣传费为 180 万元，则 A 企业本年度实际扣除

的广告费和业务宣传费 = 900 + 180 = 1 080（万元），结转以后年度扣除的广告费和业务宣传费 = 1 200 - 900 = 300（万元），而非 1 200 - 1 080 = 120（万元）。

企业所得税年度纳税填报实务如表 4 - 51、表 4 - 52 所示（单位：万元）。

表 4 - 51 广告费和业务宣传费等跨年度纳税调整明细表（A 企业） A105060

行次	项目	广告费和业务宣传费	保险企业手续费及佣金支出
		1	2
1	一、本年支出	1 200	
2	减：不允许扣除的支出	0	
3	二、本年符合条件的支出（1 - 2）	1 200	
4	三、本年计算扣除限额的基数	6 000	
5	乘：税收规定扣除率	15%	
6	四、本企业计算的扣除限额（4 × 5）	900	
7	五、本年结转以后年度扣除额（3 > 6，本行 = 3 - 6；3 ≤ 6，本行 = 0）	300	
8	加：以前年度累计结转扣除额	0	
9	减：本年扣除的以前年度结转额［3 > 6，本行 = 0；3 ≤ 6，本行 = 8 与（6 - 3）孰小值］	0	
10	六、按照分摊协议归集至其他关联方的金额（10 ≤ 3 与 6 孰小值）	0	*
11	按照分摊协议从其他关联方归集至本企业的金额	180	*
12	七、本年支出纳税调整金额（3 > 6，本行 = 2 + 3 - 6 + 10 - 11；3 ≤ 6，本行 = 2 + 10 - 11 - 9）	120	
13	八、累计结转以后年度扣除额（7 + 8 - 9）	300	

表 4 - 52 纳税调整项目明细表（A 企业） A105000

行次	项目	账载金额	税收金额	调增金额	调减金额
		1	2	3	4
12	二、扣除类调整项目（13 + 14 + 15 + 16 + 17 + 18 + 19 + 20 + 21 + 22 + 23 + 24 + 26 + 27 + 28 + 29 + 30）	*	*	120	
16	（四）广告费和业务宣传费支出（填写 A105060）	*	*	120	

【案例 4 - 36】甲机械销售公司成立于 2018 年初，执行《企业会计准则》。乙公司、丙公司均为其关联方，相互间签订了广告费分摊协议。2018 年，甲公司取得营业收入 1 000 万元，发生广告费 200 万元，向乙公司分摊广告费 100 万元；2019 年，取得营业收入 2 000 万元，发生广告费 280 万元，向乙公司分摊广告费 50 万元，同时从丙公司分入广告费 100 万元；2020 年，取得营业收入 3 000 万元，发生广告费 300 万元，向乙公司分摊广告费 100 万元，同时从丙公司分入广告费 50 万元。假设甲公司每年会计利润均为 100 万元，无其他纳税调整事项（单位：万元）。

①2018 年，实际发生广告费用。

借：销售费用——广告费　　　　　　　　　　　　　　　　　　　200

　　贷：银行存款　　　　　　　　　　　　　　　　　　　　　　　200

广告费扣除限额 = 1 000 × 15% = 150（万元），实际发生 200 万元，应调增应纳税

所得额 = 200 - 150 = 50（万元）。另外，甲公司向乙公司分出广告费 100 万元，由于分出的广告费不在本企业扣除，所以应调增 100 万元。以上累计应调增应纳税所得额 = 50 + 100 = 150（万元），将其分别填入 A105060 第 12 行和 A105000 第 16 行第 3 列，应交企业所得税 = (100 + 150) × 25% = 62.5（万元）。

借：所得税费用——当期所得税费用　　　　　　　　　　　　62.5

　　贷：应交税费——应交所得税　　　　　　　　　　　　　　62.5

2018 年 12 月 31 日，广告费的账面价值为 0，计税基础 = 200 - 150 = 50（万元），两者之间的差额属于可抵扣暂时性差异，应确认递延所得税资产 = 50 × 25% = 12.5（万元）。

借：递延所得税资产　　　　　　　　　　　　　　　　　　　12.5

　　贷：所得税费用——递延所得税费用　　　　　　　　　　　12.5

②2019 年，实际发生广告费用。

借：销售费用——广告费　　　　　　　　　　　　　　　　　280

　　贷：银行存款　　　　　　　　　　　　　　　　　　　　　280

广告费扣除限额 = 2 000 × 15% = 300（万元），实际发生 280 万元，由于上年结转 50 万元，应调减应纳税所得额 = 300 - 280 = 20（万元）。另外，甲公司向乙公司分出广告费 50 万元，从丙公司分入 100 万元，由于分出的广告费不在本企业扣除，分入的广告费可以在本企业扣除，所以应调减应纳税所得额 = 100 - 50 = 50（万元）。以上累计应调减应纳税所得额 = 20 + 50 = 70（万元），应交企业所得税 = (100 - 70) × 25% = 7.5（万元）。

借：所得税费用——当期所得税费用　　　　　　　　　　　　7.5

　　贷：应交税费——应交所得税　　　　　　　　　　　　　　7.5

2019 年 12 月 31 日，广告费的账面价值为 0 元，计税基础 = 50 - 20 = 30（万元），两者之间的差额属于累计应确认的可抵扣暂时性差异，应保留递延所得税资产 = 30 × 25% = 7.5（万元），"递延所得税资产"科目期初余额为 12.5 万元，应转回递延所得税资产 = 12.5 - 7.5 = 5（万元）。

借：所得税费用——递延所得税费用　　　　　　　　　　　　5

　　贷：递延所得税资产　　　　　　　　　　　　　　　　　　5

③2020 年，实际发生广告费用。

借：销售费用——广告费　　　　　　　　　　　　　　　　　300

　　贷：银行存款　　　　　　　　　　　　　　　　　　　　　300

2020 年广告费扣除限额 = 3 000 × 15% = 450（万元），实际发生 300 万元，往年结转的广告费 30 万元可以全部扣除，应调减应纳税所得额 30 万元。另外，甲公司向乙公司分出广告费 100 万元，从丙公司分入 50 万元，应调增应纳税所得额 = 100 - 50 = 50

（万元）。以上累计应调增应纳税所得额 = 50 − 30 = 20（万元），应交企业所得税 = （100 + 20）× 25% = 30（万元）。

借：所得税费用——当期所得税费用　　　　　　　　　　　30

　　贷：应交税费——应交所得税　　　　　　　　　　　　　　30

2020 年 12 月 31 日，广告费的账面价值与计税基础均为 0 元，应将"递延所得税资产"科目的余额全部冲回。

借：所得税费用——递延所得税费用　　　　　　　　　　7.5

　　贷：递延所得税资产　　　　　　　　　　　　　　　　　7.5

④企业所得税年度纳税申报表的填报实务如表 4 − 53 至表 4 − 56 所示。

表 4 − 53　广告费和业务宣传费等跨年度纳税调整明细表（2018~2020 年）　A105060

行次	项目	2018 年	2019 年	2020 年
1	一、本年支出	200	280	300
2	减：不允许扣除的支出			
3	二、本年符合条件的支出（1 − 2）	200	280	300
4	三、本年计算扣除限额的基数	1 000	2 000	3 000
5	乘：税收规定扣除率	15%	15%	15%
6	四、本企业计算的扣除限额（4 × 5）	150	300	450
7	五、本年结转以后年度扣除额 （3 > 6，本行 = 3 − 6；3 ≤ 6，本行 = 0）	50	0	0
8	加：以前年度累计结转扣除额	0	50	30
9	减：本年扣除的以前年度结转额 ［3 > 6，本行 = 0；3 ≤ 6，本行 = 8 与（6 − 3）孰小值］	0	20	30
10	六、按照分摊协议归集至其他关联方的金额（10 ≤ 3 与 6 孰小值）	100	50	100
11	按照分摊协议从其他关联方归集至本企业的金额	0	100	50
12	七、本年支出纳税调整金额 （3 > 6，本行 = 2 + 3 − 6 + 10 − 11；3 ≤ 6，本行 = 2 + 10 − 11 − 9）	150	− 70	20
13	八、累计结转以后年度扣除额（7 + 8 − 9）	50	30	0

表 4 − 54　纳税调整项目明细表（2018 年）　A105000

行次	项目	账载金额	税收金额	调增金额	调减金额
		1	2	3	4
12	二、扣除类调整项目 （13 + 14 + 15 + 16 + 17 + 18 + 19 + 20 + 21 + 22 + 23 + 24 + 26 + 27 + 28 + 29 + 30）	*	*		
16	（四）广告费和业务宣传费支出（填写 A105060）	*	*	150	

表 4 − 55　纳税调整项目明细表（2019 年）　A105000

行次	项目	账载金额	税收金额	调增金额	调减金额
		1	2	3	4
12	二、扣除类调整项目 （13 + 14 + 15 + 16 + 17 + 18 + 19 + 20 + 21 + 22 + 23 + 24 + 26 + 27 + 28 + 29 + 30）	*	*		
16	（四）广告费和业务宣传费支出（填写 A105060）	*	*		70

表 4 - 56　　　　　　　　　　　纳税调整项目明细表（2020 年）　　　　　　　　A105000

行次	项目	账载金额	税收金额	调增金额	调减金额
		1	2	3	4
12	二、扣除类调整项目 （13 + 14 + 15 + 16 + 17 + 18 + 19 + 20 + 21 + 22 + 23 + 24 + 26 + 27 + 28 + 29 + 30）	*	*		
16	（四）广告费和业务宣传费支出（填写 A105060）	*	*	20	

【案例 4 - 37】 某保险公司 2019 年全部保费收入为 20 000 万元，支付退保金 2 200 万元，实际发生与其经营活动有关的手续费及佣金支出 3 825 万元。该公司执行《企业会计准则》，假设无其他纳税调整事项，不考虑其他相关税费（单位：万元）。

分析：保险企业发生与其经营活动有关的手续费及佣金支出，不超过当年全部保费收入扣除退保金等后余额的 18%（含本数）的部分，在计算应纳税所得额时准予扣除；超过部分，允许结转以后年度扣除。手续费及佣金支出税前扣除限额 =（20 000 - 2 200）× 18% = 3 204（万元），实际发生额为 3 825 万元，超支部分为 621 万元（3 825 - 3 204），允许结转以后年度扣除。

借：销售费用——佣金及手续费　　　　　　　　　　　　　　　　　3 825

　　贷：银行存款　　　　　　　　　　　　　　　　　　　　　　　　　　3 825

借：递延所得税资产　　　　　　　　　　　　　　　　　　　　　　155.25

　　贷：所得税费用　　　　　　　　　　　　　　　　　　　　　　　　155.25

企业所得税年度纳税申报表的填报实务如表 4 - 57、表 4 - 58 所示。

表 4 - 57　　　　　　　广告费和业务宣传费等跨年度纳税调整明细表　　　　　　A105060

行次	项目	广告费和业务宣传费 1	保险企业手续费及佣金支出 2
1	一、本年支出		3 825
2	减：不允许扣除的支出		0
3	二、本年符合条件的支出（1 - 2）		3 825
4	三、本年计算扣除限额的基数		17 800
5	乘：税收规定扣除率		18%
6	四、本企业计算的扣除限额（4 × 5）		3 204
7	五、本年结转以后年度扣除额（3 > 6，本行 = 3 - 6；3 ≤ 6，本行 = 0）		621
8	加：以前年度累计结转扣除额		
9	减：本年扣除的以前年度结转额［3 > 6，本行 = 0；3 ≤ 6，本行 = 8 与（6 - 3）孰小值］		
10	六、按照分摊协议归集至其他关联方的金额（10 ≤ 3 与 6 孰小值）		*
11	按照分摊协议从其他关联方归集至本企业的金额		*
12	七、本年支出纳税调整金额 （3 > 6，本行 = 2 + 3 - 6 + 10 - 11；3 ≤ 6，本行 = 2 + 10 - 11 - 9）		621
13	八、累计结转以后年度扣除额（7 + 8 - 9）		621

表 4－58 纳税调整项目明细表 A105000

行次	项目	账载金额	税收金额	调增金额	调减金额
		1	2	3	4
12	二、扣除类调整项目 （13＋14＋15＋16＋17＋18＋19＋20＋21＋22＋23＋24＋ 26＋27＋28＋29＋30）	＊	＊		
16	（四）广告费和业务宣传费支出（填写 A105060）	＊	＊	621	

【案例 4－38】承〔案例 4－37〕某保险公司 2020 年全部保费收入为 38 650 万元，支付退保金 8 470 万元，实际发生与其经营活动有关的手续费及佣金支出 4 925 万元。该公司执行《企业会计准则》，假设无其他纳税调整事项，不考虑其他相关税费（单位：万元）。

分析：保险企业发生与其经营活动有关的手续费及佣金支出，不超过当年全部保费收入扣除退保金等后余额的 18%（含本数）的部分，在计算应纳税所得额时准予扣除；超过部分，允许结转以后年度扣除。手续费及佣金支出税前扣除限额 ＝（38 650 －8 470）×18% ＝5 432.4（万元），实际发生额为 4 925 万元，剩余限额部分为 507.4 万元（5 432.4 －4 925），允许将以前年度结转未扣除的 621 万元中的 507.4 万元在 2020 年扣除，没有扣除部分 113.6 万元（621 －507.4）继续结转以后年度扣除。

借：销售费用——佣金及手续费　　　　　　　　　　　　　4 925

　　贷：银行存款　　　　　　　　　　　　　　　　　　　　4 925

借：所得税费用　　　　　　　　　　　　　　　　　　　126.85

　　贷：递延所得税资产　　　　　　　　　　　　　　　　126.85

企业所得税年度纳税申报表的填报实务如表 4－59、表 4－60 所示。

表 4－59 广告费和业务宣传费等跨年度纳税调整明细表 A105060

行次	项目	广告费和业务宣传费	保险企业手续费及佣金支出
		1	2
1	一、本年支出		4 925
2	减：不允许扣除的支出		0
3	二、本年符合条件的支出（1－2）		4 925
4	三、本年计算扣除限额的基数		30 180
5	乘：税收规定扣除率		18%
6	四、本企业计算的扣除限额（4×5）		5 432.4
7	五、本年结转以后年度扣除额（3＞6，本行＝3－6；3≤6，本行＝0）		0
8	加：以前年度累计结转扣除额		621
9	减：本年扣除的以前年度结转额〔3＞6，本行＝0；3≤6，本行＝8 与（6－3）孰小值〕		507.4
10	六、按照分摊协议归集至其他关联方的金额（10≤3 与 6 孰小值）		＊
11	按照分摊协议从其他关联方归集至本企业的金额		＊
12	七、本年支出纳税调整金额 （3＞6，本行＝2＋3－6＋10－11；3≤6，本行＝2＋10－11－9）		－507.4
13	八、累计结转以后年度扣除额（7＋8－9）		113.6

表 4 - 60 　　　　　　　　　　　纳税调整项目明细表　　　　　　　　　　A105000

行次	项目	账载金额	税收金额	调增金额	调减金额
		1	2	3	4
12	二、扣除类调整项目 (13 + 14 + 15 + 16 + 17 + 18 + 19 + 20 + 21 + 22 + 23 + 24 + 26 + 27 + 28 + 29 + 30)	*	*		
16	（四）广告费和业务宣传费支出（填写 A105060）	*	*		507.4

【案例 4 - 39】承〖案例 4 - 38〗某保险公司 2021 年全部保费收入为 43 000 万元，支付退保金 12 000 万元，实际发生与其经营活动有关的手续费及佣金支出 5 890 万元。该公司执行《企业会计准则》，假设无其他纳税调整事项，不考虑其他相关税费（单位：万元）。

分析：保险企业发生与其经营活动有关的手续费及佣金支出，不超过当年全部保费收入扣除退保金等后余额的 18%（含本数）的部分，在计算应纳税所得额时准予扣除；超过部分，允许结转以后年度扣除。手续费及佣金支出税前扣除限额 = （43 000 - 12 000）× 18% = 5 580（万元），实际发生额为 5 890 万元，超过税前扣除限额部分为 310 万元（5 890 - 5 580），允许将未扣除的 310 万元结转以后年度扣除，截至年末尚未扣除部分 423.6 万元（113.6 + 310）继续结转以后年度扣除。

借：销售费用——佣金及手续费　　　　　　　　　　　　　　5 890
　　贷：银行存款　　　　　　　　　　　　　　　　　　　　　5 890
借：递延所得税资产　　　　　　　　　　　　　　　　　　　77.5
　　贷：所得税费用　　　　　　　　　　　　　　　　　　　　77.5

企业所得税年度纳税申报表的填报实务如表 4 - 61、表 4 - 62 所示。

表 4 - 61 　　　　　广告费和业务宣传费等跨年度纳税调整明细表　　　　　A105060

行次	项目	广告费和业务宣传费	保险企业手续费及佣金支出
		1	2
1	一、本年支出		5 890
2	减：不允许扣除的支出		0
3	二、本年符合条件的支出（1 - 2）		5 890
4	三、本年计算扣除限额的基数		31 000
5	乘：税收规定扣除率		18%
6	四、本企业计算的扣除限额（4 × 5）		5 580
7	五、本年结转以后年度扣除额（3 > 6，本行 = 3 - 6；3 ≤ 6，本行 = 0）		310
8	加：以前年度累计结转扣除额		113.6
9	减：本年扣除的以前年度结转额［3 > 6，本行 = 0；3 ≤ 6，本行 = 8 与（6 - 3）孰小值］		0
10	六、按照分摊协议归集至其他关联方的金额（10 ≤ 3 与 6 孰小值）		*
11	按照分摊协议从其他关联方归集至本企业的金额		*
12	七、本年支出纳税调整金额 （3 > 6，本行 = 2 + 3 - 6 + 10 - 11；3 ≤ 6，本行 = 2 + 10 - 11 - 9）		310
13	八、累计结转以后年度扣除额（7 + 8 - 9）		423.6

表 4 – 62　　　　　　　　　　　　纳税调整项目明细表　　　　　　　　　　　　A105000

行次	项目	账载金额	税收金额	调增金额	调减金额
		1	2	3	4
12	二、扣除类调整项目 （13 + 14 + 15 + 16 + 17 + 18 + 19 + 20 + 21 + 22 + 23 + 24 + 26 + 27 + 28 + 29 + 30）	*	*		
16	（四）广告费和业务宣传费支出（填写 A105060）	*	*	310	

第四节　《捐赠支出及纳税调整明细表》填报实务与案例解析

一、《捐赠支出及纳税调整明细表》格式与填报依据

具体格式如表 4 – 63 所示。

表 4 – 63　　　　　　　　　　　捐赠支出及纳税调整明细表　　　　　　　　　　A105070

行次	项目	账载金额	以前年度结转可扣除的捐赠额	按税收规定计算的扣除限额	税收金额	纳税调增金额	纳税调减金额	可结转以后年度扣除的捐赠额
		1	2	3	4	5	6	7
1	一、非公益性捐赠		*	*	*		*	*
2	二、全额扣除的公益性捐赠		*	*		*	*	*
3	其中：扶贫捐赠		*	*		*	*	*
4	三、限额扣除的公益性捐赠（5 + 6 + 7 + 8）							
5	前三年度（　年）	*		*	*	*		*
6	前二年度（　年）	*		*	*	*		
7	前一年度（　年）	*		*	*	*		
8	本年（　年）		*				*	
9	合计（1 + 2 + 4）							
附列资料	2015 年度至本年发生的公益性扶贫捐赠合计金额		*	*		*	*	*

　　本表适用于发生捐赠支出（含捐赠支出结转）的纳税人填报。纳税人根据税法、《财政部 国家税务总局关于公益性捐赠税前扣除有关问题的通知》（财税〔2008〕160号）、《财政部 税务总局关于公益性捐赠支出企业所得税税前结转扣除有关政策的通

知》（财税〔2018〕15 号）、《财政部 税务总局 国务院扶贫办关于企业扶贫捐赠所得税税前扣除政策的公告》（财政部 税务总局 国务院扶贫办公告 2019 年第 49 号）、《财政部 税务总局关于公共租赁住房税收优惠政策的公告》（财政部 税务总局公告 2019 年第 61 号）等相关规定，以及国家统一企业会计制度，填报捐赠支出会计处理、税收规定的税前扣除额、捐赠支出结转额以及纳税调整额。纳税人发生相关支出（含捐赠支出结转），无论是否纳税调整，均应填报本表。

二、《捐赠支出及纳税调整明细表》具体填报实务与案例解析

《捐赠支出及纳税调整明细表》（2017 年版）与《捐赠支出纳税调整明细表》（2014 年版）存在重大差异。第一，删除了"受赠单位名称"，减少了纳税人填写时的顾虑，填报"项目"由原来的"受赠单位名称"改为"捐赠类别"，分为"非公益性捐赠、全额扣除的公益性捐赠、限额扣除的公益性捐赠"三大项；明细表既要满足公益性捐赠支出的相关规定，又兼顾原有非公益性及全额扣除的公益性捐赠支出的填报要求。第二，将"公益性捐赠""非公益性捐赠"由 2014 年版的列示转置为新版的行示。第三，增加了"公益性捐赠"分期扣除的相关栏次和列，比如"以前年度结转可扣除的捐赠额""可结转以后年度扣除的捐赠额"等。这是依据 2017 年 2 月新修订的《中华人民共和国企业所得税法》第九条作出的修改，并且和《中华人民共和国慈善法》同步在 2016 年 9 月 1 日生效实施。第四，根据填报说明实际明确了递延三年扣除"限额扣除的公益性捐赠支出"的顺序，先计算本年扣除限额，然后依次扣除前三年度发生的尚未税前扣除的公益性捐赠支出金额、前二年度发生的未税前扣除的公益性捐赠支出、前一年度发生的未税前扣除的公益性捐赠支出和本年度发生的税前扣除捐赠支出，最后计算分析填报各年度未扣除、结转以后年度扣除的公益性捐赠支出，即按照有利于纳税人的原则，以先发生的公益性捐赠支出先扣除进行计算分析填报。

2019 年修订版《捐赠支出及纳税调整明细表》针对扶贫公益性捐赠，增加了两行次内容。第一，增加了第 3 行"其中：扶贫捐赠"，填报纳税人发生的可全额税前扣除的扶贫公益性捐赠支出。第二，增加了第 10 行附列资料"2015 年度至本年发生的公益性扶贫捐赠合计金额"，填报企业按照《财政部、税务总局、国务院扶贫办关于企业扶贫捐赠所得税税前扣除政策的公告》（财政部、税务总局、国务院扶贫办公告 2019 年第 49 号）规定，企业在 2015 年 1 月 1 日至本年度发生的可全额税前扣除的扶贫公益性捐赠支出合计金额。

2017 年 2 月 24 日，全国人大常委会办公厅在人民大会堂新闻发布厅召开新闻发布

会，财政部税政司副司长张天犁回答记者提问时曾举例说明，假如某企业每年的利润总额是1 000万元，这个企业2016年发生公益性捐赠400万元，也就是在2016年可以扣除120万元，那么2017年还可以扣除120万元，2018年还可以扣除120万元，则三年扣除360万元，2019年它申请40万元，那么2019年也就是说第四年也允许它扣除。即结转扣除之后它的400万元全部都可以扣除，允许企业多扣除，也就是企业少缴税。如果按照400万元全扣除来计算，那么少缴的税，现在的企业所得税税率是25%，也就是说，它可以少缴100万元，修正之前只允许当年扣除12%，只能扣除120万元，少缴税是30万元。两者相比较，我们修订之后企业少缴税增加70万元。这个例子就说明，我们此次的修正案对于鼓励大额捐赠、鼓励企业长期持久捐赠还是有鼓励作用的。从某种角度讲，我们允许结转捐赠之后，应该说将大多数的企业公益性捐赠都可以享受到税前扣除的优惠。

企业的经营利润是有增有减的，所以说第二年如果利润有变化，实际上是按照第二年变化后的实际利润。比如你有1 000万元，也可能变成1 500万元，也可能变成600万元，是按照当年实际利润来计算允许扣除的额度。1 500万元仍有12%是允许扣除的额度，如果是600万元，则就是600万元乘以12%，这是允许扣除的额度。再有，刚才说不盈利，比如说是亏损，也就是说，可以允许扣除的利润为零，那么就对不起了，因为据此而计算的允许扣除额也只能为零了。从某种角度讲，应该是极特殊情况，因为任何企业的捐赠都是以它的盈利能力、承担能力为基础的，一般情况下自己有多大的能力决定其捐赠多少。但是您刚才说了一个极端的例子，这种也可能发生，但是我们政策规定以按照利润总额计算允许扣除的额度，如果为零，那对不起，只能是零，只能寄希望于你第三年、第四年再盈利。第三个情况，又有一笔新的捐赠，新的捐赠和旧的捐赠混在一起计算，也就是说，你仍然按照利润总额乘以12%，这是政策允许你扣除的额度。新和旧的捐赠可以在这个额度之内进行扣除，有了三年结转的规定，2017年发生结转捐赠，我可以允许你2017年、2018年、2019年、2020年四年结转，可以顺着时间往后推延。也就是说，后面增加的捐赠可以在时间上顺延到纳税人可以享受总共四年的扣除。

《财政部 税务总局关于公益性捐赠支出企业所得税税前结转扣除有关政策的通知》（财税〔2018〕15号）规定，第一，企业通过公益性社会组织或者县级（含县级）以上人民政府及其组成部门和直属机构，用于慈善活动、公益事业的捐赠支出，在年度利润总额12%以内的部分，准予在计算应纳税所得额时扣除；超过年度利润总额12%的部分，准予结转以后三年内在计算应纳税所得额时扣除。这里所称公益性社会组织，应当依法取得公益性捐赠税前扣除资格。这里所称年度利润总额，是指企业依照国家统一会计制度的规定计算的大于零的数额。第二，企业当年发生及以前年度结转的公益性捐赠支出，准予在当年税前扣除的部分，不能超过企业当年年度利润总额的12%。第三，企业发生的公益性捐赠支出未在当年税前扣除的部分，准予向以后年度结转扣除，但结转年限自捐赠发生年度的次年起计算最长不得超过三年。第四，企业在对公益性捐赠支出计算扣除时，应先扣除以前年度结转的捐赠支出，再扣除当年发生的捐赠支出。第五，该通知自2017年1月1日起执行。2016年9月1日至2016年12月31日发生的公益性捐赠支出未在2016年税前扣除的部分，可按该通知执行。

《财政部、税务总局、国务院扶贫办关于企业扶贫捐赠所得税税前扣除政策的公告》（财政部 税务总局 国务院扶贫办公告2019年第49号）规定，第一，自2019年1月1日至2022年12月31日，企业通过公益性社会组织或者县级（含县级）以上人民政府及其组成部门和直属机构，用于目标脱贫地区的扶贫捐赠支出，准予在计算企业所得税应纳税所得额时据实扣除。在政策执行期限内，目标脱贫地区实现脱贫的，可继续适用上述政策。"目标脱贫地区"包括832个国家扶贫开发工作重点县、集中连片特困地区县（新疆阿克苏地区6县1市享受片区政策）和建档立卡贫困村。第二，企业同时发生扶贫捐赠支出和其他公益性捐赠支出，在计算公益性捐赠支出年度扣除限额时，符合上述条件的扶贫捐赠支出不计算在内。第三，企业在2015年1月1日至2018年12月31日期间已发生的符合上述条件的扶贫捐赠支出，尚未在计算企业所得税应纳税所得额时扣除的部分，可执行上述企业所得税政策。

填报说明如下。

1. 第1行"非公益性捐赠支出"：填报纳税人本年发生且已计入本年损益的税收规定公益性捐赠以外的其他捐赠支出及纳税调整情况。具体如下：

（1）第1列"账载金额"：填报纳税人计入本年损益的税收规定公益性捐赠以外的其他捐赠支出金额。

（2）第5列"纳税调增额"：填报非公益性捐赠支出纳税调整增加额，金额等于第1列"账载金额"。

2. 第2行"全额扣除的公益性捐赠支出"：填报纳税人发生的可全额税前扣除的公益性捐赠支出。具体如下：

（1）第1列"账载金额"：填报纳税人本年发生且已计入本年损益的按税收规定可全额税前扣除的捐赠支出金额。

（2）第4列"税收金额"：等于第1列"账载金额"。

3. 第3行"其中：扶贫捐赠"：填报纳税人发生的可全额税前扣除的扶贫公益性捐赠支出。具体如下：

（1）第1列"账载金额"：填报纳税人本年发生且已计入本年损益的按税收规定可全额税前扣除的扶贫公益性捐赠支出金额。

（2）第 4 列"税收金额"：等于第 1 列"账载金额"。

4. 第 4 行"限额扣除的公益性捐赠支出"：填报纳税人本年发生的限额扣除的公益性捐赠支出、纳税调整额、以前年度结转扣除捐赠支出等。第 4 行等于第 5 + 6 + 7 + 8 行。其中本行第 4 列"税收金额"：当本行第 1 + 2 列大于第 3 列时，第 4 列 = 第 3 列；当本行第 1 + 2 列小于等于第 3 列时，第 4 列 = 第 1 + 2 列。

5. 第 5 行"前三年度"：填报纳税人前三年度发生的未税前扣除的公益性捐赠支出在本年度扣除的金额。具体如下：

（1）第 2 列"以前年度结转可扣除的捐赠额"：填报前三年度发生的尚未税前扣除的公益性捐赠支出金额。

（2）第 6 列"纳税调减额"：根据本年扣除限额以及前三年度未扣除的公益性捐赠支出分析填报。

6. 第 6 行"前二年度"：填报纳税人前二年度发生的未税前扣除的公益性捐赠支出在本年度扣除的捐赠额以及结转以后年度扣除的捐赠额。具体如下：

（1）第 2 列"以前年度结转可扣除的捐赠额"：填报前二年度发生的尚未税前扣除的公益性捐赠支出金额。

（2）第 6 列"纳税调减额"：根据本年剩余扣除限额、本年扣除前三年度捐赠支出、前二年度未扣除的公益性捐赠支出分析填报。

（3）第 7 列"可结转以后年度扣除的捐赠额"：填报前二年度未扣除、结转以后年度扣除的公益性捐赠支出金额。

7. 第 7 行"前一年度"：填报纳税人前一年度发生的未税前扣除的公益性捐赠支出在本年度扣除的捐赠额以及结转以后年度扣除的捐赠额。具体如下：

（1）第 2 列"以前年度结转可扣除的捐赠额"：填报前一年度发生的尚未税前扣除的公益性捐赠支出金额。

（2）第 6 列"纳税调减额"：根据本年剩余扣除限额、本年扣除前三年度捐赠支出、本年扣除前二年度捐赠支出、前一年度未扣除的公益性捐赠支出分析填报。

（3）第 7 列"可结转以后年度扣除的捐赠额"：填报前一年度未扣除、结转以后年度扣除的公益性捐赠支出金额。

8. 第 8 行"本年"：填报纳税人本年度发生、本年税前扣除、本年纳税调增以及结转以后年度扣除的公益性捐赠支出。具体如下：

（1）第 1 列"账载金额"：填报计入本年损益的公益性捐赠支出金额。

（2）第 3 列"按税收规定计算的扣除限额"：填报按照本年利润总额乘以 12% 的金额，若利润总额为负数，则以 0 填报。

（3）第 4 列"税收金额"：填报本年实际发生的公益性捐赠支出以及结转扣除以前

年度公益性捐赠支出情况分析填报。

（4）第5列"纳税调增额"：填报本年公益性捐赠支出账载金额超过税收规定的税前扣除额的部分。

（5）第7列"可结转以后年度扣除的捐赠额"：填报本年度未扣除、结转以后年度扣除的公益性捐赠支出金额。

9. 第9行"合计"：填报第1+2+4行的合计金额。

10. 附列资料"2015年度至本年发生的公益性扶贫捐赠合计金额"：填报企业按照《财政部 税务总局 国务院扶贫办关于企业扶贫捐赠所得税税前扣除政策的公告》（财政部 税务总局 国务院扶贫办公告2019年第49号）规定，企业在2015年1月1日至本年度发生的可全额税前扣除的扶贫公益性捐赠支出合计金额。具体如下：

（1）第1列"账载金额"：填报纳税人2015年1月1日至本年度发生的且已计入损益的按税收规定可全额税前扣除的扶贫公益性捐赠支出合计金额。

（2）第4列"税收金额"：填报纳税人2015年1月1日至本年度发生的且已计入损益的按税收规定已在税前扣除的扶贫公益性捐赠支出合计金额。

从上述填表说明可以总结为以下几个填报实务要点：

1. 公益性捐赠超过限额的部分，跨年度是按照时间发生先后顺序依次结转。该表的第8行"本年"这一项的第6列"纳税调减金额"栏用"＊"标注，而第（5、6、7）行"前三个年度"项目的第6列"纳税调减金额"栏允许填报数据，说明前三年发生捐赠的先结转，本年发生的捐赠往以后年度结转。这一点与亏损弥补的跨年度结转类似。

2. 公益性捐赠超过限额的部分，跨年度结转最长时限为三年，到第四年就不得向以后年度结转。该表的第5行"前三年度（   年）"这一项的第7列"可结转以后年度扣除的捐赠额"栏用"＊"标注，就是对这一制度设计的充分体现。

3. 亏损企业公益性捐赠的限额扣除为0，其发生额不能在当年扣除，但可以向以后年度结转扣除的政策优惠，在该表中也得到了充分体现；"填表说明"表述为：第8行"本年"项目第3列"按税收规定计算的扣除限额"：填报按照本年利润总额乘以12%的金额，若利润总额为负数，则以0填报。

4. 第3行"其中：扶贫捐赠"和第3行附列资料"2015年度至本年发生的公益性扶贫捐赠合计金额"不参与纳税调增计算，只是单独列示作为统计用途。

5. 按照表间关系：第8行第3列＝表A100000第13行×12%（当表A100000第13行≤0，第8行第3列＝0）。第9行第1列＝表A105000第17行第1列；第9行第4列＝表A105000第17行第2列；第9行第5列＝表A105000第17行第3列；第9行第6列＝表A105000第17行第4列。上述表间关系说明，跨年度公益性捐赠支出纳税调整项目由于是按照时间发生先后顺序依次结转，可能出现同一纳税年度当年公益性捐赠支出产生纳税调增金额和以前年度结转扣除金额出现纳税调减金额。

【案例4-40】甲公司2017年注册成立后热衷于公益事业，各经营年度通过民政部门公布的公益性社会团体进行捐赠支出情况和各年企业所得税年度纳税申报填写实务如表4-64至表4-72所示（单位：万元）。

表4-64　　　　　　　　　　　　　**公益性捐赠支出情况表**

项目 年度	支出金额	利润总额	按税收规定计算的扣除限额	税收金额	可结转以后年度扣除的捐赠额
2017年	30	100	12	12	18
2018年	20	200	24	24（18+6）	14（20-6）
2019年	5	80	9.6	9.6	9.4（14-9.6+5）
2020年	25	300	36	34.4（4.4+5+25）	0

表4-65　　　　　　　　**捐赠支出及纳税调整明细表（2017年）**　　　　　　　　A105070

行次	项目	账载金额	以前年度结转可扣除的捐赠额	按税收规定计算的扣除限额	税收金额	纳税调增金额	纳税调减金额	可结转以后年度扣除的捐赠额
		1	2	3	4	5	6	7
1	一、非公益性捐赠		*	*	*		*	*
2	二、全额扣除的公益性捐赠		*	*	*	*	*	*
3	三、限额扣除的公益性捐赠（4+5+6+7）	30		12	12	18		18
4	前三年度（　年）	*		*	*	*		*
5	前二年度（　年）	*		*	*	*		*
6	前一年度（　年）	*		*	*	*		*
7	本　年（2017年）	30	*	12	12	18	*	18
8	合计（1+2+3）	30		12	12	18		18

表4-66　　　　　　　　　　　**纳税调整项目明细表（2017年）**　　　　　　　　A105000

行次	项目	账载金额	税收金额	调增金额	调减金额
		1	2	3	4
12	二、扣除类调整项目（13+14+…+30）	*	*	18	
17	（五）捐赠支出（填写A105070）	30	12	18	

表4-67　　　　　　　　**捐赠支出及纳税调整明细表（2018年）**　　　　　　　　A105070

行次	项目	账载金额	以前年度结转可扣除的捐赠额	按税收规定计算的扣除限额	税收金额	纳税调增金额	纳税调减金额	可结转以后年度扣除的捐赠额
		1	2	3	4	5	6	7
1	一、非公益性捐赠		*	*	*		*	*
2	二、全额扣除的公益性捐赠		*	*	*	*	*	*
3	三、限额扣除的公益性捐赠（4+5+6+7）	20	18	24	24	14	18	14
4	前三年度（　年）	*		*	*	*		*

续表

行次	项目	账载金额	以前年度结转可扣除的捐赠额	按税收规定计算的扣除限额	税收金额	纳税调增金额	纳税调减金额	可结转以后年度扣除的捐赠额
		1	2	3	4	5	6	7
5	前二年度（　年）	*		*	*	*		
6	前一年度（2017年）	*	18	*	*	*	18	0
7	本　年（2018年）	20	*	24	24	14	*	14
8	合计（1+2+3）	20	18	24	24	14	18	14

表4-68　　　　　　　　　　纳税调整项目明细表（2018年）　　　　　　　　　　A105000

行次	项目	账载金额	税收金额	调增金额	调减金额
		1	2	3	4
12	二、扣除类调整项目（13+14+…+30）	*	*	14	18
17	（五）捐赠支出（填写A105070）	20	24	14	18

表4-69　　　　　　　　　捐赠支出及纳税调整明细表（2019年）　　　　　　　　A105070

行次	项目	账载金额	以前年度结转可扣除的捐赠额	按税收规定计算的扣除限额	税收金额	纳税调增金额	纳税调减金额	可结转以后年度扣除的捐赠额
		1	2	3	4	5	6	7
1	一、非公益性捐赠		*	*	*		*	*
2	二、全额扣除的公益性捐赠		*	*		*	*	*
3	其中：扶贫捐赠		*	*		*	*	*
4	三、限额扣除的公益性捐赠（4+5+6+7）	5	14	9.6	9.6	5	9.6	9.4
5	前三年度（　年）	*		*	*	*		*
6	前二年度（2017年）	*	0	*	*	*	0	0
7	前一年度（2018年）	*	14	*	*	*	9.6	4.4
8	本年（2019年）	5	*	9.6	9.6	5	*	5
9	合计（1+2+3）	5	14	9.6	9.6	5	9.6	9.4
附列资料	2015年度至本年发生的公益性扶贫捐赠合计金额		*	*		*	*	*

表4-70　　　　　　　　　　纳税调整项目明细表（2019年）　　　　　　　　　　A105000

行次	项目	账载金额	税收金额	调增金额	调减金额
		1	2	3	4
12	二、扣除类调整项目（13+14+…+30）	*	*	5	9.6
17	（五）捐赠支出（填写A105070）	5	9.6	5	9.6

表4-71　　　　　　　　　捐赠支出及纳税调整明细表（2020年）　　　　　　　　A105070

行次	项目	账载金额	以前年度结转可扣除的捐赠额	按税收规定计算的扣除限额	税收金额	纳税调增金额	纳税调减金额	可结转以后年度扣除的捐赠额
		1	2	3	4	5	6	7
1	一、非公益性捐赠		*	*	*		*	*
2	二、全额扣除的公益性捐赠		*	*		*	*	*

续表

行次	项目	账载金额	以前年度结转可扣除的捐赠额	按税收规定计算的扣除限额	税收金额	纳税调增金额	纳税调减金额	可结转以后年度扣除的捐赠额
		1	2	3	4	5	6	7
3	其中：扶贫捐赠		*			*	*	*
4	三、限额扣除的公益性捐赠（4+5+6+7）	25	9.4	36	34.4		9.4	0
5	前三年度（ 年）	*	0	*	*	*	0	*
6	前二年度（2018 年）	*	4.4	*	*	*	4.4	0
7	前一年度（2019 年）	*	5	*	*	*	5	0
8	本年（2020 年）	25	*	36	34.4	0	*	0
9	合计（1+2+3）	25	9.4	36	34.4		9.4	0
附列资料	2015 年度至本年发生的公益性扶贫捐赠合计金额		*			*	*	*

表 4-72　　　　　　　　　　纳税调整项目明细表（2020 年）　　　　　　　　　A105000

行次	项目	账载金额	税收金额	调增金额	调减金额
		1	2	3	4
12	二、扣除类调整项目（13+14+…+30）	*	*	0	9.4
17	（五）捐赠支出（填写 A105070）	25	34.4	0	9.4

【案例 4-41】A 企业是一家钢化玻璃生产企业（一般纳税人），多年来一直热衷于社会慈善和公益事业，2016 年 5 月，向当地中国青少年发展基金会捐赠 350 万元，2016 年 10 月向当地宝钢教育基金会捐赠 200 万元，上述捐赠支出以银行存款支付，均取得省级财政部门印制并加盖接受捐赠单位印章的公益性捐赠票据。2016 年会计利润总额为 2 500 万元。

假设 A 企业除上述捐赠业务有关纳税调整外，无其他纳税调整事项，也不考虑其他涉税事项，企业所得税税率为 25%，以后期间有足够的应纳税所得额和税收捐赠限额抵扣以前年度可以结转扣除的捐赠额。会计和税务处理如下（单位：万元）。

解析：按照上述捐赠业务发生顺序，A 公司的会计处理和税务处理、年度企业所得税纳税申报表填报，具体分析如下。

①2016 年 5 月，向中国青少年发展基金捐赠 350 万元。

借：营业外支出——限额扣除的公益性捐赠（中国青少年发展基金） 350

　　贷：银行存款 350

②2016 年 10 月，向宝钢教育基金会捐赠 200 万元。

借：营业外支出——限额扣除的公益性捐赠（宝钢教育基金会） 200

　　贷：银行存款 200

③计算 2016 年度企业所得税税前扣除限额和税收金额。税收政策规定，企业通过公益性社会组织或者县级（含县级）以上人民政府及其组成部门和直属机构，用于慈善活动、公益事业的捐赠支出，在年度利润总额 12% 以内的部分，准予在计算应纳税

所得额时扣除；超过年度利润总额12%的部分，准予结转以后三年内在计算应纳税所得额时扣除。本例中，A企业2016年度公益性捐赠税前扣除限额＝2 500×12%＝300（万元），中国青少年发展基金和宝钢教育基金会均为符合税收政策规定的公益性社会组织也取得合法有效的公益性捐赠票据，但是2016年公益性捐赠支出合计550万元已经超过税收限额300万元。

按照《财政部、税务总局关于公益性捐赠支出企业所得税税前结转扣除有关政策的通知》（财税〔2018〕15号）第五条的规定，2016年9月1日至2016年12月31日发生的公益性捐赠支出未在2016年税前扣除的部分，可结转次年起三年内扣除。因此，2016年5月，向中国青少年发展基金捐赠支出350万元发生在2016年9月1日之前，其超过税收限额300万元的部分50万元（350－300），不得向以后年度结转扣除。由于2016年10月向宝钢教育基金会捐赠200万元已经没有当年税收限额可以扣除，则该项公益性捐赠支出未在2016年税前扣除的部分200万元，准予向以后年度结转扣除，但结转年限自捐赠发生年度的次年起计算最长不得超过三年，即向2017年度、2018年度和2019年度结转扣除。2016年共纳税调增250万元，应纳税所得额＝2 500＋250＝2 750（万元），应纳税额＝2 750×25%＝687.5（万元）。

借：所得税费用——当期所得税　　　　　　　　　　　　　　　687.5

贷：应交税费——应交所得税　　　　　　　　　　　　　　　　687.5

④2016年度企业所得税纳税申报表（2014年版）填报如表4－73所示。

表4－73　　　　　　　　捐赠支出纳税调整明细表（2016年）　　　　　　A105070

行次	受赠单位名称	公益性捐赠				非公益性捐赠	纳税调整金额
		账载金额	按税收规定计算的扣除限额	税收金额	纳税调整金额	账载金额	
		1	2	3	4	5（2－4）	6	7（5＋6）
1	中国青少年发展基金	350	*	*	*		*
2	宝钢教育基金会	200	*	*	*		*
3	合　计	550	300	300	250		250

【案例4－42】承〖案例4－40〗2017年3月，A企业向将一批自产的钢化玻璃通过当地县政府所属的民政局用于相关慈善活动、公益事业捐赠，取得加盖有接受捐赠单位印章的《公益事业捐赠票据》收据联，该批捐赠钢化玻璃的不含税公允价值为100万元，实际生产成本为70万元。2017年6月，为帮助当地乡村希望小学建造教学楼，直接向当地希望小学捐赠外购的建筑材料，取得增值税专用发票，注明的不含税价格200万元，进项税额34万元，已认证申报抵扣。2017年度利润总额为2 000万元。会计和税务处理如下（单位：万元）。

①2017年3月通过当地县民政局捐赠自产的钢化玻璃。

借：营业外支出——限额扣除的公益性捐赠（县民政局）　　　　　87

  贷：库存商品   70

    应交税费——应交增值税（销项税额）   17

  按照《增值税暂行条例实施细则》第四条和第十六条的规定，本例中捐赠自产货物，应按照公允价值视同销售计算增值税销项税额 = 100 × 17% = 17（万元）；按照《企业所得税法实施条例》第二十五条、《国家税务总局关于企业处置资产所得税处理问题的通知》（国税函〔2008〕828 号）和《国家税务总局关于企业所得税有关问题的公告》（国家税务总局公告 2016 年第 80 号）的规定，除另有规定外，企业资产捐赠无论是自制还是外购均按被移送资产的公允价值确定视同销售收入。本例中，确认视同销售收入 100 万元，视同销售成本 70 万元，计算视同销售所得 = 100 − 70 = 30（万元）。需要注意的是，如果该业务在 2019 年度按照 2019 年修订版企业所得税年度纳税申报表填报扣除，在 A105000 第 30 行"其他"项目中纳税调减 30 万元。

  ②2017 年 6 月，直接向当地希望小学捐赠外购的建筑材料，取得增值税专用发票，注明的不含税价格 200 万元，进项税额 34 万元。

  借：库存商品   200

    应交税费——应交增值税（进项税额）   34

    贷：银行存款   234

  借：营业外支出——非公益性捐赠（希望小学）   234

    贷：库存商品   200

      应交税费——应交增值税（销项税额）   34

  本例中，应按照公允价值视同销售计算增值税销项税额 = 200 × 17% = 34（万元），进项税额可以抵扣；确认视同销售收入 200 万元，视同销售成本 200 万元，企业所得税视同销售所得 = 200 − 200 = 0（万元）。

  ③计算 2017 年度企业所得税税前扣除限额和税收金额。A 企业 2017 年度公益性捐赠税前扣除限额 = 2 000 × 12% = 240（万元）；向希望小学直接捐赠支出 234 万元不得在税前扣除，通过当地县民政局捐赠支出 87 万元，可以在税收限额内扣除。240 万元税前扣除限额内先发生的 2016 年结转的可扣除的捐赠额 200 万元先扣除，剩余的 40 万元税收限额，再扣除当年发生捐赠支出的 87 万元中的 40 万元，不足扣除部分 47 万元不能在发生当年扣除，但准予向以后连续三个年度结转扣除。2017 年应纳税所得额 = 2 000 + 234 + 47 − 200 = 2 081（万元），应纳税额 = 2 081 × 25% = 520.25（万元）。

  借：所得税费用——当期所得税   520.25

    贷：应交税费——应交所得税   520.25

  按照《企业会计准则第 18 号——所得税》的规定，准予向以后连续三个年度结转扣除 47 万元捐赠支出形成可抵扣暂时性差异，假设符合递延所得税资产确认条件，应确认递延所得税资产 $=47 \times 25\% = 11.75$（万元）。

借：递延所得税资产   11.75

  贷：所得税费用——递延所得税   11.75

④2017 版年度纳税申报表 A105070 填报要点：第一，企业在对公益性捐赠支出计算扣除时，应先扣除以前年度结转的捐赠支出，再扣除当年发生的捐赠支出。第二，公益性捐赠支出超过当年税收限额未扣除的部分，跨年度结转最长时限为三年，第四年不得向后结转扣除，形成永久性差异。第三，公益性捐赠支出纳税调增与纳税调增金额应分析填报，并注意表 A105070 与表 A105000 之间的勾稽关系。第四，企业当年会计利润总额小于 0 时，公益性捐赠的限额扣除为 0，其限额扣除的公益性捐赠发生额不能在当年扣除，但准予向以后连续三个年度结转扣除。2017 年度企业所得税纳税申报表（2017 年版）填报如表 4 - 74 至表 4 - 76 所示。

表 4 - 74   捐赠支出及纳税调整明细表（2017 年）   A105070

行次	项目	账载金额	以前年度结转可扣除的捐赠额	按税收规定计算的扣除限额	税收金额	纳税调增金额	纳税调减金额	可结转以后年度扣除的捐赠额
		1	2	3	4	5	6	7
1	一、非公益性捐赠	234	*	*	*	234	*	*
2	二、全额扣除的公益性捐赠		*	*	*	*	*	*
3	三、限额扣除的公益性捐赠（4＋5＋6＋7）	87	200	240	240	47	200	47
4	前三年度（ 年）	*		*	*	*	*	*
5	前二年度（ 年）	*		*	*	*	*	*
6	前一年度（2016 年）	*	200	*	*	*	200	0
7	本 年（2017 年）	87	*	240	240	47	*	47
8	合 计（1＋2＋3）	321	200	240	240	281	200	47

表 4 - 75   视同销售和房地产开发企业特定业务纳税调整明细表（2017 年）   A105010

行次	项目	税收金额	纳税调整金额
		1	2
1	一、视同销售（营业）收入（2＋3＋4＋5＋6＋7＋8＋9＋10）	300	300
7	（六）用于对外捐赠视同销售收入	300	300
11	二、视同销售（营业）成本（12＋13＋14＋15＋16＋17＋18＋19＋20）	270	-270
17	（六）用于对外捐赠视同销售成本	270	-270

表 4 - 76   纳税调整项目明细表（2017 年）   A105000

行次	项目	账载金额	税收金额	调增金额	调减金额
		1	2	3	4
1	一、收入类调整项目（2＋3＋…＋8＋10＋11）	*	*	300	
2	（一）视同销售收入（填写 A105010）	*	300	300	*
12	二、扣除类调整项目（13＋14＋…＋24＋26＋27＋28＋29＋30）	*	*	281	270
13	（一）视同销售成本（填写 A105010）	*	270	*	270
17	（五）捐赠支出（填写 A105070）	321	240	281	200
45	合 计（1＋12＋31＋36＋43＋44）	*	*	581	470

【案例 4 - 43】承〖案例 4 - 41〗，2018 年 3 月，赞助、捐赠北京 2022 年冬奥会、冬残奥会、测试赛的货币资金 180 万元。2018 年 10 月，向境外某高校基金会（未依法取得公益性捐赠税前扣除资格），直接捐赠 20 万元现金。2018 年度利润总额为 2 500 万元。会计和税务处理如下（单位：万元）。

①2018 年 3 月，A 企业捐赠北京 2022 年冬奥会、冬残奥会、测试赛的货币资金 180 万元。2018 年 10 月，向境外某高校基金会，捐赠现金 20 万元。

借：营业外支出——全额扣除的公益性捐赠（北京冬奥会）　　　　180

　　　　　　——非公益性捐赠（境外某高校基金会）　　　　20

　　贷：银行存款等　　　　　　　　　　　　　　　　　　　　　　200

《财政部、税务总局、海关总署关于北京 2022 年冬奥会和冬残奥会税收政策的通知》（财税〔2017〕60 号）第三条第一款规定，对企业、社会组织和团体赞助、捐赠北京 2022 年冬奥会、冬残奥会、测试赛的资金、物资、服务支出，在计算企业应纳税所得额时予以全额扣除。本例中，180 万元捐赠支出可以全额扣除，向境外某高校基金会直接捐赠，未依法取得公益性捐赠税前扣除资格，不得税前扣除。

②计算 2018 年度企业所得税税前扣除限额和税收金额。A 企业 2018 年度公益性捐赠税前扣除限额 = 2 500 × 12% = 300（万元）；赞助、捐赠北京 2022 年冬奥会、冬残奥会、测试赛的货币资金 180 万元可以全额扣除且不考虑税收限额。300 万元税收限额内先发生的 2017 年结转的可扣除的捐赠额 47 万元扣除，尚未使用完的税收扣除限额不得结转以后年度使用。2018 年应纳税所得额 = 2 500 + 20 - 47 = 2 473（万元），应纳税额 = 2473 × 25% = 618. 25（万元）。

借：所得税费用——当期所得税　　　　　　　　　　　　618. 25

　　贷：应交税费——应交所得税　　　　　　　　　　　　618. 25

按照《企业会计准则第 18 号——所得税》的规定，准予向以后连续三个年度结转扣除 47 万元捐赠支出形成可抵扣暂时性差异，已经抵减应纳税所得额，应转回已确认递延所得税资产 = 47 × 25% = 11. 75（万元）。

借：所得税费用——递延所得税　　　　　　　　　　　　11. 75

　　贷：递延所得税资产　　　　　　　　　　　　　　　　11. 75

③2018 年度企业所得税纳税申报表（2017 年版）填报如表 4 - 77 和表 4 - 78 所示。

表 4 - 77　　　　　　捐赠支出及纳税调整明细表（2018 年）　　　　A105070

行次	项目	账载金额	以前年度结转可扣除的捐赠额	按税收规定计算的扣除限额	税收金额	纳税调增金额	纳税调减金额	可结转以后年度扣除的捐赠额
		1	2	3	4	5	6	7
1	一、非公益性捐赠	20	*	*	*	20	*	*
2	二、全额扣除的公益性捐赠	180	*	*	180	*	*	*

续表

行次	项目	账载金额	以前年度结转可扣除的捐赠额	按税收规定计算的扣除限额	税收金额	纳税调增金额	纳税调减金额	可结转以后年度扣除的捐赠额
		1	2	3	4	5	6	7
3	三、限额扣除的公益性捐赠（4+5+6+7）		47	300	47	0	47	0
4	前三年度（　　年）	*		*	*	*		*
5	前二年度（2016年）	*	0	*	*	*	0	0
6	前一年度（2017年）	*	47	*	*	*	47	0
7	本　　年（2018年）	0	*	300	47	0	*	0
8	合计（1+2+3）	200	47	300	227	20	47	0

表4-78　　　　　　　　　　纳税调整项目明细表（2018年）　　　　　　　　　　A105000

行次	项目	账载金额	税收金额	调增金额	调减金额
		1	2	3	4
12	二、扣除类调整项目（13+14+…+24+26+27+28+29+30）	*	*	20	47
17	（五）捐赠支出（填写A105070）	200	227	20	47
45	合计（1+12+31+36+43+44）	*	*	20	47

【案例4-44】承〖案例4-42〗，2019年7月，将持有10%的控股子公司B公司的长期股权投资捐赠给我国境内符合税收政策规定的公益性社会团体，该股权公允价值为120万元，历史成本为50万元。2019年度会计利润总额为-1 000万元。会计和税务处理如下（单位：万元）。

①2019年7月，将持有的控股子公司B公司的长期股权投资的10%的股权捐赠给我国境内符合税收政策规定的公益性社会团体，该股权公允价值为120万元，历史成本为50万元。

借：营业外支出——限额扣除的公益性捐赠（股权捐赠）　　　　　　　50

　　贷：长期股权投资——B公司　　　　　　　　　　　　　　　　　　　　50

《财政部、国家税务总局关于公益股权捐赠企业所得税政策问题的通知》（财税〔2016〕45号）规定，企业向公益性社会团体实施的股权捐赠，应按规定视同转让股权，股权转让收入额以企业所捐赠股权取得时的历史成本确定。企业实施股权捐赠后，以其股权历史成本为依据确定捐赠额，并依此按照企业所得税法有关规定在所得税前予以扣除。本例中，以股权历史成本50万元为依据确定捐赠额，股权转让收入额以企业所捐赠股权取得时的历史成本50万元确定，视同股权转让所得=50-50=0（元）。

②计算2019年度企业所得税税前扣除限额和税收金额。A企业2019年度会计利润发生亏损，即-1 000万元，公益性捐赠税前扣除限额为0元；公益性股权捐赠支出50万元，不得在当年税前扣除，应进行纳税调增，但可以按照税收政策规定结转以后年度扣除。2019年应纳税所得额和应纳税额0元。

按照《企业会计准则第 18 号——所得税》的规定，准予向以后连续三个年度结转扣除 50 万元捐赠支出形成可抵扣暂时性差异，应确认递延所得税资产 = 50 × 25% = 12.5（万元）。

借：递延所得税资产   12.5

  贷：所得税费用——递延所得税   12.5

2019 年主表 A100000 第 19 行纳税调整后所得 = -1 000 + 50 = -950（万元），表 A106000《企业所得税弥补亏损明细表》第 6 行第 2 列可弥补亏损所得为 -950 万元，可结转以后年度弥补的亏损额为 -950（万元）。按照《企业会计准则第 18 号——所得税》的规定，可结转以后年度弥补的亏损额，符合递延所得税资产确认条件时，应确认递延所得税资产 = 950 × 25% = 237.5（万元）。

借：递延所得税资产   237.5

  贷：所得税费用——递延所得税   237.5

③2019 年度企业所得税纳税申报表（2017 年版）填报如表 4-79 和表 4-80 所示。

表 4-79   捐赠支出及纳税调整明细表（2019 年）   A105070

行次	项目	账载金额	以前年度结转可扣除的捐赠额	按税收规定计算的扣除限额	税收金额	纳税调增金额	纳税调减金额	可结转以后年度扣除的捐赠额
		1	2	3	4	5	6	7
1	一、非公益性捐赠		*	*	*		*	*
2	二、全额扣除的公益性捐赠		*	*		*	*	*
3	其中：扶贫捐赠		*	*		*	*	*
4	三、限额扣除的公益性捐赠（4+5+6+7）	50	0	0	0	50	0	50
5	前三年度（ 年）	*	0	*	*	*	0	*
6	前二年度（2018 年）	*	0	*	*	*	0	0
7	前一年度（2019 年）	*	0	*	*	*	0	0
8	本年（2020 年）	50	*	0	0	50	*	50
9	合计（1+2+3）	50	0	0	0	50	0	50
附列资料	2015 年度至本年发生的公益性扶贫捐赠合计金额		*		*	*	*	*

表 4-80   纳税调整项目明细表（2019 年）   A105000

行次	项目	账载金额	税收金额	调增金额	调减金额
		1	2	3	4
12	二、扣除类调整项目（13+14+…+24+26+27+28+29+30）	*	*	50	
17	（五）捐赠支出（填写 A105070）	50	0	50	
45	合计（1+12+31+36+43+44）	*	*	50	

【案例4－45】承〖案例4－43〗，2020年1月，以银行存款向省民政厅进行公益性捐赠190万元，并取得《公益事业捐赠票据》。2020年4月，在"世界安全生产与健康日"做公益事业、以当地社会公众为对象提供安全健康咨询服务，以银行支付相关费用5万元，咨询服务的公允价值为8万元。2020年度会计利润总额为1 500万元。会计和税务处理如下（单位：万元）。

①2020年1月，向省民政厅进行公益性捐赠190万元，以银行存款支付，2020年4月，在"世界安全生产与健康日"做公益事业、以当地社会公众为对象提供安全健康咨询服务，以银行支付相关成本费用5万元，咨询业务的公允价值为8万元。

借：营业外支出——限额扣除的公益性捐赠（省民政厅）　　　　　190

　　　　　　　　——非公益性捐赠（咨询服务）　　　　　　　　　5

　　贷：银行存款　　　　　　　　　　　　　　　　　　　　　　195

按照《财政部、国家税务总局关于全面推开营业税改征增值税试点的通知》（财税〔2016〕36号）附件1《营业税改征增值税试点实施办法》第十四条的规定，服务用于公益事业或者以社会公众为对象的增值税不视同销售。

②计算2020年度企业所得税税前扣除限额和税收金额。A企业2020年度会计利润总额为1 500万元，公益性捐赠税前扣除限额＝1 500×12%＝180（万元），先扣除2019年结转的可扣除的捐赠额50万元，当年向省民政厅进行公益性捐赠190万元减去当年剩余税收限额部分130万元的差额60万元，可以按照税收政策规定结转以后年度扣除。直接支付的非公益性捐赠（咨询服务）5万元不得税前扣除。按照《企业所得税法实施条例》第二十五条规定，视同销售劳务所得＝8－5＝3（万元）。

按照2019年修订后企业所得税纳税申报表A105000第30行填报说明，即填报其他因会计处理与税收规定有差异需纳税调整的扣除类项目金额，企业将货物、资产、劳务用于捐赠、广告等用途时，进行视同销售纳税调整后，对应支出的会计处理与税收规定有差异需纳税调整的金额填报在本行。本例中，劳务用于捐赠用途时，进行视同销售纳税调整后，对应支出的会计处理与税收规定有差异需纳税调整的金额3万元，进行纳税调减。弥补2019年度亏损额－950万元以后，2020年应纳税所得额＝1 500＋5＋60－50＋3－3－950＝565（万元），应纳税额＝565×25%＝141.25（万元）。

借：所得税费用——当期所得税　　　　　　　　　　　　　　141.25

　　贷：应交税费——应交所得税　　　　　　　　　　　　　　141.25

③按照《企业会计准则第18号——所得税》的规定，准予向以后连续三个年度结转扣除50万元捐赠支出形成可抵扣暂时性差异，已经抵减应纳税所得额，应转回已确认递延所得税资产＝50×25%＝12.5（万元）。准予向以后连续三个年度结转扣除60

万元捐赠支出形成可抵扣暂时性差异，应以确认递延所得税资产 = 60 × 25% = 15（万元），递延所得税资产发生额为 2.5 万元。

借：递延所得税资产　　　　　　　　　　　　　　　　　　　　　2.5

　　贷：所得税费用——递延所得税　　　　　　　　　　　　　　　　2.5

④按照《企业会计准则第 18 号——所得税》的规定，准予弥补的以前年度亏损额 950 万元，已经抵减应纳税所得额，应转回已确认递延所得税资产 = 950 × 25% = 237.5（万元）。

借：所得税费用——递延所得税　　　　　　　　　　　　　　　　237.5

　　贷：递延所得税资产　　　　　　　　　　　　　　　　　　　　237.5

⑤2020 年度企业所得税纳税申报表（2017 年版）填报如表 4-81 至表 4-83 所示。

表 4-81　　　　　　　　　捐赠支出及纳税调整明细表（2020 年）　　　　　　　　A105070

行次	项目	账载金额	以前年度结转可扣除的捐赠额	按税收规定计算的扣除限额	税收金额	纳税调增金额	纳税调减金额	可结转以后年度扣除的捐赠额
		1	2	3	4	5	6	7
1	一、非公益性捐赠	5	*	*	*	5	*	*
2	二、全额扣除的公益性捐赠		*	*		*	*	*
3	其中：扶贫捐赠		*	*		*	*	*
4	三、限额扣除的公益性捐赠（4+5+6+7）	190	50	180	180	60	50	60
5	前三年度（　　年）	*	0	*	*	*	0	*
6	前二年度（2018 年）	*	0	*	*	*	0	0
7	前一年度（2019 年）	*	50	*	*	*	50	0
8	本年（2020 年）	190	*	180	180	60	*	60
9	合计（1+2+3）	195	50	180	180	65	50	60
附列资料	2015 年度至本年发生的公益性扶贫捐赠合计金额		*		*	*	*	*

表 4-82　　视同销售和房地产开发企业特定业务纳税调整明细表（2020 年）　　A105010

行次	项目	税收金额	纳税调整金额
		1	2
1	一、视同销售（营业）收入（2+3+4+5+6+7+8+9+10）	8	8
9	（八）提供劳务视同销售收入	8	8
11	二、视同销售（营业）成本（12+13+14+15+16+17+18+19+20）	5	-5
19	（八）提供劳务视同销售成本	5	-5

表 4-83　　　　　　　A105000 纳税调整项目明细表（2020 年）　　　　　　A105070

行次	项目	账载金额	税收金额	调增金额	调减金额
		1	2	3	4
1	一、收入类调整项目（2+3+…8+10+11）	*	*	8	
2	（一）视同销售收入（填写 A105010）	*	8	8	*
12	二、扣除类调整项目（13+14+…24+26+27+28+29+30）	*	*	65	58

续表

行次	项目	账载金额	税收金额	调增金额	调减金额
		1	2	3	4
13	（一）视同销售成本（填写 A105010）	*	5	*	5
17	（五）捐赠支出（填写 A105070）	195	180	65	50
30	（十七）其他			3	3
45	合计（1+12+31+36+43+44）	*	*	73	58

总结：企业发生各项捐赠支出时，要区分不同捐赠性质、捐赠方式和捐赠对象，分别按照现行增值税、企业所得税和企业会计准则的相关规定进行处理，及时将税会差异和纳税调整情况备查登记，并准确地反映在相关年度纳税申报表中。

针对纳税人发生的符合条件的扶贫捐赠支出，按照财政部、税务总局、国务院扶贫办联合发布的《关于企业扶贫捐赠所得税税前扣除政策的公告》（财政部、税务总局、国务院扶贫办公告 2019 年第 49 号，以下简称《公告》），进行年度纳税申报时，需要注意五个纳税申报要点。

（1）企业在 2019 年度同时发生扶贫捐赠和其他公益性捐赠，如何进行税前扣除处理？分析：《企业所得税法》规定，企业发生的公益性捐赠支出准予按年度利润总额的 12% 在税前扣除，超过部分准予结转以后三年内扣除。《公告》明确企业发生的符合条件的扶贫捐赠支出准予据实扣除。企业同时发生扶贫捐赠支出和其他公益性捐赠支出时，符合条件的扶贫捐赠支出不计算在公益性捐赠支出的年度扣除限额内。

【案例 4－46】企业 2019 年度的利润总额为 100 万元，当年度发生符合条件的扶贫方面的公益性捐赠 15 万元，发生符合条件的教育方面的公益性捐赠 12 万元。则 2019 年度该企业的公益性捐赠支出税前扣除限额为 12 万元（100×12%），教育捐赠支出 12 万元在扣除限额内，可以全额扣除；扶贫捐赠无须考虑税前扣除限额，准予全额税前据实扣除。2019 年度，该企业的公益性捐赠支出共计 27 万元，均可在税前全额扣除。

（2）企业通过哪些途径进行扶贫捐赠可以据实扣除？分析：考虑到扶贫捐赠的公益性捐赠性质，为与企业所得税法有关公益性捐赠税前扣除的规定相衔接，《公告》明确规定，企业通过公益性社会组织或者县级（含县级）以上人民政府及其组成部门和直属机构，用于目标脱贫地区的扶贫捐赠支出，准予据实扣除。

（3）企业在 2019 年以前发生的尚未扣除的扶贫捐赠支出如何享受税前据实扣除政策？分析：虽然《公告》规定企业的扶贫捐赠支出所得税前据实扣除政策自 2019 年施行，但考虑到《公告》出台于 2019 年 4 月 2 日，正处于 2018 年度的汇算清缴期。为让企业尽快享受到政策红利，同时减轻企业申报填写负担，对企业在 2015 年 1 月 1 日至 2018 年 12 月 31 日期间发生的尚未全额扣除的符合条件的扶贫捐赠支出，可在 2018

年度汇算清缴时，通过填写年度申报表的《纳税调整项目明细表》（A105000）"六、其他"行次第 4 列"调减金额"，实现全额扣除。

（4）2019 年以前，企业发生的包括扶贫捐赠在内的各种公益性捐赠支出，在 2018 年度汇算清缴享受扶贫捐赠的税前据实扣除政策时可如何进行实务处理？分析：对企业在 2015 年 1 月 1 日至 2018 年 12 月 31 日期间发生的尚未全额扣除的符合条件的扶贫捐赠支出，以及其他尚在结转扣除期限内公益性捐赠支出，在 2018 年度汇算清缴时，本着有利于纳税人充分享受政策红利的考虑，可以比照如下案例申报扣除。

【案例 4 - 47】某企业 2017 年共发生公益性捐赠支出 90 万元，其中符合条件的扶贫捐赠 50 万元，其他公益性捐赠 40 万元。当年利润总额 400 万元，则 2017 年度公益性捐赠税前扣除限额 48 万元（400×12%），当年税前扣除 48 万，其余 42 万元向 2018 年度结转。2018 年度，该企业共发生公益性捐赠支出 120 万元，其中符合条件的扶贫捐赠 50 万元，其他公益性捐赠 70 万元。当年利润总额 500 万元。则 2018 年度公益性捐赠税前扣除限额 60 万元（500×12%）。

《公告》下发后，该企业在 2018 年度汇算清缴申报时，对于 2017 年度结转到 2018 年度扣除的 42 万元公益性捐赠支出，在 2018 年度的公益性捐赠扣除限额 60 万元内，可以扣除，填写在《捐赠支出及纳税调整明细表》（A105070）"纳税调减金额"栏次 42 万元；2018 年的公益性捐赠税前扣除限额还有 18 万元，则 2018 年发生公益性捐赠 120 万元中有 102 万元不能税前扣除金额，填写在《捐赠支出及纳税调整明细表》（A105070）"纳税调增金额"栏次 102 万元。

按照《公告》的规定，2017 年、2018 年发生的符合条件的扶贫捐赠支出，未在计算企业所得税应纳税所得额时扣除的部分，可在 2018 年度汇算清缴时全额税前扣除。因此，对于 2018 年度的纳税调增金额 102 万元和纳税调减金额 42 万元需综合分析，将其中属于 2017 年和 2018 年发生的符合条件的扶贫捐赠支出而尚未得到全额扣除的部分，应通过填写年度申报表的《纳税调整项目明细表》（A105000）"六、其他"行次第 4 列"调减金额"，实现全额扣除。具体分析如下：本着有利于纳税人充分享受政策红利的考虑，对于 2017 年度的其他公益性捐赠 40 万元，由于在当年限额扣除范围内，可在 2017 年度税前全额扣除，限额范围内的 8 万元可作为扶贫捐赠扣除，则 2017 年度尚有 42 万元的扶贫捐赠支出未全额税前扣除需结转到 2018 年。对于 2018 年发生的其他公益性捐赠 70 万元，有 60 万元在扣除限额内，超过扣除限额的 10 万元需结转以后年度扣除，而 2018 年发生的扶贫捐赠 50 万元未得到全额扣除。因此 2017 年度和 2018 年度共有 92 万元的扶贫捐赠支出尚未得到全额扣除，需填写年度申报表的《纳税调整项目明细表》（A105000）"六、其他"行次第 4 列"调减金额"栏次 92 万元，实现全额扣除。

【案例 4 - 48】某企业 2015 年发生扶贫捐赠 100 万元，其他公益性捐赠 50 万元，当年利润总额 1 000 万元。公益性捐赠税前扣除限额 120 万元（1 000 × 12%），当年税前扣除 120 万元。2016 年度、2017 年度、2018 年度该企业均未发生公益性捐赠支出。由于《财政部 税务总局关于公益性捐赠支出企业所得税税前结转扣除有关政策的通知》（财税〔2018〕15 号）规定，对 2016 年 9 月 1 日以后发生的公益性捐赠支出才准予结转以后三年内扣除，所以 2015 年度发生的公益性捐赠支出超过税前扣除限额的扶贫捐赠支出 30 万元，无法在 2015 年度税前扣除，2016 年度、2017 年度申报时均无法税前扣除。

《公告》下发后，该企业在 2018 年度汇算清缴时，对于 2015 年度的其他公益性捐赠 50 万元，由于在 2015 年度的扣除限额范围内，可在 2015 年度税前全额扣除，扣除限额范围内的其余 70 万元可作为扶贫捐赠扣除，则 2015 年度尚有 30 万元的扶贫捐赠支出未全额税前扣除。此项金额，通过填写 2018 年度申报表的《纳税调整项目明细表》（A105000）"其他"行次第 4 列"调减金额"30 万元，实现全额扣除。

（5）企业进行扶贫捐赠后在取得捐赠票据方面应注意什么？根据《公益事业捐赠票据使用管理暂行办法》（财综〔2010〕112 号）规定，各级人民政府及其部门、公益性事业单位、公益性社会团体及其他公益性组织，依法接受并用于公益性事业的捐赠财物时，应当向提供捐赠的法人和其他组织开具凭证。企业发生对"目标脱贫地区"的捐赠支出时，应及时要求开具方在公益事业捐赠票据中注明目标脱贫地区的具体名称，并妥善保管该票据。

【案例 4 - 49】甲企业 2019 年发生捐赠支出 50 万元，其中非公益性捐赠 10 万元，向目标脱贫地区的扶贫捐赠支出 10 万元［符合《财政部、税务总局、国务院扶贫办关于企业扶贫捐赠所得税税前扣除政策的公告》（财政部、税务总局、国务院扶贫办公告 2019 年第 49 号）规定进行捐赠］，限额扣除的公益性捐赠 30 万元，当年利润总额 1 000 万元。2016 ~ 2018 年各年以前年度结转可扣除的捐赠额（不包含扶贫捐赠支出）分别为 30 万元、35 万元、45 万元。假设 2019 年以前尚未扣除的 2015 至 2018 符合税收文件规定的扶贫捐赠支出为 25 万元。会计核算如下（单位：万元）：

借：营业外支出——非公益性捐赠　　　　　　　　　　　　　　　10

　　　　——全额扣除公益性捐赠（扶贫捐赠）　　　　　　　　10

　　　　——限额扣除公益性捐赠　　　　　　　　　　　　　　30

　　贷：银行存款　　　　　　　　　　　　　　　　　　　　　　50

企业所得税纳税申报表填报如表 4 - 84、表 4 - 85 所示。

表4-84　　　　　　　　　　捐赠支出及纳税调整明细表（2019年）　　　　　　　　　　A105070

行次	项目	账载金额	以前年度结转可扣除的捐赠额	按税收规定计算的扣除限额	税收金额	纳税调增金额	纳税调减金额	可结转以后年度扣除的捐赠额
		1	2	3	4	5	6	7
1	一、非公益性捐赠	10	*	*	*	10	*	*
2	二、全额扣除的公益性捐赠	10	*	*	10	*	*	*
3	其中：扶贫捐赠	10	*	*	10	*	*	*
4	三、限额扣除的公益性捐赠（4+5+6+7）	30	110	120	120	20	110	20
5	前三年度（2016年）	*	30	*	*	*	30	*
6	前二年度（2017年）	*	35	*	*	*	35	0
7	前一年度（2018年）	*	45	*	*	*	45	0
8	本年（2019年）	30	*	120	120	20	*	20
9	合计（1+2+3）	50	110	120	130	30	110	20
附列资料	2015年度至本年发生的公益性扶贫捐赠合计金额	35	*	*	*	*	*	*

表4-85　　　　　　　　　　纳税调整项目明细表（2019年）　　　　　　　　　　A105070

行次	项目	账载金额	税收金额	调增金额	调减金额
		1	2	3	4
12	二、扣除类调整项目（13+14+…+30）	*	*	0	9.4
17	（五）捐赠支出（填写A105070）	50	130	30	110
30	（十七）其他	0	25		25

为支持新型冠状病毒感染的肺炎疫情防控工作，《财政部、税务总局关于支持新型冠状病毒感染的肺炎疫情防控有关捐赠税收政策的公告》（财政部 税务总局公告2020年第9号）规定，第一，企业和个人通过公益性社会组织或者县级以上人民政府及其部门等国家机关，捐赠用于应对新型冠状病毒感染的肺炎疫情的现金和物品，允许在计算应纳税所得额时全额扣除。第二，企业和个人直接向承担疫情防治任务的医院捐赠用于应对新型冠状病毒感染的肺炎疫情的物品，允许在计算应纳税所得额时全额扣除。捐赠人凭承担疫情防治任务的医院开具的捐赠接收函办理税前扣除事宜。第三，单位和个体工商户将自产、委托加工或购买的货物，通过公益性社会组织和县级以上人民政府及其部门等国家机关，或者直接向承担疫情防治任务的医院无偿捐赠用于应对新型冠状病毒感染的肺炎疫情的，免征增值税、消费税、城市维护建设税、教育费附加、地方教育附加。第四，国家机关、公益性社会组织和承担疫情防治任务的医院接受的捐赠，应专项用于应对新型冠状病毒感染的肺炎疫情工作，不得挪作他用。

【案例4-50】厦门爱华公司为医用防护用品生产企业，2020年为支持新型冠状病毒感染的肺炎疫情防控工作，实际发生捐赠支出1 200万元，其中，通过银行转账向武汉市武昌区民政局捐赠支出 200 万元并取得公益性捐赠财政票据；直接向承担疫情防治任务的火神山医院捐赠自产医用防护用品一批，该批产品公允价值为 1 000 万元（含税价），实际成本为 900 万元，生产该批产品相应地所耗用购进货物的进项税额为 80 万元，已经取得承担疫情防治任务的医院开具的捐赠接收函。

分析：甲公司上述捐赠均符合《财政部、税务总局关于支持新型冠状病毒感染的肺炎疫情防控有关捐赠税收政策的公告》（财政部 税务总局公告 2020 年第 9 号）相关规定，企业通过公益性社会组织或者县级以上人民政府及其部门等国家机关，捐赠用于应对新型冠状病毒感染的肺炎疫情的现金和物品，允许在计算应纳税所得额时全额扣除，捐赠产品免征增值税及城市维护建设税、教育费附加、地方教育附加。同时，按照《增值税暂行条例》第十条第一款的规定，用于免征增值税项目进项税额从不得从销项税额中抵扣。本例中，应转出生产该批产品相应地所耗用购进货物的进项税额为 80 万元。会计和税务处理如下（单位：万元）：

借：营业外支出——全额扣除公益性捐赠支出　　　　　　　　1 180

贷：银行存款　　　　　　　　　　　　　　　　　　　　200

库存商品　　　　　　　　　　　　　　　　　　　　900

应交税费——应交增值税（进项税额转出）　　　　　　80

《国家税务总局关于修订企业所得税年度纳税申报表有关问题的公告》（国家税务总局公告 2019 年第 41 号）附件《企业所得税年度纳税申报表（A 类，2017 年版）》部分表单及填报说明（2019 年修订）规定，企业将货物、资产、劳务用于捐赠、广告等用途时，进行视同销售纳税调整后，对应支出的会计处理与税收规定有差异需纳税调整的金额填报在 A105000《纳税调整项目明细表》第30 行"（十七）其他"。若第 1 列 ≥ 第 2 列，第 3 列"调增金额"填报第 1 ~ 2 列金额。若第 1 列 < 第 2 列，第 4 列"调减金额"填报第 1 ~ 2 列金额的绝对值。表内关系为：第 2 行第 4 列税收金额 = 第 2 行第 1 列账载金额。本例中，视同销售收入公允价值（含税）1 000 万元，视同销售成本为 980 万元，即也包括进项税额转出金额 80 万元。

2020 年企业所得税纳税申报表填报如表 4 - 86 至 4 - 88 所示。

表 4 - 86　　　　　　　　　　　纳税调整项目明细表（2020 年）　　　　　　　　　A105000

行次	项目	账载金额	税收金额	调增金额	调减金额
		1	2	3	4
1	一、收入类调整项目（2 + 3 + … 8 + 10 + 11）	*	*	1 000	
2	（一）视同销售收入（填写 A105010）	*	1 000	1 000	*
12	二、扣除类调整项目（13 + 14 + … 24 + 26 + 27 + 28 + 29 + 30）	*	*		1 000
13	（一）视同销售成本（填写 A105010）	*	980	*	980
30	（十七）其他	980	1 000		20

表4-87　　　　　　视同销售和房地产开发企业特定业务纳税调整明细表（2020年）　　　　　A105010

行次	项目	税收金额	纳税调整金额
		1	2
1	一、视同销售（营业）收入（2+3+4+5+6+7+8+9+10）	1 000	1 000
7	（六）用于对外捐赠视同销售收入	1 000	1 000
11	二、视同销售（营业）成本（12+13+14+15+16+17+18+19+20）	980	-980
17	（六）用于对外捐赠视同销售成本	980	-980

表4-88　　　　　　　　　　　捐赠支出及纳税调整明细表（2020年）　　　　　　　　　A105070

行次	项目	账载金额	以前年度结转可扣除的捐赠额	按税收规定计算的扣除限额	税收金额	纳税调增金额	纳税调减金额	可结转以后年度扣除的捐赠额
		1	2	3	4	5	6	7
1	一、非公益性捐赠		*	*	*		*	*
2	二、全额扣除的公益性捐赠	1 280	*	*	1 280	*	*	*
3	其中：扶贫捐赠		*	*		*	*	*
4	三、限额扣除的公益性捐赠（5+6+7+8）							
5	前三年度（　　年）	*		*	*	*		*
6	前二年度（　　年）	*		*	*	*		
7	前一年度（　　年）	*		*	*	*		
8	本年（　　年）		*				*	
9	合计（1+2+4）	1 280			1 280			
附列资料	2015年度至本年发生的公益性扶贫捐赠合计金额		*	*		*	*	*

第五章

《纳税调整项目明细表》
资产类项目填报实务与案例解析

第一节　资产减值准备金调整项目填报实务与案例解析

一、资产减值准备金调整项目填报要点

A105000《纳税调整项目明细表》第32行"（二）资产减值准备金"：填报坏账准备、存货跌价准备、理赔费用准备金等不允许税前扣除的各类资产减值准备金纳税调整情况。第1列"账载金额"填报纳税人会计核算计入当期损益的资产减值准备金金额（因价值恢复等原因转回的资产减值准备金应予以冲回）；第1列，若≥0，填入第3列"调增金额"；若<0，将绝对值填入第4列"调减金额"。

具体填报要点：《企业所得税法实施条例》第五十六条规定，企业的各项资产，包括固定资产、生物资产、无形资产、长期待摊费用、投资资产、存货等，以历史成本为计税基础。前述所称历史成本，是指企业取得该项资产时实际发生的支出。企业持有各项资产期间资产增值或者减值，除国务院财政、税务主管部门规定可以确认损益外，不得调整该资产的计税基础。本表仅调整资产持有期间（提取、价值转回等）的资产减值准备金情况，涉及资产处置的，发生损失填报A105090资产损失税前扣除及纳税调整明细表调整。特殊行业提取的准备金应根据《特殊行业准备金及纳税调整明细表》（A105120）填报。

二、资产减值准备金调整项目具体填报实务与案例解析

【案例 5-1】甲公司执行《企业会计准则》，2017 年末应收账款余额为 1 000 万元，年末根据减值测试计提了坏账准备 160 万元。会计和税务处理如下（单位：万元）：

借：资产减值损失①　　　　　　　　　　　　　　　　　　　　　　160

　　贷：坏账准备　　　　　　　　　　　　　　　　　　　　　　　160

税务处理：根据《企业所得税法》第十条的规定，未经核定的准备金支出不得税前扣除。因此，该公司当年度汇算清缴时应对计提的 160 万元坏账准备作纳税调增处理。企业所得税年度纳税申报填报实务如表 5-1 所示。

表 5-1　　　　　　　　　　纳税调整项目明细表（2017 年）　　　　　　　　　　A105000

行次	项目	账载金额	税收金额	调增金额	调减金额
		1	2	3	4
31	三、资产类调整项目（31+32+33+34）	*	*	160	
33	（二）资产减值准备金	160	*	160	

【案例 5-2】承〖案例 5-1〗，2018 年 5 月，甲公司发现确实无法收回 120 万元的应收账款。年末根据应收账款减值测试结果本年计提坏账准备 70 万元。会计和税务处理如下（单位：万元）：

借：坏账准备　　　　　　　　　　　　　　　　　　　　　　　　120

　　贷：应收账款　　　　　　　　　　　　　　　　　　　　　　　120

借：资产减值损失　　　　　　　　　　　　　　　　　　　　　　70

　　贷：坏账准备　　　　　　　　　　　　　　　　　　　　　　　70

税务处理：就该笔应收账款坏账损失，企业应按照国家税务总局公告 2011 年 25 号文件的规定提供证据资料申报所得税税前扣除。企业所得税年度纳税申报填报实务如表 5-2、表 5-3 所示。

表 5-2　　　　　　　　　　纳税调整项目明细表（2018 年）　　　　　　　　　　A105000

行次	项目	账载金额	税收金额	调增金额	调减金额
		1	2	3	4
31	三、资产类调整项目（31+32+33+34）	*	*	70	120
33	（二）资产减值准备金	70	*	70	
34	（三）资产损失（填写 A105090）	0	120		120

---

①　如果企业执行《企业会计准则第 22 号——金融工具确认和计量》（2017 年修订版），使用"信用减值损失"科目，下同。

表5-3　　　　　　　资产损失税前扣除及纳税调整明细表（2018年）　　　A105090

行次	项目	资产损失的账载金额	资产处置收入	赔偿收入	资产计税基础	资产损失的税收金额	纳税调整金额
		1	2	3	4	5(4-2-3)	6(1-5)
2	二、应收及预付款项坏账损失	0	0	0	120	120	-120

【案例5-3】 承〖案例5-2〗，2019年10月，A公司发生坏账损失80万元，收回2017年已确认坏账损失150万元，2019年末冲回计提坏账准备20万元。会计和税务处理如下（单位：万元）：

①确定减值损失。

借：坏账准备　　　　　　　　　　　　　　　　　80

　　贷：应收账款　　　　　　　　　　　　　　　　　80

②收回已确认坏账损失时。

借：应收账款　　　　　　　　　　　　　　　　　150

　　贷：坏账准备　　　　　　　　　　　　　　　　　150

借：银行存款　　　　　　　　　　　　　　　　　150

　　贷：应收账款　　　　　　　　　　　　　　　　　150

③冲回计提坏账准备。

借：坏账准备　　　　　　　　　　　　　　　　　20

　　贷：资产减值损失　　　　　　　　　　　　　　　　20

企业所得税年度纳税申报填报实务如表5-4、表5-5所示。

表5-4　　　　　　　　　纳税调整项目明细表（2019年）　　　　　　A105000

行次	项目	账载金额	税收金额	调增金额	调减金额
		1	2	3	4
1	一、收入类调整项目（2+3+…+11）	*	*	150	
11	（九）其他	0	150	150	
31	三、资产类调整项目（31+32+33+34）	*	*		100
33	（二）资产减值准备金	-20	*		20
34	（三）资产损失（填写A105090）	0	80		80

表5-5　　　　　　　资产损失税前扣除及纳税调整明细表（2019年）　　　A05090

行次	项目	资产损失的账载金额	资产处置收入	赔偿收入	资产计税基础	资产损失的税收金额	纳税调整金额
		1	2	3	4	5(4-2-3)	6(1-5)
2	二、应收及预付款项坏账损失	0	0	0	80	80	-80

第二节 《资产折旧、摊销及纳税调整明细表》填报实务与案例解析

一、《资产折旧、摊销及纳税调整明细表》格式

具体格式如表5-6所示。

表5-6 资产折旧、摊销及纳税调整明细表 A105080

行次	项目		账载金额			税收金额				纳税调整金额
			资产原值	本年折旧、摊销额	累计折旧、摊销额	资产计税基础	税收折旧、摊销额	享受加速折旧政策的资产按税收一般规定计算的折旧、摊销额	加速折旧、摊销统计额	累计折旧、摊销额	
			1	2	3	4	5	6	7=5-6	8	9(2-5)
1	一、固定资产（2+3+4+5+6+7）							*	*		
2	所有固定资产	（一）房屋、建筑物						*	*		
3		（二）飞机、火车、轮船、机器、机械和其他生产设备						*	*		
4		（三）与生产经营活动有关的器具、工具、家具等						*	*		
5		（四）飞机、火车、轮船以外的运输工具						*	*		
6		（五）电子设备						*	*		
7		（六）其他						*	*		
8	其中：享受固定资产加速折旧及一次性扣除政策的资产加速折旧额大于一般折旧额的部分	（一）重要行业固定资产加速折旧（不含一次性扣除）									*
9		（二）其他行业研发设备加速折旧									*
10		（三）固定资产一次性扣除									*
11		（四）技术进步、更新换代固定资产									*
12		（五）常年强震动、高腐蚀固定资产									*
13		（六）外购软件折旧									*
14		（七）集成电路企业生产设备									*

续表

行次	项目	账载金额			税收金额					纳税调整金额
		资产原值	本年折旧、摊销额	累计折旧、摊销额	资产计税基础	税收折旧、摊销额	享受加速折旧政策的资产按税收一般规定计算的折旧、摊销额	加速折旧、摊销统计额	累计折旧、摊销额	
		1	2	3	4	5	6	7＝5－6	8	9(2－5)
15	二、生产性生物资产（16＋17）						＊	＊		
16	（一）林木类						＊	＊		
17	（二）畜类						＊	＊		
18	三、无形资产（19＋20＋21＋22＋23＋24＋25＋27）						＊	＊		
19	（一）专利权						＊	＊		
20	（二）商标权						＊	＊		
21	（三）著作权						＊	＊		
22	（四）土地使用权						＊	＊		
23	（五）非专利技术						＊	＊		
24	（六）特许权使用费						＊	＊		
25	（七）软件						＊	＊		
26	其中：享受企业外购软件加速摊销政策									＊
27	（八）其他						＊	＊		
28	四、长期待摊费用（29＋30＋31＋32＋33）						＊	＊		
29	（一）已足额提取折旧的固定资产的改建支出						＊	＊		
30	（二）租入固定资产的改建支出						＊	＊		
31	（三）固定资产的大修理支出						＊	＊		
32	（四）开办费						＊	＊		
33	（五）其他						＊	＊		
34	五、油气勘探投资						＊	＊		
35	六、油气开发投资						＊	＊		
36	合计（1＋15＋18＋28＋34＋35）									
附列资料	全民所有制企业公司制改制资产评估增值政策资产						＊	＊		

本表适用于发生资产折旧、摊销的纳税人填报。纳税人根据税法、《国家税务总局关于企业固定资产加速折旧所得税处理有关问题的通知》（国税发〔2009〕81号）、《国家税务总局关于融资性售后回租业务中承租方出售资产行为有关税收问题的公告》（国家税务总局公告2010年第13号）、《国家税务总局关于企业所得税若干问题的公告》（国家税务总局公告2011年第34号）、《国家税务总局关于发布〈企业所得税政策性搬迁所得税管理办法〉的公告》（国家税务总局公告2012年第40号）、《财政部 国家税务总局关于进一步鼓励软件产业和集成电路产业发展企业所得税政策的通知》（财

税〔2012〕27号）、《国家税务总局关于企业所得税应纳税所得额若干问题的公告》（国家税务总局公告2014年第29号）、《财政部 国家税务总局关于完善固定资产加速折旧税收政策有关问题的通知》（财税〔2014〕75号）、《财政部 国家税务总局关于进一步完善固定资产加速折旧企业所得税政策的通知》（财税〔2015〕106号）、《国家税务总局关于全民所有制企业公司制改制企业所得税处理问题的公告》（国家税务总局公告2017年第34号）、《财政部 税务总局关于设备器具扣除有关企业所得税政策的通知》（财税〔2018〕54号）、《国家税务总局关于设备器具扣除有关企业所得税政策执行问题的公告》（国家税务总局公告2018年第46号）、《财政部、税务总局关于扩大固定资产加速折旧优惠政策适用范围的公告》（财政部 税务总局公告2019年第66号）等相关规定，以及国家统一企业会计制度，填报资产折旧、摊销的会计处理、税收规定，以及纳税调整情况。纳税人只要发生相关事项，均需填报本表。

（一）列次填报说明

对于不征税收入形成的资产，其折旧、摊销额不得税前扣除。第4～第8列税收金额不包含不征税收入所形成资产的折旧、摊销额。

1. 第1列"资产原值"：填报纳税人会计处理计提折旧、摊销的资产原值（或历史成本）的金额。

2. 第2列"本年折旧、摊销额"：填报纳税人会计核算的本年资产折旧、摊销额。

3. 第3列"累计折旧、摊销额"：填报纳税人会计核算的累计（含本年）资产折旧、摊销额。

4. 第4列"资产计税基础"：填报纳税人按照税收规定据以计算折旧、摊销的资产原值（或历史成本）的金额。

5. 第5列"税收折旧、摊销额"：填报纳税人按照税收规定计算的允许税前扣除的本年资产折旧、摊销额。

第8～第14行、第26行第5列"税收折旧、摊销额"：填报享受相关加速折旧、摊销优惠政策的资产，采取税收加速折旧、摊销或一次性扣除方式计算的税收折旧额合计金额、摊销额合计金额。本列仅填报"税收折旧、摊销额"大于"享受加速折旧政策的资产按税收一般规定计算的折旧、摊销额"月份的金额合计。如，享受加速折旧、摊销优惠政策的资产，发生本年度某些月份其"税收折旧、摊销额"大于"享受加速折旧政策的资产按税收一般规定计算的折旧、摊销额"，其余月份其"税收折旧、摊销额"小于"享受加速折旧政策的资产按税收一般规定计算的折旧、摊销额"的情形，仅填报"税收折旧、摊销额"大于"享受加速折旧政策的资产按税收一般规定计算的折旧、摊销额"月份的税收折旧额合计金额、摊销额合计金额。

6. 第 6 列"享受加速折旧政策的资产按税收一般规定计算的折旧、摊销额":仅适用于第 8 ~ 第 14 行、第 26 行,填报纳税人享受加速折旧、摊销优惠政策的资产,按照税收一般规定计算的折旧额合计金额、摊销额合计金额。按照税收一般规定计算的折旧、摊销额,是指该资产在不享受加速折旧、摊销优惠政策情况下,按照税收规定的最低折旧年限以直线法计算的折旧额、摊销额。本列仅填报"税收折旧、摊销额"大于"享受加速折旧政策的资产按税收一般规定计算的折旧、摊销额"月份的按税收一般规定计算的折旧额合计金额、摊销额合计金额。

7. 第 7 列"加速折旧、摊销统计额":用于统计纳税人享受各类固定资产加速折旧政策的优惠金额,按第 5 ~ 第 6 列金额填报。

8. 第 8 列"累计折旧、摊销额":填报纳税人按照税收规定计算的累计(含本年)资产折旧、摊销额。

9. 第 9 列"纳税调整金额":填报第 2 ~ 第 5 列金额。

(二)行次填报说明

1. 第 2 ~ 第 7 行、第 16 ~ 第 17 行、第 19 ~ 第 25 行、第 27 行、第 29 ~ 第 35 行:填报各类资产有关情况。

2. 第 8 ~ 第 14 行、第 26 行:填报纳税人享受相关加速折旧、摊销优惠政策的资产有关情况及优惠统计情况。

第 8 行"(一)重要行业固定资产加速折旧":适用于符合财税〔2014〕75 号、财税〔2015〕106 号和《财政部、税务总局关于扩大固定资产加速折旧优惠政策适用范围的公告》(财政部 税务总局公告 2019 年第 66 号)文件规定的制造业,信息传输、软件和信息技术服务业行业(以下称重要行业)的企业填报,填报新购进固定资产享受加速折旧政策的有关情况及优惠统计情况。重要行业纳税人按照上述文件规定享受固定资产一次性扣除政策的资产情况在第 10 行"(三)固定资产一次性扣除"中填报。

第 9 行"(二)其他行业研发设备加速折旧":适用于重要行业以外的其他企业填报,填报单位价值超过 100 万元以上专用研发设备采取缩短折旧年限或加速折旧方法的有关情况及优惠统计情况。

第 10 行"(三)固定资产一次性扣除":填报新购进单位价值不超过 500 万元的设备、器具等,按照税收规定一次性扣除的有关情况及优惠统计情况。

第 11 行"(四)技术进步、更新换代固定资产":填报固定资产因技术进步、产品更新换代较快而按税收规定享受固定资产加速折旧政策的有关情况及优惠统计情况。

第 12 行"(五)常年强震动、高腐蚀固定资产":填报常年处于强震动、高腐蚀状态的固定资产按税收规定享受固定资产加速折旧政策的有关情况及优惠统计情况。

第13行"（六）外购软件折旧"：填报企业外购软件作为固定资产处理，按财税〔2012〕27号文件规定享受加速折旧政策的有关情况及优惠统计情况。

第14行"（七）集成电路企业生产设备"：填报集成电路生产企业的生产设备，按照财税〔2012〕27号文件规定享受加速折旧政策的有关情况及优惠统计情况。

第26行"享受企业外购软件加速摊销政策"：填报企业外购软件作无形资产处理，按财税〔2012〕27号文件规定享受加速摊销政策的有关情况及优惠统计情况。

附列资料"全民所有制企业公司制改制资产评估增值政策资产"：填报企业按照国家税务总局公告2017年第34号文件规定，执行"改制中资产评估增值不计入应纳税所得额，资产的计税基础按其原有计税基础确定，资产增值部分的折旧或者摊销不得在税前扣除"政策的有关情况。本行不参与计算，仅用于统计享受全民所有制企业公司制改制资产评估增值政策资产的有关情况，相关资产折旧、摊销情况及调整情况在第1～第36行填报。

二、《资产折旧、摊销及纳税调整明细表》具体填报实务与案例解析

【案例5-4】甲公司为中国境内的居民企业，是增值税一般纳税人，企业所得税征收方式为查账征收，执行《企业会计准则》。2018年11月1日，购入一台不需要安装的设备并投入使用，取得增值税专用发票，金额为360万元，进项税额为57.6万元。企业选择年限平均法计提折旧，确定会计折旧年限为5年，预计净残值为0。2018年12月31日，利润总额为400万元，不考虑加速折旧或减值等影响会计折旧的其他因素，也不考虑其他税会因素。该设备的企业所得税处理选择享受财税〔2018〕54号文规定的"一次性计入当期成本费用在计算应纳税所得额时扣除，不再分年度计算折旧"优惠政策。假设企业所得税税率为25%。会计和税务处理如下。

①2018年11月，设备入账并投入使用。

借：固定资产	3 600 000
应交税费——应交增值税（进项税额）	576 000
贷：银行存款	4 176 000

②2018年12月，会计核算"计提"折旧额 = 3 600 000 ÷ 5 ÷ 12 = 60 000（元）

| 借：管理费用 | 60 000 |
| 贷：累计折旧 | 60 000 |

③2018年12月31日，固定资产计税基础 = 0（元），账面价值 = 3 540 000（元），应纳税暂时性差异 = 3 540 000（元），确认递延所得税负债885 000元。

借：所得税费用　　　　　　　　　　　　　　　　　885 000

　　贷：递延所得税负债　　　　　　　　　　　　　　　885 000

④2018 年 12 月，"计算"当月应纳企业所得税和税前列支金额。根据《财政部 税务总局关于设备器具扣除有关企业所得税政策的通知》（财税〔2018〕54 号）和《国家税务总局关于设备器具扣除有关企业所得税政策执行问题的公告》（国家税务总局公告 2018 年第 46 号）规定，该设备选择不再分期"计算"折旧，企业选择一次性计入当期成本费用，在当年企业所得税税前扣除。因此，2018 年 12 月所属期，企业所得税税前一次性列支费用 3 600 000 元。企业所得税年度纳税申报填写实务如表 5 - 7、表 5 -8 所示。

表 5 - 7　　　　　　　　资产折旧、摊销及纳税调整明细表（2018 年）　　　　　　A105080

行次	项目		账载金额			税收金额					纳税调整额
			资产原值	本年折旧、摊销额	累计折旧、摊销额	资产计税基础	税收折旧额	享受加速折旧政策的资产按税收一般规定计算的折旧、摊销额	加速折旧统计额	累计折旧、摊销额	
			1	2	3	4	5	6	7 = 5 - 6	8	9(2 - 5)
1	一、固定资产（2 +3 +4 +5 +6 +7）							*	*		
2	所有固定资产	（一）房屋、建筑物						*	*		
3		（二）飞机、火车、轮船、机器、机械和其他生产设备	3 600 000	60 000	60 000	3 600 000	3 600 000	*	*	3 600 000	-3 540 000
4		（三）与生产经营活动有关的器具、工具、家具等						*	*		
5		（四）飞机、火车、轮船以外的运输工具						*	*		
6		（五）电子设备						*	*		
7		（六）其他						*	*		
	其中：享受固定资产加速折旧及一次性扣除政策的资产加速折旧额大于一般折旧额的部分	（三）固定资产一次性	3 600 000	60 000	60 000	3 600 000	3 600 000	30 000	3 570 000	3 600 000	*

表5－8　　　　　　　　　　　　纳税调整项目明细表（2018年）　　　　　　　　　　　A105000

行次	项目	账载金额	税收金额	调增金额	调减金额
		1	2	3	4
31	三、资产类调整项目（32＋33＋34＋35）	*	*		
32	（一）资产折旧、摊销（填写A105080）	60 000	3 600 000		3 540 000

⑤2019年，会计核算"计提"折旧额＝3 600 000÷5＝720 000（元），由于该企业2018年选择固定资产一次性扣除，按照税法规定"计算"的税前列支金额为0。

⑥2019年12月31日，固定资产计税基础＝0，账面价值＝2 820 000（元），应纳税暂时性差异＝2 820 000（元），应转回递延所得税负债180 000元。

借：递延所得税负债　　　　　　　　　　　　　　　　　180 000

　　贷：所得税费用　　　　　　　　　　　　　　　　　　　180 000

企业所得税年度纳税申报填写实务如表5－9所示。

表5－9　　　　　　　资产折旧、摊销及纳税调整明细表（2019年）　　　　　　A105080

行次	项目		账载金额			税收金额					纳税调整额
			资产原值	本年折旧、摊销额	累计折旧、摊销额	资产计税基础	税收折旧额	享受加速折旧政策的资产按税收一般规定计算的折旧、摊销额	加速折旧统计额	累计折旧、摊销额	
			1	2	3	4	5	6	7=5-6	8	9(2-5)
1	一、固定资产（2+3+4+5+6+7）							*	*		
2		（一）房屋、建筑物						*	*		
3	所有固定资产	（二）飞机、火车、轮船、机器、机械和其他生产设备	3 600 000	7 200 00	780 000	3 600 000	0	*	*	3 600 000	720 000
4		（三）与生产经营活动有关的器具、工具、家具等						*	*		
5		（四）飞机、火车、轮船以外的运输工具						*	*		
6		（五）电子设备						*	*		
7		（六）其他						*	*		
11	其中：享受固定资产加速折旧及一次性扣除政策的资产加速折旧额大于一般折旧额的部分	（三）固定资产一次性扣除									*

表 5 – 10　　　　　　　　　纳税调整项目明细表（2019 年）　　　　A105000

行次	项目	账载金额	税收金额	调增金额	调减金额
		1	2	3	4
31	三、资产类调整项目（32 + 33 + 34 + 35）	*	*		
32	（一）资产折旧、摊销（填写 A105080）	720 000	0	720 000	

需要注意的是，如果企业今后将该选择一次性扣除的固定资产处置，除上述会计核算折旧和税前扣除折旧存在差异外，按照会计核算的资产处置损益与按照税法规定计算的资产处置所得或损失一定存在相应的税会差异，应当在处置资产当期企业所得税汇算清缴时，进行纳税调整。

【案例 5 – 5】纯垲公司为增值税一般纳税人，执行《企业会计准则》。2019 年 12 月 18 日支付银行存款购买一台不需要安装的机器设备，取得增值税专用发票注明不含税价 360 万元，进项税额 46.8 万元，该设备当月已投入使用，会计核算时预计该设备的使用年限为 10 年，直线法计提折旧，预计净残值为 0 元。假设企业所得税税率为 25%，不考虑其他纳税调整因素。会计和税务处理如下（单位，元，下同）。

①2019 年 12 月购进设备并投入使用。

借：固定资产　　　　　　　　　　　　　　　　　　　　　　　　3 600 000

　　应交税费——应交增值税（进项税额）　　　　　　　　　　　　468 000

　　贷：银行存款　　　　　　　　　　　　　　　　　　　　　　　　4 068 000

②会计核算从取得固定资产的次月起开始计提折旧，即 2020 年 1 月开始计提折旧，每月计提折旧 3 万元（360/10/12），2020 年共计提折旧 36 万元（360/10）。

借：制造费用　　　　　　　　　　　　　　　　　　　　　　　　30 000

　　贷：累计折旧　　　　　　　　　　　　　　　　　　　　　　　　30 000

③按照《国家税务总局关于设备 器具扣除有关企业所得税政策执行问题的公告》（国家税务总局公告 2018 年第 46 号）第二条规定，固定资产在投入使用月份的次月所属年度一次性税前扣除。本例中，该设备在 2019 年 12 月投入使用，次月为 2020 年 1 月，所属年度为 2020 年，因此，该企业应选择在 2020 年一次性税前扣除。该设备计税基础 = 0（元），账面价值 = 360 – 36 = 324（万元），形成应纳税暂时性差异为 324 万元，应确认递延所得税负债 81 万元。

借：所得税费用——递延所得税　　　　　　　　　　　　　　　　810 000

　　贷：递延所得税负债　　　　　　　　　　　　　　　　　　　　　810 000

④2020 年汇算清缴时，会计核算折旧额为 36 万元，税前扣除折旧额为 360 万元，税会差异为 324 万元，当年进行纳税调减。2020 年企业所得税年度纳税申报填写实务如表 5 – 11 和表 5 – 12 所示。

表 5－11　资产折旧、摊销及纳税调整明细表（2020 年）　A105080

行次	项目		账载金额			税收金额					纳税调整额
			资产原值	本年折旧、摊销额	累计折旧、摊销额	资产计税基础	税收折旧额	享受加速折旧政策的资产按税收一般规定计算的折旧、摊销额	加速折旧统计额	累计折旧、摊销额	纳税调整额
			1	2	3	4	5	6	7＝5－6	8	9(2－5)
1	一、固定资产（2＋3＋4＋5＋6＋7）							*	*		
2	所有固定资产	（一）房屋、建筑物						*	*		
3		（二）飞机、火车、轮船、机器、机械和其他生产设备	3 600 000	360 000	360 000	3 600 000	3 600 000	*	*	3 600 000	－3 240 000
4		（三）与生产经营活动有关的器具、工具、家具等						*	*		
5		（四）飞机、火车、轮船以外的运输工具						*	*		
6		（五）电子设备						*	*		
7		（六）其他						*	*		
8	其中：享受固定资产加速折旧及一次性扣除政策的资产加速折旧额大于一般折旧额的部分	（一）重要行业固定资产加速折旧（不含一次性扣除）									*
9		（二）其他行业研发设备加速折旧									*
10		（三）固定资产一次性扣除	3 600 000	3 600 000	3 600 000	3 600 000	3 600 000	360 000	3 240 000	3 600 000	*
11		（四）技术进步、更新换代固定资产									*
12		（五）常年强震动、高腐蚀固定资产									*
13		（六）外购软件折旧									*
14		（七）集成电路企业生产设备									*

表 5－12　纳税调整项目明细表（2020 年）　A105000

行次	项目	账载金额	税收金额	调增金额	调减金额
		1	2	3	4
31	三、资产类调整项目（32＋33＋34＋35）	*	*		3 240 000
32	（一）资产折旧、摊销（填写 A105080）	360 000	3 600 000		3 240 000
33	（二）资产减值准备金		*		
34	（三）资产损失（填写 A105090）				
35	（四）其他				

⑤2021 年 6 月，甲企业以 280 万元（不含税）价格将该设备转让，增值税税率为

13%，收到银行存款316.4万元。当月减少的固定资产当月继续计提折旧，下月起不计提折旧，同时，应转回以前确认的递延所得税负债余额。

借：制造费用		30 000
贷：累计折旧		30 000
借：固定资产清理		3 060 000
累计折旧		540 000
贷：固定资产		3 600 000
借：银行存款		3 164 000
贷：固定资产清理		3 164 000
借：固定资产清理		364 000
贷：应交税费——应交增值税（销项税额）		364 000
借：资产处置损益		260 000
贷：固定资产清理		260 000
借：递延所得税负债		810 000
贷：所得税费用——递延所得税		810 000

⑥2021年汇算清缴时，会计核算的折旧额18万元，不能在税前扣除，应纳税调增；会计核算的资产处置损益为26万元，按照税法计算的资产处置所得为280万元，税会差异＝280－26＝254（万元），应纳税调增。需要注意的是，适用一次性扣除政策的固定资产在以后年度发生处置时，不需要调整之前已经一次性扣除的折旧金额，但计算其转让所得（损失）时，处置时点上该固定资产的计税基础为0，因此，需要对会计核算账面所得（损失）进行纳税调整。本例中，该设备持有期间折旧费用：会计折旧54万元，税收折旧360万元，纳税调减306万元。该设备转让期间发生（所得）损失：会计损失26万元，税收损失－280万元，纳税调增306万元，最终该设备不同期间纳税调增与纳税调减相同。2021年企业所得税年度纳税申报填写实务如表5-13至表5-15所示。

表5-13   资产折旧、摊销及纳税调整明细表（2021年）   A105080

行次	项目	账载金额			税收金额					纳税调整额
		资产原值	本年折旧、摊销额	累计折旧、摊销额	资产计税基础	税收折旧额	享受加速折旧政策的资产按税收一般规定计算的折旧、摊销额	加速折旧统计额	累计折旧、摊销额	纳税调整额
		1	2	3	4	5	6	7＝5－6	8	9(2－5)
1	一、固定资产（2+3+4+5+6+7）						*	*		

续表

行次	项目		账载金额			税收金额					纳税调整额
			资产原值	本年折旧、摊销额	累计折旧、摊销额	资产计税基础	税收折旧额	享受加速折旧政策的资产按税收一般规定计算的折旧、摊销额	加速折旧统计额	累计折旧、摊销额	纳税调整额
			1	2	3	4	5	6	7＝5－6	8	9(2－5)
2	所有固定资产	（一）房屋、建筑物						＊	＊		
3		（二）飞机、火车、轮船、机器、机械和其他生产设备	3 600 000	180 000	540 000	0	0	＊	＊	3 600 000	180 000
4		（三）与生产经营活动有关的器具、工具、家具等						＊	＊		
5		（四）飞机、火车、轮船以外的运输工具						＊	＊		
6		（五）电子设备						＊	＊		
7		（六）其他						＊	＊		

表 5－14　　　　资产损失税前扣除及纳税调整明细表（2021 年）　　　　A105090

行次	项目	资产损失的账载金额	资产处置收入	赔偿收入	资产计税基础	资产损失的税收金额	纳税调整金额
		1	2	3	4	5(4－2－3)	6(1－5)
7	四、固定资产损失	260 000	2 800 000	0	0	－2 800 000	3 060 000
8	其中：固定资产盘亏、丢失、报废、损毁或被盗损失						

表 5－15　　　　纳税调整项目明细表（2021 年）　　　　A105000

行次	项目	账载金额	税收金额	调增金额	调减金额
		1	2	3	4
31	三、资产类调整项目（32＋33＋34＋35）	＊	＊	3 240 000	
32	（一）资产折旧、摊销（填写 A105080）	180 000	0	180 000	
33	（二）资产减值准备金		＊		
34	（三）资产损失（填写 A105090）	260 000	－2 800 000	3 060 000	
35	（四）其他				

【案例 5－6】甲公司为居民企业，属于制造业行业，增值税一般纳税人，企业所得税征收方式为查账征收，执行《企业会计准则》。2019 年 6 月 24 日，甲公司购入一台不需要安装的设备，当日取得增值税专用发票，金额为 600 万元，增值税税率为 13%，进项税额为 78 万元。企业会计核算选择年限平均法计提折旧，会计核算确定的预计使用年限为 10 年，预计净残值为 0。截至 2019 年 12 月 31 日，甲公司累计利润总额为 100 万元。该设备的企业所得税处理选择享受财政部、国家税务总局公告 2019 年第 66 号规定的"固定资产加速折旧"优惠政策，即选择缩短年限法计算税前扣除折旧额。会计核算和税务处理如下：

①2019 年 6 月 24 日，设备入账。

借：固定资产——安全生产设备 6 000 000

应交税费——应交增值税（进项税额） 780 000

贷：银行存款 6 780 000

②2019 年 7~12 月，按月"计提"会计折旧额。6 月共计提会计核算的折旧额 ＝（6 000 000 ÷ 10 ÷ 12）× 6 ＝ 300 000（元）。计算应纳税所得额时，税前扣除的税收折旧额 ＝（6 000 000 ÷ 6 ÷ 12）× 6 ＝ 500 000（元）

借：制造费用 50 000

贷：累计折旧 50 000

③固定资产计税基础 ＝ 600 － 50 ＝ 550（万元），固定资产账面价值 ＝ 600 － 30 ＝ 570（万元），暂时性差异 ＝ 570 － 550 ＝ 20（万元）。递延所得税负债 ＝ 20 × 25% ＝ 5（万元）

借：所得税费用 50 000

贷：递延所得税负债 50 000

④2019 年第四季度"计算"当季度应纳税额。"计算"企业所得税税前列支金额 500 000 元，本年累计利润总额 ＝ 1 000 000（元），固定资产加速折旧（扣除）调减额 ＝ 500 000 － 300 000 ＝ 200 000（元），实际利润额 ＝ 本年累计利润总额 － 固定资产加速折旧（扣除），纳税调减额 ＝ 1 000 000 － 200 000 ＝ 800 000（元），本期应补（退）所得税额 ＝ 实际利润额 × 税率 ＝ 800 000 × 25% ＝ 200 000（元）。

⑤企业所得税年度纳税申报填报实务如表 5－16、表 5－17 所示。

表 5－16　　　　　　资产折旧、摊销及纳税调整明细表（2019 年）　　　　　A105080

行次	项目		账载金额			税收金额					纳税调整额
			资产原值	本年折旧、摊销额	累计折旧、摊销额	资产计税基础	税收折旧额	享受加速折旧政策的资产按税收一般规定计算的折旧、摊销额	加速折旧统计额	累计折旧、摊销额	纳税调整额
			1	2	3	4	5	6	7＝5－6	8	9(2－5)
1	一、固定资产（2＋3＋4＋5＋6＋7）							*	*		
2		（一）房屋、建筑物						*	*		
3	所有固定资产	（二）飞机、火车、轮船、机器、机械和其他生产设备	6 000 000	300 000	300 000	6 000 000	500 000	*	*	500 000	200 000
4		（三）与生产经营活动有关的器具、工具、家具等						*	*		
5		（四）飞机、火车、轮船以外的运输工具						*	*		
6		（五）电子设备						*	*		
7		（六）其他						*	*		

续表

行次	项目		账载金额			税收金额				纳税调整额
			资产原值	本年折旧、摊销额	累计折旧、摊销额	资产计税基础	税收折旧额	享受加速折旧政策的资产按税收一般规定计算的折旧、摊销额	加速折旧统计额	累计折旧、摊销额	纳税调整额
			1	2	3	4	5	6	7=5-6	8	9(2-5)
8	其中：享受固定资产加速折旧及一次性扣除政策的资产加速折旧额大于一般折旧额的部分	（一）重要行业固定资产加速折旧（不含一次性扣除）	6 000 000	300 000	300 000	6 000 000	500 000	300 000	200 000	500 000	*
9		（二）其他行业研发设备加速折旧									*
10		（三）固定资产一次性扣除									*
11		（四）技术进步、更新换代固定资产									*
12		（五）常年强震动、高腐蚀固定资产									*
13		（六）外购软件折旧									*
14		（七）集成电路企业生产设备									*

表5-17　　　　　　　　　　　　纳税调整项目明细表（2019年）　　　　　　　　　A105000

行次	项目	账载金额	税收金额	调增金额	调减金额
		1	2	3	4
31	三、资产类调整项目（32+33+34+35）	*	*		
32	（一）资产折旧、摊销（填写A105080）	300 000	500 000		200 000
33	（二）资产减值准备金		*		
34	（三）资产损失（填写A105090）				
35	（四）其他				

为进一步做好新型冠状病毒感染的肺炎疫情防控工作，支持相关企业发展，《财政部、税务总局关于支持新型冠状病毒感染的肺炎疫情防控有关税收政策的公告》（财政部税务总局公告2020年第8号）第一条规定，对疫情防控重点保障物资生产企业为扩大产能新购置的相关设备，允许一次性计入当期成本费用在企业所得税税前扣除。疫情防控重点保障物资生产企业名单，由省级及以上发展改革部门、工业和信息化部门确定。

【案例5-7】沈阳东方医用口罩和防护服生产企业为增值税一般纳税人，2020年由于受到新型冠状病毒感染的肺炎疫情影响，为满足市场需求扩大产能，于2020年2月10日新购置1台医用防护用品专用生产设备，取得增值税专用发票注明价款为600万元，增值税税额为78万元。该设备预计使用年限为10年并于当月投入使用，每日安排职工"两班倒"加紧生产防疫用品，会计核算按照双倍余额递减法计提折旧，预计净残值为0。医用口罩和防护服属于国家发展改革委、工业和信息化部疫情防控重点保障物资，该企业已由省发展改革部门、工业和信息化部门列入本省确定的疫情防控重点保障物资生产企业名单。假设企业所得税税率为25%，不考虑其他纳税调整因素。

分析：按照《财政部 税务总局关于支持新型冠状病毒感染的肺炎疫情防控有关税收政策的公告》（财政部 税务总局公告2020年第8号）第一条的规定，该企业选择对该台新购置的设备，一次性计入2020年成本费用在企业所得税税前扣除。会计和税务处理如下。

①2020年2月10日，购置新设备并当月投入使用。

借：固定资产——设备 6 000 000

应交税费——应交增值税（进项税额） 780 000

贷：银行存款 6 780 000

②2020年3月，会计核算按照双倍余额递减法计提折旧额=（6 000 000×20%）/12=100 000（元）。

借：制造费用 100 000

贷：累计折旧 100 000

③2020年12月31日，该设备计税基础=0，账面价值=6 000 000-100 000×10=5 000 000（元），应纳税暂时性差异为5 000 000元，确认递延所得税负债1 250 000元。

借：所得税费用——递延所得税 1 250 000

贷：递延所得税负债 1 250 000

④2020年企业所得税年度纳税申报填写实务如表5-18所示。

表5-18　　　　　　　　资产折旧、摊销及纳税调整明细表（2020年）　　　　　　　A105080

行次	项目		账载金额			税收金额				纳税调整额
			资产原值	本年折旧、摊销额	累计折旧、摊销额	资产计税基础	税收折旧额	享受加速折旧政策的资产按税收一般规定计算的折旧、摊销额	加速折旧统计额	累计折旧、摊销额	
			1	2	3	4	5	6	7=5-6	8	9(2-5)
1	一、固定资产（2+3+4+5+6+7）							*	*		
2		（一）房屋、建筑物						*	*		
3	所有固定资产	（二）飞机、火车、轮船、机器、机械和其他生产设备	6 000 000	1 000 000	100 000	6 000 000	6 000 000	*	*	6 000 000	-5 000 000
4		（三）与生产经营活动有关的器具、工具、家具等						*	*		
5		（四）飞机、火车、轮船以外的运输工具						*	*		
6		（五）电子设备						*	*		
7		（六）其他						*	*		

续表

行次	项目	账载金额			税收金额					纳税调整额
		资产原值	本年折旧、摊销额	累计折旧、摊销额	资产计税基础	税收折旧额	享受加速折旧政策的资产按税收一般规定计算的折旧、摊销额	加速折旧统计额	累计折旧、摊销额	
		1	2	3	4	5	6	7＝5－6	8	9(2－5)
8	其中：享受固定资产加速折旧及一次性扣除政策的资产加速折旧额大于一般折旧额的部分 / （一）重要行业固定资产加速折旧（不含一次性扣除）									*
9	（二）其他行业研发设备加速折旧									*
10	（三）固定资产一次性扣除	6 000 000	1 000 000	1 000 000	6 000 000	6 000 000	500 000	5 500 000	6 000 000	*
11	（四）技术进步、更新换代固定资产									*
12	（五）常年强震动、高腐蚀固定资产									*
13	（六）外购软件折旧									*
14	（七）集成电路企业生产设备									*

⑤2021 年会计核算按照双倍余额递减法计提折旧额 $=\left[(6\,000\,000 \times 20\%) \div 12\right] \times 2 + \{\left[6\,000\,000 - (6\,000\,000 \times 20\%)\right] \times 20\% \div 12\} \times 10 = 1\,000\,000$（元），该设备计税基础 $=0$，账面价值 $=5\,000\,000 - 1\,000\,000 = 4\,000\,000$（元），应纳税暂时性差异为 $4\,000\,000$ 元，应转回确认递延所得税负债 $=1\,250\,000 - 4\,000\,000 \times 25\% = 250\,000$（元）。

借：递延所得税负债　　　　　　　　　　　　　　　250 000

　　贷：所得税费用——递延所得税　　　　　　　　　　　250 000

⑥2021 年企业所得税年度纳税申报填写实务如表 5-19 所示。

表 5-19　　　　　资产折旧、摊销及纳税调整明细表（2021 年）　　　　　A105080

行次	项目	账载金额			税收金额					纳税调整额
		资产原值	本年折旧、摊销额	累计折旧、摊销额	资产计税基础	税收折旧额	享受加速折旧政策的资产按税收一般规定计算的折旧、摊销额	加速折旧统计额	累计折旧、摊销额	
		1	2	3	4	5	6	7＝5－6	8	9(2－5)
1	一、固定资产（2＋3＋4＋5＋6＋7）						*	*		

续表

行次	项目		账载金额			税收金额					纳税调整额
			资产原值	本年折旧、摊销额	累计折旧、摊销额	资产计税基础	税收折旧额	享受加速折旧政策的资产按税收一般规定计算的折旧、摊销额	加速折旧统计额	累计折旧、摊销额	纳税调整额
			1	2	3	4	5	6	7=5-6	8	9(2-5)
2	所有固定资产	(一)房屋、建筑物						*	*		
3		(二)飞机、火车、轮船、机器、机械和其他生产设备	6 000 000	1 000 000	2 000 000	0	0	*	*	6 000 000	1 000 000
4		(三)与生产经营活动有关的器具、工具、家具等						*	*		
5		(四)飞机、火车、轮船以外的运输工具						*	*		
6		(五)电子设备						*	*		
7		(六)其他						*	*		

【案例5-8】2018年1月1日，甲公司与乙公司签订一项购货合同，甲公司从乙公司购入一台不需要安装的大型机器设备。合同约定，甲公司采用分期付款方式支付价款。该设备价款共计1 000万元（含税），款项从2018年至2022年的5年期间平均支付，每年的付款日期为当年12月31日。该设备如果购买方在销售日支付只需800万元（含税）即可（甲公司与乙公司均是增值税一般纳税人，适用税率17%）。要求：进行2018年度分期付款购入设备的会计和税务处理如下（单位：万元）。

①甲公司在2018年1月1日购入设备时：

a. 今后发生增值税纳税义务需要缴纳增值税进项税额=1 000÷1.17×17%

$$=145.3（万元）$$

b. 不含税的应收价款=1 000÷1.17=854.7（万元）

c. 不含税的应收价款的现值=800÷1.17=683.76（万元）

d. 未实现融资费用的初始入账价值=854.7-683.76=170.94（万元）

借：固定资产——生产用固定资产 683.76

未确认融资费用 170.94

贷：长期应付款 854.7

按实际利率r计算：各期付款额的现值=现购方式下的应支付款项，即200×（P/A，r，5）=800，用插入法得出：r≈7.93%。

企业通过分期付款方式购买符合抵扣条件的机器设备，其分期支付的进项税额可从当期销项税额中抵扣，另外，企业分期付款额中既包含价款，也包含增值税款，因此，企业分期确认的融资费用、应付本金减少额及余额都是含相应的增值税的价税合计款。

②2018 年 12 月 31 日支付第 1 期款项时，会计处理如下。

借：长期应付款——价款　　　　　　　　　　　　　　170.94

　　应交税费——应交增值税（进项税额）　　　　　　 29.06

　　　贷：银行存款　　　　　　　　　　　　　　　　　　　　　200

借：财务费用（683.76×7.93%）　　　　　　　　　　 54.22

　　贷：未确认融资费用——价款　　　　　　　　　　　　　　 54.22

通过上述分析，税法上确认分期付款每期应缴纳的增值税进项税额应该是按照增值税纳税义务发生时间，分期从销售方实际取得并认证申报的增值税。2019～2022 年各年付款、未确认融资费用的摊销以及增值税进项税额的确认与 2018 年处理类似。

③假设会计和税法对设备按照直线法计提折旧，预计使用年限 10 年，净残值为 0 元。2018 年会计折旧 = 683.76÷10 = 68.376（万元），税收折旧 = 854.70÷10 = 85.47（万元），差异 = 85.47 - 68.376 = 17.094（万元）。2018 年企业汇算清缴时，在 A105080《资产折旧、摊销及纳税调整明细表》相关项目中纳税调减 17.094 万元；在 A105000《纳税调整项目明细表》"（十）与未实现融资收益相关在当期确认的财务费用"将会计处理计入财务费用的 54.22 万元，进行纳税调增。企业所得税年度纳税申报填写实务如表 5 - 20、表 5 - 21 所示。

表 5 - 20　　　　　　　　资产折旧、摊销及纳税调整明细表　　　　　　　　A105080

行次		项目	账载金额			税收金额					纳税调整额
			资产原值	本年折旧、摊销额	累计折旧、摊销额	资产计税基础	税收折旧额	享受加速折旧政策的资产按税收一般规定计算的折旧、摊销额	加速折旧统计额	累计折旧、摊销额	纳税调整额
			1	2	3	4	5	6	7 = 5 - 6	8	9(2 - 5)
1		一、固定资产（2 + 3 + 4 + 5 + 6 + 7）						*	*		
2	所有固定资产	1. 房屋、建筑物						*	*		
3		2. 飞机、火车、轮船、机器、机械和其他生产设备						*	*		
4		3. 与生产经营活动有关的器具、工具、家具等	683.76	68.376	68.376	854.7	85.47	*	*	85.47	-17.094
5		4. 飞机、火车、轮船以外的运输工具						*	*		
6		5. 电子设备						*	*		
7		6. 其他						*	*		

表5-21　　　　　　　　　　　　纳税调整项目明细表　　　　　　　　　　A105000

行次	项目	账载金额	税收金额	调增金额	调减金额
		1	2	3	4
12	二、扣除类调整项目（13+14+…+24+26+27+28+29+30）	*	*		
22	（十）与未实现融资收益相关在当期确认的财务费用	54.22	0	54.22	
31	三、资产类调整项目（32+33+34+35）	*	*		
32	（一）资产折旧、摊销（填写A105080）	68.376	85.47		17.094
45	合计（1+12+31+36+43+44）	*	*	54.22	17.094

【案例5-9】某企业发包建造固定资产（厂房），合同预算总造价为200万元（不含税），2017年9月该达到预定使用状态并当月投入使用，但由于工程款项尚未结清未取得全额发票，只取得部分发票合计150万元。企业预计该项固定资产使用年限为5年，净残值为零。

分析：上述案例中，固定资产由于已投入使用，并且合同预算总造价可以确定，可暂按合同规定的金额200万元计入固定资产计税基础计提折旧。第一，2017年固定资产会计处理按照入账金额为200万元，计算税前扣除折旧10万元（200÷5÷12×3），但该调整应在固定资产投入使用后12个月内进行。第二，如果至2018年9月的12个月内又取得30万元发票，未取得剩余20万元发票，则计税基础调整为180万元，之后按计税基础180万元继续计算折旧。第三，如果2018年度9月后仍未取得剩余发票，该项固定资产的计税基础只能确认为取得发票部分150万元，则计税基础调整为150万元，之后按计税基础150万元继续计算折旧。第四，如果至2018年10月份以后无法取得剩余发票，应将以前期间无发票多计提的折旧全部纳税调增。第五，如果自2018年9月至2022年9月，取得部分剩余发票，该项固定资产的计税基础可以按照国家税务总局公告2012年第15号，追补确认为取得发票部分的计税基础和计算税前扣除的折旧。第六，如果2022年9月以后（超过5年追补扣除期限），不能取得部分剩余发票，不得追补扣除折旧，计税基础按照实际取得发票金额确认。

【案例5-10】某房屋原值1 000万元，已提折旧600万元（税法与会计折旧相同），净值为400万元。另外，发生推倒重置支出为2 000万元。此时，税务处理上，将剩余价值400万元计入重置后固定资产的计税成本。会计处理上，一种处理方式是：借记"固定资产清理"400万元，"累计折旧"600万元，贷记"固定资产"1 000万元，然后将"固定资产清理"400万元转入"营业外支出——处置固定资产净损失"。推倒重置支出为2 000万元，直接计入固定资产原值。另一种处理方式是：借记"在建工程"400万元，"累计折旧"600万元，贷记"固定资产"1 000万元，推倒重置支出为2 000万元计入"在建工程"，转入固定资产的原值为2 400万元。比较发现，第一种处理方式会产生税会处理差异，不仅影响当期计入营业外支出的非流动资产处置损失的税前扣除，而且影响以后固定资产的账面价值和计税基础，该固定资产投入使用后的固定资产会计折旧和税收折旧，不仅需要在推倒重置当期进行纳税调增，而且需要在以后计算折旧时进行纳税调减。第二种处理方式会计和税法处理基本一致。

【案例 5－11】甲公司为一般纳税人，2019 年 12 月购进一台生产设备，取得增值税专用发票上注明的不含税价款为 100 万元，增值税进项税额为 13 万元，会计核算时固定资产预计使用年限为 5 年，预计净残值为 5 万元，税法规定的该类固定资产折旧年限为不低于 10 年，会计核算和税务处理都采用年限平均法计提折旧。2021 年末，该公司经过减值测试发现该设备已经发生资产减值，预计可收回金额为 35 万元，预计剩余使用年限为 3 年，预计净残值不变，2023 年 6 月甲公司将该设备出售，取得不含税价款 10 万元，增值税销项税额 1.3 万元。假设增值税税率为 13％，企业所得税税率为 25％，不考虑其他因素，甲公司相关会计和税务处理如下：

①2019 年 12 月购进生产设备。

借：固定资产　　　　　　　　　　　　　　　　　　　　　 1 000 000

　　应交税费——应交增值税（进项税额）　　　　　　　　　 130 000

　　　贷：银行存款　　　　　　　　　　　　　　　　　　　 1 130 000

②2020 年会计核算计提的折旧额 19 万元 [（100－5）÷5]。

借：制造费用　　　　　　　　　　　　　　　　　　　　　　 190 000

　　　贷：累计折旧　　　　　　　　　　　　　　　　　　　　 190 000

③2020 年按照企业所得税法计算税前扣除折旧额为 9.5 万元 [（100－5）÷10]，与会计核算计提折旧额 19 万元存在差异，应纳税调增 9.5 万元（19－9.5）。2020 年 12 月 31 日，该固定资产的账面价值为 81 万元（100－19），计税基础为 90.5 万元（100－9.5），形成可抵扣暂时性差异 9.5 万元（90.5－81），确认递延所得税资产 2.375 万元（9.5×25％）。

借：递延所得税资产　　　　　　　　　　　　　　　　　　　　 23 750

　　　贷：所得税费用　　　　　　　　　　　　　　　　　　　　 23 750

2020 年企业所得税年度纳税申报填写实务如表 5－22、表 5－23 所示。

表 5－22　　　　　　　资产折旧、摊销及纳税调整明细表（2020 年）　　　　　　A105080

行次	项目	账载金额			税收金额					纳税调整额
		资产原值	本年折旧、摊销额	累计折旧、摊销额	资产计税基础	税收折旧额	享受加速折旧政策的资产按税收一般规定计算的折旧、摊销额	加速折旧统计额	累计折旧、摊销额	纳税调整额
		1	2	3	4	5	6	7=5-6	8	9(2-5)
1	一、固定资产（2+3+4+5+6+7）				*			*		

续表

行次	项目		账载金额			税收金额					纳税调整额
			资产原值	本年折旧、摊销额	累计折旧、摊销额	资产计税基础	税收折旧额	享受加速折旧政策的资产按税收一般规定计算的折旧、摊销额	加速折旧统计额	累计折旧、摊销额	纳税调整额
			1	2	3	4	5	6	7=5-6	8	9(2-5)
2	所有固定资产	1. 房屋、建筑物						*	*		
3		2. 飞机、火车、轮船、机器、机械和其他生产设备	1 000 000	190 000	190 000	1 000 000	95 000	*	*	95 000	95 000

表 5-23　　　　　　　　　纳税调整项目明细表（2020 年）　　　　　　　　　A105000

行次	项目	账载金额	税收金额	调增金额	调减金额
		1	2	3	4
31	三、资产类调整项目（32+33+34+35）	*	*		
32	（一）资产折旧、摊销（填写 A105080）	190 000	95 000	95 000	

④2021 年按照税法计算税前扣除折旧额为 9.5 万元 [（100-5）÷10]，与会计核算计提折旧额 19 万元存在差异，应纳税调增 9.5 万元（19-9.5）。

2021 年企业所得税年度纳税申报填写实务如表 5-24、表 5-25 所示。

表 5-24　　　　　　　资产折旧、摊销及纳税调整明细表（2021 年）　　　　　　A105080

行次	项目		账载金额			税收金额					纳税调整额
			资产原值	本年折旧、摊销额	累计折旧、摊销额	资产计税基础	税收折旧额	享受加速折旧政策的资产按税收一般规定计算的折旧、摊销额	加速折旧统计额	累计折旧、摊销额	纳税调整额
			1	2	3	4	5	6	7=5-6	8	9(2-5)
1	一、固定资产（2+3+4+5+6+7）							*	*		
2	所有固定资产	1. 房屋、建筑物						*	*		
3		2. 飞机、火车、轮船、机器、机械和其他生产设备	1 000 000	190 000	380 000	1 000 000	95 000	*	*	190 000	95 000

表 5-25　　　　　　　　　纳税调整项目明细表（2021 年）　　　　　　　　　A105000

行次	项目	账载金额	税收金额	调增金额	调减金额
		1	2	3	4
31	三、资产类调整项目（32+33+34+35）	*	*		
32	（一）资产折旧、摊销（填写 A105080）	190 000	95 000	95 000	

⑤2021 年末，该资产的账面价值为 62 万元，预计可收回金额为 35 万元，发生资

产减值应计提减值准备 27 万元（62 - 35）。2021 年 12 月 31 日，该资产的账面价值为 35 万元，计税基础为 81 万元，形成可抵扣暂时性差异 46 万元，应确认递延所得税资产 9.125 万元（46×25% - 2.375）。

借：资产减值损失——固定资产减值损失　　　　　　　　　　270 000

　　贷：固定资产减值准备　　　　　　　　　　　　　　　　　　270 000

借：递延所得税资产　　　　　　　　　　　　　　　　　　　91 250

　　贷：所得税费用　　　　　　　　　　　　　　　　　　　　　91 250

2021 年企业所得税年度纳税申报填写实务如表 5 - 26 所示。

表 5 - 26　　　　　　　　　纳税调整项目明细表（2021 年）　　　　　　　A105000

行次	项目	账载金额	税收金额	调增金额	调减金额
		1	2	3	4
31	三、资产类调整项目（32 + 33 + 34 + 35）	*	*		
33	（二）资产减值准备金	270 000	*	270 000	

⑥2022 年会计核算应计提的折旧额 10 万元〔（35 - 5）÷3〕。

借：制造费用　　　　　　　　　　　　　　　　　　　　　100 000

　　贷：累计折旧　　　　　　　　　　　　　　　　　　　　　100 000

⑦2022 年按照税法计算的税前扣除折旧为 9.5 万元〔（100 - 5）÷10〕，与会计核算计提的折旧额存在差异 0.5 万元（10 - 9.5）。2022 年 12 月 31 日，该资产的账面价值为 25 万元，计税基础为 71.5 万元，形成可抵扣暂时性差异 46.5 万元，确认递延所得税资产 0.125 万元（46.5×25% - 2.375 - 9.125）。

借：递延所得税资产　　　　　　　　　　　　　　　　　　　1 250

　　贷：所得税费用　　　　　　　　　　　　　　　　　　　　　1 250

2022 年企业所得税年度纳税申报填写实务如表 5 - 27、表 5 - 28 所示。

表 5 - 27　　　　　　资产折旧、摊销及纳税调整明细表（2022 年）　　　　　A105080

行次		项目	账载金额			税收金额					纳税调整额
			资产原值	本年折旧、摊销额	累计折旧、摊销额	资产计税基础	税收折旧额	享受加速折旧政策的资产按税收一般规定计算的折旧、摊销额	加速折旧统计额	累计折旧、摊销额	
			1	2	3	4	5	6	7 = 5 - 6	8	9（2 - 5）
1	一、固定资产（2 + 3 + 4 + 5 + 6 + 7）							*	*		
2	所有固定资产	1. 房屋、建筑物						*	*		
3		2. 飞机、火车、轮船、机器、机械和其他生产设备	1 000 000	100 000	480 000	1 000 000	95 000	*	*	285 000	5 000

表 5 - 28 　　　　　　　　　 **纳税调整项目明细表（2022 年）**　　　　　　　　　 A105000

行次	项目	账载金额	税收金额	调增金额	调减金额
		1	2	3	4
31	三、资产类调整项目（32 + 33 + 34 + 35）	*	*		
32	（一）资产折旧、摊销（填写 A105080）	100 000	95 000	5 000	

⑧2023 年 1~6 月会计核算计提的折旧额 5 万元 $[(35-5)\div3\times6\div12]$。

借：制造费用 　　　　　　　　　　　　　　　　　50 000

　　贷：累计折旧 　　　　　　　　　　　　　　　　50 000

⑨出售该固定资产时，应缴纳增值税 = 10 × 13% = 1.3（万元）。

借：固定资产清理 　　　　　　　　　　　　　　 200 000

　　累计折旧 　　　　　　　　　　　　　　　　 530 000

　　固定资产减值准备 　　　　　　　　　　　　 270 000

　　贷：固定资产 　　　　　　　　　　　　　 1 000 000

借：银行存款 　　　　　　　　　　　　　　　　 113 000

　　贷：固定资产清理 　　　　　　　　　　　　 100 000

　　　　应交税费——应交增值税（销项税额）　　 13 000

借：资产处置损益 　　　　　　　　　　　　　　 100 000

　　贷：固定资产清理 　　　　　　　　　　　　 100 000

⑩2023 年 1~6 月按照税法计算的税前扣除折旧为 4.75 万元 $[(100-5)\div10\times6\div12]$，与会计核算计提的折旧额存在差异 0.25 万元（5-4.75）。按照税法计算的固定资产转让损失 = 10 -（71.5-4.75）= 56.75（万元），与会计核算的资产处置损失 10 万元，存在税会差异 46.75 万元（56.75-10），应纳税调减 46.75 万元。至此，该项固定资产清理处置完毕后，以前年度纳税调增金额 46.75 万元（9.5+9.5+27+0.5+0.25）与资产损失纳税调减金额 46.75 万元相同。2023 年 12 月 31 日，将该项固定资产可抵扣暂时性差异 46.5 万元全部转回，转回已确认递延所得税资产 11.625 万元（46.5×25%）。

借：所得税费用 　　　　　　　　　　　　　　　 116 250

　　贷：递延所得税资产 　　　　　　　　　　　 116 250

2023 年企业所得税年度纳税申报填写实务如表 5 - 29 至表 5 - 30 所示。

表 5 - 29 　　　　　　　　 **资产折旧、摊销及纳税调整明细表（2023 年）**　　　　　　　 A105080

行次	项目	账载金额			税收金额					纳税调整额
		资产原值	本年折旧、摊销额	累计折旧、摊销额	资产计税基础	税收折旧额	享受加速折旧政策的资产按税收一般规定计算的折旧、摊销额	加速折旧统计额	累计折旧、摊销额	
		1	2	3	4	5	6	7 = 5 - 6	8	9(2 - 5)
1	一、固定资产（2 + 3 + 4 + 5 + 6 + 7）				*			*		

续表

行次	项目		账载金额			税收金额					纳税调整额
			资产原值	本年折旧、摊销额	累计折旧、摊销额	资产计税基础	税收折旧额	享受加速折旧政策的资产按税收一般规定计算的折旧、摊销额	加速折旧统计额	累计折旧、摊销额	纳税调整额
			1	2	3	4	5	6	7=5-6	8	9(2-5)
2	所有固定资产	1. 房屋、建筑物						*	*		
3		2. 飞机、火车、轮船、机器、机械和其他生产设备	1 000 000	50 000	530 000	1 000 000	47 500	*	*	142 500	2 500

表 5－30　　　　　　　　　　　纳税调整项目明细表（2023 年）　　　　　　　　　A105000

行次	项目	账载金额 1	税收金额 2	调增金额 3	调减金额 4
31	三、资产类调整项目（32＋33＋34＋35）	*	*		
32	（一）资产折旧、摊销（填写 A105080）	50 000	47 500	2 500	
34	（三）资产损失（填写 A105090）	100 000	567 500		467 500

表 5－31　　　　　　　　资产损失税前扣除及纳税调整明细表（2023 年）　　　　　A105090

行次	项目	资产损失的账载金额 1	资产处置收入 2	赔偿收入 3	资产计税基础 4	资产损失的税收金额 5(4-2-3)	纳税调整金额 6(1-5)
7	四、固定资产损失	100 000	100 000	0	667 500	567 500	-467 500

【案例 5－12】2016 年 12 月，企业购置机器设备 A，会计账面原值为 100 万元与初始计税基础相同，会计和税法均按照年限平均法折旧，会计处理按 5 年计提折旧额，税法规定以最低折旧年限 10 年计算折旧额。

分析：前 5 年会计比税法多计提的折旧要纳税调增，后 5 年会计折旧为零，按税法规定仍可计算折旧并在税前扣除，后 5 年纳税调减，固定资产账面价值与计税基础不相同，产生可抵扣暂时性差异。假设简化处理按照年度折旧，2017 年会计处理如下（单位：万元，下同）。

借：制造费用——折旧费　　　　　　　　　　　　　　　　　　　　　20

　　贷：累计折旧　　　　　　　　　　　　　　　　　　　　　　　　　　　　20

2017 年 12 月 31 日，所得税会计处理：账面价值＝100－20＝80（万元），计税基础＝100－10＝90（万元），可抵扣暂时性差异＝90－80＝10（万元），确认递延所得税资产 2.5 万元。

借：递延所得税资产　　　　　　　　　　　　　　　　　　　　　　　2.5

　　贷：所得税费用　　　　　　　　　　　　　　　　　　　　　　　　　2.5

2017 年企业所得税年度纳税申报时，纳税调增 10 万元，填写 A105080《资产折旧、摊销及纳税调整明细表》相关项目，调整原因为折旧年限不同。2023 年开始会计折旧为零，按税法规定仍可计算折旧在税前扣除，后 5 年进行纳税调减，并将递延所得税资产转回。

【案例 5-13】 2016 年 12 月，企业购买账面原值 1 000 万元的固定资产房屋，税法规定的最低折旧年限为 20 年，会计按 50 年折旧，则税法折旧年限也按会计折旧年限 50 年计算，不存在财税处理差异。每年企业所得税年度纳税申报时不进行调整。假设简化处理按照年度折旧，2017 年会计处理如下（单位：万元）。

借：制造费用——折旧费　　　　　　　　　　　　　　　　　　20

贷：累计折旧　　　　　　　　　　　　　　　　　　　　　　　　20

【案例 5-14】 2017 年 12 月 31 日，企业发现资产减值迹象并经过资产减值测试，会计对账面原值 150 万元、累计折旧 50 万元的机器设备计提了 40 万元的减值准备（单位：万元）。

分析：2017 年 12 月 31 日，计提资产减值准备。

借：资产减值损失　　　　　　　　　　　　　　　　　　　　　40

贷：固定资产减值准备　　　　　　　　　　　　　　　　　　　　40

2017 年 12 月 31 日，所得税会计处理：账面价值 = 150 - 50 - 40 = 60（万元），假设初始计税基础与账面原值相同，折旧方法和年限也相同，计税基础 = 150 - 50 = 100（万元），产生可抵扣暂时性差异 = 100 - 60 = 40（万元），确认递延所得税资产 10 万元。

借：递延所得税资产　　　　　　　　　　　　　　　　　　　　10

贷：所得税费用　　　　　　　　　　　　　　　　　　　　　　　10

2017 年企业所得税年度纳税申报时，纳税调增 40 万元，填写 A105000《纳税调整项目明细表》"（二）资产减值准备金"相关项目。2018 年度假设会计按账面价值 60 万元计提 15 万元折旧，但税法按计税基础 100 万元计算扣除折旧 25 万元，应纳税调减 10 万元，填写 A105080 相关项目。

【案例 5-15】 企业将某项固定资产（设备 B），原值 1 000 万元，会计核算按平均年限法折旧，预计使用年限为 10 年，但符合税法加速折旧规定，经过备案后允许采用双倍余额法计算税前扣除折旧 200 万元（单位：万元）。

分析：按税法加速折旧办法计算的折旧额 200 万元折旧可全额在税前扣除，会计折旧小于税法的部分应纳税调减 100 万元，属于应纳税暂时性差异。假设简化处理按照年度折旧，2017 年会计处理如下。

借：制造费用——折旧费　　　　　　　　　　　　　　　　　100

贷：累计折旧　　　　　　　　　　　　　　　　　　　　　　　100

2017 年 12 月 31 日，所得税会计处理：账面价值 = 1 000 - 100 = 900（万元），计税基础 = 1 000 - 200 = 800（万元），产生应纳税暂时性差异 = 900 - 800 = 100（万元），确认递延所得税负债 25 万元。

借：所得税费用 　　　　　　　　　　　　　　　　　　　　　　25

　　贷：递延所得税负债 　　　　　　　　　　　　　　　　　　　　25

2017 年企业所得税年度纳税申报时，纳税调减 100 万元，应分别填写年度纳税申报表 A105080 相关项目，调整原因：折旧方法不同。企业所得税年度纳税申报填写实务如表 5 - 32、表 5 - 33 所示。

表 5 - 32　　　　　　　　　　资产折旧、摊销及纳税调整明细表　　　　　　　　A105080

行次	项目		账载金额			税收金额				纳税调整额
		资产原值	本年折旧、摊销额	累计折旧、摊销额	资产计税基础	税收折旧额	享受加速折旧政策的资产按税收一般规定计算的折旧、摊销额	加速折旧统计额	累计折旧、摊销额	纳税调整额
		1	2	3	4	5	6	7 = 5 - 6	8	9(2 - 5)
1	一、固定资产（2 + 3 + 4 + 5 + 6 + 7）						*	*		
2	（一）房屋、建筑物						*	*		
3	（二）飞机、火车、轮船、机器、机械和其他生产设备	1 000	100	100	1000	200	*	*	200	- 100
4	所有固定资产 （三）与生产经营活动有关的器具、工具、家具等						*	*		
5	（四）飞机、火车、轮船以外的运输工具						*	*		
6	（五）电子设备						*	*		
7	（六）其他						*	*		
11	其中：享受固定资产加速折旧及一次性扣除政策的资产加速折旧额大于一般折旧额的部分 （四）技术进步、更新换代固定资产	1 000	100	100	1 000	200	100	100	200	*

表 5 - 33　　　　　　　　　　　纳税调整项目明细表　　　　　　　　　　　A105000

行次	项目	账载金额	税收金额	调增金额	调减金额
		1	2	3	4
31	三、资产类调整项目（32 + 33 + 34 + 35）	*	*		100
32	（一）资产折旧、摊销（填写 A105080）	100	200		100
45	合计（1 + 12 + 31 + 36 + 43 + 44）	*	*		100

【**案例 5 – 16**】2016 年 12 月，甲公司购入一台办公用电脑，价值 5 000 元，假设：预计使用年限为 3 年，预计净残值为 500 元。该企业按照税法选择一次性扣除。如何进行会计和税务处理？

分析：按照固定资产的定义和确认条件以及企业自身确定的固定资产分类和名录，作为固定资产核算。

①2016 年购入时，会计处理不计提折旧。

借：固定资产   5 000

    贷：银行存款   5 000

②2016 年 12 月 31 日，企业税务处理选择一次性计入当期成本费用在计算应纳税所得额时扣除，固定资产账面价值 = 5 000（元），计税基础 = 0（元），应纳税暂时性差异 = 5 000（元），应确认递延所得税负债。

借：所得税费用   1 250

    贷：递延所得税负债   1 250

③企业在年度所得税汇算清缴时，会计折旧 0 元，税收折旧 5 000 元，纳税调减 5 000元，需要通过填报 A105000《纳税调整项目明细表》和 A105080《资产折旧、摊销及纳税调整明细表》相关报表项目，进行纳税调整。

④2017 年计提会计折旧时（简化起见按年计算折旧）：

借：管理费用（5 000 – 500）÷ 3   1 500

    贷：累计折旧   1 500

企业在年度所得税汇算清缴时，会计折旧 1 500 元，税收折旧 0 元，纳税调增 1 500元。以后年度 2018 年和 2019 年，企业在年度所得税汇算清缴时，会计折旧 1 500 元，税收折旧 0 元，均应纳税调增 1 500 元。

⑤固定资产达到预计使用年限后，假设 2018 年 12 月最终处置该固定资产时，收回处置销售额 116 元（含增值税），增值税税率为 16% 。

借：固定资产清理   500

     累计折旧   4 500

    贷：固定资产   5 000

借：库存现金   116

    贷：固定资产清理   116

⑥假设该固定资产购进时已经抵扣过进项税额，财税〔2008〕170 号文件规定，销售时应按照适用税率计算缴纳增值税。

借：固定资产清理   16

    贷：应交税费——应交增值税（销项税额）   16

借：资产处置损益——处置非流动资产净损失　　　　　　　　　　400

　　贷：固定资产清理　　　　　　　　　　　　　　　　　　　　　400

由于按照税法规定，取得时企业选择一次性计入当期成本费用，在计算应纳税所得额时扣除 5 000 元。会计核算确认的"资产处置损益——处置非流动资产净损失"400 元，按照税法不得重复扣除，应纳税调增 400 元，并将年末递延所得税负债余额全部转回。另外，按照税法规定计算的固定资产转让所得 = 固定资产转让收入 – 固定资产转让是计税基础 = 100 – 0 = 100（元），应纳税调增 100 元。

【案例 5 – 17】2018 年 12 月，某非国有企业进行股份制改造，将账面原值 1 000 万元，累计折旧 400 万元，账面价值为 600 万元的固定资产房屋进行资产评估，评估价值为 720 万元。假设该房屋预计使用年限为 40 年，按照年限平均法计提折旧，预计净残值为 0，已计提折旧年限为 16 年，预计尚可使用年限为 24 年。当时，公司将资产评估价与账面价值之间的差额 120 万元按《企业财务通则》的规定计入了"资本公积"。以后会计上按照账面价值 720 万元计提折旧，但税法计税基础仍为 600 万元，当对资产评估增值部分 120 万元提取折旧时，会计计入成本费用，而税法不允许税前扣除。2018 年企业所得税年度纳税申报填报 A105080 第 1 列"资产账载金额"1120 万元，第 2 列"本年折旧、摊销额"30 万元，第 3 列"累计折旧、摊销额"430 万元，第 4 列"资产计税基础"1 000 万元，第 5 列"税收折旧额"25 万元，第 8 列"累计折旧、摊销额"425 万元，第 9 列"纳税调整"金额 5 万元。

【案例 5 – 18】A 公司 2×16 年 6 月批准筹建，当年发生开办费共计 100 万元，其中，广告费和业务宣传费 20 万元，业务招待费 10 万元，当年亏损 100 万元，假设筹建当年没有其他调整事项。2×17 年 1 ~ 3 月发生开办费共计 28 万元，其中，业务招待费 10 万元，4 月起各项资产投入使用，当年实现营业收入 1 000 万元，广告费和业务宣传费按照当年销售（营业）收入的 15% 限额扣除。假设当年无其他调整事项，企业所得税税率为 25%。

分析：A 公司 2×16 年筹建但没有开始生产经营，根据国税函〔2010〕79 号文件的规定，该公司筹建期不得计算当期亏损，也就是 2×16 年发生的开办费不得作为扣除项目，应调增应纳税所得额 100 万元。按照国家税务总局公告 2012 年第 15 号文件规定，该公司筹建当年发生的业务招待费中的 4 万元为永久性不得税前扣除项目。

根据《企业会计准则第 18 号——所得税》规定，扣除筹建当年业务招待费中不允许扣除的 4 万元后，开办费的账面价值为 0，计税基础为 96 万元，可抵扣暂时性差异为 96 万元，2×16 年确认筹建当年递延所得税资产及所得税费用，会计处理如下（单位：万元）。

①2×16 年当年发生开办费时：

借：管理费用——开办费　　　　　　　　　　　　　　　　　　　100

贷：银行存款等		100
借：递延所得税资产（96×25%）	24	
贷：所得税费用		24

2×16 年企业所得税纳税调整：2×16 年发生开办费 100 万元，会计处理上全部计入当期管理费用，企业所得税汇算清缴时，按照国税函〔2010〕79 号文件的规定，企业自开始生产经营的年度，为开始计算企业损益的年度。企业从事生产经营之前进行筹办活动期间发生筹办费用支出，不得计算为当期的亏损，应将 100 万元全部纳税调增。

②2×17 年 1～3 月发生开办费 28 万元时：

借：管理费用——开办费	28	
贷：银行存款等		28

按照国税函〔2010〕79 号文件的规定，该公司 2×17 年 4 月开始生产经营，可以根据国税函〔2009〕98 号文件的规定选择将开办费计入本年度扣除项目，当年一次性扣除，转回递延所得税资产，会计处理如下。

借：所得税费用	24	
贷：递延所得税资产		24

企业所得税纳税调整：2×17 年 1～3 月发生开办费 28 万元会计处理计入管理费用，税务处理 A 公司选择一次性扣除开办费 100 万元［(100－4－20)＋(28－4)］，应纳税调减 72 万元（100－28），包括 2×16 年开办费纳税调减 76 万元和 2×17 年纳税调增 4 万元。开办费中的广告费和业务宣传费 20 万元，可以全额扣除，应纳税调减 20 万元。

③若 A 公司选择将开办费作为长期待摊费用进行税务处理。扣除筹建期 2×17 年业务招待费中不允许扣除的 4 万元后的开办费 24 万元为暂时性差异，则归集的可以在今后 3 年摊销的长期待摊费用（开办费）＝(100－4－20)＋(28－4)＝100（万元），2×17 年税前扣除的摊销额＝100×9÷36＝25（万元）。

2×17 年末长期待摊费用（开办费）账面价值为 0，计税基础为 75 万元（100－25），递延所得税资产余额 18.75 万元（75×25%），2×17 年摊销长期待摊费用时转回递延所得税资产及所得税费用 5.25 万元（24－18.75），会计处理如下。

借：所得税费用	5.25	
贷：递延所得税资产		5.25

企业所得税纳税调整：2×17 年 1～3 月发生开办费 28 万元会计处理计入管理费用，2×17 年税务处理时，税前扣除的开办费摊销额为 25 万元，开办费中的广告费和业务宣传费 20 万元处理同上，即可以全额扣除，应纳税调减 20 万元，共应纳税调减 17 万元。以后年度同上进行纳税调减并转回递延所得税资产。

2×18 年税务处理时，税前扣除的开办费摊销额税前扣除的摊销额＝100×12÷

36 = 33.33（万元），会计处理上开办费已经在开办期发生时直接计入当期损益，应纳税调减 33.33 万元。2×18 年末，同时转回长期待摊费用（开办费）账面价值为 0，计税基础为 41.76 万元（75 − 33.33），递延所得税资产余额 10.44 万元（41.76 × 25%），2×18 年摊销长期待摊费用时转回递延所得税资产及所得税费用 8.31 万元（18.75 − 10.44），会计处理如下。

借：所得税费用　　　　　　　　　　　　　　　　　　　　　8.31

　　贷：递延所得税资产　　　　　　　　　　　　　　　　　　8.31

以后年度长期待摊费用（开办费）的税务处理和会计处理同上，不再赘述。

【案例 5−19】某生产企业于 20×9 年 12 月自行建造一项生产用固定资产——A 设备并投入使用，A 设备原值 80 000 元，预计使用年限 5 年，会计按照直线法计提折旧。若 A 设备在 2×12 年底，因技术陈旧等原因，可收回金额为 20 000 元，企业提取固定资产减值准备，假设预计净残值为 0。

①会计处理。固定资产投入使用后每年折旧额 = 80 000 ÷ 5 = 16 000（元），2×12 年底，固定资产的可收回金额为 20 000 元，账面价值 = 80 000 − 16 000 × 3 = 32 000（元），计提减值准备 12 000 元。

借：资产减值损失——固定资产减值准备　　　　　　　　　12 000

　　贷：固定资产减值准备　　　　　　　　　　　　　　　　　12 000

②税务处理及纳税调整。2×12 年底，会计计提减值准备 12 000 元，企业所得税税前扣除时不予确认，应纳税调增 12 000 元，并通过设置纳税调整台账记录。从企业所得税费用会计核算角度分析，企业所得税和会计出现差异，由于差异的原因是固定资产的计税基础和会计的账面价值不相同，所以差异的性质为暂时性差异。同时应确认为可抵扣暂时性差异，企业当期产生递延所得税资产。具体处理如下：

2×12 年底固定资产的账面价值 = 80 000 − (16 000 × 3) − 12 000（减值准备）

　　　　　　　　　　　　　　　 = 20 000（元）

固定资产计税基础 = 80 000 − (16 000 × 3) = 32 000（元）

递延所得税资产 = (32 000 − 20 000) × 25% = 12 000 × 25% = 3 000（元）

企业所得税费用会计核算的账务处理如下。

借：递延所得税资产　　　　　　　　　　　　　　　　　　　3 000

　　贷：所得税费用——递延所得税费用　　　　　　　　　　　3 000

【案例 5−20】承〖案例 5−19〗，假设企业 2×13 年至 2×14 年 12 月，企业固定资产继续使用。

①会计处理。2×13 年会计固定资产折旧额 = 20 000 ÷ 2 = 10 000（元），企业固定资产折旧的会计处理如下。

| 借：制造费用 | 10 000 | |
| 贷：累计折旧 | | 10 000 |

2×14 年企业会计固定资产折旧额及账务处理与 2×13 年相同。

②企业所得税处理及纳税调整。2×13 年，企业税前允许扣除的固定资产折旧为 16 000 元，企业会计处理固定资产折旧额为 10 000 元，且计入制造费用，企业所得税和会计的处理出现差异。税收处理和会计处理的差异，通过以前期设置的台账进行记录，在企业所得税纳税申报表填报时需要进行纳税调减 6 000 元的处理。

③所得税费用的会计处理。如果企业当期没有其他需要处理的企业所得税和会计的差异，则对前期确认的递延所得税资产作回转处理。2×13 年固定资产的账面价值 = 80 000 – (16 000×3) – 12 000（减值准备）– 10 000 = 10 000（元）

固定资产计税基础 = 80 000 – (16 000×4) = 16 000（元）

递延所得税资产 = (16 000 – 10 000)×25% = 1 500（元）

转回的递延所得税资产 = 3 000 – 1 500 = 1 500（元）

所得税费用账务处理如下。

| 借：所得税费用——递延所得税费用 | 1 500 | |
| 贷：递延所得税资产 | | 1 500 |

2×14 年企业所得税固定资产提取折旧额及会计和税收处理与 2×13 年相同。

【案例 5 – 21】承〖案例 5 – 19〗，2×14 年 12 月，甲企业对该固定资产进行清理，收入价款 4 000 元已入账，各项清理费用共计 6 000 元。会计和税务处理如下。

2×14 年 12 月出售时，该固定资产累计折旧额 = 48 000 + 20 000 = 68 000（元）。

①会计上确认和计量的固定资产清理损失。

借：累计折旧	68 000	
固定资产减值准备	12 000	
贷：固定资产		80 000

②取得清理收入。

| 借：银行存款 | 4 000 | |
| 贷：固定资产清理 | | 4 000 |

③发生清理费用。

| 借：固定资产清理 | 6 000 | |
| 贷：银行存款 | | 6 000 |

④结转固定资产清理损失。

| 借：资产处置损益——非流动资产处置损失 | 2 000 | |
| 贷：固定资产清理 | | 2 000 |

⑤企业所得税确认 2 000 元为固定资产清理损失，属于可以自行申报扣除的资产损失，允许在企业所得税纳税申报时税前扣除。会计处理和税法处理一致。纳税调整备查账如表 5 - 33 所示。

表 5 - 33　　　　　　　　　纳税调整备查账（固定资产折旧——A 设备）

时间	凭证号	摘要	会计减值损失	会计折旧	税法折旧	纳税调增	纳税调减
2×10.12	略	计提折旧		16 000	16 000		
2×11.12	略	计提折旧		16 000	16 000		
2×12.12	略	计提折旧		16 000	16 000		
2×12.12	略	确认减值	12 000			12 000	
2×13.12	略	计提折旧		10 000	16 000		6 000
2×14.12	略	计提折旧		10 000	16 000		6 000

【案例 5 - 22】2018 年 1 月 7 日，保利地产公告称，近日公司实际控制人中国保利集团公司经国务院国有资产监督管理委员会批准，已由全民所有制企业变更为国有独资公司，名称变更为"中国保利集团有限公司"，相关事项已完成工商变更登记。上述变更不涉及公司实际控制人变动，公司与实际控制人之间的控制权结构及比例均未发生变化，对公司经营活动不构成影响。国务院于 2017 年 7 月发布《中央企业公司制改制工作实施方案》，要求所有央企在 2017 年底前完成公司制改制。此前，已有中国移动、中国电信、东方航空、中国国航等相继宣布集团母公司由全民所有制企业改制为国有独资企业，并完成相应更名。

假设某全民所有制企业改制为国有独资企业中，发生资产评估增值 80 000 万元，该资产的计税基础为 20 000 万元，改制中资产评估增值不计入应纳税所得额为 60 000 万元。企业按照国家税务总局公告 2017 年第 34 号文件的规定，执行"改制中资产评估增值不计入应纳税所得额；资产的计税基础按其原有计税基础确定；资产增值部分的折旧或者摊销不得在税前扣除"政策的情况。表 A105080 "附列资料"行不参与计算，仅用于列示享受全民所有制改制资产评估增值政策资产的有关情况，相关资产折旧（摊销）及调整情况在本表第 1 ~ 第 36 行按规定填报。

第三节　《资产损失税前扣除及纳税调整明细表》填报实务与案例解析

一、《资产损失税前扣除及纳税调整明细表》格式与填报要点

具体格式如表 5 - 34 所示。

表 5－34　　　　　　　　　　**资产损失税前扣除及纳税调整明细表**　　　　　A105090

行次	项目	资产损失的账载金额	资产处置收入	赔偿收入	资产计税基础	资产损失的税收金额	纳税调整金额
		1	2	3	4	5(4－2－3)	6(1－5)
1	一、现金及银行存款损失						
2	二、应收及预付款项坏账损失						
3	其中：逾期三年以上的应收款项损失						
4	逾期一年以上的小额应收款项损失						
5	三、存货损失						
6	其中：存货盘亏、报废、损毁、变质或被盗损失						
7	四、固定资产损失						
8	其中：固定资产盘亏、丢失、报废、损毁或被盗损失						
9	五、无形资产损失						
10	其中：无形资产转让损失						
11	无形资产被替代或超过法律保护期限形成的损失						
12	六、在建工程损失						
13	其中：在建工程停建、报废损失						
14	七、生产性生物资产损失						
15	其中：生产性生物资产盘亏、非正常死亡、被盗、丢失等产生的损失						
16	八、债权性投资损失（17＋22）						
17	（一）金融企业债权性投资损失（18＋21）						
18	1. 符合条件的涉农和中小企业贷款损失						
19	其中：单户贷款余额300万（含）以下的贷款损失						
20	单户贷款余额300万～1 000万元（含）的贷款损失						
21	2. 其他债权性投资损失						
22	（二）非金融企业债权性投资损失						
23	九、股权（权益）性投资损失						
24	其中：股权转让损失						
25	十、通过各种交易场所、市场买卖债券、股票、期货、基金以及金融衍生产品等发生的损失						
26	十一、打包出售资产损失						

续表

行次	项目	资产损失的账载金额	资产处置收入	赔偿收入	资产计税基础	资产损失的税收金额	纳税调整金额
		1	2	3	4	5(4−2−3)	6(1−5)
27	十二、其他资产损失						
28	合计（1＋2＋5＋7＋9＋12＋14＋16＋23＋25＋26＋27）						
29	其中：分支机构留存备查的资产损失						

本表适用于发生资产损失税前扣除项目及纳税调整项目的纳税人填报。纳税人根据税法、《财政部 国家税务总局关于企业资产损失税前扣除政策的通知》（财税〔2009〕57号）、《国家税务总局关于发布〈企业资产损失所得税税前扣除管理办法〉的公告》（国家税务总局公告2011年第25号发布、国家税务总局公告2018年第31号修改）、《国家税务总局关于商业零售企业存货损失税前扣除问题的公告》（国家税务总局公告2014年第3号）、《国家税务总局关于企业因国务院决定事项形成的资产损失税前扣除问题的公告》（国家税务总局公告2014年第18号）、《财政部 国家税务总局关于金融企业涉农贷款和中小企业贷款损失准备金税前扣除有关问题的通知》（财税〔2015〕3号）、《国家税务总局关于金融企业涉农贷款和中小企业贷款损失税前扣除问题的公告》（国家税务总局公告2015年第25号）、《国家税务总局关于企业所得税资产损失资料留存备查有关事项的公告》（国家税务总局公告2018年第15号）等相关规定，及国家统一企业会计制度，填报资产损失的会计处理、税收规定，以及纳税调整情况。

纳税申报表填报要点：（1）发生资产损失即需要填报。作为纳税调整的例外，不论是否存在纳税调整，发生资产损失税前扣除事项（清单申报、专项）列示填报。（2）注意与A105030《投资收益纳税调整明细表》、A105000《纳税调整项目明细表》中资产减值准备金项目调整的关系。（3）《资产损失税前扣除及纳税调整明细表》的损失以正数填报。

二、《资产损失税前扣除及纳税调整明细表》填报实务

【案例5-23】正常经营管理活动中，按照公允价格销售、转让、变卖非货币资产的损失。海成通电子商贸公司因一批电子产品质量问题以低于成本价的价格出售一批商品，实际成本为12万元，实际销售价格为10万元（不含税），增值税税率为13%，该批商品以前年度计提存货跌价准备为1万元。会计和税务处理如下：

借：银行存款　　　　　　　　　　　　　　　　　　　　　　113 000

贷：主营业务收入	100 000
应交税费——应交增值税（销项税额）	13 000
借：主营业务成本	110 000
存货跌价准备	10 000
贷：库存商品	120 000

会计处理确认存货销售损失 = 11 000 - 10 000 = 10 000（元），税务处理确认存货转让损失 = 12 000 - 10 000 = 20 000（元），税会差异为 10 000 元（20 000 - 10 000），年度汇算清缴时应进行纳税调减 10 000 元。企业所得税年度纳税申报填写实务如表5 - 35、表5 - 36 所示。

表 5 - 35 　　　　　资产损失税前扣除及纳税调整明细表　　　　　　　　A105090

行次	项目	资产损失的账载金额	资产处置收入	赔偿收入	资产计税基础	资产损失的税收金额	纳税调整金额
		1	2	3	4	5(4-2-3)	6(1-5)
5	三、存货损失	10 000	100 000	0	120 000	20 000	-10 000

表 5 - 36 　　　　　　　　纳税调整项目明细表　　　　　　　　　　　A105000

行次	项目	账载金额	税收金额	调增金额	调减金额
		1	2	3	4
30	三、资产类调整项目（31+32+33+34）	*	*		
34	（三）资产损失（填写 A105090）	10 000	20 000		10 000

【案例 5 - 24】承〖案例 5 - 23〗假设该批库存商品以前年度计提存货跌价准备 3 万元，其他条件不变。会计和税务处理如下：

借：银行存款	113 000
贷：主营业务收入	100 000
应交税费——应交增值税（销项税额）	13 000
借：主营业务成本	90 000
存货跌价准备	30 000
贷：库存商品	120 000

会计处理确认损失 = 90 000 - 100 000 = -10 000（元），税务处理确认存货转让损失 = 120 000 - 100 000 = 20 000（元），税会处理差异 -30 000 元，年度汇算清缴时应进行纳税调减 30 000 元。企业所得税年度纳税申报填写实务如表5 - 37、表5 - 38 所示。

表 5 - 37 　　　　　资产损失税前扣除及纳税调整明细表　　　　　　　　A105090

行次	项目	资产损失的账载金额	资产处置收入	赔偿收入	资产计税基础	资产损失的税收金额	纳税调整金额
		1	2	3	4	5(4-2-3)	6(1-5)
5	三、存货损失	-10 000	100 000	0	120 000	20 000	-30 000

表 5 - 38　　　　　　　　　纳税调整项目明细表　　　　　　　　　　A105000

行次	项目	账载金额	税收金额	调增金额	调减金额
		1	2	3	4
30	三、资产类调整项目（31 + 32 + 33 + 34）	*	*		
34	（三）资产损失（填写 A105090）	- 10 000	20 000		30 000

【案例 5 - 25】某企业将原值 360 000 元、已提折旧 200 000 元的不动产出售，经商定作价 150 000 元（不含税），增值税征收率为 5%，实际收到价税合计 157 500 元，发生清理费用 1 000 元，有关款项已通过银行收支，转让时该固定资产的计税基础为 180 000 元。会计和税务处理如下。

①固定资产转入清理。

借：固定资产清理　　　　　　　　　　　　　　　　　160 000

　　累计折旧　　　　　　　　　　　　　　　　　　　200 000

　　贷：固定资产　　　　　　　　　　　　　　　　　　　　360 000

②支付清理费用 1 000 元。

借：固定资产清理　　　　　　　　　　　　　　　　　1 000

　　贷：银行存款　　　　　　　　　　　　　　　　　　　　1 000

③计算应缴纳的增值税。

150 000 × 5% = 7 500（元）

借：固定资产清理　　　　　　　　　　　　　　　　　7 500

　　贷：应交税费——简易计税　　　　　　　　　　　　　　7 500

④收到出售固定资产的价款。

借：银行存款　　　　　　　　　　　　　　　　　　　157 500

　　贷：固定资产清理　　　　　　　　　　　　　　　　　　157 500

⑤结转清理净损失。

借：资产处置损益——处置非流动资产损失　　　　　　11 000

　　贷：固定资产清理　　　　　　　　　　　　　　　　　　11 000

税务处理：确认资产损失 = 15.75 - 0.75 - 18 - 0.1 = - 3.1（万元），企业所得税年度纳税申报填写实务如表 5 - 39、表 5 - 40 所示。

表 5 - 39　　　　　　资产损失税前扣除及纳税调整明细表　　　　　　　A105090

行次	项目	资产损失的账载金额	资产处置收入	赔偿收入	资产计税基础	资产损失的税收金额	纳税调整金额
		1	2	3	4	5(4 - 2 - 3)	6(1 - 5)
7	四、固定资产损失	11 000	149 000	0	180 000	31 000	- 20 000

表 5 – 40　　　　　　　　　　　　纳税调整项目明细表　　　　　　　　　　A105000

行次	项目	账载金额	税收金额	调增金额	调减金额
		1	2	3	4
30	三、资产类调整项目（31 + 32 + 33 + 34）	*	*		
33	（三）资产损失（填写 A105090）	11 000	31 000		20 000

【案例 5 – 26】甲公司有一台设备（"营改增"试点之前购入当时并未抵扣其进项税额），因使用期满已丧失使用功能经批准报废。该设备原价为 186 700 元，累计已计提折旧 177 080 元，已计提固定资产减值准备为 2 500 元。在报废清理过程中，以银行存款支付清理费用 5 000 元，收到残料变卖收入为 6 500 元（不含税），符合税收政策规定按照简易计税方式计税，假设该固定资产原值和累计折旧无税会差异。甲公司的会计和税务处理如下。

①固定资产转入清理。

借：固定资产清理　　　　　　　　　　　　　　　　　　7 120

　　累计折旧　　　　　　　　　　　　　　　　　　　177 080

　　固定资产减值准备　　　　　　　　　　　　　　　　2 500

　　贷：固定资产　　　　　　　　　　　　　　　　　186 700

②发生清理费用。

借：固定资产清理　　　　　　　　　　　　　　　　　　5 000

　　贷：银行存款　　　　　　　　　　　　　　　　　　5 000

③收到固定资产残料变价收入。

借：银行存款　　　　　　　　　　　　　　　　　　　　6 630

　　贷：固定资产清理　　　　　　　　　　　　　　　　6 630

④按照《财政部、国家税务总局关于全面推开营业税改征增值税试点的通知》（财税〔2016〕36 号）的规定，一般纳税人销售自己使用过的、纳入营改增试点之日前取得的固定资产，按照现行旧货相关增值税政策执行。即按照简易办法依照 3% 征收率，减按 2% 征收增值税。纳税人销售旧货，应开具普通发票，不得自行开具或者由税务机关代开增值税专用发票。

　　a. 借：固定资产清理（6 500 × 3%）　　　　　　　　195

　　　　贷：应交税费——简易计税（计提）　　　　　　　195

　　b. 按简易办法依照 3% 的征收率，计算减征 1% 的增值税。

借：应交税费——简易计税（扣减）（6 500 × 1%）　　65

　　贷：固定资产清理　　　　　　　　　　　　　　　　65

　　c. 按简易办法依照 3% 的征收率，减按 2% 计算缴纳增值税。

借：应交税费——简易计税（缴纳）（6 500×2%）　　　　　　130

　　贷：银行存款　　　　　　　　　　　　　　　　　　　　　　130

⑤结转固定资产净损益。按照《财政部关于修订印发〈一般企业财务报表格式〉的通知》（财会〔2019〕6号）及其《解读》规定，非流动资产毁损报废损失在"营业外支出"行项目反映。这里的"毁损报废损失"通常包括因自然灾害发生毁损、已丧失使用功能等原因而报废清理产生的损失。

借：营业外支出——处置非流动资产损失　　　　　　　　　5 620

　　贷：固定资产清理　　　　　　　　　　　　　　　　　　　5 620

税务处理：固定资产报废损失＝6 630－（186 700－177 080）－5 000－130＝－8 120（元）。企业所得税年度纳税申报填写实务如表5－41、表5－42所示（单位：元）。

表5－41　　　　　　　　　资产损失税前扣除及纳税调整明细表　　　　　　　　A105090

行次	项目	资产损失的账载金额	资产处置收入	赔偿收入	资产计税基础	资产损失的税收金额	纳税调整金额
		1	2	3	4	5(4－2－3)	6(1－5)
7	四、固定资产损失	5 620	1 500	0	9 620	8 120	－2 500
8	其中：固定资产盘亏、丢失、报废、损毁或被盗损失	5 620	1 500	0	9 620	8 120	－2 500

表5－42　　　　　　　　　　　　纳税调整项目明细表　　　　　　　　　　　　A105000

行次	项目	账载金额	税收金额	调增金额	调减金额
		1	2	3	4
31	三、资产类调整项目（31＋32＋33＋34）	＊	＊		
34	（三）资产损失（填写A105090）	5 620	8 120		2 500

【案例5－27】甲公司2020年1月购进原材料一批，不含税实际成本为20万元，增值税税率为13%，已申报抵扣增值税进项税额2.6万元。由于该批原材料管理不善露天堆放导致大部分发生霉烂变质无法使用，经过清理后将剩余原料变价出售，取得残料清理销售收入5万元（含税价），增值税税率为13%。会计和税务处理如下：

①非正常损失原材料的增值税处理。按照《增值税暂行条例》第十条第二款的规定，非正常损失的购进货物以及相关的劳务和交通运输服务的进项税额不得从销项税额中抵扣。需要注意的是，《国家税务总局关于取消增值税扣税凭证认证确认期限等增值税征管问题的公告》（国家税务总局公告2019年第45号）第一条规定，自2020年3月1日起，增值税一般纳税人取得2017年1月1日及以后开具的增值税专用发票、海关进口增值税专用缴款书、机动车销售统一发票、收费公路通行费增值税电子普通发票，取消认证确认、稽核比对、申报抵扣的期限。纳税人在进行增值税纳税申报时，应当通过本省（自治区、直辖市和计划单列市）增值税发票综合服务平台对上述扣税

凭证信息进行用途确认。

增值税一般纳税人取得 2016 年 12 月 31 日及以前开具的增值税专用发票、海关进口增值税专用缴款书、机动车销售统一发票，超过认证确认、稽核比对、申报抵扣期限，但符合规定条件的，仍可按照《国家税务总局关于逾期增值税扣税凭证抵扣问题的公告》（国家税务总局公告 2011 年第 50 号，国家税务总局公告 2017 年第 36 号、2018 年第 31 号修改）、《国家税务总局关于未按期申报抵扣增值税扣税凭证有关问题的公告》（国家税务总局公告 2011 年第 78 号，国家税务总局公告 2018 年第 31 号修改）规定，继续抵扣进项税额。

本例中，发生原材料非正常损失时，应将原材料实际损失的部分作进项税额转出处理：实际损失的原材料价值 = 200 000 - 50 000 ÷ (1 + 13%) = 155 752.21（元），非正常损失原材料相应地需要进项税额转出 = 155 752.21 × 13% = 20 247.79（元）。

借：待处理财产损溢   176 000

    贷：原材料   155 752.21

    应交税费——应交增值税（进项税额转出）   20 247.79

②取得清理部分原材料不含税收入 = 50 000 ÷ (1 + 13%) = 44 247.79（元），计算缴纳增值税税额 = 44 247.79 × 13% = 5 752.21（元）。

借：银行存款   50 000

    贷：其他业务收入   44 247.79

        应交税费——应交增值税（销项税额）   5 752.21

③同时，结转该部分出售材料成本 = 200 000 - 155 752.21 = 44 247.79（元）。

借：其他业务成本   44 247.79

    贷：原材料   44 247.79

④结转发生原材料净损失 176 000 元。

借：管理费用   176 000

    贷：待处理财产损溢   176 000

⑤企业所得税年度纳税申报填写实务如表 5 - 43 所示。

表 5 - 43   资产损失税前扣除及纳税调整明细表   A105090

行次	项目	资产损失的账载金额	资产处置收入	赔偿收入	资产计税基础	资产损失的税收金额	纳税调整金额
		1	2	3	4	5(4 - 2 - 3)	6(1 - 5)
5	三、存货损失						
6	其中：存货盘亏、报废、损毁、变质或被盗损失	176 000	44 247.79	0	220 247.79	176 000	0

【案例 5 - 28】文娇工业公司在进行 2020 年企业所得税汇算清缴时，发现 2019 年

有一批库存商品因管理不善被盗，该批库存商品的非正常损失实际成本为 40 万元。已知 2019 年总共耗用存货实际成本 500 万元，全年生产成本金额 800 万元。2019 年 12 月 20 日经董事会批准，会计核算上作了实际资产损失处理，但由于工作人员疏忽未向税务机关申报扣除。假设该公司 2019 年和 2020 年会计利润相同，经纳税调整后，2019 年应纳税所得额为 10 万元，2020 年应纳税所得额为 50 万元。假设增值税税率为 13%，企业所得税税率为 25%。该企业执行《企业会计准则》，会计处理和税务处理如下（单位：万元）。

①2019 年进项税额转出会计处理：按照《增值税暂行条例》第十条第二款的规定，非正常损失的购进货物以及相关的劳务和交通运输服务的进项税额不得从销项税额中抵扣。被盗库存商品的进项税转出额 =（库存商品的损失金额 × 全年耗用存货金额 ÷ 全年生产成本金额）× 增值税税率 =（40 × 500 ÷ 800）× 13% = 250 × 13% = 3.25（万元）。

借：待处理财产损溢   43.25

贷：库存商品   40

应交税费——应交增值税（进项税额转出）   3.25

②2019 年 12 月 20 日经董事会批准确认资产损失。

借：营业外支出   43.25

贷：待处理财产损溢   43.25

③税务处理：按照《企业资产损失所得税税前扣除管理办法》（国家税务总局公告 2011 年第 25 号）规定，企业因以前年度实际资产损失未在税前扣除而多缴的企业所得税税款，可在追补确认年度企业所得税应纳税款中予以抵扣，不足抵扣的，向以后年度递延抵扣。企业实际资产损失发生年度扣除追补确认的损失后出现亏损的，应先调整资产损失发生年度的亏损额，再按弥补亏损的原则计算以后年度多缴的企业所得税税款，并按前款办法进行税务处理。

本例中，2019 年实际资产损失 43.25 万元追补确认期限未超过 5 年，应向税务机关进行专项申报，该企业确认的资产损失的计税基础符合税法规定，准予追补至 2019 年度全额扣除，追补后 2019 年按照税法规定计算的亏损额 = 43.25 - 10 = 33.25（万元）。所以导致 2019 年多缴税款 = 10 × 25% = 2.5（万元），2020 年应纳企业所得税 =（50 - 33.25）× 25% = 4.1875（万元）。多缴的税款 2.5 万元可在 2020 年度企业所得税应纳税款中予以抵扣。2020 年实际应纳企业所得税 = 4.1875 - 2.5 = 1.6875（万元）。

【案例 5 - 29】 承〖案例 5 - 28〗假设上述被盗的库存产品已计提存货跌价准备 5 万元，其余资料同上例。2019 年会计和税务处理如下（单位：万元）：

借：待处理财产损溢   38.25

存货跌价准备   5

贷：库存商品 40

　　应交税费——应交增值税（进项税额转出） 3.25

借：营业外支出 38.25

贷：待处理财产损溢 38.25

税务处理：2019 年会计上确认的资产损失 38.25 万元追补确认期限未超过 5 年，应向税务机关进行专项申报，经认定，存货跌价准备包含在毁损库存商品的账面价值中，其库存商品损失的计税基础应为 43.25 万元（38.25 + 5），准予追补至 2019 年度扣除 43.25 万元资产损失。税务处理同上例。

【案例 5 - 30】2020 年 3 月，德新商贸公司实际发生坏账损失 80 万元，8 月收回以前年度已确认坏账损失 150 万元，2020 年末计提坏账准备 20 万元，该公司执行《企业会计准则》。

分析：《企业所得税法实施条例》第二十二条规定，已作坏账损失处理后又收回的应收款项属于收入总额中的其他收入。本例中，收回以前年度已确认坏账损失的应收账款 150 万元，应计入 2020 年度收入总额，但会计核算时冲减坏账准备，在 2020 年度汇算清缴时应进行纳税调增。发生实际的应收账款坏账损失，企业按照《企业资产损失所得税税前扣除管理办法》（国家税务总局公告 2011 年第 25 号）相关规定，留存资产损失的证据资料并进行纳税申报税前扣除。2020 年度计提没有发生的坏账准备 20 万元，属于未经核定的准备金，不得税前扣除。从上述案例可以看出，应收账款的坏账损失，应遵循企业会计准则规定进行会计核算，同时，应严格按照税收文件的相关规定计算税前扣除的资产损失，在企业所得税汇算清缴纳税申报时税前扣除，并留存资产损失相关证据资料，否则容易产生涉税风险问题。会计和税务处理如下（单位：万元）。

①确定实际发生坏账损失时：

借：坏账准备 80

贷：应收账款 80

②收回以前年度已确认坏账损失时：

借：应收账款 150

贷：坏账准备 150

借：银行存款 150

贷：应收账款 150

③年末计提坏账准备时：

借：信用减值损失 20

贷：坏账准备 20

④企业所得税年度纳税申报填写实务如表 5 - 44、表 5 - 45 所示。

表 5 - 44　　　　　　　资产损失税前扣除及纳税调整明细表（2020 年）　　　　　　　A105090

行次	项目	资产损失的账载金额	资产处置收入	赔偿收入	资产计税基础	资产损失的税收金额	纳税调整金额
		1	2	3	4	5(4-2-3)	6(1-5)
2	二、应收及预付款项坏账损失	0	0	0	80	80	-80

表 5 - 45　　　　　　　　　　纳税调整项目明细表（2020 年）　　　　　　　　　　A105000

行次	项目	账载金额	税收金额	调增金额	调减金额
		1	2	3	4
11	（九）其他	0	150	150	0
33	（二）资产减值准备金	20	*	20	0
34	（三）资产损失（填写 A105090）	0	80	0	80

【案例 5 - 31】长城建工集团有限公司 2019 年 12 月支付银行存款购买设备不含税价 360 万元，取得增值税专用发票注明的进项税额为 13 万元，当月投入使用，假设会计核算预计该固定资产折旧年限 10 年，年限平均法计提折旧，无预计净残值。会计和税务处理如下（单位，万元）。

①2019 年 12 月固定资产入账。

借：固定资产　　　　　　　　　　　　　　　　　　　　　　360

　　应交税费——应交增值税（进项税额）　　　　　　　　　46.8

　　贷：银行存款　　　　　　　　　　　　　　　　　　　　　　406.8

②2020 年该设备会计每月计提 3 万元（360/10/12），共计提折旧 36 万元。

借：制造费用　　　　　　　　　　　　　　　　　　　　　　　　3

　　贷：累计折旧　　　　　　　　　　　　　　　　　　　　　　　3

③按照《财政部、税务总局关于设备、器具扣除有关企业所得税政策的通知》（财税〔2018〕54 号）和《国家税务总局关于设备、器具扣除有关企业所得税政策执行问题的公告》（国家税务总局公告 2018 年第 46 号）的相关规定，企业 2018 年 1 月 1 日～2020 年 12 月 31 日期间新购进的设备、器具，单位价值不超过 500 万元的，允许一次性计入当期成本费用在计算应纳税所得额时扣除，不再分年度计算折旧。固定资产在投入使用月份的次月所属年度一次性税前扣除。本例中，该设备在 2019 年 12 月投入使用，次月为 2020 年 1 月（所属年度为 2020 年），因此，应在 2020 年一次性折旧。2020 年汇算清缴时企业选择一次性加速折旧 360 万元。

④2021 年 1 月甲公司以 150 万元价格（不含税）转让该设备。

借：制造费用　　　　　　　　　　　　　　　　　　　　　　　　3

　　贷：累计折旧　　　　　　　　　　　　　　　　　　　　　　　3

借：固定资产清理　　　　　　　　　　　　　　　　　　　　　321

　　累计折旧　　　　　　　　　　　　　　　　　　　　　　　　39

贷：固定资产   360

借：银行存款   169.5

  贷：固定资产清理   169.5

借：固定资产清理   19.5

  贷：应交税费——应交增值税（销项税额） 19.5

借：资产处置损益   171

  贷：固定资产清理   171

⑤2021 年企业所得税年度纳税申报填写实务如表 5－46、表 5－47 所示。

表 5－46   **资产损失税前扣除及纳税调整明细表（2021 年）**   A105090

行次	项目	资产损失的账载金额	资产处置收入	赔偿收入	资产计税基础	资产损失的税收金额	纳税调整金额
		1	2	3	4	5(4－2－3)	6(1－5)
7	四、固定资产损失	171	150	0	0	－150	321

表 5－47   **纳税调整项目明细表（2021 年）**   A105000

行次	项目	账载金额	税收金额	调增金额	调减金额
		1	2	3	4
34	（三）资产损失（填写 A105090）	171	－150	0	321

【案例 5－32】 2020 年 1 月初，海湘餐饮有限公司外购大量新鲜食材，准备春节期间给客户提供餐饮服务，假设采购时已取得增值税专用发票，不含税价 500 万元，增值税进项税额 45 万元，已取得农业合作社自产自销农产品销售发票注明买价 100 万元，计算抵扣进项税额为 9 万元。但是，2020 年 1 月 25 日以后，该企业受到新型冠状病毒感染的肺炎疫情防控影响停业停工三个月，导致上述新鲜食材已经超过保质期后无法食用，2020 年 3 月该企业将上述原料发生的资产损失全部清理处置。会计和税务处理如下（单位：万元）。

①2020 年 1 月外购新鲜食材。

借：原材料   591

  应交税费——应交增值税（进项税额） 54

  贷：银行存款   645

②2020 年 3 月清理因疫情导致的外购食材损失时，由于不属于现行增值税相关规定的非正常损失情形，不需要做进项税额转出。

借：待处理财产损溢   591

  贷：原材料   591

借：营业外支出——非常损失   591

  贷：待处理财产损溢   591

③2020 年企业所得税汇算时，因疫情导致的外购新鲜食材发生的资产损失申报后全额税前扣除，税会处理虽然无差异，但该企业应填报 A105090《填报资产损失税前扣除及纳税调整明细表》履行资产损失申报义务，资产损失相关资料留存备查。企业所得税年度纳税申报表填报实务如表 5 - 48、表 5 - 49 所示。

表 5 - 48　　　　　　　　　纳税调整项目明细表（2020 年）　　　　　　　　A105000

行次	项目	账载金额	税收金额	调增金额	调减金额
		1	2	3	4
31	三、资产类调整项目（32 + 33 + 34 + 35）	*	*		
34	（三）资产损失（填写 A105090）	591	591		

表 5 - 49　　　　　资产损失税前扣除及纳税调整明细表（2020 年）　　　　　A105090

行次	项目	资产损失的账载金额	资产处置收入	赔偿收入	资产计税基础	资产损失的税收金额	纳税调整金额
		1	2	3	4	5(4 - 2 - 3)	6(1 - 5)
5	三、存货损失	591	0	0	591	591	0
6	其中：存货盘亏、报废、损毁、变质或被盗损失	591	0	0	591	591	0

第六章

《纳税调整项目明细表》特殊事项和
《企业所得税弥补亏损明细表》
填报实务与案例解析

第一节　《企业重组及递延纳税事项纳税调整明细表》
填报实务与案例解析

一、《企业重组及递延纳税事项纳税调整明细表》格式与填报要点

具体格式如表6–1所示。

表6–1　　　　　　企业重组及递延纳税事项纳税调整明细表　　　　A105100

行次	项目	一般性税务处理			特殊性税务处理（递延纳税）			纳税调整金额
		账载金额	税收金额	纳税调整金额	账载金额	税收金额	纳税调整金额	
		1	2	3 (2−1)	4	5	6 (5−4)	7 (3+6)
1	一、债务重组							
2	其中：以非货币性资产清偿债务							
3	债转股							
4	二、股权收购							
5	其中：涉及跨境重组的股权收购							
6	三、资产收购							
7	其中：涉及跨境重组的资产收购							
8	四、企业合并（9＋10）							

续表

行次	项目	一般性税务处理			特殊性税务处理（递延纳税）			纳税调整金额
		账载金额	税收金额	纳税调整金额	账载金额	税收金额	纳税调整金额	
		1	2	3（2-1）	4	5	6（5-4）	7（3+6）
9	（一）同一控制下企业合并							
10	（二）非同一控制下企业合并							
11	五、企业分立							
12	六、非货币性资产对外投资							
13	七、技术入股							
14	八、股权划转、资产划转							
15	九、其他							
16	合计（1+4+6+8+11+12+13+14+15）							

本表适用于发生企业重组、非货币性资产对外投资、技术入股等业务的纳税人填报。纳税人发生企业重组事项的，在企业重组日所属纳税年度分析填报。纳税人根据税法、《财政部、国家税务总局关于企业重组业务企业所得税处理若干问题的通知》（财税〔2009〕59号）、《国家税务总局关于发布〈企业重组业务企业所得税管理办法〉的公告》（国家税务总局公告2010年第4号）、《财政部、国家税务总局关于中国（上海）自由贸易试验区内企业以非货币性资产对外投资等资产重组行为有关企业所得税政策问题的通知》（财税〔2013〕91号）、《财政部、国家税务总局关于非货币性资产投资企业所得税政策问题的通知》（财税〔2014〕116号）、《财政部、国家税务总局关于促进企业重组有关企业所得税处理问题的通知》（财税〔2014〕109号）、《国家税务总局关于非货币性资产投资企业所得税有关征管问题的公告》（国家税务总局公告2015年第33号）、《国家税务总局关于资产（股权）划转企业所得税征管问题的公告》（国家税务总局公告2015年第40号）、《国家税务总局关于企业重组业务企业所得税征收管理若干问题的公告》（国家税务总局公告2015年第48号）、《财政部、国家税务总局关于完善股权激励和技术入股有关所得税政策的通知》（财税〔2016〕101号）、《国家税务总局关于股权激励和技术入股所得税征管问题的公告》（国家税务总局公告2016年第62号）等相关规定，以及国家统一企业会计制度，填报企业重组、非货币资产对外投资、技术入股等业务的会计核算及税法规定，以及纳税调整情况。

对于发生债务重组业务且选择特殊性税务处理（即债务重组所得可以在5个纳税年度均匀计入应纳税所得额）的纳税人，重组日所属纳税年度的以后纳税年度，也在本表进行债务重组的纳税调整。除上述债务重组所得可以分期确认应纳税所得额的企业重组外，其他涉及资产计税基础与会计核算成本差异调整的企业重组，本表不作调整，在《资产折旧、摊销及纳税调整明细表》（A105080）进行纳税调整。

2017 年版与 2014 年版《企业重组及递延纳税事项纳税调整明细表》（A105100）相比，增加了"技术入股""股权划转、资产划转"等内容。

二、《企业重组及递延纳税事项纳税调整明细表》具体填报实务与案例解析

【案例 6-1】甲公司欠乙公司货款 300 万元。2018 年由于甲公司财务发生困难，经双方协商，甲公司以其对控制的子公司的部分股权偿还债务 270 万元，其余 30 万元债务由乙公司豁免。该项长期股权投资的账面价值与计税基础均为 250 万元，公允价值 270 万元。该债务重组具有合理的商业目的，且不以减少、免除或者推迟缴纳税款为主要目的。甲公司当年实现应纳税所得额 40 万元，适用企业所得税税率 25%。会计和税务处理如下：

①债务人甲公司会计处理。

借：应付账款		3 000 000
贷：长期股权投资		2 500 000
投资收益		200 000
营业外收入——债务重组利得		300 000

②税务处理。《财政部、国家税务总局关于企业重组业务企业所得税处理若干问题的通知》（财税〔2009〕59 号）规定，企业债务重组业务同时符合文件第五条规定条件的，可以按以下规定进行特殊性税务处理：企业债务重组确认的应纳税所得额占该企业当年应纳税所得额 50% 以上，可以在 5 个纳税年度的期间内，均匀计入各年度的应纳税所得额。甲公司当年应纳税所得额 40 万元，$30 \div 40 \times 100\% = 75\% > 50\%$，甲公司选择特殊性税务处理，即债务重组所得可以在 5 个纳税年度均匀计入应纳税所得额。企业所得税年度纳税申报填报实务如表 6-2～表 6-5 所示（单位：元）。

表 6-2   企业重组及递延纳税事项纳税调整明细表（2018 年）   A105100

行次	项目	一般性税务处理			特殊性税务处理（递延纳税）			纳税调整金额
		账载金额	税收金额	纳税调整金额	账载金额	税收金额	纳税调整金额	
		1	2	3（2-1）	4	5	6（5-4）	7（3+6）
1	一、债务重组				300 000	60 000	-240 000	-240 000
2	其中：以非货币性资产清偿债务				300 000	60 000	-240 000	-240 000

表 6-3   纳税调整项目明细表（2018 年）   A105000

行次	项目	账载金额	税收金额	调增金额	调减金额
		1	2	3	4
36	四、特殊事项调整项目（37+38+…+42）	*	*		240 000
37	（一）企业重组（填写 A105100）	300 000	60 000		240 000

表 6-4　　　　企业重组及递延纳税事项纳税调整明细表（2019~2022 年）　　　　A105100

行次	项目	一般性税务处理			特殊性税务处理（递延纳税）			纳税调整金额
		账载金额	税收金额	纳税调整金额	账载金额	税收金额	纳税调整金额	
		1	2	3 (2-1)	4	5	6 (5-4)	7 (3+6)
1	一、债务重组				0	60 000	60 000	60 000
2	其中：以非货币性资产清偿债务				0	60 000	60 000	60 000

表 6-5　　　　　　　纳税调整项目明细表（2019~2022 年）　　　　　　　A105000

行次	项目	账载金额	税收金额	调增金额	调减金额
		1	2	3	4
36	四、特殊事项调整项目（37+38+…+42）	*	*	60 000	
37	（一）企业重组（填写 A105100）	0	60 000	60 000	

③债权人乙公司已对该项应收账款计提坏账准备 50 000 元。

借：长期股权投资　　　　　　　　　　　　　　　　　　　　2 700 000

　　营业外支出——债务重组损失　　　　　　　　　　　　　　250 000

　　坏账准备　　　　　　　　　　　　　　　　　　　　　　　 50 000

　　贷：应收账款　　　　　　　　　　　　　　　　　　　　3 000 000

④税务处理。按照资产损失申报后扣除，会计核算的损失 25 万元，税法专项申报扣除的资产损失 30 万元。企业所得税年度纳税申报填报实务如表 6-6 所示（单位：元）。

表 6-6　　　　　　资产损失税前扣除及纳税调整明细表　　　　　　　A105090

行次	项目	资产损失的账载金额	资产处置收入	赔偿收入	资产计税基础	资产损失的税收金额	纳税调整金额
		1	2	3	4	5 (4-2-3)	6 (1-5)
2	应收预付账款坏账损失	250 000	2 700 000		3 000 000	300 000	-50 000

【案例 6-2】承〖案例 6-1〗，假设甲公司给乙公司定向增发 10 万份面值 1 元、每股市价 27 元的普通股偿债，其他条件相同。

①甲公司会计处理。

借：应付账款　　　　　　　　　　　　　　　　　　　　　　3 000 000

　　贷：股本　　　　　　　　　　　　　　　　　　　　　　　100 000

　　　　资本公积（股本溢价）　　　　　　　　　　　　　　2 600 000

　　　　营业外收入——债务重组利得　　　　　　　　　　　　300 000

②甲公司税务处理。按照《财政部、国家税务总局关于企业重组业务企业所得税处理若干问题的通知》（财税〔2009〕59 号）的规定，企业债务重组业务同时符合文件第五条规定条件的，可以按以下规定进行特殊性税务处理：企业发生债权转股权业

务，对债务清偿和股权投资两项业务暂不确认有关债务清偿所得或损失，股权投资的计税基础以原债权的计税基础确定。企业的其他相关所得税事项保持不变。因此，将会计核算计入"营业外收入——债务重组利得"30 万元，进行纳税调减。企业所得税年度纳税申报填报实务如表6-7、表6-8 所示。

表 6-7　企业重组及递延纳税事项纳税调整明细表（2018 年）　A105100

行次	项目	一般性税务处理			特殊性税务处理（递延纳税）			纳税调整金额
		账载金额	税收金额	纳税调整金额	账载金额	税收金额	纳税调整金额	
		1	2	3（2-1）	4	5	6（5-4）	7（3+6）
1	一、债务重组				300 000	0	-300 000	-300 000
3	债转股				300 000	0	-300 000	-300 000

表 6-8　纳税调整项目明细表（2018 年）　A105000

行次	项目	账载金额	税收金额	调增金额	调减金额
		1	2	3	4
36	四、特殊事项调整项目（37+38+…+42）	*	*		300 000
37	（一）企业重组（填写 A105100）	300 000	0		300 000

③乙公司会计处理。

借：长期股权投资　　　　　　　　　　　　　　　　　　　　2 700 000
　　营业外支出——债务重组损失　　　　　　　　　　　　　　250 000
　　坏账准备　　　　　　　　　　　　　　　　　　　　　　　50 000
　　贷：应收账款　　　　　　　　　　　　　　　　　　　　3 000 000

④乙公司税务处理。乙公司暂不确认股权投资损失 30 万元，同时长期股权投资的计税基础以原债权计税基础 300 万元确认。因此，将会计核算计入"营业外支出——债务重组损失"的 25 万元进行纳税调增。企业所得税年度纳税申报填报实务如表6-9、表6-10 所示。

表 6-9　企业重组及递延纳税事项纳税调整明细表（2018 年）　A105100

行次	项目	一般性税务处理			特殊性税务处理（递延纳税）			纳税调整金额
		账载金额	税收金额	纳税调整金额	账载金额	税收金额	纳税调整金额	
		1	2	3（2-1）	4	5	6（5-4）	7（3+6）
1	一、债务重组				-250 000	0	250 000	250 000
3	债转股				-250 000	0	250 000	250 000

表 6-10　纳税调整项目明细表（2018 年）　A105000

行次	项目	账载金额	税收金额	调增金额	调减金额
		1	2	3	4
36	四、特殊事项调整项目（37+38+…+42）	*	*	250 000	
37	（一）企业重组（填写 A105100）	-250 000	0	250 000	

【案例6-3】甲公司于2017年1月1日销售给乙公司一批材料，价值400 000元（包括应收取的增值税额），按购销合同约定，乙公司应于2017年10月31日前支付货款，但至2018年1月31日乙公司尚未支付货款。由于乙公司财务发生困难，短期内不能支付货款。2018年2月3日，与甲公司协商，甲公司同意乙公司以一台设备偿还债务。该项设备的账面原价为350 000元，已提折旧50 000元，设备的公允价值为360 000元，计税基础350 000元，税收累计折旧30 000元。抵债设备已于2018年3月10日安装到甲公司车间并解除债权债务关系。假设抵债资产需要缴纳增值税61 200元，乙公司会计和税务处理如下。

①将固定资产净值转入固定资产清理：

借：固定资产清理　　　　　　　　　　　　　　　　300 000

　　累计折旧　　　　　　　　　　　　　　　　　　50 000

　　贷：固定资产　　　　　　　　　　　　　　　　　　350 000

②确认债务重组利得：

借：应付账款　　　　　　　　　　　　　　　　　　400 000

　　贷：固定资产清理　　　　　　　　　　　　　　　　360 000

　　　　营业外收入——债务重组利得　　　　　　　　　　40 000

③确认固定资产处置利得：

借：固定资产清理　　　　　　　　　　　　　　　　60 000

　　资产处置损益——处置固定资产损失　　　　　　　　1 200

　　贷：应交税费——应交增值税（销项税额）　　　　　　61 200

④税务处理。按照税法规定计算以非货币性资产转让损益 = 360 000 - （350 000 - 30 000） - 61 200 = -21 200（元）。债务重组中无法支付的应付账款利得 = 40 000 - 36 000 = 4 000（元），税会差异为 -20 000元（1200 - 21200），实际是会计累计折旧与税收累计折旧的差异，即税收上少扣除的折旧。企业所得税年度纳税申报填报实务如表6-11、表6-12所示。

表6-11　　　　　　　　企业重组及递延纳税事项纳税调整明细表　　　　　　A105100

行次	项目	一般性税务处理			特殊性税务处理			纳税调整金额
		账载金额	税收金额	纳税调整金额	账载金额	税收金额	纳税调整金额	
		1	2	3（2-1）	4	5	6（5-4）	7（3+6）
1	一、债务重组							
2	其中：以非货币性资产清偿债务	-1 200	-21 200	-20 000				-20 000

表 6 – 12　　　　　　　　　　　　　　一般企业收入明细表　　　　　　　　　　　A101010

行次	项目	金额
16	二、营业外收入（17 + 18 + 19 + 20 + 21 + 22 + 23 + 24 + 25 + 26）	
19	（三）债务重组利得	40 000

【案例 6 – 4】 2014 年 1 月，甲公司股东会作出决定，用公司的一处经营用房投资于乙企业，占乙公司 10% 的股份，享受乙公司股本 1 800 万元，当月投资协议生效并办理股权登记手续。经评估机构评估，经营用房公允价值 1 800 万元，并在当月办理权属变更和工商股权登记手续。房屋账面原值 1 500 万元，累计折旧 200 万元。假设甲公司执行《企业会计准则》，不考虑流转税金及附加。

①会计处理（单位：万元，下同）。

借：固定资产清理　　　　　　　　　　　　　　　　　　　　　　　1 300

　　累计折旧　　　　　　　　　　　　　　　　　　　　　　　　　　200

　　　贷：固定资产——房屋　　　　　　　　　　　　　　　　　　　　　　1 500

借：长期股权投资——乙公司　　　　　　　　　　　　　　　　　　1 800

　　　贷：固定资产清理　　　　　　　　　　　　　　　　　　　　　　　　1 300

　　　　　资产处置损益——非货币性资产交换利得　　　　　　　　　　　　　500

②税务处理。按照《财政部、国家税务总局关于非货币性资产投资企业所得税政策问题的通知》（财税〔2014〕116 号）的规定，居民企业（以下简称企业）以非货币性资产对外投资确认的非货币性资产转让所得，可在不超过 5 年期限内，分期均匀计入相应年度的应纳税所得额，按规定计算缴纳企业所得税。企业以非货币性资产对外投资，应对非货币性资产进行评估并按评估后的公允价值扣除计税基础后的余额，计算确认非货币性资产转让所得。

甲公司以非货币性资产对外投资确认的非货币性资产转让所得 500 万元，可在不超过 5 年期限内，分期均匀计入相应年度的应纳税所得额，按规定计算缴纳企业所得税。假如甲企业选择按 5 年期限分期均匀计入相应年度的应纳税所得额。2014 年度应作调减应纳税所得 400 万元（500 – 500 ÷ 5）处理。2015 ~ 2018 年每年作调增应纳税所得额 100 万元（500 ÷ 5）。这样就产生了税法与会计上的暂时性差异，如表 6 – 13 所示。

表 6 – 13　　　　　　　　　　　　　　　　　　　　　　　　　　　　　　金额单位：万元

年度	会计确认损益	税法确认所得	纳税调整
2014	500	100	调减 400
2015	0	100	调增 100
2016	0	100	调增 100
2017	0	100	调增 100
2018	0	100	调增 100
合计	500	500	0

企业所得税年度纳税申报填报实务如表6－14～表6－17所示。

表6－14　　　企业重组及递延纳税事项纳税调整明细表（2014年度）　　A105100

行次	项目	一般性税务处理			特殊性税务处理（递延纳税）			纳税调整金额
		账载金额	税收金额	纳税调整金额	账载金额	税收金额	纳税调整金额	
		1	2	3（2－1）	4	5	6（5－4）	7（3＋6）
12	六、非货币性资产对外投资				500	100	－400	－400
16	合计（1＋4＋6＋8＋11＋12＋13＋14＋15）				500	100	－400	－400

表6－15　　　　　　纳税调整项目明细表（2014年度）　　　　　　A105000

行次	项目	账载金额	税收金额	调增金额	调减金额
		1	2	3	4
36	四、特殊事项调整项目（36＋37＋38＋39＋40）	＊	＊		400
37	（一）企业重组（填写A105100）	500	100		400
45	合计（1＋12＋30＋35＋41＋42）	＊	＊		400

表6－16　　企业重组及递延纳税事项纳税调整明细表（2015～2018年度）　　A105100

行次	项目	一般性税务处理			特殊性税务处理（递延纳税）			纳税调整金额
		账载金额	税收金额	纳税调整金额	账载金额	税收金额	纳税调整金额	
		1	2	3（2－1）	4	5	6（5－4）	7（3＋6）
12	六、非货币性资产对外投资				0	100	100	100
16	合计（1＋4＋6＋8＋11＋12＋13＋14＋15）				0	100	100	100

表6－17　　　　　纳税调整项目明细表（2015～2018年度）　　　　　A105000

行次	项目	账载金额	税收金额	调增金额	调减金额
		1	2	3	4
36	四、特殊事项调整项目（36＋37＋38＋39＋40）	＊	＊	100	
37	（一）企业重组（填写A105100）	0	100	100	
45	合计（1＋12＋30＋35＋41＋42）	＊	＊	100	

【案例6－5】承〖案例6－4〗，甲公司2014年1月以非货币性资产对外投资时，经营用房的计税成本为1 300万元（1 500－200），应确认长期股权投资计税基础1 300万元。按照财税〔2014〕116号第三条的规定，企业以非货币性资产对外投资而取得被投资企业的股权，应以非货币性资产的原计税成本为计税基础，加上每年确认的非货币性资产转让所得，逐年进行调整。

甲公司2015年12月31日应将当年应确认的非货币性资产转让所得100万元，增加长期股权投资的计税基础100万元。2015年12月31日确认的长期股权投资计税基础为1 400万元，以此类推，如表6－18所示。

表 6 - 18　　　　　　　　　　　　　　　　　　　　　　　　　　　　　　　金额单位：万元

日期	会计确认投资成本	税法确认投资成本计税基础
2014 年 1 月	1 800	1 300
2014 年 12 月 31 日	1 800	1 400
2015 年 12 月 31 日	1 800	1 500
2016 年 12 月 31 日	1 800	1 600
2017 年 12 月 31 日	1 800	1 700
2018 年 12 月 31 日	1 800	1 800

【案例 6 - 6】承〖案例 6 - 4〗，乙公司接受投资时会计处理如下：

借：固定资产——房屋　　　　　　　　　　　　　　　　　1 800

　　贷：股本（或实收资本）　　　　　　　　　　　　　　　　1 800

税务处理上，按照财税〔2014〕116 号第三条的规定，被投资企业取得非货币性资产的计税基础，应按非货币性资产的公允价值确定。乙公司接受甲公司投资的经营用房的计税基础也为 1 800 万元。

【案例 6 - 7】承〖案例 6 - 4〗，2017 年 1 月 1 日，甲公司以 2 000 万元价格将持有的乙公司 10% 的股份全部转让给 A 公司，会计处理和转让股权的计税基础确认如下（单位：万元）。

借：银行存款　　　　　　　　　　　　　　　　　　　　　2 000

　　贷：长期股权投资——乙公司　　　　　　　　　　　　　　1 800

　　　　投资收益　　　　　　　　　　　　　　　　　　　　　 200

截至 2016 年末甲公司确认"长期股权投资——乙公司"计税基础 1 600 万元，仍有 200 万元（1 800 - 1 600）转让所得未确认；2017 年 1 月 1 日甲公司转让股权时应将"长期股权投资——乙公司"计税基础调整为 1 800 万元，并在 2017 年度企业所得税汇算清缴时，调增应纳税所得 200 万元。具体如表 6 - 19 ~ 表 6 - 22 所示。

表 6 - 19　　　　甲企业"长期股权投资——乙公司"计税基础调整备查表　　　金额单位：万元

日期	会计确认投资成本	税法确认投资成本计税基础
2014 年 1 月	1 800	1 300
2014 年 12 月 31 日	1 800	1 400
2015 年 12 月 31 日	1 800	1 500
2016 年 12 月 31 日	1 800	1 600
2017 年 1 月 1 日	1 800	1 800

表 6 - 20　　　　　　　　　　　甲企业纳税调整备查表　　　　　　　　　　金额单位：万元

年度	会计确认损益	税法确认所得	纳税调整
2014	500	100	调减 400
2015	0	100	调增 100

续表

年度	会计确认损益	税法确认所得	纳税调整
2016	0	100	调增 100
2017	0	200	调增 200
合计	500	500	0

表 6-21　　　　　　企业重组及递延纳税事项纳税调整明细表（2017 年度）　　　　　A105100

行次	项目	一般性税务处理			特殊性税务处理（递延纳税）			纳税调整金额
		账载金额	税收金额	纳税调整金额	账载金额	税收金额	纳税调整金额	
		1	2	3（2-1）	4	5	6（5-4）	7（3+6）
12	六、非货币性资产对外投资				0	200	200	200
16	合计（1+4+6+8+11+12+13+14+15）				0	200	200	200

表 6-22　　　　　　　　　　纳税调整项目明细表（2017 年度）　　　　　　　　　A105000

行次	项目	账载金额	税收金额	调增金额	调减金额
		1	2	3	4
36	四、特殊事项调整项目（36+37+38+39+40）	*	*		
37	（一）企业重组及递延纳税事项（填写 A105100）	0	200	200	

假设企业在对外投资 5 年内清算注销的，应停止执行递延纳税政策，并就递延期内尚未确认的非货币性资产转让所得，在注销当年的企业所得税年度汇算清缴时，一次性计算缴纳企业所得税。

【案例 6-8】甲企业合并乙企业（非同一控制下的企业合并），以定向增发自身普通股方式和支付现金形式作为合并对价给乙企业的股东丙企业，普通股面值 1 元，500万股，公允价值 5 500 万元，支付银行存款 500 万元，合并后乙企业成为甲企业的全资控股子公司，乙企业被合并时账面净资产为 5 000 万元（假设与计税基础相同），评估公允价值为 6 000 万元，丙企业持有乙企业长期股权投资的账面价值为 4 000 万元（假设与计税基础相同）。乙企业股东丙企业收到合并后企业股权 5 500 万元，其他非股权支付 500 万元，则股权支付额占交易支付总额比例为 92%（5 500÷6 000×100%），超过 85%，也符合财税〔2009〕59 号文件第五条规定的其他条件，双方可以选择特殊性税务处理，即股权支付部分对应的资产增值部分不缴纳企业所得税。会计和税务处理如下（单位：万元）：

①甲企业会计处理。

借：长期股权投资——乙企业　　　　　　　　　　　　　　　　　　　6 000

　　贷：股本　　　　　　　　　　　　　　　　　　　　　　　　　　　　500

  资本公积——股本溢价   5 000

  银行存款   500

②乙企业股东丙企业会计处理。

  借：长期股权投资——甲企业   5 500

    银行存款   500

    贷：长期股权投资——乙企业   4 000

      投资收益   2 000

③在特殊性税务处理中，非股权支付额需要纳税。财税〔2009〕59号文件第六条第六项规定，重组交易各方按规定对交易中股权支付暂不确认有关资产的转让所得或损失的，其非股权支付仍应在交易当期确认相应的资产转让所得或损失，并调整相应资产的计税基础。非股权支付对应的资产转让所得或损失 =（被转让资产的公允价值 - 被转让资产的计税基础）×（非股权支付金额÷被转让资产的公允价值）。

  丙企业（乙企业股东）取得新合并企业（甲企业）股权 5 500 万元，取得非股权 500 万元。假如乙企业股东原投入乙企业的股权投资成本为 4 000 万元，则增值 2 000 万元（5 500 + 500 - 4 000）。股东取得的非股权收入 500 万元对应的转让所得为：500÷6 000×2 000 = 166.7（万元）。股东取得新股的计税成本不是 5 500 万元，而是 3 666.7 万元（4 000 - 500 + 166.7）。这就是财税〔2009〕59号文件第六条第四项规定的"被合并企业股东取得合并企业股权的计税基础，以其原持有的被合并企业股权的计税基础确定"。

  ④丙企业企业所得税年度纳税申报填报实务如表 6 - 23、表 6 - 24 所示。

表 6 - 23   **企业重组及递延纳税事项纳税调整明细表**   A105100

行次	项目	一般性税务处理			特殊性税务处理（递延纳税）			纳税调整金额
		账载金额	税收金额	纳税调整金额	账载金额	税收金额	纳税调整金额	
		1	2	3 (2 - 1)	4	5	6 (5 - 4)	7 (3 + 6)
8	四、企业合并（9 + 10）				2 000	166.7	- 1 833.3	- 1 833.3
9	（一）同一控制下企业合并							
10	（二）非同一控制下企业合并				2 000	166.7	- 1 833.3	- 1 833.3
16	合计（1 + 4 + 6 + 8 + 11 + 12 + 13 + 14 + 15）				2 000	166.7	- 1 833.3	- 1 833.3

表 6 - 24   **纳税调整项目明细表**   A105000

行次	项目	账载金额	税收金额	调增金额	调减金额
		1	2	3	4
36	四、特殊事项调整项目（36 + 37 + 38 + 39 + 40）	*	*		1 833.3
37	（一）企业重组（填写A105100）	2 000	166.7		1 833.3
45	合计（1 + 12 + 30 + 35 + 41 + 42）	*	*		1 833.3

【**案例 6 - 9**】2 ×17 年 10 月，A 公司（居民企业）将自行研发的无形资产（专利技术）评估价为 5 000 万元、原值 4 000 万元、累计摊销 1 000 万元、计税基础 3 000 万元作为对价，技术成果投资入股新设的 B 公司（居民企业），取得其 60% 的股权，公允价值 5 000 万元。假设 2 ×19 年 10 月，A 公司以 6 000 万元将持有上述 B 公司的股权全部转让给其他投资者，假设未来 A 公司有足够的应纳税所得额可以抵扣暂时性差异。

问：A 公司和 B 公司如何进行会计和税务处理（单位：万元）。

分析：按照现行视同销售政策进行一般性税务处理。A 公司按照税法视同销售中有关非货币性资产交换规定进行税务处理，确认转让专利技术视同销售收入 5 000 万元，视同销售成本 3 000 万元，视同销售所得 2 000 万元（5 000 - 3 000），取得该长期股权投资的计税基础为公允价值 5 000 万元。2 ×17 年应缴纳企业所得税 = 2 000 × 25% = 500（万元）。A 公司按照《企业会计准则第 7 号——非货币性资产交换》（2019 年修订）会计处理如下：

借：长期股权投资　　　　　　　　　　　　　　　　　　　　　5 000
　　累计摊销　　　　　　　　　　　　　　　　　　　　　　　1 000
　　贷：无形资产　　　　　　　　　　　　　　　　　　　　　　　　4 000
　　　　资产处置损益——非货币性资产交换利得　　　　　　　　　　　2 000

A 公司确认资产处置损益——非货币性资产交换利得与税务处理确认视同销售所得 2 000 万元，无税会差异。A 公司企业所得税年度纳税申报填写实务如表 6 - 25 所示。

表 6 - 25　　　　　　　　　　　一般企业收入明细表　　　　　　　　　　A101010

行次	项目	金额
16	二、营业外收入（17 + 18 + 19 + 20 + 21 + 22 + 23 + 24 + 25 + 26）	
18	（二）非货币性资产交换利得	2 000

2 ×19 年 10 月，A 公司以 6 000 万元将持有上述 B 公司的股权全部转让给其他投资者，会计处理如下：

借：银行存款　　　　　　　　　　　　　　　　　　　　　　　6 000
　　贷：长期股权投资　　　　　　　　　　　　　　　　　　　　　　5 000
　　　　投资收益　　　　　　　　　　　　　　　　　　　　　　　　1 000

B 公司会计处理如下：B 公司按技术成果投资入股时的评估值 5 000 万元入账，按照直线法摊销，预计使用年限 10 年，每年计算企业所得税税前扣除摊销额 = 5 000 ÷ 10 = 500（万元）。

借：无形资产　　　　　　　　　　　　　　　　　　　　　　　5 000
　　贷：实收资本　　　　　　　　　　　　　　　　　　　　　　　　5 000

借：管理费用   500

    贷：累计折旧   500

【案例6-10】承〖案例6-9〗，A公司技术入股符合税法规定条件的，可以选择适用企业所得税递延纳税政策。按照《财政部、国家税务总局关于完善股权激励和技术入股有关所得政策的通知》（财税〔2016〕101号）和《国家税务总局关于股权激励和技术入股所得税征管问题的公告》（国家税务总局公告2016年第62号）规定的递延纳税政策进行特殊性税务处理。

A公司经向主管税务机关备案，技术投资入股当期（2×17年）可暂不纳税，允许递延至转让股权时，按股权转让收入减去技术成果原值和合理税费后的差额计算缴纳所得税。2×17年企业所得税汇算清缴时，具体填报A105100《企业重组及递延纳税事项纳税调整明细表》第13行"七、技术入股"的"特殊性税务处理"第4列"账载金额"2 000万元，第5列"税收金额"0，第6列"纳税调整金额"-2 000万元。企业所得税年度纳税申报填报实务如表6-26、表6-27所示（单位：万元）。

表6-26   企业重组及递延纳税事项纳税调整明细表   A105100

行次	项目	一般性税务处理			特殊性税务处理（递延纳税）			纳税调整金额
		账载金额	税收金额	纳税调整金额	账载金额	税收金额	纳税调整金额	
		1	2	3（2-1）	4	5	6（5-4）	7（3+6）
13	七、技术入股				2 000	0	-2 000	-2 000
16	合计（1+4+6+8+11+12+13+14+15）				2 000	0	-2 000	-2 000

表6-27   纳税调整项目明细表   A105000

行次	项目	账载金额	税收金额	调增金额	调减金额
		1	2	3	4
36	四、特殊事项调整项目（36+37+38+39+40）	*	*		2 000
37	（一）企业重组（填写A105100）	2 000	0		2 000
45	合计（1+12+30+35+41+42）	*	*		2 000

B公司取得无形资产和摊销时的税务处理同上。同时，按照《企业会计准则第18号——所得税》的规定，长期股权投资账面价值为5 000万元，计税基础为0，产生应纳税暂时性差异，应确认递延所得税负债1 250万元（5 000×25%），无形资产账面价值为0元，计税基础为3 000万元，产生可抵扣暂时性差异，应确认递延所得税资产750万元（3 000×25%）。会计处理如下（单位：万元）：

借：所得税费用   1 250

    贷：递延所得税负债   1 250

借：递延所得税资产   750

贷：所得税费用   750

2×19 年 10 月，A 公司转让该股权时，按股权转让收入减去技术成果原值和合理税费后的差额计算缴纳所得税，即转让所得 = 6 000 - 3 000 = 3 000（万元），这个所得实际上包含技术投资转让所得和投资后取得股权转让所得两部分，实际就是把技术投资入股和股权转让两项交易合并在股权转让这个环节计算缴纳企业所得税，2×19 年应缴纳企业所得税 = 3 000 × 25% = 750（万元）。同时，转回前期已确认的递延所得税负债 1 250 万元和确认递延所得税资产 750 万元。

借：银行存款   6 000
 贷：长期股权投资   5 000
  投资收益   1 000
借：递延所得税负债   1 250
 贷：所得税费用   1 250
借：所得税费用   750
 贷：递延所得税资产   750

A 公司会计处理确认转让股权投资收益 1 000 万元和税务处理确认转让所得 3 000 万元，存在税会差异 2 000 万元。2×19 年企业所得税汇算清缴时，具体填报 A105100《企业重组及递延纳税事项纳税调整明细表》第 13 行"七、技术入股"项目的"特殊性税务处理"项目第 4 列"账载金额"1 000 万元，第 5 列"税收金额"3 000 万元，第 6 列"纳税调整金额"2 000 万元。A 公司企业所得税年度纳税申报填报实务如表 6 - 28、表 6 - 29 所示。

表 6 - 28   企业重组及递延纳税事项纳税调整明细表   A105100

行次	项目	一般性税务处理			特殊性税务处理（递延纳税）			纳税调整金额
		账载金额	税收金额	纳税调整金额	账载金额	税收金额	纳税调整金额	
		1	2	3（2-1）	4	5	6（5-4）	7（3+6）
13	七、技术入股				1 000	3 000	2 000	2 000
16	合计（1+4+6+8+11+12+13+14+15）				1 000	3 000	2 000	2 000

表 6 - 29   纳税调整项目明细表   A105000

行次	项目	账载金额	税收金额	调增金额	调减金额
		1	2	3	4
36	四、特殊事项调整项目（36+37+38+39+40）	*	*	2 000	
37	（一）企业重组（填写 A105100）	1 000	3 000	2 000	
45	合计（1+12+30+35+41+42）	*	*	2 000	

【案例 6 - 11】承〖案例 6 - 9〗，A 公司技术入股按照选择财税〔2014〕116 号文件的规定进行特殊性税务处理（单位：万元）。

①A 公司取得股权时应于 2×17 年 10 月确认无形资产投资转让所得 = 5 000 - 3 000 = 2 000（万元），按照 5 年内分期均匀计入相应年度的应纳税所得额，确认 2×17 年度非货币资产投资应纳税所得额 = 2 000÷5 = 400（万元）。A 公司 2×17 年会计处理确认营业外收入 2 000 万元和税务处理确认应纳税所得额 400 万元，存在税会差异，应纳税调减 = 2 000 - 400 = 1 600（万元），长期股权投资计税基础 = 3 000 + 400 = 3 400（万元）。同时，按照《企业会计准则第 18 号——所得税》的规定，长期股权投资账面价值为 5 000 万元，产生应纳税暂时性差异 1 600 万元（5 000 - 3 400），确认递延所得税负债 = 1 600×25% = 400（万元）。

借：所得税费用 400

　　贷：递延所得税负债 400

2×17 年企业所得税汇算清缴时，具体填报 A105100《企业重组及递延纳税事项纳税调整明细表》第 12 行"六、非货币性资产对外投资"项目"特殊性税务处理"第 4 列"账载金额"2 000 万元，第 5 列"税收金额"400 万元，第 6 列"纳税调整金额"-1 600 万元。企业所得税年度纳税申报填报实务如表 6-30、表 6-31 所示。

表 6-30　　　　　　　　企业重组及递延纳税事项纳税调整明细表　　　　　　　　A105100

行次	项目	一般性税务处理			特殊性税务处理（递延纳税）			纳税调整金额
		账载金额	税收金额	纳税调整金额	账载金额	税收金额	纳税调整金额	
		1	2	3（2-1）	4	5	6（5-4）	7（3+6）
12	六、非货币资产对外投资				2 000	400	-1 600	-1 600
16	合计（1+4+6+8+11+12+13+14+15）				2 000	400	-1 600	-1 600

表 6-31　　　　　　　　纳税调整项目明细表　　　　　　　　A105000

行次	项目	账载金额	税收金额	调增金额	调减金额
		1	2	3	4
36	四、特殊事项调整项目（36+37+38+39+40）	*	*		1 600
37	（一）企业重组（填写 A105100）	2 000	400		1 600
45	合计（1+12+30+35+41+42）	*	*		1 600

②2×18 年末，税务处理确认非货币资产转让所得 400 万元，会计处理不确认损益，存在税会差异，应纳税调增 400 万元，将长期股权投资的计税基础调整为 3 800 万元（3 400 + 400），长期股权投资账面价值为 5 000 万元，产生应纳税暂时性差异 1 200 万元（5 000 - 3 800），递延所得税负债余额 = 1 200×25% = 300（万元），应转回递延所得税负债 = 400 - 300 = 100（万元）。

借：递延所得税负债 100

　　贷：所得税费用 100

2×18 年企业所得税汇算清缴时，具体填报 A105100《企业重组及递延纳税事项纳税调整明细表》第 12 行"六、非货币性资产对外投资"项目"特殊性税务处理"第 4 列"账载金额"0，第 5 列"税收金额"400 万元，第 6 列"纳税调整金额"400 万元。企业所得税年度纳税申报填报实务如表 6-32、表 6-33 所示。

表 6-32 企业重组及递延纳税事项纳税调整明细表 A105100

行次	项目	一般性税务处理			特殊性税务处理（递延纳税）			纳税调整金额
		账载金额	税收金额	纳税调整金额	账载金额	税收金额	纳税调整金额	
		1	2	3（2-1）	4	5	6（5-4）	7（3+6）
12	六、非货币性资产对外投资				0	400	400	400
16	合计（1+4+6+8+11+12+13+14+15）				0	400	400	400

表 6-33 纳税调整项目明细表 A105000

行次	项目	账载金额	税收金额	调增金额	调减金额
		1	2	3	4
36	四、特殊事项调整项目（36+37+38+39+40）	*	*	400	
37	（一）企业重组（填写 A105100）	0	400	400	
45	合计（1+12+30+35+41+42）	*	*	400	

③2×19 年 10 月，A 公司转让该股权时，一次性确认非货币资产转让所得 = 3 × 400 = 1 200（万元），会计处理不确认损益，存在税会差异，应纳税调增 1 200 万元，将长期股权投资的计税基础调整为 5 000 万元（3 800 + 1 200），转回全部递延所得税负债余额 300 万元。

借：递延所得税负债 300
　　贷：所得税费用 300

2×19 年企业所得税汇算清缴时，具体填报 A105100《企业重组及递延纳税事项纳税调整明细表》第 12 行"六、非货币性资产对外投资"项目"特殊性税务处理"第 4 列"账载金额"0 元，第 5 列"税收金额"1 200 万元，第 6 列"纳税调整金额"1 200 万元。企业所得税年度纳税申报填报实务如表 6-34、表 6-35 所示。

表 6-34 企业重组及递延纳税事项纳税调整明细表 A105100

行次	项目	一般性税务处理			特殊性税务处理（递延纳税）			纳税调整金额
		账载金额	税收金额	纳税调整金额	账载金额	税收金额	纳税调整金额	
		1	2	3（2-1）	4	5	6（5-4）	7（3+6）
12	六、非货币性资产对外投资				0	1 200	1 200	1 200
16	合计（1+4+6+8+11+12+13+14+15）				0	1 200	1 200	1 200

表6-35　　　　　　　　　　纳税调整项目明细表　　　　　　　　　A105000

行次	项目	账载金额	税收金额	调增金额	调减金额
		1	2	3	4
36	四、特殊事项调整项目（36+37+38+39+40）	*	*	1 200	
37	（一）企业重组（填写A105100）	0	1 200	1 200	
45	合计（1+12+30+35+41+42）	*	*	1 200	

④A公司确认当期股权转让所得=6 000-5 000=1 000（万元），会计处理确认转让股权的投资收益1 000万元，不存在税会差异。B公司取得无形资产和摊销处理时税务处理同〖案例6-9〗。

【案例6-12】甲饲料公司是由乙投资公司出资7 200万元设立的有限责任公司，截至2018年末，所有者权益账面价值为8 000万元（含股本7 200万元，法定盈余公积和未分配利润800万元）。丙集团看好饲料行业的发展前景，准备收购甲公司的全部股权。经过评估机构评定，甲公司净资产的评估价值为9 000万元，丙集团准备支付本公司股票3 500万股（面值1元，发行价2元），并支付公允价值为2 000万元的有价证券给乙投资公司，购买甲饲料公司的100%股权，请计算分析乙投资公司股权转让的所得税纳税义务（单位：万元）。

分析：①被收购企业股东乙投资公司的会计处理与纳税调整。按照一般性税务处理的规定，计算缴纳企业所得税。股权转让所得=9 000-7 200=1 800（万元），应交企业所得税=1 800×25%=450（万元）。

借：长期股权投资——丙公司　　　　　　　　　　7 000

　　交易性金融资产　　　　　　　　　　　　　　2 000

　　贷：长期股权投资——甲公司　　　　　　　　　　7 200

　　　　投资收益　　　　　　　　　　　　　　　　1 800

借：所得税费用　　　　　　　　　　　　　　　　450

　　贷：应交税费——应交所得税　　　　　　　　　　450

由于乙投资公司缴纳了所得税，确认了计税基础，所以，乙投资公司取得的丙公司的股票3 500万股，可以按照公允价7 000万元作为计税基础，取得的有价证券按公允价值2 000万元确认为计税基础。

②股权收购方丙集团的税务处理。根据一致税务处理原则，股权收购方丙集团也采用一般性税务处理，其取得股权的计税基础应以公允价值为基础确定。丙集团支付给乙公司股票的公允价值7 000万元，有价证券的公允价值2 000万元，支付对价总额为9 000万元。丙集团取得甲公司100%股权，可以按照评估价9 000万元作为计税基础，将来股权投资转让时可以全额扣除。

【案例 6-13】 承〖案例 6-12〗，假设丙集团在支付的对价中，定向增发本公司股票给乙投资公司 4 000 万股，面值 1 元，发行价 2 元，市场价值 8 000 万元，另外支付给乙投资公司公允价值为 1 000 万元的有价证券，取得甲公司 100% 的股权（单位：万元）。

判断是否符合特殊性税务处理条件：第一，乙投资公司将对甲公司的股权全部转让给丙集团；第二，股权支付 ÷ 交易支付总额 ＝（2 × 4 000）÷ 9 000 ＝ 88.89% ＞ 50%。符合特殊性税务处理的条件，可以按照特殊性税务处理进行企业所得税的处理。

① 被收购企业股东乙公司的会计核算及税务处理。

对交易中股权支付暂不确认有关资产的转让所得或损失。"股权支付"的公允价值 ＝ 2 × 4 000 ＝ 8 000（万元），"股权支付"对应的股权在乙公司的计税基础 ＝ 8 000 × （7 200 ÷ 9 000）＝ 6 400（万元），股权转让所得 ＝ 8 000 － 6 400 ＝ 1 600（万元），根据《通知》规定，符合特殊性税务处理的股权收购暂不确认转让所得。1 000 万元有价证券属于"非股权支付"，应在交易当期计算资产转让所得。

非股权支付对应的资产转让所得 ＝（被转让资产的公允价值 － 被转让资产的计税基础）×（非股权支付金额 ÷ 被转让资产的公允价值）＝（9 000 － 7 200）×（1 000 ÷ 9 000）＝ 200（万元）。

非股权支付对应的股权在乙公司的计税基础 ＝ 1 000 ×（7 200 ÷ 9 000）＝ 800（万元）。

非股权支付应纳企业所得税 ＝ 200 × 25% ＝ 50（万元）。

A. 被收购企业的股东取得收购企业股权的计税基础，以被收购股权的原有计税基础确定。乙投资公司取得丙集团股权的公允价值 ＝ 4 000 × 2 ＝ 8 000（万元），但是，由于乙投资公司没有对股权转让所得 1 600 万元纳税，没有完成"计税基础"，其取得丙集团的股票的计税基础，不能按公允价 8 000 万元确认，而只能以被收购股权的原有计税基础 6 400 万元确定新股权的计税基础。

B. 乙投资公司的会计处理。确认股权转让所得 ＝（2 × 4 000 ＋ 1 000）－ 7 200 ＝ 1 800（万元），应交企业所得税 ＝ 1 800 × 25% ＝ 450（万元）。

借：长期股权投资——丙公司 8 000
　　交易性金融资产 1 000
　　贷：长期股权投资——甲公司 7 200
　　　　投资收益 1 800
借：所得税费用 450
　　贷：应交税费——应交所得税 450

乙投资公司的企业所得税纳税申报填报实务如表 6-36、表 6-37 所示。

表6-36　　　　　　　　企业重组及递延纳税事项纳税调整明细表　　　　　　　　A105100

行次	项目	一般性税务处理			特殊性税务处理（递延纳税）			纳税调整金额
		账载金额	税收金额	纳税调整金额	账载金额	税收金额	纳税调整金额	
		1	2	3 (2-1)	4	5	6 (5-4)	7 (3+6)
4	二、股权收购				1 800	200	-1 600	-1 600
16	合计（1+4+6+8+11+12+13+14+15）				1 800	200	-1 600	-1 600

表6-37　　　　　　　　　　纳税调整项目明细表　　　　　　　　　　A105000

行次	项目	账载金额	税收金额	调增金额	调减金额
		1	2	3	4
36	四、特殊事项调整项目（36+37+38+39+40）	*	*		1 600
37	（一）企业重组（填写A105100）	1 800	200		1 600
45	合计（1+12+30+35+41+42）	*	*		1 600

②收购企业丙集团的会计核算及税务处理如下：

借：长期股权投资——甲公司　　　　　　　　　　　　　　　9 000

　　贷：长期股权投资等　　　　　　　　　　　　　　　　　　1 000

　　　　股本　　　　　　　　　　　　　　　　　　　　　　　4 000

　　　　资本公积——股本溢价　　　　　　　　　　　　　　　4 000

收购企业的股权支付额对应的公允价值增值没有在被收购方所得税中确认所得，收购企业支付的1 000万元有价证券已在被收购方确认相应的所得。《财政部 国家税务总局关于企业重组业务企业所得税处理若干问题的通知》（财税〔2009〕59号）规定：收购企业取得被收购企业股权的计税基础，应以被收购股权的原有计税基础（6 400万元）与非股权支付（1 000万元）之和7 400万元确定，将来股权投资转让是可以税前扣除。把差额1 600万元登记在《纳税调整台账》备查。

【案例6-14】A公司为大型影视制作发行公司，为扩展生产经营规模，决定收购另一家影视制作公司B公司。A公司决定仅收购B公司从事影视制作的所有相关资产。2018年5月1日，双方达成资产收购协议，A公司收购B公司涉及影视业务的相关资产，其中：影视设备的账面价值520万元，公允价值560万元，仿古建筑物的账面价值400万元，公允价值800万元，存货的账面价值350万元，公允价值220万元，应收账款的账面价值200万元，公允价值150万元。

2018年5月1日，B企业所有资产经评估后的资产总额为3 050万元。A公司以B公司经评估后的资产总价值1 730万元为准，向B企业支付了以下两项对价：支付现金130万元；A企业将其持有的其全资子公司20%的股权合计800万股，支付给B公司，该项长期股权投资的公允价值为1 600万元，计税基础和账面价值为800万元。假设该项资产收购是为了扩大生产经营，具有合理的商业目的，且A公司承诺收购B公司影视业务资产后，在连续 12 个月内仍用该项资产从事影视制作发行。

分析：通过案例提供的信息初步判断，该项资产并购符合财税〔2009〕59 号文件和财税〔2014〕109 号关于特殊性税务处理的五个条件，并计算收购资产比例和股权支付比例这两个指标。一是受让企业 A 公司收购转让企业 B 公司的资产总额为 1 730 万元，B 企业全部资产总额经评估为 3 050 万元，A 收购转让企业 B 的资产占 B 企业总资产的比例为 56.72%（1 730÷3 050），超过了 50% 的比例。二是受让企业在资产收购中，股权支付金额为 1 600 万元，非股权支付金额为 130 万元，股权支付金额占交易总额的 92.5%（1 600÷1 730），超过 50% 的比例。因此，A 公司对 B 公司的这项资产收购交易可以适用特殊性税务处理，各方已经按照税法规定进行特殊性税务处理备案申报。

①转让方 B 公司的税务处理。转让企业取得受让企业股权的计税基础，以被转让资产的原有计税基础确定。由于转让方 B 公司转让资产，不仅收到股权，还收到了 130 万元现金的非股权支付。根据财税〔2009〕59 号文件第六条第四款的规定，应确认非股权支付对应的资产转让所得或损失。

计算公式为：非股权支付对应的资产转让所得或损失 =（被转让资产的公允价值 - 被转让资产的计税基础）×（非股权支付金额÷被转让资产的公允价值）。

因此，转让方 B 公司非股权支付对应的资产转让所得或损失 =（1 730 - 1 470）× 130÷1 730 = 19.54（万元），B 公司需要就其非股权支付对应的资产转让所得 19.54 万元缴纳企业所得税。

B 公司取得现金资产的计税基础为 130 万元。B 公司取得 A 企业给予的其持有的全资子公司 800 万股股份的计税基础为 1 359.54 万元（1 470 + 19.54 - 130）。

②转让方 B 公司会计处理时按照转让资产的公允价值与账面价值的差额确认当期损益 =（560 - 520）+（800 - 400）+（220 - 350）+（150 - 200）= 260（万元）。

③转让方 B 公司企业所得税纳税申报填报实务如表 6 - 38、表 6 - 39 所示（单位：万元）。

表 6 - 38　　　　　　　　　　企业重组及递延纳税事项纳税调整明细表　　　　　　　　　A105100

行次	项目	一般性税务处理			特殊性税务处理（递延纳税）			纳税调整金额
		账载金额	税收金额	纳税调整金额	账载金额	税收金额	纳税调整金额	
		1	2	3（2 - 1）	4	5	6（5 - 4）	7（3 + 6）
6	三、资产收购				260	19.54	- 240.46	- 240.46

表 6 - 39　　　　　　　　　　　　纳税调整项目明细表　　　　　　　　　　　　　　A105000

行次	项目	账载金额	税收金额	调增金额	调减金额
		1	2	3	4
36	四、特殊事项调整项目（36 + 37 + 38 + 39 + 40）	*	*		
37	（一）企业重组（填写 A105100）	260	19.54		240.46

④受让方 A 公司的税务处理。受让企业取得转让企业资产的计税基础,以被转让资产的原有计税基础确定。受让方被转让资产两项:一项是其持有的子公司 C 公司的长期股权投资,账面价值为 800 万元,计税基础为 800 万元,公允价值为 1 600 万元,另一项是银行存款,计税基础为 130 万元,两项资产计税基础合计为 930 万元,应将被转让资产的计税基础 930 万元在 A 公司取得的 4 项收购资产中按各自的公允价值进行分配。假设在换入资产计税基础无法确定时,按照换出资产的计税基础之和确认换入资产的计税基础并按照换入资产的公允价值进行分配。

设备的计税基础 = 930 × 560 ÷ 1 730 = 301.04(万元)

建筑物的计税基础 = 930 × 800 ÷ 1 730 = 430.06(万元)

存货的计税基础 = 930 × 220 ÷ 1 730 = 118.27(万元)

应收账款的计税基础 = 930 - 301.04 - 430.06 - 118.27 = 80.63(万元)

⑤受让方 A 公司的会计处理。处置子公司 C 公司的长期股权投资换取 B 公司各项资产,按照非货币性资产交换公允价值计量模式处理,确认当期损益为 800 万元(1 600 - 800)。

⑥转让方 B 公司企业所得税纳税申报填报实务如表 6 - 40、表 6 - 41 所示(单位:万元)。

表 6 - 40　　　　　　企业重组及递延纳税事项纳税调整明细表　　　　　　A105100

行次	项目	一般性税务处理			特殊性税务处理(递延纳税)			纳税调整金额
		账载金额	税收金额	纳税调整金额	账载金额	税收金额	纳税调整金额	
		1	2	3 (2 - 1)	4	5	6 (5 - 4)	7 (3 + 6)
6	三、资产收购				800	0	- 800	- 800

表 6 - 41　　　　　　　　　纳税调整项目明细表　　　　　　　　　A105000

行次	项目	账载金额	税收金额	调增金额	调减金额
		1	2	3	4
36	四、特殊事项调整项目 (36 + 37 + 38 + 39 + 40)	*	*		800
37	(一)企业重组(填写 A105100)	800	0		800

【案例 6 - 15】2018 年 1 月 20 日,甲公司全部净资产评估价 1 000 万元(不含税价)(账面净值和计税基础均为 800 万元),现在拟将其中的一条生产线从公司剥离,投资到全资子公司乙公司,增加乙公司的实收资本,同时取得乙公司 100% 的股权支付。该生产线评估价 600 万元(不含税)(该项固定资产原价 600 万元,累计折旧 100 万元,计税基础和账面价值相同,资产折旧也无税会差异)。那么,该项投资可以适用哪些企业所得税政策,如何进行会计和税务处理,甲公司执行《企业会计准则》?

分析:按照《国家税务总局关于非货币性资产投资企业所得税有关征管问题的公告》(国家税务总局公告 2015 年 33 号,以下简称 33 号公告)第三条规定,符合《财政部、国家税务总局关于非货币性资产投资企业所得税政策问题的通知》 (财税

〔2014〕116 号，以下简称 116 号文）规定的企业非货币性资产投资行为，同时又符合《财政部、国家税务总局关于企业重组业务企业所得税处理若干问题的通知》（财税〔2009〕59 号，以下简称 59 号文）、《财政部、国家税务总局关于促进企业重组有关企业所得税处理问题的通知》（财税〔2014〕109 号）等文件规定的特殊性税务处理条件的，可由企业选择其中一项政策执行，且一经选择，不得改变，该项投资可能适用以下四种企业所得税政策。

（1）适用非货币性资产投资递延纳税政策。

①适用政策：116 号文和 33 号公告。②适用条件：查账征收的居民企业（此处隐含的意思就是核定征收的企业不得适用此政策）；非货币性资产投资限于以非货币性资产出资设立新的居民企业，或将非货币性资产注入现存的居民企业（本例适用注入情况）；本例为投资取得被投资企业股权的情况且符合其他税收优惠条件。③会计和税务处理如下（单位：万元，下同）。

A. 投资方甲公司会计处理：

借：固定资产清理　　　　　　　　　　　　　　　　　　500

　　累计折旧　　　　　　　　　　　　　　　　　　　　100

　　　　贷：固定资产　　　　　　　　　　　　　　　　　　600

借：长期股权投资——乙公司　　　　　　　　　　　　　702

　　　　贷：固定资产清理　　　　　　　　　　　　　　　　600

　　　　　　应交税费——应交增值税（销项税额）　　　　102

借：固定资产清理　　　　　　　　　　　　　　　　　　100

　　　　贷：资产处置损益　　　　　　　　　　　　　　　　100

B. 投资方甲公司税务处理。假设按照 5 年分期确认所得递延纳税，第 1 年确认所得 =（600 - 500）÷ 5 = 20（万元），进行纳税调减 = 100 - 20 = 80（万元）；第 2 ~ 第 5 年每年纳税调增 20 万元。取得的乙公司长期股权投资的计税基础以生产线原来的计税基础为计税基础，加上每年确认的非货币性资产转让所得，即：第一年计税基础 = 500 +（600 - 500）÷ 5 + 102 = 622（万元），第二年计税基础 = 520 +（600 - 500）÷ 5 + 102 = 642（万元），依次类推每年调整长期股权投资的计税基础。企业所得税年度纳税申报填报实务如表 6 - 42、表 6 - 43 所示。

表 6 - 42　　　　企业重组及递延纳税事项纳税调整明细表（2018 年）　　　　A105100

行次	项目	一般性税务处理			特殊性税务处理（递延纳税）			纳税调整金额
		账载金额	税收金额	纳税调整金额	账载金额	税收金额	纳税调整金额	
		1	2	3 (2-1)	4	5	6 (5-4)	7 (3+6)
12	六、非货币性资产对外投资				100	20	-80	-80

表 6 – 43　　　　　　　　　　纳税调整项目明细表（2018 年）　　　　　　　　　A105000

行次	项目	账载金额	税收金额	调增金额	调减金额
		1	2	3	4
36	四、特殊事项调整项目（37 + 38 + … + 42）	*	*		80
37	（一）企业重组（填写 A105100）	100	20		80

C. 被投资方乙公司会计处理：

借：固定资产　　　　　　　　　　　　　　　　　　　　　　　　600

　　应交税费——应交增值税（进项税额）　　　　　　　　　　102

　　贷：实收资本　　　　　　　　　　　　　　　　　　　　　　　　702

D. 被投资方乙公司：按照公允价值 600 万元确认固定资产的计税基础并计算折旧。

（2）适用资产划转递延纳税政策。

①适用政策：《财政部、国家税务总局关于促进企业重组有关企业所得税处理问题的通知》（财税〔2014〕109 号）和《国家税务总局关于资产（股权）划转企业所得税征管问题的公告》（国家税务总局公告 2015 年 40 号）。②适用条件：第一，100%直接控制的居民企业之间，以及受同一或相同多家居民企业 100% 直接控制的居民企业之间；第二，账面净值划转；第三，具有合理商业目的，不以减少、免除或者推迟缴纳税款为主要目的；第四，划转后连续 12 个月内不改变被划转股权或资产原来实质性经营活动；第五，划出方企业和划入方企业均未在会计上确认损益。本例适用 2015 年 40 号公告中的第一种情况且符合其他税收优惠条件。③会计和税务处理如下：

A. 投资方甲公司会计处理：

借：固定资产清理　　　　　　　　　　　　　　　　　　　　　500

　　累计折旧　　　　　　　　　　　　　　　　　　　　　　　100

　　贷：固定资产　　　　　　　　　　　　　　　　　　　　　　　600

借：长期股权投资——乙公司　　　　　　　　　　　　　　　　602

　　贷：固定资产清理　　　　　　　　　　　　　　　　　　　　　500

　　　　应交税费——应交增值税（销项税额）　　　　　　　　　102

B. 投资方甲公司税务处理：a. 划出方企业和划入方企业均不确认所得。b. 划入方企业取得被划转股权或资产的计税基础，以被划转股权或资产的原账面净值确定（是指划入方企业取得被划转股权或资产的计税基础，以被划转股权或资产的原计税基础确定）。c. 划入方企业取得的被划转资产，应按其原账面净值计算折旧扣除（是指划入方企业取得的被划转资产，应按被划转资产的原计税基础计算折旧扣除或摊销）。d. 交易双方应在协商一致的基础上，采取一致处理原则统一进行特殊性税务处理。投资方甲公司不确认所得，无税会差异。

C. 被投资方乙公司会计处理：

借：固定资产　　　　　　　　　　　　　　　　　　　　　　　　　500

　　应交税费——应交增值税（进项税额）　　　　　　　　　　　　102

　　　贷：实收资本　　　　　　　　　　　　　　　　　　　　　　　　　602

D. 被投资方乙公司税务处理：固定资产按照 500 万元作为计税基础并计算折旧，无税会差异。

（3）适用资产收购的特殊性税务处理。①适用政策：《财政部、国家税务总局关于企业重组业务企业所得税处理若干问题的通知》（财税〔2009〕59 号）和《财政部、国家税务总局关于促进企业重组有关企业所得税处理问题的通知》（财税〔2014〕109 号）。②假设该项交易符合税法规定的其他条件，会计和税务处理如下：

A. 投资方甲公司会计处理按非货币性资产投资递延纳税政策的会计处理。

B. 投资方甲公司税务处理。转让企业取得受让企业股权的计税基础，以被转让资产的原有计税基础确定。甲公司按照 500 万元确认长期股权投资的计税基础，不确认 100 万元所得。当年进行纳税调减 100 万元。企业所得税年度纳税申报填报实务如表 6 - 44、表 6 - 45 所示。

表 6 - 44　　　　　　企业重组及递延纳税事项纳税调整明细表（2018 年）　　　　　　A105100

行次	项目	一般性税务处理			特殊性税务处理（递延纳税）			纳税调整金额
		账载金额	税收金额	纳税调整金额	账载金额	税收金额	纳税调整金额	
		1	2	3（2-1）	4	5	6（5-4）	7（3+6）
6	三、资产收购				100	0	-100	-100

表 6 - 45　　　　　　　　　　纳税调整项目明细表（2018 年）　　　　　　　　　　A105000

行次	项目	账载金额	税收金额	调增金额	调减金额
		1	2	3	4
36	四、特殊事项调整项目（37+38+…+42）	*	*		100
37	（一）企业重组（填写 A105100）	100	0		100

C. 被投资方乙公司会计处理按接受非货币性资产投资进行会计处理。

D. 被投资方乙公司税务处理。受让企业取得转让企业资产的计税基础，以被转让资产的原有计税基础确定，即按照 500 万元确认固定资产计税基础并计算折旧。乙公司每年需要在 A105080《资产折旧、摊销及纳税调整明细表》进行资产折旧纳税调增，调整金额为资产原值 600 万元与计税基础 500 万元，按照相应的折旧方法和年限计算的折旧的差额。

（4）适用资产划转的一般性税务处理。①适用政策：《企业所得税法实施条例》第二十五条、《国家税务总局关于企业处置资产所得税处理问题的通知》（国税函

〔2008〕828 号）和《国家税务总局关于企业所得税有关问题的公告》（国家税务总局公告 2016 年第 80 号）。②会计和税务处理如下：

A. 投资方甲公司会计处理按非货币性资产投资递延纳税政策的会计处理。

B. 投资方甲公司税务处理。甲公司按照公允价值 702 万元确认长期股权投资的计税基础，确认视同销售收入 600 万元和视同销售成本 500 万元，视同销售所得 100 万元，与会计处理确认的资产处置损益 100 万元相一致，无税会差异。企业所得税年度纳税申报填报实务如表 6-46、表 6-47 所示。

表 6-46　　　　　　企业重组及递延纳税事项纳税调整明细表（2018 年）　　　　　A105100

行次	项目	一般性税务处理			特殊性税务处理（递延纳税）			纳税调整金额
		账载金额	税收金额	纳税调整金额	账载金额	税收金额	纳税调整金额	
		1	2	3 (2-1)	4	5	6 (5-4)	7 (3+6)
14	八、股权划转、资产划转	100	100	0				

表 6-47　　　　　　　　　　纳税调整项目明细表（2018 年）　　　　　　　　　　A105000

行次	项目	账载金额	税收金额	调增金额	调减金额
		1	2	3	4
36	四、特殊事项调整项目（37+38+…+42）	*	*		
37	（一）企业重组（填写 A105100）	100	100		

C. 被投资方乙公司会计处理按接受非货币性资产投资递进行会计处理。

D. 被投资方乙公司税务处理。甲公司按照公允价值 600 万元确认固定资产的计税基础并计算折旧。

第二节　《政策性搬迁纳税调整明细表》填报实务与案例解析

一、《政策性搬迁纳税调整明细表》格式与填报要点

具体格式如表 6-48 所示。

表 6-48　　　　　　　　　　政策性搬迁纳税调整明细表　　　　　　　　　　A105110

行次	项目	金额
1	一、搬迁收入（2+8）	
2	（一）搬迁补偿收入（3+4+5+6+7）	
3	1. 对被征用资产价值的补偿	

续表

行次	项目	金额
4	2. 因搬迁、安置而给予的补偿	
5	3. 对停产停业形成的损失而给予的补偿	
6	4. 资产搬迁过程中遭到毁损而取得的保险赔款	
7	5. 其他补偿收入	
8	（二）搬迁资产处置收入	
9	二、搬迁支出（10 + 16）	
10	（一）搬迁费用支出（11 + 12 + 13 + 14 + 15）	
11	1. 安置职工实际发生的费用	
12	2. 停工期间支付给职工的工资及福利费	
13	3. 临时存放搬迁资产而发生的费用	
14	4. 各类资产搬迁安装费用	
15	5. 其他与搬迁相关的费用	
16	（二）搬迁资产处置支出	
17	三、搬迁所得或损失（1 - 9）	
18	四、应计入本年应纳税所得额的搬迁所得或损失（19 + 20 + 21）	
19	其中：搬迁所得	
20	搬迁损失一次性扣除	
21	搬迁损失分期扣除	
22	五、计入当期损益的搬迁收益或损失	
23	六、以前年度搬迁损失当期扣除金额	
24	七、纳税调整金额（18 - 22 - 23）	

本表适用于发生政策性搬迁纳税调整项目的纳税人在完成搬迁年度及以后进行损失分期扣除的年度填报。纳税人根据税法、《国家税务总局关于发布〈企业政策性搬迁所得税管理办法〉的公告》（国家税务总局公告 2012 年第 40 号）、《国家税务总局关于企业政策性搬迁所得税有关问题的公告》（国家税务总局公告 2013 年第 11 号）等相关规定，以及国家统一企业会计制度，填报企业政策性搬迁项目的相关会计处理、税法规定及纳税调整情况。

二、《政策性搬迁纳税调整明细表》 具体填报实务与案例解析

【案例 6 - 16】甲公司 2012 年 11 月因市政规划，实施整体搬迁，搬迁中发生如下业务：①收到财政预算直接拨付补偿款 1 200 万元；②采取置换形式取得一块新土地，被置换土地使用权原价 1 000 万元，累计摊销 300 万元，换入土地使用权发生各项费用 100 万元；③处置固定资产 A，原值 1 000 万元，累计折旧 800 万元，处置价款 100 万元；④搬迁中报废固定资产 B，原值 500 万元，累计折旧 450 万元，收到保险赔款 30 万元；⑤以财政拨付款项重置固定资产 C，1 000 万元；⑥搬迁过程中发生安置职工等费用化支出 50 万元；⑦搬迁过程中销售以前年度存货，不含税价 200 万元，成本 150 万元。2016 年底符合搬迁完成条件。会计和税务处

理如下（单位：万元）。

①收到财政预算直接拨付搬迁补偿款：

借：银行存款   1 200

  贷：专项应付款   1 200

税务处理：该搬迁补偿款可暂不计入 2012 年度应纳税所得额，待到搬迁完成年度汇总清算申报。该搬迁补偿款会计核算也未计入当年利润总额，会计和税务处理无差异，不进行纳税调整。

②置换土地使用权，假设不具有商业实质：

借：无形资产——土地使用权（新）   800

  累计摊销   300

  贷：无形资产——土地使用权（旧）   1 000

    银行存款   100

税务处理：《国家税务总局关于企业政策性搬迁所得税有关问题的公告》（国家税务总局公告 2013 年第 11 号）第二条规定，企业政策性搬迁被征用的资产，采取资产置换的，其换入资产的计税成本按被征用资产的净值，加上换入资产所支付的税费（涉及补价，还应加上补价款）计算确定。"无形资产——土地使用权（新）"的计税基础 = 1 000 - 300 + 100 = 800（万元）。

③处置固定资产 A 和资产 B：

借：固定资产清理   250

  累计折旧   1 250

  贷：固定资产——A   1 000

      ——B   500

借：银行存款   130

  贷：固定资产清理   130

借：营业外支出   120

  贷：固定资产清理   120

处置固定资产 A、B 的损失由财政拨付款项补偿，则：

借：专项应付款   120

  贷：递延收益   120

由于损失已经发生，应同时作如下处理：

借：递延收益   120

  贷：营业外收入   120

④购置固定资产C：

借：固定资产	1 000
贷：银行存款等	1 000
借：专项应付款	1 000
贷：递延收益	1 000

投入使用后计提折旧时，应将"递延收益"按折旧进度转入营业外收入。以后年度将营业外收入的金额进行纳税调减。

⑤搬迁固定资产发生支出：

A. 发生安置职工等费用化支出并由财政拨付款项补偿。

借：管理费用	50
贷：银行存款等	50
借：专项应付款	50
贷：递延收益	50

B. 由于损失已经发生，应同时作如下处理：

借：递延收益	50
贷：营业外收入	50

⑥搬迁过程中销售以前年度存货：

借：银行存款等	234
贷：主营业务收入	200
应交税费——应交增值税（销项税额）	34
借：主营业务成本	150
贷：库存商品	150

⑦将专项应付款余额30万元结转资本公积处理：

借：专项应付款	30
贷：资本公积——资本溢价	30

税务处理：

第一，甲公司应计入政策性搬迁收入2 030万元，包括：从政府取得的搬迁补偿款1 200万元；被征用土地非货币性收入700万元；固定资产A处置收入100万元；固定资产B保险赔款30万元。

第二，甲公司的政策性搬迁支出1 000万元，包括：土地置换中被征用土地处置支出700万元；固定资产A处置支出200万元；固定资产B处置支出50万元；搬迁固定资产费用化支出50万元。

第三，甲公司搬迁中，重置固定资产 C 计税成本为 1 000 万元，土地置换中换入土地计税成本 800 万元，均不得从搬迁支出中扣除，而应在以后投入使用后计算折旧或摊销在税前扣除。

第四，甲公司搬迁中，搬迁固定资产费用化支出 50 万元作为搬迁支出，资本化支出 500 万元应计入搬迁资产的计税成本。

第五，2016 年甲公司完成搬迁，企业应在该年度应将搬迁收入 2 030 万元和搬迁支出 1 000 万元分别填入《企业政策性搬迁清算损益表》中的相关行次，计算出搬迁所得 1 030 万元。

第六，由于企业搬迁所得在完成搬迁的年度汇总清算，因此，在搬迁期间及搬迁后会计上计入损益的与政策性搬迁相关的事项，均应作纳税调整。

但企业由于搬迁处置存货而取得的收入，应按正常经营活动取得的收入进行所得税处理，不作为企业搬迁收入，即存货销售所得 50 万元（200 - 150）计入当年应纳税所得额，计算缴纳企业所得税。企业所得税年度纳税申报填报实务如表 6 - 49、表 6 - 50 所示。

表 6 - 49　　政策性搬迁纳税调整明细表（2016 年）　　A105110

行次	项目	金额
1	一、搬迁收入（2 + 8）	2 030
2	（一）搬迁补偿收入（3 + 4 + 5 + 6 + 7）	1 930
3	1. 对被征用资产价值的补偿	1 200
4	2. 因搬迁、安置而给予的补偿	700
5	3. 对停产停业形成的损失而给予的补偿	
6	4. 资产搬迁过程中遭到毁损而取得的保险赔款	30
7	5. 其他补偿收入	
8	（二）搬迁资产处置收入	100
9	二、搬迁支出（10 + 16）	1 000
10	（一）搬迁费用支出（11 + 12 + 13 + 14 + 15）	50
11	1. 安置职工实际发生的费用	50
12	2. 停工期间支付给职工的工资及福利费	
13	3. 临时存放搬迁资产而发生的费用	
14	4. 各类资产搬迁安装费用	
15	5. 其他与搬迁相关的费用	
16	（二）搬迁资产处置支出	950
17	三、搬迁所得或损失（1 - 9）	1 030
18	四、应计入本年应纳税所得额的搬迁所得或损失（19 + 20 + 21）	1 030
19	其中：搬迁所得	1 030
20	搬迁损失一次性扣除	
21	搬迁损失分期扣除	
22	五、计入当期损益的搬迁收益或损失	
23	六、以前年度搬迁损失当期扣除金额	
24	七、纳税调整金额（18 - 22 - 23）	1 030

表6-50　　　　　　　　　　　　纳税调整项目明细表　　　　　　　　　　　　A105000

行次	项目	账载金额	税收金额	调增金额	调减金额
		1	2	3	4
35	四、特殊事项调整项目（36＋37＋38＋39＋40）	*	*	1 030	
37	（二）政策性搬迁（填写A105110）	*	*	1 030	

第三节　《特殊行业准备金及纳税调整明细表》填报实务与案例解析

一、《特殊行业准备金及纳税调整明细表》格式与填报要点

具体格式如表6-51所示。

表6-51　　　　　　　　特殊行业准备金及纳税调整明细表　　　　　　　　A105120

行次	项目			账载金额	税收金额	纳税调整金额
				1	2	3（1－2）
1	一、保险公司（2＋13＋14＋15＋16＋19＋20）					
2	（一）保险保障基金（3＋4＋5＋…＋12）					
3	1. 财产保险业务	非投资型				
4		投资型	保证收益			
5			无保证收益			
6	2. 人寿保险业务	保证收益				
7		无保证收益				
8	3. 健康保险业务	短期				
9		长期				
10	4. 意外伤害保险业务	非投资型				
11		投资型	保证收益			
12			无保证收益			
13	（二）未到期责任准备金					
14	（三）寿险责任准备金					
15	（四）长期健康险责任准备金					
16	（五）未决赔款准备金（17＋18）					
17	1. 已发生已报案未决赔款准备金					
18	2. 已发生未报案未决赔款准备金					
19	（六）大灾风险准备金					
20	（七）其他					
21	二、证券行业（22＋23＋24＋25）					
22	（一）证券交易所风险基金					
23	（二）证券结算风险基金					
24	（三）证券投资者保护基金					

行次	项目	账载金额	税收金额	纳税调整金额
		1	2	3（1－2）
25	（四）其他			
26	三、期货行业（27＋28＋29＋30）			
27	（一）期货交易所风险准备金			
28	（二）期货公司风险准备金			
29	（三）期货投资者保障基金			
30	（四）其他			
31	四、金融企业（32＋33＋34）			
32	（一）涉农和中小企业贷款损失准备金			
33	（二）贷款损失准备金			
34	（三）其他			
35	五、中小企业融资（信用）担保机构（36＋37＋38）			
36	（一）担保赔偿准备			
37	（二）未到期责任准备			
38	（三）其他			
39	六、小额贷款公司（40＋41）			
40	（一）贷款损失准备金			
41	（二）其他			
42	七、其他			
43	合计（1＋21＋26＋31＋35＋39＋42）			

本表适用于发生特殊行业准备金的纳税人填报。纳税人根据税法相关规定以及国家统一企业会计制度，填报特殊行业准备金会计处理、税法规定及纳税调整情况。只要会计上发生准备金，不论是否纳税调整，均需填报。

二、《特殊行业准备金及纳税调整明细表》具体填报实务与案例解析

【案例 6－17】某银行 2019 年首次计提贷款损失储备金，2018 年末准予提取贷款损失准备金的贷款资产余额是 10 亿元，当年依据会计核算口径账面计提准备金 3 000 万元（贷方发生额），2019 年实际发生贷款损失为 700 万元，准备进行纳税申报后税前扣除（单位：万元，下同）。

分析：2019 年度企业所得税汇算清缴时涉及的调整事项如下。

①按照《财政部、税务总局关于金融企业贷款损失准备金企业所得税税前扣除有关政策的公告》（财政部 税务总局公告 2019 年第 86 号）的相关规定，2019 年实际发生呆账损失在会计上冲减贷款损失准备 700 万元（借记），会计处理上不影响损益。会计分录如下：

借：信用减值损失   3 000

    贷：贷款损失准备   3 000

实际发生贷款损失时：

借：贷款损失准备　　　　　　　　　　　　　　　　　　　700

　　　贷：贷款　　　　　　　　　　　　　　　　　　　　　　　　700

2019 年底在考虑了此前冲销呆账的基础上按照会计口径确定贷款损失准备金 3 000 万元（贷方），贷款损失准备的年末会计余额是 2 300 万元。

②金融企业准予当年税前扣除的贷款损失准备金计算公式如下：

$$\text{准予当年税前扣除}\atop\text{的贷款损失准备金}=\text{本年末准予提取贷款损}\atop\text{失准备金的贷款资产余额}\times1\%-\text{截至上年末已在税前扣除}\atop\text{的贷款损失准备金的余额}$$

金融企业按上述公式计算的数额如为负数，应当相应调增当年应纳税所得额。

本例中，准予当年依据税收规定计算的税前扣除的贷款损失准备金 = 1 000 000 × 1% − 0 = 1 000（万元）。

没有考虑实际呆账损失前税收上准备金的保留余额是 1 000 万元，税收上确认的 700 万元都在准备金范围之内，不能重复扣除。由于会计处理上计提准备金确认的会计损失是是 3 000 万元，税收处理上允许扣除的准备金和呆账损失是 1 000 万元，综合考虑的纳税调整是调增 2 000 万元。此时，在税收上 2019 年底损失准备的保留余额 = 1 000 − 700 万元 = 300（万元）。

③企业所得税年度纳税申报填报实务如表 6 − 52 所示。

表 6 − 52　　　　　　　　特殊行业准备金及纳税调整明细表　　　　　A105120

行次	项目	账载金额	税收金额	纳税调整金额
		1	2	3（1 − 2）
31	四、金融企业（32 + 33 + 34）			
32	（一）涉农和中小企业贷款损失准备金			
33	（二）贷款损失准备金	3000	1000	2000
34	（三）其他			

【案例 6 − 18】承〖案例 6 − 17〗某银行 2020 年末准予提取贷款损失准备金的贷款资产余额是 26 亿元，会计计提准备金 8 000 万元，2020 年度依据国家税务总局 2018 年 15 号公告，准备申报扣除的贷款损失为 7 000 万元；会计上核销的呆账损失也是 7 000 万元（备抵法），则该银行 2020 年度企业所得税年度纳税申报时涉及的调整事项会计分录如下（单位：万元）。

①计提贷款损失准备时：

借：贷款损失准备　　　　　　　　　　　　　　　　　　　8 000

　　　贷：贷款　　　　　　　　　　　　　　　　　　　　　　　　8 000

②实际发生贷款损失时：

借：贷款损失准备　　　　　　　　　　　　　　　　　　　7 000

贷：贷款   7 000

③会计计提的准备金 8 000 万元（发生额），贷款损失准备余额 = 2 300 + 8 000 - 7 000 = 3 300（万元）。会计上计入损益的损失是 8 000 万元。准予当年依据税收规定计算的税前扣除的贷款损失准备金 = 260 000 × 1% - 300 = 2 300（万元）。实际发生呆账损失 7 000 万元，必须先冲减已在税前扣除的损失准备余额 2 600 万元（2 300 + 300），实际扣除 4 400 万元（7 000 - 2 600），准备金连同坏账一共扣除 6 700 万元。会计确认损失 8 000 万元，税收确认损失 6 700 万元。综合考虑的纳税调整是调增 1 300 万元。此时，税收上 2019 年底损失准备的保留余额是 0 元。

企业所得税年度纳税申报填报实务如下表 6 - 53 所示。

表 6 - 53   **特殊行业准备金及纳税调整明细表**   A105120

行次	项目	账载金额	税收金额	纳税调整金额
		1	2	3（1 - 2）
31	四、金融企业（32 + 33 + 34）			
32	（一）涉农和中小企业贷款损失准备金			
33	（二）贷款损失准备金	8000	6700	1300
34	（三）其他			

【案例 6 - 19】某金融企业 2017 年正常类贷款余额 11 000 万元、关注类贷款余额 2 750 万元、次级类贷款余额 350 万元、可疑类贷款余额 125 万元、损失类贷款余额 60 万元。如果 2017 年是该金融企业开始营业的第一年，则按照财税〔2015〕9 号文件给出的计算公式和计提比例该企业在 2017 年可计提各类贷款的准备金（年末准备金账户应保留的余额）为：正常类贷款 = 11 000 × 1% = 110（万元）；关注类贷款 = 2 750 × 2% = 55（万元）；次级类贷款 = 350 × 25% = 87.5（万元）；可疑类贷款 = 125 × 50% = 62.5（万元）；损失类贷款 = 60 × 100% = 60（万元）。合计计提各类贷款的准备金（年末准备金账户应保留的余额）= 110 + 55 + 87.5 + 62.5 + 60 = 375（万元）。

【案例 6 - 20】承〖案例 6 - 19〗，假设该金融企业是持续经营多年的老企业，2017 年初准备金账户有余额 265 万元（其中：正常类贷款 100 万元，关注类贷款 45 万元，次级类贷款 50 万元，可疑类贷款 40 万元，损失类贷款 30 万元），当年发生贷款损失 100 万元（其中：正常类贷款损失 25 万元，关注类贷款损失 30 万元，可疑类贷款损失 25 万元，损失类贷款损失 20 万元，次级类贷款未发生损失），则该金融企业 2017 年实际应计算扣除的各类贷款准备金数额为：正常类贷款 = 11 000 × 1% - 100 + 25 = 35（万元）；关注类贷款 = 2 750 × 2% - 45 + 30 = 40（万元）；次级类贷款 = 350 × 25% - 50 = 37.5（万元）；可疑类贷款 = 125 × 50% - 40 + 25 = 47.5（万元）；损失类贷款 = 60 × 100% - 30 + 20 = 50（万元）。即 2017 年度该金融企业应在税前扣除的准备金数额 = 35 + 40 + 37.5 + 47.5 + 50 = 210（万元），而不是按各类贷款余额计算的准备金账户保留数额 375 万元，原因就是年初存有余额 265 万元，当年使用了 100 万元，经调整后得到的结果，相差金额 = 375 – 210 = 165（万元）。

假设该金融企业在当年新增的正常类贷款中有 2 000 万元属于不应当计提准备金的贷款，发生的损失类贷款损失不是 20 万元，而是 40 万元，较年初损失类贷款准备金余额 30 万元多出 10 万元，则在这种情况下，该企业 2017 年度应计提扣除的各类贷款准备金既不是 375 万元也不是 210 万元，而是 200 万元（210 – 2 000 × 1% + 10）。

第四节 《企业所得税弥补亏损明细表》填报实务与案例解析

一、《企业所得税弥补亏损明细表》格式与填报要点

（一）《企业所得税弥补亏损明细表》格式

具体格式如表 6 – 54 所示。

表 6 – 54　　　　　　　　企业所得税弥补亏损明细表　　　　　　　　　A106000

行次	项目	年度	当年境内所得额	分立转出的亏损额	合并、分立转入的亏损额		弥补亏损企业类型	当年亏损额	当年待弥补的亏损额	用本年度所得额弥补的以前年度亏损额		当年可结转以后年度弥补的亏损额
					可弥补年限5年	可弥补年限10年				使用境内所得弥补	使用境外所得弥补	
		1	2	3	4	5	6	7	8	9	10	11
1	前十年度											
2	前九年度											
3	前八年度											
4	前七年度											
5	前六年度											
6	前五年度											
7	前四年度											
8	前三年度											
9	前二年度											
10	前一年度											
11	本年度											
12	可结转以后年度弥补的亏损额合计											

本表适用于发生弥补亏损、亏损结转等事项的纳税人填报。纳税人应当根据税法、《财政部 税务总局关于延长高新技术企业和科技型中小企业亏损结转年限的通知》（财税〔2018〕76 号）、《国家税务总局关于延长高新技术企业和科技型中小企业亏损结转

弥补年限有关企业所得税处理问题的公告》（国家税务总局公告 2018 年第 45 号）等相关规定，填报本表。

（二）《企业所得税弥补亏损明细表》填报要点

纳税人弥补以前年度亏损时，应按照"先到期亏损先弥补、同时到期亏损先发生的先弥补"的原则处理。

1. 第 1 列"年度"：填报公历年度。纳税人应首先填报第 11 行"本年度"对应的公历年度，再依次从第 10 行往第 1 行倒推填报以前年度。纳税人发生政策性搬迁事项，如停止生产经营活动年度可以从法定亏损结转弥补年限中减除，则按可弥补亏损年度进行填报。本年度是指申报所属期年度，如：纳税人在 2019 年 5 月 10 日进行 2018 年度企业所得税年度纳税申时，本年度（申报所属期年度）为 2018 年。

2. 第 2 列"当年境内所得额"：第 11 行填报表 A100000 第 19 ~ 20 行金额。第 1 ~ 10 行填报以前年度主表第 23 行（2013 年及以前纳税年度）、以前年度表 A106000 第 6 行第 2 列（2014 至 2017 纳税年度）、以前年度表 A106000 第 11 行第 2 列的金额（亏损以"－"号填列）。发生查补以前年度应纳税所得额、追补以前年度未能税前扣除的实际资产损失等情况的，按照相应调整后的金额填报。

3. 第 3 列"分立转出的亏损额"：填报本年度企业分立按照企业重组特殊性税务处理规定转出的符合条件的亏损额。分立转出的亏损额按亏损所属年度填报，转出亏损的亏损额以正数表示。

4. 第 4 列"合并、分立转入的亏损额 – 可弥补年限 5 年"：填报企业符合企业重组特殊性税务处理规定，因合并或分立本年度转入的不超过 5 年亏损弥补年限规定的亏损额。合并、分立转入的亏损额按亏损所属年度填报，转入亏损以负数表示。

5. 第 5 列"合并、分立转入的亏损额 – 可弥补年限 10 年"：填报企业符合企业重组特殊性税务处理规定，因合并或分立本年度转入的不超过 10 年亏损弥补年限规定的亏损额。合并、分立转入的亏损额按亏损所属年度填报，转入亏损以负数表示。

6. 第 6 列"弥补亏损企业类型"：纳税人根据不同年度情况从《弥补亏损企业类型代码表》中选择相应的代码填入本项（见表 6 – 55）。不同类型纳税人的亏损结转年限不同，纳税人选择"一般企业"是指亏损结转年限为 5 年的纳税人；"符合条件的高新技术企业""符合条件的科技型中小企业"是指符合《财政部 税务总局关于延长高新技术企业和科技型中小企业亏损结转年限的通知》（财税〔2018〕76 号）、《国家税务总局关于延长高新技术企业和科技型中小企业亏损结转弥补年限有关企业所得税处理问题的公告》（国家税务总局公告 2018 年第 45 号）等文件规定的，亏损结转年限为 10 年的纳税人。

表 6－55　　　　　　　　　　　　弥补亏损企业类型代码表

代码	类型
100	一般企业
200	符合条件的高新技术企业
300	符合条件的科技型中小企业

7. 第 7 列"当年亏损额"：填报纳税人各年度可弥补亏损额的合计金额。

8. 第 8 列"当年待弥补的亏损额"：填报在用本年度（申报所属期年度）所得额弥补亏损前，当年度尚未被弥补的亏损额。

9. 第 9 列"用本年度所得额弥补的以前年度亏损额－使用境内所得弥补"：第 1～10 行，当第 11 行第 2 列本年度（申报所属期年度）的"当年境内所得额"＞0 时，填报各年度被本年度（申报所属期年度）境内所得依次弥补的亏损额。本列第 11 行，填报本列第 1～10 行的合计金额，表 A100000 第 21 行填报本项金额。

10. 第 10 列"用本年度所得额弥补的以前年度亏损额－使用境外所得弥补"：第 1～10 行，当纳税人选择用境外所得弥补境内以前年度亏损的，填报各年度被本年度（申报所属期年度）境外所得依次弥补的亏损额。本列第 11 行，填报本列第 1～10 行的合计金额。

11. 第 11 列"当年可结转以后年度弥补的亏损额"：第 1～11 行，填报各年度尚未弥补完的且准予结转以后年度弥补的亏损额。本列第 12 行，填报本列第 1～11 行的合计金额。

（三）表内关系

1. 当第 2 列＜0 且第 3 列＞0 时，第 3 列＜第 2 列的绝对值；当第 2 列≥0 时，则第 3 列＝0。

2. 第 9 列第 11 行＝第 9 列第 1＋2＋3＋4＋5＋6＋7＋8＋9＋10 行；当第 2 列第 11 行≤0 时，第 9 列第 1 行至第 11 行＝0；当第 2 列第 11 行＞0 时，第 9 列第 11 行≤第 2 列第 11 行。

3. 第 10 列第 11 行＝第 10 列第 1＋2＋3＋4＋5＋6＋7＋8＋9＋10 行。

4. 第 11 列第 12 行＝第 11 列第 1＋2＋3＋4＋5＋6＋7＋8＋9＋10＋11 行。

5. 第 1 行第 11 列＝0；第 2～10 行第 11 列＝第 8 列的绝对值－第 9 列－第 10 列；第 11 行第 11 列＝第 8 列的绝对值。

（四）表间关系

1. 第 11 行第 2 列 = 表 A100000 第 19 - 20 行。

2. 第 11 行第 9 列 = 表 A100000 第 21 行。

3. 第 11 行第 10 列 = 表 A108000 第 10 行第 6 列 - 表 A100000 第 18 行。

二、《企业所得税弥补亏损明细表》填报实务

由于 2014 年版 A106000《企业所得税弥补亏损明细表》中本年度第 2 列第 6 行名称"纳税调整后所得"与 A100000 主表第 19 行名称相同，但是两者填报内容不同、勾稽关系不同、项目计算方式也不同，填报时极易造成混淆，不便于纳税人理解和正确计算本年度可弥补以前年度亏损所得金额，因此，新修订的 2017 年版申报表将 A106000 表本年度第 2 列第 6 行的名称由"纳税调整后所得"修改为"可弥补亏损所得"，与 A100000 主表第 19 行名称区别开来，更能体现本年度可弥补亏损所得的实际含义。

2018 年新修订的申报《企业所得税弥补亏损明细表》（2017 年版）填报要点如下，表 A106000 填报说明规定，第 7 列"当年亏损额"填报纳税人各年度可弥补亏损额的合计金额，其计算公式为：当年境内所得额大于等于 0，则第 7 列"当年亏损额"= 0；当年境内所得额 ≤ 0，则第 7 列"当年亏损额"= 当年境内亏损额 - 分立转出的亏损额 + 合并、分立转入的亏损额。第 8 列"当年待弥补的亏损额"填报在用本年度（申报所属期年度）所得额弥补亏损前，当年度尚未被弥补的亏损额。这列需要按照应按照"先到期亏损先弥补、同时到期亏损先发生的先弥补"的原则计算，该列金额不再反映计算各年的计算过程，而是由纳税人按照上述原则自行计算，将本年度（申报所属期年度）所得额弥补亏损前，当年度尚未被弥补的亏损额直接填入。

第 9 列"用本年度所得额弥补的以前年度亏损额 - 使用境内所得弥补"，第 1 ~ 10 行，当第 11 行第 2 列本年度（申报所属期年度）的"当年境内所得额">0 时，填报各年度被本年度（申报所属期年度）境内所得依次弥补的亏损额。本列第 11 行，填报本列第 1 ~ 10 行的合计金额，表 A100000 第 21 行填报本项金额。

纳税人实际计算该项目时，应先按照主表 A100000 中第 19 和 20 行的计算结果再计算分析确定表 A106000 的第 9 列第 11 行本年度"用本年度所得额弥补的以前年度亏损额"项目金额。

步骤一：A100000 主表第 19 行 = 表 A100000 第 13 - 14 + 15 - 16 - 17 + 18 行。

步骤二：按照主表 A100000 的表间关系填报说明计算出第 20 行"所得减免"的金额。这里主表 A100000 第 20 行需要区分两种情况计算分析填报。

1. 当第 19 行≤0 时，本行填报 0。

2. 当第 19 行＞0 时，仍需区分两种情况计算分析填报。

（1）A107020 表合计行第 11 列≤表 A100000 第 19 行，本行 = 表 A107020 合计行第 11 列；

（2）A107020 表合计行第 11 列＞表 A100000 第 19 行，本行 = 表 A100000 第 19 行。

A107020 表合计行第 11 列 = 第 9 列 + 第 10 列×50%；当（第 9 列 + 第 10 列×50%）＜0 时，第 11 列 = 0。

即当第 19 行＞0 时，填报 A107020 表合计行第 11 列与表 A100000 第 19 行的孰小值，当（第 9 列 + 第 10 列×50%）＜0 时，第 11 列 = 0。

步骤三：表 A106000 的第 9 列第 11 行本年度"用本年度所得额弥补的以前年度亏损额"项目 = A100000 主表第 19 行"纳税调整后所得" – 第 20 行"所得减免"。由于主表 A100000 第 19 行和第 20 行存在不同情况，"可弥补亏损所得"项目金额也区分不同情况计算分析填报。

1. 当主表 A100000 第 19 行≤0 时，主表 A100000 第 20 行填报 0，表 A106000 的第 9 列第 11 行本年度"用本年度所得额弥补的以前年度亏损额"项目 = 主表 A100000 第 19 行 – 0 = 主表 A100000 第 19 行"纳税调整后所得"且为负值。

2. 当主表 A100000 第 19 行＞0 时，A107020 表合计行第 11 列≤表 A100000 第 19 行，主表 A100000 第 20 行填报 A107020 表合计行第 11 列，表 A106000 的第 9 列第 11 行本年度"用本年度所得额弥补的以前年度亏损额"项目 = 主表 A100000 第 19 行"纳税调整后所得" – A107020 表合计行第 11 列。

3. 当主表 A100000 第 19 行＞0 时，A107020 表合计行第 11 列＞表 A100000 第 19 行，主表 A100000 第 20 行填报 A100000 表第 19 行，表 A106000 的第 9 列第 11 行本年度"用本年度所得额弥补的以前年度亏损额"项目 = 主表 A100000 第 19 行"纳税调整后所得" – 表 A100000 第 19 行"纳税调整后所得" = 0。

假设纳税人主表 A100000 第 22 行"抵扣应纳税所得额"为 0，应税项目所得和减免税项目所得分别为 100、40 中的一个，如果不同纳税人应税项目盈亏和减免税项目盈亏有 8 种不同情形的组合，则依据主表和表 A106000 填报说明，主表"纳税调整后所得"、表 A106000 计算第 9 列第 11 行本年度"用本年度所得额弥补的以前年度亏损额"项目的"所得减免"和本年"可弥补亏损所得"填报区分八种情形下的分析计算。

第 1、第 2 种情形：当年纳税调整后所得大于零、减免税项目所得也大于零，应税项目和减免税项目均为盈利。表 A106000 计算的第 9 列第 11 行本年度 "用本年度所得额弥补的以前年度亏损额" 项目的 "所得减免" 就是减免税项目所得。这种情况下，用来弥补以前年度亏损的所得额，即表 A106000 的第 9 列第 11 行本年度 "用本年度所得额弥补的以前年度亏损额" 项目仅是当年应税项目的所得，因为减免税项目所得 40 万元已经在当年享受税收优惠，不能再用来弥补以前年度亏损的所得额。

【**案例 6 - 21**】甲公司 2017 年注册成立，从事蔬菜、谷物、薯类、油料、豆类、棉花、麻类、糖料、水果、坚果的种植，可以享受所得减免税收优惠并已经向主管税务机关备案。2018 年度会计利润总额为 100 万元，其中：应税项目所得 60 万元，减免税项目所得 40 万元，假设无其他纳税调整和税收优惠事项，2017 年度有尚未弥补的亏损为 80 万元。2018 年度相关纳税申报表填报如下（单位：万元）。

A100000 主表第 19 行 "纳税调整后所得" 填写 "100 万元"。主表第 20 行 "所得减免（填写 A107020）" 填写：40 万元。即按照第 20 行填报说明：当第 19 行 ≤ 0 时，本行填报 0。当第 19 行 > 0 时，A107020 表合计行第 11 列 ≤ 表 A100000 第 19 行，本行 = 表 A107020 合计行第 11 列；A107020 表合计行第 11 列 > 表 A100000 第 19 行，本行 = 表 A100000 第 19 行。本例中，第 19 行（100 万元）> 0，A107020 表合计行第 11 列（40 万元）≤ 表 A100000 第 19 行（100 万元），本行 = 表 A107020 合计行第 11 列 = 40（万元）。

A100000 主表第 21 行 "减：弥补以前年度亏损（填写 A106000）" 填写：60 万元，第 23 行 "五、应纳税所得额（19 - 20 - 21 - 22）" 填写：0（万元），即第 19 - 20 - 21 - 22 行 = 100 - 40 - 60 - 0 = 0（万元）。

企业所得税年度纳税申报填写实务如表 6 - 56、表 6 - 57 所示。

表 6 - 56 　　　中华人民共和国企业所得税年度纳税申报表（A 类，2018 年）　　　A100000

行次	类别	项目	金额
13	利润总额计算	三、利润总额（10 + 11 - 12）	100
19	应纳税所得额计算	四、纳税调整后所得（13 - 14 + 15 - 16 - 17 + 18）	100
20		减：所得减免（填写 A107020）	40
21		减：弥补以前年度亏损（填写 A106000）	60
22		减：抵扣应纳税所得额（填写 A107030）	0
23		五、应纳税所得额（19 - 20 - 21 - 22）	0
24	应纳税额计算	税率（25%）	25%
25		六、应纳所得税额（23 × 24）	0
26		减：减免所得税额（填写 A107040）	0
27		减：抵免所得税额（填写 A107050）	0
28		七、应纳税额（25 - 26 - 27）	0

表 6 – 57　　　　　　　　　企业所得税弥补亏损明细表（2018 年度）　　　　　　　　A106000

行次	项目	年度	当年境内所得额	分立转出的亏损额	合并、分立转入的亏损额		弥补亏损企业类型	当年亏损额	当年待弥补的亏损额	用本年度所得额弥补的以前年度亏损额		当年可结转以后年度弥补的亏损额
					可弥补年限5年	可弥补年限10年				使用境内所得弥补	使用境外所得弥补	
			1	2	3	4	5	6	7	8	9	10	11
10	前一年度	2017	– 80					100	– 80	– 80	60		20
11	本年度	2018	60					100	0	0	60		0
12	可结转以后年度弥补的亏损额合计												20

【案例 6 – 22】甲公司基本资料同上。假设 2018 年度会计利润总额为 100 万元，其中：应税项目所得 60 万元，减免税项目所得 40 万元，假设无其他纳税调整和税收优惠事项，2017 年度有尚未弥补的亏损为 30 万元。2018 年度相关纳税申报表填报如下（单位：万元）。

A100000 主表第 19 行"纳税调整后所得"填写"100 万元"。主表第 20 行"所得减免（填写 A107020）"填写"40 万元"。即按照第 20 行填报说明：当第 19 行 ≤ 0 时，本行填报 0。当第 19 行 > 0 时，A107020 表合计行第 11 列 ≤ 表 A100000 第 19 行，本行 = 表 A107020 合计行第 11 列；A107020 表合计行第 11 列 > 表 A100000 第 19 行，本行 = 表 A100000 第 19 行。本例中，第 19 行（100 万元）> 0，A107020 表合计行第 11 列（40 万元）≤ 表 A100000 第 19 行（100 万元），本行 = 表 A107020 合计行第 11 列 = 40（万元）。

主表第 21 行"减：弥补以前年度亏损（填写 A106000）"填写"30 万元"，第 23 行"五、应纳税所得额（19 – 20 – 21 – 22）"填写"30 万元"，即第 19 – 20 – 21 – 22 行 = 100 – 40 – 30 – 0 = 30（万元）。第 24 行税率（25%），第 25 行"六、应纳所得税额"填写 30 × 25% = 7.5（万元）。第 28 行"七、应纳税额（25 – 26 – 27）"填写 7.5 万元。企业所得税年度纳税申报填写实务如表 6 – 58、表 6 – 59 所示。

表 6 – 58　　　　中华人民共和国企业所得税年度纳税申报表（A 类，2018 年）　　　　A100000

行次	类别	项目	金额
13	利润总额计算	三、利润总额（10 + 11 – 12）	100
19	应纳税所得额计算	四、纳税调整后所得（13 – 14 + 15 – 16 – 17 + 18）	100
20		减：所得减免（填写 A107020）	40
21		减：弥补以前年度亏损（填写 A106000）	30
22		减：抵扣应纳税所得额（填写 A107030）	0
23		五、应纳税所得额（19 – 20 – 21 – 22）	30

行次	类别	项目	金额
24		税率（25%）	25%
25		六、应纳所得税额（23×24）	7.5
26	应纳税额计算	减：减免所得税额（填写 A107040）	0
27		减：抵免所得税额（填写 A107050）	0
28		七、应纳税额（25－26－27）	7.5

表 6－59 企业所得税弥补亏损明细表（2018 年度） A106000

行次	项目	年度	当年境内所得额	分立转出的亏损额	合并、分立转入的亏损额		弥补亏损企业类型	当年亏损额	当年待弥补的亏损额	用本年度所得额弥补的以前年度亏损额		当年可结转以后年度弥补的亏损额
					可弥补年限5年	可弥补年限10年				使用境内所得弥补	使用境外所得弥补	
			1	2	3	4	5	6	7	8	9	10	11
10	前一年度	2017	－30					100	－30	－30	30		0
11	本年度	2018	60					100	0	0	30		0
12	可结转以后年度弥补的亏损额合计												0

第 3 种情形：当年纳税调整后所得大于零、减免税项目所得也大于零，应税项目亏损、减免税项目盈利。这种情况下，用来弥补以前年度亏损的所得额为 0，以前年度可弥补亏损继续结转以后年度弥补。

【案例 6－23】甲公司基本资料同上。假设 2018 年度会计利润总额为 100 万元，其中：应税项目所得－60 万元，减免税项目所得 160 万元，假设无其他纳税调整和税收优惠事项，2017 年有尚未弥补的亏损为 30 万元。2018 年度相关纳税申报表填报如下（单位：万元）。

A100000 主表第 19 行"纳税调整后所得"填写"100 万元"。主表第 20 行"所得减免（填写 A107020）"填写"100 万元"。即按照第 20 行填报说明：当第 19 行＞0 时，A107020 表合计行第 11 列≤表 A100000 第 19 行，本行＝表 A107020 合计行第 11 列；A107020 表合计行第 11 列＞表 A100000 第 19 行，本行＝表 A100000 第 19 行。本例中，A107020 表合计行第 11 列（160 万元）＞表 A100000 第 19 行时（100 万元），本行＝表 A100000 第 19 行＝100 万元。

A100000 主表第 21 行"减：弥补以前年度亏损（填写 A106000）"填写"30 万元"，第 23 行"五、应纳税所得额（19－20－21－22）"填写"0 万元"，即第 19－20－21－22 行＝100－100－0－0＝0（万元），即按照填报说明规定，第 23 行"应纳税所得额"：金额等于本表第 19－20－21－22 行计算结果。本行不得为负数。本表第 19 行或者按照上述行次顺序计算结果本行为负数，本行金额填 0。

企业所得税年度纳税申报填写实务如表6－60、表6－61所示。

表6－60　　　　　中华人民共和国企业所得税年度纳税申报表（A类，2017年）　　　　A100000

行次	类别	项目	金额
13	利润总额计算	三、利润总额（10＋11－12）	100
19	应纳税所得额计算	四、纳税调整后所得（13－14＋15－16－17＋18）	100
20		减：所得减免（填写A107020）	100
21		减：弥补以前年度亏损（填写A106000）	0
22		减：抵扣应纳税所得额（填写A107030）	0
23		五、应纳税所得额（19－20－21－22）	0
24	应纳税额计算	税率（25%）	
25		六、应纳所得税额（23×24）	0
26		减：减免所得税额（填写A107040）	
27		减：抵免所得税额（填写A107050）	
28		七、应纳税额（25－26－27）	0

表6－61　　　　　　　　　企业所得税弥补亏损明细表（2018年度）　　　　　　　　　A106000

行次	项目	年度	当年境内所得额	分立转出的亏损额	合并、分立转入的亏损额		弥补亏损企业类型	当年亏损额	当年待弥补的亏损额	用本年度所得额弥补的以前年度亏损额		当年可结转以后年度弥补的亏损额
					可弥补年限5年	可弥补年限10年				使用境内所得弥补	使用境外所得弥补	
			1	2	3	4	5	6	7	8	9	10	11
10	前一年度	2017	－30					100	－30	－30	0		30
11	本年度	2018	0					100	0	0	0		0
12	可结转以后年度弥补的亏损额合计												30

第4种情形：当年纳税调整后所得大于零、减免税项目所得小于零，应税项目所得盈利、减免税项目所得亏损。这种情况下，用来弥补以前年度亏损的所得额为应税项目所得抵减减免税项目亏损后的余额。

【案例6－24】甲公司基本资料同上。假设2018年度会计利润总额为100万元，其中：应税项目所得160万元，减免税项目所得－60万元，假设无其他纳税调整和税收优惠事项，2017年度有尚未弥补的亏损为30万元。2018年度相关纳税申报表填报如下（单位：万元）。

A100000主表第19行"纳税调整后所得"填写"100万元"。主表第20行"所得减免（填写A107020）"填写"0万元"，即按照第20行填报说明：当第19行＞0时，A107020表合计行第11列≤表A100000第19行，本行＝表A107020合计行第11列；A107020表合计行第11列＞表A100000第19行，本行＝表A100000第19行。本例中，A107020表合计行第11列（0万元）≤表A100000第19行时（100万元），本行＝表A107020合计行第11列＝0；A107020表第11列＝第9列＋第10列×50%；当（第9列＋第10列×50%）＜0时，第11列＝0。

A100000 主表第 21 行"减：弥补以前年度亏损（填写 A106000）"填写"30 万元"，第 23 行"五、应纳税所得额（19 − 20 − 21 − 22）"填写"70 万元"，即第 19 − 20 − 21 − 22 行 = 100 − 30 − 0 = 70 万元。第 24 行税率（25%），第 25 行"六、应纳所得税额" = 70 × 25% = 17.5 万元。第 28 行"七、应纳税额（25 − 26 − 27）" = 17.5 万元。企业所得税年度纳税申报填写实务如表 6 − 62、表 6 − 63 所示。

表 6 − 62　　　　　中华人民共和国企业所得税年度纳税申报表（A 类，2018 年）　　　　　A100000

行次	类别	项目	金额
13	利润总额计算	三、利润总额（10 + 11 + 12）	100
19	应纳税所得额计算	四、纳税调整后所得（13 − 14 + 15 − 16 − 17 + 18）	100
20		减：所得减免（填写 A107020）	0
21		减：弥补以前年度亏损（填写 A106000）	30
22		减：抵扣应纳税所得额（填写 A107030）	
23		五、应纳税所得额（19 − 20 − 21 − 22）	70
24	应纳税额计算	税率（25%）	25%
25		六、应纳所得税额（23 × 24）	17.5
26		减：减免所得税额（填写 A107040）	
27		减：抵免所得税额（填写 A107050）	
28		七、应纳税额（25 − 26 − 27）	17.5

表 6 − 63　　　　　　　　企业所得税弥补亏损明细表（2018 年度）　　　　　　　　A106000

行次	项目	年度	当年境内所得额	分立转出的亏损额	合并、分立转入的亏损额 可弥补年限 5 年	可弥补年限 10 年	弥补亏损企业类型	当年亏损额	当年待弥补的亏损额	用本年度所得额弥补的以前年度亏损额 使用境内所得弥补	使用境外所得弥补	当年可结转以后年度弥补的亏损额
			1	2	3	4	5	6	7	8	9	10	11
10	前一年度	2017	− 30				100	− 30	− 30	30		0
11	本年度	2018	100				100	0	0	30		0
12	可结转以后年度弥补的亏损额合计											0

第 5、第 6 种情形：当年纳税调整后所得小于零、减免税项目所得也小于零，应税项目和减免税项目均为亏损。这种情况下，结转以后年度的亏损额是应税项目亏损与免税项目亏损的合计数。

【案例 6 − 25】甲公司基本资料同上。假设 2018 年度会计利润总额为 − 40 万元，其中：应税项目所得 − 10 万元，减免税项目所得 − 30 万元，假设无其他纳税调整和税收优惠事项，2017 年度有尚未弥补的亏损为 30 万元。2018 年度相关纳税申报表填报如下（单位：万元）。

A100000 主表第 19 行"纳税调整后所得"填写"− 40 万元"。

主表第 20 行"所得减免（填写 A107020）"填写"0 万元"，即按照第 20 行填报说明：当第 19 行≤0 时，本行填报 0。

A100000 主表第 21 行"减：弥补以前年度亏损（填写 A106000）"填写"0 万元"，第 23 行"五、应纳税所得额（19 - 20 - 21 - 22）"填写"0 万元"，即第 19 - 20 - 21 - 22 行 = - 40 - 0 - 0 = - 40 万元，但按照填报说明规定，第 23 行"应纳税所得额"：金额等于本表第 19 - 20 - 21 - 22 行计算结果。本行不得为负数。本表第 19 行或者按照上述行次顺序计算结果本行为负数，本行金额填 0。

企业所得税年度纳税申报填写实务如表 6 - 64、表 6 - 65 所示。

表 6 - 64　　　中华人民共和国企业所得税年度纳税申报表（A 类，2018 年）　　　A100000

行次	类别	项目	金额
13	利润总额计算	三、利润总额（10 + 11 - 12）	- 40
19	应纳税所得额计算	四、纳税调整后所得（13 - 14 + 15 - 16 - 17 + 18）	- 40
20		减：所得减免（填写 A107020）	0
21	应纳税所得额计算	减：弥补以前年度亏损（填写 A106000）	0
22		减：抵扣应纳税所得额（填写 A107030）	0
23		五、应纳税所得额（19 - 20 - 21 - 22）	0

表 6 - 65　　　　　　　　企业所得税弥补亏损明细表（2018 年度）　　　　　　　　A106000

行次	项目	年度	当年境内所得额	分立转出的亏损额	合并、分立转入的亏损额 可弥补年限 5 年	可弥补年限 10 年	弥补亏损企业类型	当年亏损额	当年待弥补的亏损额	用本年度所得额弥补的以前年度亏损 使用境内所得弥补	使用境外所得弥补	当年可结转以后年度弥补的亏损额
			1	2	3	4	5	6	7	8	9	10	11
10	前一年度	2017	- 30					100	- 30	- 30	0		30
11	本年度	2018	- 40					100	- 40	- 40	0		40
12	可结转以后年度弥补的亏损额合计												70

【案例 6 - 26】甲公司基本资料同上。假设 2018 年度会计利润总额为 - 40 万元，其中：应税项目所得 - 30 万元，减免税项目所得 - 10 万元，假设无其他纳税调整和税收优惠事项，2017 年度有尚未弥补的亏损为 30 万元。2018 年度相关纳税申报表填报如下（单位：万元）。

A100000 主表第 19 行"纳税调整后所得"填写" - 40 万元"。

主表第 20 行"所得减免（填写 A107020）"填写"0 万元"，即按照第 20 行填报说明：当第 19 行≤0 时，本行填报 0。

A100000 主表第 21 行"减：弥补以前年度亏损（填写 A106000）"填写"0 万元"，第 23 行"五、应纳税所得额（19 - 20 - 21 - 22）"填写"0 万元"，即第 19 - 20 - 21 - 22

行 = -40 - 0 - 0 = -40 万元，但按照填报说明规定，第 23 行"应纳税所得额"：金额等于本表第 19 - 20 - 21 - 22 行计算结果。本行不得为负数。本表第 19 行或者按照上述行次顺序计算结果本行为负数，本行金额填 0。

企业所得税年度纳税申报填写实务如表 6-66、表 6-67 所示。

表 6-66　　　　　中华人民共和国企业所得税年度纳税申报表（A 类，2018 年）　　　A100000

行次	类别	项目	金额
13	利润总额计算	三、利润总额（10 + 11 - 12）	-40
19		四、纳税调整后所得（13 - 14 + 15 - 16 - 17 + 18）	-40
20	应纳税所得额计算	减：所得减免（填写 A107020）	0
21		减：弥补以前年度亏损（填写 A106000）	0
22		减：抵扣应纳税所得额（填写 A107030）	0
23		五、应纳税所得额（19 - 20 - 21 - 22）	0

表 6-67　　　　　　　　企业所得税弥补亏损明细表（2018 年度）　　　　　　　A106000

行次	项目	年度	当年境内所得额	分立转出的亏损额	合并、分立转入的亏损额		弥补亏损企业类型	当年亏损额	当年待弥补的亏损额	用本年度所得额弥补的以前年度亏损额		当年可结转以后年度弥补的亏损额
					可弥补年限5年	可弥补年限10年				使用境内所得弥补	使用境外所得弥补	
			1	2	3	4	5	6	7	8	9	10	11
10	前一年度	2017	-30				100	-30	-30	0		30
11	本年度	2018	-40				100	-40	-40	0		40
12	可结转以后年度弥补的亏损额合计											70

第 7 种情形：当年纳税调整后所得小于零、减免税项目所得也小于零，应税项目所得盈利、减免税项目所得亏损。这种情况下，结转以后年度的亏损额是当年应税项目所得抵减减免税项目亏损后的余额。

【案例 6-27】甲公司基本资料同上。假设 2018 年度会计利润总额为 -40 万元，其中：应税项目所得 10 万元，减免税项目所得 -50 万元，假设无其他纳税调整和税收优惠事项，2017 年度有尚未弥补的亏损为 30 万元。2018 年度相关纳税申报表填报如下（单位：万元）。

A100000 主表第 19 行"纳税调整后所得"填写"-40 万元"。第 20 行"所得减免（填写 A107020）"填写"0 万元"，即按照第 20 行填报说明：当第 19 行≤0 时，本行填报 0。A100000 主表第 21 行"减：弥补以前年度亏损（填写 A106000）"填写"0 万元"，第 23 行"五、应纳税所得额（19 - 20 - 21 - 22）"填写"0 万元"，即第 19 - 20 - 21 - 22 行 = -40 - 0 - 0 = -40（万元），但按照填报说明规定，第 23 行"应纳税所得额"：金额等于本表第 19 – 20 – 21 – 22 行计算结果。本行不得为负数。本表第 19 行或者按照上述行次顺序计算结果本行为负数，本行金额填 0。

企业所得税年度纳税申报填写实务如表 6 – 68、表 6 – 69 所示。

表 6 – 68　　　　中华人民共和国企业所得税年度纳税申报表（A 类，2018 年）　　　　A100000

行次	类别	项目	金额
13	利润总额计算	三、利润总额（10 + 11 – 12）	– 40
19	应纳税所得额计算	四、纳税调整后所得（13 – 14 + 15 – 16 – 17 + 18）	– 40
20		减：所得减免（填写 A107020）	0
21		减：弥补以前年度亏损（填写 A106000）	0
22		减：抵扣应纳税所得额（填写 A107030）	0
23		五、应纳税所得额（19 – 20 – 21 – 22）	0

表 6 – 69　　　　　　　　　企业所得税弥补亏损明细表（2018 年度）　　　　　　　　A106000

行次	项目	年度	当年境内所得额	分立转出的亏损额	合并、分立转入的亏损额		弥补亏损企业类型	当年亏损额	当年待弥补的亏损额	用本年度所得额弥补的以前年度亏损额		当年可结转以后年度弥补的亏损额
					可弥补年限5年	可弥补年限10年				使用境内所得弥补	使用境外所得弥补	
			1	2	3	4	5	6	7	8	9	10	11
10	前一年度	2017	– 30					100	– 30	– 30	0		30
11	本年度	2018	– 40					100	– 40	– 40	0		40
12	可结转以后年度弥补的亏损额合计												70

第 8 种情形：当年纳税调整后所得小于零、减免税项目所得大于零，应税项目所得亏损、减免税项目所得盈利。这种情况下，结转以后年度的亏损额是当年减免税项目所得抵减应税项目亏损后的余额。

【案例 6 – 28】甲公司基本资料同上。假设 2018 年度会计利润总额为 – 40 万元，其中：应税项目所得 – 50 万元，减免税项目所得 10 万元，假设无其他纳税调整和税收优惠事项，2017 年度尚未弥补的亏损为 30 万元。2018 年度相关纳税申报表填报如下（单位：万元）。

A100000 主表第 19 行"纳税调整后所得"填写" – 40 万元"。主表第 20 行"所得减免（填写 A107020）"填写"0 万元"，即按照第 20 行填报说明：当第 19 行≤0 时，本行填报 0。A106000 主表第 21 行"减：弥补以前年度亏损（填写 A106000）"填写"0 万元"，第 23 行"五、应纳税所得额（19 – 20 – 21 – 22）"填写"0 万元"，即第 19 – 20 – 21 – 22 行 ＝ – 40 – 0 – 0 ＝ – 40 万元，但按照填报说明规定，第 23 行"应纳税所得额"：金额等于本表第 19 – 20 – 21 – 22 行计算结果。本行不得为负数。本表第 19 行或者按照上述行次顺序计算结果本行为负数，本行金额填 0。

企业所得税年度纳税申报填写实务如表 6 - 70、表 6 - 71 所示。

表 6 - 70　　　　中华人民共和国企业所得税年度纳税申报表（A 类，2018 年）　　A100000

行次	类别	项目	金额
13	利润总额计算	三、利润总额（10 + 11 - 12）	-40
19		四、纳税调整后所得（13 - 14 + 15 - 16 - 17 + 18）	-40
20		减：所得减免（填写 A107020）	0
21	应纳税所得额计算	减：弥补以前年度亏损（填写 A106000）	0
22		减：抵扣应纳税所得额（填写 A107030）	0
23		五、应纳税所得额（19 - 20 - 21 - 22）	0

表 6 - 71　　　　　　　企业所得税弥补亏损明细表（2018 年度）　　　　　　A106000

行次	项目	年度	当年境内所得额	分立转出的亏损额	合并、分立转入的亏损额		弥补亏损企业类型	当年亏损额	当年待弥补的亏损	用本年度所得额弥补的以前年度亏损额		当年可结转以后年度弥补的亏损额
					可弥补年限5年	可弥补年限10年				使用境内所得弥补	使用境外所得弥补	
			1	2	3	4	5	6	7	8	9	10	11
10	前一年度	2017	-30					100	-30	-30	0		30
11	本年度	2018	-40					100	-40	-40	0		40
12	可结转以后年度弥补的亏损额合计												70

【案例 6 - 29】A 企业 2013 年度至 2018 年度经营情况如下：2013 年度亏损 500 万元、2014 年度亏损 100 万元、2015 年度盈利 200 万元、2016 年度亏损 100 万元、2017 年度盈利 100 万元、2018 年度盈利 400 万元。其中 2014 年度被税务机关查补调增应纳税所得额 50 万元，2016 年度从被合并企业转入亏损 80 万元（已经税务机关确认，剩余弥补期 3 年）。假设该企业没有减免税项目所得和抵扣应纳税所得额，不具备高新技术企业或科技型中小企业资格，上述盈利或亏损均按照税法口径已经调整为纳税调整后所得或亏损。2018 年度企业所得税年度纳税申报填写实务如表 6 - 72 所示（单位：万元）。

表 6 - 72　　　　　　　　　　企业所得税弥补亏损明细表　　　　　　　　　　A106000

行次	项目	年度	当年境内所得额	分立转出的亏损额	合并、分立转入的亏损额		弥补亏损企业类型	当年亏损额	当年待弥补的亏损	用本年度所得额弥补的以前年度亏损额		当年可结转以后年度弥补的亏损额
					可弥补年限5年	可弥补年限10年				使用境内所得弥补	使用境外所得弥补	
			1	2	3	4	5	6	7	8	9	10	11
1	前十年度	2008											
2	前九年度	2009											

续表

行次	项目	年度	当年境内所得额	分立转出的亏损额	合并、分立转入的亏损额 可弥补年限5年	可弥补年限10年	弥补亏损企业类型	当年亏损额	当年待弥补的亏损额	用本年度所得额弥补的以前年度亏损额 使用境内所得弥补	使用境外所得弥补	当年可结转以后年度弥补的亏损额
			1	2	3	4	5	6	7	8	9	10	11
3	前八年度	2010											
4	前七年度	2011											
5	前六年度	2012											
6	前五年度	2013	−500				100	−500	−200	200		0
7	前四年度	2014	−50				100	−50	−50	50		0
8	前三年度	2015	200				100	0	0	0		0
9	前二年度	2016	−100		−80		100	−180	−180	150		30
10	前一年度	2017	100				100	0	0	0		0
11	本年度	2018	400				100	0	0	400		0
12	可结转以后年度弥补的亏损额合计											30

【案例6-30】A高新技术企业成立于2012年1月18日，2012~2028年度按照税法规定计算的盈利或亏损情况如表6-73所示，假设A企业2015年3月10日取得高新技术企业证书，该证书上注明的资格有效期时间是2015年3月10日~2018年3月10日。

表6-73　　　　　　　　　　　　盈亏情况　　　　　　　　　　　单位：万元

年度	2012	2013	2014	2015	2016	2017	2018	2019	2020	2021	2022	2023	2024	2025	2026	2027	2028
当年盈利或亏损额	100	−500	100	−700	180	−200	50	−600	30	100	−800	1500	200	−30	80	200	100

解析：按照《财政部　税务总局关于延长高新技术企业和科技型中小企业亏损结转年限的通知》（财税〔2018〕76号）和《国家税务总局关于延长高新技术企业和科技型中小企业亏损结转弥补年限有关企业所得税处理问题的公告》（国家税务总局公告2018年第45号）文件相关规定，自2018年1月1日起，当年具备高新技术企业或科技型中小企业资格（以下统称资格）的企业，其具备资格年度之前5个年度发生的尚未弥补完的亏损，准予结转以后年度弥补，最长结转年限由5年延长至10年。其具备资格年度之前5个年度发生的尚未弥补完的亏损，是指当年具备资格的企业，其前5个年度无论是否具备资格，所发生的尚未弥补完的亏损。2018年具备资格的企业，无论2013~2017年是否具备资格，其2013~2017年发生的尚未弥补完的亏损，均准予结转以后年度弥补，最长结转年限为10年。2018年以后年度具备资格的企业，以此类推，进行亏损结转弥补税务处理。高新技术企业按照其取得的高新技术企业证书注明的有效期所属年度，确定其具备资格的年度。

本例中，A 企业 2015 年 3 月 10 日取得高新技术企业证书，2018 年属于证书注明的有效期所属年度，2018 年之前的 5 个年度（2013～2017 年）无论是否具备资格，所发生的尚未弥补完的亏损均可按照 10 年计算弥补亏损年限。

2018 年度企业所得税年度纳税申报填写实务如表 6-74 所示（单位：万元）。

表 6-74　　　　　　企业所得税弥补亏损明细表（2018 年度）　　　　　　A106000

行次	项目	年度	当年境内所得额	分立转出的亏损额	合并、分立转入的亏损额 可弥补年限5年	可弥补年限10年	弥补亏损企业类型	当年亏损额	当年待弥补的亏损额	用本年度所得额弥补的以前年度亏损额 使用境内所得弥补	使用境外所得弥补	当年可结转以后年度弥补的亏损额
			1	2	3	4	5	6	7	8	9	10
1	前十年度	2008										
2	前九年度	2009										
3	前八年度	2010										
4	前七年度	2011										
5	前六年度	2012	100				100	0	0	0		0
6	前五年度	2013	−500				100	−500	−220	50		170
7	前四年度	2014	100				100	0	0	0		0
8	前三年度	2015	−700				200	−700	−700	0		700
9	前二年度	2016	180				200	0	0	0		0
10	前一年度	2017	−200				200	−200	−200	0		200
11	本年度	2018	50				200	0	0	50		0
12	可结转以后年度弥补的亏损额合计											1 070

【案例 6-31】承〖案例 6-30〗，至 2018 年 12 月 31 日该企业因各种原因未能继续取得高新技术企业资格，其他相关资料同上。但 A 企业 2013～2017 年亏损的结转年限不受 2018 年未取得高新资格证书影响，最长仍可以结转到 2023 年。2019 年度亏损 600 万元只能结转以后 5 年弥补，2019 年度企业所得税年度纳税申报填写实务如表 6-75 所示（单位：万元）。

表 6-75　　　　　　企业所得税弥补亏损明细表（2019 年度）　　　　　　A106000

行次	项目	年度	当年境内所得额	分立转出的亏损额	合并、分立转入的亏损额 可弥补年限5年	可弥补年限10年	弥补亏损企业类型	当年亏损额	当年待弥补的亏损额	用本年度所得额弥补的以前年度亏损额 使用境内所得弥补	使用境外所得弥补	当年可结转以后年度弥补的亏损额
			1	2	3	4	5	6	7	8	9	10
1	前十年度	2009					100					
2	前九年度	2010					100					
3	前八年度	2011					100					
4	前七年度	2012	100				100	0	0	0		0
5	前六年度	2013	−500				100	−500	−170	0		170
6	前五年度	2014	100				100	0	0	0		0

续表

行次	项目	年度	当年境内所得额	分立转出的亏损额	合并、分立转入的亏损额		弥补亏损企业类型	当年亏损额	当年待弥补的亏损额	用本年度所得额弥补的以前年度亏损额		当年可结转以后年度弥补的亏损额
					可弥补年限5年	可弥补年限10年				使用境内所得弥补	使用境外所得弥补	
		1	2	3	4	5	6	7	8	9	10	11
7	前四年度	2015	−700				200	−700	−700	0		700
8	前三年度	2016	180				200	0	0	0		0
9	前二年度	2017	−200				200	−200	−200	0		200
10	前一年度	2018	50				200	0	0	0		0
11	本年度	2019	−600				100	−600	−600	0		600
12	可结转以后年度弥补的亏损额合计											1 670

【案例 6–32】 承〖案例 6–31〗，2022 年 A 企业经过努力符合资格条件，于 2022 年 8 月 10 日又重新取得高新技术企业资格，其他相关资料同上，这时取得资格前五年（2017 年～2021 年）的亏损弥补期限由 5 年可以延长至 10 年，即 2017 年亏损可以最迟于 2027 年弥补，2019 年亏损可以最迟于 2029 年弥补。2022 年度企业所得税年度纳税申报填写实务如表 6–76 所示（单位：万元）。

表 6–76　　　　　　　　企业所得税弥补亏损明细表（2022 年度）　　　　　　A106000

行次	项目	年度	当年境内所得额	分立转出的亏损额	合并、分立转入的亏损额		弥补亏损企业类型	当年亏损额	当年待弥补的亏损额	用本年度所得额弥补的以前年度亏损额		当年可结转以后年度弥补的亏损额
					可弥补年限5年	可弥补年限10年				使用境内所得弥补	使用境外所得弥补	
		1	2	3	4	5	6	7	8	9	10	11
1	前十年度	2012	100				100	0	0	0		0
2	前九年度	2013	−500				100	−500	−40	0		40
3	前八年度	2014	100				100	0	0	0		0
4	前七年度	2015	−700				200	−700	−700	0		700
5	前六年度	2016	180				200	0	0	0		0
6	前五年度	2017	−200				200	−200	−200	0		200
7	前四年度	2018	50				200	0	0	0		0
8	前三年度	2019	−600				100	−600	−600	0		600
9	前二年度	2020	30				100	0	0	0		0
10	前一年度	2021	100				100	0	0	0		0
11	本年度	2022	−800				200	−800	−800	0		800
12	可结转以后年度弥补的亏损额合计											2 340

【案例 6–33】 承〖案例 6–32〗，2022 年 A 企业经过努力符合资格条件，于 2022 年 8 月 10 日又重新取得高新技术企业资格，其他相关资料同上。2023 年度企业所得税年度纳税申报填写实务如表 6–77 所示（单位：万元）。

表 6 - 77　　　　　　　　　　企业所得税弥补亏损明细表（2023 年度）　　　　　　　　A106000

行次	项目	年度	当年境内所得额	分立转出的亏损额	合并、分立转入的亏损额		弥补亏损企业类型	当年亏损额	当年待弥补的亏损额	用本年度所得额弥补的以前年度亏损额		当年可结转以后年度弥补的亏损额
					可弥补年限5年	可弥补年限10年				使用境内所得弥补	使用境外所得弥补	
			1	2	3	4	5	6	7	8	9	10	11
1	前十年度	2013	-500					100	-500	-40	40		0
2	前九年度	2014	100					100	0	0	0		0
3	前八年度	2015	-700					200	-700	-700	700		0
4	前七年度	2016	180					200	0	0	0		0
5	前六年度	2017	-200					200	-200	-200	200		0
6	前五年度	2018	50					200	0	0	0		0
7	前四年度	2019	-600					100	-600	-600	560		40
8	前三年度	2020	30					100	0	0	0		0
9	前二年度	2021	100					100	0	0	0		0
10	前一年度	2022	-800					200	-800	-800	0		800
11	本年度	2023	1500					200	0	0	1500		0
12	可结转以后年度弥补的亏损额合计												840

【案例 6 - 34】承〖案例 6 - 33〗，2022 年 A 企业经过努力符合资格条件，于 2022 年 8 月 10 日又重新取得高新技术企业资格，其他相关资料同上。2024 年度企业所得税年度纳税申报填写实务如表 6 - 78 所示（单位：万元）。

表 6 - 78　　　　　　　　　　企业所得税弥补亏损明细表（2024 年度）　　　　　　　　A106000

行次	项目	年度	当年境内所得额	分立转出的亏损额	合并、分立转入的亏损额		弥补亏损企业类型	当年亏损额	当年待弥补的亏损额	用本年度所得额弥补的以前年度亏损额		当年可结转以后年度弥补的亏损额
					可弥补年限5年	可弥补年限10年				使用境内所得弥补	使用境外所得弥补	
			1	2	3	4	5	6	7	8	9	10	11
1	前十年度	2014	100					100	0	0	0		0
2	前九年度	2015	-700					200	-700	0	0		0
3	前八年度	2016	180					200	0	0	0		0
4	前七年度	2017	-200					200	-200	0	0		0
5	前六年度	2018	50					200	0	0	0		0
6	前五年度	2019	-600					100	-600	-40	40		0
7	前四年度	2020	30					100	0	0	0		0
8	前三年度	2021	100					100	0	0	0		0
9	前二年度	2022	-800					200	-800	-800	160		640
10	前一年度	2023	1 500					200	0	0	0		0
11	本年度	2024	200					200	0	0	200		0
12	可结转以后年度弥补的亏损额合计												640

【案例 6 - 35】承〖案例 6 - 34〗，2022 年 A 企业经过努力符合资格条件，于 2022

年 8 月 10 日又重新取得高新技术企业资格，之后一直能够持续取得资格，其他相关资料同上。2025 年——2028 年度企业所得税年度纳税申报填写实务如表 6 - 79 ~ 表 6 - 82 所示（单位：万元）。

表 6 - 79 　　　　　　　　　企业所得税弥补亏损明细表（2025 年度）　　　　　　　　A106000

行次	项目	年度	当年境内所得额	分立转出的亏损额	合并、分立转入的亏损额		弥补亏损企业类型	当年亏损额	当年待弥补的亏损额	用本年度所得额弥补的以前年度亏损额		当年可结转以后年度弥补的亏损额
					可弥补年限5年	可弥补年限10年				使用境内所得弥补	使用境外所得弥补	
			1	2	3	4	5	6	7	8	9	10	11
1	前十年度	2015	−700					200	−700	0	0		0
2	前九年度	2016	180					200	0	0	0		0
3	前八年度	2017	−200					200	−200	0	0		0
4	前七年度	2018	50					200	0	0	0		0
5	前六年度	2019	−600					100	−600	0	0		40
6	前五年度	2020	30					100	0	0	0		0
7	前四年度	2021	100					100	0	0	0		0
8	前三年度	2022	−800					200	−800	−640	0		640
9	前二年度	2023	1500					200	0	0	0		0
10	前一年度	2024	200					200	0	0	0		0
11	本年度	2025	−30					200	−30	−30	0		30
12	可结转以后年度弥补的亏损额合计												670

表 6 - 80 　　　　　　　　　企业所得税弥补亏损明细表（2026 年度）　　　　　　　　A106000

行次	项目	年度	当年境内所得额	分立转出的亏损额	合并、分立转入的亏损额		弥补亏损企业类型	当年亏损额	当年待弥补的亏损额	用本年度所得额弥补的以前年度亏损额		当年可结转以后年度弥补的亏损额
					可弥补年限5年	可弥补年限10年				使用境内所得弥补	使用境外所得弥补	
			1	2	3	4	5	6	7	8	9	10	11
1	前十年度	2016	180					200	0	0	0		0
2	前九年度	2017	−200					200	−200	0	0		0
3	前八年度	2018	50					200	0	0	0		0
4	前七年度	2019	−600					100	−600	0	0		0
5	前六年度	2020	30					100	0	0	0		0
6	前五年度	2021	100					100	0	0	0		0
7	前四年度	2022	−800					200	−800	−640	80		560
8	前三年度	2023	1500					200	0	0	0		0
9	前二年度	2024	200					200	0	0	0		0
10	前一年度	2025	−30					200	−30	−30	0		30
11	本年度	2026	80					200	0	0	80		0
12	可结转以后年度弥补的亏损额合计												590

表 6-81　　　　　　　　　企业所得税弥补亏损明细表（2027 年度）　　　　　　　A106000

行次	项目	年度	当年境内所得额	分立转出的亏损额	合并、分立转入的亏损额		弥补亏损企业类型	当年亏损额	当年待弥补的亏损额	用本年度所得额弥补的以前年度亏损额		当年可结转以后年度弥补的亏损额
					可弥补年限5年	可弥补年限10年				使用境内所得弥补	使用境外所得弥补	
			1	2	3	4	5	6	7	8	9	10	11
1	前十年度	2017	-200					200	-200	0	0		0
2	前九年度	2018	50					200	0	0	0		0
3	前八年度	2019	-600					100	-600	0	0		0
4	前七年度	2020	30					100	0	0	0		0
5	前六年度	2021	100					100	0	0	0		0
6	前五年度	2022	-800					200	-800	-560	200		360
7	前四年度	2023	1500					200	0	0	0		0
8	前三年度	2024	200					200	0	0	0		0
9	前二年度	2025	-30					200	-30	-30	0		30
10	前一年度	2026	80					200	0	0	0		0
11	本年度	2027	200					200	0	0	200		0
12	可结转以后年度弥补的亏损额合计												390

表 6-82　　　　　　　　　企业所得税弥补亏损明细表（2028 年度）　　　　　　　A106000

行次	项目	年度	当年境内所得额	分立转出的亏损额	合并、分立转入的亏损额		弥补亏损企业类型	当年亏损额	当年待弥补的亏损额	用本年度所得额弥补的以前年度亏损额		当年可结转以后年度弥补的亏损额
					可弥补年限5年	可弥补年限10年				使用境内所得弥补	使用境外所得弥补	
			1	2	3	4	5	6	7	8	9	10	11
1	前十年度	2018	50					200	0	0	0		0
2	前九年度	2019	-600					100	-600	0	0		0
3	前八年度	2020	30					100	0	0	0		0
4	前七年度	2021	100					100	0	0	0		0
5	前六年度	2022	-800					200	-800	-360	100		260
6	前五年度	2023	1500					200	0	0	0		0
7	前四年度	2024	200					200	0	0	0		0
8	前三年度	2025	-30					200	-30	-30	0		30
9	前二年度	2026	80					200	0	0	0		0
10	前一年度	2027	200					200	0	0	0		0
11	本年度	2028	100					200	0	0	100		0
12	可结转以后年度弥补的亏损额合计												290

【案例6-36】甲公司具备高新技术企业资格，但是2019年度属高新技术资格有效期最后一年，假设以后年度一直再没有通过高新技术资格认定。按照国家税务总局2018年45号公告规定，2019年度具备高新技术资格前五年即2014～2018年的亏损，最长可用以后10个年度所得税前弥补，2019年及以后年度的亏损只能用以后5个年度所得弥补。即：2014年的亏损最迟可结转到2024年，2015年的亏损最迟可结转到2025年，2018年的亏损最迟可结转到2028年。2019年最迟可结转到2024年。

假设该企业2014～2023年连续亏损，其中，2014年亏损100万元，2015年亏损35万元，2016年亏损20万元，2017年亏损10万元，2018年亏损20万元，2019年亏损70万元，2020年亏损40万元，2021年亏损50万元，2022年亏损60万元，2023年亏损15万元，2024年盈利200万元，2024年进行企业所得税年度申报时，如果按照先到期的亏损先弥补的一般规则，按时间顺序依次弥补2014年、2015年、2016年、2017年、2018年、2019年，这种规则使得2019年的亏损已经到期却很有可能永远得不到弥补。

按照"先到期亏损先弥补、同时到期亏损先发生的先弥补"的新规则来处理，首先，先弥补到期的亏损，即2014年和2019年的亏损同时到期先弥补，对于2015年的亏损先等待。其次，2014年和2019年的亏损同时到期，先弥补谁？这时按照先到期亏损先弥补，因此，先弥补先发生的2014年。因此，2024年的所得200万元，先弥补2014年亏损100万元，再弥补2019年的亏损70万元，还有结余30万元再弥补2015年的亏损30万元，对于2015年剩余亏损5万元等到下一年待弥补了。

为进一步做好新型冠状病毒感染的肺炎疫情防控工作，支持相关企业发展，《财政部、税务总局关于支持新型冠状病毒感染的肺炎疫情防控有关税收政策的公告》（财政部 税务总局公告2020年第8号）第四条规定，受疫情影响较大的困难行业企业2020年度发生的亏损，最长结转年限由5年延长至8年。困难行业企业包括交通运输、餐饮、住宿、旅游（指旅行社及相关服务、游览景区管理两类）四大类，具体判断标准按照现行《国民经济行业分类》执行。困难行业企业2020年度主营业务收入须占收入总额（剔除不征税收入和投资收益）的50%以上。

【案例6-37】2020年金桥旅行社由于受到新型冠状病毒感染的肺炎疫情严重影响，收入大幅下滑，全年共取得主营业务收入150万元，按照税法口径计算的收入总额为220万元，其中包括：不征税收入10万元，免税收入2万元，投资收益12万元。2020年按照企业所得税法口径计算的亏损额为135万元。

分析：金桥旅行社 2020 年度主营业务收入占收入总额的比例 = 150 ÷ (220 - 10 - 12) × 100% = 75.76%，大于 50%，属于财政部、税务总局 2020 年第 8 号公告规定的困难行业企业，该企业 2020 年度发生的亏损额 135 万元，最长结转年限由 5 年延长至 8 年，即 2020 年度发生的亏损 135 万元结转期限为 2021~2028 年。

第五节　合伙企业法人合伙方应分得的应纳税所得额和特别纳税调整应税所得填报实务与案例解析

一、合伙企业法人合伙方应分得的应纳税所得额填报实务与案例解析

1. 填报指南。A105000《纳税调整项目明细表》第 41 行"合伙企业法人合伙方分得的应纳税所得额"项目是 2017 年版新增加的纳税调整项目。该项目第 1 列"账载金额"填报合伙企业法人合伙方本年会计核算上确认的对合伙企业的投资所得；第 2 列"税收金额"填报纳税人按照"先分后税"原则和《财政部 国家税务总局关于合伙企业合伙人所得税问题的通知》（财税〔2008〕159 号）文件第四条规定计算的从合伙企业分得的法人合伙方应纳税所得额；若第 1 列 ≤ 第 2 列，将第 2 - 1 列余额填入第 3 列"调增金额"，若第 1 列 > 第 2 列，将第 2 - 1 列余额的绝对值填入第 4 列"调减金额"。

2. 填报要点。合伙企业缴纳所得税与法人有限公司最大的不同是，合伙企业是"先分后税"，而法人有限公司是"先税后分"。法规所讲的"先分后税"原则的"先分"并非指分配利润，而是指对于合伙企业，应先按合伙人各自分配比例分别确定应纳税所得额后再按各自适用税率计算缴纳个人所得税。因此，合伙企业的利润无论是否实际分配，均需在年末按各自分配比例分别确定各合伙人的应纳税所得额，再按各自适用税率计算缴纳个人所得税。在现实中，合伙企业合伙人有个人、法人企业、合伙企业等，下面用案例来说明，合伙企业是如何缴纳所得税的。

【案例 6 - 38】ABC 有限合伙企业（注册地甘肃兰州）是由普通合伙个人 A、合伙企业 B（合伙人：普通合伙 B1 投资比例 40%，法人企业有限公司 B2 投资比例 60%）、法人企业 C 有限公司共同投资设立的。投资比例分别为：个人 A 投资 20%，合伙企业 B 投资 30%，法人企业 C 有限公司投资 50%，合伙协议约定为投资比例分配利润。2018 年度，按照相关法规汇算清缴时，ABC 合伙企业应纳税所得额为 200 万元，对外

投资股息红利所得为 40 万元。2018 年所得税纳税情况如下。

分析：（1）政策依据。《财政部 国家税务总局关于合伙企业合伙人所得税问题的通知》（以下简称财税〔2008〕159 号）第三条规定，合伙企业生产经营所得和其他所得采取"先分后税"的原则。具体应纳税所得额的计算按照《财政部 国家税务总局关于个人独资企业和合伙企业投资者征收个人所得税的规定》（财税〔2000〕91 号）及《财政部 国家税务总局关于调整个体工商户个人独资企业和合伙企业个人所得税税前扣除标准有关问题的通知》（财税〔2008〕65 号）的有关规定执行。财税〔2008〕159 号第四条规定："合伙企业的合伙人按照下列原则确定应纳税所得额：（一）合伙企业的合伙人以合伙企业的生产经营所得和其他所得，按照合伙协议约定的分配比例确定应纳税所得额。（二）合伙协议未约定或者约定不明确的，以全部生产经营所得和其他所得，按照合伙人协商决定的分配比例确定应纳税所得额。（三）协商不成的，以全部生产经营所得和其他所得，按照合伙人实缴出资比例确定纳税所得额。（四）无法确定出资比例的，以全部生产经营所得和其他所得，按照合伙人数量平均计算每个合伙人的应纳税所得额。合伙协议不得约定将全部利润分配给部分合伙人。"

2018 年生产经营所得和其他所得纳税情况。

①普通合伙个人 A：应分得利润 = 200 × 0.2 = 40（万元）；个人独资企业、合伙企业需按照个人所得税法的个体工商户的生产、经营所得缴纳个人所得税，应缴纳个人所得税 =（400 000 – 24 000）× 0.35 – 14 750 = 116 850（元），上述公式中的 24 000 元是投资人工资扣除额。

②合伙企业 B（合伙人：B1 投资比例 40%、B2 投资比例 60%）：B1 个人应分得利润 = 200 × 0.3 × 0.4 = 24（万元），个应缴纳人所得税 =（240 000 – 24 000）× 0.35 – 14 750 = 60 850（元）。B2 有限公司分得利润 = 200 × 0.3 × 0.6 = 36（万元），应纳入 2018 年度 B2 公司的应纳税所得额，按企业所得税法缴纳企业所得税。但是，该企业由于没有实际收到分配利润，所以会计核算时没有确认投资收益。

③法人企业 C 有限公司应分得利润 = 200 × 0.5 = 100（万元），应并入 C 有限公司 2018 年应纳税所得额缴纳企业所得税。但是，该企业由于没有实际收到分配利润，所以，会计核算时没有确认投资收益。这里要注意，一般来说，法人有限公司投资合伙企业所分得的利润，需在合伙企业注册地纳税，所以上例中，法人企业 C 有限公司分得的利润 100 万元，需要由 ABC 合伙企业代扣代缴企业所得税 = 100 × 0.25 = 25（万元），然后法人企业 C 有限公司在 2018 年所得税汇算清缴时，应纳税额需加上 100 万元，同时在已缴税款加上 25 万元。

（2）对 2018 年 ABC 合伙企业对外投资股息红利所得 40 万元纳税情况。

①个人 A：分得利润 =40×0.2=8（万元），应缴纳个人所得税 =8×0.2=1.6（万元）；

②合伙企业 B（合伙人：B1 投资比例 40%、B2 投资比例 60%）：B1 应分得股息红利 =40×0.3×0.4=4.8（万元），个人所得税 =4.8×0.2=0.96（万元）。B2 应分得利润 =40×0.3×0.6=7.2（万元），企业所得税 =7.2×0.25=1.8（万元）；

③《国家税务总局关于〈关于个人独资企业和合伙企业投资者征收个人所得税的规定〉执行口径的通知》（国税函〔2001〕84 号）文件规定："合伙企业对外投资分回的利息或者股息、红利，不并入企业的收入，而应单独作为投资者个人取得的利息、股息、红利所得，按'利息、股息、红利所得'应税项目计算缴纳个人所得税。"根据《企业所得税法》第二十六条及其《实施条例》第十七条、第八十三条的规定，居民企业直接投资于其他居民企业取得的投资收益，除连续持有居民企业公开发行并上市流通的股票不足 12 个月取得的投资收益外，免征企业所得税优惠。由于投资人通过有限合伙企业间接投资于其他公司，不属于税法规定的直接投资，故不能享受免税优惠政策。因此，当合伙人为法人的，其股息红利所得，应并入法人当年应纳税所得额，征收企业所得税。因此，法人企业 C 应分得利润 =40×0.5=20（万元），企业所得税 =20×0.25=5（万元），然后法人企业 C 有限公司在 2018 年所得税清算时，应纳税额需加上 20 万元，同时在已缴税款加上 5 万元。

（3）B2 公司和 C 公司 2018 年度企业所得税年度纳税申报填报实务如表 6－83、表 6－84 所示（单位：万元）。

表 6－83　　　　　　　　纳税调整项目明细表（B2 公司） A105000

行次	项目	账载金额	税收金额	调增金额	调减金额
		1	2	3	4
36	四、特殊事项调整项目（37＋38＋…＋42）	*	*		
41	（五）合伙企业法人合伙方分得的应纳税所得额		43.2	43.2	

表 6－84　　　　　　　　纳税调整项目明细表（C 公司） A105000

行次	项目	账载金额	税收金额	调增金额	调减金额
		1	2	3	4
36	四、特殊事项调整项目（37＋38＋…＋42）	*	*		
41	（五）合伙企业法人合伙方分得的应纳税所得额		120	120	

二、特别纳税调整应税所得填报实务与案例解析

A105000《纳税调整项目明细表》第 43 行"五、特别纳税调整应税所得"项目第 3 列"调增金额"填报纳税人按特别纳税调整规定自行调增的当年应税所得。第 4 列"调减金额"填报纳税人依据双边预约定价安排或者转让定价相应调整磋商结果的通知，需要调减的当年应税所得。

【案例 6 - 39】山推股份：参股公司被主管税务机关特别纳税调整、补缴企业所得税 1.15 亿元并加收利息。山推股份（000680.SZ）曾于 2016 年 10 月 29 日发布公告，《山推股份：关于参股公司小松山推相关事项的公告》详细披露如下：山推工程机械股份有限公司（以下简称公司）于 2016 年 9 月 19 日收到了持股 30% 的参股公司小松山推工程机械有限公司（以下简称小松山推）转发的由济宁高新技术产业开发区国家税务局下发的《济宁高新技术产业开发区国家税务局特别纳税调查调整通知书》（济高国税调〔2016〕1 号），主要内容如下：小松山推 2009～2012 年纳税年度违反《中华人民共和国企业所得税法》及其实施条例和《中华人民共和国税收征收管理法》及其实施细则关于特别纳税调整的有关规定，决定调增小松山推应纳税所得额 460 821 031.40 元，应补企业所得税 115 205 257.85 元，并按有关规定加收利息。加收利息也不得在税前扣除，填入 A105000《纳税调整项目明细表》第 20 行"（八）税收滞纳金、加收利息"第 3 列。上述特别纳税调整将影响小松山推当期损益，从而减少公司来自小松山推的投资收益。企业所得税年度纳税申报填报实务如表 6 - 85 所示（单位：元）。

表 6 - 85　　　　　　　　纳税调整项目明细表（小松山推公司）　　　　　　　A105000

行次	项目	账载金额	税收金额	调增金额	调减金额
		1	2	3	4
44	五、特别纳税调整应税所得	*	*	460 821 031.4	

第六节　发行永续债利息支出填报实务与案例解析

永续债是指经国家发展改革委员会、中国人民银行、中国银行保险监督管理委员会、中国证券监督管理委员会核准，或经中国银行间市场交易商协会注册、中国证券监督管理委员会授权的证券自律组织备案，依照法定程序发行、附赎回（续期）选择

权或无明确到期日的债券，包括可续期企业债、可续期公司债、永续债务融资工具（含永续票据）、无固定期限资本债券等。

一、永续债企业所得税处理

《财政部、税务总局关于永续债企业所得税政策问题的公告》（财政部 税务总局公告 2019 年第 64 号）规定：

1. 企业发行的永续债，可以适用股息、红利企业所得税政策，即：投资方取得的永续债利息收入属于股息、红利性质，按照现行企业所得税政策相关规定进行处理，其中，发行方和投资方均为居民企业的，永续债利息收入可以适用企业所得税法规定的居民企业之间的股息、红利等权益性投资收益免征企业所得税规定；同时发行方支付的永续债利息支出不得在企业所得税税前扣除。

2. 企业发行符合规定条件的永续债，也可以按照债券利息适用企业所得税政策，即：发行方支付的永续债利息支出准予在其企业所得税税前扣除；投资方取得的永续债利息收入应当依法纳税。

3. 需要符合相关规定条件的永续债，其中符合规定是指符合下列条件中 5 条（含）以上的永续债：（1）被投资企业对该项投资具有还本义务；（2）有明确约定的利率和付息频率；（3）有一定的投资期限；（4）投资方对被投资企业净资产不拥有所有权；（5）投资方不参与被投资企业日常生产经营活动；（6）被投资企业可以赎回，或满足特定条件后可以赎回；（7）被投资企业将该项投资计入负债；（8）该项投资不承担被投资企业股东同等的经营风险；（9）该项投资的清偿顺序位于被投资企业股东持有的股份之前。即只要符合上述 9 条规定中任意 5 条（含）以上，就可以在两种方案中选择任何一种方式进行企业所得税处理：

第一，企业发行的永续债，可以适用股息、红利企业所得税政策，即：投资方取得的永续债利息收入属于股息、红利性质，按照现行企业所得税政策相关规定进行处理，其中，发行方和投资方均为居民企业的，永续债利息收入可以适用企业所得税法规定的居民企业之间的股息、红利等权益性投资收益免征企业所得税规定；同时发行方支付的永续债利息支出不得在企业所得税税前扣除。

第二，按照债券利息适用企业所得税政策，即：发行方支付的永续债利息支出准予在其企业所得税税前扣除；投资方取得的永续债利息收入应当依法纳税。

企业发行永续债，应当将其适用的税收处理方法在证券交易所、银行间债券市场等发行市场的发行文件中向投资方予以披露。发行永续债的企业对每一永续债产品的税收处理方法一经确定，不得变更。企业对永续债采取的税收处理办法与会计核算方式不一致的，发行方、投资方在进行税收处理时须作出相应纳税调整。

二、永续债利息支出税会差异及填报实务与案例解析

发行方与投资方对永续债的按照《财政部关于印发〈永续债相关会计处理的规定〉的通知》（财会〔2019〕2号）的规定进行会计处理，但并不必然决定其对永续债的企业所得税处理。其中，发行方将永续债计入负债的会计处理，并不直接导致永续债利息按债券利息处理，而只是其可以选择将永续债利息作为利息处理或需满足的一项条件。这意味着会计处理和企业所得税处理可能出现税会差异：例如，发行方可能在财务会计上将永续债确认为权益工具，相应的利息则不确认为利润表中的利息支出，而作为利润分配处理；但在企业所得税上仍选择将该利息作为债券利息在税前扣除。因此，永续债的发行方和投资方企业应关注并了解财务会计和企业所得税对永续债处理的规则及其两者的差异，以便在计算应纳税所得时，能够准确辨析税会差异，完成纳税调整，并据此进行所得税处理。

按照《国家税务总局关于修订企业所得税年度纳税申报表有关问题的公告》（国家税务总局公告2019年第41号）相关填报说明规定，第42行"（六）发行永续债利息支出"：本行填报企业发行永续债采取的税收处理办法与会计核算方式不一致时的纳税调整情况。当永续债发行方会计上按照债务核算，税收上适用股息、红利企业所得税政策时，第1列"账载金额"填报支付的永续债利息支出计入当期损益的金额；第2列"税收金额"填报0。永续债发行方会计上按照权益核算，税收上按照债券利息适用企业所得税政策时，第1列"账载金额"填报0；第2列"税收金额"填报永续债发行方支付的永续债利息支出准予在企业所得税税前扣除的金额。若第2列≤第1列，第3列"调增金额"填报第1-2列金额。若第2列>第1列，第4列"调减金额"填报第1-2列金额的绝对值。

【案例6-40】某上市公司经国家发展改革委员会、中国人民银行、中国银行保险监督管理委员会、中国证券监督管理委员会核准发行可续期公司债，相关资料如下：发行本金为10亿元，发行方对该项投资具有还本义务；有明确约定的利率和付息频率，年利率为3.25%，每年付息一次；投资期限15年；投资方对被投资企业净资产不拥有所有权；投资方不参与被投资企业日常生产经营活动；被投资企业可以赎回，或满足特定条件后可以赎回；该项投资不承担被投资企业股东同等的经营风险；该项投资的清偿顺序位于被投资企业股东持有的股份之前。2019年实际支付永续债利息支出3 250万元。

分析：该公司按照《财政部关于印发〈永续债相关会计处理的规定〉的通知》

（财会〔2019〕2号）的规定进行会计处理，计入金融负债"应付债券"核算，利息支出计入当期损益（财务费用）。但是，按照《财政部、税务总局关于永续债企业所得税政策问题的公告》（财政部 税务总局公告2019年第64号）的规定，该公司发行的永续债，可以适用股息、红利企业所得税政策，发行方支付的永续债利息支出不得在企业所得税税前扣除。企业所得税年度纳税申报填报实务如表6-86所示（单位：万元）。

表6-86　　　　　　　　　　　　纳税调整项目明细表　　　　　　　　　　　　A105000

行次	项目	账载金额	税收金额	调增金额	调减金额
		1	2	3	4
42	（六）发行永续债利息支出	3250	0	3250	

【案例6-41】 承〖案例6-39〗，该公司按照《财政部关于印发〈永续债相关会计处理的规定〉的通知》（财会〔2019〕2号）的规定进行会计处理，计入权益工具核算，利息支出作为税后利润分配。按照《财政部、税务总局关于永续债企业所得税政策问题的公告》（财政部 税务总局公告2019年第64号）的规定，该公司发行的永续债按照债券利息适用企业所得税政策，即：发行方支付的永续债利息支出准予在其企业所得税税前扣除；投资方取得的永续债利息收入应当依法纳税。企业所得税年度纳税申报填报实务如表6-87所示（单位：万元）。

表6-87　　　　　　　　　　　　纳税调整项目明细表　　　　　　　　　　　　A105000

行次	项目	账载金额	税收金额	调增金额	调减金额
		1	2	3	4
42	（六）发行永续债利息支出	0	3 250		3 250

第七章

《税收优惠相关项目明细表》
填报实务与案例解析

第一节　《免税、减计收入及加计扣除优惠明细表》
格式及填报实务与案例解析

一、《免税、减计收入及加计扣除优惠明细表》格式

具体格式如表 7 – 1 所示。

表 7 – 1　　　　　　　　　免税、减计收入及加计扣除优惠明细表

行次	项目	金额
1	一、免税收入（2 + 3 + 9 + … + 16）	
2	（一）国债利息收入免征企业所得税	
3	（二）符合条件的居民企业之间的股息、红利等权益性投资收益免征企业所得税（4 + 5 + 6 + 7 + 8）	
4	1. 一般股息红利等权益性投资收益免征企业所得税（填写 A107011）	
5	2. 内地居民企业通过沪港通投资且连续持有 H 股满 12 个月取得的股息红利所得免征企业所得税（填写 A107011）	
6	3. 内地居民企业通过深港通投资且连续持有 H 股满 12 个月取得的股息红利所得免征企业所得税（填写 A107011）	
7	4. 居民企业持有创新企业 CDR 取得的股息红利所得免征企业所得税（填写 A107011）	
8	5. 符合条件的永续债利息收入免征企业所得税（填写 A107011）	
9	（三）符合条件的非营利组织的收入免征企业所得税	
10	（四）中国清洁发展机制基金取得的收入免征企业所得税	

续表

行次	项目	金额
11	（五）投资者从证券投资基金分配中取得的收入免征企业所得税	
12	（六）取得的地方政府债券利息收入免征企业所得税	
13	（七）中国保险保障基金有限责任公司取得的保险保障基金等收入免征企业所得税	
14	（八）中国奥委会取得北京冬奥组委支付的收入免征企业所得税	
15	（九）中国残奥委会取得北京冬奥组委分期支付的收入免征企业所得税	
16	（十）其他	
17	二、减计收入（18＋19＋23＋24）	
18	（一）综合利用资源生产产品取得的收入在计算应纳税所得额时减计收入	
19	（二）金融、保险等机构取得的涉农利息、保费减计收入（20＋21＋22）	
20	1. 金融机构取得的涉农贷款利息收入在计算应纳税所得额时减计收入	
21	2. 保险机构取得的涉农保费收入在计算应纳税所得额时减计收入	
22	3. 小额贷款公司取得的农户小额贷款利息收入在计算应纳税所得额时减计收入	
23	（三）取得铁路债券利息收入减半征收企业所得税	
24	（四）其他（24.1＋24.2）	
24.1	1. 取得的社区家庭服务收入在计算应纳税所得额时减计收入	
24.2	2. 其他	
25	三、加计扣除（26＋27＋28＋29＋30）	
26	（一）开发新技术、新产品、新工艺发生的研究开发费用加计扣除（填写A107012）	
27	（二）科技型中小企业开发新技术、新产品、新工艺发生的研究开发费用加计扣除（填写A107012）	
28	（三）企业为获得创新性、创意性、突破性的产品进行创意设计活动而发生的相关费用加计扣除	
29	（四）安置残疾人员所支付的工资加计扣除	
30	（五）其他	
31	合计（1＋17＋25）	

本表适用于享受免税收入、减计收入和加计扣除优惠的纳税人填报。纳税人根据税法及相关税收政策规定，填报本年发生的免税收入、减计收入和加计扣除优惠情况。

2017年版《免税、减计收入及加计扣除优惠明细表》（A107010）的主要变化为：第一，删除了第7行"证券投资基金从证券市场取得的收入"。因为证券投资基金基本上是契约型组织形式，不是所得税纳税人。第二，增加了第28行"企业为获得创新性、创意性、突破性的产品进行创意设计活动发生的相关费用加计扣除"行次，政策依据是《财政部 国家税务总局关于完善研究开发费用税前加计扣除政策的通知》（财税〔2015〕119号）。第三，根据2018年政策变化情况，2018年修订版调整了免税收入相关填报项目的内容和行次。第四，根据2019年税收优惠政策变化，2019年修订版申报表增加了"居民企业持有创新企业CDR取得的股息红利所得免征企业所得税（填写A107011）""符合条件的永续债利息收入免征企业所得税（填写A107011）""取得的社区家庭服务收入在计算应纳税所得额时减计收入"等项目。

二、《免税、减计收入及加计扣除优惠明细表》填报实务与案例解析

【案例7－1】2017年2月5日，A企业以100万元的面值从发行者手中购入2年期

国债，票面利率为 4.2%，一次还本付息。2019 年 2 月 8 日收到到期对付的国债本金 100 万元，利息 8.4 万元。会计和税务处理如下（单位：万元）。

①购入国债时：

借：持有至到期投资——成本① 100

　　贷：银行存款 100

②2017 年 12 月 31 日，会计核算计提利息 = 100 × 4.2% × 11 ÷ 12 = 3.85（万元）。

借：持有至到期投资——应计利息 3.85

　　贷：投资收益 3.85

税务处理：利息收入，按照合同约定的债务人应付利息的日期确认收入的实现。与会计核算确认的投资收益存在差异，属于未按权责发生制确认收入的纳税调整项目，3.85 万元应填列 A105020 相关项目。

③2018 年 12 月 31 日，会计核算计提利息 = 100 × 4.2% × 12/12 = 4.2（万元）。

借：持有至到期投资——应计利息 4.2

　　贷：投资收益 4.2

税务处理：利息收入，按照合同约定的债务人应付利息的日期确认收入的实现。与会计核算确认的投资收益存在差异，属于未按权责发生制确认收入的纳税调整项目，4.2 万元应填列 A105020 相关项目。

④2019 年 2 月 8 日，收到国债本金 100 万元和利息 8.4 万元。

借：银行存款 108.4

　　贷：持有至到期投资——成本 100

　　　　　　　　　　——应计利息 8.05

　　　投资收益 0.35

⑤2017 年度企业所得税年度纳税申报填报实务如表 7 - 2、表 7 - 3 所示。

表 7 - 2　　　　　　未按权责发生制确认收入纳税调整明细表（2017 年）　　　　　A105020

行次	项目	合同金额（交易金额）	账载金额		税收金额		纳税调整金额
			本年	累计	本年	累计	
		1	2	3	4	5	6（4 - 2）
1	一、跨期收取的租金、利息、特许权使用费收入（2 + 3 + 4）	8.4	3.85	3.85	0	0	- 3.85
3	（二）利息	8.4	3.85	3.85	0	0	- 3.85

————————————

① 若企业执行《企业会计准则第 22 号——金融工具确认和计量》（2017 年修订），则使用"债权投资"科目。

表7－3 纳税调整项目明细表（2017年） A105000

行次	项目	账载金额	税收金额	调增金额	调减金额
		1	2	3	4
1	一、收入类调整项目（2＋3＋4＋5＋6＋7＋8＋10＋11）	*	*		3.85
3	（二）未按权责发生制原则确认的收入（填写A105020）	3.85	0		3.85

⑥2018年度企业所得税年度纳税申报填报实务如表7－4、表7－5所示。

表7－4 未按权责发生制确认收入纳税调整明细表（2018年） A105020

行次	项目	合同金额（交易金额）	账载金额		税收金额		纳税调整金额
			本年	累计	本年	累计	
		1	2	3	4	5	6（4－2）
1	一、跨期收取的租金、利息、特许权使用费收入（2＋3＋4）	8.4	4.2	8.05	0	0	－4.2
3	（二）利息	8.4	4.2	8.05	0	0	－4.2

表7－5 纳税调整项目明细表（2018年） A105000

行次	项目	账载金额	税收金额	调增金额	调减金额
		1	2	3	4
1	一、收入类调整项目（2＋3＋4＋5＋6＋7＋8＋10＋11）	*	*		4.2
3	（二）未按权责发生制原则确认的收入（填写A105020）	4.2	0		4.2

⑦2019年度企业所得税年度纳税申报填报实务如表7－6～表7－8所示。

表7－6 未按权责发生制确认收入纳税调整明细表（2019年） A105020

行次	项目	合同金额（交易金额）	账载金额		税收金额		纳税调整金额
			本年	累计	本年	累计	
		1	2	3	4	5	6（4－2）
1	一、跨期收取的租金、利息、特许权使用费收入（2＋3＋4）	8.4	0.35	8.4	8.4	8.4	8.05
3	（二）利息	8.4	0.35	8.4	8.4	8.4	8.05

表7－7 纳税调整项目明细表（2019年） A105000

行次	项目	账载金额	税收金额	调增金额	调减金额
		1	2	3	4
1	一、收入类调整项目（2＋3＋4＋5＋6＋7＋8＋10＋11）	*	*	8.05	
2	（一）视同销售收入（填写A105010）	*			*
3	（二）未按权责发生制原则确认的收入（填写A105020）	0.35	8.4	8.05	

表7－8 免税、减计收入及加计扣除优惠明细表（2019年） A107010

行次	项目	金额
1	一、免税收入（2＋3＋6＋7＋…＋16）	8.4
2	（一）国债利息收入免征企业所得税	8.4

【案例7－2】2017年2月5日，A企业以100万元的面值从发行者手中购入2年期国债，票面利率为4.2％，一次还本付息。2018年2月5日出售国债，收到价款105万元。会计和税务处理如下（单位：万元）。

①购入国债时：

借：持有至到期投资——成本　　　　　　　　　　　　　　　　100

　　贷：银行存款　　　　　　　　　　　　　　　　　　　　　　　　100

②2017 年 12 月 31 日，会计核算计提利息 = 100 × 4.2% × 11 ÷ 12 = 3.85（万元）。

借：持有至到期投资——应计利息　　　　　　　　　　　　　3.85

　　贷：投资收益　　　　　　　　　　　　　　　　　　　　　　　3.85

③2018 年 2 月 5 日出售国债，收到价款 105 万元。

借：银行存款　　　　　　　　　　　　　　　　　　　　　　105

　　贷：持有至到期投资——成本　　　　　　　　　　　　　　　　100

　　　　　　　　　　　　——应计利息　　　　　　　　　　　　　3.85

　　投资收益　　　　　　　　　　　　　　　　　　　　　　1.15

税务处理：按照国家税务总局公告 2011 年第 36 号规定，在兑付期前转让国债的，企业应在国债转让收入确认时确认利息收入的实现。因此，A 公司应在国债转让时确认利息收入的实现。国债利息收入 = 100 × 4.2% = 4.2（万元），该项利息收入免税。

A 公司国债转让所得的确定：国债投资转让所得 = 105 - 4.2 - 100 = 0.8（万元）。

④2017 年度企业所得税年度纳税申报填报实务同〖案例 7 - 1〗。

⑤2018 年度企业所得税年度纳税申报填报实务如表 7 - 9 ~ 表 7 - 11 所示。

表 7 - 9　　　　　　　投资收益纳税调整明细表（2018 年）　　　　　　A105030

行次	项目	持有收益			处置收益							纳税调整金额
		账载金额	税收金额	纳税调整金额	会计确认的处置收入	税收计算的处置收入	处置投资的账面价值	处置投资的计税基础	会计确认的处置所得或损失	税收计算的处置所得	纳税调整金额	
		1	2	3 (2 - 1)	4	5	6	7	8 (4 - 6)	9 (5 - 7)	10 (9 - 8)	11 (3 + 10)
3	三、持有至到期投资				105	105	103.85	100	1.15	5	3.85	3.85
10	合计（1 + 2 + 3 + 4 + 5 + 6 + 7 + 8 + 9）				105	105	103.85	100	1.15	5	3.85	3.85

表 7 - 10　　　　　免税、减计收入及加计扣除优惠明细表（2018 年）　　　　A107010

行次	项目	金额
1	一、免税收入（2 + 3 + 6 + 7 + … + 16）	4.2
2	（一）国债利息收入免征企业所得税	4.2

表 7 - 11　　　　　　　纳税调整项目明细表（2018 年）　　　　　　A105000

行次	项目	账载金额 1	税收金额 2	调增金额 3	调减金额 4
1	一、收入类调整项目（2 + 3 + 4 + 5 + 6 + 7 + 8 + 10 + 11）	*	*	3.85	
3	（二）未按权责发生制原则确认的收入（填写 A105020）				
4	（三）投资收益（填写 A105030）	1.15	5	3.85	

【案例 7－3】某建筑材料生产企业 2018 年以《资源综合利用企业所得税优惠目录》规定的资源主要原材料，生产《目录》内符合国家或行业相关标准的 A 产品取得的收入 1 000 万元，企业同时从事其他项目而取得的非资源综合利用收入 500 万元，该企业资源综合利用收入可以分开核算，在计算应纳税所得额时，减按 90% 计入当年收入总额。企业在汇算清缴期内申报了减免税并留存备查了以下相关资料：有部门出具的资源综合利用企业（项目、产品）认定证书；有部门出具的检测报告（包括利用资源的名称、数量、占比）；各项产品销售收入核算明细表；《税收优惠事项备案报告表》；税务机关要求提供的其他材料。

分析：2018 年度计算的综合利用资源生产产品 A 取得的收入为 1 000 万元，综合利用资源生产产品取得的收入在计算应纳税所得额时减计收入 = 1 000 × 10% = 100（万元）。企业所得税年度纳税申报填报实务如表 7－12 所示（单位：万元）。

表 7－12　　　　　　免税、减计收入及加计扣除优惠明细表　　　　　A107010

行次	项目	金额
17	二、减计收入（18 + 19 + 23 + 24）	
18	（一）综合利用资源生产产品取得的收入在计算应纳税所得额时减计收入	100

【案例 7－4】某小额贷款公司 2017 年取得各类贷款利息收入 500 万元，其中取得的农户小额贷款利息收入为 20 万元，各类贷款利息收入可以分开核算，根据《财政部、国家税务总局关于小额贷款公司有关税收政策的通知》（财税〔2017〕48 号）第二条的规定，自 2017 年 1 月 1 日至 2019 年 12 月 31 日，对经省级金融管理部门（金融办、局等）批准成立的小额贷款公司取得的农户小额贷款利息收入，在计算应纳税所得额时，按 90% 计入收入总额，该公司已经向税务机关履行减免税申报手续。因此，小额贷款公司取得的农户小额贷款利息收入在计算应纳税所得额时减计收入 = 20 × 10% = 2（万元）。企业所得税年度纳税申报填报实务如表 7－13 所示（单位：万元）。

表 7－13　　　　　　免税、减计收入及加计扣除优惠明细表　　　　　A107010

行次	项目	金额
17	二、减计收入（18 + 19 + 23 + 24）	
22	3. 小额贷款公司取得的农户小额贷款利息收入在计算应纳税所得额时减计收入	2

【案例 7－5】甲制药公司 2018 年实际支付全体职工工资薪金支出 2 000 万元，其中给符合安置条件的残疾人员发放工资薪金支出 100 万元，上述工资薪金支出符合税法规定的税前扣除条件。按照《企业所得税法》第三十条第二款的规定，企业安置残疾人员及国家鼓励安置的其他就业人员所支付的工资可以在计算应纳税所得额时加计

扣除。《企业所得税实施条例》第九十六条规定，企业安置残疾人员所支付的工资的加计扣除，是指企业安置残疾人员的，在按照支付给残疾职工工资据实扣除的基础上，按照支付给残疾职工工资的100%加计扣除。甲制药公司已经按照《财政部、国家税务总局关于安置残疾人员就业有关企业所得税优惠政策问题的通知》（财税〔2009〕70号）相关规定，向税务机关履行减免税申报手续。

分析：2018年度给符合安置条件的残疾人员发放工资薪金支出100万元，安置残疾人员所支付的工资加计扣除 = 100 × 100% = 100（万元）。企业所得税年度纳税申报填报实务如表7 - 14所示（单位：万元）。

表7 - 14　　　　　　　　免税、减计收入及加计扣除优惠明细表

行次	项目	金额
25	三、加计扣除（26 + 27 + 28 + 29 + 30）	
29	（四）安置残疾人员所支付的工资加计扣除	100

【案例7 - 6】A家政服务公司是为社区提供家政服务的机构，主要以家庭为服务对象，为社区居民提供家政服务的企业、事业单位和社会组织。社区家政服务是指进入家庭成员住所或医疗机构为孕产妇、婴幼儿、老人、病人、残疾人提供的照护服务，以及进入家庭成员住所提供的保洁、烹饪等服务。2019年取得社区家庭服务收入100万元。

分析：按照《财政部、税务总局、发展改革委、民政部、商务部、卫生健康委关于养老、托育、家政等社区家庭服务业税费优惠政策的公告》（财政部 税务总局、发展改革委、民政部、商务部、卫生健康委公告2019年第76号）的规定，提供社区养老、托育、家政服务取得的收入，在计算应纳税所得额时，减按90%计入收入总额。本例中，在计算应纳税所得额时减计收入为10万元。企业所得税年度纳税申报填报实务如表7 - 15所示（单位：万元）。

表7 - 15　　　　　　　　免税、减计收入及加计扣除优惠明细表　　　　　　A107010

行次	项目	金额
17	二、减计收入（18 + 19 + 23 + 24）	
24	（四）其他（24.1 + 24.2）	
24.1	1. 取得的社区家庭服务收入在计算应纳税所得额时减计收入	10
24.2	2. 其他	

第二节　《符合条件的居民企业之间的股息、红利等权益性投资收益优惠明细表》填报实务与案例解析

一、《符合条件的居民企业之间的股息、红利等权益性投资收益优惠明细表》格式与填报要点

具体格式如表 7-16 所示。

表 7-16　　　符合条件的居民企业之间的股息、红利等权益性投资收益优惠明细表　　　A107011

行次	被投资企业	被投资企业统一社会信用代码（纳税人识别号）	投资性质	投资成本	投资比例	被投资企业利润分配确认金额		被投资企业清算确认金额			撤回或减少投资确认金额						合计
						被投资企业做出利润分配或转股决定时间	依决定归属于本公司的股息、红利等权益性投资收益金额	分得的被投资企业清算剩余资产	被清算企业累计未分配利润和累计盈余公积应享有部分	应确认的股息所得	从被投资企业撤回或减少投资取得的资产	减少投资比例	收回初始投资成本	取得资产中超过收回初始投资成本部分	撤回或减少投资应享有被投资企业累计未分配利润和累计盈余公积	应确认的股息所得	合计
	1	2	3	4	5	6	7	8	9	10（8与9孰小）	11	12	13（4×12）	14（11-13）	15	16（14与15孰小）	17（7+10+16）
1																	
2																	
3																	
4																	
5																	
6																	
7																	
8	合计																
9	其中：直接投资或非 H 股票投资																
10	股票投资—沪港通 H 股																
11	股票投资—深港通 H 股																
12	创新企业 CDR																
13	永续债																

本表适用于享受符合条件的居民企业之间的股息、红利等权益性投资收益优惠的纳税人填报。纳税人根据税法、《财政部　国家税务总局关于企业清算业务企业所得税

处理若干问题的通知》（财税〔2009〕60 号）、《财政部 国家税务总局关于执行企业所得税优惠政策若干问题的通知》（财税〔2009〕69 号）、《国家税务总局关于贯彻落实企业所得税法若干税收问题的通知》（国税函〔2010〕79 号）、《国家税务总局关于企业所得税若干问题的公告》（国家税务总局公告 2011 年第 34 号）、《财政部 国家税务总局 证监会关于沪港股票市场交易互联互通机制试点有关税收政策的通知》（财税〔2014〕81 号）、《财政部 国家税务总局 证监会关于深港股票市场交易互联互通机制试点有关税收政策的通知》（财税〔2016〕127 号）、《财政部 税务总局 证监会关于创新企业境内发行存托凭证试点阶段有关税收政策的公告》（财政部 税务总局 证监会公告 2019 年第 52 号）、《财政部 税务总局关于永续债企业所得税政策问题的公告》（财政部 税务总局公告 2019 年第 64 号）等相关税收政策规定，填报本年发生的符合条件的居民企业之间的股息、红利（包括 H 股）等权益性投资收益优惠情况，不包括连续持有居民企业公开发行并上市流通的股票不足 12 个月取得的投资收益。

二、《符合条件的居民企业之间的股息、红利等权益性投资收益优惠明细表》具体填报实务与案例解析

【案例 7 - 7】A 公司 2014 年以 1 000 万元投资 B 公司，占 B 公司 30% 股权，截至 2017 年底，B 公司累计未分配利润和盈余公积 3 000 万元。2018 年 1 月经股东会决议，同意 A 公司全部撤回其投资，A 公司分得现金 2 500 万元，其中：相当于初始出资的部分 1 000 万元，应确认为投资收回；按照 A 公司减少注册资本比例计算的部分 900 万元，应确认为股息所得，此项股息所得为免税收入；其余部分确认为投资资产转让所得 = 2 500 - 1 000 - 900 = 600（万元），应计入当年应纳税所得额征税。纳税人按照填报说明，具体填报过程如下。

第 1 行第 1 列被投资企业填写 B 公司；第 2 列填写被投资企业 B 公司统一社会信用代码（纳税人识别号）；第 3 列投资性质填写直接投资；第 4 列投资成本 = 1 000 万元；第 5 列投资比例 = 30%；第 11 列减资撤资分回的资产 = 2 500 万元；第 12 列减少投资比例即 100%；第 13 列"收回的投资成本（4×12）" = 1 000×100% = 1 000（万元）。第 14 列"取得资产中超过收回初始投资成本部分 15（11 - 13）" = 2 500 - 1 000 = 1 500（万元）；第 15 列"撤回或减少投资应享有被投资企业累计未分配利润和累计盈余公积" = 3 000×30% = 900（万元）；第 16 列"应确认的股息所得 15（14 与 15 孰小）" = 900（万元）。

【案例 7 - 8】2015 年 A 公司直接投资 1 000 万元给 M 公司，占 M 公司 40% 股份，其中 400 万元作为注册资本，600 万元作为资本公积——资本溢价。2018 年，A 公司减

资 200 万元，占总注册资本 20%，分回减资资产 900 万元，减资时 M 公司未分配利润为 1 000 万元。纳税人按照填报说明，具体填报过程如下。

第 1 行第 1 列被投资企业填写 M 公司；第 2 列填写被投资企业 M 公司统一社会信用代码（纳税人识别号）；第 3 列投资性质填写直接投资；第 3 列投资成本 = 1 000 万元；第 5 列投资比例 = 40%；第 11 列减资撤资分回的资产 = 900 万元；第 12 列减少投资比例（填表说明：填报纳税人撤回或减少的投资额占投资方在被投资企业持有总投资比例）即 200 ÷ 1 000 = 20%。第 13 列"收回的投资成本（4 × 12）" = 1 000 × 20% = 200（万元）。第 14 列"取得资产中超过收回初始投资成本部分（11 − 13）" = 900 − 200 = 700（万元）；第 15 列"撤回或减少投资应享有被投资企业累计未分配利润和累计盈余公积" = 1 000 × 20% = 200（万元）；第 16 列"应确认的股息所得（14 与 15 孰小）" = 200（万元）。

【案例 7 − 9】甲企业投资购买了乙公司可续期公司债，2019 年实际收到利息收入 120 万元。可续期公司债相关资料如下：乙上市公司经国家发展改革委员会、中国人民银行、中国银行保险监督管理委员会、中国证券监督管理委员会核准发行可续期公司债，发行本金为 10 亿元，发行方对该项投资具有还本义务；有明确约定的利率和付息频率，年利率为 3.25%，每年付息一次；投资期限 15 年；投资方对被投资企业净资产不拥有所有权；投资方不参与被投资企业日常生产经营活动；被投资企业可以赎回，或满足特定条件后可以赎回；该项投资不承担被投资企业股东同等的经营风险；该项投资的清偿顺序位于被投资企业股东持有的股份之前。

分析：甲公司按照《财政部关于印发〈永续债相关会计处理的规定〉的通知》（财会〔2019〕2 号）的规定进行会计处理，计入金融资产"其他债券投资"核算，利息收入计入当期损益（投资收益）。按照《财政部、税务总局关于永续债企业所得税政策问题的公告》（财政部 税务总局公告 2019 年第 64 号）的规定，乙公司发行的永续债，选择投资方适用股息、红利企业所得税政策，发行方支付的永续债利息支出不得在企业所得税税前扣除。企业所得税年度纳税申报填报时，将 120 万元利息收入填入第 13 行"永续债"。

第三节 《研发费用加计扣除优惠明细表》填报实务与案例解析

一、《研发费用加计扣除优惠明细表》格式与填报要点

具体格式如表 7 − 17 所示。

表 7 - 17 　　　　　　　　研发费用加计扣除优惠明细表　　　　　　A107012

行次	项目	金额（数量）
1	本年可享受研发费用加计扣除项目数量	
2	一、自主研发、合作研发、集中研发（3＋7＋16＋19＋23＋34）	
3	（一）人员人工费用（4＋5＋6）	
4	1. 直接从事研发活动人员工资薪金	
5	2. 直接从事研发活动人员五险一金	
6	3. 外聘研发人员的劳务费用	
7	（二）直接投入费用（8＋9＋10＋11＋12＋13＋14＋15）	
8	1. 研发活动直接消耗材料费用	
9	2. 研发活动直接消耗燃料费用	
10	3. 研发活动直接消耗动力费用	
11	4. 用于中间试验和产品试制的模具、工艺装备开发及制造费	
12	5. 用于不构成固定资产的样品、样机及一般测试手段购置费	
13	6. 用于试制产品的检验费	
14	7. 用于研发活动的仪器、设备的运行维护、调整、检验、维修等费用	
15	8. 通过经营租赁方式租入的用于研发活动的仪器、设备租赁费	
16	（三）折旧费用（17＋18）	
17	1. 用于研发活动的仪器的折旧费	
18	2. 用于研发活动的设备的折旧费	
19	（四）无形资产摊销（20＋21＋22）	
20	1. 用于研发活动的软件的摊销费用	
21	2. 用于研发活动的专利权的摊销费用	
22	3. 用于研发活动的非专利技术（包括许可证、专有技术、设计和计算方法等）的摊销费用	
23	（五）新产品设计费等（24＋25＋26＋27）	
24	1. 新产品设计费	
25	2. 新工艺规程制定费	
26	3. 新药研制的临床试验费	
27	4. 勘探开发技术的现场试验费	
28	（六）其他相关费用（29＋30＋31＋32＋33）	
29	1. 技术图书资料费、资料翻译费、专家咨询费、高新科技研发保险费	
30	2. 研发成果的检索、分析、评议、论证、鉴定、评审、评估、验收费用	
31	3. 知识产权的申请费、注册费、代理费	
32	4. 职工福利费、补充养老保险费、补充医疗保险费	
33	5. 差旅费、会议费	
34	（七）经限额调整后的其他相关费用	
35	二、委托研发（36＋37＋39）	
36	（一）委托境内机构或个人进行研发活动所发生的费用	
37	（二）委托境外机构进行研发活动发生的费用	
38	其中：允许加计扣除的委托境外机构进行研发活动发生的费用	
39	（三）委托境外个人进行研发活动发生的费用	
40	三、年度研发费用小计（2＋36×80%＋38）	
41	（一）本年费用化金额	
42	（二）本年资本化金额	
43	四、本年形成无形资产摊销额	
44	五、以前年度形成无形资产本年摊销额	
45	六、允许扣除的研发费用合计（41＋43＋44）	

行次	项目	金额（数量）
46	减：特殊收入部分	
47	七、允许扣除的研发费用抵减特殊收入后的金额（45－46）	
48	减：当年销售研发活动直接形成产品（包括组成部分）对应的材料部分	
49	减：以前年度销售研发活动直接形成产品（包括组成部分）对应材料部分结转金额	
50	八、加计扣除比例（％）	
51	九、本年研发费用加计扣除总额（47－48－49）×50	
52	十、销售研发活动直接形成产品（包括组成部分）对应材料部分结转以后年度扣减金额（当47－48－49≥0，本行＝0；当47－48－49＜0，本行＝47－48－49的绝对值）	

本表适用于享受研发费用加计扣除优惠（含结转）的纳税人填报。纳税人根据税法、《财政部、国家税务总局、科技部关于完善研究开发费用税前加计扣除政策的通知》（财税〔2015〕119号）、《国家税务总局关于企业研究开发费用税前加计扣除政策有关问题的公告》（国家税务总局公告2015年第97号）、《财政部、税务总局、科技部关于提高科技型中小企业研究开发费用税前加计扣除比例的通知》（财税〔2017〕34号）、《科技部 财政部 国家税务总局关于印发〈科技型中小企业评价办法〉的通知》（国科发政〔2017〕115号）、《国家税务总局关于提高科技型中小企业研究开发费用税前加计扣除比例有关问题的公告》（国家税务总局公告2017年第18号）、《国家税务总局关于研发费用税前加计扣除归集范围有关问题的公告》（国家税务总局公告2017年第40号）等相关税收政策规定，填报本年发生的研发费用加计扣除优惠情况及以前年度结转情况。

2017版申报表的思路为：按照研发方式归集，考虑了委托研发和其他研发方式在费用归集和扣除比例的不同；费用归集的口径和《关于研发费用税前加计扣除归集范围有关问题的公告》（国家税务总局公告2017年第40号）保持一致，便于操作和填写。

《财政部、税务总局、科技部关于提高研究开发费用税前加计扣除比例的通知》（财税〔2018〕99号）规定，为进一步激励企业加大研发投入，支持科技创新，企业开展研发活动中实际发生的研发费用，未形成无形资产计入当期损益的，在按规定据实扣除的基础上，在2018年1月1日至2020年12月31日期间，再按照实际发生额的75％在税前加计扣除；形成无形资产的，在上述期间按照无形资产成本的175％在税前摊销。企业享受研发费用税前加计扣除政策的其他政策口径和管理要求按照《财政部 国家税务总局 科技部关于完善研究开发费用税前加计扣除政策的通知》（财税〔2015〕119号）、《财政部 税务总局 科技部关于企业委托境外研究开发费用税前加计扣除有关政策问题的通知》（财税〔2018〕64号）、《国家税务总局关于企业研究开发费用税前加计扣除政策有关问题的公告》（国家税务总局公告2015年第97号）等文件规定执行。

2018 年修订版申报表将原 2017 年版表单的"基本信息"相关项目调整至《企业所得税年度纳税申报基础信息表》（A000000）中；根据《财政部 税务总局关于企业委托境外研究开发费用税前加计扣除有关政策问题的通知》（财税〔2018〕64 号）文件取消企业委托境外研发费用不得加计扣除限制的规定，修订"委托研发"项目有关内容，将原行次的内容细化为"委托境内机构或个人进行研发活动所发生的费用""委托境外机构进行研发活动发生的费用""其中：允许加计扣除的委托境外机构进行研发活动发生的费用""委托境外个人进行研发活动发生的费用"，并调整表内计算关系。

《国家税务总局关于修订企业所得税年度纳税申报表有关问题的公告》（国家税务总局公告 2019 年第 41 号）第二条规定，企业申报享受研发费用加计扣除政策时，按照《国家税务总局关于发布修订后的〈企业所得税优惠政策事项办理办法〉的公告》（国家税务总局公告 2018 年第 23 号）的规定执行，不再填报《研发项目可加计扣除研究开发费用情况归集表》和报送《"研发支出"辅助账汇总表》。《"研发支出"辅助账汇总表》由企业留存备查。

二、《研发费用加计扣除优惠明细表》会计与税法处理差异比较

企业实际发生的研发费用应按照《财政部关于企业加强研发费用财务管理的若干意见》（财企〔2007〕194 号）和《企业会计准则第 6 号——无形资产》及其应用指南进行相应的会计核算。研发费用企业所得税税前扣除，按照《财政部 国家税务总局、科学技术部关于完善研究开发费用税前加计扣除政策的通知》（财税〔2015〕119 号）、《财政部 税务总局 科技部关于提高研究开发费用税前加计扣除比例的通知》（财税〔2018〕99 号）、《国家税务总局关于企业研究开发费用税前加计扣除政策有关问题的公告》（国家税务总局公告 2015 年第 97 号公告）和《国家税务总局关于研发费用税前加计扣除归集范围有关问题的公告》（国家税务总局公告 2017 年第 40 号公告）进行税务处理，上述研发费用的归集范围存在税会差异如表 7 - 18 所示。

表 7 - 18　　　　　　　　　　　研发费用的归集范围税会差异

会计范围	税法范围	差异
企业在职研发人员的工资、奖金、津贴、补贴、社会保险费、住房公积金等人工费用以及外聘研发人员的劳务费用	直接从事研发活动人员的工资薪金、基本养老保险费、基本医疗保险费、失业保险费、工伤保险费、生育保险费和住房公积金，以及外聘研发人员的劳务费用	会计上强调"在职"人员，税法上强调"直接"人员
用于研发活动的仪器、设备、房屋等固定资产的折旧费或租赁费以及相关固定资产的运行维护、维修等费用	用于研发活动的仪器、设备的折旧费	税法上不包含房屋的折旧或租赁费用

续表

会计范围	税法范围	差异
用于研发活动的软件、专利权、非专利技术等无形资产的摊销费用	用于研发活动的软件、专利权、非专利技术（包括许可证、专有技术、设计和计算方法等）	税法将用于研发活动的土地使用权等其他无形资产的摊销费用排除在外
通过外包、合作研发等方式，委托其他单位、个人或者与之合作进行研发而支付的费用	委托研发支出仅可按实际发生额的80%作为加计扣除基数计入委托方	会计上委托研发支出全部计入研发费用，而税法上加计扣除基数是委托方实际发生额的80%
与研发活动直接相关的其他费用，包括技术图书资料费、资料翻译费、会议费、差旅费、办公费、外事费、研发人员培训费、培养费、专家咨询费、高新科技研发保险费用等	与研发活动直接相关的其他费用，如技术图书资料费、资料翻译费、专家咨询费、高新科技研发保险费、研发成果的检索、分析、评议、论证、鉴定、评审、评估、验收费用，知识产权的申请费、注册费、代理费，差旅费、会议费，职工福利费、补充养老保险费、补充医疗保险费 此类费用总额不得超过可加计扣除研发费用总额的10%	其他费用的列举范围不完全一致；税法上规定了"其他费用"的归集限额
	新产品设计费、新工艺规程制定费、新药研制的临床试验费、勘探开发技术的现场试验费	会计上没有列举这些费用项目

填报要点如下：

允许加计扣除的研发费用包括"人员人工费用""直接投入费用""折旧费用""无形资产摊销""新产品设计费、新工艺规程制定费、新药研制的临床试验费、勘探开发技术的现场试验费""其他相关费用"等六大项，研发活动分为自主研发、合作研发、集中研发，以及委托研发四大类，自主研发、合作研发、集中研发这三类研发活动发生的研发费用可以按照发生额的100%归集，分别在《研发费用加计扣除优惠明细表》（以下简称《明细表》）第2~34行反映。而委托研发则按照研发活动发生费用的80%作为加计扣除基数，在《明细表》第35~39行反映。

1. 国家税务总局公告2017年第40号规定，用于研发活动的仪器、设备，同时用于非研发活动的，企业应对其仪器设备使用情况做必要的记录，并将其实际发生的折旧费按实际工时占比等合理方法在研发费用和生产经营费用间分配，未分配的不得加计扣除。因此，《明细表》第17行和18行"用于研发活动的仪器、设备的折旧费"，纳税人用于研发活动的仪器、设备，同时用于非研发活动的，填报按实际工时占比等合理方法分配的用于研发活动的相关费用。

2. 国家税务总局公告2017年第40号规定，企业用于研发活动的仪器、设备，符合税法规定且选择加速折旧优惠政策的，在享受研发费用税前加计扣除政策时，就税前扣除的折旧部分计算加计扣除。因此，《明细表》第17行和18行"用于研发活动的仪器、设备的折旧费"，纳税人用于研发活动的仪器、设备，符合税收规定且选择加速折旧优惠政策的，在享受研发费用税前加计扣除政策时，就税前扣除的折旧部分填报。

【案例7-10】甲企业2019年12月购入并投入使用一台专门用于研发活动的设备，单位价值1200万元，会计处理按照直线法，预计使用年限8年核算折旧，税法上规定的最低折旧年限为10年，直线法计算折旧，不考虑残值。甲企业对该项设备选择缩短折旧年限的加速折旧方式，折旧年限缩短为6年（10×60%）。则第18行"2. 用于研发活动的设备的折旧费"应填报200万元（1200÷6）。

3. 国家税务总局公告2015年第97号规定，其他相关费用的限额＝允许加计扣除的研发费用中的第1项至第5项的费用之和×10%÷（1－10%）。因此，第34行"（七）经限额调整后的其他相关费用"填写Min［第28行数据，研发费用中的第1项至第5项的费用之和×10%÷（1－10%）］。

【案例7-11】某企业2019年进行符合税法规定的研发活动，该研发项目共发生研发费用100万元，其中与研发活动直接相关的其他费用12万元，假设研发活动均符合加计扣除相关税法规定。A项目其他相关费用限额＝（100－12）×10%÷（1－10%）＝9.78（万元），小于实际发生数12万元，则《明细表》第34行应填报9.78（万元）。假设上述与研发活动直接相关的其他费用为8万元，则其他相关费用限额＝（100－8）×10%÷（1－10%）＝10.22（万元），大于实际发生数8万元，则《明细表》第34行"（七）经限额调整后的其他相关费用"应填报8万元。

4. 国家税务总局公告2015年第97号规定，企业委托外部机构或个人开展研发活动发生的费用，可按规定税前扣除；加计扣除时按照研发活动发生费用的80%作为加计扣除基数。企业委托境外研发所发生的费用2017年12月31日之前是不允许计算研发费用加计扣除金额的，但是，自2018年1月1日起，按照《财政部、税务总局、科技部关于企业委托境外研究开发费用税前加计扣除有关政策问题的通知》（财税〔2018〕64号）的相关规定执行。委托境外进行研发活动所发生的费用，按照费用实际发生额的80%计入委托方的委托境外研发费用。委托境外研发费用不超过境内符合条件的研发费用2/3的部分，可以按规定在企业所得税前加计扣除。需要注意的是，委托境外进行研发活动不包括委托境外个人进行的研发活动，即委托境外个人进行研发活动发生的研发活动仍然不允许计算研发费用加计扣除金额。

因此，《明细表》第36行"（一）委托境内机构或个人进行研发活动所发生的费用"：填报纳税人研发项目委托境内机构或个人进行研发活动所发生的费用。第37行"（二）委托境外机构进行研发活动发生的费用"：填报纳税人研发项目委托境外机构进行研发活动所发生的费用。第38行"允许加计扣除的委托境外机构进行研发活动发生的费用"：填报纳税人按照税收规定允许加计扣除的委托境外机构进行研发活动发生的研发费用。第39行"（三）委托境外个人进行研发活动发生的费用"：填报纳税人委托境外个人进行研发活动发生的费用。本行不参与加计扣除优惠金额的计算。

【案例 7 - 12】A 企业 2019 年委托境外 B 企业研发，假设该研发符合研发费用加计扣除的相关条件，且符合独立交易原则。A 企业支付给 B 企业 100 万元，B 企业实际发生费用 95 万元（其中：按照税法规定可加计扣除口径归集的研发费用为 90 万元），《明细表》第 37 行应填报 95 万元。A 企业境内符合条件的研发费 99 万元。B 企业实际发生费用的 80%：$90 \times 80\% = 72$（万元）；A 企业境内符合条件的研发费用 2/3 部分：$99 \times 2 \div 3 = 66$（万元），其小于 72 万元；2019 年 A 企业计入委托境外研发费用为 66 万元，《明细表》第 38 行应填报 66 万元；2019 年 A 企业加计扣除的研发费用金额 = $(99 + 66) \times 75\% = 123.5$（万元）。

【案例 7 - 13】A 企业 2019 年委托境外 B 企业研发，假设该研发符合研发费用加计扣除的相关条件，且符合独立交易原则。A 企业支付给 B 企业 200 万元，B 企业实际发生费用 160 万元（其中：按照税法规定可加计扣除口径归集的研发费用为 150 万元），《明细表》第 37 行应填报 160 万元。A 企业境内符合条件的研发费 399 万元。B 企业实际发生费用的 80%：$150 \times 80\% = 120$（万元）；A 企业境内符合条件的研发费用 2/3 部分：$399 \times 2 \div 3 = 266$（万元），其大于 120 万元；2019 年 A 企业计入委托境外研发费用为 120 万元，《明细表》第 38 行应填报 120 万元；2019 年 A 企业加计扣除的研发费用金额 = $(399 + 120) \times 75\% = 389.25$（万元）。

5. 由于研究开发费用中费用化的部分可在当期扣除，而资本化的部分应按规定分期摊销，因此《明细表》第 45 行"允许扣除的研发费用合计"应填报金额 = 本年费用化金额 + 本年形成无形资产摊销额 + 以前年度形成无形资产本年摊销额。

6. 国家税务总局公告 2015 年第 97 号规定，企业在计算加计扣除的研发费用时，应扣减归集计入研发费用，但在当期取得的研发过程中形成的下脚料、残次品、中间试制品等特殊收入；不足扣减的，允许加计扣除的研发费用按零计算。因此《明细表》第 47 行"七、允许扣除的研发费用抵减特殊收入后的金额"：填报第 45 - 46 行金额。第 48 行"当年销售研发活动直接形成产品（包括组成部分）对应的材料部分"：填报纳税人当年销售研发活动直接形成产品（包括组成部分）对应的材料部分金额。第 49 行"以前年度销售研发活动直接形成产品（包括组成部分）对应材料部分结转金额"：填报纳税人以前年度销售研发活动直接形成产品（包括组成部分）对应材料部分结转金额。

7. 国家税务总局公告 2015 年第 97 号规定，企业研发活动直接形成产品或作为组成部分形成的产品对外销售的，研发费用中对应的材料费用不得加计扣除。因此，《明细表》第 50 行"本年研发费用加计扣除总额"应填报金额 =（允许扣除的研发费用抵减特殊收入后的金额 - 当年及以往年度销售研发活动直接形成产品（包括组成部分）对应材料部分结转金额）× 加计扣除比例。

8.《明细表》第50行"八、加计扣除比例":根据《财政部 税务总局 科技部关于提高研究开发费用税前加计扣除比例的通知》(财税〔2018〕99号)有关政策规定填报,即2018年1月1日至2020年12月31日,企业研发费用加计扣除比例填报75%。第51行"九、本年研发费用加计扣除总额":填报第(47-48-49)行×第50行的金额,当第47-48-49行<0时,本行填报0。第52行"十、销售研发活动直接形成产品(包括组成部分)对应材料部分结转以后年度扣减金额":当第47-48-49行≥0时,填报0;当第47-48-49行<0时,填报第47-48-49行金额的绝对值。

三、《研发费用加计扣除优惠明细表》填报实务

【案例7-14】A企业2019年进行甲研发项目的研发工作,企业共投入85万元,其中直接消耗的材料费用10万元,直接从事研发活动的本企业在职人员费用30万,专门用于研发活动的有关折旧费15万元,专门用于研发活动的无形资产摊销费10万元,中间试验费用20万元。最终符合资本化条件的有45万元,其余40万元费用化处理。85万元总投入中40万元资金来源于财政拨款(符合不征税收入条件并已做不征税收入处理),40万元中有10万元符合资本化条件,30万元进行了费用化处理。以往年度研发形成无形资产100万元,当年加计摊销额为10万元。研发形成的无形资产均按直线法10年摊销。

纳税人具体填报过程如下:

①年度研发费用合计 = 85(万元);

②可加计扣除的研发费用合计 = 年度研发费用合计 - 作为不征税收入处理的财政性资金用于研发的部分 = 85 - 40 = 45(万元);

③计入本年研发费用加计扣除额 = 计入本年损益的金额×75% = (40-30)×75% = 7.5(万元);

④无形资产本年加计摊销额 = 本年形成无形资产加计摊销额 + 以前年度形成无形资产本年加计摊销额 = (45-10)×75%÷10+10 = 12.625(万元);

⑤本年研发费用加计扣除额合计 = 计入本年研发费用加计扣除额 + 无形资产本年加计摊销额 = 7.5 + 12.625 = 20.125(万元)。

【案例7-15】M公司收到政府补助1 000万元,专项用于无形资产研究开发项目,众所周知,不征税收入只是暂时性差异,企业是否可以放弃不征税收入待遇,从而享受加计扣除的税收待遇呢?

分析:按照《国家税务总局关于企业所得税应纳税所得额若干税务处理问题的公告》(国家税务总局2012年第15号公告)第七条关于企业不征税收入管理问题的规

定，企业取得的不征税收入，应按照《财政部、国家税务总局关于专项用途财政性资金企业所得税处理问题的通知》（财税〔2011〕70号，以下简称《通知》）的规定进行处理。凡未按照《通知》规定进行管理的，应作为企业应税收入计入应纳税所得额，依法缴纳企业所得税。本次申报表修订，国家税务总局经过反复讨论，出于鼓励研发投入的目的，决定企业可以放弃不征税收入待遇，从而享受加计扣除的税收待遇。所以，如果企业放弃将收到政府补助1 000万元作为不征税收入处理，计入企业当期应税收入，计入应纳税所得额，依法缴纳企业所得税，则可以将符合规定的研发费用在据实扣除的基础上进行加计扣除。

【案例7-16】某企业2019年进行了2项研发活动A项目和B项目，A项目共发生研发费用100万元，其中与研发活动直接相关的其他费用12万元，B项目共发生研发费用100万元，其中与研发活动直接相关的其他费用8万元，假设研发活动均符合加计扣除相关规定。A项目其他相关费用限额 = （100 - 12）× 10% ÷ （1 - 10%） = 9.78（万元），小于实际发生数12万元，则A项目允许加计扣除的研发费用应为97.78万元（100 - 12 + 9.78）。B项目其他相关费用限额 = （100 - 8）× 10% ÷ （1 - 10%） = 10.22（万元），大于实际发生数8万元，则B项目允许加计扣除的研发费用应为100万元。该企业2019年可以享受的研发费用加计扣除额 = （97.78 + 100）× 75% = 148.335（万元）。

【案例7-17】A企业2019年委托其B关联企业研发，假设该研发符合研发费用加计扣除的相关条件。A企业支付给B企业100万元。B企业实际发生费用90万元（其中按可加计扣除口径归集的费用为85万元），利润10万元。2019年，A企业可加计扣除的金额 = 100 × 80% × 75% = 60（万元），B企业应向A企业提供实际发生费用90万元的明细情况。

【案例7-18】甲公司自行研发一项新专利技术，该项目研发符合研发费用加计扣除条件，2019年1~3月为新技术的研究阶段，2019年4~10月为新技术的开发阶段，并于11月底申请到专利交付使用，且开发阶段支出均满足资本化条件。

甲公司2019年1~3月研究阶段发生业务如下：

①从事研发的人员工资合计30万元；

②采购原材料50元并研发领用20万元；

③支付用于研发的设备运行维护费1万元；

④购买专门用于研发的设备，价款60万元，采取直线法计提折旧，共计提折旧额为1万元；

⑤公司自有办公楼用于研发项目，共提折旧额2万元；

⑥购买研发项目所需图书资料费0.5万元，支付翻译费0.5万元。

甲公司2019年4~11月开发阶段发生业务如下：

①实际支付从事研发的人员工资合计 50 万元；

②采购原材料 60 万元并研发领用 30 万元；

③研发试制产品的检验费 1 万元；

④所购买专门用于研发的设备共计提折旧 3 万元；

⑤公司自有办公楼用于研发项目，共提折旧额 6 万元；

⑥购买项目所需图书资料费 1 万元，资料翻译费 1 万元，办公费 2 万元，成果鉴定费 1 万元，进项税额 0.5 万元；

⑦知识产权的申请费、注册费、代理费 1 万元；

⑧差旅费、会议费 1.5 万元；

⑨职工福利费 2.5 万元（均在税法规定的扣除限额内）。

当年处置研发过程中形成下脚料、残次品、中间试制品一批，取得销售收入 1 万元。另外，企业研发活动直接形成产品或作为组成部分形成的产品对外销售，取得产品销售收入 4 万元，其研发费用中对应的材料费用 2 万元。（假设以上业务的价款均不含增值税，单位：万元）

（1）甲公司 2019 年 1～3 月研究阶段发生业务会计处理：

①支付从事研发的人员工资合计 30 万元。

借：研发支出——费用化支出——人员人工（工资）　　　　30

　　贷：应付职工薪酬——短期薪酬（工资）　　　　　　　　　　30

借：应付职工薪酬——短期薪酬（工资）　　　　　　　30

　　贷：银行存款　　　　　　　　　　　　　　　　　　　　　　30

②采购原材料 50 万元并研发领用 20 万元。

借：原材料　　　　　　　　　　　　　　　　　　　　50

　　应交税费——应交增值税（进项税额）　　　　　　8

　　贷：银行存款　　　　　　　　　　　　　　　　　　　　　　58

借：研发支出——费用化支出——原材料　　　　　　20

　　贷：原材料　　　　　　　　　　　　　　　　　　　　　　　20

③支付用于研发的设备运行维护费 1 万元。

借：研发支出——费用化支出（设备运行维护费）　　　1

　　应交税费——应交增值税（进项税额）　　　　　0.06

　　贷：银行存款　　　　　　　　　　　　　　　　　　　　　1.06

④购买专门用于研发的设备，价款 60 万元。

借：固定资产　　　　　　　　　　　　　　　　　　　60

　　应交税费——应交增值税（进项税额）　　　　　9.6

　　　　　　贷：银行存款　　　　　　　　　　　　　　　　69.6

　　借：研发支出——费用化支出（研发设备折旧费）　　　 1

　　　　　　贷：累计折旧　　　　　　　　　　　　　　　　　 1

⑤自有办公楼用于研发项目，共提折旧额2万元。

　　借：研发支出——费用化支出（房屋折旧费）　　　　　 2

　　　　　　贷：累计折旧　　　　　　　　　　　　　　　　　 2

⑥购买研发项目所需图书资料费0.5万元，支付翻译费0.5万元。

　　借：研发支出——费用化支出——其他相关费用（图书资料费）　0.5

　　　　研发支出——费用化支出——其他相关费用（资料翻译费）　0.5

　　　　　　贷：银行存款　　　　　　　　　　　　　　　　　 1

⑦结转研究阶段发生的研发费用其中的费用化支出。

　　借：管理费用——研究开发费用　　　　　　　　　　 55

　　　　　　贷：研发支出——费用化支出　　　　　　　　　　55

（2）甲公司2019年4～11月开发阶段发生业务会计处理：

①实际支付从事研发的人员工资合计50万元。

　　借：研发支出——资本化支出——人员人工（工资）　 50

　　　　　　贷：应付职工薪酬——短期薪酬（工资）　　　　　50

　　借：应付职工薪酬——短期薪酬（工资）　　　　　　 50

　　　　　　贷：银行存款　　　　　　　　　　　　　　　　　50

②采购原材料60万元并研发领用30万元。

　　借：原材料　　　　　　　　　　　　　　　　　　　 60

　　　　应交税费——应交增值税（进项税额）　　　　　 7.8

　　　　　　贷：银行存款　　　　　　　　　　　　　　　　67.8

　　借：研发支出——资本化支出——原材料　　　　　　 30

　　　　　　贷：原材料　　　　　　　　　　　　　　　　　　30

③支付研发试制产品的检验费1万元。

　　借：研发支出——资本化支出——中间试验费（试制产品检验费）　1

　　　　应交税费——应交增值税（进项税额）　　　　　 0.06

　　　　　　贷：银行存款　　　　　　　　　　　　　　　 1.06

④所购买专门用于研发的设备共计提折旧3万元。

　　借：研发支出——资本化支出——设备折旧费　　　　 3

　　　　　　贷：累计折旧　　　　　　　　　　　　　　　　　 3

⑤公司自有办公楼用于研发项目，计提折旧额6万元。

　　借：研发支出——资本化支出（房屋折旧费）　　　　 6

贷：累计折旧 6

⑥支付研发成果的技术图书资料费、资料翻译费、专家咨询费各1万元、办公费用2万元、知识产权的申请注册费、代理费1万元；差旅费、会议费1.5万元。

借：研发支出——资本化支出——其他相关费用（图书资料费） 1

    ——其他相关费用（资料翻译费） 1

    ——其他相关费用（成果鉴定费） 1

    ——其他相关费用（办公费） 2

    ——其他相关费用（申请注册费） 1

    ——其他相关费用（差旅费） 1.5

 应交税费——应交增值税（进项税额） 0.5

贷：银行存款 8

⑦实际支付研发人员职工福利费2.5万元（均在税法规定的扣除限额内）。

借：研发支出——资本化支出——其他相关费用（职工福利费） 2.5

贷：应付职工薪酬——短期薪酬（职工福利费） 2.5

借：应付职工薪酬——短期薪酬（职工福利费） 2.5

贷：银行存款 2.5

⑧结转专利技术的资本化支出。

借：无形资产——专利技术 100

贷：研发支出——资本化支出 100

⑨采用直线法按10年对该专利进行摊销，2019年11月摊销0.83万元。

借：管理费用 0.83

贷：无形资产——自创专利技术 0.83

⑩当年处置当年度研发过程中形成下脚料、残次品、中间试制品一批，取得收入1万元。

借：银行存款 1.13

贷：其他业务收入 1

 应交税费——应交增值税（销项税额） 0.13

⑪企业当年研发活动直接形成产品或作为组成部分形成的产品对外销售，取得该批产品销售收入4万元。

借：银行存款 4.52

贷：其他业务收入 4

 应交税费——应交增值税（销项税额） 0.52

（3）研发费用的列报。甲公司2019年度研发费用合计155万元，其中：费用化支出 55 万元，资本化支出 100 万元。资本化支出于 11 月形成无形资产，当月摊销 0.83 万元，该无形资产 2019 年期末账面价值为 98.34 万元（100 - 0.83 × 2）。故该公司的列报为：资产负债表"无形资产"项目反映 98.34 万元，利润表"研发费用"项目反映 56.66 万元（55 + 0.83 × 2）。

（4）可加计扣除的研究开发费用。

①费用化研发支出。2019 年的费用化研发支出 55 万元中，计提的办公楼折旧费 2 万元不适用加计扣除；其他相关费用支出 1 万元，未超过限额，可全额用于计算加计扣除。费用化支出中可加计扣除的研发费用合计 53 万元。

②资本化研发支出。2019 年的资本化研发支出 100 万元中，计提的办公楼折旧费 6 万元和办公费 2 万元不适用加计扣除；其他相关费用支出 8 万元，未超过限额（不得超过可加计扣除研发费用总额的 10%），可全额用于计算加计扣除。资本化支出中可加计扣除的研发费用合计 92 万元。

（5）享受研发费用加计扣除政策的申报。企业取得研发过程中形成的下脚料、残次品、中间试制品等特殊收入 1 万元，在计算确认收入当年的加计扣除研发费用时，应从已归集研发费用中扣减该特殊收入，不足扣减的，加计扣除研发费用按零计算。企业研发活动直接形成产品或作为组成部分形成的产品对外销售的，研发费用中对应的材料费用 2 万元不得加计扣除。

甲公司 2019 年允许加计扣除的费用化支出为 50 万元（53 - 1 - 2），可按规定享受加计扣除优惠政策，项目加计扣除额 = 50 × 75% = 37.5（万元）；形成无形资产的资本化支出合计 100 万元，剔除不允许加计扣除的费用后，加计摊销的资本化研发支出基数为 92 万元，2019 年无形资产的会计核算摊销额为 1.66 万元，计算税前加计摊销额 = （92/120）× 2 × 75% = 1.15（万元）。故 2019 年度汇算清缴中，甲公司本年研发费用加计扣除（摊销）额合计为 38.65 万元（37.5 + 1.15），按 25% 法定税率计算申报享受加计扣除政策合计可减少应纳税额 9.6625 万元。

（6）纳税申报。研发费用加计扣除需要填报《研发支出辅助账汇总表》、《研发项目可加计扣除研究开发费用归集表》、A107012《研发费用加计扣除优惠明细表》、A107010《免税、减计收入及加计扣除优惠明细表》，根据案例资料表 A107012 和 A107010 填报如表 7 - 19、表 7 - 20 所示（单位：万元）。

表 7 - 19　　　　　　　　　研发费用加计扣除优惠明细表　　　　　　　　　A107012

行次	项目	金额（数量）
1	本年可享受研发费用加计扣除项目数量	1
2	一、自主研发、合作研发、集中研发（3 + 7 + 16 + 19 + 23 + 34）	145
3	（一）人员人工费用（4 + 5 + 6）	80
4	1. 直接从事研发活动人员工资薪金	80

行次	项目	金额（数量）
5	2. 直接从事研发活动人员五险一金	
6	3. 外聘研发人员的劳务费用	
7	（二）直接投入费用（8+9+10+11+12+13+14+15）	52
8	1. 研发活动直接消耗材料费用	50
9	2. 研发活动直接消耗燃料费用	
10	3. 研发活动直接消耗动力费用	
11	4. 用于中间试验和产品试制的模具、工艺装备开发及制造费	
12	5. 用于不构成固定资产的样品、样机及一般测试手段购置费	
13	6. 用于试制产品的检验费	
14	7. 用于研发活动的仪器、设备的运行维护、调整、检验、维修等费用	2
15	8. 通过经营租赁方式租入的用于研发活动的仪器、设备租赁费	
16	（三）折旧费用（17+18）	4
17	1. 用于研发活动的仪器的折旧费	
18	2. 用于研发活动的设备的折旧费	4
19	（四）无形资产摊销（20+21+22）	
20	1. 用于研发活动的软件的摊销费用	
21	2. 用于研发活动的专利权的摊销费用	
22	3. 用于研发活动的非专利技术（包括许可证、专有技术、设计和计算方法等）的摊销费用	
23	（五）新产品设计费等（24+25+26+27）	
24	1. 新产品设计费	
25	2. 新工艺规程制定费	
26	3. 新药研制的临床试验费	
27	4. 勘探开发技术的现场试验费	
28	（六）其他相关费用（29+30+31+32+33）	9
29	1. 技术图书资料费、资料翻译费、专家咨询费、高新科技研发保险费	3
30	2. 研发成果的检索、分析、评议、论证、鉴定、评审、评估、验收费用	1
31	3. 知识产权的申请费、注册费、代理费	1
32	4. 职工福利费、补充养老保险费、补充医疗保险费	2.5
33	5. 差旅费、会议费	1.5
34	（七）经限额调整后的其他相关费用	9
35	二、委托研发（36+37+39）	
36	（一）委托境内机构或个人进行研发活动所发生的费用	
37	（二）委托境外机构进行研发活动发生的费用	
38	其中：允许加计扣除的委托境外机构进行研发活动发生的费用	
39	（三）委托境外个人进行研发活动发生的费用	
40	三、年度研发费用小计（2+36×80%+38）	145
41	（一）本年费用化金额	53
42	（二）本年资本化金额	92
43	四、本年形成无形资产摊销额	1.53
44	五、以前年度形成无形资产本年摊销额	
45	六、允许扣除的研发费用合计（41+43+44）	54.53
46	减：特殊收入部分	1
47	七、允许扣除的研发费用抵减特殊收入后的金额（45-46）	53.53
48	减：当年销售研发活动直接形成产品（包括组成部分）对应的材料部分	2
49	减：以前年度销售研发活动直接形成产品（包括组成部分）对应材料部分结转金额	

续表

行次	项目	金额（数量）
50	八、加计扣除比例（%）	75%
51	九、本年研发费用加计扣除总额（47－48－49）×50	38.6475
52	十、销售研发活动直接形成产品（包括组成部分）对应材料部分结转以后年度扣减金额（当47－48－49≥0，本行＝0；当47－48－49＜0，本行＝47－48－49的绝对值）	

表7－20　　　　　　　免税、减计收入及加计扣除优惠明细表　　　　　　A107010

行次	项目	金额
25	三、加计扣除（26＋27＋28＋29＋30）	
26	（一）开发新技术、新产品、新工艺发生的研究开发费用加计扣除（填写A107012）	38.6475

第四节　《所得减免优惠明细表》填报实务与案例解析

一、《所得减免优惠明细表》格式与填报要点

具体格式如表7－21所示。

表7－21　　　　　　　　　　所得减免优惠明细表　　　　　　　　　　A107020

行次	减免项目	项目名称	优惠事项名称	优惠方式	项目收入	项目成本	相关税费	应分摊期间费用	纳税调整额	项目所得额		减免所得额
										免税项目	减半项目	
		1	2	3	4	5	6	7	8	9	10	11（9＋10×50%）
1	一、农、林、牧、渔业项目											
2												
3		小计	*	*								
4	二、国家重点扶持的公共基础设施项目											
5												
6		小计	*	*								
7	三、符合条件的环境保护、节能节水项目											
8												
9		小计	*	*								
10	四、符合条件的技术转让项目		*	*						*	*	*
11			*	*						*	*	*
12		小计	*	*								

续表

行次	减免项目	项目名称	优惠事项名称	优惠方式	项目收入	项目成本	相关税费	应分摊期间费用	纳税调整额	项目所得额 免税项目	项目所得额 减半项目	减免所得额
		1	2	3	4	5	6	7	8	9	10	11（9+10×50%）
13	五、实施清洁机制发展项目		*									
14			*									
15		小计	*	*								
16	六、符合条件的节能服务公司实施合同能源管理项目		*									
17			*									
18		小计	*	*								
19	七、线宽小于130纳米的集成电路生产项目		*									
20			*									
21		小计	*	*								
22	八、线宽小于65纳米或投资额超过150亿元的集成电路生产项目		*									
23			*									
24		小计	*	*								
25	九、其他											
26												
27		小计	*	*								
28	合计	*	*	*								

本表适用于享受所得减免优惠的纳税人填报。纳税人根据税法及相关税收政策规定，填报本年发生的所得减免优惠情况，本期纳税调整后所得（表A100000第19行）为负数的不需填报本表。

根据《财政部 税务总局 国家发展改革委 工业和信息化部关于集成电路生产企业有关企业所得税政策问题的通知》（财税〔2018〕27号）规定，2018年修订版申报表增加"七、线宽小于130纳米的集成电路生产项目"和"八、线宽小于65纳米或投资额超过150亿元的集成电路生产项目"两项内容。

二、《所得减免优惠明细表》具体填报实务与案例解析

【案例7-19】某高新技术企业2017年收入100 000万元，成本50 000万元，利润50 000万元，其中，从事《公共基础设施项目企业所得税优惠目录》属于国家重点扶持的公共基础设施项目规定的电力项目——风电项目的投资经营的减免所得额。风电项目分开核算的减半征收的收入为8 000万元，成本3 000万元，应分摊期间费用20万元。

分析：2017年应纳所得税=（50 000-4 980）×15%+4 980×25%÷2=7375.5（万元），具体填报过程如下：

第一步，计算风电项目减免所得额 = 4 980 × 50% = 2 490（万元）。具体如表 7 - 22 所示。

表 7 - 22　　　　　　　　　　　　所得减免优惠明细表　　　　　　　　　　　　A107020

行次	减免项目	项目名称	优惠事项名称	优惠方式	项目收入	项目成本	相关税费	应分摊期间费用	纳税调整额	免税项目	减半项目	减免所得额
		1	2	3	4	5	6	7	8	9	10	11（9 + 10 × 50%）
4	二、国家重点扶持的公共基础设施项目	风电项目	电力项目	减半征收	8 000	3 000		20			4 980	2 490
5												
6		小计	*	*	8 000	3 000		20			4 980	2 490

第二步，该纳税人应纳税所得额 = 50 000 - 2 490 = 47 510（万元），《减免所得税优惠明细表》第 2 行"国家需要重点扶持的高新技术企业" = 47 510 ×（25% - 15%）= 47 510 × 10% = 4 751（万元）；第 28 行"减：项目所得额按法定税率减半征收企业所得税叠加享受减免税优惠" = 2 490 ×（25% - 15%）= 249（万元）。具体如表 7 - 23、表 7 - 24 所示。

表 7 - 23　　　　　　　　　　　　减免所得税优惠明细表　　　　　　　　　　　　A107040

行次	项目	金额
1	一、符合条件的小型微利企业减免企业所得税	
2	二、国家需要重点扶持的高新技术企业减按 15% 的税率征收企业所得税（填写 A107041）	4 751
28	二十八、减：项目所得额按法定税率减半征收企业所得税叠加享受减免税优惠	249
29	二十九、支持和促进重点群体创业就业企业限额减征企业所得税（29.1 + 29.2）	
29.1	（一）下岗失业人员再就业	
29.2	（二）高校毕业生就业	
30	三十、扶持自主就业退役士兵创业就业企业限额减征企业所得税	
31	三十一、民族自治地方的自治机关对本民族自治地方的企业应缴纳的企业所得税中属于地方分享的部分减征或免征（□免征　□减征：减征幅度＿＿＿%）	
32	合计（1 + 2 + … + 26 + 27 - 28 + 29 + 30 + 31）	4 502

表 7 - 24　　　　　　　　　　　　高新技术企业优惠情况及明细表　　　　　　　　　　　　A107041

		税收优惠基本信息			
1	企业主要产品（服务）发挥核心支持作用的技术所属范围	国家重点支持的高新技术领域	一级领域		
2			二级领域		
3			三级领域		
		税收优惠有关情况			
4	收入指标	一、本年高新技术产品（服务）收入（5 + 6）			
5		其中：产品（服务）收入			
6		技术性收入			
7		二、本年企业总收入（8 - 9）			
8		其中：收入总额			
9		不征税收入			
10		三、本年高新技术产品（服务）收入占企业总收入的比例（4 ÷ 7）			

续表

		税收优惠有关情况				
11	人员指标	四、本年科技人员数				
12		五、本年职工总数				
13		六、本年科技人员占企业当年职工总数的比例（11÷12）				
14	研发费用指标	高新研发费用归集年度	本年度	前一年度	前二年度	合计
			1	2	3	4
15		七、归集的高新研发费用金额（16+25）				
16		（一）内部研究开发投入（17+…+22+24）				
17		1. 人员人工费用				
18		2. 直接投入费用				
19		3. 折旧费用与长期待摊费用				
20		4. 无形资产摊销费用				
21		5. 设计费用				
22		6. 装备调试费与实验费用				
23		7. 其他费用				
24		其中：可计入研发费用的其他费用				
25		（二）委托外部研发费用〔（26+28）×80%〕				
26		1. 境内的外部研发费				
27		2. 境外的外部研发费				
28		其中：可计入研发费用的境外的外部研发费				
29		八、销售（营业）收入				
30		九、三年研发费用占销售（营业）收入的比例（15行4列÷29行4列）				
31	减免税额	十、国家需要重点扶持的高新技术企业减征企业所得税				4 751
32		十一、经济特区和上海浦东新区新设立的高新技术企业定期减免税额				

第三步，填写主表，将上述数据按照勾稽关系过入主表，如表7-25所示。

表 7-25　　　　　中华人民共和国企业所得税年度纳税申报表（A类）　　　　　A100000

行次	类别	项目	金额
1	利润总额计算	一、营业收入（填写A101010\101020\103000）	10 0000
2		减：营业成本（填写A102010\102020\103000）	50 000
3		税金及附加	
4		销售费用（填写A104000）	
5		管理费用（填写A104000）	
6		财务费用（填写A104000）	
7		资产减值损失	
8		加：公允价值变动收益	
9		投资收益	
10		二、营业利润（1-2-3-4-5-6-7+8+9）	50 000
11		加：营业外收入（填写A101010\101020\103000）	
12		减：营业外支出（填写A102010\102020\103000）	
13		三、利润总额（10+11-12）	50 000

行次	类别	项目	金额
14	应纳税所得额计算	减：境外所得（填写 A108010）	
15		加：纳税调整增加额（填写 A105000）	
16		减：纳税调整减少额（填写 A105000）	
17		减：免税、减计收入及加计扣除（填写 A107010）	
18		加：境外应税所得抵减境内亏损（填写 A108000）	
19		四、纳税调整后所得（13 − 14 + 15 − 16 − 17 + 18）	50 000
20		减：所得减免（填写 A107020）	2 490
21		减：弥补以前年度亏损（填写 A106000）	
22	应纳税所得额计算	减：抵扣应纳税所得额（填写 A107030）	
23		五、应纳税所得额（19 − 20 − 21 − 22）	47 510
24	应纳税额计算	税率（25%）	
25		六、应纳所得税额（23 × 24）	11 877.5
26		减：减免所得税额（填写 A107040）	4 502
27		减：抵免所得税额（填写 A107050）	
28		七、应纳税额（25 − 26 − 27）	7 375.5
29		加：境外所得应纳所得税额（填写 A108000）	
30		减：境外所得抵免所得税额（填写 A108000）	
31		八、实际应纳所得税额（28 + 29 − 30）	7 375.5
32		减：本年累计实际已预缴的所得税额	
33		九、本年应补（退）所得税额（31 − 32）	
34		其中：总机构分摊本年应补（退）所得税额（填写 A109000）	
35		财政集中分配本年应补（退）所得税额（填写 A109000）	
36		总机构主体生产经营部门分摊本年应补（退）所得税额（填写 A109000）	

第五节　《抵扣应纳税所得额明细表》填报实务与案例解析

一、《抵扣应纳税所得额明细表》格式与填报要点

具体格式如表 7 − 26 所示。

表 7 − 26　　　　　　　　　　抵扣应纳税所得额明细表　　　　　　　　　　A107030

行次	项目	合计金额	投资于未上市中小高新技术企业	投资于种子期、初创期科技型企业
		1 = 2 + 3	2	3
一、创业投资企业直接投资按投资额一定比例抵扣应纳税所得额				
1	本年新增的符合条件的股权投资额			

续表

行次	项目	合计金额	投资于未上市中小高新技术企业	投资于种子期、初创期科技型企业
		1 = 2 + 3	2	3
2	税收规定的抵扣率	70%	70%	70%
3	本年新增的可抵扣的股权投资额（1×2）			
4	以前年度结转的尚未抵扣的股权投资余额		*	*
5	本年可抵扣的股权投资额（3+4）		*	*
6	本年可用于抵扣的应纳税所得额		*	*
7	本年实际抵扣应纳税所得额			
8	结转以后年度抵扣的股权投资余额		*	*
二、通过有限合伙制创业投资企业投资按一定比例抵扣分得的应纳税所得额				
9	本年从有限合伙创投企业应分得的应纳税所得额			
10	本年新增的可抵扣投资额			
11	以前年度结转的可抵扣投资额余额		*	*
12	本年可抵扣投资额（10+11）		*	*
13	本年实际抵扣应分得的应纳税所得额			
14	结转以后年度抵扣的投资额余额		*	*
三、抵扣应纳税所得额合计				
15	合计（7+13）			

本表适用于享受创业投资企业抵扣应纳税所得额优惠（含结转）的纳税人填报。纳税人根据税法、《国家税务总局关于实施创业投资企业所得税优惠问题的通知》（国税发〔2009〕87号）、《财政部、国家税务总局关于执行企业所得税优惠政策若干问题的通知》（财税〔2009〕69号）、《财政部、国家税务总局关于将国家自主创新示范区有关税收试点政策推广到全国范围实施的通知》（财税〔2015〕116号）、《国家税务总局关于有限合伙制创业投资企业法人合伙人企业所得税有关问题的公告》（国家税务总局公告2015年第81号）、《财政部、税务总局关于创业投资企业和天使投资个人有关税收试点政策的通知》（财税〔2017〕38号）、《国家税务总局关于创业投资企业和天使投资个人税收试点政策有关问题的公告》（国家税务总局公告2017年第20号）等规定，填报本年度发生的创业投资企业抵扣应纳税所得额优惠情况。企业只要本年有新增符合条件的投资额、从有限合伙制创业投资企业分得的应纳税所得额或以前年度结转的尚未抵扣的股权投资余额，无论本年是否抵扣应纳税所得额，均需填报本表。

2017年版申报表在2014年版的基础上，根据财税〔2017〕38号文件的规定，增加了"投资于种子期、初创期科技型企业"列。

二、《抵扣应纳税所得额明细表》勾稽关系

企业同时存在创业投资企业直接投资和通过有限合伙制创业投资企业投资两种情

形的，应先填写本表的"二、通过有限合伙制创业投资企业投资按一定比例抵扣分得的应纳税所得额"。

1. "一、创业投资企业直接投资按投资额一定比例抵扣应纳税所得额"：由创业投资企业（非合伙制）纳税人填报其以股权投资方式直接投资未上市的中小高新技术企业和投资于种子期、初创期科技型企业 2 年（24 个月，下同）以上限额抵免应纳税所得额的金额。对于通过有限合伙制创业投资企业间接投资未上市的中小高新技术企业和投资于种子期、初创期科技型企业享受优惠政策填写本表第 9～14 行。具体行次如下：

（1）第 1 行"本年新增的符合条件的股权投资额"：填报创业投资企业采取股权投资方式投资于未上市的中小高新技术企业和投资于种子期、初创期科技型企业满 2 年的，本年新增的符合条件的股权投资额。本行第 1 列 = 本行第 2 列 + 本行第 3 列。无论企业本年是否盈利，有符合条件的投资额即填报本表，以后年度盈利时填写第 4 行"以前年度结转的尚未抵扣的股权投资余额"。

（2）第 3 行"本年新增的可抵扣的股权投资额"：本行填报第 1×2 行金额。本行第 1 列 = 本行第 2 列 + 本行第 3 列。

（3）第 4 行"以前年度结转的尚未抵扣的股权投资余额"：填报以前年度符合条件的尚未抵扣的股权投资余额。

（4）第 5 行"本年可抵扣的股权投资额"：本行填报第 3 + 4 行的合计金额。

（5）第 6 行"本年可用于抵扣的应纳税所得额"：本行第 1 列填报表 A100000 第 19 - 20 - 21 行 - 本表第 13 行第 1 列"本年实际抵扣应分得的应纳税所得额"的金额，若金额小于 0，则填报 0。

（6）第 7 行"本年实际抵扣应纳税所得额"：若第 5 行第 1 列 ≤ 第 6 行第 1 列，则本行第 1 列 = 第 5 行第 1 列；若第 5 行第 1 列 > 第 6 行第 1 列，则本行第 1 列 = 第 6 行第 1 列。本行第 1 列 = 本行第 2 列 + 本行第 3 列。

（7）第 8 行"结转以后年度抵扣的股权投资余额"：填报本年可抵扣的股权投资额大于本年实际抵扣应纳税所得额时，抵扣后余额部分结转以后年度抵扣的金额。

2. "二、通过有限合伙制创业投资企业投资按一定比例抵扣分得的应纳税所得额"：企业作为有限合伙制创业投资企业的合伙人，通过合伙企业间接投资未上市中小高新技术企业和种子期、初创期科技型企业，享受有限合伙制创业投资企业法人合伙人按投资额的一定比例抵扣应纳税所得额政策，在本部分填报。

（1）第 9 行"本年从有限合伙创投企业应分得的应纳税所得额"：填写企业作为法人合伙人，通过有限合伙制创业投资企业投资未上市的中小高新技术企业或者投资于种子期、初创期科技型企业，无论本年是否盈利、是否抵扣应纳税所得额，只要本年从有限合伙制创业投资企业中分配归属于该法人合伙人的应纳税所得额，需填写本行。

本行第 1 列 = 本行第 2 列 + 本行第 3 列。

（2）第 10 行"本年新增的可抵扣投资额"：填写企业作为法人合伙人，通过有限合伙制创业投资企业投资未上市中小高新技术企业和种子期、初创期科技型企业，本年投资满 2 年符合条件的可抵扣投资额中归属于该法人合伙人的本年新增可抵扣投资额。无论本年是否盈利、是否需要抵扣应纳税所得额，均需填写本行。本行第 1 列 = 本行第 2 列 + 本行第 3 列。

有限合伙制创业投资企业的法人合伙人对未上市中小高新技术企业和种子期、初创期科技型企业的投资额，按照有限合伙制创业投资企业的投资额和合伙协议约定的法人合伙人占有限合伙制创业投资企业的出资比例计算确定。其中，有限合伙制创业投资企业的投资额按实缴投资额计算；法人合伙人占有限合伙制创业投资企业的出资比例按法人合伙人对有限合伙制创业投资企业的实缴出资额占该有限合伙制创业投资企业的全部实缴出资额的比例计算。

（3）第 11 行"以前年度结转的可抵扣投资额余额"：填写法人合伙人上年度未抵扣，可以结转到本年及以后年度的抵扣投资额。

（4）第 12 行"本年可抵扣投资额"：填写本年法人合伙人可用于抵扣的投资额合计，包括本年新增和以前年度结转两部分，等于第 10 行 + 第 11 行。

（5）第 13 行"本年实际抵扣应分得的应纳税所得额"：填写本年法人合伙人享受优惠实际抵扣的投资额，本行第 1 列为第 9 行第 1 列"本年从有限合伙创投企业应分得的应纳税所得额"、第 12 行第 1 列"本年可抵扣投资额"、主表第 19 − 20 − 21 行的三者孰小值，若金额小于 0，则填报 0。本行第 1 列 = 第 2 + 第 3 列。

（6）第 14 行"结转以后年度抵扣的投资额余额"：本年可抵扣投资额大于应分得的应纳税所得额时，抵扣后余额部分结转以后年度抵扣的金额。

3. "三、抵扣应纳税所得额合计"：上述优惠合计额，代入表 A100000 计算应纳税所得额。

第 15 行"合计" = 第 7 + 第 13 行。本行第 1 列 = 本行第 2 + 第 3 列。

4. 列次填报：第 1 列填报抵扣应纳税所得额的整体情况，第 2 列填报投资于未上市中小高新技术企业部分，第 3 列填报投资于种子期、初创期科技型企业部分。

三、《抵扣应纳税所得额明细表》填报实务

（一）股权投资如何享受税收优惠

只有对非上市中小高新技术企业以及投资于种子期、初创期科技型企业的股权投

资才能享受按照投资额的 70% 抵扣应纳税所得额的税收优惠。因此，企业应在"长期股权投资""可供出售金融资产"等相关会计科目明细账中严格区分享受税收优惠的股权投资额与不享受税收优惠的股权投资额。需要注意的是，投资时被投资企业属于非上市中小高新技术企业，之后企业规模超过中小企业标准，但仍符合高新技术企业标准的，不影响创业投资企业享受有关税收优惠。

（二）投资期限满 2 年方能享受税收优惠

1. 被投资企业经认定符合高新技术企业标准的，应自其被认定为高新技术企业的年度起，计算创业投资企业的投资期限。

2. 非上市中小高新技术企业接受投资后在 2 年内如果因为不符合高新技术企业标准而被取消认定，则该项股权投资不能享受税收优惠。

【案例 7 - 20】甲创业投资企业于 2010 年 1 月以股权投资方式投资 A 企业，但 A 企业至 2013 年 1 月才被认定为高新技术企业，则甲企业只能从 2013 年 1 月起满 24 个月的当年，即 2015 年方能享受此项税收优惠。如果甲企业在 A 企业被认定为高新技术企业后 24 个月内处置了此项股权，虽然甲企业实际持有 A 企业股权超过了 24 个月，也不能享受此项税收优惠。

本例中，如果 A 企业 2015 年 1 月前被取消高新技术资格认定，则甲企业不能享受此项税收优惠，必须等待 A 企业重新达到高新技术标准后，才能再重新计算 24 个月的最短股权持有期。

如果创业投资企业分多次向非上市中小高新技术企业进行股权投资，则每次投资要分别计算 24 个月的投资期限。例如，甲创业投资企业分别于 2011 年 1 月、2012 年 10 月和 2014 年 3 月以股权投资方式投资 B 企业，B 企业至 2013 年 1 月才被认定为高新技术企业，如果 B 企业始终符合高新技术企业认定条件，则甲企业的前 2 笔投资从 B 企业被认定为高新技术企业时起满 24 个月的当年，即 2015 年享受此项税收优惠；而第 3 笔投资从投资起满 24 个月的当年，即 2016 年享受优惠。

（三）应注意本年新增符合条件的股权投资额的计算

"抵扣应纳税所得额明细表"第 1 行"本年新增的符合条件的股权投资额"应填写本年新增符合条件的股权投资额。本年处置过股权投资的企业需注意，不能直接用本年末符合条件的股权投资额减去上年末符合条件的股权投资额作为新增符合条件的股权投资额，还需要核实被处置的股权投资是否符合税收优惠条件。本年新增的符合条件的股权投资额 = 本年末符合条件的股权投资额 -（上年末符合条件的股权投资额 - 本年处置的符合条件股权投资额），以上所称股权投资额均指创业投资企业股权投资的原始成本，不包含日后被投资企业增加的所有者权益中归属于投资企业的份额。

【**案例 7 - 21**】甲企业 2017 年末有符合条件的股权投资额 1 000 万元，2018 年末变更为 1 200 万元，2018 年全年处置了符合条件的股权投资额 200 万元，则新增的符合条件的股权投资额 = 1 200 - (1 000 - 200) = 400（万元）。该金额的 70% 即 280 万元（400 × 70%），为本年新增可抵扣的股权投资额。

本例中，如果甲企业的股权投资以可供出售金融资产或长期股权投资的权益法核算，计算本年末符合条件的股权投资额、上年末符合条件的股权投资额和本年处置的符合条件股权投资额时，要剔除由于被投资企业所有者权益变动对股权投资科目的影响。例如，甲企业的某项股权投资初始成本为 500 万元，并以长期股权投资的权益法核算，由于被投资企业所有者权益变动导致年末长期股权投资账户余额增加到 600 万元，增加的 100 万元不能作为计算可抵扣股权投资额的基数。

（四）应注意抵扣应纳税所得额的顺序

计算应纳税所得额时，应纳税所得额和弥补以前年度亏损的抵扣顺序发生重大改变。2014 年版企业所得税年度纳税申报表的主表第 21 行是"抵扣应纳税所得额"项目，第 22 行是"弥补以前年度亏损"项目。2017 年版企业所得税年度纳税申报表的主表第 21 行是"弥补以前年度亏损"项目，第 22 行是"抵扣应纳税所得额"项目，即将第 21 行和第 22 行计算顺序进行对调。这说明创业投资企业抵扣应纳税所得额的税收优惠政策中，所指的应纳税所得额是指先减去所得减免和弥补以前年度亏损后的所得额，由于弥补亏损要受 5 年期限的限制，而创业投资企业如果当期应纳税所得额不足抵扣的，可以无限期结转以后纳税期间继续抵扣，这对于相关创业投资企业更加有利。

【**案例 7 - 22**】甲企业 2017 年纳税调整后所得为 400 万元，弥补以前年度亏损为 100 万元，则弥补亏损后金额 = 400 - 100 = 300（万元），应先填写《企业所得税弥补亏损明细表》。本年新增的符合条件的股权投资额 400 万元，以前年度结转的尚未抵扣的股权投资余额 100 万元，本年可抵扣的股权投资额 = 400 × 70% + 100 = 380（万元），由于弥补亏损后应纳税所得额小于可抵扣股权投资额，实际抵扣的应纳税所得额 = 弥补亏损后可用于抵扣的应纳税所得额 = 300（万元），可抵扣股权投资额大于弥补亏损后应纳税所得额的余额 = 380 - 300 = 80（万元），可结转以后纳税年度抵扣。应填报"抵扣应纳税所得额明细表"，如表 7 - 27 所示（单位：万元）。

表 7 - 27	抵扣应纳税所得额明细表	A107030

行次	项目	投资于未上市中小高新技术企业
		2
一、创业投资企业直接投资按投资额一定比例抵扣应纳税所得额		
1	本年新增的符合条件的股权投资额	400
2	税收规定的抵扣率	70%
3	本年新增的可抵扣的股权投资额（1 × 2）	280
4	以前年度结转的尚未抵扣的股权投资余额	100

续表

行次	项目	投资于未上市中小高新技术企业
		2
5	本年可抵扣的股权投资额（3＋4）	380
6	本年可用于抵扣的应纳税所得额	300
7	本年实际抵扣应纳税所得额	300
8	结转以后年度抵扣的股权投资余额	80

同时，"抵扣应纳税所得额明细表"第7行"本年实际抵扣应纳税所得额"的数据会代入主表第21行，主表计算应纳税所得额。具体如表7－28所示（单位：万元）。

表7－28　　　　　　　中华人民共和国企业所得税年度纳税申报表（A类）　　　　A100000

行次	类别	项目	金额
19		四、纳税调整后所得（13－14＋15－16－17＋18）	400
20	应纳税所得额计算	减：所得减免（填写A107020）	0
21		减：弥补以前年度亏损（填写A106000）	100
22		减：抵扣应纳税所得额（填写A107030）	300
23		五、应纳税所得额（19－20－21－22）	0

【案例7－23】承〖案例7－22〗，如果其他条件不变，纳税调整后所得为500万元，弥补以前年度亏损为100万元，弥补亏损后金额为400万元，由于弥补亏损后应纳税所得额大于可抵扣股权投资额，实际抵扣应纳税所得额＝可用于抵扣的股权投资额＝380（万元），应纳税所得额＝400－380＝20（万元），结转以后年度抵扣的股权投资无余额。具体纳税申报填报实务如表7－29、表7－30所示（单位：万元）。

表7－29　　　　　　　　　　　抵扣应纳税所得额明细表　　　　　　　　　　A107030

行次	项目	投资于未上市中小高新技术企业
		2
一、创业投资企业直接投资按投资额一定比例抵扣应纳税所得额		
1	本年新增的符合条件的股权投资额	400
2	税收规定的抵扣率	70%
3	本年新增的可抵扣的股权投资额（1×2）	280
4	以前年度结转的尚未抵扣的股权投资余额	100
5	本年可抵扣的股权投资额（3＋4）	380
6	本年可用于抵扣的应纳税所得额	380
7	本年实际抵扣应纳税所得额	380
8	结转以后年度抵扣的股权投资余额	0

表7－30　　　　　　　中华人民共和国企业所得税年度纳税申报表（A类）　　　　A100000

行次	类别	项目	金额
19		四、纳税调整后所得（13－14＋15－16－17＋18）	500
20	应纳税所得额计算	减：所得减免（填写A107020）	0
21		减：弥补以前年度亏损（填写A106000）	100
22		减：抵扣应纳税所得额（填写A107030）	380
23		五、应纳税所得额（19－20－21－22）	20

【案例7-24】 甲企业对未上市中小高新技术企业满2年的直接股权投资额为400万元，则可以抵扣应纳税所得额相当于投资额的70%即280万元，如果甲企业当年的应纳税所得额为300万元，则抵扣后应纳税所得额为20万元。如果甲企业是通过有限合伙间接投资于未上市中小高新技术企业，且归属于甲的投资额仍为400万元，可以抵扣应纳税所得额仍为280万元。如果甲企业当年的应纳税所得额为300万元，但是从有限合伙分得的应纳税所得额为180万元，则甲只能抵扣从有限合伙分得的部分。抵扣后甲的应纳税所得额 = 300 - 180 = 120（万元）。当年抵扣后仍有100万元余额，需留待以后年度从来自该有限合伙的应纳税所得额中抵扣。

【案例7-25】 2012年11月1日，张先生和甲公司（查账征收，所得税税率25%）合伙成立有限合伙制创业投资企业A、B、C，其中，张某为普通合伙人（general partner，GP），甲公司为有限合伙人（limited partner，LP），合伙比例均为2:8，张先生对合伙企业A、B、C实缴出资均为200万元，甲公司对合伙企业A、B、C实缴出资均为800万元。

2013年11月1日，创投A投资于未上市中小高新技术企业a1与非中小高新技术企业a2，实缴投资均为200万元；创投B投资于未上市中小高新技术企业b1与非中小高新技术企业b2，实缴投资均为200万元；创投C投资于未上市中小高新技术企业c，实缴投资100万元。

2015年12月1日，创投B将其对b2的股权以600万元的价格转让给非关联方D公司。

创投A 2015年度应纳税所得额200万元（其中含a2分配的股息红利所得20万元），A合伙协议约定合伙比例为5:5。创投B 2015年度应纳税所得额300万元（不含对b2的股权转让所得），甲公司与张某《合伙协议》未约定分配比例，双方协商也未达成一致意见。创投C 2015年度税收亏损额为300万元。甲公司2015年度不考虑创投A、B、C应纳税所得额的情况下，纳税调整后所得为500万元。

假设甲公司历年无可弥补亏损，不考虑其他纳税调整因素，甲公司2015年度应纳所得税额计算过程如下：

甲公司间接投资a2取得的股息红利，不得享受居民企业间股息红利免税的所得税优惠，因此，甲公司自创投A应分得的应纳税所得额 = 200×50% = 100（万元）；2015年10月，甲公司通过创投A间接投资未上市中小高新技术企业a1满2年，2015年符合投资抵免条件；a2为非中小高新技术企业，投资额不得享受抵免。因此，对于a1，当年可抵扣的投资额 = 200×（800÷1 000）×70% = 112（万元）。

股权转让所得需并入创投B的应纳税所得额。另外，对于创投B，甲公司与张某《合伙协议》未约定分配比例且未协商一致，因此，双方应按实缴出资比例进行分配，甲公司自创投B应分得的应纳税所得额 = [300 + （600 - 200）]×（800÷1 000） = 560（万元）；2015年10月甲公司通过创投B间接投资未上市中小高新技术企业b1满2年，符合投资抵免条件，对于b1，当年可抵扣的投资额 = 200×（800÷1 000）×70% = 112（万元）。

《财政部、国家税务总局关于合伙企业合伙人所得税问题的通知》（财税〔2008〕159 号）规定，合伙企业的合伙人是法人和其他组织的，合伙人在计算其缴纳企业所得税时，不得用合伙企业的亏损抵减其盈利。因此，对于 C，2015 年度税收亏损额 300 万元不并入甲公司当年应纳税所得额。甲公司通过创投 C 间接投资未上市中小高新技术企业 c 满 2 年，符合投资抵免条件。对于 c，当年可抵扣的投资额 = 100 × （800 ÷ 1 000）× 70% = 56（万元）。

合并计算后，甲公司可抵扣的投资额 = 112 + 112 + 56 = 280（万元），从创投 A 和 B 分得应纳税所得额 = 100 + 560 = 660（万元），280 万元 < 660 万元，因此，其可抵扣的投资额 280 万元在 2015 年度可全额抵扣；甲公司 2015 年度应纳税所得额 = 500 + 100 + 560 − 280 = 880（万元）；甲公司 2015 年度应纳所得税额 = 880 × 25% = 220（万元）。

第六节　《减免所得税优惠明细表》填报实务与案例解析

一、《减免所得税优惠明细表》格式与填报要点

具体格式如表 7 − 31 所示。

表 7 − 31　　　　　　　　　　减免所得税优惠明细表　　　　　　　　　　A107040

行次	项目	金额
1	一、符合条件的小型微利企业减免企业所得税	
2	二、国家需要重点扶持的高新技术企业减按 15% 的税率征收企业所得税（填写 A107041）	
3	三、经济特区和上海浦东新区新设立的高新技术企业在区内取得的所得定期减免企业所得税（填写 A107041）	
4	四、受灾地区农村信用社免征企业所得税	*
5	五、动漫企业自主开发、生产动漫产品定期减免企业所得税	
6	六、线宽小于 0.8 微米（含）的集成电路生产企业减免企业所得税（填写 A107042）	
7	七、线宽小于 0.25 微米的集成电路生产企业减按 15% 税率征收企业所得税（填写 A107042）	
8	八、投资额超过 80 亿元的集成电路生产企业减按 15% 税率征收企业所得税（填写 A107042）	
9	九、线宽小于 0.25 微米的集成电路生产企业减免企业所得税（填写 A107042）	
10	十、投资额超过 80 亿元的集成电路生产企业减免企业所得税（填写 A107042）	
11	十一、新办集成电路设计企业减免企业所得税（填写 A107042）	
12	十二、国家规划布局内集成电路设计企业可减按 10% 的税率征收企业所得税（填写 A107042）	
13	十三、符合条件的软件企业减免企业所得税（填写 A107042）	

行次	项目	金额
14	十四、国家规划布局内重点软件企业可减按 10% 的税率征收企业所得税（填写 A107042）	
15	十五、符合条件的集成电路封装、测试企业定期减免企业所得税（填写 A107042）	
16	十六、符合条件的集成电路关键专用材料生产企业、集成电路专用设备生产企业定期减免企业所得税（填写 A107042）	
17	十七、经营性文化事业单位转制为企业的免征企业所得税	
18	十八、符合条件的生产和装配伤残人员专门用品企业免征企业所得税	
19	十九、技术先进型服务企业（服务外包类）减按 15% 的税率征收企业所得税	
20	二十、技术先进型服务企业（服务贸易类）减按 15% 的税率征收企业所得税	
21	二十一、设在西部地区的鼓励类产业企业减按 15% 的税率征收企业所得税	
22	二十二、新疆困难地区新办企业定期减免企业所得税	
23	二十三、新疆喀什、霍尔果斯特殊经济开发区新办企业定期免征企业所得税	
24	二十四、广东横琴、福建平潭、深圳前海等地区的鼓励类产业企业减按 15% 税率征收企业所得税	
25	二十五、北京冬奥组委、北京冬奥会测试赛赛事组委会免征企业所得税	
26	二十六、线宽小于 130 纳米的集成电路生产企业减免企业所得税（填写 A107042）	
27	二十七、线宽小于 65 纳米或投资额超过 150 亿元的集成电路生产企业减免企业所得税（填写 A107042）	
28	二十八、其他（28.1 + 28.2 + 28.3）	
28.1	（一）从事污染防治的第三方企业减按 15% 的税率征收企业所得税	
28.2	（二）其他1	
28.3	（三）其他2	
29	二十九、减：项目所得额按法定税率减半征收企业所得税叠加享受减免税优惠	
30	三十、支持和促进重点群体创业就业企业限额减征企业所得税（30.1 + 30.2）	
30.1	（一）企业招用建档立卡贫困人口就业扣减企业所得税	
30.2	（二）企业招用登记失业半年以上人员就业扣减企业所得税	
31	三十一、扶持自主就业退役士兵创业就业企业限额减征企业所得税	
32	三十二、民族自治地方的自治机关对本民族自治地方的企业应缴纳的企业所得税中属于地方分享的部分减征或免征（□免征□减征：减征幅度____%）	
33	合计（1 + 2 + … + 28 − 29 + 30 + 31 + 32）	

本表适用于享受所得减免优惠政策的纳税人填报。纳税人根据税法及相关税收政策规定，填报本年发生的所得减免优惠情况，《中华人民共和国企业所得税年度纳税申报表（A 类）》（A100000）第 19 行"纳税调整后所得"为负数的，无须填报本表。

2018 年修订版申报表整合"受灾地区农村信用社免征企业所得税"政策的填报行次。根据《财政部 税务总局 商务部 科技部 国家发展改革委关于将服务贸易创新发展试点地区技术先进型服务企业所得税政策推广至全国实施的通知》（财税〔2018〕44号）的规定，将第 20 行项目名称修订为"二十、服务贸易类技术先进型服务企业减按15% 的税率征收企业所得税"；根据《财政部 税务总局 国家发展改革委 工业和信息化部关于集成电路生产企业有关企业所得税政策问题的通知》（财税〔2018〕27 号）的规定，增加"二十六、线宽小于 130 纳米的集成电路生产企业减免企业所得税"和"二十七、线宽小于 65 纳米或投资额超过 150 亿元的集成电路生产企业减免企业所得税"两项内容。

《国家税务总局〈关于修订中华人民共和国企业所得税月（季）度预缴纳税申报表（A类 2018 年版）〉等部分表单样式及填报说明的公告》（国家税务总局公告 2019 年第 3 号）规定，2019 年度及以后年度企业所得税预缴和汇算清缴纳税申报时，将《减免所得税优惠明细表》（A107040）第 1 行"一、符合条件的小型微利企业减免企业所得税"的填报说明修改为"填报享受小型微利企业普惠性所得税减免政策减免企业所得税的金额。本行填报根据本期《中华人民共和国企业所得税年度纳税申报表（A类）》（A100000）第 23 行计算的减免企业所得税的本年金额"。

二、《减免所得税优惠明细表》填报实务

按照《财政部、税务总局关于进一步扩大小型微利企业所得税优惠政策范围的通知》（财税〔2018〕77 号）和《国家税务总局关于贯彻落实进一步扩大小型微利企业所得税优惠政策范围有关征管问题的公告》（国家税务总局公告 2018 年第 40 号）的相关规定，自 2018 年 1 月 1 日至 2020 年 12 月 31 日，将小型微利企业的年应纳税所得额上限由 50 万元提高至 100 万元，对年应纳税所得额低于 100 万元（含 100 万元）的小型微利企业，其所得减按 50% 计入应纳税所得额，按 20% 的税率缴纳企业所得税。上述所称小型微利企业，是指从事国家非限制和禁止行业，并符合下列条件的企业：工业企业，年度应纳税所得额不超过 100 万元，从业人数不超过 100 人，资产总额不超过 3 000 万元；其他企业，年度应纳税所得额不超过 100 万元，从业人数不超过 80 人，资产总额不超过 1 000 万元。所以，2018 年度企业所得税汇算清缴纳税申报应按照上述标准判断是否符合小型微利企业标准。

按照《财政部、税务总局关于实施小微企业普惠性税收减免政策的通知》（财税〔2019〕13 号）和《国家税务总局关于实施小型微利企业普惠性所得税减免政策有关问题的公告》（国家税务总局公告 2019 年第 2 号）的相关规定，小型微利企业是指从事国家非限制和禁止行业，且同时符合年度应纳税所得额不超过 300 万元、从业人数不超过 300 人、资产总额不超过 5 000 万元三个条件的企业。自 2019 年 1 月 1 日至 2021 年 12 月 31 日，对小型微利企业年应纳税所得额不超过 100 万元的部分，减按 25% 计入应纳税所得额，按 20% 的税率缴纳企业所得税；对年应纳税所得额超过 100 万元但不超过 300 万元的部分，减按 50% 计入应纳税所得额，按 20% 的税率缴纳企业所得税。从业人数，包括与企业建立劳动关系的职工人数和企业接受的劳务派遣用工人数。小型微利企业在预缴和汇算清缴企业所得税时，通过填写纳税申报表相关内容，即可享受小型微利企业所得税减免政策。

【案例 7-26】A 公司从事国家非限制和禁止行业，企业所得税征收方式为查账征

收，2017 年利润总额为 35 万元，前四个季度预缴企业所得税 0.5 万元，2017 年度企业所得税汇算清缴纳税调整后应纳税所得额 40 万元，全年平均从业人数 49 人，资产总额 72 万元。

分析：该企业符合《财政部、国家税务总局关于扩大小型微利企业所得税优惠政策范围的通知》（财税〔2017〕43 号）、《国家税务总局关于贯彻落实扩大小型微利企业所得税优惠政策范围有关征管问题的公告》（国家税务总局公告 2017 年第 23 号）等相关税收政策规定的有关小型微利企业税收优惠条件，即自 2017 年 1 月 1 日至 2019 年 12 月 31 日，小型微利企业的年应纳税所得额上限由 30 万元提高至 50 万元，对年应纳税所得额低于 50 万元（含 50 万元）的小型微利企业，其所得减按 50% 计入应纳税所得额，按 20% 的税率缴纳企业所得税，都适用"减半征税"。A 公司可享受的减免税额 = 400 000 × 15% = 60 000（元），将 60 000 元填入《企业所得税年度纳税申报表（A 类，2017 年版）》A107040《减免所得税优惠明细表》第 1 行"一、符合条件的小型微利企业减免企业所得税"第 1 列。本年应补（退）的所得税额 = 400 000 × 25% - 600 000 - 5 000 = 350 000（元）。具体填报如表 7 - 32 所示（单位：元）。

表 7 - 32　　　　　　　　　　减免所得税优惠明细表　　　　　　　　　　A107040

行次	项目	金额
1	一、符合条件的小型微利企业减免企业所得税	60 000

【案例 7 - 27】B 公司从事国家非限制和禁止行业，企业所得税征收方式为查账征收，2018 年利润总额为 70 万元，2018 年度企业所得税汇算清缴纳税调整后应纳税所得额 90 万元，全年平均从业人数 78 人，资产总额 680 万元。

分析：该企业符合《财政 税务总局关于进一步扩大小型微利企业所得税优惠政策范围的通知》（财税〔2018〕77 号）、《国家税务总局关于贯彻落实进一步扩大小型微利企业所得税优惠政策范围有关征管问题的公告》（国家税务总局公告 2018 年第 40 号）等相关税收政策规定的有关小型微利企业税收优惠条件，即自 2018 年 1 月 1 日至 2020 年 12 月 31 日，小型微利企业的年应纳税所得额上限由 50 万元提高至 100 万元，对年应纳税所得额低于 100 万元（含 100 万元）的小型微利企业，其所得减按 50% 计入应纳税所得额，按 20% 的税率缴纳企业所得税。B 公司可享受的减免税额 = 900 000 × 15% = 135 000（元），汇算清缴时将 135 000 元填入《企业所得税年度纳税申报表（A 类，2017 版）》A107040《减免所得税优惠明细表》第 1 行"一、符合条件的小型微利企业减免企业所得税"第 1 列。本年应补（退）的所得税额 = 900 000 × 25% - 135 000 = 9 000（元）。具体填报如表 7 - 33 所示（单位：元）。

表 7 - 33　　　　　　　　　　减免所得税优惠明细表　　　　　　　　　　A107040

行次	项目	金额
1	一、符合条件的小型微利企业减免企业所得税	135 000

【**案例 7 – 28**】C 公司从事国家非限制和禁止行业，企业所得税征收方式为查账征收，2019 年利润总额为 315 万元，2019 年企业所得税汇算清缴纳税调整后应纳税所得额 280 万元，全年平均从业人数 218 人，资产总额 3 680 万元。

分析：按照 2019 年 1 月 9 日国务院常务会议精神以及《财政部、税务总局关于实施小微企业普惠性税收减免政策的通知》（财税〔2019〕13 号）和《国家税务总局关于实施小型微利企业普惠性所得税减免政策有关问题的公告》（国家税务总局公告 2019 年第 2 号）的规定，国家将放宽小型微利企业标准并加大优惠力度，放宽小型微利企业标准就是放宽认定条件，放宽后的条件为：企业资产总额 5 000 万元以下、从业人数 300 人以下、应纳税所得额 300 万元以下。同时，大幅放宽可享受所得税优惠的小型微利企业标准，对其年应纳税所得额不超过 100 万元、100 万 ~ 300 万元的部分，分别减按 25%、50% 计入应纳税所得额，使税负降至 5% 和 10%。

按照上述政策 C 公司 2019 年应纳税所得额 280 万元，其中 100 万元按照 25% 计入应纳税所得额，180 万元按照 50% 计入应纳税所得额，实际缴纳企业所得税 = 100 × 5% +（280 – 100）× 10% = 5 + 18 = 23（万元），减免企业所得税 = 280 × 25% – 23 = 70 – 23 = 47（万元），汇算清缴时将 470 000 元填入《企业所得税年度纳税申报表（A 类，2017 版）》A107040《减免所得税优惠明细表》第 1 行"一、符合条件的小型微利企业减免企业所得税"第 1 列。本年应补（退）的所得税额 = 2 800 000 × 25% – 470 000 = 230 000（元）。具体填报如表 7 – 34 所示（单位：元）。

表 7 – 34	减免所得税优惠明细表	A107040
行次	项目	金额
1	一、符合条件的小型微利企业减免企业所得税	470 000

【**案例 7 – 29**】甲企业设在西部地区的鼓励类产业企业，企业所得税征收方式为查账征收，2020 年利润总额为 100 万元，2020 年度企业所得税汇算清缴纳税调整后应纳税所得额 120 万元。该企业享受设在西部地区的鼓励类产业企业减按 15% 的税率征收企业所得税，减免所得税金额 = 120 ×（25% – 15%）= 12（万元）。具体填报如表 7 – 35 所示（单位：元）。

表 7 – 35	减免所得税优惠明细表	A107040
行次	项目	金额
21	二十一、设在西部地区的鼓励类产业企业减按 15% 的税率征收企业所得税	120 000

【**案例 7 – 30**】战成公司属于符合税法优惠条件的节能服务公司，2018 年度纳税调整后所得为 280 000 元，其中 260 000 元为实施合同能源管理的项目所得，假设不考虑其他纳税调整和税收优惠事项。

分析：符合条件的小型微利企业享受所得税减低税率优惠的同时，还叠加享受项目（目前有农、林、牧、渔业项目、国家重点扶持的公共基础设施项目、符合条件的环境保护、节能节水项目、符合条件的技术转让项目、实施清洁发展机制项目、符合条件的节能服务公司实施合同能源管理项目）所得减半征税优惠，需要按下列顺序填报主表、表 A107020 和表 A107040 的相关行次。

①主表第 19 行"纳税调整后所得"，填报 280 000 元。

②表 A107020 第 16 行"六、符合条件的节能服务公司实施合同能源管理项目"第 10 列"项目所得额——减半项目"填报 260 000 元，第 7 列分别填报 130 000 元（260 000 × 50%）。

③主表第 20 行"减：所得减免"，填报 130 000 元。

④主表第 23 行"应纳税所得额"，填报 150 000 元。

⑤主表第 25 行"应纳所得税额"，填报 37 500 元（150 000 × 25%）。

⑥表 A107040 第 1 行"符合条件的小型微利企业减免企业所得税"，填报 7 500 元 [150 000 × (25% - 20%)]。

⑦减半后的项目所得额应适用法定税率征税，不得适用低税率征税。表 A107040 第 28 行"二十八、减：项目所得额按法定税率减半征收企业所得税叠加享受减免税优惠"：纳税人同时享受优惠税率和所得项目减半情形下，在填报本表低税率优惠时，所得项目按照优惠税率减半计算多享受优惠的部分。

企业从事农林牧渔业项目、国家重点扶持的公共基础设施项目、符合条件的环境保护、节能节水项目、符合条件的技术转让、其他专项优惠等所得额应按法定税率 25% 减半征收，同时享受小型微利企业、高新技术企业、技术先进型服务企业、集成电路线宽小于 0.25 微米或投资额超过 80 亿元人民币集成电路生产企业、国家规划布局内重点软件企业和集成电路设计企业等优惠税率政策，由于申报表填报顺序，按优惠税率减半叠加享受减免税优惠部分，应在本行对该部分金额进行调整。本行应大于等于 0 且小于等于第 1 + 2 + … + 20 + 22 + … + 27 行的值。

计算公式：本行 = 减半项目所得额 × 50% × (25% - 优惠税率)。

因此，表 A107040 第 28 行"减：项目所得额按法定税率减半征收企业所得税叠加享受减免税优惠"，填报 6 500 元 [130 000 × (25% - 20%)]。

⑧表 A107040 第 29 行"合计"，填报 1 000 元（7 500 - 6 500）。

⑨主表第 26 行"减：减免所得税额"，填报 1 000 元。

⑩主表第 28 行"应纳税额"，填报 36 500 元（37 500 - 1 000）。该"应纳税额"也可以用另一种方法计算验证，减半后的项目所得 130 000 元适用 25% 的税率，非项目所得 20 000 元适用 20% 的税率，"应纳税额" = 130 000 × 25% + 20 000 × 20% = 32 500 + 4 000 = 36 500（元）。

具体申报填报如表 7 - 36、表 7 - 37 所示（单位：元）。

表 7 - 36　　　　　中华人民共和国企业所得税年度纳税申报表（A 类）　　　　A100000

行次	类别	项目	金额
19		四、纳税调整后所得（13 - 14 + 15 - 16 - 17 + 18）	280 000
20		减：所得减免（填写 A107020）	130 000
21		减：抵扣应纳税所得额（填写 A107030）	
22		减：弥补以前年度亏损（填写 A106000）	
23	应纳税额计算	五、应纳税所得额（19 - 20 - 21 - 22）	150 000
24		税率（25%）	25%
25		六、应纳所得税额（23 × 24）	37 500
26		减：减免所得税额（填写 A107040）	1 000
27		减：抵免所得税额（填写 A107050）	
28		七、应纳税额（25 - 26 - 27）	36 500

表 7 - 37　　　　　　　　　　　减免所得税优惠明细表　　　　　　　　　　　A107040

行次	项目	金额
1	一、符合条件的小型微利企业减免企业所得税	7 500
28	二十八、减：项目所得额按法定税率减半征收企业所得税叠加享受减免税优惠	6 500
32	合计（1 + 2 + … + 26 + 27 - 28 + 29 + 30 + 31）	1 000

【案例 7 - 31】青岛瑞丰管理咨询有限公司因业务需要分别于 2020 年 3 月、5 月各招录了 1 名自主就业退役士兵，10 月又招录了 2 名自主就业退役士兵，后续未招录。若四位退役士兵以前年度未享受退役士兵创业就业税收优惠，当月签订劳动合同并缴纳社会保险，针对该项税收优惠，该企业属于小微企业当年实际缴纳增值税、城市维护建设税、教育费附加和地方教育附加合计为 0 元。青岛市定额标准为每人每年 9 000 元。

分析：《财政部、税务总局、退役军人部关于进一步扶持自主就业退役士兵创业就业有关税收政策的通知》（财税〔2019〕21 号）规定，企业招用自主就业退役士兵，与其签订 1 年以上期限劳动合同并依法缴纳社会保险费的，自签订劳动合同并缴纳社会保险当月起，在 3 年内按实际招用人数予以定额依次扣减增值税、城市维护建设税、教育费附加、地方教育附加和企业所得税优惠。定额标准为每人每年 6 000 元，最高可上浮 50%，各省、自治区、直辖市人民政府可根据本地区实际情况在此幅度内确定具体定额标准。企业按招用人数和签订的劳动合同时间核算企业减免税总额，在核算减免税总额内每月依次扣减增值税、城市维护建设税、教育费附加和地方教育附加。

企业实际应缴纳的增值税、城市维护建设税、教育费附加和地方教育附加小于核算减免税总额的，以实际应缴纳的增值税、城市维护建设税、教育费附加和地方教育附加为限；实际应缴纳的增值税、城市维护建设税、教育费附加和地方教育附加大于核算减免税总额的，以核算减免税总额为限。纳税年度终了，如果企业实际减免的增值税、城市维护建设税、教育费附加和地方教育附加小于核算减免税总额，企业在企业所得税汇算清缴时以差额部分扣减企业所得税。当年扣减不完的，不再结转以后年度扣减。自主就业退役士兵在企业工作不满1年的，应当按月换算减免税限额。

计算公式为：

$$企业核算减免税总额 = \sum 每名自主就业退役士兵本年度在本单位工作月份$$
$$\div 12 \times 具体定额标准$$

城市维护建设税、教育费附加、地方教育附加的计税依据是享受本项税收优惠政策前的增值税应纳税额。

本例中，该企业2020年该项税收优惠政策可以减免税总额 = 9 000 × 10 ÷ 12 + 9 000 × 8 ÷ 12 + 2 × (9 000 × 3 ÷ 12) = 18 000（元）。假设当年应纳企业所得税为12 000元，本年只能抵减12 000元，当年扣减不完的6 000元，不再结转以后年度扣减。企业所得税年度纳税申报填写实务如表7-38所示（单位：元）。

表7-38　　　　　　　　　　　减免所得税优惠明细表　　　　　　　　　　A107040

行次	项目	金额
31	三十一、扶持自主就业退役士兵创业就业企业限额减征企业所得税	12 000

【案例7-32】上海何博咨询公司2020年度招用了4名重点群体人员（其中，高校毕业生3名和登记失业半年以上人员1名），经当地人力资源社会保障部门核实后，在招用人员的《就业创业证》上注明"企业吸纳税收政策"并核发了《企业吸纳重点群体就业认定证明》。上海市定额标准为每人每年7 800元。假设2020年企业所得税应纳税额为48 500元。4名人员2020年度《实际工作时间表》如表7-39所示。

表7-39　　　　　　　　　　重点群体人员本年度实际工作时间表

序号	招用人员姓名	身份证号码	《就业创业证》编号	类型（1）（2）（3）（4）	在本企业工作时间（单位：月）
1	张××	略	略	（4）	6
2	李××	略	略	（4）	7
3	王××	略	略	（4）	9
4	苏××	略	略	（2）	10

注：类型包括：（1）纳入全国扶贫开发信息系统的农村建档立卡贫困人员；（2）在人力资源社会保障部门公共就业服务机构登记失业半年以上人员；（3）零就业家庭、享受城市居民最低生活保障家庭劳动年龄内的登记失业人员；（4）毕业年度内高校毕业生。上述（1）类人员不需填写证件编号，其他类型人员填写《就业创业证》编号。

分析：《财政部、税务总局、人力资源社会保障部、国务院扶贫办关于进一步支持和促进重点群体创业就业有关税收政策的通知》（财税〔2019〕22号）和《国家税务总局、人力资源社会保障部、国务院扶贫办、教育部关于实施支持和促进重点群体创业就业有关税收政策具体操作问题的公告》（国家税务总局公告2019年第10号）规定，企业招用重点群体的人员（建档立卡贫困人口以及在人力资源社会保障部门公共就业服务机构登记失业半年以上且持《就业创业证》或《就业失业登记证》）（注明

"企业吸纳税收政策"），与其签订1年以上期限劳动合同并依法缴纳社会保险费的，自签订劳动合同并缴纳社会保险当月起，在3年内按实际招用人数予以定额依次扣减增值税、城市维护建设税、教育费附加、地方教育附加和企业所得税优惠。定额标准为每人每年6 000元，最高可上浮30%，各省、自治区、直辖市人民政府可根据本地区实际情况在此幅度内确定具体定额标准。

按上述标准计算的税收扣减额应在企业当年实际应缴纳的增值税、城市维护建设税、教育费附加、地方教育附加和企业所得税税额中扣减，当年扣减不完的，不得结转下年使用。享受优惠政策当年，重点群体人员工作不满1年的，应当以实际月数换算其减免税总额。第2年及以后年度当年新招用人员、原招用人员及其工作时间按上述程序和办法执行。计算每名重点群体人员享受税收优惠政策的期限最长不超过36个月。计算公式为：

减免税总额 = ∑每名重点群体人员本年度在本企业工作月数÷12×具体定额标准

本例中，上海何博咨询公司可减免税额限额，按该企业招用重点群体的人数及每个人实际工作月数计算。该企业2020年度可抵减税额总额为：减免税总额 = ∑每名重点就业人员本年度在本企业工作月份÷12×具体定额标准 = （6 + 7 + 9 + 10）÷12×7 800 = 20 800（元）。企业所得税年度纳税申报填写实务如表7 - 40所示（单位：元）。

表7 - 40　　　　　　　　　　减免所得税优惠明细表　　　　　　　　　　A107040

行次	项目	金额
30	三十、支持和促进重点群体创业就业企业限额减征企业所得税（30.1 + 30.2）	20 800
30.1	（一）企业招用建档立卡贫困人口就业扣减企业所得税	6 500
30.2	（二）企业招用登记失业半年以上人员就业扣减企业所得税	14 300

【案例7 - 33】小颖环保有限公司是在中国境内（不包括港、澳、台地区）依法注册的居民企业，是主要从事污染防治的第三方企业；具有1年以上连续从事环境污染治理设施运营实践，且能够保证设施正常运行；具有至少5名从事本领域工作且具有环保相关专业中级及以上技术职称的技术人员，或者至少2名从事本领域工作且具有环保相关专业高级及以上技术职称的技术人员；从事环境保护设施运营服务的年度营业收入为720万元，占总收入1 000万元的比例为72%（符合不低于60%的条件）；具备检验能力，拥有自有实验室，仪器配置可满足运行服务范围内常规污染物指标的检测需求；保证其运营的环境保护设施正常运行，使污染物排放指标能够连续稳定达到国家或者地方规定的排放标准要求；具有良好的纳税信用，近三年内纳税信用等级未被评定为C级或D级。2020年全年应纳税所得额为160万元。请计算其2020年应纳税额并填报相关企业所得税年度纳税申报表。

分析：《财政部、税务总局、国家发展改革委、生态环境部关于从事污染防治的第三方企业所得税政策问题的公告》（财政部公告2019年第60号）规定，对符合条件的从事污染防治的第三方企业（以下称第三方防治企业）减按15%的税率征收企业所得税。第三方防治企业是指受排污企业或政府委托，负责环境污染治理设施（包括自动连续监测设施，下同）运营维护的企业。本例中，小颖环保有限公司属于符合条件的从事污染防治的第三方企业，2020年减免所得税额 $= 160 \times (25\% - 15\%) = 16$（万元）。企业所得税年度纳税申报填写实务如表7-41所示（单位：元）。

表7-41 减免所得税优惠明细表 A107040

行次	项目	金额
28	二十八、其他（28.1＋28.2＋28.3）	
28.1	（一）从事污染防治的第三方企业减按15%的税率征收企业所得税	160 000
28.2	（二）其他1	
28.3	（三）其他2	

第七节 《高新技术企业优惠情况及明细表》和《软件、集成电路企业优惠情况及明细表》填报实务与案例解析

一、《高新技术企业优惠情况及明细表》格式与填报要点

具体格式如表7-42所示。

表7-42 高新技术企业优惠情况及明细表 A107041

		税收优惠基本信息		
1	企业主要产品（服务）发挥核心支持作用的技术所属范围	国家重点支持的高新技术领域	一级领域	
2			二级领域	
3			三级领域	
		税收优惠有关情况		
4	收入指标	一、本年高新技术产品（服务）收入（5＋6）		
5		其中：产品（服务）收入		
6		技术性收入		
7		二、本年企业总收入（8－9）		
8		其中：收入总额		
9		不征税收入		
10		三、本年高新技术产品（服务）收入占企业总收入的比例（4÷7）		
11	人员指标	四、本年科技人员数		
12		五、本年职工总数		
13		六、本年科技人员占企业当年职工总数的比例（11÷12）		

续表

		税收优惠有关情况				
14		高新研发费用归集年度	本年度	前一年度	前二年度	合计
			1	2	3	4
15		七、归集的高新研发费用金额（16＋25）				
16		（一）内部研究开发投入（17＋…＋22＋24）				
17		1. 人员人工费用				
18		2. 直接投入费用				
19		3. 折旧费用与长期待摊费用				
20		4. 无形资产摊销费用				
21		5. 设计费用				
22	研发费用指标	6. 装备调试费与实验费用				
23		7. 其他费用				
24		其中：可计入研发费用的其他费用				
25		（二）委托外部研发费用〔（26＋28）×80％〕				
26		1. 境内的外部研发费				
27		2. 境外的外部研发费				
28		其中：可计入研发费用的境外的外部				
29		研发费				
30		八、销售（营业）收入				
		九、三年研发费用占销售（营业）收入的比例（15行4列÷29行4列）				
31	减免税额	十、国家需要重点扶持的高新技术企业减征企业所得税				
32		十一、经济特区和上海浦东新区新设立的高新技术企业定期减免税额				

高新技术企业资格的纳税人均需填报本表。纳税人根据税法、《科技部、财政部、国家税务总局关于修订印发〈高新技术企业认定管理办法〉的通知》（国科发火〔2016〕32号）、《科学技术部、财政部、国家税务总局关于修订印发〈高新技术企业认定管理工作指引〉的通知》（国科发火〔2016〕195号）、《国家税务总局关于实施高新技术企业所得税优惠政策有关问题的公告》（国家税务总局公告2017年第24号）等相关税收政策规定，填报本年发生的高新技术企业优惠情况。

2017年版申报表与2014年版申报表相比，主要根据《关于修订印发〈高新技术企业认定管理办法〉的通知》（国科发火〔2016〕32号）对高新技术企业认定条件的变化作出了相应修改，具体变化包括：（1）删除"是否发生重大安全、质量事故""是否有环境等违法、违规行为，受到有关部门处罚的""是否发生偷骗税行为"等项目。（2）"对企业主要产品（服务）发挥核心支持作用的技术所属范围"要求填报到三级明细领域，如"一、电子信息技术（一）软件1. 系统软件"。（3）明确"本年企业总收入"包括收入总额和不征税收入。（4）删除"七、本年具有大学专科以上学历的科技人员占企业当年职工总数的比例"。（5）对"七、归集的高新研发费用金额""八、销售（营业）收入""九、三年研发费用占销售（营业）收入的比例"的归集年度从当年扩展至3年（当年、前一年度、前二年度）。（6）增加对"国家需要重点扶持的高新技术企业减征企业所得税""经济特区和上海浦东新区新设立的高新技术企业定期减免税额"的填报。

二、《软件、集成电路企业优惠情况及明细表》格式与填报要点

具体格式如表 7 - 43 所示。

表 7 - 43   软件、集成电路企业优惠情况及明细表   A107042

企业类型及减免方式			
行号	企业类型		减免方式
1	一、集成电路生产企业	（一）线宽小于 0.8 微米（含）	□二免三减半
2		（二）线宽小于 0.25 微米	□五免五减半　□15% 税率
3		（三）投资额超过 80 亿元	□五免五减半　□15% 税率
4	二、集成电路设计企业	（一）新办符合条件	□二免三减半
5		（二）重点企业 □大型 □领域	□10% 税率
6	三、软件企业（□一般软件	（一）新办符合条件	□二免三减半
7	□嵌入式或信息系统集成软件）	（二）重点企业 □大型 □领域 □出口	□10% 税率
8	四、集成电路封装测试企业		□二免三减半
9	五、集成电路关键专用材料或专用设备生产企业 （□关键专用材料　□专用设备）		□二免三减半
10	获利年度/开始计算优惠期年度		
关键指标情况			
11	人员指标	一、企业本年月平均职工总人数	
12		其中：签订劳动合同关系且具有大学专科以上学历的职工人数	
13		研究开发人员人数	
14		二、大学专科以上职工占企业本年月平均职工总人数的比例（12÷11）	
15		三、研究开发人员占企业本年月平均职工总人数的比例（13÷11）	
16	研发费用指标	四、研发费用总额	
17		其中：企业在中国境内发生的研发费用金额	
18		五、研发费用占销售（营业）收入的比例	
19		六、境内研发费用占研发费用总额的比例（17÷16）	
20	收入指标	七、企业收入总额	
21		八、符合条件的销售（营业）收入	
22		九、符合条件的收入占收入总额的比例（21÷20）	
23		十、集成电路设计企业、软件企业填报	（一）自主设计/开发销售（营业）收入	
24			（二）自主设计/开发收入占企业收入
25			总额的比例（23÷20）
26		十一、重点软件企业或重点集成电路设计企业符合"领域"的填报	（一）适用的领域	
27			（二）选择备案领域的销售（营业）收入
28			（三）领域内的销售收入占符合条件
29			的销售收入的比例（26÷21）
30		十二、重点软件企业符合"出口"的填报	（一）年度软件出口收入总额（美元）
31			（二）年度软件出口收入总额（人民币）
			（三）软件出口收入总额占本企业年 度收入总额的比例（29÷20）
		十三、集成电路关键专用材料或专用设备生产企业填报	产品适用目录
32	减免税额		

本表适用于享受软件、集成电路企业优惠的纳税人填报。纳税人根据税法、《财政部、国家税务总局关于进一步鼓励软件产业和集成电路产业发展企业所得税政策的通知》（财税〔2012〕27号）、《财政部、国家税务总局、发展改革委、工业和信息化部关于软件和集成电路产业企业所得税优惠政策有关问题的通知》（财税〔2016〕49号）、《国家发展和改革委员会、工业和信息化部、财政部、国家税务总局关于印发国家规划布局内重点软件和集成电路设计领域的通知》（发改高技〔2016〕1056号）、《财政部、国家税务总局、发展改革委、工业和信息化部关于进一步鼓励集成电路产业发展企业所得税政策的通知》（财税〔2015〕6号）等相关规定，填报本年发生的软件、集成电路企业优惠有关情况。《财政部 税务总局关于集成电路设计和软件产业企业所得税政策的公告》（财政部 税务总局公告2019年第68号）规定，依法成立且符合条件的集成电路设计企业和软件企业，在2018年12月31日前自获利年度起计算优惠期，第一年至第二年免征企业所得税，第三年至第五年按照25%的法定税率减半征收企业所得税，并享受至期满为止。

三、《高新技术企业优惠情况及明细表》填报实务与案例解析

【案例7-34】 某高新技术企业2018年按照A100000《中华人民共和国企业所得税年度纳税申报表（A类）》主表计算的第19行"纳税调整后所得"为2 000万元，其中700万元为当年专利技术转让所得（假设该项目收入为1 000万元，项目成本270万元，应分摊期间费用30万元），符合税收优惠条件并已经向主管税务机关备案，适用企业所得税税率15%，假设无其他纳税调整事项。

分析：《企业所得税法实施条例》第九十条规定，《企业所得税法》第二十七条第（四）项所称符合条件的技术转让所得免征、减征企业所得税，是指一个纳税年度内，居民企业技术转让所得不超过500万元的部分，免征企业所得税；超过500万元的部分，减半征收企业所得税。《国家税务总局关于进一步明确企业所得税过渡期优惠政策执行口径问题的通知》（国税函〔2010〕157号）第一条第三款规定，居民企业取得《中华人民共和国企业所得税法实施条例》第八十六条、第八十七条、第八十八条和第九十条规定可减半征收企业所得税的所得，是指居民企业应就该部分所得单独核算并依照25%的法定税率减半缴纳企业所得税。因此，技术转让所得超过500万元的部分，应按照25%的法定税率减半征收，而不是按照高新技术企业15%税率减半征收。该企业应纳所得税额=（2 000-700）×15%+（700-500）×50%×25%=220（万元）。

2018年度企业所得税纳税申报表填报如下（单位：万元）。

第一步，技术转让所得填入A107020《所得减免优惠明细表》第10行第11列600

万元（500 + 200 × 50%），具体如表7 - 44所示。

表7 - 44 　　　　　　　　　　　　　　**所得减免优惠明细表** 　　　　　　　　　　　　A107020

行次	减免项目	项目名称	优惠事项名称	优惠方式	项目收入	项目成本	相关税费	应分摊期间费用	纳税调整额	项目所得额 免税项目	项目所得额 减半项目	减免所得额
		1	2	3	4	5	6	7	8	9	10	11（9 + 10 × 50%）
10	四、符合条件的技术转让项目	专利技术转让	免税项目、减半征收		1 000	270		30		500	200	600
11												
12		小计	*	*	1 000	270		30		500	200	600

第二步，（1 300 + 200 × 50%）× 10% = 140（万元），填入第2行"国家需要重点扶持的高新技术企业"，（700 - 500）× 25% × 50% - （700 - 500）× 15% × 50% = 10（万元），填入第28行"项目所得额按法定税率减半征收企业所得税叠加享受减免税优惠"。具体如表7 - 45所示。

表7 - 45 　　　　　　　　　　　　　　**减免所得税优惠明细表** 　　　　　　　　　　　　A107040

行次	项目	金额
1	一、符合条件的小型微利企业减免企业所得税	
2	二、国家需要重点扶持的高新技术企业减按15%的税率征收企业所得税（填写A107041）	140
28	二十八、减：项目所得额按法定税率减半征收企业所得税叠加享受减免税优惠	10
32	合计（1 + 2 + … + 26 + 27 - 28 + 29 + 30 + 31）	130

第三步，将相关数据按照勾稽关系过入主表，填报如表7 - 46所示。

表7 - 46

行次	类别	项目	金额
19		四、纳税调整后所得（13 - 14 + 15 - 16 - 17 + 18）	2 000
20		减：所得减免（填写A107020）	600
21	应纳税所得额计算	减：弥补以前年度亏损（填写A106000）	
22		减：抵扣应纳税所得额（填写A107030）	
23		五、应纳税所得额（19 - 20 - 21 - 22）	1400
24		税率（25%）	
25		六、应纳所得税额（23 × 24）	350
26	应纳税额计算	减：减免所得税额（填写A107040）	130
27		减：抵免所得税额（填写A107050）	
28		七、应纳税额（25 - 26 - 27）	220

【案例7 - 35】峰盛科技（837162. OC）于2016年11月10日发布公告，2015年作为弥补完以前年度亏损后的盈利第一年（首次获利年度），获准软件企业"两免三减半"优惠，2016年自查中，因2015年度的软件收入占总收入的比例为43.40%，低于

企业所得税"两免三减半"优惠政策的享受标准50%，于2016年11月1日向主管税务部门补缴了2015年度企业所得税1 165 186.63元、滞纳金89 136.78元，未予处罚，并追溯调整2015年度相关报表项目。《峰盛科技：关于自查补缴税款的公告》（2016年11月10日）披露如下：

公司2010年被认定为软件企业，2013年通过复审再次被认定为软件企业，享受企业所得税"两免三减半"的优惠政策。公司在向全国中小企业股份转让系统报送挂牌资料时，已取得主管税务部门关于合法合规纳税的证明。

2015年是公司弥补完以前年度亏损后的盈利第一年，公司按照相关规定，于2015年5月向主管税务部门递交了企业所得税"两免三减半"的申请，并获得了减免2015年度企业所得税的批准。2016年9月公司收到软件企业资质管理部门的通知，由于软件收入占总收入的比例未达到50%，不能享受企业所得税"两免三减半"的优惠政策。

经过公司自查，2015年度的软件收入占总收入的比例为43.40%，低于企业所得税"两免三减半"优惠政策的享受标准50%，并于2016年11月1日向主管税务部门补缴了2015年度企业所得税1 165 186.63元、滞纳金89 136.78元，主管税务部门未对该事项给予处罚。

本事项为前期会计差错，公司拟采用追溯重述法调整更正相应年度财务报表，具体需经审计机构审核确定，见公司后续披露的2016年年度报告。

第八节　《税额抵免优惠明细表》填报实务与案例解析

一、《税额抵免优惠明细表》格式与填报要点

具体格式如表7－47所示。

表7－47　　　　　　　　　　　　　税额抵免优惠明细表　　　　　　　　　　　　　A107050

行次	项目	年度	本年抵免前应纳税额	本年允许抵免的专用设备投资额	本年可抵免税额	以前年度已抵免额						本年实际抵免的各年度税额	可结转以后年度抵免的税额
						前五年度	前四年度	前三年度	前二年度	前一年度	小计		
		1	2	3	4＝3×10%	5	6	7	8	9	10（5＋6＋7＋8＋9）	11	12（4－10－11）
1	前五年度												*

行次	项目	年度	本年抵免前应纳税额	本年允许抵免的专用设备投资额	本年可抵免税额	以前年度已抵免额						本年实际抵免的各年度税额	可结转以后年度抵免的税额
						前五年度	前四年度	前三年度	前二年度	前一年度	小计		
		1	2	3	4 = 3 × 10%	5	6	7	8	9	10（5 + 6 + 7 + 8 + 9）	11	12（4 − 10 − 11）
2	前四年度					*							
3	前三年度					*	*						
4	前二年度					*	*	*					
5	前一年度					*	*	*	*				
6	本年度					*	*	*	*	*			
7	本年实际抵免税额合计												*
8	可结转以后年度抵免的税额合计												
9	专用设备投资情况	本年允许抵免的环境保护专用设备投资额											
10		本年允许抵免节能节水的专用设备投资额											
11		本年允许抵免的安全生产专用设备投资额											

本表适用于享受专用设备投资额抵免优惠（含结转）的纳税人填报。纳税人根据税法、《财政部、国家税务总局关于执行环境保护专用设备企业所得税优惠目录、节能节水专用设备企业所得税优惠目录和安全生产专用设备企业所得税优惠目录有关问题的通知》（财税〔2008〕48 号）、《财政部、国家税务总局、国家发展改革委关于公布节能节水专用设备企业所得税优惠目录（2008 年版）和环境保护专用设备企业所得税优惠目录（2008 年版）的通知》（财税〔2008〕115 号）、《财政部、国家税务总局、安全监管总局关于公布〈安全生产专用设备企业所得税优惠目录（2008 年版）〉的通知》（财税〔2008〕118 号）、《财政部、国家税务总局关于执行企业所得税优惠政策若干问题的通知》（财税〔2009〕69 号）、《国家税务总局关于环境保护、节能节水、安全生产等专用设备投资抵免企业所得税有关问题的通知》（国税函〔2010〕256 号）、《财政部、税务总局、国家发展改革委、工业和信息化部、环境保护部关于印发节能节水和环境保护专用设备企业所得税优惠目录（2017 年版）的通知》（财税〔2017〕71 号）、《财政部、税务总局、应急管理部〈关于印发安全生产专用设备企业所得税优惠目录（2018 年版）〉的通知》（财税〔2018〕84 号）等相关税收政策规定，填报本年发生的专用设备投资额抵免优惠（含结转）情况。

二、《税额抵免优惠明细表》具体填报实务与案例解析

【案例 7 −36】某地 A 公司执行新企业会计准则，2018 年度财务会计报告及相关账簿、凭证，资料如下：①2018 年度会计利润总额 1 000 万元，2018 年已预缴所得税 180 万元。②公司于 2018 年 10 月自筹资金投资兴建环保项目，购置了用于环境保护专用设

备，该项目已经税务机关审批确认符合投资抵免所得税优惠条件，环保设备600万元，增值税102万元，取得设备发票，当月认证已抵扣，运费及安装费55万元。③公司执行《中华人民共和国企业所得税法》，企业所得税适用税率25%，假设无纳税调整项目。

要求：根据上述资料，计算A公司2018年度设备抵免额及应纳所得税额。

分析：①应纳所得税额 = 1 000 × 25% = 250（万元）。②专用设备投资额 = 600（万元），投资为自筹资金符合抵免条件，但投资额不包括抵扣的进项税、运费及安装费。③专用设备投资额抵免限额 = 600 × 10% = 60（万元）。④准予抵免的投资额 = 60（万元），应纳所得税额250万元大于60万元，可于抵免60万元。⑤2018年实际应纳所得税额 = 250 - 60 = 190（万元）。需要注意的是，如果该公司购买的专用设备取得的为普通发票，按照国税函〔2010〕256号文件的规定，企业购买专用设备取得普通发票的，其专用设备投资额为普通发票上注明的金额，即抵扣额 = 702 × 10% = 70.2（万元）。

【案例7-37】 甲公司2017年为加强环境保护，购进并实际使用了一套环境保护专用设备，该设备属于《节能节水和环境保护专用设备企业所得税优惠目录（2017年版）》列示的范围，并取得增值税专用发票，注明购进金额807 692.3元，税额137 307.7元，价税合计945 000元，运费及保险费5 000元，该公司已申报并抵扣进项税额137 307.7元。2017年度企业所得税汇算清缴时，该公司将设备价税合计金额945 000元确认为专用设备投资额，并申报抵免企业所得税95 000元。但是，最近税务稽查部门在对该公司进行纳税检查时，提出该公司的企业所得税抵免投资额应按购进设备金额807 692.3元来确认，并作出追缴多抵免企业所得税额的处理决定。

分析：根据国税函〔2010〕256号和财税〔2008〕48号第二条的规定，进行税额抵免时，如果增值税进项税额允许抵扣，则其专用设备投资额不再包括增值税进项税额。如果增值税进项税额不允许抵扣，则其专用设备投资额应为增值税专用发票上注明的价税合计金额。企业购买专用设备取得普通发票的，其专用设备投资额为普通发票上注明的金额。故税务稽查部门对其公司作出追缴多抵免企业所得税的处理是正确的。

【案例7-38】 山东文娇节能环保股份公司2015~2020年各年度抵免专用设备投资额之前的应纳税额分别为500万元、600万元、200万元、100万元、0和850万元，各年度购置符合税法相关规定允许抵免的环境保护专用设备投资额（均不包括允许抵扣的增值税进项税额、按有关规定退还的增值税税款以及设备运输、安装和调试等费用）分别为15 000万元、3 000万元、2 000万元、4 000万元、1 000万元和2 000万元。2020年企业所得税汇算清缴时，该公司填报A107050《税额抵免优惠明细表》如表7-48所示（单位：万元）。

表7-48 税额抵免优惠明细表 A107050

行次	项目	年度	本年抵免前应纳税额	本年允许抵免的专用设备投资额	本年可抵免税额	以前年度已抵免额						本年实际抵免的各年度税额	可结转以后年度抵免的税额
						前五年度	前四年度	前三年度	前二年度	前一年度	小计		
		1	2	3	4(3×10%)	5	6	7	8	9	10(5+…+9)	11	12(4-10-11)
1	前五年度	2015年	500	15 000	1 500	500	600	200	100	0	1 400	100	*
2	前四年度	2016年	600	3 000	300	*	0	0	0	0	0	300	0
3	前三年度	2017年	200	2 000	200	*	*	0	0	0	0	200	0
4	前二年度	2018年	100	4 000	400	*	*	*	0	0	0	250	150
5	前一年度	2019年	0	1 000	100	*	*	*	*	0	0	0	100
6	本年度	2020年	850	2 000	200	*	*	*	*	*	*	0	200
7	本年实际抵免税额合计											850	*
8	可结转以后年度抵免的税额合计												450
9	专用设备投资情况	本年允许抵免的环境保护专用设备投资额										2 000	
10		本年允许抵免节能节水的专用设备投资额											
11		本年允许抵免的安全生产专用设备投资额											

第八章

《境外所得税收抵免》和《跨地区经营汇总纳税》相关项目明细表填报实务与案例解析

第一节 《境外所得税收抵免明细表》及其相关明细表填报实务与案例解析

一、《境外所得税收抵免明细表》格式与填报要点

（一）《境外所得税收抵免明细表》格式

具体格式如表8-1所示。

表8-1　　　　　　　　　　　　　境外所得税收抵免明细表　　　　　　　　　　　A108000

行次	国家（地区）	境外税前所得	境外所得纳税调整后所得	弥补境外以前年度亏损	境外应纳税所得额	抵减境内亏损	抵减境内亏损后的境外应纳税所得额	税率	境外所得应纳税额	境外所得可抵免税额	本年可抵免境外所得税额	未超过境外所得税抵免限额的余额	本年可抵免以前年度未抵免境外所得税额	按简易办法计算				境外所得抵免所得税额合计
														按低于12.5%的实际税率计算的抵免额	按12.5%计算的抵免额	按25%计算的抵免额	小计	
	1	2	3	4	5（3-4）	6	7（5-6）	8	9（7×8）	10	11	12	13（11-12）	14	15	16	17	18（15+16+17）	19（12+14+18）
1																		

续表

行次	国家（地区）	境外税前所得	境外所得纳税调整后所得	弥补境外以前年度亏损	境外应纳税所得额	抵减境内亏损	抵减境内亏损后的境外应纳税所得额	税率	境外所得应纳税额	境外所得可抵免税额	境外所得抵免限额	本年可抵免境外所得税额	未超过境外所得税抵免限额的余额	本年可抵免以前年度未抵免境外所得税额	按简易办法计算				境外所得抵免所得税额合计
															按低于12.5%的实际税率计算的抵免额	按12.5%计算的抵免额	按25%计算的抵免额	小计	
	1	2	3	4	5（3－4）	6	7（5－6）	8	9（7×8）	10	11	12	13（11－12）	14	15	16	17	18（15＋16＋17）	19（12＋14＋18）
2																			
3																			
4																			
5																			
6																			
7																			
8																			
9																			
10	合计																		

本表适用于取得境外所得的纳税人填报。纳税人应根据税法、《财政部、国家税务总局关于企业境外所得税收抵免有关问题的通知》（财税〔2009〕125号）和《国家税务总局关于发布〈企业境外所得税收抵免操作指南〉的公告》（国家税务总局公告2010年第1号）、《财政部、国家税务总局关于我国石油企业从事油（气）资源开采所得税收抵免有关问题的通知》（财税〔2011〕23号）、《财政部 税务总局关于完善企业境外所得税收抵免政策问题的通知》（财税〔2017〕84号）规定，填报本年来源于或发生于不同国家、地区的所得按照税收规定计算应缴纳和应抵免的企业所得税。

纳税人若选择"分国（地区）不分项"的境外所得抵免方式，应根据表A108010、表A108020、表A108030分国别（地区）逐行填报本表；纳税人若选择"不分国（地区）不分项"的境外所得抵免方式，应按照税收规定计算可抵免境外所得税税额和抵免限额，并根据表A108010、表A108020、表A108030的合计金额填报本表第1行。

（二）《境外所得税收抵免明细表》填报要点

1. 第1列"国家（地区）"：纳税人若选择"分国（地区）不分项"的境外所得抵免方式，填报纳税人境外所得来源的国家（地区）名称，来源于同一国家（地区）的境外所得合并到一行填报；纳税人若选择"不分国（地区）不分项"的境外所得抵免方式，填报"不分国（地区）不分项"。

2. 第2列"境外税前所得"：填报《境外所得纳税调整后所得明细表》（A108010）第14列的金额。

3. 第3列"境外所得纳税调整后所得"：填报《境外所得纳税调整后所得明细表》（A108010）第18列的金额。

4. 第4列"弥补境外以前年度亏损"：填报《境外分支机构弥补亏损明细表》（A108020）第4列和第13列的合计金额。

5. 第5列"境外应纳税所得额"：填报第3－4列的余额。当第3－4列＜0时，本列填报0。

6. 第6列"抵减境内亏损"：当纳税人选择用境外所得弥补境内亏损时，填报纳税人境外所得按照税收规定抵减境内的亏损额（包括弥补的当年度境内亏损额和以前年度境内亏损额）；当纳税人选择不用境外所得弥补境内亏损时，填报0。

7. 第7列"抵减境内亏损后的境外应纳税所得额"：填报第5－6列的余额。

8. 第8列"税率"：填报法定税率25%。符合《财政部、国家税务总局关于高新技术企业境外所得适用税率及税收抵免问题的通知》（财税〔2011〕47号）第一条规定的高新技术企业填报15%。

9. 第9列"境外所得应纳税额"：填报第7×8列的金额。

10. 第10列"境外所得可抵免税额"：填报表A108010第13列的金额。

11. 第11列"境外所得抵免限额"：境外所得抵免限额按以下公式计算。

抵免限额＝中国境内、境外所得依照企业所得税法和条例的规定计算的应纳税总额
×来源于某国（地区）的应纳税所得额÷中国境内、境外应纳税所得总额

12. 第12列"本年可抵免境外所得税额"：填报纳税人本年来源于境外的所得已缴纳所得税在本年度允许抵免的金额。填报第10列、第11列孰小值。

13. 第13列"未超过境外所得税抵免限额的余额"：填报纳税人本年在抵免限额内抵免完境外所得税后有余额的，可用于抵免以前年度结转的待抵免的所得税额。本列填报第11－12列的余额。

14. 第14列"本年可抵免以前年度未抵免境外所得税额"：填报纳税人本年可抵免以前年度未抵免、结转到本年度抵免的境外所得税额。填报第10列、《跨年度结转抵免境外所得税明细表》（A108030）第7列孰小值。

15. 第15～18列由选择简易办法计算抵免额的纳税人填报。

（1）第15列"按低于12.5%的实际税率计算的抵免额"：纳税人从境外取得营业利润所得以及符合境外税额间接抵免条件的股息所得，所得来源国（地区）的实际有效税率低于12.5%的，填报按照实际有效税率计算的抵免额。

（2）第16列"按12.5%计算的抵免额"：纳税人从境外取得营业利润所得以及符合境外税额间接抵免条件的股息所得，除第15列情形外，填报按照12.5%计算的抵免额。

（3）第17列"按25%计算的抵免额"：纳税人从境外取得营业利润所得以及符合境外税额间接抵免条件的股息所得，所得来源国（地区）的实际有效税率高于25%的，填报按照25%计算的抵免额。

16. 第19列"境外所得抵免所得税额合计"：填报第12 + 14 + 18列的合计金额。

二、《境外所得税收抵免明细表》勾稽关系

（一）表内关系

1. 第5列 = 第3 − 4列，当第3 − 4列 < 0 时，本列 = 0。
2. 第6列 ≤ 第5列。
3. 第7列 = 第5 − 6列。
4. 第9列 = 第7 × 8列。
5. 第12列 = 第10列、第11列孰小值。
6. 第13列 = 第11 − 12列。
7. 第14列 ≤ 第13列。
8. 第18列 = 第15 + 16 + 17列。
9. 第19列 = 第12 + 14 + 18列。

（二）表间关系

1. 若选择"分国（地区）不分项"的境外所得抵免方式，第2列各行 = 表A108010第14列相应行次；若选择"不分国（地区）不分项"的境外所得抵免方式，第1行第2列 = 表A108010第14列合计。

2. 若选择"分国（地区）不分项"的境外所得抵免方式，第3列各行 = 表A108010第18列相应行次；若选择"不分国（地区）不分项"的境外所得抵免方式，第1行第3列 = 表A108010第18列合计。

3. 若选择"分国（地区）不分项"的境外所得抵免方式，第4列各行 = 表A108020第4列相应行次 + 第13列相应行次；若选择"不分国（地区）不分项"的境外所得抵免方式，第1行第4列 = 表A108020第4列合计 + 第13列合计。

4. 若选择"分国（地区）不分项"的境外所得抵免方式，第6列合计 ≤ 第5列合

计、表 A106000 第 1~5 行（第 4 列的绝对值 – 第 9 列 – 第 10 列）合计 + 表 A100000 第 18 行的孰小值；若选择"不分国（地区）不分项"的境外所得抵免方式，第 1 行第 6 列 ≤ 第 1 行第 5 列、表 A106000 第 1~5 行（第 4 列的绝对值 – 第 9 列 – 第 10 列）合计 + 表 A100000 第 18 行的孰小值。

5. 第 9 列合计 = 表 A100000 第 29 行。

6. 若选择"分国（地区）不分项"的境外所得抵免方式，第 10 列各行 = 表 A108010 第 13 列相应行次；若选择"不分国（地区）不分项"的境外所得抵免方式，第 1 行第 10 列 = 表 A108010 第 13 列合计。

7. 若选择"分国（地区）不分项"的境外所得抵免方式，第 14 列各行 = 表 A108030 第 13 列相应行次；若选择"不分国（地区）不分项"的境外所得抵免方式，第 1 行第 14 列 = 表 A108030 第 13 列合计。

8. 第 19 列合计 = 表 A100000 第 30 行。

三、《境外所得纳税调整后所得明细表》格式与勾稽关系

（一）《境外所得纳税调整后所得明细表》格式和填报要点

具体格式如表 8 – 2 所示。

表 8 – 2　　　　　　　　境外所得纳税调整后所得明细表　　　　　　　　A108010

行次	国家（地区）	境外税后所得								境外所得可抵免的所得税额					境外税前所得	境外分支机构收入与支出纳税调整额	境外分支机构调整分摊扣除的有关成本费用	境外所得对应调整的相关成本费用支出	境外所得纳税调整后所得
		分支机构营业利润所得	股息、红利等权益性投资所得	利息所得	租金所得	特许权使用费所得	财产转让所得	其他所得	小计	直接缴纳的所得税额	间接负担的所得税额	享受税收饶让抵免税额	小计						
	1	2	3	4	5	6	7	8	9（2+…+8）	10	11	12	13（10+11+12）	14（9+10+11）	15	16	17	18（14+15–16–17）
1																			
2																			
3																			
4																			
5																			
6																			
7																			
8																			
9																			
10	合计																		

本表适用于取得境外所得的纳税人填报。纳税人应根据税法、《财政部、国家税务总局关于企业境外所得税收抵免有关问题的通知》（财税〔2009〕125号）和《国家税务总局关于发布〈企业境外所得税收抵免操作指南〉的公告》（国家税务总局公告2010年第1号）、《财政部、国家税务总局关于我国石油企业从事油（气）资源开采所得税收抵免有关问题的通知》（财税〔2011〕23号）、《财政部 税务总局关于完善企业境外所得税收抵免政策问题的通知》（财税〔2017〕84号）规定，填报本年来源于或发生于不同国家、地区的所得按照税收规定计算应缴纳和应抵免的企业所得税。

（二）有关项目填报要点和勾稽关系

对于境外所得税收抵免方式选择"不分国（地区）不分项"的纳税人，也应按照规定计算可抵免境外所得税税额，并按国（地区）别逐行填报。

1. 第1列"国家（地区）"：填报纳税人境外所得来源的国家（地区）名称，来源于同一个国家（地区）的境外所得可合并到一行填报。

2. 第2列至第9列"境外税后所得"：填报纳税人取得的来源于境外的税后所得，包含已计入利润总额以及按照税法相关规定已在《纳税调整项目明细表》（A105000）进行纳税调整的境外税后所得。

3. 第10列"直接缴纳的所得税额"：填报纳税人来源于境外的营业利润所得在境外所缴纳的企业所得税，以及就来源于或发生于境外的股息、红利等权益性投资所得、利息、租金、特许权使用费、财产转让等所得在境外被源泉扣缴的预提所得税。

4. 第11列"间接负担的所得税额"：填报纳税人从其直接或者间接控制的外国企业分得的来源于中国境外的股息、红利等权益性投资收益，外国企业在境外实际缴纳的所得税额中属于该项所得负担的部分。

5. 第12列"享受税收饶让抵免税额"：填报纳税人从与我国政府订立税收协定（或安排）的国家（地区）取得的所得，按照该国（地区）税收法律享受了免税或减税待遇，且该免税或减税的数额按照税收协定应视同已缴税额的金额。

6. 第15列"境外分支机构收入与支出纳税调整额"：填报纳税人境外分支机构收入、支出按照税收规定计算的纳税调整额。

7. 第16列"境外分支机构调整分摊扣除的有关成本费用"：填报纳税人境外分支机构应合理分摊的总部管理费等有关成本费用，同时在《纳税调整项目明细表》（A105000）进行纳税调增。

8. 第17列"境外所得对应调整的相关成本费用支出"：填报纳税人实际发生与取得境外所得有关但未直接计入境外所得应纳税所得的成本费用支出，同时在《纳税调整项目明细表》（A105000）进行纳税调增。

9. 第18列"境外所得纳税调整后所得"：填报第14 + 15 − 16 − 17列的金额。

（三）表内、表间关系

表内关系：（1）第9列 = 第2 + 3 + ⋯ + 8列。（2）第13列 = 第10 + 11 + 12列。（3）第14列 = 第9 + 10 + 11列。（4）第18列 = 第14 + 15 − 16 − 17列。

表间关系：（1）若选择"分国（地区）不分项"的境外所得抵免方式，第13列各行 = 表A108000第10列相应行次；若选择"不分国（地区）不分项"的境外所得抵免方式，第13列合计 = 表A108000第1行第10列。（2）若选择"分国（地区）不分项"的境外所得抵免方式，第14列各行 = 表A108000第2列相应行次；若选择"不分国（地区）不分项"的境外所得抵免方式，第14列合计 = 表A108000第1行第2列。（3）第14列合计 − 第11列合计 = 表A100000第14行。（4）第16列合计 + 第17列合计 = 表A105000第28行第3列。（5）若选择"分国（地区）不分项"的境外所得抵免方式，第18列相应行次 = 表A108000第3列相应行次；若选择"不分国（地区）不分项"的境外所得抵免方式，第18列合计 = 表A108000第1行第3列。

四、《境外分支机构弥补亏损明细表》格式与勾稽关系

（一）《境外分支机构弥补亏损明细表》格式和填报要点

具体填报格式如表8 − 3所示。

表8 − 3　　　　　　　　　　境外分支机构弥补亏损明细表　　　　　　　　　A108020

行次	国家（地区）	非实际亏损额的弥补				实际亏损额的弥补			
		以前年度结转尚未弥补的非实际亏损额	本年发生的非实际亏损额	本年弥补的以前年度非实际亏损额	结转以后年度弥补的非实际亏损额	以前年度结转尚未弥补的实际亏损额	本年发生的实际亏损额	本年弥补的以前年度实际亏损额	结转以后年度弥补的实际亏损额
	1	2	3	4	5(2 + 3 − 4)	6	7	8	9
1									
2									
3									
4									
5									
6									
7									

续表

行次	国家（地区）	非实际亏损额的弥补				实际亏损额的弥补			
		以前年度结转尚未弥补的非实际亏损额	本年发生的非实际亏损额	本年弥补的以前年度非实际亏损额	结转以后年度弥补的非实际亏损额	以前年度结转尚未弥补的实际亏损额	本年发生的实际亏损额	本年弥补的以前年度实际亏损额	结转以后年度弥补的实际亏损额
	1	2	3	4	5(2+3−4)	6	7	8	9
8									
9									
10	合计								

纳税人选择"分国家（地区）不分项"的境外所得抵免方式，在汇总计算境外应纳税所得额时，企业在境外同一国家（地区）设立不具有独立纳税地位的分支机构，按照企业所得税法及实施条例的有关规定计算的亏损，不得抵减其境内或他国家（地区）的应纳税所得额，但可以用同一国家（地区）其他项目或以后年度的所得按规定弥补。纳税人选择"不分国家（地区）不分项"的境外所得抵免方式，按照财税〔2017〕84号规定按国家（地区）别逐行填报。在填报本表时，应按照国家税务总局公告2010年第1号第三条等有关规定，分析填报企业的境外分支机构发生的实际亏损额和非实际亏损额及其弥补、结转的金额。

（二）有关项目填报要点和勾稽关系

1. 第1列"国家（地区）"：填报纳税人境外所得来源的国家（地区）名称，来源于同一国家（地区）的境外所得合并到一行填报。

2. 第2列至第5列"非实际亏损额的弥补"：填报纳税人境外分支机构非实际亏损额未弥补金额、本年发生的金额、本年弥补的金额、结转以后年度弥补的金额。

3. 第6列至第9列"实际亏损额的弥补"：填报纳税人境外分支机构实际亏损额弥补金额。

4. 第5列＝第2＋3－4列。

5. 若选择"分国家（地区）不分项"的境外所得抵免方式，第4列各行＋第8列各行＝表A108000第4列相应行次；若选择"不分国家（地区）不分项"的境外所得抵免方式，第4列合计＋第8列合计＝表A108000第1行第4列。

五、《跨年度结转抵免境外所得税明细表》格式与勾稽关系

（一）《跨年度结转抵免境外所得税明细表》格式

具体填报格式如表8－4所示。

表8-4　　　　　　　　　　跨年度结转抵免境外所得税明细表　　　　　　　A108030

行次	国家(地区)	前五年境外所得已缴所得税未抵免余额						本年实际抵免以前年度未抵免的境外已缴所得税额						结转以后年度抵免的境外所得已缴所得税额					
		前五年	前四年	前三年	前二年	前一年	小计	前五年	前四年	前三年	前二年	前一年	小计	前四年	前三年	前二年	前一年	本年	小计
	1	2	3	4	5	6	7 (2+…+6)	8	9	10	11	12	13 (8+…+12)	14 (3-9)	15 (4-10)	16 (5-11)	17 (6-12)	18	19 (14+…+18)
1																			
2																			
3																			
4																			
5																			
6																			
7																			
8																			
9																			
10	合计																		

本表适用于取得境外所得的纳税人填报。纳税人应根据税法、《财政部、国家税务总局关于企业境外所得税收抵免有关问题的通知》（财税〔2009〕125号）、《国家税务总局关于发布〈企业境外所得税收抵免操作指南〉的公告》（国家税务总局公告2010年第1号）、《财政部、国家税务总局关于我国石油企业从事油（气）资源开采所得税收抵免有关问题的通知》（财税〔2011〕23号）、《财政部税务总局关于完善企业境外所得税收抵免政策问题的通知》（财税〔2017〕84号）规定，填报境外分支机构本年及以前年度发生的税前尚未弥补的非实际亏损额和实际亏损额、结转以后年度弥补的非实际亏损额和实际亏损额，并按国（地区）别逐行填报。

（二）有关项目勾稽关系

纳税人选择"分国（地区）不分项"的境外所得抵免方式，在汇总计算境外应纳税所得额时，企业在境外同一国家（地区）设立不具有独立纳税地位的分支机构，按照企业所得税法及实施条例的有关规定计算的亏损，不得抵减其境内或他国（地区）的应纳税所得额，但可以用同一国家（地区）其他项目或以后年度的所得按规定弥补。纳税人选择"不分国（地区）不分项"的境外所得抵免方式，按照《财政部 税务总局关于完善企业境外所得税收抵免政策问题的通知》（财税〔2017〕84

号）的规定填报。在填报本表时，应按照国家税务总局公告 2010 年第 1 号第 13、第 14 条的有关规定，分析填报企业的境外分支机构发生的实际亏损额和非实际亏损额及其弥补、结转的金额。

1. 第 2~7 列"前五年境外所得已缴所得税未抵免余额"：填报纳税人前五年境外所得已缴纳的企业所得税尚未抵免的余额。

2. 第 8~13 列"本年实际抵免以前年度未抵免的境外已缴所得税额"：填报纳税人用本年未超过境外所得税款抵免限额的余额抵免以前年度未抵免的境外已缴所得税额。

六、《境外所得税收抵免明细表》相关明细表填报实务与案例解析

【案例 8-1】来源于境外利息收入的应纳税所得额的计算。中国 A 银行向甲国某企业贷出 500 万元，合同约定的利率为 5%。2009 年 A 银行收到甲国企业就应付利息 25 万元扣除已在甲国扣缴的预提所得税 2.5 万元（预提所得税税率为 10%）后的 22.5 万元税后利息。A 银行应纳税所得总额为 1 000 万元，已在应纳税所得总额中扣除的该笔境外贷款的融资成本为本金的 4%。分析并计算该银行应纳税所得总额中境外利息收入的应纳税所得额。

来源于境外利息收入的应纳税所得额，应为已缴纳境外预提所得税前的就合同约定的利息收入总额，再对应调整扣除相关筹资成本费用等。

境外利息收入总额 = 税后利息 22.5 + 已扣除税额 2.5 = 25（万元）

对应调整扣除相关成本费用后的应纳税所得额 = 25 - 500×4% = 5（万元）

该境外利息收入用于计算境外税额抵免限额的应纳税所得额为 5 万元，应纳税所得总额仍为 1 000 万元不变。

【案例 8-2】境外分支机构亏损的弥补。中国居民 A 企业 2017 年度境内外净所得为 160 万元。其中，境内所得的应纳税所得额为 300 万元；设在甲国的分支机构当年度应纳税所得额为 100 万元；设在乙国的分支机构当年度应纳税所得额为 -300 万元；A 企业当年度从乙国取得利息所得的应纳税所得额为 60 万元。调整计算该企业当年度境内、外所得的应纳税所得额如下。

方法一，分国不分项。

①A 企业当年度境内外净所得为 160 万元，但如选择分国不分项抵免，其发生在乙国分支机构的当年度亏损额 300 万元，仅可以用从该国取得的利息 60 万元弥补，未能弥补的非实际亏损额 240 万元，不得从当年度企业其他盈利中弥补。因此，相应调整后 A 企业当年境内、外应纳税所得额为：

境内应纳税所得额 = 300（万元）

甲国应纳税所得额 = 100（万元）

乙国应纳税所得额 = -240（万元）

A 企业当年度应纳税所得总额 = 400（万元）

②A 企业当年度境外乙国未弥补的非实际亏损共 240 万元，允许 A 企业以其来自乙国以后年度的所得无限期结转弥补。

方法二，不分国不分项。

①A 企业当年度境内外净所得为 160 万元，如选择不分国不分项抵免，其发生在乙国分支机构的当年度亏损额 300 万元，可以用从甲、乙两国取得的所得 160 万元弥补，未能弥补的非实际亏损额 140 万元，不得从当年度企业其他盈利中弥补。因此，相应调整后 A 企业当年境内、外应纳税所得额为：

境内应纳税所得额 = 300（万元）

甲国应纳税所得额 = 0（万元）

乙国应纳税所得额 = -140（万元）

A 企业当年度应纳税所得总额 = 300（万元）

②A 企业当年度境外乙国未弥补的非实际亏损共 140 万元，允许 A 企业以其来自甲、乙两国以后年度的所得无限期结转弥补。

填报要点：境外所得税收抵免方式可由居民企业自行选择。境外所得税收抵免由固定采取"分国不分项"抵免，改变成企业自行选择"分国不分项"或是"不分国不分项"抵免。

【案例 8-3】某企业 2017 年度境内应纳税所得额为 200 万元，适用 25% 的企业所得税税率。另外，该企业分别在 A、B 两国设有分支机构（已缔结避免双重征税协定）。2017 年，按照我国《企业所得税法》计算的两国分支机构应纳税所得额分别为 50 万元、30 万元。2017 年，该企业两国分支机构分别依据 A 国、B 国的税法计算并缴纳所得税 10 万元和 9 万元。企业历年来只有这两处境外所得。

要求：计算并分析该企业可抵免境外所得税额。

2017 年以前，企业按照《企业所得税法实施条例》《财政部、国家税务总局关于企业境外所得税收抵免有关问题的通知》（财税〔2009〕125 号）的规定，只能按照"分国不分项"计算其可抵免境外所得税税额和抵免限额。而财税〔2017〕84 号文件规定，自 2017 年 1 月 1 日起，企业可以自行选择"分国不分项"或是"不分国不分项"计算其可抵免境外所得税税额和抵免限额。

具体计算如下：

①企业依据我国税法计算的境内、境外所得应纳企业所得税额。

应纳税额 = （200 + 50 + 30）× 25% = 70（万元）

②"分国不分项"方式可抵免境外所得税扣除限额。

A 国扣除限额 $= 70 \times 50 \div (200 + 50 + 30) = 12.5$（万元）

B 国扣除限额 $= 70 \times 30 \div (200 + 50 + 30) = 7.5$（万元）

企业在 A 国实际缴纳企业所得税 10 万元，小于扣除限额 12.5 万元，可全额扣除。企业在 B 国实际缴纳企业所得税 9 万元，大于扣除限额 7.5 万元，只能扣除 7.5 万元，超过部分"从次年起在连续五个纳税年度内，用每年度抵免限额抵免当年应抵税额后的余额进行抵补"。

企业在国内应缴企业所得税额 $= 70 - 10 - 7.5 = 52.5$（万元）

③"不分国不分项"方式可抵免境外所得税扣除限额。

企业全部境外所得扣除限额 $= (50 + 30) \times 25\% = 20$（万元）

企业在 A 国、B 国实际缴纳企业所得税 19 万元，小于"不分国不分项"方式计算的境外可抵免扣除限额 20 万元，可全额抵免。

当然，企业在选择适用方式时，还需要注意：

一是无论是"分国不分项"或是"不分国不分项"，计算企业应纳企业所得税的"税率"，除国务院财政、税务主管部门另有规定外，应为 25%。

二是企业选择境外所得税收抵免方式后，5 年内不得改变。

三是可抵免境外所得税税额，是指企业来源于中国境外的所得依照中国境外税收法律以及相关规定应当缴纳并已实际缴纳的企业所得税性质的税款。但不包括：按照境外所得税法律及相关规定属于错缴或错征的境外所得税税款；按照税收协定规定不应征收的境外所得税税款；因少缴或迟缴境外所得税而追加的利息、滞纳金或罚款；境外所得税纳税人或者其利害关系人从境外征税主体得到实际返还或补偿的境外所得税税款；按照我国企业所得税法及其实施条例规定，已经免征我国企业所得税的境外所得负担的境外所得税税款；按照国务院财政、税务主管部门有关规定已经从企业境外应纳税所得额中扣除的境外所得税税款。

四是选择"不分国不分项"方式计算时，企业全部的可抵免境外所得税税额需全部合并计算。

五是对企业不能准确计算实际可抵免分国别（地区）的境外所得税税额的，在相应国家（地区）缴纳的税收均不得在该企业当期应纳税额中抵免，也不得结转以后年度抵免。

填报要点：方式转换未抵税额继续抵免。企业按照财税〔2017〕84 号文件的规定，选择采取"不分国不分项"抵免境外所得税时，该企业以前年度按照财税〔2009〕125 号文件的规定没有抵免完的余额，可在税法规定结转的剩余年限内，按新方式计算的抵免限额中继续结转抵免。

【**案例8-4**】承〖案例8-3〗,该企业以前年度尚有结转以后年度抵免的当年未抵免完的余额情况如表8-5所示。

年度	A国分支机构结转以后年度抵免的当年未抵免完的余额	B国分支机构结转以后年度抵免的当年未抵免完的余额	当年未抵免完的余额合计
2012	0	0	0
2013	0	0	0
2014	0.5	0	0.5
2015	2	2	4
2016	0	1	1

2017年,该企业按照财税〔2017〕84号文件的规定,选择采取"不分国不分项"抵免境外所得税。计算并分析该企业2017年抵免的以前年度未抵免完余额情况。

财税〔2017〕84号文件改变了企业境外所得税抵免只能固定采取"分国不分项"方式的同时,企业在2017年底抵免境外所得税时,可以不受抵免方式一经选择,"5年内不得改变"的规定,拥有一次调整选择权。通过〖案例8-3〗的计算可知,企业采取"不分国不分项"方式抵免境外所得税的,2017年企业境外所得税抵免限额为20万元,当年境外已缴所得税合计19万元,可以全部抵免外,尚有抵免后限额余额1万元(20-19),可以用于抵免该企业以前年度按照财税〔2009〕125号文件规定计算的、当年没有抵免完的余额。

对照企业以前年度结转未抵免完的境外所得税额台账,该余额应抵免企业2014年"未抵免完的余额"0.5万元,抵免企业2015年"未抵免完的余额"0.5万元,具体如表8-6所示(单位:万元)。

年度	A国分支机构结转以后年度抵免的当年未抵免完的余额	B国分支机构结转以后年度抵免的当年未抵免完的余额	当年未抵免完的余额合计	2017年抵免	2017年未抵免完的余额合计
2012	0	0	0	0	0
2013	0	0	0	0	0
2014	0.5	0	0.5	-0.5	0
2015	2	2	4	-0.5	3.5
2016	0	1	1		1

企业在进行结转抵免时,需要注意:一是可抵免以前年度未抵免完税额不分国。该企业选择"不分国不分项"方式抵免后,2017年抵免限额的当年抵免余额1万元,

可在税法规定结转的剩余年限内，按照"不分国"的原则，抵免企业以前年度依法未抵免完的余额，而不论该余额是企业在哪个国家的分支机构以前年度未抵免完的余额。二是最远上溯5个纳税年度抵免。即企业2017年抵免限额抵免后的余额，在抵免以前年度未抵免完的余额时，最远可上溯抵免2012年度企业未抵免完的余额。三是按照从远到近的年度顺序抵免。企业2017年抵免限额的当年抵免后余额，抵免以前年度未抵免完的境外所得税时，应当按照2012~2016年的顺序抵免：先抵免2014年的未抵免完余额0.5万元，再抵免企业2015年未抵免完的余额0.5万元。抵免后，企业可结转以后年度抵免的未抵免完余额，分别为2015年3.5万元，2016年1万元。

填报要点：适用间接抵免的外国企业持股比例计算层级由三级调整到五级。财税〔2017〕84号文件规定，自2017年1月1日起，企业在境外取得的股息所得，在按规定计算该企业境外股息所得的可抵免所得税额和抵免限额时，计算间接抵免的、按规定的持股方式、直接或者间接持有20%以上股份的外国企业层级，由财税〔2009〕125号文件规定的三层调整为五层。

【案例8-5】中国居民A企业直接持有甲国B公司20%股份、乙国C公司30%股份、丙国D公司19%股份；并且B公司直接持有C公司10股份、D公司50%股份、C公司直接持有丁国E公司100%股份。计算并分析A企业来源于中国境外的哪些企业的股息、红利等权益性投资收益，其被投资的外国企业实际缴纳的所得税税额中属于该项所得负担的部分可以抵免。

分析：《企业所得税法》规定，居民企业从其直接或者间接控制的外国企业分得的来源于中国境外的股息、红利等权益性投资收益，外国企业在境外实际缴纳的所得税税额中属于该项所得负担的部分，可以作为该居民企业的可抵免境外所得税税额。直接控制，是指居民企业直接持有外国企业20%以上股份。间接控制，是指居民企业以间接持股方式持有外国企业20%以上股份。财税〔2009〕125号文件明确了具体的认定办法。

案例中，A企业对B公司、C公司、D公司"直接持股+间接持股"如表8-7所示。

表8-7
单位：%

	A公司直接持股比例	A公司间接持股比例	合计持股比例
B公司	20		20
C公司	30	2	32
D公司	19	10	29
E公司	0	20	20

尽管A企业对B公司、C公司、D公司"直接持股+间接持股"超过20%，却不是全部符合税法规定、可以抵免B公司、C公司、D公司实际缴纳的所得税税额中，属于A企业投资所得负担的部分。按照财税〔2009〕125号文件规定，分析可知：

对于甲国 B 公司，A 企业直接持有 B 公司 20% 股份，满足直接持股 20%（含 20%）的条件。

对于乙国 C 公司，第一层，A 企业直接持有 C 公司 30% 股份，满足直接持股 20%（含 20%）的条件；第二层，B 公司直接持有 C 企业股份 10%，不满足直接持股 20%（含 20%）的条件；A 企业通过 B 公司间接持股 C 公司的股份 = 20% × 10% = 2%，不能计入 A 企业对 C 企业直接持股或间接持股的总和比例之中。

对于丙国 D 公司，第一层，A 企业直接持有 D 公司股份 19%，不满足直接持股 20%（含 20%）的条件。第二层，B 公司直接持有 D 公司股份 50%，满足直接持股 20%（含 20%）的条件；A 企业通过 B 公司间接持有 D 公司股份 = 20% × 50% = 10%。尽管 A 公司"直接持股 + 间接持股"合计持有 D 公司股份超过 20%，但是由于 A 企业直接持有 D 公司的股份不足 20%，故不能计入 A 企业对 D 公司直接持股或间接持股的总和比例之中；B 公司持股 D 公司虽然满足超过 20% 的条件，虽然能够计入 A 企业对 D 公司间接持股的总和持股比例中，但 A 企业通过一个或多个符合规定持股条件的外国企业间接持有 D 公司的股份总和未达到 20% 以上规定。

对于丁国 E 公司，第一层，A 企业不直接持有 E 公司股份，不满足直接持股 20%（含 20%）的条件。第二层，C 公司直接持有 E 公司 100% 股份，满足直接持股 20%（含 20%）的条件；A 企业通过 C 公司间接持有 D 公司股份 = 20% × 100% = 20%，可计入 A 企业对 E 公司间接持股的总和持股比例中，且 A 企业通过一个或多个符合规定持股条件的外国企业间接持有 E 公司的股份总和达到 20%（含 20%）以上规定。

具体如表 8 - 8 所示。

表 8 - 8

单位:%

项目	A 公司直接持股比例	A 公司间接持股比例	合计持股比例	符合抵免条件的持股比例
B 公司	20		20	20
C 公司	30	2	32	30
D 公司	19	10	29	0
E 公司	0	20	20	20

在判定居民企业直接或者间接持有 20% 以上股份的外国企业是否符合持股方式，需要注意：一是居民企业对某外国企业总持股比例（直接持股 + 间接持股）要超过 20%（含）；二是每一个层的持股企业，对下一层级的外国企业直接持有的股份比例要超过 20%（含）；三是从第一层到第五层，单一居民企业直接持有或通过一个或多个符合本条规定持股条件的外国企业间接持有某外国企业的股份总和达到 20% 以上。四是居民企业对某外国企业的持股比例的分析，要通过不同的持股通道逐层分析，不能简单地合并计算。

居民企业可抵免的境外所得间接负担的税额计算，要从符合持股方式的最低一层外国企业起逐层计算的属于由上一层企业负担的税额，其计算公式如下：

$$\begin{aligned}\text{本层企业所纳税额属于由}\atop\text{一家上一层企业负担的税额} &= \left(\begin{matrix}\text{本层企业就利润和投资}\\\text{收益所实际缴纳的税额}\end{matrix} + \begin{matrix}\text{符合规定的由本层}\\\text{企业间接负担的税额}\end{matrix}\right)\\ &\quad \times \begin{matrix}\text{本层企业向一家上一}\\\text{层企业分配的股息(红利)}\end{matrix} \div \begin{matrix}\text{本层企业所得}\\\text{税后利润额}\end{matrix}\end{aligned}$$

第二节 《跨地区经营汇总纳税企业年度分摊企业所得税明细表》相关项目明细表填报实务与案例解析

一、《跨地区经营汇总纳税企业年度分摊企业所得税明细表》格式与填报要点

具体格式如表 8 – 9 所示。

表 8 – 9　　　　　　跨地区经营汇总纳税企业年度分摊企业所得税明细表　　　A109000

行次	项目	金额
1	一、实际应纳所得税额	
2	减:境外所得应纳所得税额	
3	加:境外所得抵免所得税额	
4	二、用于分摊的本年实际应纳所得税额 (1 – 2 + 3)	
5	三、本年累计已预分、已分摊所得税额 (6 + 7 + 8 + 9)	
6	(一) 总机构直接管理建筑项目部已预分所得税额	
7	(二) 总机构已分摊所得税额	
8	(三) 财政集中已分配所得税额	
9	(四) 分支机构已分摊所得税额	
10	其中:总机构主体生产经营部门已分摊所得税额	
11	四、本年度应分摊的应补 (退) 的所得税额 (4 – 5)	
12	(一) 总机构分摊本年应补 (退) 的所得税额 (11 × 总机构分摊比例)	
13	(二) 财政集中分配本年应补 (退) 的所得税额 (11 × 财政集中分配比例)	
14	(三) 分支机构分摊本年应补 (退) 的所得税额 (11 × 分支机构分摊比例)	
15	其中:总机构主体生产经营部门分摊本年应补 (退) 的所得税额 (11 × 总机构主体生产经营部门分摊比例)	
16	五、境外所得抵免后的应纳所得税额 (2 – 3)	
17	六、总机构本年应补 (退) 所得税额 (12 + 13 + 15 + 16)	

本表适用于跨地区经营汇总纳税的纳税人填报。纳税人应根据税法、《财政部、国家税务总局、中国人民银行关于印发〈跨省市总分机构企业所得税分配及预算管理办法〉的通知》(财预〔2012〕40 号)、《国家税务总局关于印发〈跨地区经营汇总纳税

企业所得税征收管理办法〉的公告》（国家税务总局公告 2012 年第 57 号）的规定计算企业每一纳税年度应缴的企业所得税、总机构和分支机构应分摊的企业所得税。仅在同一省（自治区、直辖市和计划单列市）内设立不具有法人资格分支机构的汇总纳税企业，省（自治区、直辖市和计划单列市）参照上述文件规定制定企业所得税分配管理办法的，按照其规定填报本表。

二、《企业所得税汇总纳税分支机构所得税分配表》格式与填报要点

（一）《企业所得税汇总纳税分支机构所得税分配表》格式

具体格式如表 8 - 10 所示。

表 8 - 10   **企业所得税汇总纳税分支机构所得税分配表**   A109010

税款所属期间：　年　月　日至　年　月　日

总机构名称（盖章）：

总机构统一社会信用代码（纳税人识别号）：　　　　　　　　金额单位：元（列至角分）

应纳所得税额		总机构分摊所得税额	总机构财政集中分配所得税额			分支机构分摊所得税额	
分支机构情况	分支机构统一社会信用代码（纳税人识别号）	分支机构名称	三项因素			分配比例	分配所得税额
			营业收入	职工薪酬	资产总额		
	合计	—					

本表适用于跨地区经营汇总纳税的总机构填报。纳税人应根据税法、《财政部、国家税务总局、中国人民银行关于印发〈跨省市总分机构企业所得税分配及预算管理办法〉的通知》（财预〔2012〕40 号）、《国家税务总局关于印发〈跨地区经营汇总纳税企业所得税征收管理办法〉的公告》（国家税务总局公告 2012 年第 57 号）的规定计算总分机构每一纳税年度应缴的企业所得税额、总机构和分支机构应分摊的企业所得税

额。对于仅在同一省（自治区、直辖市和计划单列市）内设立不具有法人资格分支机构的企业，根据本省（自治区、直辖市和计划单列市）汇总纳税分配办法在总机构和各分支机构分配企业所得税额的，填报本表。

（二）总分机构分摊税款的填报要点

1. 相同税率地区。第一，计算全部应纳所得税额；第二，计算总机构分摊税款；第三，总机构分摊税款＝汇总纳税企业当期应纳所得税额×50%；第四，计算分支机构分摊税款。所有分支机构分摊税款总额＝汇总纳税企业当期应纳所得税额×50%；某分支机构分摊税款＝所有分支机构分摊税款总额×该分支机构分摊比例。

2. 不同税率地区。第一，计算全部应纳税所得额；第二，划分不同税率地区应纳税所得额；第三，计算各自应纳税额；第四，计算全部应纳税所得额（从这一步开始与相同税率地区计算相同）；第五，分摊就地缴纳的企业所得税款。计算总机构分摊税款＝应纳所得税总额×50%；所有分支机构分摊税款总额＝应纳所得税总额×50%；某分支机构分摊税款＝所有分支机构分摊税款总额×该分支机构分摊比例。

三、《企业所得税汇总纳税分支机构所得税分配表》填报实务

【案例8－6】某公司创建于2010年，总部位于北京朝阳区，在天津、兰州设有分公司，其企业所得税由地税部门负责征管。总机构2015年在重庆增设分公司（简称重庆分公司），其具体业务流程如下：

首先，总机构需到其主管税务机关办理税务登记变更手续，增加其分支机构信息，并报送《跨地区经营汇总纳税总分机构备案表（总机构）》，完成备案手续。

其次，重庆分公司需到其主管税务机关办理注册税务登记手续，并报送《跨地区经营汇总纳税总分机构备案表（分支机构）》，完成备案手续。

同时，天津、兰州分公司需向其主管税务机关报送《跨地区经营汇总纳税总分机构备案表（分支机构）》完成备案手续。

2017年一季度总机构应纳税所得额800万元，应纳税额200万元；分公司三项权重如表8－11所示。

表8－11　　　　　　　　　　　　　　　　　　　　　　　　　　　　　　　　　单位：万元

公司名称	营业收入	职工薪酬	资产总额
天津分公司	400	80	1 000
兰州分公司	500	80	1 500
重庆分公司	100	40	500
合计	1 000	200	3 000

总机构预缴时：

步骤一，根据分支机构三因素权重计算税款分配比例。

天津分公司分配比例 $= (400 \div 1\,000 \times 0.35) + (80 \div 200 \times 0.35) + (1\,000 \div 3\,000 \times 0.3) = 0.14 + 0.14 + 0.1 = 0.38$

兰州分公司分配比例 $= (500 \div 1\,000 \times 0.35) + (80 \div 200 \times 0.35) + (1\,500 \div 3\,000 \times 0.3) = 0.175 + 0.14 + 0.15 = 0.465$

重庆分公司分配比例 $= (100 \div 1\,000 \times 0.35) + (40 \div 200 \times 0.35) + (500 \div 3\,000 \times 0.3) = 0.035 + 0.07 + 0.05 = 0.155$

步骤二，总机构应缴纳的税款 $= 200 \times 50\% = 100$（万元），其中的 50 万元为财政集中分配所得税，另 50 万元为总机构应分摊所得税。分支机构应缴纳的税款 $= 200 \times 50\% = 100$（万元）。

步骤三，根据分配比例计算分配税款额。

天津分公司 $= 100 \times 0.38 = 38$（万元）

兰州分公司 $= 100 \times 0.465 = 46.5$（万元）

重庆分公司 $= 100 \times 0.155 = 15.5$（万元）

上述实例是建立在总机构与各分支机构适用税率均为 25% 的前提基础上，申报表填报实务如表 8-12、表 8-13 所示。

表 8-12　　　　　　　企业所得税汇总纳税分支机构所得税分配表　　　A109010

税款所属期间：2017 年 1 月 1 日至 2017 年 12 月 31 日

总机构名称（盖章）：　　　　　　　　　　　　　　　　金额单位：元（列至角分）

总机构纳税人识别号		应纳所得税额	总机构分摊所得税额	总机构财政集中分配所得税额		分支机构分摊所得税额
……		200	50	50		100
分支机构情况	分支机构纳税人识别号	分支机构名称	三项因素			分配比例	分配所得税额

	分支机构纳税人识别号	分支机构名称	营业收入	职工薪酬	资产总额	分配比例	分配所得税额
分支机构情况	……	天津分公司	400	80	1 000	38%	38
	……	兰州分公司	500	80	1 500	46.5%	46.5
	……	重庆分公司	100	40	500	15.5%	15.5
	合计	—	1 000	200	3 000	100%	100

表 8-13　　　　　跨地区经营汇总纳税企业年度分摊企业所得税明细表　　　A109000

行次	项目	金额
1	一、总机构实际应纳所得税额	200
2	减：境外所得应纳所得税额	
3	加：境外所得抵免所得税额	
4	二、总机构用于分摊的本年实际应纳所得税（1-2+3）	200
5	三、本年累计已预分、已分摊所得税（6+7+8+9）	200

行次	项目	金额
6	（一）总机构向其直接管理的建筑项目部所在地预分的所得税额	
7	（二）总机构已分摊所得税额	50
8	（三）财政集中已分配所得税额	50
9	（四）总机构所属分支机构已分摊所得税额	100
10	其中：总机构主体生产经营部门已分摊所得税额	
11	四、总机构本年度应分摊的应补（退）的所得税（4－5）	0
12	（一）总机构分摊本年应补（退）的所得税额（11×25%）	0
13	（二）财政集中分配本年应补（退）的所得税额（11×25%）	0
14	（三）总机构所属分支机构分摊本年应补（退）的所得税额（11×50%）	0
15	其中：总机构主体生产经营部门分摊本年应补（退）的所得税额	
16	五、总机构境外所得抵免后的应纳所得税额（2－3）	
17	六、总机构本年应补（退）的所得税额（12＋13＋15＋16）	0

【**案例8－7**】承〖案例8－6〗，假设重庆分公司符合国家税务总局2012年第12号公告的要求，适用15%税率，则应先计算分配应纳税所得额，再乘以各自适用税率计算应纳所得税额，加总后计算分配所得税额，具体计算方法如下。

不同税率地区间的计算过程如下：

步骤一，根据分支机构三因素权重计算税款分配比例。

天津分公司分配比例＝（400÷1 000×0.35）＋（80÷200×0.35）＋（1 000÷3 000×0.3）＝0.14＋0.14＋0.1＝0.38

兰州分公司分配比例＝（500÷1 000×0.35）＋（80÷200×0.35）＋（1 500÷3 000×0.3）＝0.175＋0.14＋0.15＝0.465

重庆分公司分配比例＝（100÷1 000×0.35）＋（40÷200×0.35）＋（500÷3 000×0.3）＝0.035＋0.07＋0.05＝0.155

步骤二，计算总机构应分摊的所得额＝800×50%＝400（万元）。

步骤三，计算分支机构应分摊的所得额：

天津分公司＝800×50%×0.38＝152（万元）

兰州分公司＝800×50%×0.465＝186（万元）

重庆分公司＝800×50%×0.155＝62（万元）

步骤四，计算总机构应纳所得税额＝400×25%＝100（万元）。

步骤五，计算分支机构应纳所得税额：

天津分公司＝152×25%＝38（万元）

兰州分公司＝186×25%＝46.5（万元）

重庆分公司＝62×15%＝9.3（万元）

此时重庆分公司的10%税率差为6.2万元。

步骤六，将总机构和分支机构分别计算的应纳所得税额汇总。即100＋38＋46.5＋

9.3 = 193.8（万元）。

步骤七，将汇总后的应纳所得税额按照分配比例分摊。

总机构应分摊税款 = 193.8 × 50% = 96.9（万元），其中的 48.45 万元为财政集中分配所得税，另外的 48.45 万元为总机构应分摊所得税。各分支机构应分摊税款 = 193.8 × 50% = 96.9（万元）。

天津分公司 = 96.9 × 0.38 = 36.82（万元）

兰州分公司 = 96.9 × 0.465 = 45.06（万元）

重庆分公司 = 96.9 × 0.155 = 15.02（万元）

填报实务如表 8 - 14、表 8 - 15 所示（单位：万元）。

表 8 - 14　　　　　　　《企业所得税预缴申报表——主表》填报实务

行次	项目	累计金额
2	营业收入	2 000
3	营业成本	1 200
4	利润总额	800
9	实际利润额（4 行 + 5 行 - 6 行 - 7 行 - 8 行）	800
10	税率（25%）	25%
11	应纳所得税额	200
12	减：减免所得税额	6.2
13	减：实际已预缴所得税额	0
14	减：特定业务预缴（征）所得税额	0
15	应补（退）所得税额（11 行 - 12 行 - 13 行 - 14 行）	193.8
16	减：以前年度多缴在本期抵缴所得税额	0
17	本期实际应补（退）所得税额	193.8
……	……	……
26	总机构应分摊所得税额（15 行或 22 行或 24 行×总机构应分摊预缴比例）	48.45
27	财政集中分配所得税额	48.45
28	分支机构应分摊所得税额（15 行或 22 行或 24 行×分支机构应分摊比例）	96.9

表 8 - 15　　　　　　　《企业所得税预缴申报表——分配表》填报实务

纳税人识别号		应纳所得税额	总机构分摊所得税额		总机构财政集中分配所得税额		分支机构分摊所得税额
……		193.8	48.45		48.45		96.9
分支机构情况	纳税人识别号	分支机构名称	三项因素			分配比例	分配税额
			收入额	工资额	资产额		
	……	天津分公司	400	80	1 000	38%	36.82
	……	兰州分公司	500	80	1 500	46.5%	45.06
	……	重庆分公司	100	40	500	15.5%	15.02
	合计	—	1 000	200	3 000	100%	96.9

分支机构预缴：分支机构在每月或季度终了后 15 日内取得总机构申报后加盖有主管税务机关受理专用章的《中华人民共和国汇总纳税分支机构企业所得税分配表》（复印件），并随同《中华人民共和国企业所得税月（季）度纳税申报表（A 类）》报送。

总机构汇算清缴：年度汇算清缴时总、分机构的计算、分配方法与预缴相同。需要注意的是，总机构年度汇算清缴如果发生退税行为，其申请退税金额应同样按照上述方法计算分配，由总机构及各参与分配的分支机构共同办理退税。

具体如表 8-16 所示。

表 8-16　　　　　　　企业所得税汇总纳税分支机构所得税分配表　　　　A109010

税款所属期间：2017 年 1 月 1 日至 2017 年 12 月 31 日

总机构名称（盖章）：　　　　　　　　　　　　　　　　　　　　　　金额单位：万元

总机构纳税人识别号		应纳所得税额	总机构分摊所得税额	总机构财政集中分配所得税额		分支机构分摊所得税额
……		193.8	48.45	48.45		96.9
分支机构情况	分支机构纳税人识别号	分支机构名称	三项因素			分配比例	分配所得税额
			营业收入	职工薪酬	资产总额		
	……	天津分公司	400	80	1 000	38%	36.82
	……	兰州分公司	500	80	1 500	46.5%	45.06
	……	重庆分公司	100	40	500	15.5%	15.02
	合计	—	1 000	200	3 000	100%	96.9

【案例 8-8】假设总机构 2017 年度汇算清缴时发生退税 200 万元，沿用〖例 8-7〗中的基本要素数据，其分配计算方法如下：

步骤一，根据分支机构三因素权重计算税款分配比例。

天津分公司分配比例 =（400÷1 000×0.35）+（80÷200×0.35）+（1 000÷3 000×0.3）= 0.14 + 0.14 + 0.1 = 0.38

兰州分公司分配比例 =（500÷1 000×0.35）+（80÷200×0.35）+（1 500÷3 000×0.3）= 0.175 + 0.14 + 0.15 = 0.465

重庆分公司分配比例 =（100÷1 000×0.35）+（40÷200×0.35）+（500÷3 000×0.3）= 0.035 + 0.07 + 0.05 = 0.155

步骤二，总机构申请退税金额 = -200×50% = -100（万元），各参与分配的分支机构申请退税金额 = -200×50% = -100（万元）。

步骤三，根据分配比例计算分配税款额。

天津分公司退税金额 = -100×0.38 = -38（万元）

兰州分公司退税金额 = -100×0.465 = -46.5（万元）

重庆分公司退税金额 = -100×0.155 = -15.5（万元）

【案例 8-9】小颖连锁公司总部位于上海市，分别在南京、成都、杭州有三个分公司，A 公司适用总分公司汇总纳税政策。2015 年度财务报告中，成都分公司占三个分公司资产总额、营业收入、职工薪酬的比例分别为：50%、20%、40%。成都分公司适用西部大开发 15% 税率优惠政策，总机构和其他分支机构税率均为 25%。假设 2016

年 A 公司应纳税所得额为 2 亿元，成都分公司应分摊的企业所得税款是多少？

分析：第一步，A 公司统一计算全部应纳税所得额，即 20 000 万元。

第二步，划分应纳税所得额。

①各分公司分摊 50% 应纳税所得额 = 20 000 × 50% = 10 000（万元）。

②计算成都分公司分摊比例 =（该分支机构营业收入/各分支机构营业收入之和）× 0.35 +（该分支机构职工薪酬/各分支机构职工薪酬之和）× 0.35 +（该分支机构资产总额/各分支机构资产总额之和）× 0.30 = 50% × 0.30 + 20% × 0.35 + 40% × 0.35 = 0.36。

③计算成都分公司应纳税所得额 = 10 000 × 0.36 = 3 600（万元）。

第三步，计算不同税率地区的应纳所得税总额。

①成都分公司应纳所得税额 = 3 600 × 15% = 540（万元）；

②其他公司应纳所得税额 =（20 000 − 3 600）× 25% = 4 100（万元）；

③应纳所得税总额 = 4 640（万元）。

第四步，分摊应纳企业所得税。

①各分公司分摊 50% 的应纳企业所得税 = 4 640 × 50% = 2 320（万元）；

②成都分公司分摊应纳企业所得税 = 2 320 × 0.36 = 835.2（万元）。

主要参考文献

［1］财政部会计司:《企业会计准则第 2 号——长期股权投资》,经济科学出版社 2014 年版。

［2］财政部会计司:《企业会计准则第 9 号——职工薪酬》,中国财政经济出版社 2015 年版。

［3］财政部会计司:《〈企业会计准则第 22 号——金融工具确认和计量〉应用指南》,中国财政经济出版社 2018 年版。

［4］财政部会计司:《〈企业会计准则第 14 号——收入〉应用指南》,中国财政经济出版社 2018 年版。

［5］财政部会计司:《〈企业会计准则第 16 号——政府补助〉应用指南》,中国财政经济出版社 2018 年版。

［6］财政部会计司:《〈企业会计准则第 21 号——租赁〉应用指南》,中国财政经济出版社 2019 年版。

［7］全国税务师职业资格考试教材编写组:《2019 年全国税务师职业资格考试教材:涉税服务实务》,中国税务出版社 2019 年版。

［8］全国税务师职业资格考试教材编写组:《2019 年全国税务师职业资格考试教材:税法Ⅰ》,中国税务出版社 2019 年版。

［9］全国税务师职业资格考试教材编写组:《2019 年全国税务师职业资格考试教材:税法Ⅱ》,中国税务出版社 2019 年版。

［10］中国注册会计师协会:《2019 年注册会计师全国统一考试辅导教材:会计》,中国财政经济出版社 2019 年版。

［11］中国注册会计师协会:《2019 年注册会计师全国统一考试辅导教材:税法》,中国财政经济出版社 2019 年版。

［12］苏强:《〈企业所得税年度纳税申报表（A 类,2014 年版）〉填报指南和审核

操作实务》，经济科学出版社 2015 年版。

　　[13] 苏强：《营改增后增值税会计处理和税会差异调整操作实务》，经济科学出版社 2017 年版。

　　[14] 苏强、李培根：《高级财务会计》，经济科学出版社 2017 年版。

　　[15] 苏强：《企业所得税年度汇算清缴纳税申报操作实务——填报要点和案例分析》，经济科学出版社 2019 年版。